工业和信息化部"十四五"规划教材

船体结构振动噪声与控制

姚熊亮　武国勋　王志凯　编著

科学出版社

北　京

内 容 简 介

本书系统介绍了船体结构振动噪声与控制的理论基础与工程应用。首先，在理论上，从单自由度、多自由度以及连续系统振动方面为读者打下坚实的基础；然后，在结构波动与介质声波方面延伸讨论，使读者能够从更多角度、更深层面了解振动与噪声的机理；最后，从船体振动、噪声的特征、分析方法以及控制方法层面进行了系统性介绍，使读者广泛地接触到实际工程问题。

本书可作为高等院校船舶与海洋工程专业学生的教科书，也可供船舶设计、建造、检验和航运部门科研人员参考使用。

图书在版编目（CIP）数据

船体结构振动噪声与控制 / 姚熊亮，武国勋，王志凯编著. —北京：科学出版社，2024.5

工业和信息化部"十四五"规划教材

ISBN 978-7-03-077659-4

Ⅰ. ①船… Ⅱ. ①姚… ②武… ③王… Ⅲ. ①船体结构-结构振动-高等学校-教材 ②船舶噪声-噪声控制-高等学校-教材 Ⅳ. ①U663 ②U661.44

中国国家版本馆 CIP 数据核字（2024）第 016711 号

责任编辑：姚庆爽 李 策 / 责任校对：崔向琳
责任印制：师艳茹 / 封面设计：无极书装

科 学 出 版 社 出版

北京东黄城根北街 16 号
邮政编码：100717
http://www.sciencep.com

北京九州迅驰传媒文化有限公司印刷

科学出版社发行 各地新华书店经销

*

2024 年 5 月第 一 版 开本：720×1000 1/16
2024 年 5 月第一次印刷 印张：26 3/4
字数：539 000

定价：198.00 元

（如有印装质量问题，我社负责调换）

编 委 会

前　言

结构动力学是一门具有悠久历史的力学科学，其广泛应用于工程领域，指导对于工程结构减振、降噪、抗爆、抗冲击等方向的应用。与此同时，随着工程技术的不断发展，所涌现出来的丰富研究成果又反哺着结构动力学理论体系的不断壮大。

回顾多年的结构动力学研究发现，不断发展的结构动力学基本理论研究和船舶与海洋工程领域的应用存在着脱节现象，目前尚缺少解释船体结构振动与噪声的传播机理的成熟理论，更不用说开展理论指导下的船体结构的声学设计了。要解决船舶减振降噪的"卡脖子"难题，必须回归初心，对船舶结构的动力学基本理论进行更加深入系统的研究。本书将振动理论、波动理论与声学理论进行结合，为读者搭建一套全新的结构动力学知识框架。尽管部分理论内容仅能依赖经验公式，但对读者系统性理解结构振动与噪声的关系具有非常大的帮助。希望读者可以通过对本书的学习，深入理解船舶与海洋工程结构动力学的基本知识，为我国舰船减振降噪领域的发展贡献力量。

本书将结构动力学知识与船舶振动、船舶噪声以及舰船减振降噪等工程应用紧密结合。全书内容共分为三大部分：第一部分（第1章～第3章）为结构动力学的理论部分，主要包括单自由度系统振动、多自由度系统振动、连续系统振动问题，这不仅是学好后续内容的基础，也是现代工科院校毕业生所必须具备的基本知识；第二部分（第4章和第5章）为结构动力学进阶理论知识，引入了结构波动以及声波的基础理论等，对波动理论前沿科学问题进行了介绍；第三部分（第6章和第7章）主要讨论船体振动方向的工程应用和振动噪声控制方法。

本书由姚熊亮教授担任主编。姚熊亮教授编写了第1章、第4章、第6章内容，并负责全书的审核工作，武国勋副教授编写了第2章、第5章内容，王志凯副教授、杨娜娜教授、肖巍副教授、王治副教授、方明高级实验师、崔雄伟讲师共同编写了第3章、第7章相关内容，并针对教材的有关内容设计、开设了实验，极大地丰富了本教材的课外延拓性实验活动。本教材相关的慕课已上线运行并在多个高校和研究所应用。本书的编写过程得到了中船集团七〇一研究所上海分部鲍利群研究员、中国航天科技集团公司一院一部吕海波研究员等的大力支持，在此对他们所付出的艰辛劳动表示万分感谢。

　　本书旨在通过对基础理论的详细论述，提高读者对结构动力学、波动学、声学的理论认知，并学会应用基础理论解决船舶与海洋工程中的声学设计与减振降噪问题。

　　限于编者水平和经验，书中不足之处敬请读者不吝指正。

姚熊亮

2023 年 7 月

目　　录

本书符号表

A	振幅、面积、常数	L	长度、船长
a	加速度	L_P	声压级
B	船宽	L_I	声强级
C	黏性阻尼系数、常数	L_W	声功率级
c	声速	l	长度
D	直径、船舶型深、平板弯曲刚度、散逸函数、辐射指向性函数	M	力矩、弯矩、质量、马赫数
d	直径、材料或结构的非弹性阻尼系数	M_j	第 j 谐调广义质量
E	弹性模量	ε	正应力
e	偏心距	m	质量、柴油机冲程系数
F	力、分布力载荷	N	轴力、接触面正压力
f	以赫兹(Hz)计的频率、主坐标	n	转速
f_n	以周每分(1/min)计的频率	P	力
G	剪切弹性模量、线性算符	$P(t)$	集中干扰力
g	重力加速度	P	声压
H	高度	p_e	有效声压
h	高度、板厚	Q	广义力、剪力、品质因子
I	剖面惯性矩、冲量、声强	q	广义坐标
J	转动惯量	R	半径、阻力、瑞利商、声阻
k	弹簧刚度、波数、柴油机冲程阶次数	r	半径、常数、回转半径
K	弹簧刚度	S	面积
K_ϕ	扭簧刚度	s	距离
K_j	第 j 谐调广义刚度	T	周期、螺旋桨推力、动能、传递函数

t	时间、厚度	ϕ	相位角
U	势能、弹性势能	$\varphi(x)$	振型函数
V	体积、位能	Ψ	振幅衰减系数、相角
v	速度	ω	角频率、干扰力频率、角速度
W	重量、功、声功率、空间窗	i	复数 $\sqrt{-1}$
w	弹性波、声波能量密度	e	自然常数，约等于 2.718281828
u、v、w	位移、挠度	[ ]	矩阵
x、y、z	位移、坐标	{ }	列向量
α	动力放大系数、柔度	$[C]$	阻尼矩阵
β	波数、相位角	$\{F\}$	力向量
γ	频率比	$[\phi]$	固有振型矩阵
λ	特征值、波长	$[I]$	单位矩阵
μ	泊松比	$[\Lambda]$	特征值对角阵
ρ	密度	$[\alpha]$	柔度矩阵
σ	正应力	$[F]$	场迁移矩阵
$\{A\}$	振幅列阵、常数列阵	$[P]$	点迁移矩阵
δ	静深长、对数衰减率	∇	梯度算子
τ	剪应力、形状参数	∇^2	拉普拉斯算子

0 概　　述

本章对结构动力学基本理论与工程应用进行概述，为读者建立理论与工程的基础知识体系。任何工程问题的背后均隐藏着最为经典的基本理论，结构动力学的相关理论是解决船体振动与噪声问题的基础。

0.1 结构动力学

首先，我们需要建立结构动力学基本知识架构。结构动力学是力学的一门分支学科。要了解结构动力学，首先要从力学研究的基本问题出发。力学分支体系如图 0-1 所示。

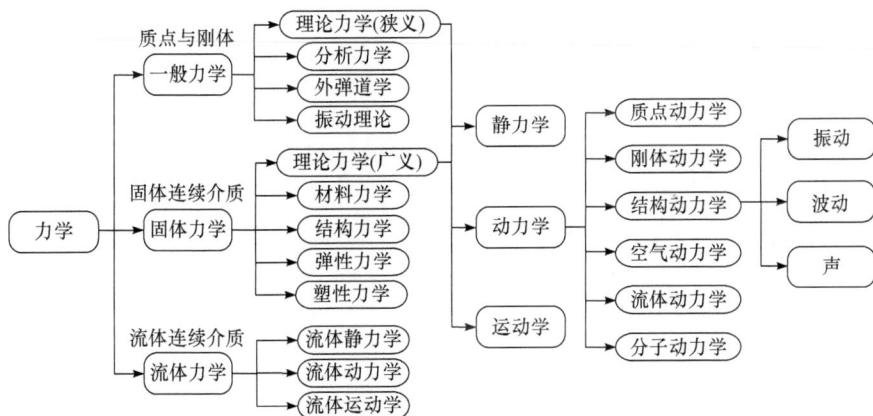

图 0-1 力学分支体系

力学——一门独立的基础学科，与数学、物理学、化学、天文学、地球科学、生物学共同构成了自然科学系统。力学是有关力、运动和介质(固体、液体、气体和等离子体)，宏、细、微观特征与关系的学科，研究以机械运动为主，与物理、化学、生物运动耦合的现象。

力学按照研究对象的不同，可分为一般力学、固体力学和流体力学三个分支。我们研究的结构动力学通常意义上应包含在固体力学体系内。而固体力学又可以分为理论力学、材料力学、结构力学、弹性力学、塑性力学、断裂力学、板壳力学、计算力学等。

理论力学——研究物体机械运动基本规律的学科，是固体力学与一般力学中各分支学科的基础。通常分为三个部分，即静力学、运动学与动力学。动力学是理论力学的核心内容。

动力学——理论力学的一个分支学科，主要研究作用于物体的力与物体运动的关系。动力学的研究对象是运动速度远小于光速的宏观物体。动力学是物理学和天文学的基础，也是许多工程学科的基础。动力学的研究以牛顿运动定律为基础，牛顿运动定律的建立则以实验为依据。动力学是牛顿力学或经典力学的一部分，但自 20 世纪以来，动力学又常被人们理解为侧重于工程技术应用方面的一个力学分支。

结构动力学——研究结构在动力荷载作用下结构运动问题的力学分支，船舶结构动力学主要指的是结构动力学在船舶与海洋工程领域中的应用。随着船舶与海洋工程学科的不断发展与壮大，船舶结构动力学得以不断的延展，其中结构中的弹性波传播特性与船舶结构局部动力学行为相互作用，已成为船舶振动与噪声控制研究中的热点，同时，声音在介质中传播也包含反作用于船体结构系统的行为，因此声传播与船体结构的相互作用也纳入船舶结构动力学研究的范畴中。

0.2   动力学的发展

从阐述最简单的物理平衡规律，到建立运动的一般规律，经历了大约 20 个世纪。前人积累的大量力学知识，对后来动力学的研究工作有着重要的作用。从古代到斯蒂文 1586 年出版的《静力学原理》，静力学的基础才算建立，这个时期包含 17 世纪以前的漫长历史。17 世纪之后力学的发展主要体现在动力学理论基础的奠定以及逐渐进步。

1. 17 世纪：质点动力学原理奠基时期

意大利物理学家伽利略用实验揭示了物体的惯性原理，1590 年完成了现代动力学的第一篇论文，其为单摆和弦振动的研究奠定了振动理论的基础。

1666 年，英国科学家牛顿与德国数学家莱布尼茨建立了微积分学。

1673 年，荷兰科学家惠更斯建立了单摆运动方程，并得到了地球重力加速度，提出了转动惯量的概念。

1687 年，牛顿出版巨著《自然哲学的数学原理》中明确提出了惯性定律、质点运动定律、作用和反作用定律等，奠定了自由质点动力学的基础。

2. 18 世纪：约束体系动力学发展

1755 年，伯努利利用动力学方程证明了弦振动时在同一时刻存在几个谐波成分的可能性，该特点称为微振动共存原理，现今称为叠加原理，该原理被证明是在振动理论的发展过程中最有价值的贡献。

1765 年，瑞士数学家欧拉引入刚体的概念，将牛顿第二定律推广到刚体，并且建立了理想流体的动力学方程。

1788 年，法国数学家拉格朗日建立了应用于完整系统的拉格朗日方程，奠定了分析力学的基础，使某类型问题(如小振荡理论和刚体动力学)的研究比牛顿运动定律更为方便。

18 世纪后半叶，伯努利首先研究了棱柱杆横向振动的微分方程，欧拉求解了这个方程并建立了计算棱柱杆横向振动的固有频率公式。

3. 19 世纪：连续介质动力学发展

1823 年，法国数学家柯西提出了弹性体平衡和运动的一般方程，为弹性力学的数学理论奠定了基础，推动了连续介质力学的发展。

1834 年，英国数学家汉密尔顿用变分原理推导出了汉密尔顿正则方程，形成了汉密尔顿体系。该体系适用于摄动理论，如天体学的摄动问题，并对理解复杂系统运动的一般性质起重要作用。

1877 年，瑞利出版了关于声理论的专著，该专著迄今被认为是关于声和振动方面课程的经典。

19 世纪末，庞加莱和李雅普诺夫提出了非线性振动的数学理论。

4. 20 世纪：现代动力学时代

1908 年，里茨提出了一种求变分问题的近似方法，后来被称为瑞利-里茨法。

1928 年，铁摩辛柯撰写了《工程中的振动问题》一书，总结了弹性体振动理论及其在工程中应用的情况。

19 世纪 30 年代，泊松、奥斯特罗格拉茨基、斯托克斯等提出弹性波理论，随后该理论由瑞利等研究与弹性振动相联系的问题而发展起来。

近代力学的基本理论和基本方程在 19 世纪末 20 世纪初已基本完备，后来的力学家大多致力于寻求各种具体问题的解。进入 20 世纪后，研究者又将力学与其他学科相结合研究客观规律，并取得了丰硕的成果，形成了一系列的交叉学科，如天体力学、人造天体力学、地质力学、地球构造动力学、海洋动力学、大气动力学、生物力学、化学动力学、胶体动力学、岩体力学、物理力学、等离子气体力学、宇宙气体力学、爆炸力学、化学流体力学等。

1960 年，美国克拉夫[1]首先提出了有限元法(finite element method，FEM)，把连续力学问题转化为离散的力学模型，开拓了宽广的途径。有限元法与计算机的结合产生了巨大的威力。另外，有限差分法也基本同时在流体力学领域得到了新的发展，尤其是质点网格法的发展在流体力学数值模拟方面取得了长足进步。力学和 20 世纪新生的计算机科学以及数学三门学科交叉形成的计算力学，极大地推进了力学的发展。

非线性问题也是这个时代研究问题的主要特征。从实验和理论中发现并提出的平衡和运动类型的转变问题，概括而论，就是分岔与混沌问题，这些问题本质上属于非线性问题。无论是几何非线性，还是本构非线性，特别是 20 世纪 70 年代以后，反映在相应的数学问题中时，常微分方程的定性理论已经不能满足实际问题的需要，进而发展到偏微分方程的定性理论。

20 世纪力学在工程与新技术的发展中起到了巨大的推动作用，是人类第三次产业革命的主力之一。我们沐浴的现代技术的氛围，如超大跨度的桥梁、超高的大厦、高精密的加工技术、巨型船舶与潜水艇、高速铁路、巨型水坝与水利工程等，无不凝聚着力学研究的成果。

力学是随着人类认识自然现象和解决工程技术问题的需要而发展起来的，又反哺了人类改造世界的所有活动。环绕自然界，如今还有很多宏观现象远没有被认清，更不用说 21 世纪将出现的更新、更大、更复杂的工程技术问题有赖于力学的新发展去解决。本书主要从结构动力学的角度介绍力学的基本理论与相关应用，尤其是结构动力学这门学科知识在船舶与海洋工程领域中的应用。动力学发展史如图 0-2 所示。

质点动力学		约束体系动力学		连续介质动力学		现代动力学	
伽利略	牛顿	欧拉	拉格朗日	柯西	瑞利	铁摩辛柯	克拉夫
1634年	1687年	1736年	1788年	1823年	1877年	1915年	1960年
提出加速度的概念，以及惯性参考系的概念	提出牛顿三大定律，奠定了动力学基础	将积分学应用于动力学，建立流体、刚体方程组	建立分析力学体系，奠定约束系统动力学基础	建立弹性固体运动方程，给出应力-应变定义	总结声学与弹性振动成果，提出了瑞利原理	用能量法解决加筋板弹性稳定性运动问题	计算结构力学先驱，提出了有限元的概念

图 0-2 动力学发展史

0.3　振动的基本概念

振动是运动的一种，运动指的是物体在时空中的线性迁移，而振动指的是物体在某一位置附近做往复运动。振动是自然界最普遍的现象之一，大至宇宙中的星体，小至亚原子粒子，无不存在振动。各种形式的物理现象，包括声、光、热等都由振动产生。例如，我们能听见周围的声音是由于鼓膜的振动；我们能看见周围的物体是由于光波振动的结果；心脏搏动、耳膜和声带的振动都是人体不可缺少的功能。在工程技术领域中，振动现象也比比皆是，如桥梁和建筑物在风载荷或地震激励下的振动、飞机和船舶在航行中的振动、机床和刀具在加工时的振动、各种动力机械的振动以及控制系统的自激振动等。结构动力学中所涉及的振动主要指的是结构的机械振动。

机械振动：是指系统在某一位置(通常是静平衡位置，简称平衡位置)附近所做的往复运动[2,3]。振动理论就是研究物体的振动规律与作用在其上的力的关系。

为了探究振动产生的原因，以及动力学与静力学的本质区别，首先要了解构成振动系统的要素。一般来说，一个振动系统通常包括弹性元件、惯性元件和阻尼元件。储存势能的元件称为弹性元件(如弹簧)；储存动能的元件称为惯性元件(如质量块)；耗能元件称为阻尼元件。

弹性元件：忽略弹性元件的质量和阻尼，而只考虑其弹性。当其两端有相对运动时，弹簧对与其相连的物体有力的作用，称为回复力。对于线性弹簧元件(图 0-3)，回复力与弹性元件变形成正比，如式(0-1)所示：

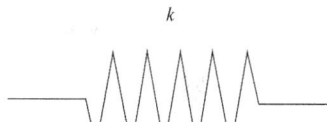

图 0-3　弹性元件

$$f_s = -kx \tag{0-1}$$

式中，f_s 为弹簧的回复力；x 为弹簧的变形，等于弹簧两端的相对位移；k 为弹簧刚度。

使弹簧变形的力所做的功以变形能或势能的形式储存下来，其表达式为

$$U = \frac{1}{2}kx^2 \tag{0-2}$$

惯性元件：是指带有质量的刚体，如图 0-4 所示，当惯性元件改变速度时会导致动能的增加或减少。当惯性元件具有加速度时，惯性会使物体具有保持原有运动状态的倾向，看起来仿佛有一股方向相反的力作用在该物体上，根据达朗贝尔原理，将此假想力称为惯性力，惯性力是质量与加速度的乘

积，如式(0-3)所示：

$$f_I = -m\ddot{x} \tag{0-3}$$

式中，f_I 为惯性力；$\ddot{x}$ 为惯性元件的加速度；m 为惯性元件的质量。惯性元件的储能是以动能的形式存在的，其表达式为

图 0-4　惯性元件

$$T = \frac{1}{2}m\dot{x}^2 \tag{0-4}$$

式中，$\dot{x}$ 为惯性元件的速度。

阻尼元件：在实际系统中，振动系统的能量会逐渐转化为热能或噪声，实现此功能的元件被称为阻尼元件，如图 0-5 所示。实际系统中引起阻尼的原因有多种，阻尼器的数学模型也不同。一般假设阻尼器既没有质量也没有弹性，并且通常假设"黏性阻尼"机理用于计算阻尼力，即阻尼力是阻尼系数 c 与速度 $\dot{x}$ 的乘积，如(0-5)所示：

$$f_D = -c\dot{x} \tag{0-5}$$

式中，f_D 为阻尼力；$\dot{x}$ 为阻尼元件两端的相对速度；c 为阻尼元件的阻尼系数。

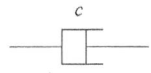

图 0-5　阻尼元件

阻尼元件所转换的能量称为损耗函数或散逸函数，其表达式为

$$D = \frac{1}{2}c\dot{x}^2 \tag{0-6}$$

系统在振动时，动能和势能不断转换，而由于阻尼的存在，振动的能量会逐渐耗散，使系统不至于永远振动下去。因此，要保持系统持续的振动，就必须施加外部激励 $P(t)$ 使损耗的能量得以补偿。

依据达朗贝尔原理，通过引入惯性力，可以把动力学问题转化为静力学问题处理。动力学与静力学的区别在于，静力学的受力平衡分析中是不考虑物体的惯性力的，而在动力学分析中惯性力是不可避免的。惯性力是由系统的加速度赋予的，使物体的运动状态必然随时间发生变化，因此与静力学不同，动力学问题必然是与时间有关的更为复杂的问题。

按照不同的方法对振动进行分类。下面给出几种振动分类方法与相关概念。

1. 单自由度系统、多自由度系统、连续系统振动

自由度：系统全部元件在运动过程中的某一瞬时，在空间所处几何位置的独立广义坐标的数目，定义为系统的自由度。

广义坐标：用来描述系统运动的一组独立坐标通常称为系统的广义坐标，一

般用 $q_1, q_2, \cdots, q_n$ 表示，它们可以是笛卡儿坐标，也可以不是笛卡儿坐标。

具有有限多个自由度的系统称为离散系统或集中参数系统；具有无限多个自由度的系统称为连续系统或分布参数系统。

大多数结构和机械系统都包含可变形的弹性构件，要精确描述弹性构件系统的运动状态，就必须采用无限多个自由度的系统，即采用连续系统进行分析。按连续系统处理可以得到精确的结果，但用于处理连续系统的解析方法只适用于为数不多的简单问题，如等截面梁、细长杆和薄板等，因此在研究实际工程问题时，大多数情况下都把它们简化成有限多个惯性元件、有限多个弹性元件和有限多个阻尼元件的系统，即单自由度系统或多自由度系统。同一个动力系统可以简化为具有不同自由度的系统来分析。一般来说，系统的自由度数越多，得到的分析结果越精确，而系统的自由度数越少，计算过程越简单。

2. 自由振动与受迫振动

自由振动：系统受到一个初始扰动后任其自身振动称为自由振动。系统做自由振动时，并不受外力的作用。常见的单摆运动就是自由振动的例子。

受迫振动：系统在外力作用下所做的振动称为受迫振动。柴油发动机等机械设备引起的振动就是典型的受迫振动的例子。

在受迫振动中，如果外力的激励频率与系统的固有频率——致，系统就会发生共振，使系统的振幅急剧增大，系统发生损坏的风险增大。

3. 有阻尼振动与无阻尼振动

无阻尼振动：在振动的过程中，不发生由摩擦或其他形式的阻力引起的系统的能量损耗，称为无阻尼振动。

有阻尼振动：由摩擦或其他形式的阻力引起系统任何一种形式的能量损耗，称为有阻尼振动。

在工程实践中，无阻尼振动实际上是不存在的。但是在许多物理系统中，阻尼的量值一般很小，因此大多数实际问题的阻尼可以忽略不计，这可以使动力学计算更加简单。但是，分析系统在共振点附近振动时，阻尼的影响变得非常重要。

4. 线性振动与非线性振动

线性：若两个变量之间存在一次函数关系，则称它们之间存在线性关系。线性函数满足可加性和齐次性。

线性振动：若一个系统的全部元件，即弹性元件、惯性元件和阻尼元件的行为都遵循线性规律，则这个系统的振动称为线性振动，满足叠加原理。

非线性振动：若系统中一个或多个元件的行为是非线性的，则这个系统的振动称为非线性振动，不满足叠加原理。现实世界绝大多数问题都是非线性的，绝大多数处理方法都是把非线性问题转化为线性问题来解决。

5. 确定性振动与随机振动

确定性振动：若作用在振动系统上的激励(力或运动)的值在任意给定的时间下都是确定的，则这种激励称为确定性激励，相应的振动称为确定性振动。

随机振动：若一个系统所受的激励是随机的，则相应的振动称为随机振动。此时系统的响应也是随机的，只能用统计量来描述。

0.4　波动的基本概念

波动理论是讨论振动问题的另一种角度。

波动是一种常见的物质运动形式，如绳子上的波、空气中的声波、水面波等，这些波都是机械振动在弹性介质中的传播，称为机械波。形成机械波的原因是介质中质点受到相邻质点的扰动而随之运动，并将振动形式由近及远地传播开来，各质点间存在相互作用力。机械波是质点群联合起来表现出的周而复始的运动现象。本书主要介绍与机械波传播相关的内容。

任意质点离开平衡位置均会受到相邻质点的弹性力作用。在波源发生振动后，弹性力作用会带动邻近的质点也以同样的频率振动，这样即可把振动传播出去，因此机械振动只能在弹性介质中传播。

波源：产生机械振动的物体，向外传递振动的源头。

弹性介质：由能够提供弹性力作用的质点构成的具有弹性的介质，能够传播机械振动。

各种形式的波的共同特征是具有周期性。受扰动物理量变化时具有周期性，即同一点的物理量在经过一个周期后完全恢复为原来的值，在空间传递时又具有空间周期性，即沿波的传播方向经过某一空间距离后会出现同一振动状态。各种形式的波均具有一定的传播速度，且都伴有能量的传播，能产生反射、折射、干涉和衍射等现象。

在研究振动问题时，考虑的都是封闭体系，而在研究波动问题时，一般要考虑开放体系。

开放体系：没有外部边界条件的体系。

封闭体系：由确定边界包围着的体系。

按照不同的方法对波动进行分类，下面给出几种常见波。

1. 弹性波与塑性波

应力波：应力和应变扰动的传播形式，介质中的波动均是以应力波形式传播的。当应力与应变呈线性关系时，介质中传播的是弹性波；当应力与应变呈非线性关系时，介质中传播的是塑性波。

弹性波是应力波的一种，因此弹性波与振动间具有十分密切的联系，是结构动力学分析中的两个不同方向。而塑性波主要决定了结构的塑性变形与破坏。

2. 行波与驻波

行波：由波源向外以一定波速传播、具有一定波长的波。

驻波：是指频率相同、传输方向相反的两种行波沿传输线形成的一种分布状态，其中一个波一般是另一个波的反射波。

顾名思义，行波指的就是在行进中的波，而驻波在波形上，波腹和波节的位置始终是不变的，给人"驻立不动"的印象。行波下介质中每个质点都以相同的振幅振动，驻波下不同质点的振幅不同，质点的振幅随质点位置 x 而改变。行波中能量随波传播出去，而驻波中能量不能流过波节，波节是静止不动的，呈常驻状态。驻波的实质是封闭系统中振动的表现，而波动问题主要研究的是行波的传播。

波腹：是指在驻波中幅值最大的点、线或面。

波节：是指在驻波中幅值为零的点、线或面。

3. 横波与纵波

横波：质点的振动方向与波的传播方向垂直。横波存在波腹和波节。

纵波：质点的振动方向与波的传播方向平行。纵波存在相间的稀疏和稠密区域。

机械波中，横波只能在固体中出现；纵波可在气体、液体、固体中出现。空气与液体中的声波是纵波，液体表面的波动情况比较复杂，不是单纯的纵波或横波。

波线：从波源沿各传播方向所画的带箭头的线，称为波线，用于表示波的传播路径方向。

波面：在传播过程中，所有振动相位相同的点连成的面称为波面。

0.5　噪声的基本概念

噪声是振动的伴生产物，通常是指对人类有害的一切声音。从物理学角度来看，声是由弹性介质中的机械振动由远及近地传播，因此噪声也是一种机械波，波动的基本概念同样也适用于形成噪声的声波。本节所述的噪声着重讨论气体、液体等流体介质，其中，流体介质的弹性主要表现在体积改变时出现的回复力，不会出现切向回复力，因此理想流体介质中的声振动传播方向与质点的振动方向一定是一致的，本节讨论的即是这类纵向声波。

1. 机械噪声、流体动力性噪声、电磁性噪声

按照声源的不同，噪声可以分为机械噪声、流体动力性噪声和电磁性噪声。

机械噪声：主要是由于固体振动产生的，在机械运转中，由于机械撞击、摩擦、交变的机械应力以及运转中动力不平均等，机械的金属板、齿轮、轴承等发生振动，从而辐射机械噪声。

流体动力性噪声：当气体、液体与其他相同或不同介质之间做高速相对运动时，黏滞作用引起流体扰动，进而产生流体动力性噪声。

电磁性噪声：是指由磁场脉动、磁致伸缩引起电磁部件振动而产生的噪声。

2. 水下辐射噪声、舱室噪声

在船舶与海洋工程领域，主要关注以下两类噪声。

(1) 水下辐射噪声：是指由船舶与海洋工程结构振动引起的向水下辐射的噪声。水下辐射噪声又分为机械噪声、螺旋桨噪声和水动力噪声等。该噪声主要影响军用舰船的隐蔽性和声呐探测识别能力，对民船来说，其主要关注水下辐射噪声对海洋生态环境的影响。

(2) 舱室噪声：主要是指由船舶机械设备引起的舱室内部的噪声。该噪声影响船上人员的舒适性。

上面对振动、波动以及噪声的概念进行了简单的描述，在后面的章节中会对具体的结构振动、波动与声辐射现象进行详细的讲解。振动、波动与噪声的关系可这样认为：振动与波动是描述结构同一动力学特征的两个不同角度，振动关注的是结构空间上某个质点在无限长时间下的运动特性；波动关注的是在某个时间点上、在无限大空间尺度下的结构运动特性；而噪声可看成结构振动在固体结构与空气、水跨介质传播过程中波动形态的转变。

0.6 结构动力学分析过程

动力学问题的分析过程主要是研究振动系统受力与运动之间关系的过程。动力学系统可以分为输入、系统和输出三部分，振动分析的过程就是已知其中两部分来求另外一部分的过程，因此动力学分析问题可以分为三类。第一类是已知系统与输入，求解系统动力学响应的问题；第二类是已知系统输入激励载荷与系统的动力学响应，求解系统相关参数的问题；第三类是已知系统与系统的振动响应，求解输入载荷的问题。无论求解哪一类问题，对动力学系统的分析通常都包括以下步骤。

1. 建立物理模型

物理模型：物理学(包括动力学)中所研究分析的问题往往很复杂，为了便于分析与研究，常采用"简化"的方法对实际问题进行科学抽象处理，用一种能反映系统本质的理想模型、结构或元件(如质点、刚体、弹簧等)来描述实际的物理过程，称为物理模型(力学模型)。

对于实际工程中的动力学系统，可以简化抽象为单自由度、多自由度或连续系统来分析，以上系统均可看成系统的物理模型。在以上物理模型中，可以进行力学受力分析，以建立振动分析的数学模型。

2. 建立数学模型

数学模型：动力学系统的数学模型指的是根据物理模型中的力学关系，利用动力学定律，推导描述系统受力与运动规律的运动微分方程。牛顿第二运动定律、达朗贝尔原理和能量守恒原理等经常用来推导系统的运动微分方程。

利用达朗贝尔原理直接考虑系统全部力的受力平衡，可以统一地写出如下运动方程：

$$f_I(t) + f_D(t) + f_S(t) = P(t) \tag{0-7}$$

惯性力 f_I、回复力 f_S、阻尼力 f_D 中均包含物体的运动参数，因此该运动方程实际描述了系统受力与运动的关系，通过求解以上方程，可开展系统的动力学分析。

3. 求解运动方程

为了求解系统的输入、系统或载荷参数，必须求解运动微分方程。根据问题的具体特点，可以采用求解微分方程的常规方法、拉普拉斯变换方法、矩阵方法和数值计算方法等。若运动微分方程是非线性的，则很少能够得到其封闭形式的解。求解偏微分方程的情况也远比求解常微分方程的情况多。利用计算机的数值计算方法求解微分方程是非常便捷的，对于复杂的系统，常用数值方法求解，但根据数值计算结果得到关于系统动力学行为的一般结论是困难的。

4. 振动结果分析

通过运动方程的求解，可以得到系统输入、系统参数或者系统响应的表达式，但这些结果还必须就某些目的做进一步的分析，以期分析结果可揭示在系统动力学设计方面的指导意义。

0.7　船体结构动力学

当船舶在海上航行时，船体结构不可避免地会出现振动现象。船体振动可导致船体结构产生疲劳破坏，影响船上的设备和仪表的正常工作，降低使用精度，缩短使用寿命，影响船员和游客的居住舒适性以及船员的工作效率，甚至身体健康。在军用船舶方面，船体振动产生的噪声还会严重影响舰船的隐蔽性。严重的船体振动产生的原因，除建造质量及营运因素外，主要是设计问题，因此要求在船舶设计阶段就进行必要的结构动力学计算。结构动力学计算的目的是在动力荷载作用下，确定结构的内力、位移等随时间变化的规律，从而求出其最大值作为结构设计的依据[4-7]。由此形成了一门将结构动力学与船体结构设计相结合的科学——船体结构动力学。这一门科学就是研究船舶在机械工作下正常行进时，由螺旋桨、主机等系统工作所引起的船体弹性振动。

船体结构动力学所研究的内容包括四个方面：①引起船体振动的原因；②船体结构的动力响应；③船体振动的容许标准；④防振与减振降噪的方法。船体结构波动学的研究是对船体振动研究的有力补充，在振动传递机理分析方面提供了重要的理论基础。

船体结构动力学的研究涉及船体结构、船体的机械激扰、附连水影响、螺旋桨-轴系-船体结构的耦合振动，以及设备与船体的连接系统等诸多方面；从学科上来看，它又是涉及结构力学、流体力学、数学、声学、自动控制理论等领域的一门综合学科。结构动力学为研究船体振动提供了理论基础与研究方法，船体振动是结构动力学学科在船舶与海洋领域的工程应用。

需要指出的是，船体结构动力学的研究最终还是为船体设计服务的。在结束船舶总体设计之后再采取各种降低振动和噪声的方法，在大部分情况下只能局部地解决面临的问题，而且需要的费用也较高。例如，在已经建好的船上安装声学器材的价格，要比在船舶设计过程中预先采取措施的费用高约 2.5 倍。假如在船舶声学设计的早期阶段就考虑声学要求，并事先完成船舶声学设计，则用较低的费用就能获得良好的降振减噪的效果。

船体结构动力学研究对象的特殊性使其有别于一般的结构动力学，其研究对象是船体结构及其内部的各类设备和系统，研究内容是在各类机械激扰和流体激励下的船体结构及其设备、系统的动力学响应，即位移、速度和加速度的时空分布规律。就船体结构振动的本质而言，它是波动在复杂结构中传播的一种特殊表现。船体结构是由不同形式的板架结构所组成的空间板架结构，任何激扰在其中的传播均主要以弯曲波的形式出现,当板架中的弯曲波碰到舱壁结构时就会发生反射,反射的强弱取决于舱壁结构的刚度,若舱壁的刚度远大于甲板、底部板架结构的刚度,则入射弯曲波与反射弯曲波在板架中形成了驻波,这就是通常所说的船体板架振动。又由于不同甲板上或多或少都设置有不同的设备和系统,这无疑会改变板架结构的固有动力学特性,进而增大了船体结构振动分析的难度。因此,要想从根本上剖析船体结构动力学的奥秘,就必须从研究空间板架结构中的弯曲波传播规律出发,探索弯曲波在板架结构中的入射、透射和反射特性,以及不同类型板架在连接处的波形转换,只有这样才能了解船体振动响应的时空分布规律。

对于结构振动计算,自利用迁移矩阵法计算船体振动以来,短短几年已发展出了有限元法、模态综合法、杂交子结构法、边界元法、统计能量法等作为实船和模型的计算方法,同时工程上适用的近似计算方法和公式也得到了不断发展和完善。传统的振动分析已经无法满足工程上的需求,从波动角度分析船体结构的动力学问题逐渐成为研究船体振动传递并实现振动与噪声控制的新途径。因此,与其他结构动力学教材不同,本书着重从波动理论角度阐述船体振动与噪声的基本特征,并引入基于波动理论的低噪声结构设计方法,加深读者关于船体振动噪声与控制领域的认识。此外,本书还尽可能地阐述了船体结构声学设计的原理,并根据船舶的用途,从声学角度选择合理的结构声学设计方案。科学技术日新月异发展,但本书仍着眼于基本理论和基本知识,以此为基础,以期为结构动力学学科的发展作出贡献。

0.8　船舶与海洋工程结构动力学课程介绍

本书主要针对船舶与海洋工程专业本科生专业课程"船舶与海洋工程结构动力学"所编写,该课程是我国具有船舶与海洋工程专业的高等院校普遍开设的专业课程,主要讲解结构动力学的相关理论知识及其在船舶与海洋工程中的应用,该专业课的先修专业课程包括"理论力学""材料力学""船舶与海洋结构物构造""船舶与海洋工程结构力学"等。

"船舶与海洋工程结构动力学"是支撑我国船舶与海军装备减振降噪关键技术发展的基础课程,对我国舰艇生命力与声隐身性能的提升有着重要的意义。本书的编写单位哈尔滨工程大学结构动力学教学团队,秉承"教学内容支撑国防,培养人才服务国防,科研工作扎根国防"的教学宗旨,以学生为中心的教学理念,以本科生的综合能力培养为目标,针对传统课堂上实践内容"讲不透"、线下课堂"学不够"、能力考核"屡犯愁"的痛点问题,开展创新性的课程改革。紧跟国家"双一流"建设,开展并建立健全"双线共讲,致知于行"的线下课堂教学、线上自主学习、结合实践、指导帮扶、文化引领融为一体的高校本科专业课创新教学体系。以培养船舶工业、海军装备、海洋开发等领域的"高、精、尖"扎实、专业人才为己任,大力推进课程创新。本课程改变"单向灌输"的教学模式,建立以学生为中心的"翻转课堂",教学内容与考核评估注重增强科学素养与工程应用,以教促悟、以学促用、以课促研,探索出工程人才培养的新型教学方法,培育出献身国民经济和国防发展的建设者及生力军。

在内容组织形式上,教材、课堂教学、在线课程三管齐下;在内容表达形式上,文字、图表、动画、虚拟现实一应俱全;在内容关联方法上,思政引导、基础强化、专业夯实、学科交叉、科教融合,践行了"信、知、行"三位一体的课程设计思路,实现了思政教育、知识传授、能力训练三大目标。

信——课程思政部分。通过引入我国知名学者与总师们的先进事迹与成果应用,培养学生热爱祖国、献身国防的爱国主义情怀,思政教育贯穿于整门课程的讲授。

知——基础理论部分。形成"工程问题—物理模型—数学方程建立求解—结论分析—工程问题"的体系化学习方法。强化学生从工程实践中凝练动力学模型的能力,剖析科研成果中蕴含的基础理论知识。

行——实践应用部分。为了建立传统教学中理论知识与船海领域工程实践紧密联系与映射,将团队参与的项目实践和工程案例融入课程教学中,在讲解理论时,以实际案例为基础,将工程问题用简单的理论知识来分析与解决。

在教学方式上,团队采用"以学生为中心"的"翻转课堂"教学思路,变革传统教学手段,采用"线上-线下混合式"教学模式:学生在线上 MOOC 平台上提前学习课程基础理论知识,完成线上作业与阶段测试;线下教师对学生反馈的重难点问题进行细化讲解,并进行演示实验与工程案例的分析;学生基于实际工程案例、前沿科学问题和在研项目等开展"分组研讨式"教学讨论。整个教学过程由学生主导,而教师主要起到引领与组织的作用,并为学生提供足够丰富的教学资源。

在考核方式上,团队针对"知识""能力""素质"的考核目标,提出贯穿教学过程的"综合能力"考核方法。制定了针对本课程的"P3S2"(P 表示 part;S 表示 score)考核评定体系以及相应的考核准则。

为了适应信息化教育的发展趋势,践行新工科教育理念,提高本科生专业课程教学水平,作者团队开展了"线上 + 线下"混合式教学改革实践,为新工科课程改革提供教学建议。"船舶与海洋工程结构动力学"MOOC 在线课程(图 0-6)自运行以来,受到了船舶与海洋工程专业学生的广泛关注,并获得了船海领域相关高校、科研院所的一致好评。2020 年,哈尔滨工程大学船舶学院的"船舶与海洋工程结构动力学"课程获评首批国家级"线上 + 线下"混合式一流本科生课程；2021 年，获评首批国家级课程思政示范课程、教学名师和团队；课程负责人，即本书的主编姚熊亮教授荣获黑龙江省教学名师称号；本教材也被列为工业和信息化部"十四五"规划教材。

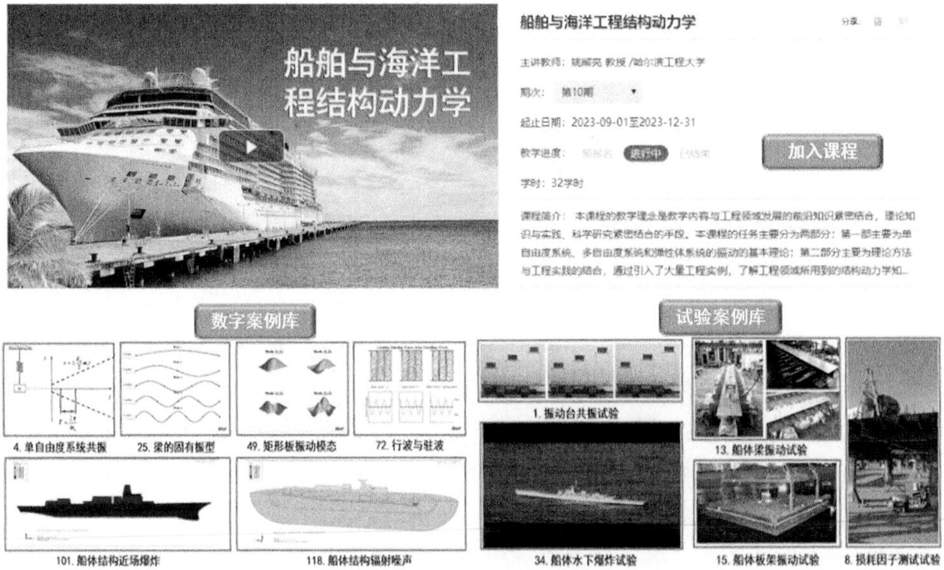

图 0-6　"船舶与海洋工程结构动力学"课程建设

希望读者朋友在学习本套教材的同时，能够应用线上平台对船舶与海洋工程结构动力学理论知识进行自主学习，同时了解舰艇减振降噪在我国国防领域发挥的重要作用，了解我国船舶与海洋工程领域中亟须解决的重要问题，以及我国海军装备发展的重要需求，进一步理解自身在国家国防事业发展中承担的责任。

1　单自由度系统振动

　　单自由度系统：用一个广义坐标就能描述系统的运动，是最简单的动力学物理模型，工程中很多振动问题可简化为单自由度系统的问题。单自由度系统的振动可以揭示振动现象的本质，它是一个力学分析模型，是多自由度系统振动及连续系统振动的基础，因此我们从单自由度系统的振动开始认识结构动力学理论。

　　工程中绝对的单自由度系统的模型是不常见的，但是单自由度系统物理模型简单，其反映的动力学性质清晰明了，计算方便，因此在工程实际中常被人们优先选为动力学分析的等效简化模型。例如，刚性安装在船体底部板架上的电动机与船体底部板架结构构成的系统，如图 1-1(a) 所示。在对船体底部板架结构进行结构动力学分析时，船体底部板架结构可以等效为弹性梁，电动机设备可以等效为一集中质量 M，如图 1-1(b) 所示。当考虑梁的分布质量 m 时，确定底部板架结构的空间位置需要无限多个广义坐标，但是由于电动机质量远大于底部板架质量，可忽略梁的质量，确定此系统在空间上的垂向位置仅需电动机 M 的位移即可，如图 1-1(c) 所示，则系统简化为单自由度系统。

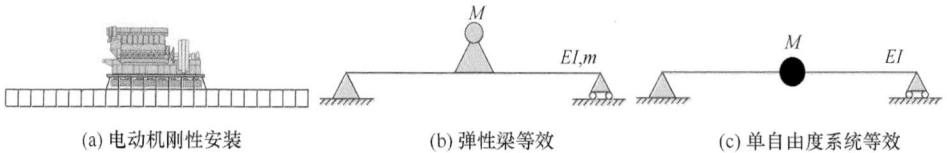

(a) 电动机刚性安装　　　　　　(b) 弹性梁等效　　　　　　(c) 单自由度系统等效

图 1-1　刚性安装发电机-船体底部板架系统的简化示意图

　　再如，弹性安装在船底板架结构上的往复发动机与船体底部板架结构构成的系统，如图 1-2(a) 所示。在研究发动机的垂向振动问题时，发动机可以等效为一集中质量 M，发动机底部安装隔振器，其可以简化为弹簧 k，底部板架结构同样可以等效为弹性梁，如图 1-2(b) 所示。当考虑底部梁时，发动机的运动与底部梁的运动息息相关，同样需要无限多个广义坐标，但是由于隔振器的刚度远小于底部板架结构的刚度，可忽略梁的刚度，直接将隔振器接地，如图 1-2(c) 所示，则系统简化为单自由度系统。

　　在进行系统的等效简化时，需要注意一些问题，如图 1-2 中，当考虑发动机的垂向振动时，可以进行上述单自由度系统等效简化，但是当考虑板架结构的运动时，上述等效简化显然是不正确的。当然，上述简化仅仅是初步的、近似的，实际上发动机除了上下振动外，还有其他方向的振动和摆动。此时进一步简化模

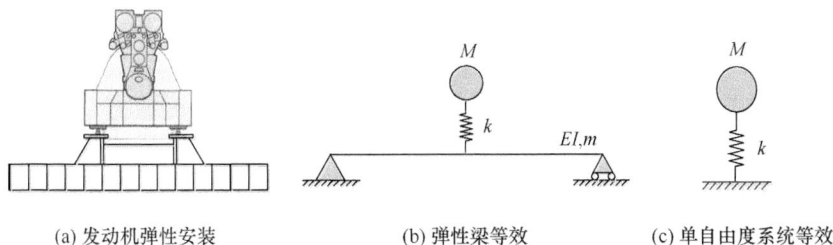

(a) 发动机弹性安装　　　　(b) 弹性梁等效　　　　(c) 单自由度系统等效

图 1-2　弹性安装发动机-船体底部板架系统的简化示意图

型就不是单自由度系统,而是多自由度系统。可见,系统的等效简化不是绝对的,而是因实际系统的复杂程度和计算要求的精度而异。其次,振动系统的各参数动态特性,严格地说都与系统的运动状态呈非线性的复杂关系,这就给振动的研究带来了极大的困难。工程实际中的振动,包括船体振动,大多都是微小的振动,因此可以将上述非线性关系加以线性化。

本书所探讨的问题满足以下假设:系统做微幅振动(简称微振动),即系统受到外界干扰后,系统各质点偏离静平衡位置,仅做微小的往复运动;系统在微幅振动过程中所承受的各种力只与位移、速度、加速度呈线性关系。

1.1　无阻尼自由振动

1.1.1　运动微分方程的建立方法

根据结构动力学分析过程,本节首先建立单自由度系统的物理模型。当不考虑系统的阻尼时,将系统称为无阻尼单自由度系统,该系统仅包含一个惯性元件和一个弹性元件,其物理模型如图 1-3 所示。

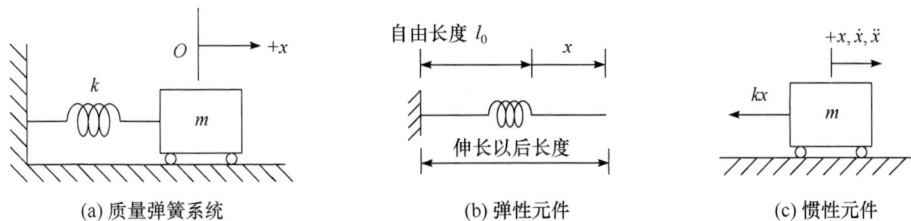

(a) 质量弹簧系统　　　　(b) 弹性元件　　　　(c) 惯性元件

图 1-3　无阻尼单自由度系统物理模型

然后,针对以上物理模型,建立描述系统运动的数学模型,即运动方程。可以运用牛顿第二定律建立系统的运动微分方程,具体步骤如下:

(1) 建立广义坐标系,描述系统中质量块的位置。

(2) 确定系统的静平衡位置,并以静平衡位置来描述振动位移的坐标原点。

(3) 给质量块一个正向位移、正向速度、正向加速度，使质量块位于坐标系的一般位置，对此时的质量块进行受力分析。

(4) 对质量块运用牛顿第二定律列方程。

牛顿第二定律：物体动量的变化量等于物体所受的合外力。若质量 m 是常量，则作用在质量块上的合外力等于质量乘以加速度。用方程表示如下：

$$F(t) = m\ddot{x} \tag{1-1}$$

对于无阻尼单自由度系统，当质量块相对平衡位置有 x 位移时，质量块受到的外力为弹簧元件的回复力 kx，受力简图如图 1-3 所示。由此可得到质量块的运动微分方程如下：

$$F(t) = -kx = m\ddot{x}$$

$$m\ddot{x} + kx = 0 \tag{1-2}$$

1. 扭振系统的运动微分方程

扭振：若刚体绕着某特定参考轴往复转动，对应弹性元件的扭转变形，则将这种运动称为扭振。

对于绕固定轴扭振的单自由度系统(以圆盘扭振为例)，其物理模型如图 1-4 所示。图中，θ、$\dot{\theta}$ 和 $\ddot{\theta}$ 分别为圆盘的角位移、角速度和角加速度；k_t 为杆的转动刚度；J 为系统的转动惯量。

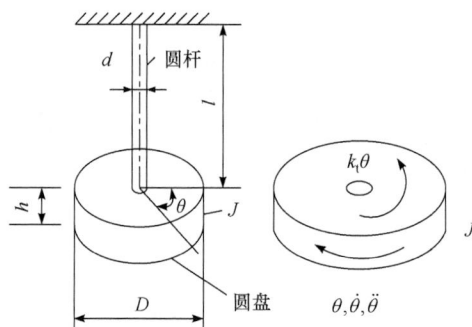

图 1-4 单自由度系统扭振物理模型

对于扭振系统，牛顿第二定律给出：

$$M(t) = J\ddot{\theta} \tag{1-3}$$

式中，$M(t)$ 为单自由度系统所受的合力矩；J 为系统的转动惯量；$\ddot{\theta}$ 为圆盘的角加速度。可根据式(1-3)建立扭振系统的运动微分方程，即

$$M(t) = -k_t\theta = J\ddot{\theta}$$

$$J\ddot{\theta} + k_t\theta = 0 \tag{1-4}$$

2. 重力对运动微分方程的影响

建立运动方程时发现，方程中并没有加入重力项，下面讨论在考虑单自由度系统的垂向运动问题时，重力是否会对运动方程的建立产生影响。如图 1-5 所示，设弹簧原长为 l_0，悬挂集中质量后伸长 δ。此时系统受到重力 $G = mg$ 的作用，弹簧的静伸长量为

$$\delta = \frac{mg}{k} \tag{1-5}$$

式中，g 为重力加速度。

设垂向位移为 x，原点 O 取在静平衡处，令 x、$\dot{x}$、$\ddot{x}$ 向下为正。根据牛顿第二定律，有

$$F(t) = -k(x + \delta) + mg = m\ddot{x} \tag{1-6}$$

由于 $mg = k\delta$，代入式(1-6)，有

$$m\ddot{x} + kx = 0 \tag{1-7}$$

由式(1-2)和式(1-7)可知，重力常数对在平衡位置附近振动的系统没有任何影响，只影响静力平衡的位置。因此，在建立平衡方程时，重力等常数值力对振动不产生影响，可看成在分离质量 m 上只承受弹性回复力与惯性力的作用。

1.1.2 运动微分方程的其他建立方法

1. 达朗贝尔原理

运动微分方程可以写为

$$F(t) - m\ddot{x} = 0 \tag{1-8}$$

$$M(t) - J\ddot{\theta} = 0 \tag{1-9}$$

如果把 $-m\ddot{x}$ 和 $-J\ddot{\theta}$ 看成力和力矩，那么

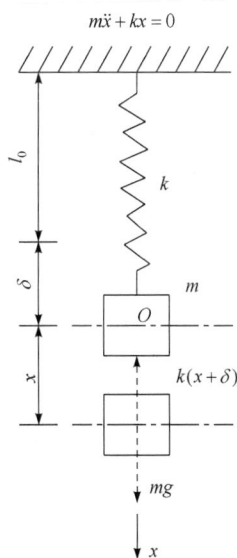

图 1-5 单自由度系统垂向振动模型

以上方程可以看成力和力矩的平衡方程。这个虚拟的力称为惯性力或惯性力矩。式(1-8)和式(1-9)所表示的这种形式的平衡方程称为动平衡方程，被称为达朗贝尔原理。无阻尼单自由度系统应用达朗贝尔原理得到的运动微分方程为

$$m\ddot{x} + kx = 0 \tag{1-10}$$

$$J\ddot{\theta} + k_t\theta = 0 \tag{1-11}$$

2. 虚位移原理

虚位移原理可以表述为：如果在一组力的作用下处于平衡状态的系统发生了一个虚位移，那么所有力所做的虚功的和为零。虚位移下的受力分析如图1-6所示。

虚位移：是指在约束允许条件下假想瞬时(与时间变化无关)的微小位移δx。

虚功：是指当质量块有虚位移δx时，系统所有力在虚位移上所做的功。对动力系统而言，包括惯性力所做的功。

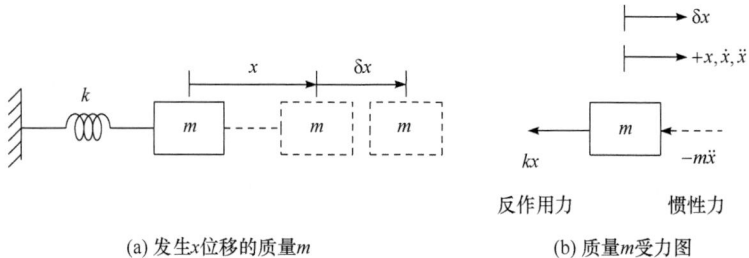

(a) 发生x位移的质量m　　　　　　(b) 质量m受力图

图 1-6　虚位移下的受力分析

对于无阻尼单自由度系统，弹性力所做的虚功$\delta W_s = -kx\delta x$，惯性力所做的虚功$\delta W_i = -m\ddot{x}\delta x$，令虚功之和等于零，可得

$$-m\ddot{x}\delta x - kx\delta x = 0 \tag{1-12}$$

因为虚位移可以是任意的微量，即$\delta x \neq 0$，所以由方程(1-12)可以得到单自由度系统的运动微分方程为

$$m\ddot{x} + kx = 0 \tag{1-13}$$

3. 能量守恒原理

如果一个系统没有由摩擦或其他消耗能量的非弹性元件引起的能量损耗，那么这个系统称为保守系统。如果该系统除了"有势力"(重力、弹性回复力)外，其他外力不做功，那么这个系统的总能量守恒(机械能守恒)。对于一个无阻尼的振动系统，由于质量块具有速度而储存了动能T，由于弹簧有弹性变形而具有弹性势能U，因此动能与势能之和为常量，即$T + U = $常量，或$\dfrac{d}{dt}(T + U) = 0$。

由于动能$T = \dfrac{1}{2}m\dot{x}^2$，势能$U = \dfrac{1}{2}kx^2$，代入$\dfrac{d}{dt}(T + U) = 0$可得

$$m\ddot{x} + kx = 0$$

1.1.3 运动微分方程的求解

下面介绍求解无阻尼单自由度系统的运动微分方程的步骤。

首先，假设运动方程的解为

$$x(t) = Ce^{st} \tag{1-14}$$

式中，C 和 s 为待定常数。将其代入方程(1-13)得

$$C(ms^2 + k) = 0 \tag{1-15}$$

C 不为 0，因此得

$$ms^2 + k = 0 \tag{1-16}$$

$$s = \pm\sqrt{-\frac{k}{m}} = \pm i\omega_n \tag{1-17}$$

式中，ω_n 为无阻尼单自由度系统的固有频率，$\omega_n = \sqrt{k/m}$。

方程(1-17)称为微分方程的特征方程，求得的 s 为该问题的特征值。因此，运动方程的通解可以表示为

$$x(t) = C_1 e^{i\omega_n t} + C_2 e^{-i\omega_n t} \tag{1-18}$$

式中，C_1、C_2 为常数。

将欧拉公式

$$e^{\pm i\alpha t} = \cos(\alpha t) \pm i\sin(\alpha t) \tag{1-19}$$

代入式(1-18)得

$$x(t) = C_1[\cos(\omega_n t) + i\sin(\omega_n t)] + C_2[\cos(\omega_n t) - i\sin(\omega_n t)] \tag{1-20}$$

设 $C_1 = C_{1R} + iC_{1I}, C_2 = C_{2R} + iC_{2I}$，代入式(1-20)得

$$x(t) = (C_{1R} + iC_{1I})[\cos(\omega_n t) + i\sin(\omega_n t)] + (C_{2R} + iC_{2I})[\cos(\omega_n t) - i\sin(\omega_n t)]$$

$$\begin{aligned} x(t) = &(C_{1R} + C_{2R})\cos(\omega_n t) - (C_{1I} - C_{2I})\sin(\omega_n t) \\ &+ i[(C_{1I} + C_{2I})\cos(\omega_n t) + (C_{1R} - C_{2R})\sin(\omega_n t)] \end{aligned} \tag{1-21}$$

$x(t)$ 为质量块的位移，是具有实际物理意义的量，因此式(1-21)虚部的系数必定为 0，即 $C_{1R} - C_{2R} = 0$，$C_{1I} + C_{2I} = 0$，于是得到

$$x(t) = 2C_{1R}\cos(\omega_n t) + 2C_{2I}\sin(\omega_n t) \tag{1-22}$$

设 $A_1 = 2C_{1R}, A_2 = 2C_{2I}$，得到

$$x(t) = A_1\cos(\omega_n t) + A_2\sin(\omega_n t) \tag{1-23}$$

式中，A_1、A_2 这两个常数可由系统的两个初始条件决定。确定这两个常数所需初

始条件的个数与运动微分方程的阶数相同。若位移 $x(t)$ 、速度 $\dot{x}(t)$ 在 $t=0$ 时的值分别为 x_0 和 $\dot{x}_0$ ，则由式(1-23)可得

$$\begin{cases} x(t=0) = A_1 = x_0 \\ \dot{x}(t=0) = \omega_n A_2 = \dot{x}_0 \end{cases} \tag{1-24}$$

为了方便分析系统的运动规律，其通解还可以写为

$$x(t) = A\sin(\omega_n t + \varphi) \tag{1-25}$$

其中，

$$\begin{cases} A = \sqrt{A_1^2 + A_2^2} = \sqrt{x_0^2 + \left(\dfrac{\dot{x}_0}{\omega_n}\right)^2} \\ \omega_n = \sqrt{\dfrac{k}{m}} \\ \varphi = \arctan\left(\dfrac{A_1}{A_2}\right) = \arctan\left(\dfrac{x_0 \omega_n}{\dot{x}_0}\right) \end{cases} \tag{1-26}$$

由于式(1-25)是时间的简谐函数，这样的振动规律称为简谐运动，在振动问题中可以用旋转矢量来表示简谐振动。为此引入一个半径为 A 的参考圆，有一质点 M 在此圆周上以匀角速度 ω_n 沿逆时针方向做匀速圆周运动(图 1-7)。可以看到，当点 M 做圆周运动时，它在 x 轴上的投影点 M' 在 x 轴上以圆心 O 为平衡位置做上下周期振动。开始($t=0$)时点 M 位于 M_0 ，矢量 $\boldsymbol{OM_0}$ 与 y 轴的夹角为 φ 。

经过时间 t 后，$\boldsymbol{OM_0}$ 转过角度 $\omega_n t$ ，点 M 在 x 轴上的投影点 M' 离平衡位置的距离为

$$x = |\boldsymbol{OM}|\sin(\omega_n t + \varphi) = A\sin(\omega_n t + \varphi) \tag{1-27}$$

求解式(1-27)可得到与式(1-26)同样的结果。以 x 轴为纵坐标，$\omega_n t$ 为横坐标，可得到点 M 的振动曲线。所得结果表明，单自由度系统中质量的自由振动

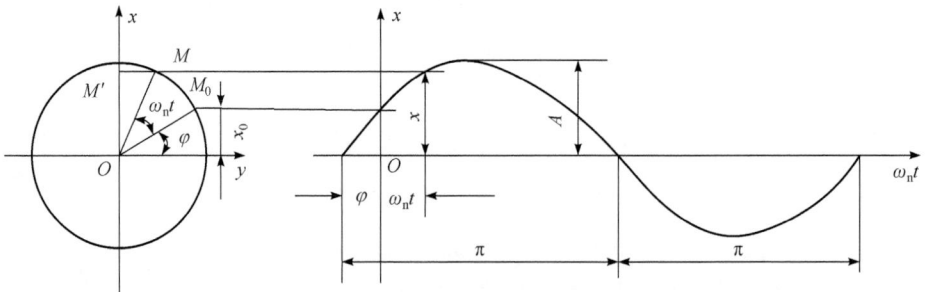

图 1-7　旋转矢量表示简谐振动

为简谐振动。

下面介绍振动的定义和术语。

振动循环：振动体从平衡位置(未受到干扰时所处的位置)沿一个方向运动到极限位置后回到平衡位置，再运动到另一个方向的极限位置，然后回到平衡位置，称为一个振动循环。

振幅：振动体距平衡位置最大位移称为振幅，用 A 表示，单位为米(m)。

振动周期：完成一个振动循环的时间称为振动周期，用 T 表示，单位为秒(s)。

振动频率：单位时间内完成的振动循环数称为振动频率，或简称频率，用 f 表示，单位为赫兹(Hz)，表达式为

$$f = \frac{1}{T} = \frac{\omega}{2\pi} \tag{1-28}$$

式中，ω 称为角频率，以区别频率 f。ω 表示旋转矢量做圆周运动时的角速度，其单位为弧度每秒(rad/s)。

相位角：考虑两个振动，即 $x_1 = A_1 \sin(\omega t)$，$x_2 = A_2 \sin(\omega t + \varphi)$。

当两个振动的角频率(角速度)相同时，这两个简谐运动称为同步振动。同步振动不需要有同样的振幅，并且在不同时刻达到极值，其运动可以用图 1-8 中的矢量表示。在图 1-8 中，矢量 $\boldsymbol{OP_2}$ 超前矢量 $\boldsymbol{OP_1}$ 一个角度 φ，这个角度称为相位角。这意味着第二个矢量提前 φ 达到最大值。

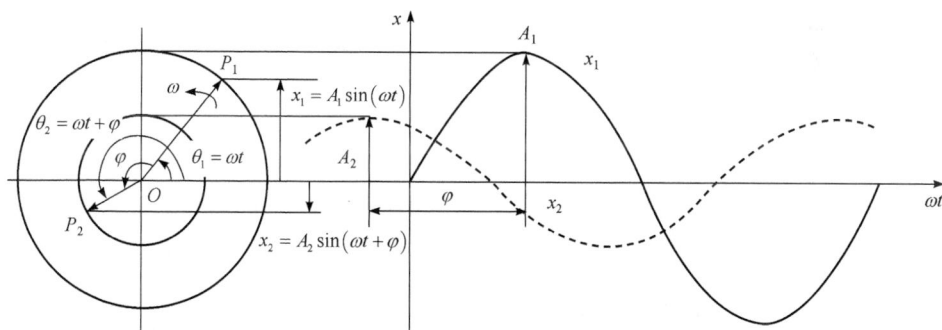

图 1-8　矢量相角差

固有频率：如果一个系统受到最初的扰动后不再受外界激励而振动(自由振动)，此时的振动频率 ω_n 称为固有频率。它取决于系统的固有性质(如式(1-17)所示，ω_n 只与系统的质量 m 及弹簧刚度 k 有关)，而与运动的初始条件无关，因此称为系统的固有频率，是表征振动系统固有性质的一个重要的特征值。

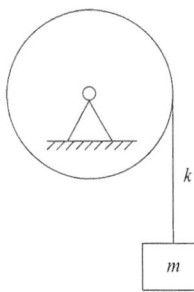

图 1-9　锚链系统示意图

例 1-1　某船锚链系统(图 1-9)下方锚的质量 $m = 5100\text{kg}$，以速度 $v = 3\text{m/s}$ 匀速下降，钢绞线的弹性系数 $k = 4000\text{kN/m}$，钢绞线自重不计，试求锚链系统上端突然被卡住时，锚的运动方程和钢绞线的最大张力(不考虑流体影响)。

解：锚和钢绞线构成的系统可以等效为一单自由度质量弹簧系统，固有频率为

$$\omega_n = \sqrt{\frac{k}{m}} = \sqrt{\frac{4000 \times 10^3}{5100}} = 28\text{rad/s}$$

运动的初始条件为

$$t = 0, \quad x_0 = 0, \quad \dot{x}_0 = v = 3\text{m/s}$$

故得振幅及初相位分别为

$$A = \sqrt{x_0^2 + \left(\frac{\dot{x}_0}{\omega_n}\right)^2} = \frac{300}{28} = 10.7\text{cm}$$

$$\varphi = \arctan\left(\frac{x_0 \omega_n}{\dot{x}_0}\right) = 0$$

于是锚的自由振动方程(单位为 cm)为

$$x = 10.7\sin(28t)$$

钢绞线的最大张力为

$$F_{\max} = k(\delta_{st} + A) = mg + kA = 478\text{kN}$$

由此可见，动张力约为静张力的 10 倍。要想减小动张力，以避免钢绞线的损坏，可以考虑通过降低锚的质量或者减小落锚的速度来实现。

1.1.4　固有频率的求解方法

固有频率是动力学系统内在本质的宏观表现，如前所述，它只与动力学系统的固有属性有关，而与初始条件及外载荷无关(但是非线性动力学除外)。固有频率与外载荷之间的相对关系直接关系到系统振动的强弱，所以在结构振动分析中，通常对结构系统的固有频率计算尤为关注。

系统的固有频率除了可用上述运动微分方程求得外，还可采用下列方法求得。

1. 应用静变形法求解系统的固有频率

对于质量在铅垂方向的直线运动，其固有频率可用简便的静伸长法(或称静

变形法)求得。由式(1-5)可得 $k = \dfrac{mg}{\delta}$ ，因此有

$$\omega_\mathrm{n} = \sqrt{\frac{k}{m}} = \sqrt{\frac{mg}{m\delta}} = \sqrt{\frac{g}{\delta}} \qquad (1\text{-}29)$$

在得到静伸长量后，即可求得自由振动的固有频率。振动周期为

$$T = \frac{2\pi}{\omega_\mathrm{n}} = 2\pi \Big/ \sqrt{\frac{k}{m}} = 2\pi\sqrt{\frac{\delta}{g}} \qquad (1\text{-}30)$$

工程上习惯用每秒振动的次数来表示频率，即

$$f = \frac{1}{T} = \frac{\omega_\mathrm{n}}{2\pi} = \frac{1}{2\pi}\sqrt{\frac{k}{m}} = \frac{1}{2\pi}\sqrt{\frac{g}{\delta}}$$

例 1-2　将船体板架结构等效为图 1-10 中的简支梁结构，船体板架上放有质量为 M 的发电机设备，求该简支梁的固有频率，梁的自重忽略不计。

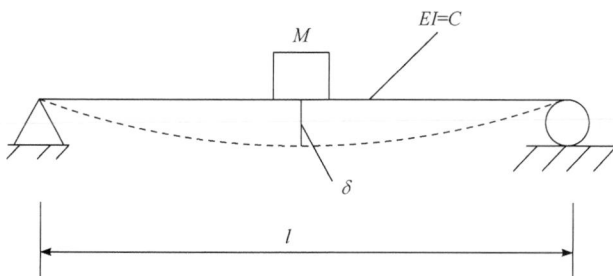

图 1-10　集中质量简支梁

解：由材料力学的公式，简支梁中点的挠度为

$$\delta = \frac{Mgl^3}{48EI}$$

因此，固有频率为

$$\omega_\mathrm{n} = \sqrt{\frac{g}{\delta}} = \sqrt{\frac{48EI}{Ml^3}}$$

2. 应用能量法求解系统的固有频率

对于较复杂的单自由度系统，可利用能量法来求解固有频率。弹簧质量 m 在振动时，它的速度是时刻变化的，通过平衡位置时速度最大，此时质量 m 的动能也最大。当质量离开平衡位置继续向前运动时，它就会受到和运动相反的弹性回复力的作用，这个力使它做减速运动，速度减小，动能也减小。在这个过程中，质量克服弹性回复力做功，动能转化为弹性势能而储存于弹簧内。质量达最

大位移停止前进后，弹性力迫使质量向平衡位置做加速运动，同时弹簧释放其弹性势能为质量的动能。随着速度的增大，动能也增大，当质量通过平衡位置时，弹性势能全部转化为动能。

当系统振动过程中质量在静力平衡位置时，势能为零，动能最大，因此有

$$U + T = \frac{1}{2} m \omega_n^2 A^2 = T_{max} \tag{1-31}$$

式中，A 为振幅。

质量在最大位移时，动能为零，势能最大，因此有

$$U + T = \frac{1}{2} k A^2 = V_{max} \tag{1-32}$$

于是计算系统频率的公式可写为

$$U_{max} = T_{max} \tag{1-33}$$

应用能量守恒定律，此两瞬时的能量应相等，故得

$$\frac{1}{2} m \omega_n^2 A^2 = \frac{1}{2} k A^2 \tag{1-34}$$

所以自由振动频率(系统的固有频率)为

$$\omega_n^2 = \frac{k}{m} \tag{1-35}$$

3. 等效系统及应用等效法确定系统的固有频率

利用能量法还可将一个复杂的系统化为一个简单的弹簧质量等效的系统。等效系统与真实系统的位移是等效的，且它们的动能与势能都相同，因此两者的固有频率也相同。

一般情况下，一个系统的等效弹簧质量系统确定步骤如下：

(1) 规定系统中某一个质点的位移作为等效系统中质量的位移(等效位移)。

(2) 根据真实系统的动能和势能分别与等效系统的动能和势能相等的条件，求出等效系统中的质量及弹簧刚度(由动能等效求等效质量 m_e，由势能等效求等效刚度 k_e)，于是真实结构的固有频率 ω_n 即可根据等效系统由式(1-36)决定：

$$\omega_n = \sqrt{\frac{k_e}{m_e}} \tag{1-36}$$

这种计算系统固有频率的方法即为等效法。

1) 串/并联弹簧的等效刚度

刚度为 k_1 和 k_2 的两个弹簧串联(图 1-11(a))，其等效刚度为

$$k_e = \frac{k_1 k_2}{k_1 + k_2} \tag{1-37}$$

刚度为 k_1 和 k_2 的两个弹簧并联(图 1-11(b))，其等效刚度为

$$k_e = k_1 + k_2 \tag{1-38}$$

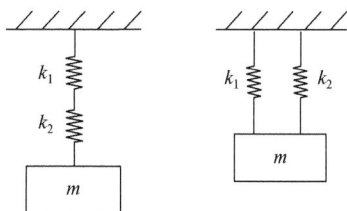

(a) 串联系统　　　(b) 并联系统

图 1-11　串/并联弹簧等效刚度

2) 简支梁的等效质量

在应用能量法时，首先根据判断，假定一根梁在横向振动时的挠度曲线，简支梁可假定为

$$y(x) = A\sin\left(\frac{\pi}{l}x\right) \tag{1-39}$$

即认为在振动时，梁的中点振幅为 A，梁上其他点的振幅按正弦曲线分布。若梁按简谐规律振动，则梁上各点的振动位移为

$$w(x,t) = A\sin\left(\frac{\pi}{l}x\right)\sin(\omega_n t + \varphi) \tag{1-40}$$

因此，梁上各点的速度分布为

$$\dot{w}(x,t) = A\omega_n \sin\left(\frac{\pi}{l}x\right)\cos(\omega_n t + \varphi) \tag{1-41}$$

系统动能最大值为

$$T_{max} = \frac{1}{2}\int_0^l \rho\left[A\sin\left(\frac{\pi x}{l}\right)\right]^2 \omega_n^2 \mathrm{d}x = \frac{mA^2\omega_n^2}{4} \tag{1-42}$$

式中，ρ 为梁的线密度；m 为梁的质量；l 为梁的长度。系统势能最大值为

$$U_{max} = \frac{1}{2}KA^2 = \frac{1}{2}\frac{48EI}{l^3}A^2 = \frac{24EIA^2}{l^3} \tag{1-43}$$

式中，E 为梁的弹性模量；I 为梁的截面惯性矩。

利用能量法求系统的固有频率，由 $U_{max} = T_{max}$，可得

$$\omega_n = \sqrt{\frac{48EI}{\left(\dfrac{m}{2}\right)l^3}} \tag{1-44}$$

因此，考虑分布质量的简支梁的等效质量为

$$m_e = \frac{1}{2}m \tag{1-45}$$

在例 1-2 计算固有频率问题中考虑板架结构的质量时，需要在固有频率计算公式中的质量项里增加 1/2 的板架等效质量。

3) 弹簧的等效质量

在图 1-12 所示的弹簧-质量系统中，弹簧原长为 l_0，单位长度质量(线密度)为 ρ。

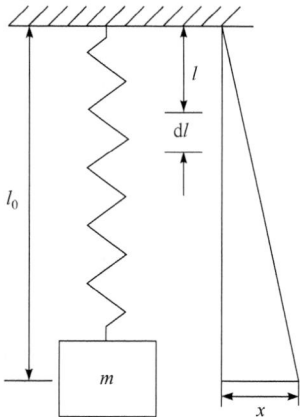

图 1-12 弹簧-质量系统

假定弹簧各个点的位移与不考虑其质量时一样，仍为均匀变化的，即弹簧上离悬点距离为 l 的截面位移为 $\frac{l}{l_0}x$，这里 x 是弹簧下端位移，即质量 m 偏离平衡位置的位移。

取一小段弹簧 dl，它的质量为 ρdl，运动速度为 $\frac{l}{l_0}\dot{x}$，因此弹簧动能为

$$T_{弹} = \frac{1}{2}\int_0^{l_0}\left(\frac{l}{l_0}\dot{x}\right)^2 \rho dl = \frac{1}{2}\left(\frac{1}{3}\rho l_0\right)\dot{x}^2 \tag{1-46}$$

系统的总动能为

$$T = \frac{1}{2}m\dot{x}^2 + \frac{1}{2}\left(\frac{1}{3}\rho l_0\right)\dot{x}^2 = \frac{1}{2}\left(m + \frac{1}{3}\rho l_0\right)\dot{x}^2 \tag{1-47}$$

系统的势能仍为

$$U = \frac{1}{2}kx^2 \tag{1-48}$$

利用能量法求系统的固有频率，由 $U_{max} = T_{max}$，可得

$$\omega_n^2 = \frac{k}{m + \dfrac{\rho l_0}{3}} \tag{1-49}$$

因此，考虑质量的弹簧的等效质量为

$$m_e = \frac{\rho l_0}{3} \tag{1-50}$$

1.2 有阻尼自由振动

1.2.1 阻尼的概念及分类

如前所述，实际的振动系统中总是存在阻尼的作用。阻尼是指系统振动受到阻滞而减弱的能量随运动时间逸散的作用，相应的作用力称为阻尼力。这种阻尼力与系统的运动同时发生，它的方向始终与系统中质点的运动方向相反。在实际系统中明确说明引起阻尼的原因是很困难的，按照阻尼的作用性质可以将阻尼分为外阻尼和内阻尼。外阻尼是由于系统与外界直接接触作用而产生的阻尼，内阻尼是由于系统自身内部原因而产生的阻尼。

1. 外阻尼

按照接触外界介质不同，外阻尼可以分为黏性阻尼和库仑阻尼，而黏性阻尼又可根据物体运动速度的不同分为线性黏性阻尼和非线性黏性阻尼。

1) 线性黏性阻尼

黏性阻尼是振动分析中最常用的阻尼模型。当系统与外界黏性流体(如润滑油)接触时，在速度不高的情况下产生黏性阻尼力，这种情况在机械振动中最普遍。它与接触面的材料无关，而与运动体的大小、形状及流体的黏性有关，并与振动体的运动速度成正比，方向与速度方向相反，即

$$f_\mathrm{d} = -c\dot{x} \tag{1-51}$$

式中，c 为黏性阻力系数，其大小取决于振动体的大小、形状和流体的黏性。这种黏性阻力力又可称为线性黏性阻力。又因为黏性阻力在数学上容易处理，所以一些非线性阻尼力往往化成等效的黏性阻尼力来求解。因此，当考虑振动问题时，提及的黏性阻尼均为线性黏性阻尼。

2) 非线性黏性阻尼

当系统与外界的黏性流体接触，且速度较高(3m/s 以上)，并在黏性较小的流体中运动时，产生与速度平方成正比的阻力，称为非线性黏性阻力。其方向也与速度的方向相反，即

$$f_\mathrm{d} = -b\dot{x}^2 \tag{1-52}$$

式中，b 为物体在流体中高速运动的阻尼常数。

3) 库仑或干摩擦阻尼

当系统与外界的固体相接触运动时，产生摩擦阻力，称为干摩擦阻力，也称为库仑阻尼。干摩擦阻力的方向与系统运动方向相反，大小取决于接触面间的正

压力 N 与干摩擦系数 μ，即

$$f_d = -\mu N \tag{1-53}$$

式中，干摩擦系数 μ 取决于接触面的材料与接触面的粗糙程度。

实验证明，系统启动所需要的力要比维持运动所需的力大，即静摩擦系数大于动摩擦系数。只要质量 m 上的作用力，即惯性力和弹簧回复力足以克服干摩擦阻力，干摩擦阻力的方向就与运动方向相反，大小保持不变。当这些作用力不足以克服干摩擦阻力时，运动就停止，其衰减与时间呈线性关系。

2. 内阻尼

按照系统内阻尼产生的原因，内阻尼又可分为材料内阻尼和结构内阻尼。

1) 材料内阻尼

当材料产生变形时，能量就会被材料吸收和损耗。当产生变形时，材料的内部平面之间会产生滑移或错位，因此内部平面之间的相互摩擦就会引起能量损耗。当一个具有材料阻尼的物体振动时，其应力-应变曲线是如图 1-13 所示的迟滞回线。该回路所围成的面积确定了由于阻尼的作用单位体积的物体在一个循环中损失的能量。这种能量的损耗仅与材料的性质有关，而与系统的结构形式和尺寸无关。

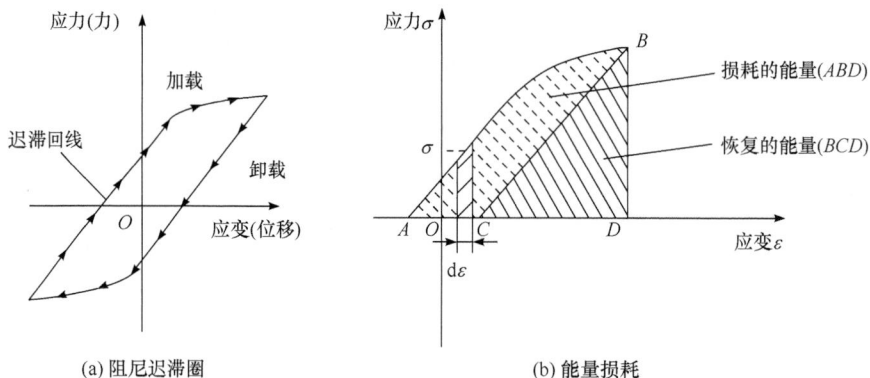

(a) 阻尼迟滞圈   (b) 能量损耗

图 1-13 应力-应变迟滞回线

2) 结构内阻尼

结构内阻尼是由系统本身的结构引起的。例如，在如图 1-14(a) 所示的结构中，三个板条梁被三个紧固件紧固在一起，当其自由端受集中力 P 作用时，结构发生弯曲变形，此时板条梁之间、板条梁与紧固件之间会产生滑动与摩擦，这使得集中力 P 和位移 x 之间的关系在力加载和卸载时完全不同，如图 1-14(b) 所示，形成了加载和卸载时力与位移关系的迟滞圈，与材料阻尼类似，迟滞圈表示系统

往复振动一次要克服阻尼力所消耗的能量。这种阻尼力主要是结构的非弹性阻尼力，即结构阻尼力。

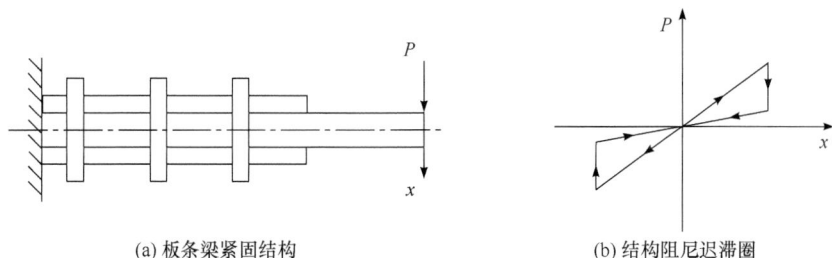

(a) 板条梁紧固结构　　　　　　　　(b) 结构阻尼迟滞圈

图 1-14　结构内阻尼原理

结构阻尼产生的本质是能量在结构中的扩散，结构形式的不同造成结构阻尼的特征也不同。例如，一维梁结构与二维板结构、三维体结构中的振动能量扩散形式存在很大的差异，因此其振动衰减特性也必然不同。再如，相同的结构在不同的频率下振动传播时，其振动衰减特征也不同，详细的内容可参照第 4 章中的波动部分，而振动的衰减最终都将反映到结构的阻尼上，这使得关于结构阻尼的讨论异常复杂。

通常情况下，结构形式越复杂，其结构内阻尼就越大。例如，板结构与板架结构相比，板结构的结构阻尼就小得多；焊接结构与铆接结构相比，焊接结构的结构阻尼就小得多；当船体中装有多种设备、机械及货物时，其结构阻尼就比空载时的阻尼大得多。

对船体结构来说，船体结构形式的复杂性导致船体的结构阻尼远大于船体的材料阻尼。在讨论内阻尼时，材料阻尼和结构阻尼往往是紧密耦合在一起的，很难分开讨论，因此当我们讨论船体阻尼时，指的就是由船体材料阻尼与结构阻尼共同作用的阻尼。船体振动通常讨论的都是线性振动问题，因此在考虑阻尼时一般也将阻尼进行线性等效化来考虑，通常采用线性黏性阻尼模型来表征系统的阻尼模型，即阻尼力的大小始终与速度的大小成正比。

1.2.2　黏性阻尼系统自由振动运动方程与求解

由于黏性阻尼容易进行数学处理，本节以黏性阻尼系统为例讨论阻尼对振动的影响。至于其他的非线性阻尼，可根据一个周期内能量耗散相等的条件化成等效线性阻尼系统来处理。

如图 1-15 所示的单自由度黏性阻尼系统的自由振动，根据牛顿第二定律，可以得到质量自由振动的微分方程为

$$m\ddot{x} + c\dot{x} + kx = 0 \tag{1-54}$$

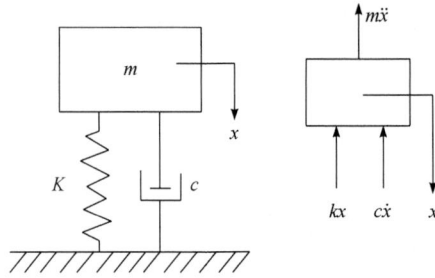

图 1-15　黏性阻尼系统振动物理模型

首先假设运动方程的解为

$$x(t) = Ce^{st}$$

可得到

$$s_{1,2} = \frac{-c \pm \sqrt{c^2 - 4mk}}{2m} = -\frac{c}{2m} \pm \sqrt{\left(\frac{c}{2m}\right)^2 - \frac{k}{m}} \tag{1-55}$$

所以运动方程的通解可以表示为

$$x(t) = C_1 e^{\left[-\frac{c}{2m} + \sqrt{\left(\frac{c}{2m}\right)^2 - \frac{k}{m}}\right]t} + C_2 e^{\left[-\frac{c}{2m} - \sqrt{\left(\frac{c}{2m}\right)^2 - \frac{k}{m}}\right]t} \tag{1-56}$$

式中，C_1、C_2 是两个任意的常数，可由系统的初始条件来确定。

临界阻尼系数：使式(1-55)中根式为零的阻尼系数称为临界阻尼系数，用 c_c 表示，表达式为

$$c_c = 2\sqrt{km} = 2m\omega_n \tag{1-57}$$

阻尼比：对于有阻尼系统，阻尼系数与临界阻尼系数的比值称为阻尼比，用 ζ 表示，表达式为

$$\zeta = \frac{c}{c_c} \tag{1-58}$$

因此，式(1-55)可写为

$$s_{1,2} = \left(-\zeta \pm \sqrt{\zeta^2 - 1}\right)\omega_n \tag{1-59}$$

通解可化为

$$x(t) = C_1 e^{\left(-\zeta + \sqrt{\zeta^2 - 1}\right)\omega_n t} + C_2 e^{\left(-\zeta - \sqrt{\zeta^2 - 1}\right)\omega_n t} \tag{1-60}$$

可见，特征根 s_1 和 s_2 的性质以及通解的特点取决于阻尼比的大小。当 $\zeta = 0$ 时，

就是无阻尼情形。因此，下面只考虑 $\zeta \neq 0$ 的情形。

1.2.3 不同阻尼比的解的讨论

1. 临界阻尼

在临界阻尼($\zeta = 1$ 或 $c = c_c$)情形下，方程的两个根相等，即

$$s_1 = s_2 = -\frac{c_c}{2m} = -\omega_n \qquad (1-61)$$

由于是重根，方程的通解为

$$x(t) = (C_1 + C_2 t)\mathrm{e}^{-\omega_n t} \qquad (1-62)$$

由初始条件 $x(t=0) = x_0$ 和 $\dot{x}(t=0) = \dot{x}_0$，可得常数 C_1 和 C_2 为

$$\begin{cases} C_1 = x_0 \\ C_2 = \dot{x}_0 + \omega_n x_0 \end{cases} \qquad (1-63)$$

因此通解为

$$x(t) = [x_0 + (\dot{x}_0 + \omega_n x_0)t]\mathrm{e}^{-\omega_n t} \qquad (1-64)$$

可以看出，临界阻尼下的运动是非周期的，当 $t \to \infty$ 时，$\mathrm{e}^{-\omega_n t} \to 0$，因此该运动会最终消失。

2. 过阻尼

在过阻尼($\zeta > 1$ 或 $c > c_c$)情形下，方程有两个不等实根，即

$$\begin{cases} s_1 = \left(-\zeta + \sqrt{\zeta^2 - 1}\right)\omega_n < 0 \\ s_2 = \left(-\zeta - \sqrt{\zeta^2 - 1}\right)\omega_n < 0 \end{cases} \qquad (1-65)$$

方程的通解为

$$x(t) = C_1 \mathrm{e}^{\left(-\zeta + \sqrt{\zeta^2-1}\right)\omega_n t} + C_2 \mathrm{e}^{\left(-\zeta - \sqrt{\zeta^2-1}\right)\omega_n t} \qquad (1-66)$$

由初始条件 $x(t=0) = x_0$ 和 $\dot{x}(t=0) = \dot{x}_0$，可得常数 C_1 和 C_2 为

$$\begin{cases} C_1 = \dfrac{x_0 \omega_n \zeta + \sqrt{\zeta^2 - 1} + \dot{x}_0}{2\omega_n \sqrt{\zeta^2 - 1}} \\[4mm] C_2 = \dfrac{-x_0 \omega_n \zeta - \sqrt{\zeta^2 - 1} - \dot{x}_0}{2\omega_n \sqrt{\zeta^2 - 1}} \end{cases} \qquad (1-67)$$

与临界阻尼类似，过阻尼系统下的运动同样不会是周期运动，因为 s_1 和 s_2 均为负数，所以运动将会随着时间按指数规律衰减，当 $t \to \infty$ 时，运动会最终消失。不同的初始条件下趋向于平衡位置的方式也不同，如图 1-16 所示，可看成临界阻尼或过阻尼系统的运动情况。

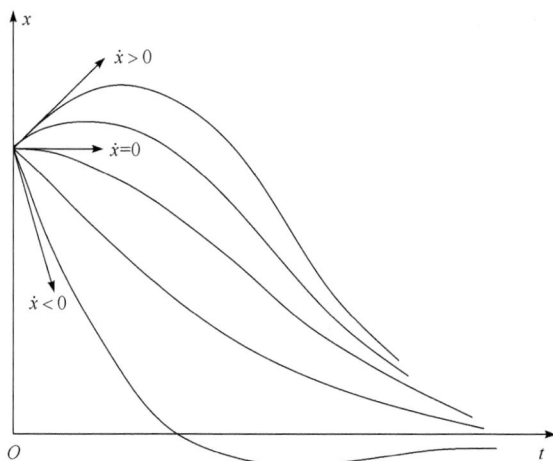

图 1-16　临界阻尼与过阻尼的振动衰减特征

3. 欠(小)阻尼

在欠(小)阻尼（$\zeta < 1$ 或 $c < c_c$）情形下，方程有两个不等复数根，即

$$\begin{cases} s_1 = \left(-\zeta + \mathrm{i}\sqrt{1-\zeta^2}\right)\omega_n \\ s_2 = \left(-\zeta - \mathrm{i}\sqrt{1-\zeta^2}\right)\omega_n \end{cases} \tag{1-68}$$

方程的通解为

$$\begin{aligned} x(t) &= C_1 \mathrm{e}^{\left(-\zeta + \mathrm{i}\sqrt{1-\zeta^2}\right)\omega_n t} + C_2 \mathrm{e}^{\left(-\zeta - \mathrm{i}\sqrt{1-\zeta^2}\right)\omega_n t} \\ &= \mathrm{e}^{-\zeta\omega_n t}\left(C_1 \mathrm{e}^{\mathrm{i}\sqrt{1-\zeta^2}\omega_n t} + C_2 \mathrm{e}^{-\mathrm{i}\sqrt{1-\zeta^2}\omega_n t}\right) \end{aligned} \tag{1-69}$$

令 $\omega_d = \sqrt{1-\zeta^2}\,\omega_n$，$\omega_d$ 称为阻尼振动固有频率；$T_d = \dfrac{2\pi}{\sqrt{1-\zeta^2}\,\omega_n}$，$T_d$ 称为阻尼振动周期。

图 1-17 表示阻尼比与固有频率比值之间的关系，大多数结构的阻尼比通常在 0.2 以内，在这个范围内有阻尼系统与无阻尼系统的固有频率的比值接近 1，因此工程上常用无阻尼系统的固有频率代替有阻尼系统的固有频率。

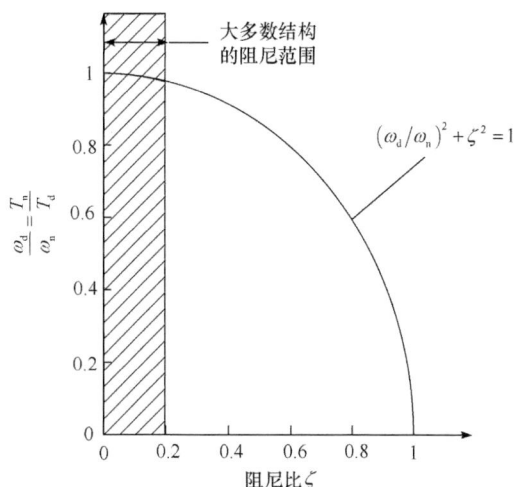

图 1-17　有阻尼与无阻尼固有频率关系

可以看出，有阻尼自由振动的频率 ω_d 总小于无阻尼自由振动的固有频率 ω_n，有阻尼振动频率随着阻尼的增大而减小，有阻尼振动周期随着阻尼的增大而增大。

方程的通解可继续表示为

$$x(t) = e^{-\zeta\omega_n t}\left(C_1 e^{i\sqrt{1-\zeta^2}\,\omega_n t} + C_2 e^{-i\sqrt{1-\zeta^2}\,\omega_n t}\right) = e^{-\zeta\omega_n t}\left[A_1\cos(\omega_d t) + A_2\sin(\omega_d t)\right]$$

$$= A e^{-\zeta\omega_n t}\sin(\omega_d t + \varphi) \tag{1-70}$$

由初始条件 $x(t=0)=x_0$ 和 $\dot{x}(t=0)=\dot{x}_0$，可得常数 A_1 和 A_2 为

$$\begin{cases} A_1 = x_0 \\ A_2 = \dfrac{\dot{x}_0 + \zeta\omega_n x_0}{\sqrt{1-\zeta^2}\,\omega_n} \end{cases} \tag{1-71}$$

常数 A 和 φ 的表达式为

$$\begin{cases} A = \sqrt{A_1^2 + A_2^2} \\ \varphi = \arctan\left(\dfrac{A_1}{A_2}\right) \end{cases} \tag{1-72}$$

式(1-70)与无阻尼自由振动的解类似，具有振动的周期特性。质点在平衡位置附近做往复运动，但因 $e^{-\zeta\omega_n t}$ 的值随着时间的增加而迅速减小，所以质点偏离其平衡位置的最大距离也迅速减小。这种因振动系统受到阻尼力作用造成能量损失而使振幅逐渐减小的振动称为衰减振动，也称为有阻尼自由振动，振动情况如图 1-18 所示。由图可见，质点偏离其平衡位置的距离被限制在 $x = A e^{-\zeta\omega_n t}$ 及

$x = -A\mathrm{e}^{-\zeta\omega_n t}$ 两曲线之间。

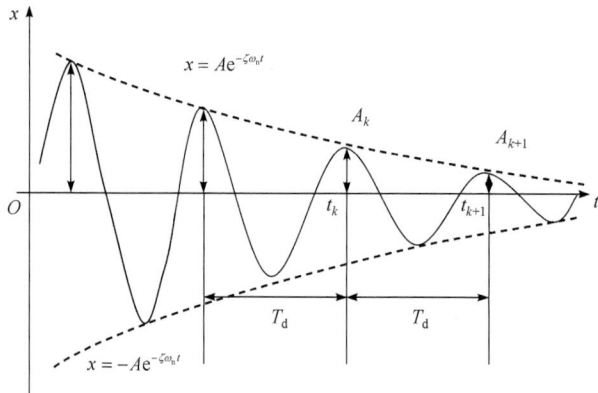

图 1-18　欠阻尼系统振动特征

综合比较以上不同运动情形可以看出，随着阻尼的引入与增加，系统的运动发生了从量变到质变的过程。从无阻尼系统的简谐振动，到欠阻尼系统的衰减振动，再到临界阻尼系统，振动能量在一个周期内消耗完毕，系统丧失了振动的运动特征；到过阻尼系统，随着阻尼的增大，系统运动频率降低，系统回复到平衡位置的时间变长，如图 1-19 所示。可见，$\zeta=1$(临界阻尼)是一个转折点，这个点作为系统振动与衰减运动的分界线。

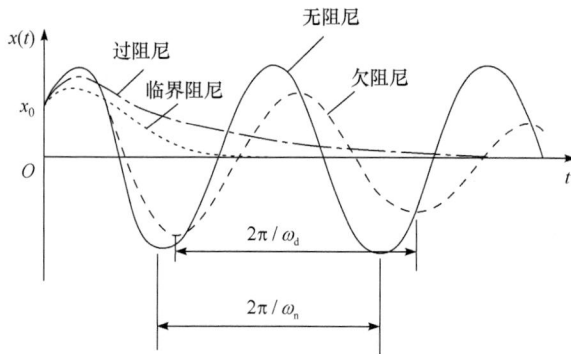

图 1-19　不同阻尼比振动特征对比

在临界阻尼与大阻尼系统下，系统不再具备振动特征，因此在结构动力学中主要讨论欠阻尼系统的振动情况。

一般工程结构中阻尼较小，通常 $\zeta < 0.2$，可见，阻尼对自由振动的频率和周期的影响不大，但阻尼对振幅的影响相当显著。在实际情况中，阻尼的存在使自由振动的振幅很快减小。此外，还可以根据系统振幅衰减的快慢来计算系统的阻尼特性。下面给出几种工程中常见的表示阻尼特性的参数和计算方法。

1.2.4 描述阻尼特性的其他参数和方法

1. 对数衰减系数

对数衰减系数：用于表示有阻尼自由振动衰减快慢的物理量。它定义为任意两个相邻振幅之比的自然对数。设在振动中任一次(如第 m 次)的振幅为 $x_m = Ae^{-\zeta\omega_n t_m}$，则经过一个周期后，振幅减小到 $x_{m+1} = Ae^{-\zeta\omega_n(t_m + T_d)}$，两振幅之比称为阻尼振动的衰减系数：

$$\frac{x_m}{x_{m+1}} = \frac{Ae^{-\zeta\omega_n t_m}}{Ae^{-\zeta\omega_n(t_m + T_d)}} = e^{\zeta\omega_n T_d} \tag{1-73}$$

即振幅按等比级数递减。通常用它的对数，即对数衰减系数来表征振幅递减的速率：

$$\delta = \ln\frac{x_m}{x_{m+1}} = \zeta\omega_n T_d = \zeta\omega_n \frac{2\pi}{\sqrt{1-\zeta^2}\,\omega_n} = \frac{2\pi\zeta}{\sqrt{1-\zeta^2}} = \frac{2\pi}{\omega_d}\frac{c}{2m} \tag{1-74}$$

对于小阻尼($\zeta \ll 1$)的情况，对数衰减系数可近似为

$$\delta \approx 2\pi\zeta, \quad \zeta \ll 1 \tag{1-75}$$

系统的阻尼通常是通过试验测量的方法得到的。通过测量相差一个周期的两个相邻振幅 x_1 和 x_2，对 x_1 和 x_2 比值取自然对数即可得到对数衰减系数的大小，并计算出阻尼比 ζ，也可以通过测量相差任意整数个周期的两个位移来求得，如 x_1 和 x_{m+1} 分别代表 t_1 和 t_{m+1} 时刻的振幅，则

$$\frac{x_1}{x_{m+1}} = \frac{x_1}{x_2}\frac{x_2}{x_3}\frac{x_3}{x_4}\cdots\frac{x_m}{x_{m+1}} = e^{m\zeta\omega_n T_d} \tag{1-76}$$

对数衰减系数为

$$\delta = \frac{1}{m}\ln\frac{x_1}{x_{m+1}} \tag{1-77}$$

2. 阻尼比容和损耗因子

对于黏性阻尼系统，能量随时间的变化率(dW/dt)等于阻尼力 f_d 与速度 v 的乘积：

$$\frac{dW}{dt} = f_d v = -cv^2 = -c\dot{x}^2 \tag{1-78}$$

式(1-78)中的负号说明，随着时间的延续，能量在不断损耗。假设系统(稳态)运动为 $x(t) = A\sin(\omega_d t)$，其中 A 为该运动的振幅，则该系统在一个周期内消耗的能量(阻尼力做功)为

$$\Delta W = \int_0^{2\pi/\omega_d} c\left(\frac{\mathrm{d}x}{\mathrm{d}t}\right)^2 \mathrm{d}t = \int_0^{2\pi/\omega_d} cA^2\omega_d \cos(\omega_d t)\mathrm{d}(\omega_d t) = c\pi\omega_d A^2 \tag{1-79}$$

假设系统是在做振幅相同的稳态振动，因此在一个周期内弹性力做功为 0。系统的能量可以用最大势能或最大动能表示，即

$$W = \frac{1}{2}kA^2 = \frac{1}{2}m\omega_d^2 A^2 \tag{1-80}$$

阻尼比容(能量耗散比)：系统在一个周期内消耗的能量与系统的能量的比值，即

$$\mu = \frac{\Delta W}{W} = \frac{c\pi\omega_d A^2}{\frac{1}{2}m\omega_d^2 A^2} = 2\left(\frac{2\pi}{\omega_d}\right)\left(\frac{c}{2m}\right) = 2\delta \approx 4\pi\zeta = 常数 \tag{1-81}$$

损耗因子：表征工程中阻尼时常用的参数，定义为每弧度所消耗的能量与系统总能量的比，即

$$\eta = \frac{\Delta W}{W}\big/(2\pi) = 2\zeta \tag{1-82}$$

3. 其他阻尼参数

包括以上参数，描述结构或材料阻尼的特性参数至少有 13 个[8]，各参数的意义及关系如表 1-1 和表 1-2 所示。

3dB 带宽：是指功率谱密度的最高点下降到 1/2 时界定的频率范围。

阻尼频率：有阻尼振动固有频率。

品质因子：每弧度系统稳定能量和向外界所提供能量的比例，可以看成损耗因子的倒数。

衰减常数：是传输常数之一，表示电磁波或电信号传输过程中振幅或功率衰减的参数。

时间常数：是指幅值衰减到原来的 1/e 所需要的时间。

混响时间：声源停止发声后，声压级减少 60dB 所需要的时间。

衰减率：是指每经过一个波动周期，波动幅值减少的百分数，即同方向的两个相邻波的前一个波幅减去后一个波幅之差与前一个波幅的比值。

损耗角正切：与损耗因子的概念相似，表征每个周期内介质损耗能量与储存能量的比值。

表 1-1　描述阻尼特性参数表 1

	3dB带宽 $\Delta\omega$/(rad/s)	3dB带宽 Δf/Hz	阻尼频率 f_d/Hz	损耗因子 η	阻尼比 ζ	品质因子 Q
3dB带宽 $\Delta\omega$/(rad/s)	—	$\Delta\omega = 2\pi\Delta f$	$\Delta\omega = 4\pi f_d$	$\Delta\omega = \omega_n\eta$	$\Delta\omega = 2\omega_n\zeta$	$\Delta\omega = 2\omega_n/Q$
3dB带宽 Δf/Hz	$\Delta f = \Delta\omega/(2\pi)$	—	$\Delta f = 2f_d$	$\Delta f = \omega_n\eta/(2\pi)$	$\Delta f = \omega_n\zeta/\pi$	$\Delta f = \omega_n/(2\pi Q)$
阻尼频率 f_d/Hz	$f_d = \Delta\omega/(4\pi)$	$f_d = \Delta f/2$	—	$f_d = \omega_n\eta/(4\pi)$	$f_d = \omega_n\zeta/(2\pi)$	$f_d = \omega_n/(4\pi Q)$
损耗因子 η	$\eta = \Delta\omega/\omega_n$	$\eta = 2\pi\Delta f/\omega_n$	$\eta = 4\pi f_d/\omega_n$	—	$\eta = 2\zeta$	$\eta = 1/Q$
阻尼比 ζ	$\zeta = \Delta\omega/(2\omega_n)$	$\zeta = \pi\Delta f/\omega_n$	$\zeta = 2\pi f_d/\omega_n$	$\zeta = \eta/2$	—	$\zeta = 1/(2Q)$
品质因子 Q	$Q = 2\omega_n/\Delta\omega$	$Q = \omega_n/(2\pi\Delta f)$	$Q = \omega_n/(4\pi f_d)$	$Q = 1/\eta$	$Q = 1/(2\zeta)$	—
衰减常数 σ/s^{-1}	$\sigma = \Delta\omega/2$	$\sigma = \pi\Delta f$	$\sigma = 2\pi f_d$	$\sigma = \omega_n\eta/2$	$\sigma = \omega_n\zeta$	$\sigma = \omega_n/(2Q)$
时间常数 τ/s	$\tau = 2/\Delta\omega$	$\tau = 1/(\pi\Delta f)$	$\tau = 1/2\pi f_d$	$\tau = 2/(\omega_n\eta)$	$\tau = 1/(\omega_n\zeta)$	$\tau = 2Q/\omega_n$
混响时间 RT_{60}/s	$RT_{60}=13.8/\Delta\omega$	$RT_{60}=2.2/\Delta f$	$RT_{60}=1.1/f_d$	$RT_{60}=13.8/(\omega_n\eta)$	$RT_{60}=6.9/(\omega_n\zeta)$	$RT_{60}=13.8Q/\omega_n$
衰减率 D/(dB/s)	$D = 4.34\Delta\omega$	$D = 27.3\Delta f$	$D = 56.4f_d$	$D = 4.34\omega_n\eta$	$D = 8.68\omega_n\zeta$	$D = 4.34\omega_n/Q$
对数衰减 δ	$\delta = \pi\Delta\omega/\omega_n$	$\delta = 2\pi^2\Delta f/\omega_n$	$\delta = 4\pi^2 f_d/\omega_n$	$\delta = \pi\eta$	$\delta = 2\pi\zeta$	$\delta = \pi/Q$
损耗角正切 $\tan\Psi$	$\tan\Psi = \Delta\omega/\omega_n$	$\tan\Psi = 2\pi\Delta f/\omega_n$	$\tan\Psi = 4\pi f_d/\omega_n$	$\tan\Psi = \eta$	$\tan\Psi = 2\zeta$	$\tan\Psi = 1/Q$
能量耗散比 μ	$\mu = 2\pi\Delta\omega/\omega_n$	$\mu = 4\pi^2\Delta f/\omega_n$	$\mu = 8\pi^2 f_d/\omega_n$	$\mu = 2\pi\eta$	$\mu = 4\pi\zeta$	$\mu = 2\pi/Q$

注：ω_n 为固有频率，$\omega_n = 2\pi f_n$。

表 1-2　描述阻尼特性参数表 2

参数	衰减常数 σ /s^{-1}	时间常数 τ/s	混响时间 RT$_{60}$ /s	衰减率 D /(dB/s)	对数衰减率 δ
3dB 带宽 $\Delta\omega$ /(rad/s)	$\Delta\omega = 2\sigma$	$\Delta\omega = 2/\tau$	$\Delta\omega = 13.8/\mathrm{RT}_{60}$	$\Delta\omega = D/4.34$	$\Delta\omega = \omega_n\delta/\pi$
3dB 带宽 Δf/Hz	$\Delta f = \sigma/\pi$	$\Delta f = 1/(\pi\tau)$	$\Delta f = 2.2/\mathrm{RT}_{60}$	$\Delta f = D/27.3$	$\Delta f = \omega_n\delta/(2\pi^2)$
阻尼频率 f_d /Hz	$f_d = \sigma/(2\pi)$	$f_d = 1/(2\pi\tau)$	$f_d = 1.1/\mathrm{RT}_{60}$	$f_d = D/56.4$	$f_d = \omega_n\delta/(4\pi^2)$
损耗因子 η	$\eta = 2\sigma/\omega_n$	$\eta = 2/(\omega_n\tau)$	$\eta = 13.8/(\omega_n\mathrm{RT}_{60})$	$\eta = D/(4.34\omega_n)$	$\eta = \delta/\pi$
阻尼比 ζ	$\zeta = \sigma/\omega_n$	$\zeta = 1/(\omega_n\tau)$	$\zeta = 6.9/(\omega_n\mathrm{RT}_{60})$	$\zeta = D/(8.68\omega_n)$	$\zeta = \delta/(2\pi)$
品质因子 Q	$Q = \omega_n/(2\sigma)$	$Q = \omega_n\tau/2$	$Q = \omega_n\mathrm{RT}_{60}/13.8$	$Q = 4.34\omega_n/D$	$Q = \pi/\delta$
衰减常数 σ /s^{-1}	—	$\sigma = 1/\tau$	$\sigma = 6.9/\mathrm{RT}_{60}$	$\sigma = D/8.68$	$\sigma = \omega_n\delta/(2\pi)$
时间常数 τ/s	$\tau = 1/\sigma$	—	$\tau = \mathrm{RT}_{60}/6.9$	$\tau = 8.68/D$	$\tau = 2\pi/(\omega_n\delta)$
混响时间 RT$_{60}$ /s	$\mathrm{RT}_{60} = 6.9/\sigma$	$\mathrm{RT}_{60} = 6.9\tau$	—	$\mathrm{RT}_{60} = 60/D$	$\mathrm{RT}_{60} = 43.4/(\omega_n\delta)$
衰减率 D/(dB/s)	$D = 8.68\sigma$	$D = 8.68/\tau$	$D = 60/\mathrm{RT}_{60}$	—	$D = 1.38\omega_n\delta$
对数衰减率 δ	$\delta = 2\pi\sigma/\omega_n$	$\delta = 2\pi/(\omega_n\tau)$	$\delta = 43.4/(\mathrm{RT}_{60}\omega_n)$	$\delta = \pi D/(4.34\omega_n)$	—
损耗角正切 $\tan\Psi$	$\tan\Psi = 2\sigma/\omega_n$	$\tan\Psi = 2/(\omega_n\tau)$	$\tan\Psi = 13.8/(\mathrm{RT}_{60}\omega_n)$	$\tan\Psi = D/(4.34\omega_n)$	$\tan\Psi = \delta/\pi$
能量耗散比 μ	$\mu = 4\pi\sigma/\omega_n$	$\mu = 4\pi/(\omega_n\tau)$	$\mu = 86.8/(\mathrm{RT}_{60}\omega_n)$	$\mu = \pi D/(2.17\omega_n)$	$\mu = 2\delta$

注：ω_n 为固有频率，$\omega_n = 2\pi f_n$。

1.3 无阻尼强迫振动

实际的振动总是有阻尼力作用，振动的机械能不断转化为其他形式的能量 (如热能和声能)而耗散掉，如果不给予能量补充，经过一段时间后，振动就会停止。因此，振动要持续下去，就必须有外部的激励对系统做功，输入能量以弥补阻尼所消耗的能量，这样系统的振动才不会停止。

工程中所见的持续振动，如船舶振动，就是属于系统在外界激励作用下的振动。计算强迫振动的目的在于寻求系统在外界激励作用下的动力响应，即它的振动位移、速度、加速度以及由此所确定的构件中的动应力等有关参数，确定这些参数随时间的变化规律，从而求出其最大值作为设计的依据。因此，可以说研究强迫振动是结构动力计算的基本任务。

1.3.1 简谐激励载荷强迫振动运动方程与求解

我们把外界的激励称为对系统的"输入"，而把响应称为系统的"输出"。通常外界的激励可以分为两种：一种是外界的干扰力 $P(t)$ ，如图 1-20(a) 所示；另一种是系统支座的运动 $y(t)$ ，如图 1-20(b) 所示。

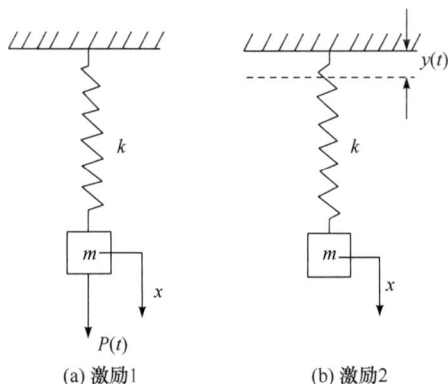

(a) 激励1   (b) 激励2

图 1-20　外界的激励载荷形式

1. 简谐激励力强迫振动

下面就系统在一种最简单周期性干扰力即简谐干扰力作用下的响应进行讨论。假定质量 m 受到的力为周期性干扰力中最简单的简谐干扰力，即

$$P(t) = P_0 \sin(\omega t) \tag{1-83}$$

式中，P_0 为干扰力的幅值；ω 为干扰力的频率。

取 x 为自平衡位置算起的质量的位移，则任一瞬时的质量运动方程为

$$m\ddot{x} + kx = P_0 \sin(\omega t) \tag{1-84}$$

$$\ddot{x} + \omega_\mathrm{n}^2 x = \frac{P_0}{m}\sin(\omega t) \tag{1-85}$$

式(1-85)就是单自由度系统在简谐干扰力作用下的强迫振动微分方程，它的解由齐次解和特解两部分组成。齐次解就是自由振动的解，即

$$x_1 = A_1 \cos(\omega_\mathrm{n} t) + A_2 \sin(\omega_\mathrm{n} t) \tag{1-86}$$

而特解可以写成下面的形式：

$$x_2 = B\sin(\omega t) \tag{1-87}$$

将式(1-87)代入式(1-84)可得

$$B(k - m\omega^2)\sin(\omega t) = P_0 \sin(\omega t) \tag{1-88}$$

$$B = \frac{x_\mathrm{st}}{1 - \left(\dfrac{\omega}{\omega_\mathrm{n}}\right)^2} \tag{1-89}$$

式中，x_st 为弹簧在静力 P_0 作用下的静位移，$x_\mathrm{st} = \dfrac{P_0}{k}$，故式(1-84)的一般解为

$$x = A_1 \cos(\omega_\mathrm{n} t) + A_2 \sin(\omega_\mathrm{n} t) + \frac{x_\mathrm{st}}{1 - \left(\dfrac{\omega}{\omega_\mathrm{n}}\right)^2}\sin(\omega t) \tag{1-90}$$

式中，常数 A_1、A_2 由系统的初始条件确定。设初始条件 $x(0) = x_0, \dot{x}(0) = \dot{x}_0$，可以求得

$$\begin{cases} A_1 = x_0 \\ A_2 = \dfrac{\dot{x}_0}{\omega_\mathrm{n}} - \dfrac{x_\mathrm{st}}{1 - \left(\dfrac{\omega}{\omega_\mathrm{n}}\right)^2}\dfrac{\omega}{\omega_\mathrm{n}} \end{cases} \tag{1-91}$$

代入式(1-90)，得

$$x = x_0 \cos(\omega_\mathrm{n} t) + \frac{x_0}{\omega_\mathrm{n}}\sin(\omega_\mathrm{n} t) - \frac{x_\mathrm{st}}{1 - \left(\dfrac{\omega}{\omega_\mathrm{n}}\right)^2}\frac{\omega}{\omega_\mathrm{n}}\sin(\omega_\mathrm{n} t) + \frac{x_\mathrm{st}}{1 - \left(\dfrac{\omega}{\omega_\mathrm{n}}\right)^2}\sin(\omega t) \tag{1-92}$$

式(1-92)等号右边的前两项是按照固有频率振动的自由振动项，当 $x_0 = \dot{x}_0 = 0$ 时，这些振动将不发生；第三项也是按照固有频率振动的自由振动项，但其

与初始条件无关，在任何初始条件下它总是伴随强迫振动而出现，称为伴随的自由振动(伴随振动)；第四项即特解，称为稳态的强迫振动，也是在求解系统响应时最为关注的运动，即

$$x(t) = \frac{x_{\mathrm{st}}}{1 - \left(\dfrac{\omega}{\omega_{\mathrm{n}}}\right)^2} \sin(\omega t) \tag{1-93}$$

前三项(自由振动)的频率为系统的固有频率，第四项(强迫振动)的频率为激励力频率。因此，系统的总响应也可表示为

$$x(t) = A\sin(\omega_{\mathrm{n}} t + \varphi) + \frac{x_{\mathrm{st}}}{1 - \left(\dfrac{\omega}{\omega_{\mathrm{n}}}\right)^2} \sin(\omega t) \tag{1-94}$$

其中，

$$\begin{cases} A = \sqrt{A_1^2 + A_2^2} \\ \varphi = \arctan\left(\dfrac{A_1}{A_2}\right) \end{cases} \tag{1-95}$$

当激励力频率小于系统的固有频率时，总响应如图 1-21(a) 所示；当激励力频率大于系统的固有频率时，总响应如图 1-21(b) 所示。

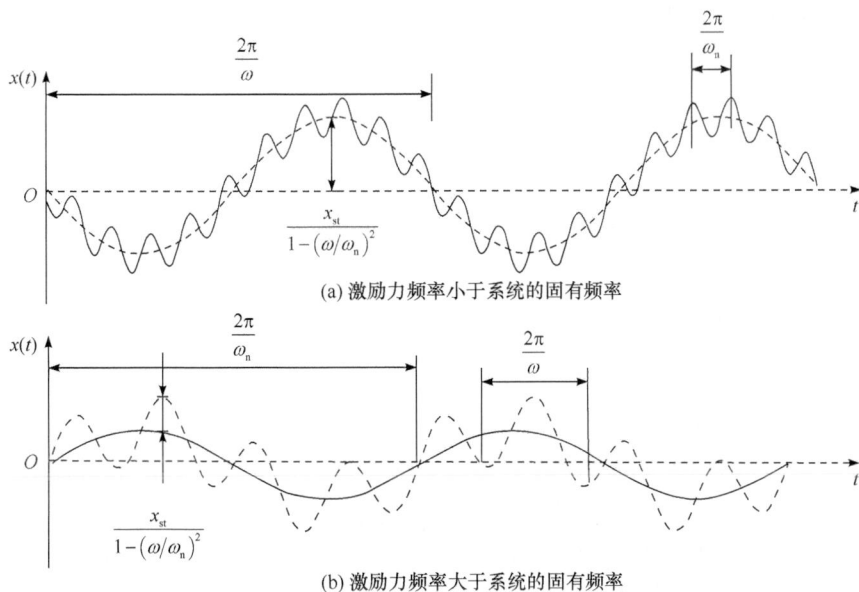

(a) 激励力频率小于系统的固有频率

(b) 激励力频率大于系统的固有频率

图 1-21　简谐激励载荷下无阻尼系统响应

由上述讨论可知，当不考虑初始条件时，简谐激励载荷引起的无阻尼系统响应实际上应该是包含以系统固有频率振动的伴随振动，以及以强迫激励频率振动的稳态强迫振动两种频率的简谐振动的组合。但是，由于实际工程中阻尼是普遍存在的，这种伴随振动通常都会随着时间的流逝而衰减消失，最终只留下稳态强迫振动部分。当我们关心的是一种持续较长时间的稳定振动时，通常不必考虑伴随振动的影响，而仅关注稳态强迫振动部分。

2. 支座简谐运动下的强迫振动

工程实际中常遇到一种激励方式，即支座运动，而物体并不直接受干扰力作用。支座运动也会激起系统的振动。例如，地震引起工程建筑物的振动、车辆在崎岖的道路上行驶而产生的振动，以及舱室内各种仪表设备因船体振动而产生的振动，尤其考虑到船体结构由爆炸载荷引起的冲击载荷，使机舱内机械设备振动，甚至造成设备失效的情况，是在舰船抗爆抗冲击方面重点考察的问题。

假定支座以简谐运动形式运动：

$$y(t) = y_0 \sin(\omega t) \tag{1-96}$$

式中，y_0 为支座运动的幅值；ω 为支座运动的频率。仍取 x 为自平衡位置算起的质量的位移，则任一瞬时质量的运动方程为

$$m\ddot{x} + k(x - y) = 0$$
$$m\ddot{x} + kx = ky_0 \sin(\omega t) \tag{1-97}$$

由简谐激励力下解的形式可知，支座简谐运动的强迫振动为

$$x(t) = \frac{y_0}{1 - \left(\dfrac{\omega}{\omega_n}\right)^2} \sin(\omega t) \tag{1-98}$$

系统的总响应与简谐激励力下的响应类似。注意，此时的振动响应是在绝对坐标系下的响应，此时的输入是支座的位移载荷。但是在实际工程中，支座基础的位移和速度是很难得到的，而加速度是容易获得的，因此以上形式的方程很少用到，而更多采用以支座基础为参考系的相对坐标下的响应来表示。方程(1-97)可写为

$$m(\ddot{x}_r + \ddot{y}) + kx_r = 0$$
$$m\ddot{x}_r + kx_r = -m\ddot{y} = m\omega^2 y_0 \sin(\omega t) \tag{1-99}$$

式中，x_r 为 m 相对于支座坐标系的相对位移；$\ddot{y}$ 为支座的加速度测量结果。

于是可得到系统的相对位移响应为

$$x_r(t) = \frac{\omega^2 y_0 / \omega_n^2}{1 - \left(\dfrac{\omega}{\omega_n}\right)^2} \sin(\omega t) = x(t) - y(t) \tag{1-100}$$

1.3.2 动力放大系数

稳态强迫振动的振幅 A 与外界干扰力的频率和固有频率之比(频率比 $\gamma = \omega / \omega_n$)有关,而与系统的初始条件无关,其值等于干扰力在静态作用时产生的位移 x_{st} 的 α 倍,即

$$A = x_{max} = \alpha x_{st} \tag{1-101}$$

$$\alpha = \frac{A}{x_{st}} = \left| \frac{1}{1 - (\omega / \omega_n)^2} \right| = \left| \frac{1}{1 - \gamma^2} \right| \tag{1-102}$$

式中,α 为动力系数或动力放大系数,表示动力所产生的最大位移与动力幅 P_0 静力作用(干扰力频率 $\omega \to 0$ 的情况)时产生的位移(静伸长)之比,它同样取决于干扰力频率与固有频率的比值 γ (图 1-22)。

由图 1-22 可见,当比值 γ 相当小,即干扰力变化周期较系统的自由振动周期大得多时,动力系数趋近于 1,此时干扰力可当成静力作用,振幅也趋近于静伸长量;反之,当比值 γ 很大,即干扰力频率较系统的自由振动频率大得多时,动力系数趋近于零,质量 m 趋于静止。当 γ 趋近于 1,即干扰力频率趋近于自由振动频率时,动力系数及强迫振动的振幅迅速增大,当 $\omega = \omega_n$ 时,两者都变为无穷大,这就是共振现象。

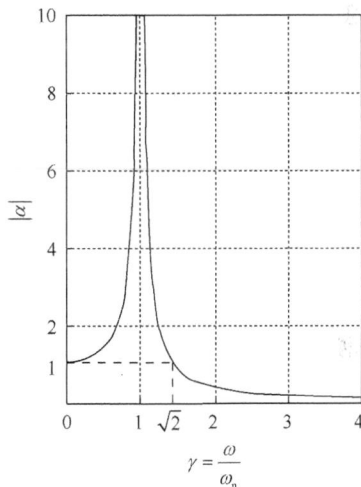

图 1-22 动力放大系数

例 1-3 一台往复泵,重约 120kg,刚性安装于长 $l = 2.0$m,宽 $b = 0.4$m,厚 $h = 0.02$m 板的中间,板两端边缘刚性固定,如图 1-23 所示,当泵正常工作时,

(1) 板受到的激励力为 $F(t) = 75\cos(30t)$N,求板的振幅和动力放大系数;

(2) 若板受到的简谐激励载荷为 $F(t) = 75\cos(300t)$N,则板的振幅和放大系数又为多少?

解:板可以认为是两端固支的梁,其弹性模量 $E = 210 \times 10^9$Pa,长 $l = 2.0$m,宽 $b = 0.4$m,截面惯性矩 $I = bh^3 / 12 = 0.4 \times 0.02^3 / 12 = 2.7 \times 10^{-7}$m^4;

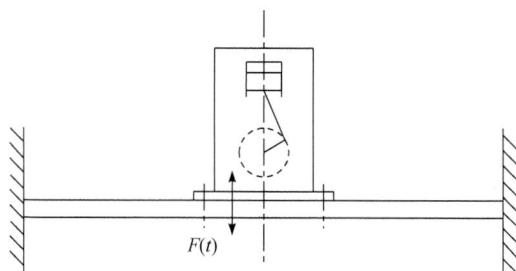

图 1-23 往复泵安装示意图

梁的弯曲刚度可表示为

$$k = 192EI / l^3 = 192 \times (210 \times 10^9) \times (2.7 \times 10^{-7}) / 2^3 = 1.36 \times 10^6 \,\text{N/m}$$

忽略钢板的质量，可得到钢板的固有频率为

$$\omega_n = \sqrt{k / m} = \sqrt{1.36 \times 10^6 / 120} = 106.46 \,\text{rad/s}$$

(1) $F(t) = 75\cos(30t)\,\text{N}$，板的振动响应幅值为

$$A = \frac{F_0 / k}{1 - \gamma^2} = \frac{75 / (1.36 \times 10^6)}{1 - (30 / 106.46)^2} = 6 \times 10^{-5} \,\text{m}$$

动力放大系数为

$$\alpha = \left| \frac{1}{1 - \gamma^2} \right| = \left| \frac{1}{1 - (30 / 106.46)^2} \right| = 1.09$$

(2) $F(t) = 75\cos(300t)\,\text{N}$，板的振动响应幅值为

$$A = \frac{F_0 / k}{1 - \gamma^2} = \frac{75 / (1.36 \times 10^6)}{1 - (300 / 106.46)^2} = -7.95 \times 10^{-6} \,\text{m}$$

动力放大系数为

$$\alpha = \left| \frac{1}{1 - \gamma^2} \right| = \left| \frac{1}{1 - (300 / 106.46)^2} \right| = 0.14$$

1.3.3 共振与拍振现象

1. 共振现象

当干扰力的频率与系统的固有频率相等或相近时，会发生系统振动幅值迅速增大的现象。

由式(1-93)可以看出：

(1) 当 $\omega < \omega_n$ 时，稳态强迫振动与外界干扰力同相位。

(2) 当 $\omega > \omega_n$ 时，稳态强迫振动与外界干扰力反相位，相差 $180°$。

(3) 当 $\omega \to \omega_n$ 时，$\alpha \to \infty$。

当考虑由外界激励引起的振动现象时，一般解中除伴随振动项与稳态强迫振动项(方程的特解)都失去意义。现在只研究这两项，根据式(1-92)，取出等号右侧第三项和第四项求和，即

$$-\frac{x_{st}}{1-\left(\dfrac{\omega}{\omega_n}\right)^2}\frac{\omega}{\omega_n}\sin(\omega_n t)+\frac{x_{st}}{1-\left(\dfrac{\omega}{\omega_n}\right)^2}\sin(\omega t)=x_{st}\left[\frac{\sin(\omega t)-\dfrac{\omega}{\omega_n}\sin(\omega_n t)}{1-\left(\dfrac{\omega}{\omega_n}\right)^2}\right] \tag{1-103}$$

由式(1-103)可以看出，若 $\omega = \omega_n$，则式(1-103)变为不定式 $\dfrac{0}{0}$，根据洛必达法则，对 $\dfrac{\omega}{\omega_n}$ 求导一次，并求 $\dfrac{\omega}{\omega_n} \to 1$ 的极限值；若 ω_n 为常数，则其极限值为

$$\lim_{\omega \to \omega_n}\left[\frac{\omega_n t\cos\left(\dfrac{\omega}{\omega_n}\right)-\sin(\omega_n t)}{-2\dfrac{\omega}{\omega_n}}\right]x_{st}=\frac{x_{st}}{2}\left[\sin(\omega_n t)-\omega_n t\cos(\omega_n t)\right] \tag{1-104}$$

$$=\frac{x_{st}}{2}\sin(\omega_n t)-\frac{x_{st}}{2}\omega_n t\cos(\omega_n t)$$

此时，式(1-92)变为

$$x=x_0\cos(\omega_n t)+\frac{\dot{x}_0}{\omega_n}\sin(\omega_n t)+\frac{x_{st}}{2}\sin(\omega_n t)-\frac{x_{st}}{2}\omega_n t\cos(\omega t) \tag{1-105}$$

式(1-105)仍然由自由振动、伴随自由振动和纯粹的强迫振动三部分组成，但强迫振动项即式中最后一项 $-\dfrac{x_{st}}{2}\omega_n t\cos(\omega t)$ 不是周期性的振幅振动，而是随着时间的增大趋于无限大(表示 $\omega = \omega_n$ 时的强迫振动现象)。这种振幅不断增大而趋于无穷的现象称为共振。研究发现，共振不是立刻发生的，而是随着时间的推移，系统的振幅越来越大并发展到无穷大的过程，如图1-24所示。

2. 拍振现象

当干扰力的频率 ω 与系统的固有频率 ω_n 相当接近，即 $\dfrac{\omega}{\omega_n}$ 趋近于1，但它们

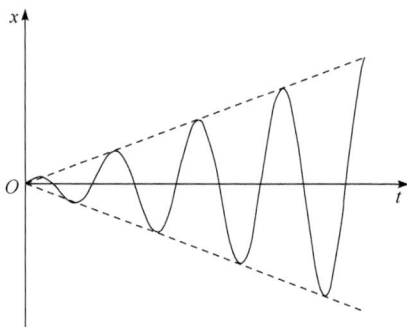

图 1-24　共振现象

并不相等时，又会发生另一种现象，即系统的振幅时而增大，时而减小，该现象
称为拍振现象。

假设 $\omega_n - \omega = 2\Delta$ ，此处 Δ 为有限值。假定系统的初始条件为 $x_0 = 0$,
$\dot{x}_0 = 0$ ，质点振动时的位移可由方程(1-103)写出，即

$$x = \frac{x_{st}}{1 - \left(\dfrac{\omega}{\omega_n}\right)^2}\left[\sin(\omega t) - \frac{\omega}{\omega_n}\sin(\omega_n t)\right] \tag{1-106}$$

因为 $\dfrac{\omega}{\omega_n} \to 1$ ，所以 $1 + \dfrac{\omega}{\omega_n} \approx 2$ ，并且 $1 - \dfrac{\omega}{\omega_n} = \dfrac{2\Delta}{\omega_n}$ ，故可将式(1-106)写为

$$x = \frac{x_{st}}{\left(1 + \dfrac{\omega}{\omega_n}\right)\left(1 - \dfrac{\omega}{\omega_n}\right)}\left[\sin(\omega t) - \sin(\omega_n t)\right] = \frac{2x_{st}}{4\dfrac{\Delta}{\omega_n}}\cos\left[\frac{(\omega + \omega_n)t}{2}\right]\sin\left[\frac{(\omega - \omega_n)t}{2}\right]$$

$$= -\frac{\omega x_{st}}{2\Delta}\sin\Delta t\cos(\omega t) \tag{1-107}$$

这是一个频率为 ω 的振动，但是振幅随着 $\sin\Delta t$ 而变化。振幅变化的频率为
Δ ，是一个小值，因此振幅变化的周期 $\dfrac{\pi}{\Delta}$ 是一个大值，这种振动称为拍振，或
简称为拍，如图 1-25 所示。

在船舶上经常遇到两种拍振。一种是干扰力频率接近船体某个局部结
构，如船底板格的固有频率，此时，这一局部结构板格即出现拍振；另一种
是两个干扰力频率相差一个微量，如双桨船两台主机转速有偏差，即两个频
率相差很小的简谐振动的复合，此时，在整个机舱区，甚至全船都可感受到
拍振现象。

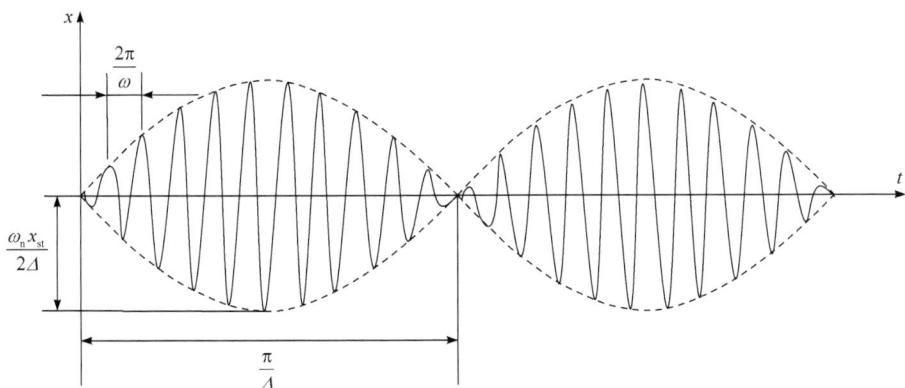

图 1-25 拍振现象

拍的周期等于 $\dfrac{\pi}{\Delta}$，ω 越接近于 ω_n，即趋近于共振，拍的周期越大。在极端情况下，ω 无限接近 ω_n，$\sin \Delta t \rightarrow \Delta t$，故可得到

$$x = -\frac{x_{st}\omega_n t}{2}\cos(\omega t) \tag{1-108}$$

它是频率为 ω 的强迫振动，其振幅 $\dfrac{x_{st}\omega_n t}{2}$ 随时间无限增大，即共振现象。由此可见，前面所述共振现象可以理解为拍振现象的一种极限情况。

如不计阻尼，在共振时振幅将趋于无限大，但也需要相当长的时间来增大振幅。实际上，在共振时振幅不会随时间的增加而趋于无限大，因为当振幅继续增大时，质点的位移与弹簧作用力之间的线性关系将不再存在，并且系统通常也会因为过大振幅的振动而发生破坏。此外，在真实的系统中，总是存在阻尼力，它也会限制共振时的振幅。

1.3.4　系统振动的复数表示法

简谐振动可以用一个旋转矢量来表示，而一个平面矢量又可以用一个复数来表示。系统的振动在复平面表示，其优点主要有两个：①便于运算；②物理意义清晰。图 1-26 表示一个复数平面，矢量 $\boldsymbol{OP}$（旋转矢量 $\boldsymbol{A}$）的模量 $|\boldsymbol{A}| = A$，矢端位置可用一复数 Z 表示：

$$Z = \boldsymbol{A} = x + iy = A\big[\cos(\omega t) + i\sin(\omega t)\big] \tag{1-109}$$

式中，$i = \sqrt{-1}$。

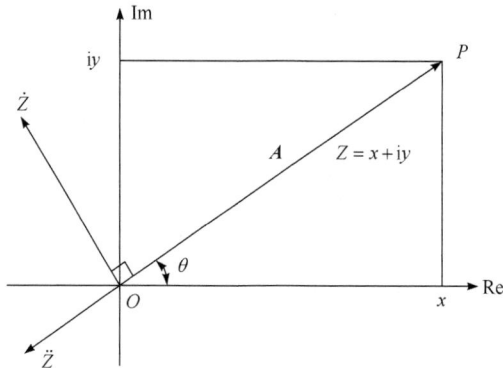

图 1-26　振动的复数表示

根据欧拉公式：

$$e^{i\theta} = \cos\theta + i\sin\theta \tag{1-110}$$

式中，θ 为复数的幅角，$\theta = \omega t$。有

$$Z = A = Ae^{i\omega t} \tag{1-111}$$

不难看出，复数 Z 在实轴(x 轴)和虚轴(y 轴)上的投影，即复数的实部和虚部可表示一个简谐振动，即

$$\begin{cases} x = \operatorname{Re}Z = A\cos(\omega t) \\ y = \operatorname{Im}Z = A\sin(\omega t) \end{cases} \tag{1-112}$$

实际的物理振动量是实数，因此需要将复数运算后所得到的复数解转化为实数的结果。因含有复数的方程意味着其实部和虚部均满足此方程，所以只要约定用复数的实数部分或虚数部分，即可用复数形式运算或求解。

现约定用实数部分表示简谐振动，即

$$x = A\cos(\omega t) \tag{1-113}$$

则其复数表示为

$$Z = Ae^{i\omega\theta} \tag{1-114}$$

因此用复数表示的速度和加速度分别为

$$\begin{cases} \dot{Z} = i\omega Ae^{i\omega t} = \omega Ae^{i\left(\omega t + \frac{\pi}{2}\right)} \\ \ddot{Z} = i^2\omega^2 Ae^{i\omega t} = \omega^2 Ae^{i(\omega t + \pi)} \end{cases} \tag{1-115}$$

这样，谐振动 x 的速度 $\dot{x}$ 和加速度 $\ddot{x}$ 就可从 $\dot{Z}$ 和 $\ddot{Z}$ 的实部取得，即有

$$\begin{cases} \dot{x} = \mathrm{Re}\,\dot{Z} = -\omega A \sin(\omega t) = \omega A \cos\left(\omega t + \dfrac{\pi}{2}\right) \\ \ddot{x} = \mathrm{Re}\,\ddot{Z} = -\omega^2 A \cos(\omega t) = \omega^2 A \cos(\omega t + \pi) \end{cases} \tag{1-116}$$

速度的幅值是位移幅值的 ω 倍，相位超前 $\dfrac{\pi}{2}$；加速度的幅值是位移幅值的 ω^2 倍，相位超前 π。$\dot{Z}$ 和 $\ddot{Z}$ 在复平面上各为一旋转矢量，它们在实轴上的投影分别为 $\dot{x}$ 和 $\ddot{x}$。

1.4 有阻尼强迫振动

1.4.1 有阻尼强迫振动运动方程与求解

现讨论黏性阻尼的强迫振动。

图 1-27 振动系统中黏性阻尼力为 $c\dot{x}$，简谐干扰力为 $P(t) = P_0 \sin(\omega t)$，则强迫振动微分方程可写为

$$m\ddot{x} + c\dot{x} + kx = P_0 \sin(\omega t)$$

$$\ddot{x} + 2\zeta\omega_n \dot{x} + \omega_n^2 x = \frac{P_0}{m} \sin(\omega t) \tag{1-117}$$

式中，$\zeta = \dfrac{c}{c_c}$；$\omega_n^2 = \dfrac{k}{m}$。

方程式的解由齐次解和特解两部分组成。齐次解即为有黏性阻尼的自由振动方程的解，对于常遇到的小阻尼($\zeta < 1$)情况，齐次解为

图 1-27 单自由度系统
有阻尼强迫振动物理模型

$$x(t) = \mathrm{e}^{-\zeta\omega_n t}\left[A_1 \cos(\omega_d t) + A_2 \sin(\omega_d t)\right] = A\mathrm{e}^{-\zeta\omega_n t} \sin(\omega_d t + \varphi) \tag{1-118}$$

式中，ω_d 为有黏性阻尼的单自由度系统自由振动频率，$\omega_d = \sqrt{1 - \zeta^2}\,\omega_n$。

特解可写为

$$x = A_3 \sin(\omega t) + A_4 \cos(\omega t) \tag{1-119}$$

将式(1-119)代入式(1-117)，因为 $\sin(\omega t)$ 和 $\cos(\omega t)$ 不能恒等于零，比较 $\sin(\omega t)$ 和 $\cos(\omega t)$ 项前的系数，可得如下两个方程：

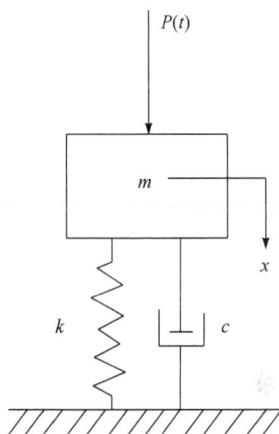

$$\begin{cases} -A_4\gamma^2 + 2\zeta\gamma A_3 + A_4 = 0 \\ -A_3\gamma^2 - 2\zeta\gamma A_4 + A_3 = \dfrac{P_0}{k} \end{cases} \tag{1-120}$$

式中，$\gamma = \dfrac{\omega}{\omega_n}$。

解得

$$\begin{cases} A_3 = \dfrac{1-\gamma^2}{\left(1-\gamma^2\right)^2 + (2\zeta\gamma)^2} \dfrac{P_0}{k} \\ A_4 = \dfrac{-2\zeta\gamma}{\left(1-\gamma^2\right)^2 + (2\zeta\gamma)^2} \dfrac{P_0}{k} \end{cases} \tag{1-121}$$

得到特解为

$$x = A'\sin(\omega t - \beta) \tag{1-122}$$

其中，

$$\begin{cases} A' = \dfrac{P_0/k}{\sqrt{\left(1-\gamma^2\right)^2 + (2\zeta\gamma)^2}} \\ \beta = \arctan\left(\dfrac{2\zeta\gamma}{1-\gamma^2}\right) \end{cases} \tag{1-123}$$

全解可写为特解与齐次解相加的形式，即

$$\begin{aligned} x &= e^{-\zeta\omega_n t}\left[A_1\cos\left(\omega_d t\right) + A_2\sin\left(\omega_d t\right) \right] + A_3\sin\left(\omega t\right) + A_4\cos\left(\omega t\right) \\ &= A e^{-\zeta\omega_n t}\sin\left(\omega_d t + \varphi\right) + A'\sin\left(\omega t - \beta\right) \end{aligned} \tag{1-124}$$

将初始条件 $x(0) = x_0, \dot{x}(0) = \dot{x}_0$ 代入式(1-124)，可得

$$\begin{aligned} x(t) &= e^{-\zeta\omega_n t}\left[x_0\cos\left(\omega_d t\right) + \frac{\dot{x}_0 + \zeta\omega_n x_0}{\omega_d}\sin\left(\omega_d t\right) \right] \\ &\quad - e^{-\zeta\omega_n t}A'\left[-\sin\beta\cos\left(\omega_d t\right) + \frac{\omega\cos\beta - \zeta\omega_n\sin\beta}{\omega_d}\sin\left(\omega_d t\right) \right] \\ &\quad + A'\sin(\omega t - \beta) \end{aligned} \tag{1-125}$$

式中，第一项为自由振动项，完全由初始条件决定；第二项为伴随自由振动项，它由干扰力引起，但其振动频率为有阻尼自由振动频率，第一项和第二项均为自由振动部分；第三项是由干扰力引起的纯粹的强迫振动项，是频率与干扰力频率相同的简谐振动。由于存在阻尼，自由振动部分迅速消失，即随时间的增长而趋

于零，是一种衰减的或暂态的振动，如图 1-28 所示。最后剩下的振动仅为强迫振动，称为稳态振动部分或稳态响应。

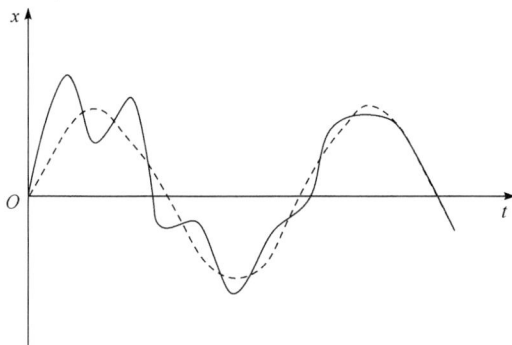

图 1-28　单自由度系统有阻尼强迫振动

由对式(1-125)的分析可知，阻尼强迫振动随着时间 t 的增大而仅剩下稳态强迫振动，其特点如下。

(1) 阻尼强迫振动的振幅与初始条件无关，并且不随时间 t 而变化。

(2) 阻尼强迫振动的频率与干扰力的频率相同，与阻尼无关。

(3) 与无阻尼强迫振动情况相同，有阻尼强迫振动的振幅是系统在静力 P_0 作用下引起的静位移 x_{st} 的 α 倍，α 表达式为

$$\alpha = \frac{1}{\sqrt{\left(1-\gamma^2\right)^2 + (2\zeta\gamma)^2}} \tag{1-126}$$

此 α 即为有阻尼强迫振动的动力放大系数，它既与频率比 γ 有关，也与阻尼比 ζ 有关。

例 1-4　质量为 110kg 的发动机器固定在刚度为 2×10^6 N/m 的减振器上，当机器的运作频率为 150rad/s 时，会产生 1500N 的简谐激振力，机器的稳态振幅测得为 1.9mm，则减振器的阻尼比为多少？

解：系统的固有频率为

$$\omega_n = \sqrt{\frac{k}{m}} = \sqrt{\frac{2\times10^6}{110}} = 134.8 \text{rad}/\text{s}$$

根据定义，动力放大系数为

$$\alpha = \frac{A}{x_{st}} = \frac{A}{F_0/\left(m\omega_n^2\right)} = \frac{m\omega_n^2 A}{F_0} = \frac{110\times134.8^2\times0.0019}{1500} = 2.53$$

当运动频率为 150rad/s 时，有

$$\gamma = \frac{\omega}{\omega_{\mathrm{n}}} = \frac{150}{134.8} = 1.113$$

又因为

$$\alpha = \frac{1}{\sqrt{\left(1 - \gamma^2\right)^2 + \left(2\zeta\gamma\right)^2}}$$

可得到阻尼比为

$$\zeta = \frac{1}{2\gamma}\sqrt{\frac{1}{\alpha^2} - \left(1 - \gamma^2\right)^2} = \frac{1}{2 \times 1.113} \times \sqrt{\frac{1}{2.53^2} - \left(1 - 1.113^2\right)^2} = 0.142$$

1.4.2　幅频特性与相频特性

为了便于与无阻尼强迫振动比较，得到阻尼对强迫振动的影响，现将动力系数 α 随 γ 的变化曲线绘于图 1-29(a) 中。此曲线称为位移幅值的频率响应曲线，简称幅频响应曲线，有时也称共振曲线。对于不同的阻尼比 $\zeta = \dfrac{c}{c_{\mathrm{c}}}$，可以得到不同的曲线。

(1) 阻尼的存在使强迫振动的振幅减小。阻尼越大，即 ζ 越大，振幅减小得越多。$\zeta = 0$ 为无阻尼的共振曲线。

(2) 阻尼的存在使强迫振动的最大幅值并未发生在 $\gamma = 1$ 处，而是略向左偏移，且这个偏移量随阻尼比 ζ 的增大而增大。

当 $\gamma = \sqrt{1 - 2\zeta^2}$ 时，α 为最大值，即

$$\alpha_{\max} = \frac{1}{2\zeta\sqrt{1 - \zeta^2}} \tag{1-127}$$

而当 $\gamma = 1$，即 $\omega = \omega_{\mathrm{n}}$ 时，有

$$\alpha = \frac{1}{2\zeta} \tag{1-128}$$

由以上推导可知，在有阻尼的情况下，共振并未发生在 $\gamma = 1$ 处。但由于在小阻尼（$\zeta < 0.2$）的情况下，最大振幅离 $\gamma = 1$ 处不远，实际的工程结构多数是阻尼相当小的情况，因此通常仍可认为当 $\omega = \omega_{\mathrm{n}}$ 时系统发生共振。为避免共振，要求 ω 与 ω_{n} 相差 10% 或 20% 以上。

(3) 若干扰力频率 ω 与固有频率 ω_{n} 的比值很小，则与无阻尼情况相同，有阻尼强迫振动中 α 接近于 1，因此振幅接近于静位移，此时干扰力的作用可视为静力的作用。

(4) 若干扰力频率 ω 远大于固有频率 ω_n , 则系统的振幅将趋近于零。

(5) 阻尼对振幅减小的影响在 $\omega = \omega_n$ 的附近(共振区附近)特别明显。阻尼的存在使系统在 $\omega = \omega_n$ 时振幅不会趋近于无穷大, 且此振幅随着阻尼系数 ζ 的增大而迅速减小。在共振区以外, 阻尼对振幅的影响就小得多, 特别是 γ 很大时, 图中不同 ζ 值的曲线都非常接近于无阻尼时的曲线, 所以在计算振动时, 可以近似地不计阻尼的影响。

无阻尼强迫振动时, 位移和干扰力的相位相同, 有阻尼系统位移则落后干扰力一个相角, 见式(1-122)。图 1-29(b) 为相位差与频率的关系曲线, 称为相频响应曲线或相频特性曲线。由图可见, 阻尼不同时相频响应曲线也不同, 但当 $\gamma=1$ 时, 相位差总是 $\pi/2$, 不随 ζ 而改变。可利用这一特性来测定系统的固有频率, 该方法称为相位共振法。

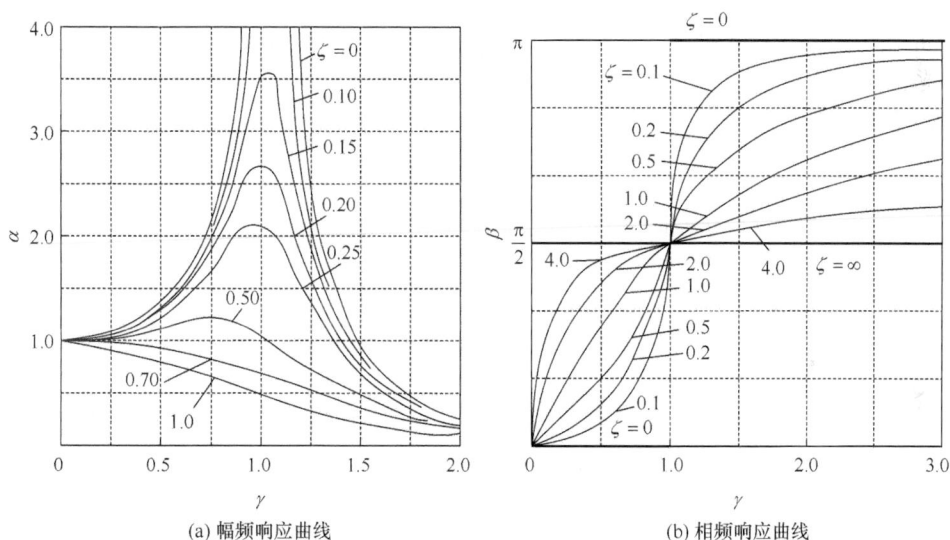

(a) 幅频响应曲线   (b) 相频响应曲线

图 1-29 幅频响应曲线与相频响应曲线

1.5 周期激励下系统的响应

1.5.1 线性叠加原理

如前所述, 具有黏性阻尼的单自由度系统在干扰力 $P(t)$ 作用下的运动微分方程为

$$m\frac{\mathrm{d}^2 x(t)}{\mathrm{d}t^2} + c\frac{\mathrm{d}x(t)}{\mathrm{d}t} + kx(t) = P(t) \tag{1-129}$$

通常把 $P(t)$ 称为系统的输入，把 $x(t)$ 称为系统的输出，或称为激励(作用于系统，激起系统出现某种响应的外力或其他输入)和响应(系统受外力或其他输入作用时的输出)。为了便于研究激励和响应的关系，引入一个线性微分算符 G，表达式为

$$G = m\frac{\mathrm{d}^2}{\mathrm{d}t^2} + c\frac{\mathrm{d}}{\mathrm{d}t} + k \tag{1-130}$$

因此运动方程可写为

$$G[x(t)] = P(t) \tag{1-131}$$

在微分表达式 $G[x(t)]$ 中，只包含 $x(t)$ 及其时间导数的线性项，因此 G 称为线性算符，G 含有所有的系统特性，包括系统所有的参数 m、c、k，并表明这些系数所乘的导数阶数。在系统分析中，G 代表一个二阶系统的"黑箱"。式(1-131)可用方块图 1-30 表示，这里关注的是激励和响应的关系，至于黑箱内部究竟如何运动或变化并不重要。在研究复杂结构系统运动时，这个概念很重要。

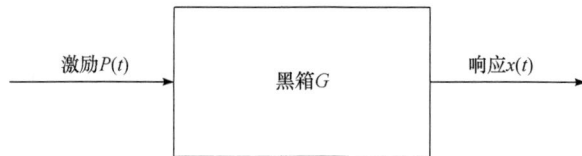

图 1-30　线性系统关系

现利用黑箱的概念来说明系统的线性特性和线性叠加原理。设有两个激励 $P_1(t)$ 和 $P_2(t)$，响应为 $x_1(t)$ 和 $x_2(t)$，即

$$P_1(t) = G[x_1(t)] \tag{1-132}$$

$$P_2(t) = G[x_2(t)] \tag{1-133}$$

$$P_3(t) = C_1 P_1(t) + C_2 P_2(t) = G[x_3(t)] \tag{1-134}$$

$P_3(t)$ 是 $P_1(t)$ 和 $P_2(t)$ 的线性组合。对于线性的黑箱，应有

$$G[x_3(t)] = C_1 G[x_1(t)] + C_2 G[x_2(t)] = G[C_1 x_1(t) + C_2 x_2(t)] \tag{1-135}$$

$P_3(t)$ 的响应 $x_3(t)$ 满足

$$x_3(t) = C_1 x_1(t) + C_2 x_2(t) \tag{1-136}$$

这就是叠加原理的数学表达式，表示各个激励线性叠加构成新激励作用时的响应等于各个激励分别作用时的响应按照与各个激励叠加相同的形式进行线性叠加的结果。

叠加原理可使复杂的问题分解成较简单的问题，但只适用于线性范围。应当

指出的是，实际上在前面的章节中已应用叠加原理。例如，简谐干扰力作用下的振动等于由初始干扰引起的自由振动和稳态强迫振动之和。

叠加原理可以说是目前研究振动问题的一个重要的理论基础，由于激励载荷的复杂性，将激励载荷的时间函数表示出来实际上是非常困难的，线性叠加原理提供了问题简化的思路，只要是线性系统，无论是何种物理模型，无论是通过傅里叶函数的形式还是微元时间积分的形式，均可以将复杂的激励载荷转化为简单函数的叠加来实现动力学计算分析，这也是系统稳态振动频域计算分析的基础。

1.5.2 周期激励载荷下系统的响应

强迫振动的外界干扰力有两种，即周期性干扰力和非周期性干扰力。外界干扰力随时间呈周期性变化，称为周期性干扰力；外界干扰力随时间不发生周期性变化，称为非周期性干扰力。

例如，对于船舶振动，主机的不平衡惯性力、螺旋桨的脉动压力等都是周期性干扰力。对于周期性干扰力，其可展开成傅里叶级数，化成频率为 $\omega, 2\omega, 3\omega, \cdots, n\omega$ 的 n 个简谐干扰力之和，即

$$P(t) = P(t+T) = \frac{a_0}{2} + \sum_{n=1}^{\infty} a_n \cos(n\omega t) + b_n \sin(n\omega t) \tag{1-137}$$

式中，T 为干扰力周期；ω 为干扰力的基本频率，$\omega = \dfrac{2\pi}{T}$；a_0、a_n、b_n 为系数，满足

$$\begin{cases} a_0 = \dfrac{2}{T} \displaystyle\int_{\frac{T}{2}}^{\frac{T}{2}} P(t)\mathrm{d}t \\[4mm] a_n = \dfrac{2}{T} \displaystyle\int_{\frac{T}{2}}^{\frac{T}{2}} P(t)\cos(n\omega t)\mathrm{d}t \\[4mm] b_n = \dfrac{2}{T} \displaystyle\int_{\frac{T}{2}}^{\frac{T}{2}} P(t)\sin(n\omega t)\mathrm{d}t \end{cases} \tag{1-138}$$

把一个周期函数展开成傅里叶级数，即展开成一系列简谐函数之和的过程称为谐波分析(频谱分析)。

系统在周期性干扰力作用下的振动为周期振动，即每经过相同的时间间隔其运动量值能重复出现的振动。它的无阻尼强迫振动微分方程可写为

$$m\ddot{x} + kx = \frac{a_0}{2} + \sum_{n=1}^{\infty} a_n \cos(n\omega t) + b_n \sin(n\omega t) \tag{1-139}$$

其解为

$$x = A_1 \cos(\omega_n t) + A_2 \sin(\omega_n t) + \frac{a_0}{2k} + \frac{1}{k} \sum_{n=1}^{\infty} \frac{a_n \cos(n\omega t) + b_n \sin(n\omega t)}{1 - \left(\dfrac{n\omega}{\omega_n}\right)^2} \quad (1\text{-}140)$$

式中，第一项和第二项为齐次方程的解，表征自由振动与伴随自由振动的解；常数 A_1、A_2 由运动初始条件决定。实际的振动系统总存在阻尼，因此随着时间的增长，前两项的值逐渐消失为 0。a_0 与傅里叶级数中的常值力成分有关，故第三项 $a_0/(2k)$ 相当于在常值力 $a_0/2$ 作用下的静位移。若将位移 x 的坐标原点移至静位移处，则此项也将消失。因此，周期性干扰力作用下所产生的稳态强迫振动可看成 n 个简谐振动之和。其中对应于基本频率的谐波分量称为基波，其他对应的谐波分量依次称为二次谐波、三次谐波等。当系统的固有频率 ω_n 与 ω，2ω，$3\omega, \cdots, n\omega$ 的 n 次谐波的任一次谐波频率相等时，均会引起共振。

　　无论是周期性载荷，还是载荷引起的位移响应、速度响应、加速度响应，通过谐波分析后均可以将其表示为简谐函数求和的形式，其中任一简谐函数均可由频率、幅值和相位三个要素进行描述。因此，只要确定多个简谐分量的幅值、相位等信息，就可以确定周期性的载荷或响应。在通常情况下，更多关注的是周期性载荷或响应的幅值信息，所以频率和幅值的关系在振动分析中是极其重要的。

　　在前面的讨论中，均以时间为自变量来描述振动的运动规律，即在时间域内讨论振动的特性，称为时域分析。频谱分析方法可以通过振动的频谱来描述振动规律，即把振动问题转换到频域范畴来讨论，称为频域分析。大量振动问题用频域表示往往较时域表示更为直观方便，振动频域分析也广泛应用于结构动力学分析中。例如，在针对船舶振动、辐射噪声的预报与评估中，通常关注的是由螺旋桨、主机等周期性激励引起的稳态强迫振动响应，用时域信号难以对其进行评估，因此需要采用频域分析方法考察振动与噪声在指定频率范围内的响应幅值，以及全频段叠加的整体的振动与噪声响应效果。谱分析方法在船舶与海洋工程动力学分析领域十分重要，第 4 章将对谱分析方法进行更加详细的讲解。

1.6　任意激励下系统的响应

1.6.1　任意激励载荷下单自由度系统的响应

　　在此之前讨论的是系统周期为 T 的周期性激励的响应。在这个特殊情况下，得出以下结论：忽略不计初始激励得到的稳态响应也是周期性的，而且其周

期也是 T 。但在许多实际问题中，对系统的激励并非周期性的，而是任意的时间函数，或者是在极短的时间间隔内的冲击作用。

当激振作用的时间或激振力变化的时间比系统固有周期更短时，一般称为冲击。对于冲击振动，系统通常没有稳态振动，只有瞬态振动，在激振力作用停止后，系统按固有频率做自由振动。冲击载荷或脉冲载荷是结构动力学计算中经常会遇到的一种载荷。对船舶来说，由波浪的拍击、水下爆炸引起的冲击波等都属于冲击载荷。冲击载荷的特点是包含一个主要脉冲，且作用时间极短。

求已知任意激励响应的方法有多种，本节只介绍杜阿梅尔法。其基本思想是把任意激励分解为一系列时间非常短的脉冲的持续作用，分别求出系统对每个脉冲的响应，然后根据线性叠加原理将它们叠加起来，得到系统对任意激励的响应。

1. 冲量作用下系统的响应

首先，求有阻尼质量弹簧系统在初始冲量作用后的自由振动。设 $x_0 = \dot{x}_0 = 0$ ，冲量作用前系统处于静止状态，在此瞬间受一个冲量 I 的作用。根据动量定理，冲量等于动量的变化，即 $I = m(\dot{x}_{01} - \dot{x}_0)$ 。式中， $\dot{x}_{01}$ 为在 $t = 0$ 瞬间受冲量作用后的速度。受冲量作用前的初速度 $\dot{x}_0 = 0$ ，因此有

$$\dot{x}_{01} = \frac{I}{m} \tag{1-141}$$

冲量的作用是在瞬间完成的，因此有冲量作用后系统的初始条件为

$$\begin{cases} x(0) = x_0 = 0 \\ \dot{x}(0) = \dot{x}_{01} = \dfrac{I}{m} \end{cases} \tag{1-142}$$

前面已介绍在小阻尼情况下的阻尼自由振动解为

$$x(t) = e^{-\zeta\omega_n t}\left[x_0 \cos(\omega_d t) + \frac{\dot{x}_0 + \zeta\omega_n x_0}{\sqrt{1-\zeta^2}\,\omega_n} \sin(\omega_d t) \right] \tag{1-143}$$

于是可得到受初始冲量作用后的阻尼自由振动解为

$$x(t) = \frac{I}{m\omega_d} e^{-\zeta\omega_n t} \sin(\omega_d t) \tag{1-144}$$

若在某一瞬间 $t = \tau$ 时作用一个冲量 I_τ ，则在 $t > \tau$ 时系统的响应为

$$x(t) = \frac{I_\tau}{m\omega_d} e^{-\zeta\omega_n(t-\tau)} \sin\left[\omega_d(t-\tau)\right] \tag{1-145}$$

2. 杜阿梅尔法

现将任意干扰力 $P(t)$ 在某瞬间的值 $P(\tau)$ 与极短的时间间隔 $\mathrm{d}\tau$ 的乘积视为在该瞬间作用的一个冲量:

$$I_\tau = P(\tau)\mathrm{d}\tau \tag{1-146}$$

根据线性叠加原理, 在干扰力的时间历程内 $(0 \leqslant \tau \leqslant t)$, 所有冲量产生的位移响应为

$$x(t) = \int_0^t \frac{P(\tau)}{m\omega_{\mathrm{d}}} \mathrm{e}^{-\zeta\omega_n t} \sin[\omega_{\mathrm{d}}(t-\tau)]\mathrm{d}\tau \tag{1-147}$$

此即在零值的初始条件 $x_0 = \dot{x}_0 = 0$ 下, 干扰力 $P(t)$ 所产生的振动, 如图 1-31 所示。

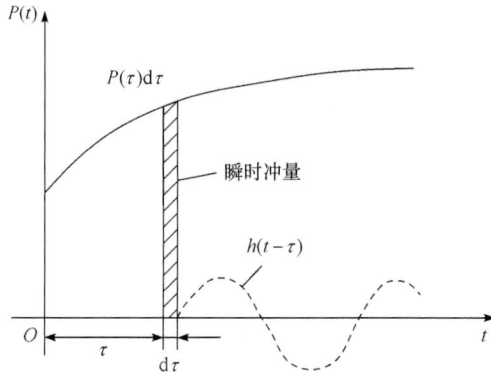

图 1-31　瞬时冲量产生的振动

在一般初始条件下, 任意干扰力所产生的振动为

$$x(t) = \mathrm{e}^{-\zeta\omega_n t}\left[x_0 \cos(\omega_{\mathrm{d}}t) + \frac{\dot{x}_0 + \zeta\omega_n x_0}{\sqrt{1-\zeta^2}\,\omega_n} \sin(\omega_{\mathrm{d}}t) \right]$$
$$+ \int_0^t \frac{P(\tau)}{m\omega_{\mathrm{d}}} \mathrm{e}^{-\zeta\omega_n t} \sin[\omega_{\mathrm{d}}(t-\tau)]\mathrm{d}\tau \tag{1-148}$$

式(1-147)称为杜阿梅尔积分, 它也可以表示为

$$x(t) = \int_0^t P(\tau)h(t-\tau)\mathrm{d}\tau \tag{1-149}$$

其中,

$$h(t-\tau) = \frac{1}{m\omega_{\mathrm{d}}} \mathrm{e}^{-\zeta\omega_n t} \sin[\omega_{\mathrm{d}}(t-\tau)] \tag{1-150}$$

称为单位冲量响应，表示系统对在 $t=\tau$ 时作用的单位冲量激励的响应，式(1-150)表示的积分称为褶积积分或卷积积分，积分式中的冲量响应被推迟或移动了时间 $t-\tau$。此外，还可以用移动干扰力 $P(t)$ 来代替冲量响应的移动，导出一个类似的公式。令 $t-\tau=s$，代入式(1-149)可得

$$x(t)=\int_0^t P(t-s)h(s)\mathrm{d}s \tag{1-151}$$

仍为一褶积，由于 s 是定积分的变量，仍可用 τ 表示，可看出激励 $P(\tau)$ 和冲量响应 $h(\tau)$ 的褶积是对称的，即

$$x(t)=\int_0^t P(\tau)h(t-\tau)\mathrm{d}\tau=\int_0^t P(t-\tau)h(\tau)\mathrm{d}\tau \tag{1-152}$$

可见，只要用杜阿梅尔积分或干扰力 $P(t)$ 和冲量响应 $h(t)$ 的褶积，即可求得任意干扰力所引起的强迫振动。但对于复杂的干扰力，往往不易得到此积分的解析解，而需要采用数值积分的方法来解决。

当激振作用的时间或激励力变化的时间比系统的固有周期更短时，一般称为冲击。对于冲击振动，系统通常没有稳态振动。

1.6.2 脉冲激励的响应

本节考虑一类重要的基本上由单脉冲构成的激励所引起的冲击振动，一般认为单脉冲激励由爆炸或者冲击波载荷引起，其体现出单脉冲的特征，但是很难用明确的数学函数将其表达出来，因此常理想化为简单的脉冲激励对其进行近似，如矩形脉冲、半周正弦脉冲、对称三角形脉冲等，如图 1-32 所示。

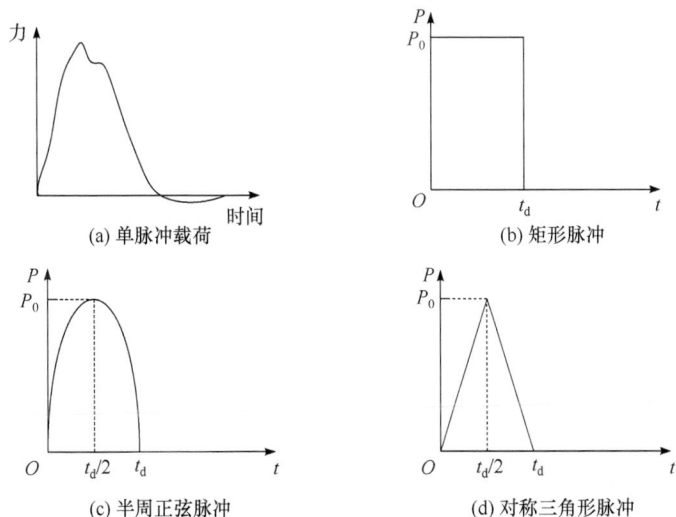

图 1-32 单脉冲激励与简单函数转化

在求解单脉冲激励引起的单自由度系统响应时，常采用经典的杜阿梅尔法，需要用两个阶段确定对脉冲载荷的反应。第一个阶段是强迫振动阶段，它包括整个激励的持续时间，第二个阶段是自由振动阶段，从脉冲力结束时开始。阻尼对脉冲激励的响应几乎没有影响，因此常采用无阻尼系统进行分析[9,10]。

1. 矩形脉冲激励响应

令矩形脉冲的干扰力为

$$\begin{cases} P(t) = P_0, & 0 \leqslant t \leqslant t_d \\ P(t) = 0, & t > t_d \end{cases} \tag{1-153}$$

其位移响应可分为两个阶段：第 I 阶段是在脉冲的作用时间区间内，即 $t \in [0, t_d]$，为强迫振动阶段；第 II 阶段是在脉冲作用完毕之后，即 $t \in [t_d, \infty]$，为自由振动阶段，如图 1-32(b)所示。

第 I 阶段：$0 \leqslant t \leqslant t_d$，系统受突加力 P_0 的作用。在零值的初始条件下，由杜阿梅尔积分式(1-147)，再考虑到 $\zeta = 0$ 及 $P(t) = P_0$，得

$$\begin{aligned} x(t) &= \frac{P_0}{m\omega_n} \int_0^t \sin[\omega_n(t-\tau)] d\tau = \frac{P_0}{m\omega_n^2} \cos[\omega_n(t-\tau)]\Big|_0^t \\ &= \frac{P_0}{k}[1 - \cos(\omega_n t)] = x_{st}[1 - \cos(\omega_n t)] \\ &= x_{st}\left[1 - \cos\left(\frac{2\pi t}{T}\right)\right], \quad 0 \leqslant t \leqslant t_d \end{aligned} \tag{1-154}$$

式中，x_{st} 为 P_0 所产生的静位移，$x_{st} = \dfrac{P_0}{m\omega_n^2} = \dfrac{P_0}{k}$；$T$ 为单自由度系统固有周期。

第 II 阶段：$t > t_d$，在脉冲作用完毕后，系统不受外力作用而做自由振动。由杜阿梅尔积分可得

$$\begin{aligned} x(t) &= \int_0^t \frac{P(t)}{m\omega_n} \sin[\omega_n(t-\tau)] d\tau = \frac{P_0}{m\omega_n} \int_0^{t_d} \sin[\omega_n(t-\tau)] d\tau + \int_{t_d}^t 0 d\tau \\ &= \frac{P_0}{m\omega_n^2} \cos[\omega_n(t-\tau)]\Big|_0^{t_d} = 2x_{st} \sin\left(\frac{\omega_n t_d}{2}\right) \sin\left[\omega_n\left(t - \frac{t_d}{2}\right)\right] \\ &= 2x_{st} \sin\left(\frac{\pi t_d}{T}\right) \sin\left[2\pi\left(\frac{t}{T} - \frac{1}{2}\frac{t_d}{T}\right)\right], \quad t > t_d \end{aligned} \tag{1-155}$$

由式(1-154)和式(1-155)所给出的系统响应可以得到，响应除了与系统的静变形量有关，还是关于 t/T 的函数。它取决于脉冲持续时间与体系固有周期的比值 t_d/T，但并不单独依赖于 t_d 或 T，如果单自由度系统是确定的，那么响应的性质因脉冲的持续时间 t_d 改变将有很大的变化。然而，无论持续时间多长，动力响

应也不可能接近静力值，因为力是突然施加的。

当力施加到结构上时，体系在移动的位置 $x_{st} = P_0 / k$ 附近以本身的固有周期 T 振荡。脉冲结束后，体系在原平衡位置附近以其固有周期做自由振荡，因为体系无阻尼，所以运动无衰减。若 $t_d / T = 1, 2, 3, \cdots$ ，则体系在自由振动阶段将静止地待在其初始无变形的位置上，因为当力结束时，质量点的位移和速度均为零。

2. 矩形脉冲最大响应

下面分别确定在强迫振动和自由振动两个阶段的响应最大值，这两个最大值中的较大者即为整体的最大响应。

在强迫振动阶段出现的局部极大值(或峰值)的数量取决于 t_d / T 。脉冲持续时间越长，此类峰值产生得越多。第一个峰值发生在 $t_0 = T / 2$ 时刻，其响应大小为

$$x(t_0) = x_{st} \left[1 - \cos \left(\frac{2\pi t_0}{T} \right) \right] = 2x_{st} \tag{1-156}$$

在强迫振动阶段，至少出现一个峰值的 t_d 必须比 $T / 2$ 长。若在这个阶段产生的峰值多于一个，则它们都具有相同的最大值，并且发生在 $t_0 = 3T / 2$ 、 $5T / 2$ 等时刻。

作为推论，若 t_d 比 $T / 2$ 短，则在强迫振动阶段将没有峰值出现，响应只是从零增大到 $x(t_d)$ 。脉冲结束时的位移可写为

$$x(t_d) = x_{st} \left[1 - \cos \left(\frac{2\pi t_d}{T} \right) \right] \tag{1-157}$$

于是强迫振动阶段(第 I 阶段)最大响应幅值可以用动力放大系数表达为

$$\alpha = \left| \frac{x_{max}}{x_{st}} \right| = \begin{cases} 1 - \cos(2\pi t_d / T), & t_d / T \leqslant 1 / 2 \\ 2, & t_d / T > 1 / 2 \end{cases} \tag{1-158}$$

在自由振动阶段(第 II 阶段)，系统的最大响应幅值可由式(1-155)给出，其动力放大系数可写为

$$\alpha = \left| \frac{x_{max}}{x_{st}} \right| = 2 \left| \sin \left(\frac{\pi t_d}{T} \right) \right| \tag{1-159}$$

将强迫振动响应的动力放大系数与自由振动响应的动力放大系数进行比较，如图 1-33 所示。

在确定强迫振动与自由振动阶段的响应峰值以后，下面从整体上来讨论系统的最大响应。

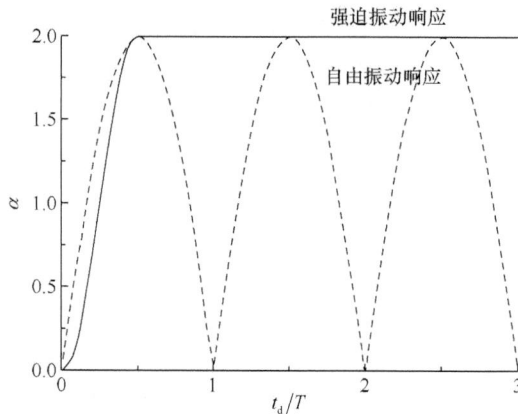

图 1-33　强迫振动响应和自由振动响应的动力放大系数

如果 $t_d / T > 1/2$，那么在强迫振动阶段(第 I 阶段)出现最大响应，$\alpha = 2$，而自由振动阶段动力放大系数必定不会大于 2。

如果 $t_d / T < 1/2$，那么可以比较两个阶段的动力放大系数，因为

$$1 - \cos\left(\frac{2\pi t_d}{T}\right) = 2\sin^2\left(\frac{\pi t_d}{T}\right) < 2\sin\left(\frac{\pi t_d}{T}\right) \tag{1-160}$$

所以，自由振动阶段的动力放大系数均比强迫振动阶段的动力放大系数大。

如果 $t_d / T = 1/2$，那么整体最大位移响应既等于强迫振动阶段的最大值，又等于自由振动阶段的最大值，因为两者均等于 2。

总之，定义系统在整个阶段的最大响应动力放大系数为

$$\alpha = \left|\frac{x_{\max}}{x_{st}}\right| = \begin{cases} 2\sin(\pi t_d / T), & t_d / T \leqslant 1/2 \\ 2, & t_d / T > 1/2 \end{cases} \tag{1-161}$$

显然，α 仅取决于脉冲持续时间与体系固有周期的比值 t_d / T，而不单独依赖于 t_d 或 T。

冲击响应谱：对应一系列的 t_d / T，可以计算出系统的位移动力响应，得到动力放大系数 α 及其最大值。取动力放大系数的最大值作为纵轴，取脉冲持续时间和系统固有周期比 t_d / T 作为横轴，可以得到该系统动力放大系数最大值及其对应的 t_d / T 的曲线，该曲线称为冲击谱或冲击响应谱。

根据式(1-161)得出矩形脉冲的冲击谱如图 1-34 所示，冲击谱完全描述了问题的特性[10]。

对于一个固有周期为 T 的无阻尼单自由度系统，若对幅值为 P_0、持续时间为 t_d 的矩形脉冲激励有冲击谱，则其最大变形容易确定。在谱中可读出相应于 t_d / T 的动力放大系数 α，最大变形由式(1-162)计算：

$$x_{\max} = \alpha x_{st} = \alpha \frac{P_0}{k} \tag{1-162}$$

可将其等效为静力的作用效果，等效静力的最大值可表示为

$$f_{\max} = k x_{\max} = \alpha P_0 \tag{1-163}$$

即作用力幅值乘以动力放大系数。由等效静力的最大值 $f_{\max}$ 作用时的结构静力分析给出结构的内力和应力。

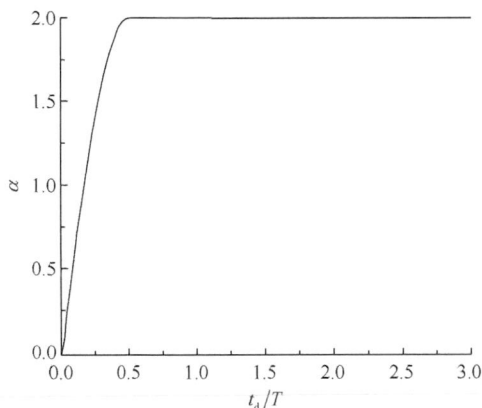

图 1-34　矩形脉冲的冲击谱

冲击的作用时间短，峰点出现比较早，因此阻尼对峰值的影响比较小，故在一般的计算中均不计阻尼的影响。

冲击响应谱可以应用于舰船设备的抗冲击性能分析。若船上某一个特定的设备系统及其支撑的弹性系统已经确定，所受的冲击载荷也已经确定，则可以通过图谱上极值响应的某一点，立即获得该设备在给定冲击载荷下位移响应的最大值，从而判断该设备是否满足抗冲击的设计要求。若舰船上设备及冲击载荷已经确定，则可以通过选择设备弹性支撑的刚度来达到图谱上的某个点，使其满足设备抗冲击的要求[11]。

3. 半周正弦脉冲激励响应

接下来讨论半周正弦脉冲，如图 1-32(c) 所示，脉冲力可表示为

$$\begin{cases} P(t) = P_0 \sin(\pi t / t_d), & 0 \leqslant t \leqslant t_d \\ P(t) = 0, & t > t_d \end{cases} \tag{1-164}$$

初始条件为静止。简谐激励载荷具有一个激励频率，会引发共振问题，因此将它的解分为两种情况进行介绍：① $\omega \equiv \pi / t_d \neq \omega_n$ 或 $t_d / T \neq 1/2$；② $\omega \equiv \pi / t_d = \omega_n$ 或 $t_d / T = 1/2$。针对两种情况分别对强迫振动和自由振动两个阶段进行讨论。

1) 情况 1：$t_d / T \neq 1/2$

第 I 阶段：$0 \leqslant t \leqslant t_d$，系统受简谐载荷 $P_0 \sin(\pi t / t_d)$ 的作用。在初始条件下，其无阻尼强迫振动的解可以写为

$$x(t) = \frac{P_0}{k} \frac{1}{1-\gamma^2} \left[\sin\left(\frac{\pi}{t_d} t\right) - \gamma \sin\left(\frac{2\pi}{T} t\right) \right]$$

$$= \frac{x_{st}}{1 - \left[T / (2t_d) \right]^2} \left[\sin\left(\frac{\pi}{t_d} t\right) - \frac{T}{2t_d} \sin\left(\frac{2\pi}{T} t\right) \right], \quad 0 \leqslant t \leqslant t_d \tag{1-165}$$

第 II 阶段：$t > t_d$，在脉冲作用完毕后，系统不受外力作用而做自由振动。

振动位移可以用第 I 阶段结束时的位移 $x(t_d)$ 和速度 $\dot{x}(t_d)$ 作为初始条件求出：

$$x(t) = x(t_d) \cos\left[\frac{\pi}{t_d}(t - t_d)\right] + \frac{t_d \dot{x}(t_d)}{\pi} \sin\left[\frac{\pi}{t_d}(t - t_d)\right], \quad t > t_d \tag{1-166}$$

也可以由杜阿梅尔积分求得

$$x(t) = \int_0^t \frac{P(t)}{m\omega_n} \sin[\omega_n(t-\tau)] d\tau = \frac{P_0}{m\omega_n} \int_0^{t_d} \sin(\omega\tau) \sin[\omega_n(t-\tau)] d\tau + \int_{t_d}^t 0 d\tau$$

$$= x_{st} \frac{2\gamma}{\gamma^2 - 1} \cos\left(\frac{\pi}{2\gamma}\right) \sin\left(\omega_n t - \frac{\pi}{2\gamma}\right) \tag{1-167}$$

$$= x_{st} \frac{(T/t_d) \cos(\pi t_d / T)}{\left[T / (2t_d)\right]^2 - 1} \sin\left[2\pi\left(\frac{t}{T} - \frac{t_d}{2T}\right)\right], \quad t > t_d$$

2) 情况 2：$t_d / T = 1/2$

第 I 阶段：参照共振响应计算公式(1-104)可得

$$x(t) = \frac{x_{st}}{2} \left[\sin(\omega_n t) - \omega_n t \cos(\omega_n t) \right]$$

$$= \frac{x_{st}}{2} \left[\sin\left(\frac{2\pi}{T} t\right) - \frac{2\pi}{T} t \cos\left(\frac{2\pi}{T} t\right) \right], \quad 0 \leqslant t \leqslant t_d \tag{1-168}$$

第 II 阶段：脉冲力在 $t = t_d$ 时刻结束后，体系做自由振动，它由脉冲力结束时的位移 $x(t_d)$ 和 $\dot{x}(t_d)$ 所引起，该位移与速度可由式(1-168)确定，分别为

$$x(t_d) = \frac{\pi}{2} x_{st}, \quad \dot{x}(t_d) = 0 \tag{1-169}$$

式(1-169)说明，强迫阶段结束时速度为零，因此位移达到最大值。将式(1-169)代入式(1-166)，可得到脉冲结束后系统的响应为

$$x(t) = \frac{\pi}{2} x_{\text{st}} \cos\left[2\pi\left(\frac{t}{T} - \frac{1}{2}\right)\right], \quad t > t_{\text{d}} \tag{1-170}$$

由两种情况的响应结果可以看出，只改变脉冲的时间，响应的性质就会发生很大的变化。无论哪种情况，在力的脉冲作用期间，响应包括激励频率 ω 和 ω_{n}，并且恒为正。脉冲力结束之后，体系在其无变形位置附近以无阻尼的不变幅值做自由振动。若 $t_{\text{d}} / T = 1.5, 2.5, \cdots$，则脉冲力结束以后，质量将静止不动，因为脉冲力结束的瞬间，质量的位移和速度均为零。

与分析矩形脉冲最大响应相同，分别确定强迫振动阶段和自由振动阶段的响应最大值，两个最大值中的较大者为整体的最大响应。经计算，将强迫振动阶段和自由振动阶段最大响应放在一起讨论，得到半周期正弦载荷冲击谱如图 1-35 所示。

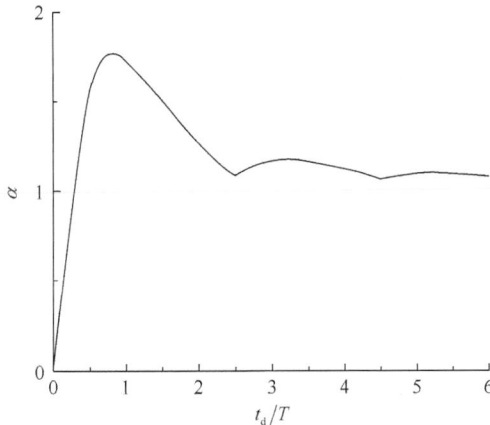

图 1-35　半周期正弦载荷冲击谱

4. 对称三角形脉冲激励响应

接下来讨论对称三角形脉冲，如图 1-32(d)所示，脉冲力可表示为

$$\begin{cases} P(t) = 2P_0 t / t_{\text{d}}, & 0 \leqslant t \leqslant t_{\text{d}} / 2 \\ P(t) = 2P_0(1 - t / t_{\text{d}}), & t_{\text{d}} / 2 < t \leqslant t_{\text{d}} \\ 0, & t > t_{\text{d}} \end{cases} \tag{1-171}$$

初始条件为静止。可用经典的杜阿梅尔法将振动分为三个不同的阶段。第 I 阶段为 $0 \leqslant t \leqslant t_{\text{d}} / 2$；第 II 阶段为 $t_{\text{d}} / 2 < t \leqslant t_{\text{d}}$；第 III 阶段为 $t > t_{\text{d}}$。

按照对矩形脉冲与半周正弦脉冲的分析方法，可以得到振动响应的分析结果如下：

$$x(t) = \begin{cases} 2\left[\dfrac{t}{t_d} - \dfrac{T}{2\pi t_d}\sin\left(2\pi\dfrac{t}{T}\right)\right]x_{st}, & 0 \leqslant t \leqslant t_d/2 \\[3mm] 2\left(1 - \dfrac{t}{t_d} + \dfrac{T}{2\pi t_d}\left\{2\sin\left[\dfrac{2\pi}{T}\left(t - \dfrac{1}{2}t_d\right)\right] - \sin\left(2\pi\dfrac{t}{T}\right)\right\}\right)x_{st}, & t_d/2 < t \leqslant t_d \\[3mm] 2\left(\dfrac{T}{2\pi t_d}\left\{2\sin\left[\dfrac{2\pi}{T}\left(t - \dfrac{1}{2}t_d\right)\right] - \sin\left[\dfrac{2\pi}{T}(t - t_d)\right] - \sin\left(2\pi\dfrac{t}{T}\right)\right\}\right)x_{st}, & t > t_d \end{cases}$$

$$(1\text{-}172)$$

由式(1-172)可知，当脉冲持续时间 t_d 超过 $2T$ 时，动力响应随着 t_d 的增大而减小。若 $t_d = T/2$，则第一个峰值恰好产生于脉冲结束之时；若 $t_d > T/2$，则第一个峰值产生在脉冲作用期间；若 $t_d < T/2$，则第一个峰值产生在脉冲结束之后。自由振动期间的最大响应通过计算式(1-172)中第三式的最大值获得。以上最大值的求解可以由 $dx/dt = 0$ 的条件得出。强迫振动阶段的最大响应通过求式(1-172)中第二式的局部最大值获得，它总比第一式中的最大值大。

整体的最大响应是强迫振动阶段和自由振动阶段分别确定的两个最大值中的较大者，计算可得对称三角形脉冲的冲击谱如图 1-36 所示。

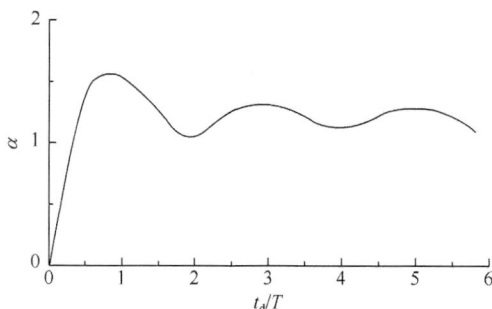

图 1-36　对称三角形脉冲的冲击谱

例 1-5　图 1-37(a) 所示系统的初始条件为零。试求在图 1-37(b) 所示的外力作用下系统的响应。

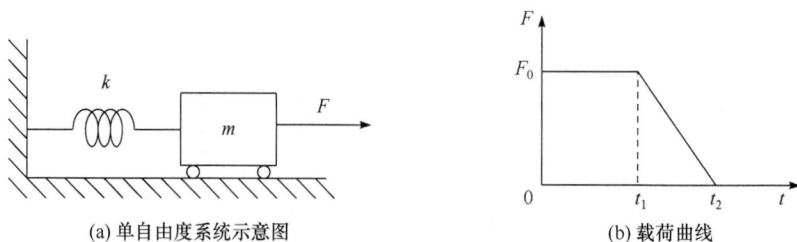

(a) 单自由度系统示意图　　　　　(b) 载荷曲线

图 1-37　单自由度系统脉冲激励问题

解：当 $0 \leqslant t \leqslant t_1$ 时，$F = F_0$，有

$$x(t) = \frac{F_0}{m\omega_n} \int_0^t \sin[\omega_n(t-\tau)]d\tau = \frac{F_0}{m\omega_n^2} \cos[\omega_n(t-\tau)]\Big|_0^t = \frac{F_0}{k}[1 - \cos(\omega_n t)]$$

当 $t_1 < t \leqslant t_2$ 时，$F = \dfrac{t_2 - t}{t_2 - t_1} F_0$，有

$$x(t) = \frac{F_0}{m\omega_n} \int_0^{t_1} \sin[\omega_n(t-\tau)]d\tau + \frac{F_0}{m\omega_n} \int_{t_1}^t \frac{t_2-\tau}{t_2-t_1} \sin[\omega_n(t-\tau)]d\tau$$

$$= \frac{F_0}{k}\left\{ 1 - \cos(\omega_n t) - \frac{t-t_1}{t_2-t_1} + \frac{\sin[\omega_n(t-t_1)]}{\omega_n(t_2-t_1)} \right\}$$

当 $t > t_2$ 时，$F = 0$，有

$$x(t) = \frac{F_0}{m\omega_n} \int_0^{t_1} \sin[\omega_n(t-\tau)]d\tau + \frac{F_0}{m\omega_n} \int_{t_1}^{t_2} \frac{t_2-\tau}{t_2-t_1} \sin[\omega_n(t-\tau)]d\tau$$

$$= \frac{F_0}{k}\left\{ -\cos(\omega_n t) + \frac{\sin[\omega_n(t-t_1)] - \sin[\omega_n(t-t_2)]}{\omega_n(t_2-t_1)} \right\}$$

习　题

1-1　试求题图 1-1 中各系统的自由振动频率。

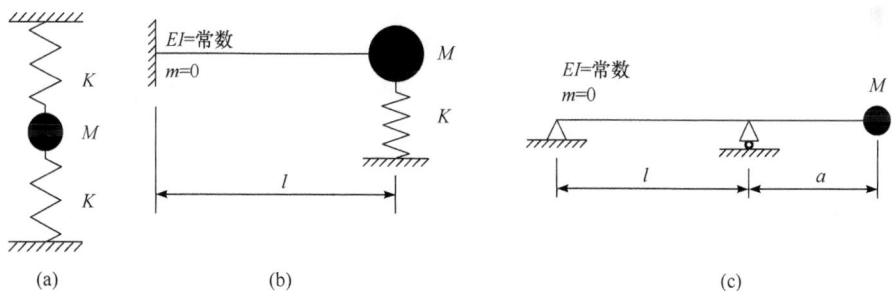

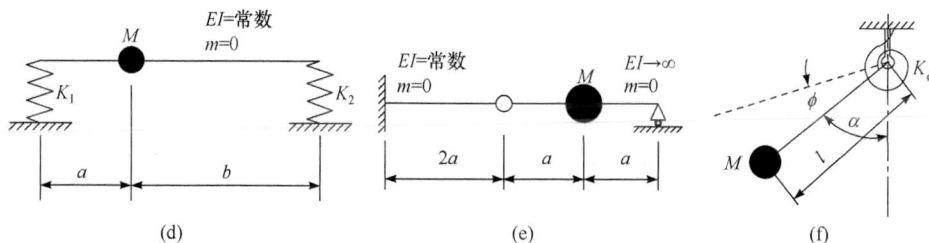

(a)　(b)　(c)

(d)　(e)　(f)

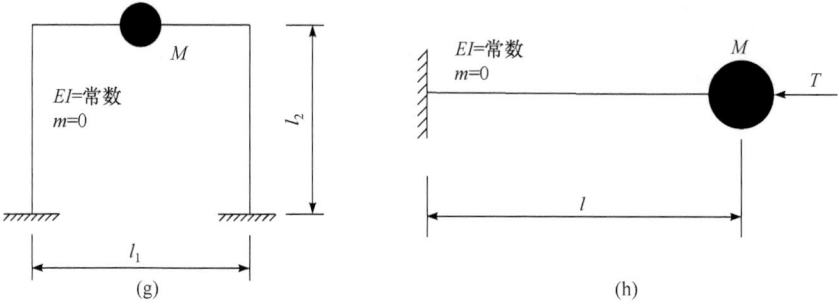

题图 1-1

1-2　有一质量为 W 的物体(重心在 O 点)，用两个并联的弹簧支撑，弹簧常数分别为 K_1 和 K_2，如题图 1-2 所示，试求出该系统的等效弹簧常数 K_e。

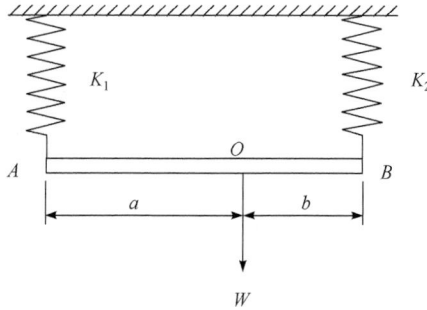

题图 1-2

1-3　有一质量为 M，刚度为 K_1 的弹簧，其固有频率为 ω_1，令另一刚度为 K_2 的弹簧串联在第一个弹簧上，频率降低到 $\omega_1 / 2$，试求 K_1 和 K_2 的关系。

1-4　有一质量为 m 的小球，置于长度为 $2l$ 的紧拉着的钢丝的中点，如题图 1-3 所示，钢丝不能抵抗弯曲，并承受了很高的初始拉力 S，试建立该球微小垂向振动的运动微分方程。假设拉力 S 为常数时，此运动为简谐振动，试求出在此情况下的振动周期。

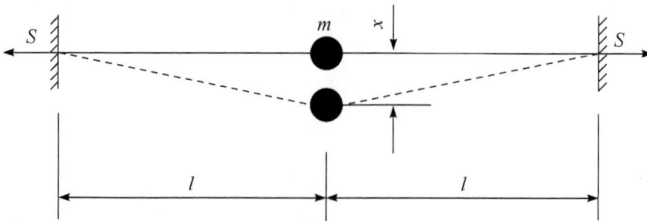

题图 1-3

1-5 由两个型号为 16 的槽钢，背靠背组成两跨连续梁($I=2\times747=1494\mathrm{cm}^4$)，在 BC 垮的中央承受一重量为 $W=52920\mathrm{N}$ 的电动机，如题图 1-4 所示，求此系统垂向振动的固有频率(略去梁的分布质量)。

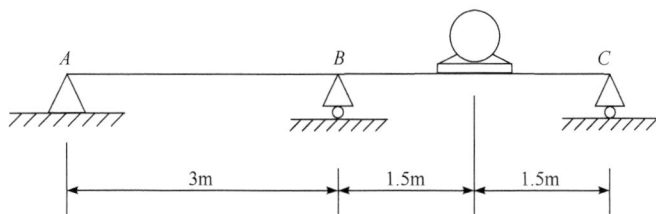

题图 1-4

1-6 一无重量简支梁，其中央有一集中质量M，其重量$W=30\times10^5\mathrm{N}$，下面装有一个黏阻缓冲器，其黏性阻尼系数为 $C=20\times10^5\mathrm{N\cdot s/m}$，已知梁长 $l=36\mathrm{m}$，剖面惯性矩 $I=4\times10^7\mathrm{cm}^4$，$E=2\times10^5\mathrm{N/mm}^2$，如题图 1-5 所示，试求其振动频率、周期和衰减系数。

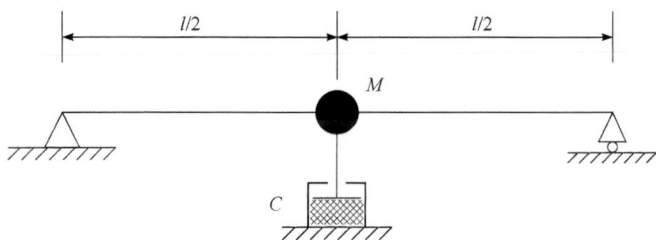

题图 1-5

1-7 一个重量为W，长度为l的细长刚性棱柱形杆 AB，A处为铰接，B处用一常数为K的弹簧支承于水平位置(题图 1-6)。试求该杆在竖直平面内有一微小的角位移ϕ时，其旋转振动的周期。略去弹簧质量，并考虑杆是刚性的。

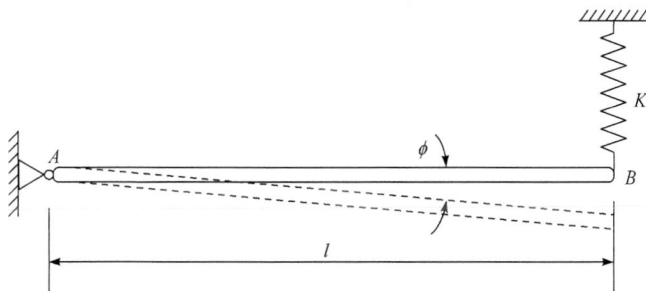

题图 1-6

1-8　一个重量为W，长度为l的细长刚性棱柱形杆AB，A处为铰接，C处作用竖直弹簧支承于水平位置(题图 1-7)。试求算该杆在竖直平面内有一微小旋转周期τ。假设弹簧常数为K，并不计质量。

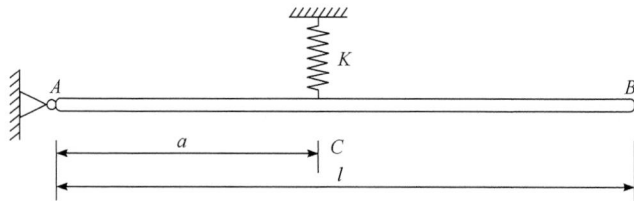

题图 1-7

1-9　题图 1-8 中AB为无重量杆，A端由光滑铰链固定，在B端作用周期性干扰力$P(t) = P_0 \cos(\omega t)$。已知重物的质量为$m$，弹簧的刚度系数为$k$，阻尼系数为$c$，试写出系统的运动微分方程，以及系统的固有频率、临界阻尼系数的表达式和共振时的振幅。

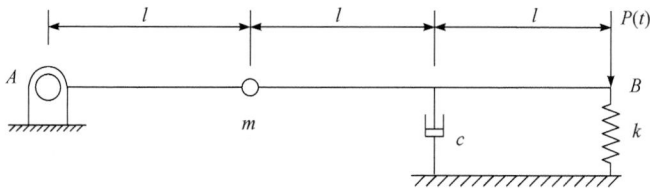

题图 1-8

2 多自由度系统振动

多自由度系统：任何瞬时，系统的位置都必须用两个或者更多的广义坐标才能确定的系统称为多自由度系统。多自由度系统常用于复杂连续系统的等效简化，称为离散化，其动力学分析的精度远高于单自由度系统。

工程中很多问题可以简化为多自由度系统问题。例如，船舶在波浪上的运动可视为刚体的空间运动，包括横荡、垂荡、纵荡、艏摇、横摇、纵摇，因此有 6 个自由度，即需要 6 个广义坐标(x、y、z、θ_x、θ_y、θ_z)才能完全确定任意瞬间它在空间中的位置，如图 2-1(a) 所示。如第 1 章提到的船用机械设备，当将其视为刚体时，同样采用 6 个自由度的分析更为准确。对于具有多个集中质量的系统，如图 2-1(b) 和(c) 所示的具有多个圆盘的转轴和集中质量的横梁，在进行振动分析时可忽略梁和轴本身的质量或转动惯量，而将它们简化为考虑集中质量运动的多自由度系统。

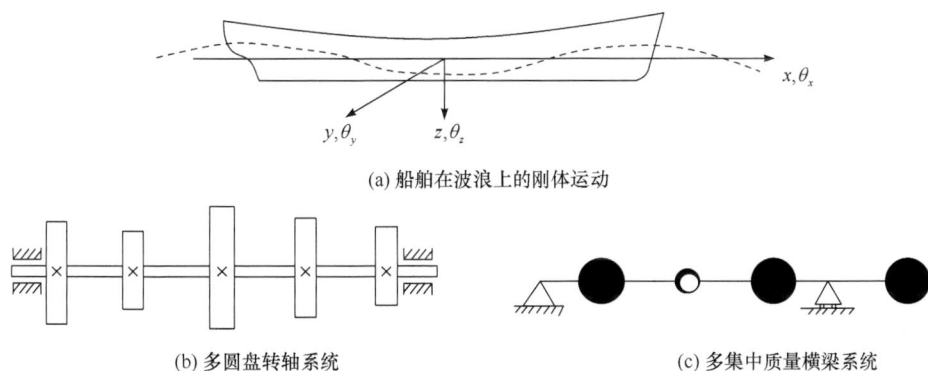

(a) 船舶在波浪上的刚体运动

(b) 多圆盘转轴系统

(c) 多集中质量横梁系统

图 2-1　多自由度系统

工程中的各种机械和结构物均为由杆、梁、板、壳等元件组成的弹性体。它们的质量和刚度都具有分布的性质，因此应该属于弹性连续系统。然而，可通过离散的方法将弹性体的振动从无限多个自由度系统简化为有限多个自由度系统进行分析，得到其主要的(频率较低的)若干振动特性与规律，并满足所需的精度。

例如，在研究一根简单的梁的横向弯曲振动问题时，可将梁的质量凝聚在 n 个有限的离散质点上，用 n 个质点处的垂向位移 $w_1, w_2, \cdots, w_n$ 作广义坐标代替连续系统的动挠度曲线近似描述该梁的振动，如图 2-2 所示。

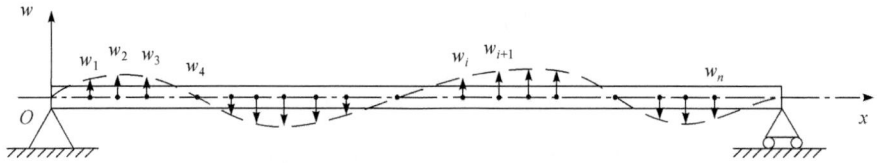

图 2-2　梁横向弯曲振动模型离散化

可根据工程上实际要求的精度来确定自由度数。广义坐标应尽可能取在能反映结构特征的点上，以便更好地逼近实际的动挠度曲线。工程上有限元法、边界元法、质点法等数值计算分析方法的基础均为多自由度系统理论，由于其和连续系统的等效性息息相关，因此将数值计算分析方法放在第 3 章讨论。

由此可见，讨论多自由度系统的振动对研究工程结构和机械的振动具有极其重要的现实意义。

2.1　运动微分方程的建立

2.1.1　运动微分方程的建立方法

针对系统的每一个自由度列出实际作用力的平衡方程。一般来说，在任何一个点 i 上包含四种力：①外载荷 $P_i(t)$；②由于运动而产生的力，即惯性力 f_{Ii}；③阻尼力 f_{Di}；④回复力 f_{Si}。这样，对于多自由度体系中的每一个自由度，动力平衡条件可写为

$$f_{I1} + f_{D1} + f_{S1} = P_1(t)$$
$$f_{I2} + f_{D2} + f_{S2} = P_2(t)$$
$$f_{I3} + f_{D3} + f_{S3} = P_3(t) \tag{2-1}$$
$$\cdots$$

当力向量用矩阵形式表示时，有

$$\{f_I\} + \{f_D\} + \{f_S\} = \{P(t)\} \tag{2-2}$$

式(2-2)就是多自由度体系的运动方程。

运动方程的研究总是按已知的数学方法进行，关于建立这些方程的方法有两种观点。一种认为直接利用基于牛顿第二定律的运动力学关系是适宜的，并且认为这样不至于失去现象的物理本质。在这种情况下，每次都必须对系统进行分析，也称为直接法，包括基于牛顿第二定律的受力分析、达朗贝尔原理、影响系数法等。

另一种是广泛地应用第二类拉格朗日方程的方法，即通过统一的以系统能量

为主要参量的方程格式，引入系统的动能、势能、能量耗散等进行运动微分方程的建立，这样不会失去数学推演的物理意义，而且这些物理意义只需要一次即可全面了解。

下面讨论运动方程的建立过程中需要理解的几个概念。

首先，讨论约束的概念。在振动分析过程中，我们讨论的都是封闭系统，也就是必须具有一定约束，约束为封闭系统建立了一系列边界条件。由所讨论体系的构造所给予的各个坐标的某些关系，可以把这些坐标彼此联系起来，这些关系即约束方程。

约束可以分为两类：一类是完整约束，此时限制只加于决定体系位置的各坐标上，而且约束方程式中并没有对于时间的导数；另一类是非完整约束，此时约束方程中有坐标对于时间的导数。非完整约束方程式是不能积分的，即这些方程式中不能消去坐标对于时间的导数。为了满足约束的稳定性，本书讨论的问题必须是在完整约束系统下的。若系统内的各约束反力在一个虚位移内做功之和为零，则这种约束即称为理想约束。理想约束的概念是从实际约束中抽象得来的，它反映了相当广泛的一些实际约束的主要性质，如光滑接触面约束、无重刚杆约束、光滑铰链约束等。拉格朗日方程(变分法)主要也是基于理想约束提出的，实际上我们遇到的大多数约束都满足理想约束的定义，之后的讨论也主要以理想约束为基础展开。

然后，讨论广义坐标的概念。当讨论多自由度系统时，笛卡儿坐标系的分析方法将不再适用，而应该采用广义坐标系。广义坐标，就是用来确定系统任意时刻位置的参数系统。广义坐标应满足所有约束方程式，各广义坐标的增量独立性也只存在于完整约束的情况中。在完整约束的情况下，自由度的数目等于广义坐标的数目。在直接法中，对实际问题建立相对应的广义坐标，根据不同广义坐标建立力学模型，进而获得其运动方程。而对于拉格朗日方程，广义坐标的设置更具有普遍性的特征。例如，通过离散法分析动力学问题的有限元分析法，就是通过具有相同的广义坐标形式来构造复杂体系的微分方程，其建立运动方程的基础实际上就是拉格朗日方程。关于有限元的问题将在第 3 章展开讨论，本章只介绍拉格朗日方程的理论基础部分内容。

接下来，分别介绍构建多自由度系统运动方程的直接法与间接法(拉格朗日方程)。

2.1.2　二自由度系统运动微分方程

二自由度系统是最简单的多自由度系统。从单自由度系统到二自由度系统，振动的性质和研究的方法具有本质的不同，但从二自由度系统到更多自由度系统的振动，无论是模型的简化、运动微分方程的建立和求解的一般方法，还是系统响应表现出来的振动特性等，均没有本质上的差别，而主要是自由度数量上的差别。因此，多自由度系统的分析，只需要将二自由度系统的振动理论加以推广。

考虑一个含黏性阻尼的二自由度弹簧质量系统，如图 2-3(a) 所示。系统的运动可以用坐标 $x_1(t)$ 和 $x_2(t)$ 来描述，它们分别定义在某一时刻 t 两个质量块离开各自平衡位置的位移。两个外力 $P_1(t)$ 和 $P_2(t)$ 分别作用在 m_1 和 m_2 上，m_1 和 m_2 的受力分析如图 2-3(b) 所示，对每一个质量块分别应用牛顿第二定律，可得如下运动微分方程：

$$\begin{cases} m_1\ddot{x}_1 + c_1\dot{x}_1 + c_2(\dot{x}_1 - \dot{x}_2) + k_1x_1 + k_2(x_1 - x_2) = P_1(t) \\ m_2\ddot{x}_2 - c_2(\dot{x}_1 - \dot{x}_2) + c_3\dot{x}_2 - k_2(x_1 - x_2) + k_3x_2 = P_2(t) \end{cases} \tag{2-3}$$

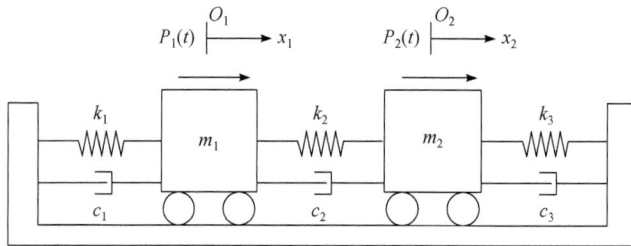

(a) 二自由度系统物理模型

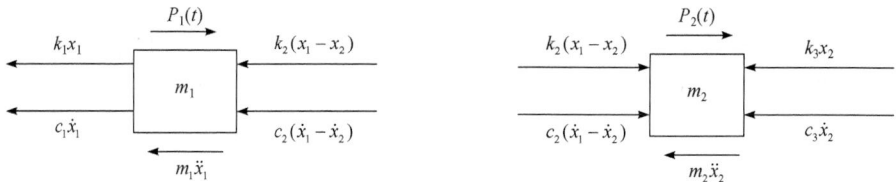

(b) 二自由度系统受力分析

图 2-3 二自由度系统

方程可以写成如下矩阵形式：

$$\begin{bmatrix} m_1 & 0 \\ 0 & m_2 \end{bmatrix}\begin{Bmatrix} \ddot{x}_1 \\ \ddot{x}_2 \end{Bmatrix} + \begin{bmatrix} c_1 + c_2 & -c_2 \\ -c_2 & c_2 + c_3 \end{bmatrix}\begin{Bmatrix} \dot{x}_1 \\ \dot{x}_2 \end{Bmatrix} + \begin{bmatrix} k_1 + k_2 & -k_2 \\ -k_2 & k_2 + k_3 \end{bmatrix}\begin{Bmatrix} x_1 \\ x_2 \end{Bmatrix} = \begin{Bmatrix} P_1(t) \\ P_2(t) \end{Bmatrix} \tag{2-4}$$

即

$$[M]\{\ddot{X}\} + [C]\{\dot{X}\} + [K]\{X\} = \{P(t)\} \tag{2-5}$$

式中，$[M]$、$[C]$ 和 $[K]$ 分别为质量矩阵、阻尼矩阵和刚度矩阵，具体形式如下：

$$[M] = \begin{bmatrix} m_1 & 0 \\ 0 & m_2 \end{bmatrix}, \quad [C] = \begin{bmatrix} c_1 + c_2 & -c_2 \\ -c_2 & c_2 + c_3 \end{bmatrix}, \quad [K] = \begin{bmatrix} k_1 + k_2 & -k_2 \\ -k_2 & k_2 + k_3 \end{bmatrix} \tag{2-6}$$

$\{X\}$、$\{\dot{X}\}$、$\{\ddot{X}\}$ 和 $\{P(t)\}$ 分别为位移向量、速度向量、加速度向量和力向量，具体形式如下：

$$\{X(t)\}=\begin{Bmatrix} x_1(t) \\ x_2(t) \end{Bmatrix}, \quad \{\dot{X}(t)\}=\begin{Bmatrix} \dot{x}_1(t) \\ \dot{x}_2(t) \end{Bmatrix}, \quad \{\ddot{X}(t)\}=\begin{Bmatrix} \ddot{x}_1(t) \\ \ddot{x}_2(t) \end{Bmatrix}, \quad \{P(t)\}=\begin{Bmatrix} P_1(t) \\ P_2(t) \end{Bmatrix} \quad (2\text{-}7)$$

若系统有 n 个自由度，其运动微分方程仍是式(2-5)的形式，但矩阵 $[M]$、$[C]$、$[K]$ 都是 n 阶方阵，$\{X\}$、$\{\dot{X}\}$、$\{\ddot{X}\}$ 和 $\{P(t)\}$ 均为 n 维向量，则运动方程具体可写为

$$\begin{bmatrix} m_{11} & m_{12} & \cdots & m_{1n} \\ m_{21} & m_{22} & \cdots & m_{2n} \\ \vdots & \vdots & & \vdots \\ m_{n1} & m_{n2} & \cdots & m_{nn} \end{bmatrix}\begin{Bmatrix} \ddot{x}_1 \\ \ddot{x}_2 \\ \vdots \\ \ddot{x}_n \end{Bmatrix}+\begin{bmatrix} c_{11} & c_{12} & \cdots & c_{1n} \\ c_{21} & c_{22} & \cdots & c_{2n} \\ \vdots & \vdots & & \vdots \\ c_{n1} & c_{n2} & \cdots & c_{nn} \end{bmatrix}\begin{Bmatrix} \dot{x}_1 \\ \dot{x}_2 \\ \vdots \\ \dot{x}_n \end{Bmatrix}$$

$$+\begin{bmatrix} k_{11} & k_{12} & \cdots & k_{1n} \\ k_{21} & k_{22} & \cdots & k_{2n} \\ \vdots & \vdots & & \vdots \\ k_{n1} & k_{n2} & \cdots & k_{nn} \end{bmatrix}\begin{Bmatrix} x_1 \\ x_2 \\ \vdots \\ x_n \end{Bmatrix}=\begin{Bmatrix} P_1(t) \\ P_2(t) \\ \vdots \\ P_n(t) \end{Bmatrix} \qquad (2\text{-}8)$$

2.1.3 影响系数法

影响系数法实际上是基于刚度矩阵、柔度矩阵、阻尼矩阵、质量矩阵等的物理含义建立起运动方程的方法。系统的刚度与质量等参数是以矩阵的形式表示的，但实际上刚度矩阵的元素 k_{ij} 和质量矩阵的元素 m_{ij} 都有明确的物理意义。

1. 基于刚度矩阵的运动微分方程

首先假设外力是以准静态方式施加于系统的，此时没有加速度与速度，即 $\{\ddot{X}\}=\{0\}$，$\{\dot{X}\}=\{0\}$，运动方程为

$$[K]\{X\}=\{P\} \qquad (2\text{-}9)$$

假定作用于系统的是这样一组外力：它们使系统只在第 j 个坐标上产生单位位移，而在其他各个坐标上都不产生位移，产生的位移向量为

$$\{X\}=\begin{Bmatrix} x_1 & \cdots & x_{j-1} & x_j & x_{j+1} & \cdots & x_n \end{Bmatrix}^{\mathrm{T}}=\begin{Bmatrix} 0 & \cdots & 0 & 1 & 0 & \cdots & 0 \end{Bmatrix}^{\mathrm{T}} \qquad (2\text{-}10)$$

将式(2-10)代入方程(2-9)得

$$\{P\} = \begin{Bmatrix} P_1(t) \\ P_2(t) \\ \vdots \\ P_i(t) \\ \vdots \\ P_n(t) \end{Bmatrix} = \begin{bmatrix} k_{11} & \cdots & k_{1j} & \cdots & k_{1n} \\ k_{21} & \cdots & k_{2j} & \cdots & k_{2n} \\ \vdots & & \vdots & & \vdots \\ k_{i1} & \cdots & k_{ij} & \cdots & k_{in} \\ \vdots & & \vdots & & \vdots \\ k_{n1} & \cdots & k_{nj} & \cdots & k_{nn} \end{bmatrix} \begin{Bmatrix} 0 \\ \vdots \\ 0 \\ 1 \\ 0 \\ \vdots \\ 1 \end{Bmatrix} = \begin{Bmatrix} k_{1j} \\ k_{2j} \\ \vdots \\ k_{ij} \\ \vdots \\ k_{nj} \end{Bmatrix} \tag{2-11}$$

可见，所施加的这组外力数值正是刚度矩阵的第 j 列，其中，k_{ij} 是在第 i 个坐标上施加的力。由此得出结论：刚度矩阵 $[K]$ 中的元素 k_{ij} 是使系统仅在第 j 个坐标上产生单位位移而相应于第 i 个坐标上所施加的力。

现假设系统受到外力的瞬间，只在第 j 个坐标上产生单位加速度而不产生任何位移和速度，即 $\{\dot{X}\} = \{0\}$，$\{X\} = \{0\}$。运动方程为

$$[M]\{\ddot{X}\} = \{P\} \tag{2-12}$$

类似上述讨论，这组外力正是矩阵 $[M]$ 的第 j 列。由此得出结论：质量矩阵 $[M]$ 中的元素 m_{ij} 是使系统仅在第 j 个坐标上产生单位加速度而相应于第 i 个坐标上所施加的力。同理，阻尼矩阵 $[C]$ 中的元素 c_{ij} 是使系统仅在第 j 个坐标上产生单位速度而相应于第 i 个坐标上所施加的力。因此，m_{ij}、k_{ij} 和 c_{ij} 分别称为质量影响系数、刚度影响系数和阻尼影响系数。根据它们的物理意义，可以直接通过写出矩阵 $[M]$、$[K]$ 和 $[C]$，从而建立运动方程，这种方法称为影响系数法。

例 2-1 写出图 2-4 中三自由度系统的刚度矩阵与质量矩阵，以及系统的运动微分方程。

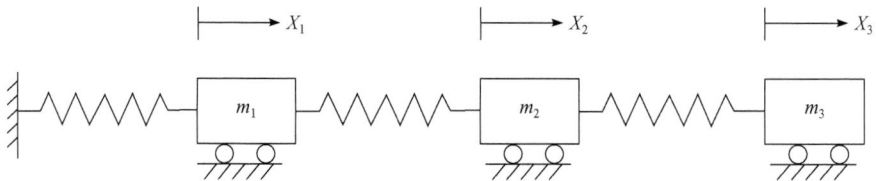

图 2-4 三自由度系统

解：建立该三自由度系统的刚度矩阵，令 $\{\ddot{X}\} = \{0\}$，$\{X\} = \{1 \quad 0 \quad 0\}^{\mathrm{T}}$，对系统进行受力分析(图 2-5)，可得

$$k_{11} = k_1 + k_2, \quad k_{21} = -k_2, \quad k_{31} = 0$$

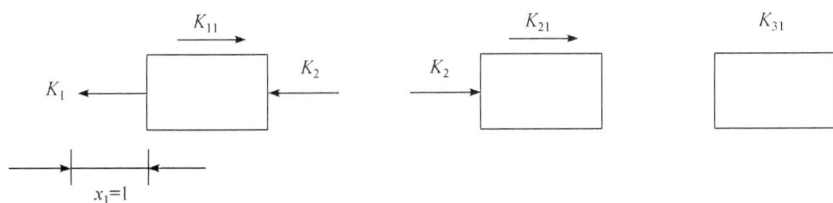

图 2-5 受力分析

同样，令

$$\{X\} = \{0 \quad 1 \quad 0\}^{\mathrm{T}}$$

可得

$$k_{12} = -k_2, \quad k_{22} = k_2 + k_3, \quad k_{32} = -k_3$$

令

$$\{X\} = \{0 \quad 0 \quad 1\}^{\mathrm{T}}$$

可得

$$k_{13} = 0, \quad k_{23} = -k_3, \quad k_{33} = k_3$$

因此，刚度矩阵为

$$[K] = \begin{bmatrix} k_1 + k_2 & -k_2 & 0 \\ -k_2 & k_1 + k_3 & -k_3 \\ 0 & -k_3 & k_3 \end{bmatrix}$$

同理，可得到质量矩阵为

$$[M] = \begin{bmatrix} m_1 & 0 & 0 \\ 0 & m_2 & 0 \\ 0 & 0 & m_3 \end{bmatrix}$$

系统不受其他外载荷，因此其运动方程为

$$[M]\{\ddot{X}\} + [K]\{X\} = \{0\}$$

2. 利用柔度矩阵求解运动微分方程

柔度：弹性元件在单位力作用下产生的变形，它的物理意义及量纲与刚度恰好相反，单位为米每牛(m/N)。对于某些静定结构，有时通过柔度矩阵建立位移方程比通过刚度矩阵建立作用力方程更方便，如图 2-6 所示的二自由度简支梁，很难获得梁在保证某广义坐标单位位移下的力，而在某广义坐标下施加单位力求位移相对简单。下面利用柔度法建立运动微分方程。

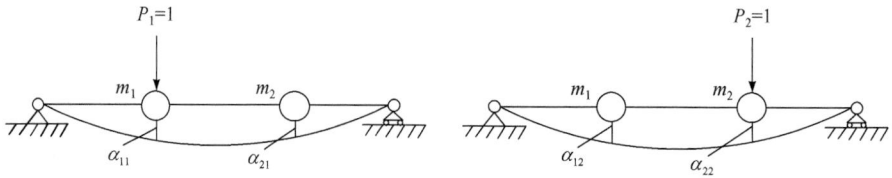

图 2-6　二自由度简支梁

假设 P_1 和 P_2 是常力，并且以准静态的方式作用于梁上，此时梁只产生位移（挠度），而不产生加速度。取质量 m_1 和 m_2 的静平衡位置为坐标 x_1 和 x_2 的原点，设外力为 $P_1 = 1$，$P_2 = 0$，两个质量的位移为 $x_1 = \alpha_{11}$，$x_2 = \alpha_{21}$；设外力 $P_1 = 0$，$P_2 = 1$，两个质量的位移为 $x_1 = \alpha_{12}$，$x_2 = \alpha_{22}$。对于线性弹性体，两个质量同时受到 P_1 和 P_2 大小的外力作用时，它们的位移可以通过叠加原理得到

$$\begin{cases} x_1 = \alpha_{11}P_1 + \alpha_{12}P_2 \\ x_2 = \alpha_{21}P_1 + \alpha_{22}P_2 \end{cases} \tag{2-13}$$

式(2-13)可以写成下列矩阵形式：

$$\{X\} = [\alpha]\{P\} \tag{2-14}$$

式中，$\{X\}$、$[\alpha]$、$\{P\}$ 分别为位移向量、柔度矩阵和力向量，表达式为

$$\{X\} = \begin{Bmatrix} x_1 \\ x_2 \end{Bmatrix}, \quad [\alpha] = \begin{bmatrix} \alpha_{11} & \alpha_{12} \\ \alpha_{21} & \alpha_{22} \end{bmatrix}, \quad \{P\} = \begin{Bmatrix} P_1 \\ P_2 \end{Bmatrix} \tag{2-15}$$

柔度矩阵中元素 α_{ij} 的物理意义是系统仅在第 j 个坐标上受到单位力作用时相应于第 i 个坐标上产生的位移。α_{ij} 称为柔度影响系数，梁的柔度矩阵可以用材料力学计算梁挠度的各种方法获得。

当外力 P_1、P_2 是动载荷时，必然使梁产生加速度，即集中质量上有惯性力存在，式(2-15)变为

$$\begin{Bmatrix} x_1 \\ x_2 \end{Bmatrix} = \begin{bmatrix} \alpha_{11} & \alpha_{12} \\ \alpha_{21} & \alpha_{22} \end{bmatrix} \left[\begin{Bmatrix} P_1 \\ P_2 \end{Bmatrix} - \begin{bmatrix} m_1 & 0 \\ 0 & m_2 \end{bmatrix} \begin{Bmatrix} \ddot{x}_1 \\ \ddot{x}_2 \end{Bmatrix} \right] \tag{2-16}$$

$$\{X\} = [\alpha](\{P\} - [M]\{\ddot{X}\}) \tag{2-17}$$

通过力平衡建立无阻尼多自由度系统运动微分方程：

$$[M]\{\ddot{X}\} + [K]\{X\} = \{P(t)\} \tag{2-18}$$

通过对比式(2-17)与式(2-18)，可得出柔度矩阵与刚度矩阵的关系为

$$[\alpha] = [K]^{-1} \tag{2-19}$$

3. 系统的势能与动能

前面通过影响系数法建立了多自由度系统的运动微分方程，下面介绍该方程内简单的能量关系。

1) 势能

对于图 2-7 所示的多自由度系统，第 i 个弹簧的弹性势能(也称应变能或变形能)为

$$U_i = \frac{1}{2} P_i x_i \tag{2-20}$$

式中，P_i 为在第 i 个质量上的合力，$P_i = \sum_{j=1}^{n} k_{ij} x_j\ (i=1,2,\cdots,n)$，即将各广义坐标 $j = 1,2,\cdots,n$ 产生 $x_1, x_2, \cdots, x_n$ 位移时在第 i 个广义坐标上所需要施加力的求和。

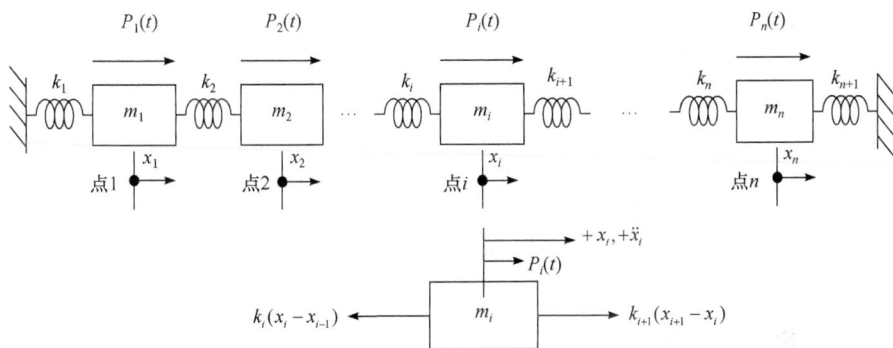

图 2-7 多自由度系统

系统的总势能为

$$U = \sum_{i=1}^{n} U_i = \frac{1}{2} \sum_{i=1}^{n} P_i x_i = \frac{1}{2} \sum_{i=1}^{n} \left(\sum_{j=1}^{n} k_{ij} x_j \right) x_i = \frac{1}{2} \sum_{i=1}^{n} \sum_{j=1}^{n} k_{ij} x_i x_j \tag{2-21}$$

可以用矩阵的形式表示为

$$U = \frac{1}{2} \{X\}^{\mathrm{T}} [K] \{X\} \tag{2-22}$$

2) 动能

根据定义，质量 m_i 的动能为

$$T_i = \frac{1}{2} m_i \dot{x}_i^2 \tag{2-23}$$

故系统的总动能为

$$T = \sum_{i=1}^{n} T_i = \frac{1}{2} \sum_{i=1}^{n} m_i \dot{x}_i^2 \qquad\qquad (2\text{-}24)$$

可以用矩阵的形式表示为

$$T = \frac{1}{2} \{\dot{X}\}^{\mathrm{T}} [M] \{\dot{X}\} \qquad\qquad (2\text{-}25)$$

势能是位移的二次函数，动能是速度的二次函数，因此它们可以用二次型来表示。

二次型：n个变量的二次多项式称为二次型，即在一个多项式中，未知数的个数为任意多个，但每一项的次数都为 2 的多项式。

4. 质量矩阵、刚度矩阵的正定性质

正定矩阵：设 $[A]$ 是 n 阶方阵，如果对于任何非零向量 $\{X\}$ 都有 $\{X\}^{\mathrm{T}}[A]\{X\} > 0$，就称$[A]$为正定矩阵。

半正定矩阵：设 $[A]$ 是 n 阶方阵，如果对于任何非零向量 $\{X\}$ 都有 $\{X\}^{\mathrm{T}}[A]\{X\} \geqslant 0$，就称$[A]$为半正定矩阵。

根据定义，动能不能为负，仅当速度全部为 0 时，动能才能取 0。因此，质量矩阵一定是正定矩阵。

对于势能，如果系统是稳定平衡的，那么仅当位移全部为 0 时，势能为 0，刚度矩阵为正定矩阵；如果系统是随遇平衡的，对于不为 0 的位移，势能同样存在为 0 的情况，刚度矩阵为半正定矩阵。

稳定平衡：物体处于势能最小位置时的平衡，物体受到微扰离开平衡位置后势能增大，外力做负功使物体回到平衡位置。

随遇平衡：物体处于平衡时，受到微扰后势能不变，可以在任意位置继续保持平衡。例如，针对质量弹簧系统，假设存在刚体运动时在任意位置处弹簧变形仍保持不变，则其势能仍为 0，此时系统为随遇平衡系统。

2.1.4　拉格朗日方程

本节讨论的拉格朗日方程实际上指的是采用达朗贝尔原理与虚位移原理推导出的第二类拉格朗日方程，具有完备的力学体系，适用于完整约束系统(理想约束)，是利用系统的能量关系建立广义坐标系下受力与运动的方程[12]。

1. 广义坐标下的虚位移

广义坐标：描述系统运动的坐标。以质点系各质点所在平衡位置为原点，以其运动自由度方向为坐标方向，以能够反映系统运动的最少坐标数量为限制。

设 n 自由度系统可看成 N 个质点构成的质点系统，其广义坐标为 q_1，$q_2,\cdots,q_n$。通常情况下，描述一个质点的运动需要的坐标数量大于或等于 1，所以一般 $n > N$。

通过系统内各点的矢径来描述系统在任意时刻的指定位置，任一点的矢径必须看成所有坐标和时间的函数，如图 2-8 所示。设 N 个质点中任意点的矢径(矢量)可表示为

$$\boldsymbol{r}_k = \boldsymbol{r}_k(q_1, q_2, \cdots, q_n, t), \quad k = 1, 2, \cdots, N \tag{2-26}$$

则任意点矢径的增量可由式(2-27)计算：

$$\mathrm{d}\boldsymbol{r}_k = \sum_{i=1}^{n} \frac{\partial \boldsymbol{r}_k}{\partial q_i} \mathrm{d}q_i + \frac{\partial \boldsymbol{r}_k}{\partial t} \mathrm{d}t \tag{2-27}$$

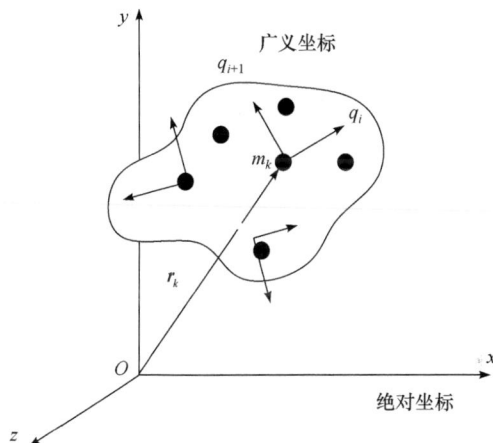

图 2-8 广义坐标示意图

设各广义坐标和时间的微分都是任意的和独立的，可以说，式(2-27)可以决定这个矢径在体系的真正运动中所有可能的增量。这里要注意的是，广义坐标实际上是时间的函数，即 $q_i = q_i(t)$，且在稳定约束(定常约束)时，即约束方程不含时间变量，有 $\dfrac{\partial \boldsymbol{r}_k}{\partial t} \equiv 0$，本书主要讨论的是稳定约束的情况。设各广义坐标的增量为 δq_i，当设其为任意数值，且 $\mathrm{d}t = 0$ 时，通过式(2-27)可得到体系的虚位移为

$$\delta \boldsymbol{r}_k = \sum_{i=1}^{n} \frac{\partial \boldsymbol{r}_k}{\partial q_i} \delta q_i \tag{2-28}$$

式中，δq_i 为广义坐标的变分；$\delta \boldsymbol{r}_k$ 为矢径的变分。

虚位移：指的是在时间不变和约束允许的情况下，系统由某一可能位形过渡到另一可能位形的过程中的位移，可能位形并非真实的，这一位移更是虚构的。

变分：实际表示的是在任意时刻，由两位置间的可能路径与真实路径间的一个无穷小量的差值，一般应用于泛函极值的求解，如图 2-9 所示。

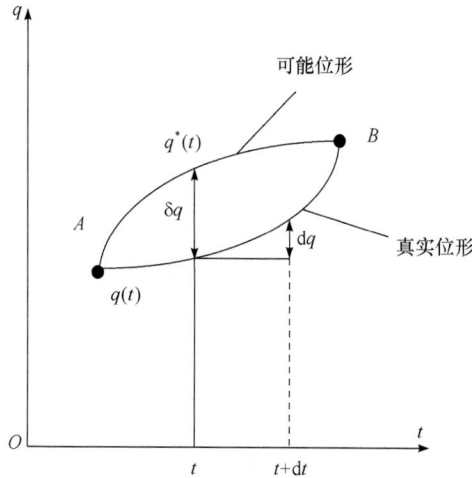

图 2-9 变分与微分的区别

坐标的变分与微分有本质的区别：坐标的微分是在时间间隔 dt 内由真实运动发生的，坐标的变分则是在时间不变的情况下，坐标本身的任意无穷小量，而且变分也是时间的函数。

2. 广义坐标下的动能、势能和耗散函数

1) 动能

设 n 自由度系统由 N 个质点构成，任意质点质量为 m_k，由其矢径方程可得到该点的速度表达式为

$$\dot{\boldsymbol{r}}_k = \sum_{i=1}^{n} \frac{\partial \boldsymbol{r}_k}{\partial q_i} \frac{\partial q_i}{\partial t} + \frac{\partial \boldsymbol{r}_k}{\partial t} \tag{2-29}$$

则系统的动能可表示为

$$T = \sum_{k=1}^{N} \frac{1}{2} m_k \dot{\boldsymbol{r}}_k \dot{\boldsymbol{r}}_k = \frac{1}{2} \sum_{k=1}^{N} m_k \left(\sum_{i=1}^{n} \frac{\partial \boldsymbol{r}_k}{\partial q_i} \frac{\partial q_i}{\partial t} + \frac{\partial \boldsymbol{r}_k}{\partial t} \right) \left(\sum_{j=1}^{n} \frac{\partial \boldsymbol{r}_k}{\partial q_j} \frac{\partial q_j}{\partial t} + \frac{\partial \boldsymbol{r}_k}{\partial t} \right) \tag{2-30}$$

由于 $\dfrac{\partial \boldsymbol{r}_k}{\partial t} \equiv 0$，系统的动能可以写成广义速度的二次型形式：

$$T = \frac{1}{2} \sum_{i=1}^{n} \sum_{j=1}^{n} m_{ij} \frac{\partial q_i}{\partial t} \frac{\partial q_j}{\partial t} = \frac{1}{2} \sum_{i=1}^{n} \sum_{j=1}^{n} m_{ij} \dot{q}_i \dot{q}_j \tag{2-31}$$

其中，

$$m_{ij} = \sum_{k=1}^{N} m_k \frac{\partial \boldsymbol{r}_k}{\partial q_i} \frac{\partial \boldsymbol{r}_k}{\partial q_j} \tag{2-32}$$

其对应于质量矩阵的质量系数。由公式看质量系数应是广义坐标的函数，在考虑微幅振动的情况下，对质量系数 m_{ij} 进行泰勒级数展开(在平衡位置)，得到

$$m_{ij} = (m_{ij})_0 + \sum_{i=1}^{n} \left(\frac{\partial m_{ij}}{\partial q_i} \right)_0 q_i + \cdots \tag{2-33}$$

在式(2-31)中，$\dot{q}_i \dot{q}_j$ 已是二阶微量，所以 m_{ij} 的表达式(2-33)中只能保留常数项，即 $m_{ij} = m_{ji} = \left(\dfrac{\partial^2 T}{\partial \dot{q}_i \partial \dot{q}_j} \right)_{q=\dot{q}=0}$，这就是系数 m_{ij} 在平衡位置的值。

2) 势能

势能 U 同样是广义坐标的函数，将其在广义坐标平衡位置处进行泰勒级数展开，可得到

$$U(q_1, q_2, \cdots, q_n) = U(0, 0, \cdots, 0) + \sum_{i=1}^{n} \frac{\partial U}{\partial q_i} \bigg|_{q=0} q_i + \frac{1}{2} \sum_{i=1}^{n} \sum_{j=1}^{n} \frac{\partial^2 U}{\partial q_i \partial q_j} \bigg|_{q=0} q_i q_j + \cdots \tag{2-34}$$

注意到 $U(0, 0, \cdots, 0)$ 是常数，即平衡位置处的势能，通常设为 0 势能位置，因此不影响运动方程；而由于系统围绕平衡位置做微幅振动，方程第二项实际表示的是各广义坐标平衡位置处的有势力，有 $\sum\limits_{i=1}^{n} \dfrac{\partial U}{\partial q_i} \bigg|_{q=0} = 0$，因此得到的势能函数最低阶项是广义坐标的二次型，更高阶项在计算时不予考虑。势能可写为

$$U = \frac{1}{2} \sum_{i=1}^{n} \sum_{j=1}^{n} k_{ij} q_i q_j \tag{2-35}$$

式中，k_{ij} 为系统的刚度系数，$k_{ij} = k_{ji} = \left(\dfrac{\partial^2 U}{\partial q_i \partial q_j} \right)_{q=0}$，主要由系统内弹性元件的刚度决定，与刚度矩阵中的刚度系数相对应。

3) 耗散函数

耗散函数用来表示由于阻尼力而耗散的能量。系统的阻尼力假设为黏性阻尼力，与广义速度有关，因此参照动能的形式，耗散函数同样可以写成广义速度的二次型的形式，即

$$D = \frac{1}{2} \sum_{i=1}^{n} \sum_{j=1}^{n} c_{ij} \dot{q}_i \dot{q}_j \tag{2-36}$$

式中，c_{ij} 为黏性阻尼系数，$c_{ij} = c_{ji} = \left(\dfrac{\partial^2 D}{\partial \dot{q}_i \partial \dot{q}_j} \right)_{q=\dot{q}=0}$ ，一般情况下是常数，并且是对称的，与阻尼矩阵中的阻尼系数相对应。

3. 拉格朗日方程的推导

在求得系统的虚位移和能量关系以后，就可以利用虚功原理来推导拉格朗日方程，并建立系统的运动微分方程。

虚功原理：具有定常理想约束的系统，在某一位形处于平衡状态(静、动平衡)的充分与必要条件是：在任意虚位移上所有力的虚功之和为零。对于静平衡条件，这里的力指的是主动力，而对于动平衡条件，这里的力指的是系统所有主动力与惯性力之和。由于给定了理想约束的限制条件，理想约束的虚功必定为零。对于 N 个质点的 n 自由度系统，作用于质点 k 上的合力可写为

$$\boldsymbol{R}_k = \boldsymbol{f}_k + \boldsymbol{P}_k - m_k \ddot{\boldsymbol{r}}_k = 0 \tag{2-37}$$

式中，$\boldsymbol{f}_k$ 为主动力；$\boldsymbol{P}_k$ 为约束力；$-m_k \ddot{\boldsymbol{r}}_k$ 为惯性力。根据合力的平衡方程推导运动方程的过程仍然属于直接法，应用虚功原理计算该点处的合力虚功，可表示为

$$\boldsymbol{R}_k \cdot \delta \boldsymbol{r}_k = 0 \tag{2-38}$$

然后，对系统中 N 个质点的虚功进行求和，并且忽略约束力的虚功，得到系统的虚功为

$$\delta W = \sum_{k=1}^{N} \boldsymbol{R}_k \cdot \delta \boldsymbol{r}_k = \sum_{k=1}^{N} (\boldsymbol{f}_k - m_k \ddot{\boldsymbol{r}}_k) \cdot \delta \boldsymbol{r}_k = \delta W_{\mathrm{f}} + \delta W_{\mathrm{m}} = 0 \tag{2-39}$$

其中，主动力虚功可表示为

$$\delta W_{\mathrm{f}} = \sum_{k=1}^{N} \boldsymbol{f}_k \cdot \delta \boldsymbol{r}_k \tag{2-40}$$

将虚位移公式(2-28)代入式(2-40)，得到

$$\delta W_{\mathrm{f}} = \sum_{k=1}^{N} \boldsymbol{f}_k \cdot \sum_{i=1}^{n} \frac{\partial \boldsymbol{r}_k}{\partial q_i} \delta q_i = \sum_{i=1}^{n} \left(\sum_{k=1}^{N} \boldsymbol{f}_k \cdot \frac{\partial \boldsymbol{r}_k}{\partial q_i} \right) \delta q_i = \sum_{i=1}^{n} \bar{Q}_i \delta q_i \tag{2-41}$$

式中，$\bar{Q}_i$ 为主动力在各广义坐标下的一种广义力，$\bar{Q}_i = \sum_{k=1}^{N} \boldsymbol{f}_k \cdot \dfrac{\partial \boldsymbol{r}_k}{\partial q_i}$ ，也可以认为是所有质点受到的主动力在第 i 个广义坐标下的投影，而对于虚功原理的整个推导过程，实际上就是把各质点的受力与运动特征转化到广义坐标下的过程。在广义坐标下，主动力还可以分为有势力、阻尼力和其他外力三个部分，有势力做功产生势能，阻尼力做功产生耗散能，除了产生以上两种能量的力，其他外力统一

称为广义力，用Q_i表示。由于有势力与阻尼力在广义坐标下相当于做负功，广义主动力与广义力间的关系可以写为

$$\bar{Q}_i = -\frac{\partial U}{\partial q_i} - \frac{\partial D}{\partial \dot{q}_i} + Q_i \tag{2-42}$$

则主动力虚功可以写为

$$\delta W_{\mathrm{f}} = \sum_{i=1}^{n}\left(-\frac{\partial U}{\partial q_i} - \frac{\partial D}{\partial \dot{q}_i} + Q_i\right)\delta q_i \tag{2-43}$$

接下来讨论惯性力虚功，可表示为

$$\delta W_{\mathrm{m}} = \sum_{k=1}^{N}(-m_k\ddot{\boldsymbol{r}}_k)\cdot\delta\boldsymbol{r}_k \tag{2-44}$$

将虚位移公式(2-28)代入式(2-44)，得到

$$
\begin{aligned}
\delta W_{\mathrm{m}} &= \sum_{k=1}^{N}(-m_k\ddot{\boldsymbol{r}}_k)\cdot\sum_{i=1}^{n}\frac{\partial\boldsymbol{r}_k}{\partial q_i}\delta q_i = -\sum_{i=1}^{n}\sum_{k=1}^{N}m_k\ddot{\boldsymbol{r}}_k\cdot\frac{\partial\boldsymbol{r}_k}{\partial q_i}\delta q_i \\
&= \sum_{i=1}^{n}\sum_{k=1}^{N}\left[-\frac{\mathrm{d}}{\mathrm{d}t}\left(m_k\ddot{\boldsymbol{r}}_k\cdot\frac{\partial\boldsymbol{r}_k}{\partial q_i}\right) + m_k\ddot{\boldsymbol{r}}_k\cdot\frac{\mathrm{d}}{\mathrm{d}t}\left(\frac{\partial\boldsymbol{r}_k}{\partial q_i}\right)\right]\delta q_i
\end{aligned}
\tag{2-45}
$$

将式(2-29)两边同时对$\dot{q}_i$求导，可得

$$\frac{\partial\dot{\boldsymbol{r}}_k}{\partial\dot{q}_i} = \frac{\partial\boldsymbol{r}_k}{\partial q_i} \tag{2-46}$$

式(2-29)可写为$\dot{\boldsymbol{r}}_k = \sum_{j=1}^{n}\frac{\partial\boldsymbol{r}_k}{\partial q_j}\dot{q}_j + \frac{\partial\boldsymbol{r}_k}{\partial t}$，两边同时对$q_i$求导，可得

$$\frac{\partial\dot{\boldsymbol{r}}_k}{\partial q_i} = \sum_{j=1}^{n}\frac{\partial^2\boldsymbol{r}_k}{\partial q_i\partial q_j}\dot{q}_j + \frac{\partial^2\boldsymbol{r}_k}{\partial q_i\partial t} \tag{2-47}$$

同时有

$$\frac{\mathrm{d}}{\mathrm{d}t}\left(\frac{\partial\boldsymbol{r}_k}{\partial q_i}\right) = \sum_{j=1}^{n}\frac{\partial^2\boldsymbol{r}_k}{\partial q_i\partial q_j}\dot{q}_j + \frac{\partial^2\boldsymbol{r}_k}{\partial t\partial q_i} \tag{2-48}$$

则可得到

$$\frac{\partial\dot{\boldsymbol{r}}_k}{\partial q_i} = \frac{\mathrm{d}}{\mathrm{d}t}\left(\frac{\partial\boldsymbol{r}_k}{\partial q_i}\right) \tag{2-49}$$

将式(2-46)和式(2-49)代入惯性力虚功公式(2-45)，可得

$$\delta W_{\mathrm{m}} = \sum_{i=1}^{n} \sum_{k=1}^{N} \left[-\frac{\mathrm{d}}{\mathrm{d}t}\left(m_k \dot{r}_k \cdot \frac{\partial \dot{r}_k}{\partial \dot{q}_i} \right) + m_k \dot{r}_k \cdot \frac{\partial \dot{r}_k}{\partial q_i} \right] \delta q_i$$

$$= \sum_{i=1}^{n} \sum_{k=1}^{N} \left(-\frac{\mathrm{d}}{\mathrm{d}t}\frac{\partial}{\partial \dot{q}_i} + \frac{\partial}{\partial q_i} \right) \left(\frac{1}{2} m_k \dot{r}_k \cdot \dot{r}_k \right) \delta q_i$$

$$= \sum_{i=1}^{n} \left(-\frac{\mathrm{d}}{\mathrm{d}t}\frac{\partial}{\partial \dot{q}_i} + \frac{\partial}{\partial q_i} \right) \sum_{k=1}^{N} \left(\frac{1}{2} m_k \dot{r}_k \cdot \dot{r}_k \right) \delta q_i \qquad (2\text{-}50)$$

$$= \sum_{i=1}^{n} \left(-\frac{\mathrm{d}}{\mathrm{d}t}\frac{\partial T}{\partial \dot{q}_i} + \frac{\partial T}{\partial q_i} \right) \delta q_i$$

将式(2-43)和式(2-50)代入式(2-39)，得到

$$\delta W = \delta W_{\mathrm{f}} + \delta W_{\mathrm{m}} = \sum_{i=1}^{n} \left(-\frac{\mathrm{d}}{\mathrm{d}t}\frac{\partial T}{\partial \dot{q}_i} + \frac{\partial T}{\partial q_i} - \frac{\partial U}{\partial q_i} - \frac{\partial D}{\partial \dot{q}_i} + Q_i \right) \delta q_i$$

$$= \sum_{i=1}^{n} \left(-\frac{\mathrm{d}}{\mathrm{d}t}\frac{\partial L}{\partial \dot{q}_i} + \frac{\partial L}{\partial q_i} - \frac{\partial D}{\partial \dot{q}_i} + Q_i \right) \delta q_i = 0 \qquad (2\text{-}51)$$

各虚位移 δq_i 是彼此独立的，因此可以任意选取，式(2-51)中括号内的项必为零，于是得到了多自由度系统的拉格朗日方程为

$$\frac{\mathrm{d}}{\mathrm{d}t}\frac{\partial L}{\partial \dot{q}_i} - \frac{\partial L}{\partial q_i} + \frac{\partial D}{\partial \dot{q}_i} = Q_i, \quad i = 1, 2, \cdots, n \qquad (2\text{-}52)$$

初始条件为

$$\dot{q}_i\big|_{t=0} = \dot{q}_{i0}, \quad q_i\big|_{t=0} = q_{i0}$$

其中，$L = T - U$ 称为朗格朗日函数。利用拉格朗日方程同样可以得到多自由度系统的运动方程。

2.2 固有频率与固有振型

2.2.1 固有频率

固有频率可以认为是系统自由振动时的频率，因此研究固有频率时的对象必须是多自由度自由振动系统。多自由度系统无阻尼自由振动方程式的一般形式为

$$[M]\{\ddot{X}\} + [K]\{X\} = \{0\} \qquad (2\text{-}53)$$

假设上述方程的解为

$$\{X\} = \{\phi\} \cdot f(t) \qquad (2\text{-}54)$$

式中，$\{\phi\}$ 为常数列向量，即

$$\{\phi\} = \{\phi_1 \quad \phi_2 \quad \cdots \quad \phi_n\}^{\mathrm{T}} \tag{2-55}$$

$f(t)$ 为时间函数，这里假设所有广义坐标下的质点均按照相同的运动规律运动，即同步运动。将式(2-54)代入运动微分方程(2-53)中，并将方程两侧分别乘以 $\{\phi\}$ 的转置 $\{\phi\}^{\mathrm{T}}$，可得到

$$[M]\{\phi\}\ddot{f}(t) + [K]\{\phi\}f(t) = \{0\} \tag{2-56}$$

$$\{\phi\}^{\mathrm{T}}[M]\{\phi\}\ddot{f}(t) + \{\phi\}^{\mathrm{T}}[K]\{\phi\}f(t) = 0 \tag{2-57}$$

$$\frac{\ddot{f}(t)}{f(t)} = -\frac{\{\phi\}^{\mathrm{T}}[K]\{\phi\}}{\{\phi\}^{\mathrm{T}}[M]\{\phi\}} \tag{2-58}$$

方程右侧与时间 t 无关，所以方程两边必定等于一常数。对于稳定平衡系统，由于质量矩阵与刚度矩阵的正定性质，可以假设此常数为 $-\omega^2(\omega > 0)$，即

$$\frac{\ddot{f}(t)}{f(t)} = -\frac{\{\phi\}^{\mathrm{T}}[K]\{\phi\}}{\{\phi\}^{\mathrm{T}}[M]\{\phi\}} = -\omega^2 \tag{2-59}$$

于是得到关于 $f(t)$ 的方程：

$$\ddot{f}(t) + \omega^2 f(t) = 0 \tag{2-60}$$

方程(2-60)的解为

$$f(t) = p\sin(\omega t + \varphi) \tag{2-61}$$

与单自由度系统自由振动的解相似，p 为振幅，ω 为频率，φ 为相位角。因此，多自由度系统自由振动的同步振动与单自由度系统的自由振动相似，即系统的所有坐标都以相同的频率和相位角做简谐运动，其中 ω 为多自由度系统的固有频率。

将式(2-61)代入运动方程(2-56)中，由于 $f(t)$ 不时刻为 0，可在方程中将其约去，得到

$$-[M]\omega^2\{\phi\}f(t) + [K]\{\phi\}f(t) = \{0\} \tag{2-62}$$

$$([K] - \omega^2[M])\{\phi\} = \{0\} \tag{2-63}$$

式(2-62)中表示未知量的向量 $\{\phi\}$ 有非零解，因此系数矩阵的行列式必须为零，即

$$\left| [K] - \omega^2[M] \right| = \begin{vmatrix} k_{11} - m_{11}\omega^2 & k_{12} - m_{12}\omega^2 & \cdots & k_{1n} - m_{1n}\omega^2 \\ k_{21} - m_{21}\omega^2 & k_{22} - m_{22}\omega^2 & \cdots & k_{2n} - m_{2n}\omega^2 \\ \vdots & \vdots & & \vdots \\ k_{n1} - m_{n1}\omega^2 & k_{n2} - m_{n2}\omega^2 & \cdots & k_{nn} - m_{nn}\omega^2 \end{vmatrix} = 0 \tag{2-64}$$

式(2-64)表示一特征值问题，称为多自由度系统的特征方程，ω^2为特征值，ω为系统的固有频率。特征值和固有频率与初始条件无关，仅取决于系统的固有物理参数$[M]$和$[K]$。式(2-64)可以展开为用ω^2表示的n阶多项式方程，该多项式或特征方程的解给出n个ω^2的值，即可得到n个固有频率的值。若将这n个固有频率从小到大依次排列，分别称为一阶固有频率(基频)、二阶固有频率、…、n阶固有频率，即$\omega_1 < \omega_2 < \cdots < \omega_n$。

对于所求得的每一阶固有频率ω_r，代入方程(2-61)中即可得到与其相对应的同步运动$f_r(t)$，$f_r(t)$中的振幅p_r和相角φ_r还需依靠初始条件求得。系统按照任一阶固有频率做自由振动时的振动状态称为系统的主振动。每一个ω^2特征值都对应着一个向量$\{\phi_r\}$，即矩阵的特征向量，称为固有振型。

2.2.2　固有振型

在求得n自由度系统的n个固有频率后，将第r阶固有频率ω_r代入式(2-63)，可得

$$([K]-\omega_r^2[M])\{\phi_r\}=\{0\} \tag{2-65}$$

加以展开为

$$\begin{cases} (k_{11}-\omega_r^2 m_{11})\phi_1^{(r)} + (k_{12}-\omega_r^2 m_{12})\phi_2^{(r)}+\cdots+(k_{1n}-\omega_r^2 m_{1n})\phi_n^{(r)}=0 \\ (k_{21}-\omega_r^2 m_{21})\phi_1^{(r)} + (k_{22}-\omega_r^2 m_{22})\phi_2^{(r)}+\cdots+(k_{2n}-\omega_r^2 m_{2n})\phi_n^{(r)}=0 \\ \vdots \\ (k_{n1}-\omega_r^2 m_{n1})\phi_1^{(r)} + (k_{n2}-\omega_r^2 m_{n2})\phi_2^{(r)}+\cdots+(k_{nn}-\omega_r^2 m_{nn})\phi_n^{(r)}=0 \end{cases} \tag{2-66}$$

其中，

$$\{\phi_r\}=\left\{\phi_1^{(r)},\phi_2^{(r)},\cdots,\phi_n^{(r)}\right\}^{\mathrm{T}}$$

显然，式(2-66)是由n个齐次代数方程组成的方程组，当$\omega=\omega_r$时，由特征方程(2-64)得到，$\{\phi_r\}$的n个分量$\phi_1^{(r)},\phi_2^{(r)},\cdots,\phi_n^{(r)}$的线性方程组中只有$n-1$个是独立的，因此难以求出$\{\phi_r\}$的真实解，而只能得到$\omega=\omega_r$时一组$\phi_1^{(r)},\phi_2^{(r)},\cdots,\phi_n^{(r)}$之间的比例关系，即只能得到包含一个待定常数的振动形状。求解时，可任取一个元素$\phi_i^{(r)}$为自由未知量，只需任意$n-1$个方程式即可求得其他未知量。例如，取$\phi_n^{(r)}$为自由未知量，则$n-1$个方程式为

$$\begin{cases} (k_{11} - \omega_r^2 m_{11})\phi_1^{(r)} + \cdots + (k_{1,n-1} - \omega_r^2 m_{1,n-1})\phi_{n-1}^{(r)} = (k_{1n} - \omega_r^2 m_{1n})\phi_n^{(r)} \\ (k_{21} - \omega_r^2 m_{21})\phi_1^{(r)} + \cdots + (k_{2,n-1} - \omega_r^2 m_{2,n-1})\phi_{n-1}^{(r)} = (k_{2n} - \omega_r^2 m_{2n})\phi_n^{(r)} \\ \qquad\qquad\qquad\qquad\qquad \vdots \\ (k_{n-1,1} - \omega_r^2 m_{n-1,1})\phi_1^{(r)} + \cdots + (k_{n-1,n-1} - \omega_r^2 m_{n-1,n-1})\phi_{n-1}^{(r)} = (k_{n-1,n} - \omega_r^2 m_{n-1,n})\phi_n^{(r)} \end{cases} \tag{2-67}$$

可利用 $\phi_n^{(r)}$ 将其他 $n-1$ 个分量表示出来，由此可解得其余 $n-1$ 个元素。显然，特征矢量 $\{\phi_r\}$ 表示系统按第 r 阶固有频率 ω_r 做主振动时的振动形式，故称为固有振型或主振型。因为它也与初始条件无关，所以仅取决于系统的固有属性 $[M]$ 和 $[K]$。n 自由度系统有 n 个固有频率和对应的固有振型。固有振型只能确定包含一个常数因子，它并不代表系统的实际振幅，而只是系统振动特性的反映。

1. 利用伴随矩阵求固有振型的方法

当 $\omega = \omega_r$ 时，矩阵 $[K] - \omega_r^2[M]$ 的伴随矩阵为 $\text{adj}([K] - \omega_r^2[M])$，其中 $\text{adj}([K] - \omega_r^2[M])$ 中第 i 行第 j 列元素为 $[K] - \omega_r^2[M]$ 第 j 行第 i 列元素的代数余子式。伴随矩阵的性质为

$$([K] - \omega_r^2[M]) \cdot \text{adj}([K] - \omega_r^2[M]) = \left| [K] - \omega_r^2[M] \right| \cdot [I] = [0] \tag{2-68}$$

式中，$[I]$ 为单位阵。而 $([K] - \omega_r^2[M])\{\phi_r\} = \{0\}$，因此 $\{\phi_r\}$ 可以认为是伴随矩阵 $\text{adj}([K] - \omega_r^2[M])$ 中的任意一列向量，而其中的任意第 j 个元素也可以写成此列的第 j 行元素。例如，取伴随矩阵 $\text{adj}([K] - \omega_r^2[M])$ 的第 1 列作为固有振型 $\{\phi_r\}$，则 $\{\phi_r\}$ 中第 j 行元素 $\phi_j^{(r)}$ 可以认为是矩阵 $[K] - \omega_r^2[M]$ 第 1 行、第 j 列元素的代数余子式，即

$$\phi_j^{(r)} = (-1)^{j+1} \begin{vmatrix} k_{21} - m_{21}\omega_r^2 & \cdots & k_{2,j-1} - m_{2,j-1}\omega_r^2 & k_{2,j+1} - m_{2,j+1}\omega_r^2 & \cdots & k_{2n} - m_{2n}\omega_r^2 \\ \vdots & & \vdots & \vdots & & \vdots \\ k_{n1} - m_{n1}\omega_r^2 & \cdots & k_{n,j-1} - m_{n,j-1}\omega_r^2 & k_{n,j+1} - m_{n,j+1}\omega_r^2 & \cdots & k_{nn} - m_{nn}\omega_r^2 \end{vmatrix}$$

$$\tag{2-69}$$

2. 固有振型的正交性

固有振型的正交性是其重要特性，也是模态叠加法的理论基础。设系统的第 r 阶固有振型为 $\{\phi_r\}$，第 s 阶固有振型为 $\{\phi_s\}$，则由无阻尼自由振动微分方程可得

$$([K] - \omega_r^2 [M])\{\phi_r\} = \{0\} \tag{2-70}$$

$$([K] - \omega_s^2 [M])\{\phi_s\} = \{0\} \tag{2-71}$$

将式(2-70)等号左侧乘以$\{\phi_s\}^{\mathrm{T}}$，式(2-71)等号左侧乘以$\{\phi_r\}^{\mathrm{T}}$，然后两式相减，得

$$\{\phi_s\}^{\mathrm{T}}[K]\{\phi_r\} - \{\phi_r\}^{\mathrm{T}}[K]\{\phi_s\} - \omega_r^2\{\phi_s\}^{\mathrm{T}}[M]\{\phi_r\} + \omega_s^2\{\phi_r\}^{\mathrm{T}}[M]\{\phi_s\} = 0 \tag{2-72}$$

因为刚度矩阵$[K]$与质量矩阵$[M]$都是对称矩阵，$\{\phi_r\}$与$\{\phi_s\}$都是列向量，所以式(2-72)的前两项可以抵消，后两项可以合并，式(2-72)可化为

$$(\omega_s^2 - \omega_r^2)\{\phi_r\}^{\mathrm{T}}[M]\{\phi_s\} = 0 \tag{2-73}$$

当$\omega_r \neq \omega_s$时，有

$$\{\phi_r\}^{\mathrm{T}}[M]\{\phi_s\} = 0, \quad r \neq s \tag{2-74}$$

称为对于质量矩阵$[M]$的固有振型正交条件，或简称为主振型关于质量的正交性。

将式(2-71)等号左侧乘以$\{\phi_r\}^{\mathrm{T}}$，并运用式(2-74)，即得

$$\{\phi_r\}^{\mathrm{T}}[K]\{\phi_s\} = 0, \quad r \neq s \tag{2-75}$$

称为对于刚度矩阵$[K]$的固有振型正交条件，或简称为主振型关于刚度的正交性。

式(2-74)和式(2-75)统称为固有振型的正交性。在振动的理论分析和实际计算中，常应用固有振型的这种正交性质。

正交条件的物理含义是：第r阶振型的惯性力(或弹性力)在第s阶振型上不做功，即在线性振动时，不同阶的固有频率(主振型)之间不发生惯性(或弹性)耦合，因此不同阶的主振动之间不存在动能(或势能)的转换。正交条件表示各阶固有振动(主振动)之间是互相独立的。在振动理论分析与实际计算中，这一性质十分重要，并常用该性质进行坐标变换，实现运动方程的"解耦"。

当$r = s$时，将式(2-70)等号左侧乘以$\{\phi_r\}^{\mathrm{T}}$，得

$$\{\phi_r\}^{\mathrm{T}}[K]\{\phi_r\} = \omega_r^2\{\phi_r\}^{\mathrm{T}}[M]\{\phi_r\} \tag{2-76}$$

令

$$\{\phi_r\}^{\mathrm{T}}[M]\{\phi_r\} = M_r \tag{2-77}$$

质量矩阵是正定的，因此式中M_r总是一个正实数，称为第r阶主质量或广义质量。

令

$$\{\phi_r\}^{\mathrm{T}}[K]\{\phi_r\} = K_r \tag{2-78}$$

对于稳定平衡系统，刚度矩阵是正定的，因此式中 K_r 也是一个正实数，称为第 r 阶主刚度或广义刚度。

由式(2-76)得

$$\omega_r^2 = \frac{\{\phi_r\}^{\mathrm{T}}[K]\{\phi_r\}}{\{\phi_r\}^{\mathrm{T}}[M]\{\phi_r\}} = \frac{K_r}{M_r} \tag{2-79}$$

式(2-79)与单自由度系统的固有频率表达式是一致的。可以认为，不论自由度数是多少，固有频率和刚度与质量的变化趋势总是相同的。

3. 正则振型

根据前述固有振型的特性，固有振型矢量 $\{\phi_r\}$ 乘以一个常数 $C^{(r)}$ 之后，$C^{(r)}\{\phi_r\}$ 仍表示此固有振型，因此只要适当选择常数 $C^{(r)}$ 可以使振型 $\{\phi_r\}_N = C^{(r)}\{\phi_r\}$ 满足

$$\{\phi_r\}_N^{\mathrm{T}}[M]\{\phi_r\}_N = 1 \tag{2-80}$$

此时的固有振型 $\{\phi_r\}_N$ 就称为正则振型。很明显，$\{\phi_r\}_N$ 满足振动方程：

$$([K] - \omega_r^2[M])\{\phi_r\}_N = \{0\} \tag{2-81}$$

方程(2-63)是一个线性齐次代数方程组，由该方程组不能求得其绝对数值而只能求得矢量 $\{\phi_r\}$ 中各元素的比值，由于增加了正则条件(2-80)，则矢量 $\{\phi_r\}_N$ 的全部元素均可求得。

在方程 $([K] - \omega_r^2[M])\{\phi_r\}_N = 0$ 左侧乘以 $\{\phi_r\}_N^{\mathrm{T}}$，可得

$$\{\phi_r\}_N^{\mathrm{T}}([K] - \omega_r^2[M])\{\phi_r\}_N = 0 \tag{2-82}$$

固有振型的一种特定形式即为正则振型，因此正则振型也满足正交条件。对于正则振型，有

$$\begin{aligned} \{\phi_r\}_N^{\mathrm{T}}[M]\{\phi_r\}_N &= \begin{cases} 0, & r \neq s \\ 1, & r = s \end{cases} \\ \{\phi_r\}_N^{\mathrm{T}}[K]\{\phi_r\}_N &= \begin{cases} 0, & r \neq s \\ \omega_r^2, & r = s \end{cases} \end{aligned} \tag{2-83}$$

由式(2-83)可以看出，正则振型实际上是一种标准形式的固有振型。

2.2.3　模态叠加法

对于多自由度系统，通常情况下均为耦合系统。耦合，指的是在运动方程组中每一个方程都包含多个广义坐标下的影响，即位移列向量、速度列向量、加速度列向量前的刚度矩阵、阻尼矩阵、质量矩阵含非对角线元素时引起的耦合现象。例如，当刚度矩阵为非对角阵时，称系统含有弹性(刚度)耦合；当质量矩阵为非对角阵时，称系统含有惯性(质量)耦合；当阻尼矩阵为非对角阵时，称系统含有速度(阻尼)耦合。直接求解耦合的多自由度系统是非常困难的，一般要对耦合系统进行解耦，即将多自由度系统转化为互不影响的多个单自由度系统的过程，也就是需要将非对角质量矩阵、阻尼矩阵、刚度矩阵变为对角阵的过程。模态质量矩阵、模态刚度矩阵正是解耦时所需的质量与刚度的对角阵。

系统的任何一种变形的 n 维矢量 $\{X\}$ 都可以用 n 个固有振型下的线性组合构成。这里可以把任意一个固有振型(模态)认为是一个 n 维向量 $\{\phi_r\}$，由于模态的正交性，由 n 个模态构成一个 n 维的模态空间 $[\phi]$，模态正则化相当于规定每一个模态方向上的单位长度，系统的真正运动 $\{X\}$ 也是一个 n 维的列向量，因此可以认为 $\{X\}$ 实际上是模态空间中的一种状态，如描述三维空间中任意一点的坐标矢量 $\boldsymbol{r}(t) = \boldsymbol{i}x(t) + \boldsymbol{j}y(t) + \boldsymbol{k}z(t)$。可以把系统的位移列向量写为

$$\{X(t)\} = \{\phi_1\}f_1(t) + \{\phi_2\}f_2(t) + \cdots + \{\phi_n\}f_n(t) = \sum_{r=1}^{n}\{\phi_r\}\cdot f_r(t) \tag{2-84}$$

或写成矩阵的形式：

$$\{X\} = [\phi]\{f(t)\} \tag{2-85}$$

式中，$[\phi]$ 为模态矩阵。用 $f_r(t)$ 描述第 r 个固有振型下振动的独立变量(坐标)，因此描述系统模态空间下各个模态振动的独立坐标 $\{f(t)\}$ 称为主坐标。式(2-85)称为展开定理，这是振动响应(包括自由振动响应和强迫振动响应)分析时所采用的振型叠加法的理论基础，由此实现多自由度系统运动方程式的解耦。

模态叠加法(振型叠加法)：以系统无阻尼的振型(模态)为空间基底，通过坐标变换，使原运动方程解耦，求解 n 个相互独立的方程获得模态位移，进而通过叠加各阶模态的贡献求得系统的响应。

固有振型矩阵(模态矩阵) $[\phi]$ 可写为

$$[\phi] = \left[\{\phi_1\},\{\phi_2\},\cdots,\{\phi_n\}\right] = \begin{bmatrix} \phi_1^{(1)} & \cdots & \phi_1^{(r)} & \cdots & \phi_1^{(n)} \\ \phi_2^{(1)} & \cdots & \phi_2^{(r)} & \cdots & \phi_2^{(n)} \\ \vdots & & \vdots & & \vdots \\ \phi_n^{(1)} & \cdots & \phi_n^{(r)} & \cdots & \phi_n^{(n)} \end{bmatrix} \tag{2-86}$$

利用模态矩阵代替方程(2-83)中的模态向量，可得到

$$\left[\tilde{M}\right] = [\phi]^{\mathrm{T}}[M][\phi] = \mathrm{diag}(M_r) = \begin{bmatrix} M_1 & & & \\ & M_2 & & \\ & & \ddots & \\ & & & M_n \end{bmatrix}$$

$$\left[\tilde{K}\right] = [\phi]^{\mathrm{T}}[K][\phi] = \mathrm{diag}(K_r) = \begin{bmatrix} K_1 & & & \\ & K_2 & & \\ & & \ddots & \\ & & & K_n \end{bmatrix} \tag{2-87}$$

式中，$\left[\tilde{M}\right]$ 为由 n 阶主质量 M_r 为对角线元素构成的对角阵，称为模态质量矩阵；$\left[\tilde{K}\right]$ 为由 n 阶主刚度 K_r 为对角线元素构成的对角阵，称为模态刚度矩阵。

当选择正则振型阵 $[\phi]_N$ 作为固有振型阵时，模态质量矩阵变为单位矩阵，而模态刚度矩阵变为由各阶固有频率的平方构成的对角阵，称为谱矩阵，表达式为

$$\left[\tilde{M}\right]_N = [\phi]_N^{\mathrm{T}}[M][\phi]_N = [I] = \begin{bmatrix} 1 & & & \\ & 1 & & \\ & & \ddots & \\ & & & 1 \end{bmatrix}$$

$$\left[\tilde{K}\right]_N = [\phi]_N^{\mathrm{T}}[K][\phi]_N = [\Lambda] = \begin{bmatrix} \omega_1^2 & & & \\ & \omega_2^2 & & \\ & & \ddots & \\ & & & \omega_n^2 \end{bmatrix} \tag{2-88}$$

2.3 运动微分方程求解

2.3.1 无阻尼自由振动的解法

无阻尼多自由度系统的自由振动运动方程为

$$[M]\{\ddot{X}\} + [K]\{X\} = \{0\} \tag{2-89}$$

方程的通解形式可写为

$$\{X_r\} = \{\phi_r\} \cdot f_r(t) \tag{2-90}$$

根据展开定理，利用模态矩阵 $[\phi]$，可将方程解的形式写为

$$\{X\} = [\phi]\{f(t)\} \tag{2-91}$$

代入方程(2-89)，为了将方程解耦，需要在多自由度系统无阻尼自由振动方程的左右两端分别乘以$[\phi]^{\mathrm{T}}$，由于振型的正交性，有

$$[\phi]^{\mathrm{T}}[M][\phi]\{\ddot{f}(t)\} + [\phi]^{\mathrm{T}}[K][\phi]\{f(t)\} = [\phi]^{\mathrm{T}}\{0\} \tag{2-92}$$

$$\left[\tilde{M}\right]\{\ddot{f}(t)\} + \left[\tilde{K}\right]\{f(t)\} = \{0\} \tag{2-93}$$

模态质量矩阵$\left[\tilde{M}\right]$与模态刚度矩阵$\left[\tilde{K}\right]$均为对角阵，因此原本耦合的广义坐标(物理坐标)多自由度系统解耦后变成了n个互不耦合的主坐标下的单自由度系统的运动方程，每一个主坐标的振动响应均可写为

$$f_r(t) = f_r(0)\cos(\omega_r t) + \frac{\dot{f}_r(0)}{\omega_r}\sin(\omega_r t) \tag{2-94}$$

或

$$f_r(t) = p_r \sin(\omega_r t + \varphi_r), \quad r = 1, 2, \cdots, n \tag{2-95}$$

为了确定$2n$个未知常数$f_r(0)$和$\dot{f}_r(0)$，需要通过初始条件确定。

当$t = 0$时，有

$$\begin{aligned}
\{X(0)\} &= \{x_1(0), x_2(0), \cdots, x_n(0)\}^{\mathrm{T}} \\
\{\dot{X}(0)\} &= \{\dot{x}_1(0), \dot{x}_2(0), \cdots, \dot{x}_n(0)\}^{\mathrm{T}}
\end{aligned} \tag{2-96}$$

对于上述初始条件，利用展开定理，将初始矢量$\{X(0)\}$与$\{\dot{X}(0)\}$依旧展开为固有振型和主坐标乘积的形式，即

$$\begin{aligned}
\{X(0)\} &= [\phi]\{f(0)\} \\
\{\dot{X}(0)\} &= [\phi]\{\dot{f}(0)\}
\end{aligned} \tag{2-97}$$

利用固有振型正交性，方程左右两端均乘以$[\phi]^{\mathrm{T}}[M]$，即可得到主坐标初始条件$\{f(0)\}$和$\{\dot{f}(0)\}$，即

$$\begin{aligned}
[\phi]^{\mathrm{T}}[M]\{X(0)\} &= [\phi]^{\mathrm{T}}[M][\phi]\{f(0)\} = [\tilde{M}]\{f(0)\} \\
[\phi]^{\mathrm{T}}[M]\{\dot{X}(0)\} &= [\phi]^{\mathrm{T}}[M][\phi]\{\dot{f}(0)\} = [\tilde{M}]\{\dot{f}(0)\}
\end{aligned} \tag{2-98}$$

其中，

$$f_r(0) = \frac{1}{M_r}\{\phi_r\}^{\mathrm{T}}[M]\{X(0)\}$$

$$\dot{f}_r(0) = \frac{1}{M_r} \{\phi_r\}^{\mathrm{T}} [M] \{\dot{X}(0)\} \tag{2-99}$$

代入方程(2-97)中，并利用叠加原理，有

$$\{X\} = [\phi]\{f(t)\} \tag{2-100}$$

至此，完全确定了由初始条件所导致的自由振动的解。

2.3.2 无阻尼强迫振动的解法

多自由度系统无阻尼强迫振动方程式的一般形式为

$$[M]\{\ddot{X}\} + [K]\{X\} = \{P(t)\} \tag{2-101}$$

其展开形式为

$$\begin{bmatrix} m_{11} & \cdots & m_{1n} \\ \vdots & & \vdots \\ m_{n1} & \cdots & m_{nn} \end{bmatrix} \begin{Bmatrix} \ddot{x}_1 \\ \vdots \\ \ddot{x}_n \end{Bmatrix} + \begin{bmatrix} k_{11} & \cdots & k_{1n} \\ \vdots & & \vdots \\ k_{n1} & \cdots & k_{nn} \end{bmatrix} \begin{Bmatrix} x_1 \\ \vdots \\ x_n \end{Bmatrix} = \begin{Bmatrix} P_1(t) \\ \vdots \\ P_n(t) \end{Bmatrix} \tag{2-102}$$

根据展开定理，利用正则振型$[\phi]_N$，将方程的全解形式写为

$$\{X\} = \sum_{r=1}^{n} \{X_r\} = \sum_{r=1}^{n} \{\phi_r\}_N \cdot \eta_r(t) \tag{2-103}$$

或

$$\{X\} = [\phi]_N \{\eta(t)\} \tag{2-104}$$

代入方程(2-101)，为了将方程解耦，需要在振动方程(2-101)的左右两端分别乘以$[\phi]_N^{\mathrm{T}}$，由于振型的正交性，有

$$[\phi]_N^{\mathrm{T}} [M] [\phi]_N \{\ddot{\eta}(t)\} + [\phi]_N^{\mathrm{T}} [K] [\phi]_N \{\eta(t)\} = [\phi]_N^{\mathrm{T}} \{P(t)\} \tag{2-105}$$

$$[I]\{\ddot{\eta}(t)\} + [\Lambda]\{\eta(t)\} = \{\tilde{P}(t)\}_N \tag{2-106}$$

式中，$[I]$为单位矩阵；$[\Lambda]$为由各阶固有频率的平方构成的对角阵；$\{\tilde{P}(t)\}_N$为正则模态力向量。因此，原本耦合的广义坐标下的多自由度系统解耦后变成了n个互不耦合的主坐标下的单自由度系统的运动方程。

当$\{P(t)\}$为简谐力时，即

$$P_r(t) = P_r \sin(\omega t) \tag{2-107}$$

根据单自由度系统解的形式得到主坐标的一般解为

$$\eta_r(t) = \eta_r(0)\cos(\omega_r t) + \frac{\dot{\eta}_r(0)}{\omega_r}\sin(\omega_r t)$$

$$- \frac{\tilde{P}_r}{\omega_r^2\left(1 - \dfrac{\omega^2}{\omega_r^2}\right)}\frac{\omega}{\omega_r}\sin(\omega_r t) + \frac{\tilde{P}_r}{\omega_r^2\left(1 - \dfrac{\omega^2}{\omega_r^2}\right)}\sin(\omega t) \tag{2-108}$$

主坐标强迫振动的稳态解为最后一项：

$$\eta_r(t) = \frac{\tilde{P}_r}{\omega_r^2\left(1 - \dfrac{\omega^2}{\omega_r^2}\right)}\sin(\omega t) \tag{2-109}$$

其中，正则模态力幅值 $\{\tilde{P}(t)\}_N$ 中的第 r 行元素 $\tilde{P}_r$ 为

$$\tilde{P}_r = \{\phi_r\}_N^{\mathrm{T}}\{P\} = \left\{\phi_{1N}^{(r)}, \phi_{2N}^{(r)}, \cdots, \phi_{nN}^{(r)}\right\}\begin{Bmatrix} P_1 \\ P_2 \\ \vdots \\ P_n \end{Bmatrix} \tag{2-110}$$

于是得到广义坐标下的稳态解为

$$\{X\} = [\phi]_N\{\eta(t)\} \tag{2-111}$$

即

$$\{X\} = [\phi]_N\{\eta(t)\} = \begin{bmatrix} \phi_{1N}^{(1)} & \phi_{1N}^{(2)} & \cdots & \phi_{1N}^{(n)} \\ \phi_{2N}^{(1)} & \phi_{2N}^{(2)} & \cdots & \phi_{2N}^{(n)} \\ \vdots & \vdots & & \vdots \\ \phi_{nN}^{(1)} & \phi_{nN}^{(2)} & \cdots & \phi_{nN}^{(n)} \end{bmatrix}\begin{Bmatrix} \dfrac{\tilde{P}_1}{\omega_1^2\left(1 - \dfrac{\omega^2}{\omega_1^2}\right)} \\ \dfrac{\tilde{P}_2}{\omega_2^2\left(1 - \dfrac{\omega^2}{\omega_2^2}\right)} \\ \vdots \\ \dfrac{\tilde{P}_n}{\omega_n^2\left(1 - \dfrac{\omega^2}{\omega_n^2}\right)} \end{Bmatrix}\sin(\omega t) \tag{2-112}$$

与单自由度系统相同，多自由度系统稳态振动频率与激振力的频率 ω 相同，但 n 自由度系统的固有频率有 n 个，当激振力的频率 ω 与任一固有频率相等时，系统将发生共振。

当 $\{P(t)\}$ 为周期性激励载荷时，$P(t) = P(t+T)$，可利用第 1 章所述的谐波分析方法对单自由度系统强迫振动进行求解。

$$\eta_r(t) = A_{1r}\cos(\omega_r t) + A_{2r}\sin(\omega_r t) + \frac{a_{0r}}{2\omega_r^2} + \frac{1}{\omega_r^2}\sum_{n=1}^{\infty}\frac{a_{nr}\cos(n\omega t) + b_{nr}\sin(n\omega t)}{1 - \left(\dfrac{n\omega}{\omega_r}\right)^2} \quad (2\text{-}113)$$

其中,

$$\omega = \frac{2\pi}{T}$$

$$\begin{cases} a_{0r} = \dfrac{2}{T}\displaystyle\int_{-\frac{T}{2}}^{\frac{T}{2}}\tilde{P}_r(t)\mathrm{d}t \\[3mm] a_{nr} = \dfrac{2}{T}\displaystyle\int_{-\frac{T}{2}}^{\frac{T}{2}}\tilde{P}_r(t)\cos(n\omega t)\mathrm{d}t \\[3mm] b_{nr} = \dfrac{2}{T}\displaystyle\int_{-\frac{T}{2}}^{\frac{T}{2}}\tilde{P}_r(t)\sin(n\omega t)\mathrm{d}t \end{cases}$$

当 $\{P(t)\}$ 为任意激励载荷时,主坐标下单自由度系统无阻尼强迫振动的一般解为

$$\eta_r(t) = A_{1r}\cos(\omega_r t) + A_{2r}\sin(\omega_r t) + \frac{1}{\omega_r}\int_0^t\tilde{P}_r(\tau)\sin[\omega_r(t-\tau)]\mathrm{d}\tau \quad (2\text{-}114)$$

广义坐标(物理坐标)下解均为

$$\{X\} = [\phi]_N\{\eta(t)\} \quad (2\text{-}115)$$

例 2-2 讨论图 2-10 所示的无阻尼三自由度系统强迫振动的情况。其中,三个质量块的质量均为 m,四个弹簧刚度分别为 $2k$、k、k、$2k$,第一个质量块受简谐载荷 $P_1(t) = P_0\sin(\omega t)$,$\omega = 1.7\sqrt{k/m}$,求系统的稳态响应。

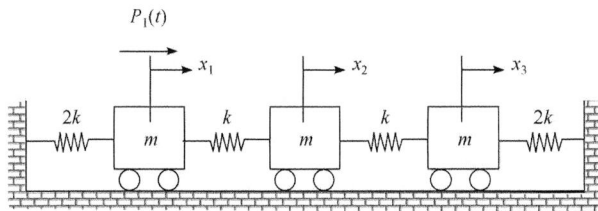

图 2-10 无阻尼三自由度系统强迫振动

解: 此系统为三自由度系统,以三质点的静平衡位置为原点建立图示坐标 x_1、x_2、x_3。

(1) 建立运动方程。

利用影响系数法。首先只考虑静态时，令 $\{X\} = \{1 \quad 0 \quad 0\}^{\mathrm{T}}$，分别求施加在第一、二、三质点上的力，得到刚度矩阵第一列的元素为 $k_{11} = k_1 + k_2, k_{21} = -k_2, k_{31} = 0$；令 $\{X\} = \{0 \quad 1 \quad 0\}^{\mathrm{T}}$，得到 $k_{12} = -k_2, k_{22} = k_2 + k_3, k_{32} = -k_3$；令 $\{X\} = \{0 \quad 0 \quad 1\}^{\mathrm{T}}$，得到 $k_{13} = 0, k_{23} = -k_3, k_{33} = k_3 + k_4$。

得到刚度矩阵：

$$[K] = \begin{bmatrix} 3k & -k & 0 \\ -k & 2k & -k \\ 0 & -k & 3k \end{bmatrix}$$

同理，得到质量矩阵：

$$[M] = \begin{bmatrix} m & 0 & 0 \\ 0 & m & 0 \\ 0 & 0 & m \end{bmatrix}$$

力列向量为

$$\{P\} = \{P_1 \quad 0 \quad 0\}^{\mathrm{T}}$$

系统的运动微分方程为

$$[M]\{\ddot{X}\} + [K]\{X\} = \{P(t)\}$$

(2) 求系统固有频率。

利用多自由度系统固有频率的特征方程：

$$\left| [K] - \omega^2 [M] \right| = 0$$

$$\begin{vmatrix} 3k - m\omega^2 & -k & 0 \\ -k & 2k - m\omega^2 & -k \\ 0 & -k & 3k - m\omega^2 \end{vmatrix} = 0$$

设 $\alpha = \dfrac{m}{k}\omega^2$，代入方程：

$$\begin{vmatrix} 3 - \alpha & -1 & 0 \\ -1 & 2 - \alpha & -1 \\ 0 & -1 & 3 - \alpha \end{vmatrix} = 0$$

求得 $\alpha_1 = 1, \alpha_2 = 3, \alpha_3 = 4$，得到固有频率 $\omega_1 = \sqrt{k/m}$，$\omega_2 = 1.732\sqrt{k/m}$，

$\omega_3 = 2\sqrt{k/m}$ 。

(3) 求系统固有振型。

利用伴随矩阵求系统固有振型的方法。求系统的伴随矩阵 $\text{adj}\left([K] - \omega_r^2[M]\right)$:

$$
\text{adj}\begin{bmatrix} 3-\alpha & -1 & 0 \\ -1 & 2-\alpha & -1 \\ 0 & -1 & 3-\alpha \end{bmatrix} = \begin{bmatrix} (3-\alpha)(2-\alpha)-1 & 3-\alpha & 1 \\ 3-\alpha & (3-\alpha)^2 & 3-\alpha \\ 1 & 3-\alpha & (3-\alpha)(2-\alpha)-1 \end{bmatrix} \quad (2\text{-}116)
$$

选取式(2-116)右端矩阵的第一列，分别代入 $\alpha_1 = 1, \alpha_2 = 3, \alpha_3 = 4$ ，得到多自由度系统的固有振型，如图 2-11 所示。

$$
\phi_1 = \begin{Bmatrix} 1 \\ 2 \\ 1 \end{Bmatrix}, \quad \phi_2 = \begin{Bmatrix} -1 \\ 0 \\ 1 \end{Bmatrix}, \quad \phi_3 = \begin{Bmatrix} 1 \\ -1 \\ 1 \end{Bmatrix}
$$

(a) 第一阶模态图(无节点)

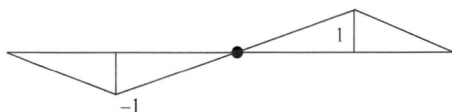

(b)第二阶模态图(无节点)

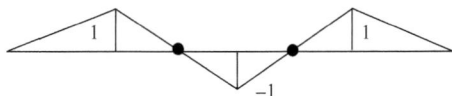

(c) 第三阶模态图(无节点)

图 2-11 三自由度系统模态图

(4) 固有振型正则化。

根据固有振型得到模态矩阵：

$$
[\phi] = [\{\phi_1\} \ \{\phi_2\} \ \{\phi_3\}] = \begin{bmatrix} 1 & -1 & 1 \\ 2 & 0 & -1 \\ 1 & 1 & 1 \end{bmatrix}
$$

可以求出系统的模态质量矩阵和模态刚度矩阵为

$$\left[\tilde{M}\right]=[\phi]^{\mathrm{T}}[M][\phi]=\begin{bmatrix}6m & 0 & 0\\ 0 & 2m & 0\\ 0 & 0 & 3m\end{bmatrix},\quad \left[\tilde{K}\right]=[\phi]^{\mathrm{T}}[K][\phi]=\begin{bmatrix}6k & 0 & 0\\ 0 & 6k & 0\\ 0 & 0 & 12k\end{bmatrix}$$

由模态质量矩阵，可以得到系统的正则振型与正则矩阵为

$$\{\phi_1\}_N=\frac{1}{\sqrt{6m}}\begin{Bmatrix}1\\2\\1\end{Bmatrix},\quad \{\phi_2\}_N=\frac{1}{\sqrt{2m}}\begin{Bmatrix}-1\\0\\1\end{Bmatrix},\quad \{\phi_3\}_N=\frac{1}{\sqrt{3m}}\begin{Bmatrix}1\\-1\\1\end{Bmatrix}$$

$$[\phi]_N=\begin{bmatrix}\{\phi_1\}_N & \{\phi_2\}_N & \{\phi_3\}_N\end{bmatrix}=\frac{1}{\sqrt{6m}}\begin{bmatrix}1 & -\sqrt{3} & \sqrt{2}\\ 2 & 0 & -\sqrt{2}\\ 1 & \sqrt{3} & \sqrt{2}\end{bmatrix}$$

(5) 求稳态响应。

利用正则矩阵将运动方程解耦：

$$[\phi]_N^{\mathrm{T}}[M][\phi]_N\{\ddot{\eta}(t)\}+[\phi]_N^{\mathrm{T}}[K][\phi]_N\{\eta(t)\}=[\phi]_N^{\mathrm{T}}\{P(t)\}$$

$$[I]\{\ddot{\eta}(t)\}+[\Lambda]\{\eta(t)\}=\{\tilde{P}(t)\}$$

正则模态力向量为

$$\{\tilde{P}(t)\}=[\phi]_N^{\mathrm{T}}\{P(t)\}=\frac{1}{\sqrt{6m}}\begin{bmatrix}1 & -\sqrt{3} & \sqrt{2}\\ 2 & 0 & -\sqrt{2}\\ 1 & \sqrt{3} & \sqrt{2}\end{bmatrix}\begin{Bmatrix}P_0\sin(\omega t)\\0\\0\end{Bmatrix}=\frac{P_0\sin(\omega t)}{\sqrt{6m}}\begin{Bmatrix}1\\-\sqrt{3}\\\sqrt{2}\end{Bmatrix}$$

解第一个正则方程：

$$\ddot{\eta}_1+\omega_1^2\eta_1=\frac{P_0}{\sqrt{6m}}\sin(\omega t)$$

得到稳态解为

$$\eta_1(t)=-0.216\frac{\sqrt{m}}{k}P_0\sin(\omega t)$$

解第二个正则方程：

$$\ddot{\eta}_2+\omega_2^2\eta_2=\frac{-\sqrt{3}P_0}{\sqrt{6m}}\sin(\omega t)$$

得到稳态解为

$$\eta_2(t)=-6.43\frac{\sqrt{m}}{k}P_0\sin(\omega t)$$

解第三个正则方程：

$$\ddot{\eta}_3 + {\omega_3}^2 \eta_3 = \frac{\sqrt{2}P_0}{\sqrt{6}m}\sin(\omega t)$$

得到稳态解为

$$\eta_3(t) = 0.520\frac{\sqrt{m}}{k}P_0\sin(\omega t)$$

最后，将正则坐标下的解转换为广义坐标下的解，得到广义坐标下的稳态解为

$$\{X\} = [\phi]_N\{\eta(t)\}$$

$$x(t) = \begin{bmatrix} x_1(t) \\ x_2(t) \\ x_3(t) \end{bmatrix} = -0.088\begin{bmatrix} 1 \\ 2 \\ 1 \end{bmatrix}\frac{P_0}{k}\sin(\omega t) - 2.63\begin{bmatrix} -\sqrt{3} \\ 0 \\ \sqrt{3} \end{bmatrix}\frac{P_0}{k}\sin(\omega t) + 0.21\begin{bmatrix} \sqrt{2} \\ -\sqrt{2} \\ \sqrt{2} \end{bmatrix}\frac{P_0}{k}\sin(\omega t)$$

在第二个广义坐标下的响应幅值远大于在其他坐标下的响应幅值，这主要是由于激励力的频率更接近于系统的第二阶固有频率，激起了更大的第二阶固有振型，使第二阶固有振型对整个系统的振动响应具有更高的贡献度。

2.3.3 多自由度系统的阻尼表达与处理

一般来说，对于持续时间很短的激发过程中很小的阻尼量，对系统反应的影响多半是不重要的，当激发的频率与系统的固有频率不接近时，阻尼对周期干扰力的影响也很小，但是当干扰力的频率与固有频率相近时，阻尼很重要。方程(2-101)需要引进阻尼力$[C]\{\dot{x}\}$项，即

$$[M]\{\ddot{x}\} + [C]\{\dot{x}\} + [K]\{x\} = \{F(t)\} \tag{2-117}$$

式中，$[C]$为阻尼矩阵，其具体表达式为

$$[C] = \begin{bmatrix} c_{11} & c_{12} & c_{13} & \cdots & c_{1n} \\ c_{21} & c_{22} & c_{23} & \cdots & c_{2n} \\ c_{31} & c_{32} & c_{33} & \cdots & c_{3n} \\ \vdots & \vdots & \vdots & & \vdots \\ c_{n1} & c_{n2} & c_{n3} & \cdots & c_{nn} \end{bmatrix} \tag{2-118}$$

根据前文所述，振型叠加法仅适用于无阻尼系统。为了使振型叠加法可应用于有阻尼系统，考虑将阻尼矩阵近似简化为质量矩阵与刚度矩阵线性组合的特殊系统，称为瑞利阻尼假设，即

$$[C] = \alpha[M] + \beta[K] \tag{2-119}$$

式中，α、β 为比例常数。此阻尼称为比例阻尼，阻尼矩阵正比于质量矩阵与刚度矩阵的线性组合，因此无阻尼系统的固有振型对于阻尼矩阵同样保证正交性，可以使阻尼矩阵 $[C]$ 对角化，由正则模态矩阵 $[\phi]_N$ 构造模态阻尼矩阵 $[\tilde{C}]_N$ 为

$$\begin{aligned}
[\tilde{C}]_N = [D] &= [\phi]_N^{\mathrm{T}}[C][\phi]_N \approx \alpha[\phi]_N^{\mathrm{T}}[M][\phi]_N + \beta[\phi]_N^{\mathrm{T}}[K][\phi]_N \\
&= \alpha[I] + \beta[\Lambda]
\end{aligned} \tag{2-120}$$

$$[D] = \begin{bmatrix} \alpha + \beta\omega_1^2 & & & \\ & \alpha + \beta\omega_2^2 & & \\ & & \ddots & \\ & & & \alpha + \beta\omega_n^2 \end{bmatrix} = \begin{bmatrix} 2\omega_1\zeta_1 & & & \\ & 2\omega_2\zeta_2 & & \\ & & \ddots & \\ & & & 2\omega_n\zeta_n \end{bmatrix} \tag{2-121}$$

其中，

$$\alpha + \beta\omega_r^2 = 2\omega_r\zeta_r \tag{2-122}$$

$$\zeta_r = \frac{\alpha}{2\omega_r} + \frac{\beta\omega_r}{2} \tag{2-123}$$

式中，ζ_r 称为系统振型(或模态)比例阻尼比。由式(2-123)可见，当 $\beta = 0$ 时，阻尼比 ζ_r 与固有频率 ω_r 成反比，因此在总响应中，低阶振动阻尼比较大，低阶振型起到的作用比较小；当 $\alpha = 0$ 时，阻尼比 ζ_r 与固有频率 ω_r 成正比，因此在总响应中，高阶振动阻尼比较大，高阶振型起到的作用比较小。因此，适当地选取比例常数 α 和 β，可以近似地反映实际振动系统中阻尼的影响。

一般情况下，若不对阻尼矩阵进行比例阻尼处理，则式(2-120)中的模态阻尼矩阵 $[D]$ 不是对角阵，当阻尼矩阵中的非对角线上的元素很小，并且系统的各固有频率相差较大时，可将非对角元素全改为零，则 $[D]$ 变成一对角阵，近似地得到互不耦合的方程组。这种取近似的模态矩阵的方法称为近似替代法。

阻尼的机理很复杂，至今还未了解透彻，因此精确确定阻尼矩阵是困难的。通常采用试验测定的方法，近似地确定振型(模态)比例阻尼比 ζ_r，并将阻尼矩阵近似认为是比例阻尼，由此建立模态阻尼矩阵。

对于单自由度系统，1.2.4 节给出了其阻尼特性的试验测试方法，而对于多自由度系统，振动时是多模态互相耦合的，常用的方法是将多自由度系统自由振动的试验测试结果进行傅里叶变换，以得到不同固有频率下的振动衰减特征，再根据单自由度系统的分析方法得到各固有频率下的模态阻尼。

2.3.4 有阻尼多自由度系统运动方程的求解

1. 自由振动解

当阻尼矩阵近似写成瑞利阻尼形式时，有阻尼多自由度系统可以与无阻尼系统一样进行解耦，求解方式与无阻尼系统接近。

对于自由振动，运动微分方程为

$$[M]\{\ddot{x}\}+[C]\{\dot{x}\}+[K]\{x\}=\{0\} \tag{2-124}$$

利用正则模态矩阵 $[\phi]_N$，将方程解耦，得到

$$[\phi]_N^{\mathrm{T}}[M][\phi]_N\{\ddot{\eta}(t)\}+[\phi]_N^{\mathrm{T}}[C][\phi]_N\{\dot{\eta}(t)\}+[\phi]_N^{\mathrm{T}}[K][\phi]_N\{\eta(t)\}=[\phi]_N^{\mathrm{T}}\{0\}$$

$$\tag{2-125}$$

$$[I]\{\ddot{\eta}(t)\}+[D]\{\dot{\eta}(t)\}+[\Lambda]\{\eta(t)\}=\{0\} \tag{2-126}$$

第 r 个解耦的单自由度系统自由振动运动方程的解为

$$\eta_r(t)=\mathrm{e}^{-\zeta_r\omega_r t}\left[\eta_{r(0)}\cos\left(\omega_r\sqrt{1-\zeta_r^2}\,t\right)+\frac{\dot{\eta}_{r(0)}+\zeta_r\omega_r\eta_{r(0)}}{\omega_r\sqrt{1-\zeta_r^2}}\sin\left(\omega_r\sqrt{1-\zeta_r^2}\,t\right)\right] \tag{2-127}$$

其中，初始条件 $\eta_{r(0)}$ 和 $\dot{\eta}_{r(0)}$ 的确定方法参照 2.3.1 节。

广义坐标(物理坐标)下的解为

$$\{X\}=[\phi]_N\{\eta(t)\} \tag{2-128}$$

2. 强迫振动解

对于强迫振动，运动微分方程为

$$[M]\{\ddot{x}\}+[C]\{\dot{x}\}+[K]\{x\}=\{P(t)\} \tag{2-129}$$

利用正则模态矩阵 $[\phi]_N$ 将方程解耦，得到

$$[\phi]_N^{\mathrm{T}}[M][\phi]_N\{\ddot{\eta}(t)\}+[\phi]_N^{\mathrm{T}}[C][\phi]_N\{\dot{\eta}(t)\}+[\phi]_N^{\mathrm{T}}[K][\phi]_N\{\eta(t)\}=[\phi]_N^{\mathrm{T}}\{P(t)\}$$

$$\tag{2-130}$$

$$[I]\{\ddot{\eta}(t)\}+[D]\{\dot{\eta}(t)\}+[\Lambda]\{\eta(t)\}=\{\tilde{P}(t)\} \tag{2-131}$$

当 $\{P(t)\}$ 为简谐力时，即

$$P_r(t)=P_r\sin(\omega t) \tag{2-132}$$

第 r 个解耦的单自由度系统运动方程强迫振动的稳态解为

$$\eta_r(t) = \frac{\tilde{P}_r}{\omega_r^2\sqrt{\left[1-\left(\dfrac{\omega}{\omega_r}\right)^2\right]^2+\left(\dfrac{2\zeta_i\omega}{\omega_r}\right)^2}}\sin(\omega t - \varphi_r) \tag{2-133}$$

其中,

$$\varphi_r = \arctan\left(\frac{2\zeta_r\gamma_r}{1-\gamma_r^2}\right) = \arctan\left[\frac{2\zeta_r\left(\dfrac{\omega}{\omega_r}\right)}{1-\left(\dfrac{\omega}{\omega_r}\right)^2}\right] \tag{2-134}$$

当 $P(t)$ 为周期性激励载荷时, 即

$$P(t) = P(t+T) \tag{2-135}$$

第 r 个解耦的单自由度系统运动方程强迫振动的稳态解为

$$\eta_r(t) = \frac{a_{0r}}{\omega_r^2} + \frac{1}{\omega_r^2}\sum_{n=1}^{\infty}\frac{1}{\sqrt{\left[1-\left(\dfrac{n\omega}{\omega_r}\right)^2\right]^2+\left(2\zeta_r\dfrac{n\omega}{\omega_r}\right)^2}}[a_{nr}\cos(n\omega t - \varphi_{nr})+b_{nr}\sin(n\omega t - \varphi_{nr})]$$

$$\tag{2-136}$$

其中,

$$\omega = \frac{2\pi}{T}$$

$$\begin{cases} a_{0r} = \dfrac{2}{T}\displaystyle\int_{\frac{T}{2}}^{\frac{T}{2}}\tilde{P}_r(t)\mathrm{d}t \\[3mm] a_{nr} = \dfrac{2}{T}\displaystyle\int_{\frac{T}{2}}^{\frac{T}{2}}\tilde{P}_r(t)\cos(n\omega t)\mathrm{d}t \\[3mm] b_{nr} = \dfrac{2}{T}\displaystyle\int_{\frac{T}{2}}^{\frac{T}{2}}\tilde{P}_r(t)\sin(n\omega t)\mathrm{d}t \end{cases} \tag{2-137}$$

$$\varphi_{nr} = \arctan\left(\frac{2\zeta_r\gamma_m}{1-\gamma_m^2}\right) = \arctan\left[\frac{2\zeta_r\left(\dfrac{n\omega}{\omega_r}\right)}{1-\left(\dfrac{n\omega}{\omega_r}\right)^2}\right] \tag{2-138}$$

当 $P(t)$ 为任意激励载荷时, 主坐标下单自由度系统无阻尼强迫振动的稳态

解为

$$\eta_r(t) = \frac{1}{\omega_{dr}} \int_0^t \tilde{P}_r(\tau) e^{-\zeta_r \omega_r (t-\tau)} \sin\left[\omega_{dr}(t-\tau)\right] d\tau \tag{2-139}$$

其中，$\omega_{dr} = \sqrt{1-\zeta_r^2}\,\omega_r$。

广义坐标下的解均为

$$\{X\} = [\phi]_N \{\eta(t)\} \tag{2-140}$$

例 2-3　在图 2-12 所示的二自由度系统中，已知 m、c、k、ω、$P_i(i=1,2)$，求有阻尼系统的稳态响应。

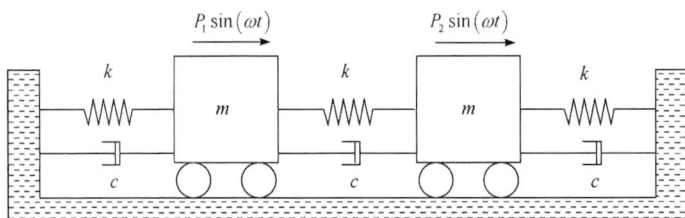

图 2-12　二自由度系统

解：该问题是二自由度系统简谐激励载荷下强迫振动问题，可按照无阻尼系统求解流程进行求解。

(1) 建立运动方程。

将本例题中的质量、刚度、阻尼、外力等参数代入式(2-4)中，即可得到运动微分方程如下：

$$\begin{bmatrix} m & 0 \\ 0 & m \end{bmatrix} \begin{Bmatrix} \ddot{x}_1 \\ \ddot{x}_2 \end{Bmatrix} + \begin{bmatrix} 2c & -c \\ -c & 2c \end{bmatrix} \begin{Bmatrix} \dot{x}_1 \\ \dot{x}_2 \end{Bmatrix} + \begin{bmatrix} 2k & -k \\ -k & 2k \end{bmatrix} \begin{Bmatrix} x_1 \\ x_2 \end{Bmatrix} = \begin{Bmatrix} P_1 \sin(\omega t) \\ P_2 \sin(\omega t) \end{Bmatrix}$$

即

$$[M]\{\ddot{X}\} + [C]\{\dot{X}\} + [K]\{X\} = \{P(t)\}$$

(2) 求系统固有频率。

利用多自由度系统固有频率的特征方程：

$$\left| [K] - \omega^2[M] \right| = 0$$

$$\begin{vmatrix} 2k - m\omega^2 & -k \\ -k & 2k - m\omega^2 \end{vmatrix} = 0$$

设 $\alpha = \dfrac{m}{k}\omega^2$，代入方程

$$\begin{vmatrix} 2-\alpha & -1 \\ -1 & 2-\alpha \end{vmatrix} = 0$$

求得 $\alpha_1 = 1, \alpha_2 = 3$，得到固有频率 $\omega_1 = \sqrt{k/m}$，$\omega_2 = 1.732\sqrt{k/m}$。

(3) 求系统固有振型。

将固有频率代入运动方程，可得到多自由度系统的固有振型为

$$\{\phi_1\} = \begin{Bmatrix} 1 \\ 1 \end{Bmatrix}, \quad \{\phi_2\} = \begin{Bmatrix} -1 \\ 1 \end{Bmatrix}$$

(4) 固有振型正则化。

根据固有振型得到模态矩阵：

$$[\phi] = [\{\phi_1\} \quad \{\phi_2\}] = \begin{bmatrix} 1 & -1 \\ 1 & 1 \end{bmatrix}$$

可以求出系统的模态质量矩阵和模态刚度矩阵：

$$\left[\tilde{M}\right] = [\phi]^{\mathrm{T}}[M][\phi] = \begin{bmatrix} 2m & 0 \\ 0 & 2m \end{bmatrix}$$

由模态质量矩阵，可以得到系统的正则振型与正则矩阵：

$$[\phi]_N = \frac{1}{\sqrt{2m}} \begin{bmatrix} 1 & -1 \\ 1 & 1 \end{bmatrix}$$

(5) 求稳态响应。

利用正则矩阵将运动方程解耦：

$$[\phi]_N^{\mathrm{T}}[M][\phi]_N\{\ddot{\eta}(t)\} + [\phi]_N^{\mathrm{T}}[C][\phi]_N\{\dot{\eta}(t)\} + [\phi]_N^{\mathrm{T}}[K][\phi]_N\{\eta(t)\} = [\phi]_N^{\mathrm{T}}\{P(t)\}$$

$$[I]\{\ddot{\eta}(t)\} + [D]\{\dot{\eta}(t)\} + [\Lambda]\{\eta(t)\} = \{\tilde{P}(t)\}$$

其中，

$$[D] = [\phi]_N^{\mathrm{T}}[C][\phi]_N = \frac{c}{m} \begin{bmatrix} 1 & 0 \\ 0 & 3 \end{bmatrix}$$

模态力向量可表示为

$$\{\tilde{P}(t)\} = [\phi]_N^{\mathrm{T}}\{P(t)\} = \frac{1}{\sqrt{2m}} \begin{bmatrix} 1 & 1 \\ -1 & 1 \end{bmatrix} \begin{Bmatrix} P_1 \\ P_2 \end{Bmatrix} \sin(\omega t) = \frac{1}{\sqrt{2m}} \begin{Bmatrix} P_1 + P_2 \\ P_2 - P_1 \end{Bmatrix} \sin(\omega t)$$

解第一个正则方程：

$$\ddot{\eta}_1 + \frac{c}{m}\dot{\eta}_1 + \frac{k}{m}\eta_1 = \frac{1}{\sqrt{2m}}(P_1 + P_2)\sin(\omega t)$$

其中，

$$\eta_1(t) = \frac{\left(\dfrac{P_1+P_2}{\sqrt{2m}} \bigg/ \dfrac{k}{m}\right)\sin(\omega t - \varphi_1)}{\sqrt{\left[1-\left(\dfrac{\omega}{\sqrt{k/m}}\right)^2\right]^2 + \left(\dfrac{2c}{2\sqrt{mk}}\dfrac{\omega}{\sqrt{k/m}}\right)^2}}$$

$$= \frac{(P_1+P_2)\sqrt{m}\big/\sqrt{2}}{\sqrt{m^2\omega^4 + (c^2-2mk)\omega^2 + k^2}}\sin(\omega t - \varphi_1)$$

其中，$\varphi_1 = \arctan\left(\dfrac{2\zeta_1\gamma_1}{1-\gamma_1^2}\right) = \arctan\left(\dfrac{c\omega}{k-m\omega^2}\right)$。

解第二个正则方程：

$$\ddot{\eta}_2 + \frac{3c}{m}\dot{\eta}_2 + \frac{3k}{m}\eta_2 = \frac{1}{\sqrt{2m}}(P_2-P_1)\sin(\omega t)$$

其中，

$$\eta_2(t) = \frac{\dfrac{P_2-P_1}{\sqrt{2m}}\bigg/\dfrac{3k}{m}}{\sqrt{\left[1-\left(\dfrac{\omega}{\sqrt{3k/m}}\right)^2\right]^2 + \left(\dfrac{2\sqrt{3}c}{2\sqrt{mk}}\dfrac{\omega}{\sqrt{3k/m}}\right)^2}}\sin(\omega t - \varphi_2)$$

$$= \frac{(P_2-P_1)\sqrt{m}\big/\sqrt{2}}{\sqrt{m^2\omega^4 + (9c^2-6mk)\omega^2 + 9k^2}}\sin(\omega t - \varphi_2)$$

其中，$\varphi_2 = \arctan\left(\dfrac{2\zeta_2\gamma_2}{1-\gamma_2^2}\right) = \arctan\left(\dfrac{3c\omega}{3k-m\omega^2}\right)$。

最后，将正则坐标下的解转换为广义坐标下的解，可得到广义坐标下的稳态解为

$$\{X\} = [\phi]_N\{\eta(t)\}$$

$$x(t) = \begin{Bmatrix} x_1 \\ x_2 \end{Bmatrix} = \begin{Bmatrix} 1 \\ 1 \end{Bmatrix}\frac{P_1+P_2}{2\sqrt{m^2\omega^4 + (c^2-2mk)\omega^2 + k^2}}\sin(\omega t - \varphi_1)$$

$$+ \begin{Bmatrix} 1 \\ -1 \end{Bmatrix}\frac{P_2-P_1}{2\sqrt{m^2\omega^4 + (9c^2-6mk)\omega^2 + 9k^2}}\sin(\omega t - \varphi_2)$$

2.4 固有频率与振型的近似计算方法

固有频率为振动系统极为重要的特性参数，固有频率的计算是振动计算中的一个基本问题，也是在工程中经常遇到的比较复杂的问题。在数学上，这是一个求特征值或广义特征值的问题。当系统的自由度不太多且需要把系统中所有的固有频率全部解出时，可采用一些标准的计算特征值的方法，如邓克利法、瑞利法、里茨法、霍尔茨法、迭代法、雅可比法和子空间迭代法等。

2.4.1 瑞利法

根据能量守恒定律，当系统做无阻尼自由振动时，其动能和势能之和恒为常数，即

$$T + U = C \tag{2-141}$$

因此，当系统做固有振动时，动能最大值和势能最大值相等，即

$$T_{\max} = U_{\max} \tag{2-142}$$

设第 r 阶固有振动的广义坐标矢量为

$$\{q_r\} = \{\phi_r\} f_r(t) = \{\phi_r\} p_r \sin(\omega_r t + \phi_r) \tag{2-143}$$

式中，$\{\phi_r\}$ 为第 r 阶固有振型矢量；$f_r(t)$ 为第 r 阶主坐标。

则其广义速度矢量为

$$\{\dot{q}_r\} = \{\phi_r\} \omega_r p_r \cos(\omega_r t + \varphi_r) \tag{2-144}$$

将式(2-144)代入动能和势能公式可得

$$T_{\max} = \frac{1}{2}\{\dot{q}_r\}_{\max}^{\mathrm{T}}[M]\{\dot{q}_r\}_{\max} = \frac{1}{2} p_r^2 \omega_r^2 \{\phi_r\}^{\mathrm{T}}[M]\{\phi_r\}$$

$$U_{\max} = \frac{1}{2}\{q_r\}_{\max}^{\mathrm{T}}[K]\{q_r\}_{\max} = \frac{1}{2} p_r^2 \{\phi_r\}^{\mathrm{T}}[K]\{\phi_r\} \tag{2-145}$$

由 $T_{\max} = U_{\max}$ 可得，第 r 阶固有频率的平方为

$$\omega_r^2 = \frac{\{\phi_r\}^{\mathrm{T}}[K]\{\phi_r\}}{\{\phi_r\}^{\mathrm{T}}[M]\{\phi_r\}} \tag{2-146}$$

瑞利法的要点是在计算时先选取一个近似的振型，然后按式(2-146)计算固有频率。显然，这样所得到的频率是近似的，其精确性取决于所选的振型是否接近该系统的固有振型。

设所选的振型矢量为$\{\psi\}$，则由式(2-146)可得

$$R_{\mathrm{I}}(\psi)=\frac{\{\psi\}^{\mathrm{T}}[K]\{\psi\}}{\{\psi\}^{\mathrm{T}}[M]\{\psi\}} \tag{2-147}$$

称为瑞利函数或瑞利商(第一瑞利)。

对于弹性系统，有时用柔度矩阵$[\alpha]$比刚度矩阵$[K]$更方便，此时需要将瑞利商公式做一些改变。弹性系统的势能可写为

$$U=\frac{1}{2}\{Q\}^{\mathrm{T}}[\alpha]\{Q\} \tag{2-148}$$

式中，$\{Q\}$为广义力矢量(回复力)。当系统做主振动时，系统所受的回复力$\{Q\}$等于振动时的惯性力，即$\{Q\}=-[M]\{\ddot{q}\}$，则最大势能可写为

$$U_{\max}=\frac{1}{2}\{\ddot{q}_r\}_{\max}^{\mathrm{T}}[M][\alpha][M]\{\ddot{q}_r\}_{\max}=\frac{1}{2}p_r^2\omega_r^4\{\phi_r\}^{\mathrm{T}}[M][\alpha][M]\{\phi_r\} \tag{2-149}$$

由$T_{\max}=U_{\max}$，代入式(2-145)，得到第r阶固有频率的平方为

$$\omega_r^2=\frac{\{\phi_r\}^{\mathrm{T}}[M]\{\phi_r\}}{\{\phi_r\}^{\mathrm{T}}[M][\alpha][M]\{\phi_r\}} \tag{2-150}$$

此时，瑞利商(第二瑞利商)为

$$R_{\mathrm{II}}(\psi)=\frac{\{\psi\}^{\mathrm{T}}[M]\{\psi\}}{\{\psi\}^{\mathrm{T}}[M][\alpha][M]\{\psi\}} \tag{2-151}$$

若所选的振型矢量$\{\psi\}$接近于系统的某一固有振型，如第r阶固有振型$\{\phi_r\}$，则瑞利函数$R(\psi)\approx\omega_r^2$。可以证明，第一阶固有频率的平方ω_1^2是瑞利函数的极小值。

用正则振型矩阵对矢量$\{\psi\}$进行坐标变换：

$$\{\psi\}=[\phi]_N\{p\}=\sum_{r=1}^{n}\{\phi_r\}_N p_r \tag{2-152}$$

式中，$[\phi]_N$为正则振型矩阵；$\{p\}$为振型系数向量。

将式(2-152)代入式(2-147)得

$$R=\frac{\{p\}^{\mathrm{T}}[\phi]_N^{\mathrm{T}}[K][\phi]_N\{p\}}{\{p\}^{\mathrm{T}}[\phi]_N^{\mathrm{T}}[M][\phi]_N\{p\}} \tag{2-153}$$

其中，

$$[\phi]_N^T[M][\phi]_N = [I]$$
$$[\phi]_N^T[K][\phi]_N = [\Lambda] \tag{2-154}$$

故

$$R = \frac{\{p\}^T[\omega^2]\{p\}}{\{p\}^T[I]\{p\}} = \frac{\sum_{i=1}^{n} p_i^2 \omega_i^2}{\sum_{i=1}^{n} p_i^2} \tag{2-155}$$

因为 $\omega_1 < \omega_2 < \cdots < \omega_n$ ，所以

$$\omega_1^2 \leqslant R \leqslant \omega_n^2 \tag{2-156}$$

若振型 $\{\psi\}$ 与系统的某一主振型 $\{\phi_r\}$ 相近，即在式(2-152)中，$p_r = 1 + \varepsilon_r$ $(i = r)$，$p_i = \varepsilon_i p_r (i = 1, 2, \cdots, n; i \neq r)$，其中，$\varepsilon_i \ll 1 (i = 1, 2, \cdots, n)$。代入式(2-155)，分子和分母同时除以 p_r^2，可得到

$$
\begin{aligned}
R &= \frac{\varepsilon_1^2 \omega_1^2 + \cdots + \omega_r^2 + \cdots + \varepsilon_n^2 \omega_n^2}{\varepsilon_1^2 + \cdots + 1 + \cdots + \varepsilon_n^2} \\
&= (\varepsilon_1^2 \omega_1^2 + \cdots + \omega_r^2 + \cdots + \varepsilon_n^2 \omega_n^2)[1 - (\varepsilon_1^2 + \cdots + \varepsilon_{r-1}^2 + \varepsilon_{r+1}^2 + \cdots + \varepsilon_n^2) + \cdots] \\
&\approx \omega_r^2 + \sum_{i=1}^{n} \varepsilon_i^2 (\omega_i^2 - \omega_r^2)
\end{aligned} \tag{2-157}
$$

由此可知，当振型矢量 $\{\psi\}$ 与第 r 个主振型 $\{\phi_r\}$ 之差为一阶小量时，瑞利商 R 与 ω_r^2 之差为二阶小量，也就是说，将 R 在 p_r 处展开，其一次项为零，即

$$\delta R(p_r) = \delta R(p_1, p_2, \cdots, p_n)\Big|_{p_r=1, p_i=0, i=1,2,\cdots,n, i \neq r} = 0 \tag{2-158}$$

这表明瑞利函数在主振型矢量处有稳定值。

瑞利函数的极小值为 ω_1^2，若选取的振型 $\{\psi\}$ 正好是第一阶固有振型，即 $\{\psi\} = \{\phi_1\}$，此时，$R = \omega_1^2$；若选取的振型 $\{\psi\}$ 正好与第一阶固有振型正交，$\{\phi_1\}^T\{\psi\} = 0$，即 $p_1 = 0$，则由式(2-155)得 $\omega_2^2 \leqslant R \leqslant \omega_n^2$，此时，瑞利函数的极小值为 ω_2^2；若所选取的振型 $\{\psi\}$ 正好与第二阶固有振型相符，则此时 $R = \omega_2^2$；若所选取的振型 $\{\psi\}$ 与最初 $s-1$ 个固有振型正交，则瑞利函数的极小值等于 ω_s^2，即 $\omega_s^2 = R_{\min}$。如果所选取的振型与系统的固有振型不相同，就相当于给系统施加了某种附加的约束。而系统增加约束后，其固有频率将会提高。因此，在只需要求解系统的第一阶固有频率时，用瑞利法往往是比较方便的，而且在精度上也能满足要求。

对一般的弹性系统，取合适的静载荷所产生的挠曲线形状作为近似振型，用瑞利法算得的一阶固有频率误差可控制在 5%左右。

例 2-4　一个悬臂梁(图 2-13)，具有三个集中质量，不计梁重量，梁为等截面，试用瑞利商公式求系统的第一阶固有频率。

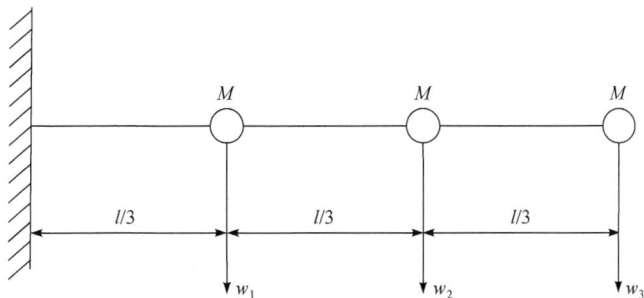

图 2-13　三集中质量悬臂梁

解：各参数如图 2-13 所示。为计算方便，根据梁的边界条件取第一振型 $f(x)$ 为一抛物线：

$$f(x) = \frac{x^2}{(l/3)^2}$$

根据边界条件，在 $x=0$ 处，$f(0)=0$，$\dot{f}(0)=0$。

对于三个集中质量处的位移 w_1、w_2 和 w_3，其振型矢量为

$$\{\psi\} = \{1 \quad 4 \quad 9\}^{\mathrm{T}}$$

根据材料力学公式：

$$w = \frac{pl^3}{3EI}\left[\frac{x^2}{l^2}\left(\frac{3}{2} - \frac{x}{2l}\right)\right] \tag{2-159}$$

将相应量代入式(2-159)可以求得相应的柔度矩阵：

$$[\alpha] = \frac{l^3}{162EI}\begin{bmatrix} 2 & 5 & 8 \\ 5 & 16 & 28 \\ 8 & 28 & 54 \end{bmatrix}$$

再根据式 $R_{\mathrm{II}}(\psi) = \dfrac{\{\psi\}^{\mathrm{T}}[M]\{\psi\}}{\{\psi\}^{\mathrm{T}}[M][\alpha][M]\{\psi\}}$，得

$$R_{11}(\psi) = \cfrac{\{1 \quad 4 \quad 9\} \begin{bmatrix} m & & 0 \\ & m & \\ 0 & & m \end{bmatrix} \begin{Bmatrix} 1 \\ 4 \\ 9 \end{Bmatrix}}{\cfrac{l^3}{162EI} \{1 \quad 4 \quad 9\} \begin{bmatrix} m & & 0 \\ & m & \\ 0 & & m \end{bmatrix} \begin{bmatrix} 2 & 5 & 8 \\ 5 & 16 & 28 \\ 8 & 28 & 54 \end{bmatrix} \begin{bmatrix} m & & 0 \\ & m & \\ 0 & & m \end{bmatrix} \begin{Bmatrix} 1 \\ 4 \\ 9 \end{Bmatrix}}$$

$$= \cfrac{98m}{\cfrac{6832}{162} \times \cfrac{m^2 l^3}{EI}}$$

因为

$$R(\psi) \approx \omega_1^2$$

所以

$$\omega_1 \approx \sqrt{R} = 1.524 \sqrt{\frac{EI}{ml^3}}$$

2.4.2 里茨法

多自由度系统有多个固有频率，有时需要求解一个以上的固有频率，此时，瑞利法计算误差很大，需采用里茨法。

里茨法的要点是首先在 n 维空间中近似选定一个 s 维子空间 $(s < n)$，即选定一组矢量 (s 个)，利用瑞利函数的极值特性，在此 s 维子空间中找出一个较为合适的矢量，作为此 n 自由度系统的特征向量，进而使 n 个自由度问题降阶为 s 个自由度问题。

令系统的第 r 阶固有振型近似取为

$$\{\phi_r\} \approx [\psi]_{n \times s} \{a\}_{s \times 1} = [\{\psi_1\}, \{\psi_2\}, \cdots, \{\psi_s\}] \begin{Bmatrix} a_1 \\ a_2 \\ \vdots \\ a_s \end{Bmatrix} \tag{2-160}$$

$$= a_1\{\psi_1\} + a_2\{\psi_2\} + \cdots + a_s\{\psi_s\}$$

式中，$[\psi]$ 为选定的一组矢量 $\{\psi_1\}, \{\psi_2\}, \cdots, \{\psi_s\}$ 所组成的 $n \times s$ 阶的变换矩阵；$\{a\}$ 为 s 维子空间中的一个待定矢量，其分量 $a_1, a_2, \cdots, a_s$ 为待定系数，这些系数可由瑞利函数的极值性质确定。

将式(2-160)代入式(2-147)得

$$R(a) = \frac{\{a\}^{\mathrm{T}}[\psi]^{\mathrm{T}}[K][\psi]\{a\}}{\{a\}^{\mathrm{T}}[\psi]^{\mathrm{T}}[M][\psi]\{a\}} \tag{2-161}$$

或写为

$$\omega_r^2 \approx \frac{\{a\}^{\mathrm{T}}\left[\bar{K}\right]\{a\}}{\{a\}^{\mathrm{T}}\left[\bar{M}\right]\{a\}} \tag{2-162}$$

其中,

$$\begin{aligned}
\left[\bar{K}\right]_{s\times s} &= [\psi]^{\mathrm{T}}[K][\psi] \\
\left[\bar{M}\right]_{s\times s} &= [\psi]^{\mathrm{T}}[M][\psi]
\end{aligned} \tag{2-163}$$

式(2-163)为 $[K]$ 与 $[M]$ 在 s 维子空间的投影算子，为广义质量矩阵和广义刚度矩阵。

根据瑞利函数的极值性质，瑞利商在主振型矢量处存在稳定值，主振型又为系数向量的函数，则瑞利商对系数向量的偏导为 0，即

$$\frac{\partial R}{\partial \{a\}} = \left[\frac{\partial R}{\partial a_1}, \ \frac{\partial R}{\partial a_2}, \ \cdots, \ \frac{\partial R}{\partial a_s}\right]^{\mathrm{T}} = \{0\} \tag{2-164}$$

将式(2-161)、式(2-163)代入式(2-164)，可得

$$\frac{2\left(\{a\}^{\mathrm{T}}\left[\bar{M}\right]\{a\}\right)\left[\bar{K}\right]\{a\} - 2\left(\{a\}^{\mathrm{T}}\left[\bar{K}\right]\{a\}\right)\left[\bar{M}\right]\{a\}}{\left(\{a\}^{\mathrm{T}}\left[\bar{M}\right]\{a\}\right)^2} = \{0\} \tag{2-165}$$

由式(2-165)可知:

$$\omega_r^2\{a\}^{\mathrm{T}}\left[\bar{M}\right]\{a\} = \{a\}^{\mathrm{T}}\left[\bar{K}\right]\{a\} \tag{2-166}$$

故式(2-166)可化为

$$\left(\left[\bar{K}\right] - \omega_r^2\left[\bar{M}\right]\right)\{a\} = \{0\} \tag{2-167}$$

上述方程可以将 n 个自由度问题转化为 s 个 $(s<n)$ 自由度问题，这样就可使问题的求解大为简化。

$\left[\bar{K}\right]$ 与 $\left[\bar{M}\right]$ 可按式(2-167)求解，因为所选定的一组矢量 $\{\psi_1\},\{\psi_2\},\cdots,$ $\{\psi_s\}$ 不可能恰好就是 n 个自由度系统的 s 个特征矢量，故 $\left[\bar{K}\right]$ 与 $\left[\bar{M}\right]$ 不会是对角阵。若变换矩阵选择较好，即较接近系统最初的 s 个固有振型，则 $\left[\bar{K}\right]$ 与 $\left[\bar{M}\right]$ 就较接近对角阵。

根据式(2-167)可得频率方程：

$$\left\| \left[\bar{K} \right] - \omega_r^2 \left[\bar{M} \right] \right\| = 0 \tag{2-168}$$

求解式(2-168)可得 s 个固有频率 $\omega_1, \omega_2, \cdots, \omega_s$，此即 n 自由度系统前 s 个固有频率。一般情况下，前面的频率精度高，后面的频率精度低，存在正误差。如果需要求解最初 b 个固有频率，宜取 $s = 2b$。使用里茨法求高阶频率等于对系统施加了 $n - s$ 个约束。在使用里茨法时，不仅可以用刚度矩阵 $[K]$ 来求解，也可以用柔度矩阵 $[\alpha]$ 表示的瑞利函数来求解。

2.4.3　迭代法

用迭代法求解多自由度系统的最小固有频率 ω_1 与最大固有频率 ω_n 较方便。迭代法的要点是先选取一个初始振型矢量，然后用固有振型的迭代方程进行迭代运算，逐步修正振型，最终使其与系统的固有振型相接近，同时求出相应的固有频率。

固有振型方程式的一般形式为

$$([K] - \omega^2 [M]) \{A\} = 0 \tag{2-169}$$

或写为

$$\{A\} = \omega^2 [K]^{-1} [M] \{A\} = \omega^2 [\alpha] [M] \{A\} \tag{2-170}$$

式(2-170)称为反形式的固有振型方程。其迭代公式为

$$\{A\}^{(i+1)} = [\alpha][M]\{A\}^{(i)}, \quad i = 1, 2, \cdots, n \tag{2-171}$$

在计算时首先选定一个振型 $\{A\}^{(0)}$ 作为 0 次近似振型，将其代入式(2-171)的右部，即可由该式的左部求得一个新振型 $\{A\}^{(1)}$，称为第一次近似振型。再将 $\{A\}^{(1)}$ 代入式(2-171)的右部，又可由该式的左部求得另一个新振型 $\{A\}^{(2)}$，称为第二次近似振型。以此类推，至第 r 次近似。当相邻两次的振型接近相同时，就可近似地认为 $\{A\}^{(r)}$ 是系统的第一阶固有振型 $\{\phi_1\}$。这样 $\{A\}^{(r)}$ 满足式(2-170)，即有

$$\{A\}^{(r)} = \omega^2 [\alpha][M]\{A\}^{(r)} \tag{2-172}$$

而根据迭代公式(2-171)，有

$$\{A\}^{(r)} = [\alpha][M]\{A\}^{(r-1)} \tag{2-173}$$

比较式(2-172)与式(2-173)，可得

$$\{A\}^{(r)} = \frac{1}{\omega^2}\{A\}^{(r-1)} \tag{2-174}$$

式中，ω 即为要求的第一阶固有频率 ω_1 的近似值。在计算过程中，将各次振型 $\{A\} = \{A_1, A_2, \cdots, A_n\}^T$ 中某一分量 A_k 取为 1，以便对振型进行比较。

若开始假定的振型接近系统的真实振型，则迭代计算的工作量就小，若取系统的静挠度曲线作为假定振型，也能简化计算的工作量。当不易得到真实振型或挠曲线时，一般习惯上把系统各点的振幅取为 1，作为假定振型。

例 2-5 设一无重量的单跨悬臂梁，其截面不变化，梁上连接两个集中质量 m_1 与 m_2，$m_1 = 500\text{kg}$，$m_2 = 100\text{kg}$，其尺寸如图 2-14 所示，试用迭代法求其横向振动第一阶固有频率。

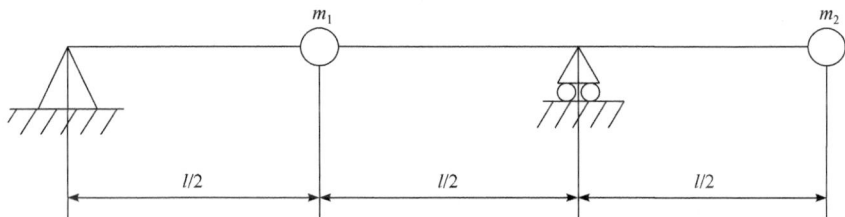

图 2-14 单跨悬臂梁

解：首先求出二自由度系统的柔度矩阵和刚度矩阵：

$$[\alpha] = \frac{l^3}{8EI}\begin{bmatrix} 1/6 & -1/4 \\ -1/4 & 1 \end{bmatrix}, \quad [M] = \begin{bmatrix} 500 & 0 \\ 0 & 100 \end{bmatrix}$$

根据迭代公式(2-171)，有

$$\{A\}^{(i+1)} = [\alpha][M]\{A\}^{(i)} = \frac{l^3}{8EI}\begin{bmatrix} \dfrac{500}{6} & -\dfrac{100}{4} \\ -\dfrac{500}{4} & 100 \end{bmatrix}\{A\}^{(i)}$$

取 0 次近似振型为 $\{A\}^{(0)} = \{1.00 \quad -1.00\}^T$，代入迭代公式得第一次近似振型 $\{A\}^{(1)}$ 为

$$\{A\}^{(1)} = \left\{\begin{array}{c} A_1 \\ A_2 \end{array}\right\}^{(1)} = \frac{l^3}{8EI}\begin{bmatrix} \dfrac{500}{6} & -\dfrac{100}{4} \\ -\dfrac{500}{4} & 100 \end{bmatrix}\left\{\begin{array}{c} 1.00 \\ -1.00 \end{array}\right\} = \frac{108.3l^3}{8EI}\left\{\begin{array}{c} 1.00 \\ -2.08 \end{array}\right\}$$

由式(2-174)得 ω_1 的第一次近似值 $\omega_1^{(1)} = \sqrt{\dfrac{8EI}{108.3l^3}}$。

再将第一次近似振型 $\{A\}^{(1)} = \{1.00 \quad -2.08\}^{\mathrm{T}}$ 代入迭代公式得第二次近似振型 $\{A\}^{(2)}$ 为

$$\{A\}^{(2)} = \left\{ \begin{matrix} A_1 \\ A_2 \end{matrix} \right\}^{(2)} = \frac{l^3}{8EI} \begin{bmatrix} \dfrac{500}{6} & -\dfrac{100}{4} \\ -\dfrac{500}{4} & 100 \end{bmatrix} \left\{ \begin{matrix} 1.00 \\ -2.08 \end{matrix} \right\} = \frac{135.3l^3}{8EI} \left\{ \begin{matrix} 1.00 \\ -2.46 \end{matrix} \right\}$$

于是由式(2-174)得 ω_1 的第二次近似值 $\omega_1^{(2)} = \sqrt{\dfrac{8EI}{135.3l^3}}$。

同样可得第三次近似振型 $\{A\}^{(3)} = \{1.00 \quad -2.56\}^{\mathrm{T}}$，$\omega_1$ 的第三次近似值为 $\omega_1^{(3)} = \sqrt{\dfrac{8EI}{144.8l^3}}$。

第四次近似振型 $\{A\}^{(4)} = \{1.00 \quad -2.58\}^{\mathrm{T}}$，$\omega_1$ 的第四次近似值为 $\omega_1^{(4)} = \sqrt{\dfrac{8EI}{147.3l^3}}$。

不难看出，$\{A\}^{(3)}$ 与 $\{A\}^{(4)}$ 已相当接近，故 $\omega_1^{(4)}$ 已有相当精度。由相邻的两次近似所得到的频率的比值可看到 ω_1 的收敛过程。

$$\frac{\omega_1^{(2)}}{\omega_1^{(1)}} = 0.895, \quad \frac{\omega_1^{(3)}}{\omega_1^{(2)}} = 0.967, \quad \frac{\omega_1^{(4)}}{\omega_1^{(3)}} = 0.991$$

本题精确解为 $\omega_1 = \sqrt{\dfrac{8EI}{148.3l^3}}$，故

$$\frac{\omega_1^{(1)}}{\omega_1} = 1.170, \quad \frac{\omega_1^{(2)}}{\omega_1} = 1.047, \quad \frac{\omega_1^{(3)}}{\omega_1} = 1.01, \quad \frac{\omega_1^{(4)}}{\omega_1} = 1.003$$

可见，经过四次迭代所得到的频率的精度已大幅提高。

下面进一步证明迭代过程的收敛性。为此将任意选取的 0 次近似振型展开成该系统固有振型的叠加：

$$\{A\}^{(0)} = C_1\{\phi_1\} + C_2\{\phi_2\} + C_3\{\phi_3\} + \cdots + C_n\{\phi_n\} = \sum_{i=1}^{n} C_i\{\phi_i\} \tag{2-175}$$

或

$$\{A\}^{(0)} = [\phi]\{C\} \tag{2-176}$$

式中，$[\phi]$ 为固有振型矩阵；$\{C\} = \{C_1 \quad C_2 \quad C_3 \quad \cdots \quad C_n\}^{\mathrm{T}}$ 为系数列。

进行第一次迭代，将式(2-176)两端乘以方程 $[\alpha][M]$，得

$$\begin{aligned}
\{A\}^{(1)} &= [\alpha][M]\{A\}^{(0)} = [\alpha][M][\phi]\{C\} \\
&= [\alpha][M]\Big[C_1\{\phi_1\} + C_2\{\phi_2\} + \cdots + C_n\{\phi_n\} \Big] \\
&= \frac{1}{\omega_1^2}[\alpha][M]\left[\omega_1^2 C_1\{\phi_1\} + \omega_2^2 C_2\{\phi_2\}\left(\frac{\omega_1}{\omega_2}\right)^2 + \cdots + \omega_n^2 C_n\{\phi_n\}\left(\frac{\omega_1}{\omega_n}\right)^2 \right] \\
&= \frac{1}{\omega_1^2}\sum_{i=1}^{n}[\alpha][M]\omega_i^2\{\phi_i\}C_i\left(\frac{\omega_1}{\omega_i}\right)^2
\end{aligned}$$

$$(2\text{-}177)$$

而对任一固有振型$\{\phi_i\}$，有

$$([K] - \omega_i^2[M])\{\phi_i\} = \{0\}, \quad i = 1, 2, \cdots, n \tag{2-178}$$

可改写成等价形式：

$$[K]\{\phi_i\} = \omega_i^2[M]\{\phi_i\}, \quad i = 1, 2, \cdots, n \tag{2-179}$$

即

$$\omega_i^2[\alpha][M]\{\phi_i\} = \{\phi_i\}, \quad i = 1, 2, \cdots, n \tag{2-180}$$

故式(2-177)可化为

$$\{A\}^{(1)} = [\alpha][M]\{A\}^{(0)} = \frac{1}{\omega_1^2}\sum_{i=1}^{n}\left(\frac{\omega_1}{\omega_i}\right)^2\{\phi_i\}C_i \tag{2-181}$$

如此重复迭代r次后，得

$$\{A\}^{(r)} = \frac{1}{\omega_1^{2r}}\sum_{i=1}^{n}\left(\frac{\omega_1}{\omega_i}\right)^{2r}C_i\{\phi_i\} \tag{2-182}$$

由于$\omega_1 < \omega_2 < \cdots < \omega_n$，当迭代次数$r$足够大时，除第一项，其他项均为极小量，略去小量，取第一项得

$$\{A\}^{(r)} \approx \frac{1}{\omega_1^{2r}}C_1\{\phi_1\} \tag{2-183}$$

振型与列向量前的系数无关，因此公式前面的比例系数均可省略，由此证明了任意振型$\{A\}^{(0)}$逐次迭代后收敛于第一阶固有振型。

同理，若求解最高谐次的固有频率，则可利用式(2-170)以类似的方式进行迭代运算。此时迭代公式为

$$\{A\}^{(i+1)} = [M]^{-1}[K]\{A\}^{(i)}, \quad i = 1, 2, \cdots, n \tag{2-184}$$

迭代结果收敛于最高的固有振型 $\{\phi_n\}$，当迭代次数足够多时，有

$$\{A\}^{(r)} \approx \omega_n^2 \{A\}^{(r-1)} \tag{2-185}$$

由此可求得最高的固有频率 ω_n 的近似值。

迭代法不仅可用来求解最低(或最高)的固有频率，还可用来求解其他高阶固有频率。但在每次迭代时都需要正交条件对近似振型进行修正，使其不包含低于(或高于)所求谐调固有振型，这样逐次迭代的结果就收敛于所求的固有振型。若求解 ω_2，则将所选取的振型与第一阶固有振型正交，迭代的结果就收敛于第二阶固有振型。这种将已求得的振型从近似振型中排除的方法称为格拉姆-施密特正交化及矩阵缩减。

例如，收敛于第二阶固有振型的近似振型可写为

$$\{A\}_2^{(0)} = C_2 \{\phi_2\} + C_3 \{\phi_3\} + \cdots + C_n \{\phi_n\} = \{A\}^{(0)} - C_1 \{\phi_1\} \tag{2-186}$$

其中，第一阶固有振型 $\{\phi_1\}$ 通过第一次迭代得出，其系数 C_1 可通过式(2-187)求出：

$$C_1 = \frac{\{\phi_1\}^{\mathrm{T}} [M] \{A\}^0}{\{\phi_1\}^{\mathrm{T}} [M] \{\phi_1\}} \tag{2-187}$$

2.4.4 子空间迭代法

在里茨法和迭代法的基础上，发展出了子空间迭代法。这是一种计算固有频率和固有振型相当有效的方法，常用于求解大型结构系统的最初几个固有频率和固有振型。子空间迭代法可以看成迭代法和里茨法相结合的方法，其计算步骤可以概括如下。

(1) 选取初始迭代矩阵：

$$[\psi]_0 = \begin{bmatrix} \{\psi_1\} & \{\psi_2\} & \cdots & \{\psi_s\} \end{bmatrix} \tag{2-188}$$

(2) 进行下列矩阵迭代，求 $n \times s$ 阶矩阵 $[P]$：

$$[P] = [M][\psi]_0 \tag{2-189}$$

(3) 由下列代数方程组解出 $n \times s$ 阶矩阵 $[\psi]_1$(此过程称为矩阵反迭代)：

$$[\psi]_1 = [K]^{-1} [P] \tag{2-190}$$

(4) 由式(2-191)计算 $n \times s$ 阶矩阵 $[Q]$：

$$[Q] = [M][\psi]_1 \tag{2-191}$$

(5) 计算自由度数缩减后的刚度矩阵 $[\bar{K}]$ 与质量矩阵 $[\bar{M}]$：

$$\left[\bar{K}\right] = [\psi]_1^{\mathrm{T}}[P] = [\psi]_1^{\mathrm{T}}[K][\psi]_1, \quad \left[\bar{M}\right] = [\psi]_1^{\mathrm{T}}[Q] = [\psi]_1^{\mathrm{T}}[M][\psi]_1 \tag{2-192}$$

(6) 求解下列矩阵特征值：

$$[\bar{K}]\{a\} = \bar{\omega}^2[\bar{M}]\{a\} \tag{2-193}$$

得到全部 s 个特征值 $\bar{\omega}_i^2\,(i=1,2,\cdots,s)$ 和相应的特征向量 $\{a_i\}\,(i=1,2,\cdots,s)$，记为

$$[\bar{\Lambda}] = \mathrm{diag}\begin{bmatrix} \bar{\omega}_1^2 & \bar{\omega}_2^2 & \cdots & \bar{\omega}_s^2 \end{bmatrix}, \quad [\bar{\phi}] = \begin{bmatrix} \{a_1\} & \{a_2\} & \cdots & \{a_s\} \end{bmatrix} \tag{2-194}$$

(7) 若各个特征值 $\bar{\omega}_i^2$ 已满足精度要求，则取

$$[\Lambda]_s = [\bar{\Lambda}], \quad [\phi]_s = [\psi]_1[\bar{\phi}] \tag{2-195}$$

其中，$[\Lambda]_s = \mathrm{diag}\begin{bmatrix} \omega_1^2 & \omega_2^2 & \cdots & \omega_s^2 \end{bmatrix}, [\phi]_s = \begin{bmatrix} \{\phi_1\} & \{\phi_2\} & \cdots & \{\phi_s\} \end{bmatrix}$，否则就计算

$$[P] = [Q][\bar{\phi}] \tag{2-196}$$

并返回步骤(3)，继续计算。

实际上，上述计算步骤可分为两部分，步骤(2)与步骤(3)是 2.4.3 节的迭代法部分，步骤(4)～步骤(6)是 2.4.2 节的里茨法部分，但这里的迭代法不是先形成动力矩阵 $[K]^{-1}[M]$，再进行矩阵迭代 $[\psi]_1 = [K]^{-1}[M][\psi]_0$。这是因为结构动力分析中得到的 $[K]$ 与 $[M]$ 一般是对称的、稀疏的及带状的矩阵，而通过矩阵相乘得到的动力矩阵将丧失这些有利于计算的特点，所以矩阵迭代分为步骤(2)与步骤(3)两步。另外，在步骤(7)中，并不按 $[\psi]_0 = [\psi]_1[\bar{\phi}]$ 计算新的迭代矩阵 $[\psi]_0$ 再返回步骤(2)，而是按 $[P] = [Q][\bar{\phi}]$ 计算新的矩阵 $[P]$ 再返回步骤(3)。实际上，$[P] = [Q][\bar{\phi}]$ 还可写为

$$[P] = [Q][\bar{\phi}] = [M][\psi]_1[\bar{\phi}] = [M]([\psi]_1[\bar{\phi}]) \tag{2-197}$$

这样就省去了后续计算中的步骤(2)而直接进入步骤(3)。

为说明子空间迭代法的原理，先考察矩阵 $[\psi]_0$ 在经过实质是迭代法的步骤(2)及步骤(3)后，得到的矩阵 $[\psi]_1$ 发生了哪些变化。根据里茨法，多自由度系统前 s 阶低阶振型矩阵与谱矩阵满足

$$[K][\phi]_s = [M][\phi]_s[\Lambda]_s \tag{2-198}$$

可得

$$[K]^{-1}[M][\phi]_s = [\phi]_s[\Lambda]_s^{-1} \tag{2-199}$$

同理，对高阶振型存在：

$$[K][\phi]_\mathrm{H} = [M][\phi]_\mathrm{H}[\Lambda]_\mathrm{H} \tag{2-200}$$

式中，$[\phi]_H$ 为高阶主振型组成的振型矩阵，$[\phi]_H = \begin{bmatrix} \{\phi_{s+1}\} & \{\phi_{s+2}\} & \cdots & \{\phi_n\} \end{bmatrix}$；$[\varLambda]_H$ 为高阶谱矩阵，$[\varLambda]_H = \mathrm{diag}\begin{bmatrix} \omega_{s+1}^2 & \omega_{s+2}^2 & \cdots & \omega_n^2 \end{bmatrix}$。同样可得到

$$[K]^{-1}[M][\phi]_H = [\phi]_H [\varLambda]_H^{-1} \tag{2-201}$$

由展开定理，$n \times s$ 阶矩阵 $[\psi]_0$ 的每一列都可以展开为系统 n 个主振型的线性组合，这个关系可以简化为

$$[\psi]_0 = [\phi][B] \tag{2-202}$$

式中，$[\phi]$ 为 $n \times n$ 的振型矩阵；$[B]$ 为 $n \times s$ 阶系数矩阵，可将 $[\phi]$ 与 $[B]$ 分块为

$$[\phi] = [[\phi]_s \quad [\phi]_H], \quad [B] = \begin{bmatrix} [B]_s \\ [B]_H \end{bmatrix} \tag{2-203}$$

则式(2-202)可写为

$$[\psi]_0 = [\phi][B] = [\phi]_s [B]_s + [\phi]_H [B]_H \tag{2-204}$$

这样，由式(2-199)和式(2-201)，经过步骤(2)和步骤(3)得到的矩阵 $[\psi]_1$ 为

$$
\begin{aligned}
[\psi]_1 &= [K]^{-1}[M][\psi]_0 = [K]^{-1}[M][\phi]_s [B]_s + [K]^{-1}[M][\phi]_H [B]_H \\
&= [\phi]_s [\varLambda]_s^{-1} [B]_s + [\phi]_H [\varLambda]_H^{-1} [B]_H \\
&= \left[\frac{1}{\omega_1^2}\{\phi_1\} \quad \cdots \quad \frac{1}{\omega_s^2}\{\phi_s\} \right][B]_s + \left[\frac{1}{\omega_{s+1}^2}\{\phi_{s+1}\} \quad \cdots \quad \frac{1}{\omega_n^2}\{\phi_n\} \right][B]_H
\end{aligned}
\tag{2-205}
$$

比较式(2-205)与式(2-204)，由于 $\omega_1 < \omega_2 < \cdots < \omega_n$，$[\psi]_1$ 内低阶振型矩阵 $[\phi]_s$ 的比重增加，其中，$\{\phi_1\}$ 的比重增加得最多，若仅重复步骤(2)和步骤(3)，根据 2.4.3 节中迭代法的分析，矩阵 $[\psi]_1$ 的各个列将全部收敛于第一阶主振型 $\{\phi_1\}$。从几何关系来看，$[\psi]_1$ 的各个列向量逐渐趋于平行，最后都平行于 $\{\phi_1\}$。但在每次矩阵迭代后再补充以里茨法，情况就会不同。若将矩阵 $[\psi]_1$ 看成新的 $[\psi]_0$，则由里茨法分析可得，新得到的 $[\psi]_0$ 的各个列都是关于质量矩阵 $[M]$ 和刚度矩阵 $[K]$ 相互正交的，因此每次应用里茨法后，新得到的 $[\psi]_0$ 的 s 个列向量就像撑伞一样被撑开，而不会趋近于平行。随着迭代次数的增加，$[\psi]_1$ 内 $[\phi]_s$ 的比重将越来越大，最后使式(2-205)近似变为

$$[\psi]_1 = [\phi]_s [\varLambda]_s^{-1}[B]_s = [\phi]_s [A] \tag{2-206}$$

其中，$[A] = [\varLambda]_s^{-1}[B]_s$ 是 $s \times s$ 阶系数矩阵，式(2-206)表示基向量矩阵 $[\psi]_1$ 可以写为系统前 s 阶模态矩阵的线性组合。由此可知，以 $[\psi]_1$ 内 s 个列作为基地的子空间 T 已近似等同于以系统前 s 阶主振型为基底的子空间 V，因此再应用一次里茨法就能得到精度相当高的固有频率及主振型。由此可见，子空间迭代法的迭代过

程，实际上是初始选取的矩阵$[\psi]_0$内s个列张开的子空间T逐渐向子空间V收敛的过程，这就是"子空间迭代法"名字的由来。显然，若一开始选取的$[\psi]_0$阵内s个列就张成了子空间V，则一次子空间迭代即可求出精确解。

在步骤(6)中，虽然矩阵$[\bar{K}]$和$[\bar{M}]$已失去了原来$[K]$与$[M]$的特点，并且要求解出全部s个特征值和特征向量，但是$[\bar{K}]$和$[\bar{M}]$的阶数s远小于n，而且随着式(2-205)中矩阵$[\psi]_1$向$[\phi]_s[A]$接近，特征向量$[\bar{\phi}]$逐渐向$[A]^{-1}$接近，这导致新的$[\psi]_0$阵及继后的$[\psi]_1$阵向$[\phi]_s$接近，从而矩阵$[\bar{K}]$和$[\bar{M}]$都趋向于对角阵，这些都使步骤(6)中矩阵特征值问题的求解变得相对容易。

子空间迭代法包含里茨法的全部特点，因此迭代过程中算出的固有频率都由上限一侧向精确值收敛，固有频率阶数越低，收敛速度越快。通常若要求系统前p阶固有频率及主振型，初始迭代矩阵$[\psi]_0$中的列数应取$2p$及$p+8$中较小的一个数。

另外，对于多自由度系统的求解，还可以采用直接积分的方法，包括中心差分法、逐步积分法、化为一阶方程组求解法等多种方法。但无论何种方法，均是在已知多自由度系统的方程下的数学模型计算方法，而多自由度系统实际上是对于真实结构或系统的一种离散化近似模型，如何将连续系统离散成多自由度系统，将在第3章进行讲解。

习　　题

2-1　如题图 2-1 所示的二自由度的无阻尼质量弹簧系统，令$m_1 = m$，$m_2 = 2m$，$k_1 = k$，$k_2 = 2k$，$k_3 = 3k$，求该振动系统的固有频率和固有振型，并求出其在图示简谐干扰力作用下零初始条件的响应(其中，$Q_1 = Q_0 \sin(\omega t)$，$Q_2 = \dfrac{1}{2} Q_0 \sin(\omega t)$)。

2-2　考虑题图 2-2 中弹簧连接的双摆，其做微幅自由振动，试以角位移θ_1和θ_2为位移坐标导出该振动系统的柔度矩阵、固有频率和固有振型，并写出系统的作用力方程。

2-3　一个刚性杆竖直支于一个辊轴上，顶面和底面处被水平弹簧约束抵抗侧向运动(见题图 2-3)。令l、A和ρ分别代表杆的长度、横截面面积和质量密度，试采用其质量中心(C点)的微小位移x_C和θ_C作为位移坐标，按矩阵形式写出包括作用于C点处水平力Q_C和扭矩T_C的运动作用力方程。

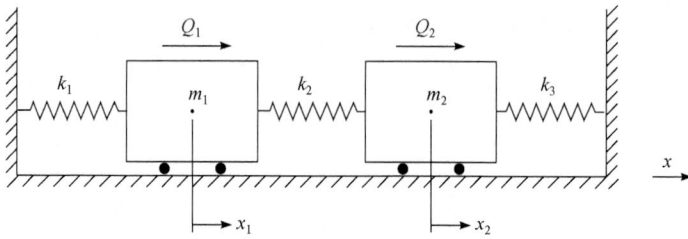

题图 2-1

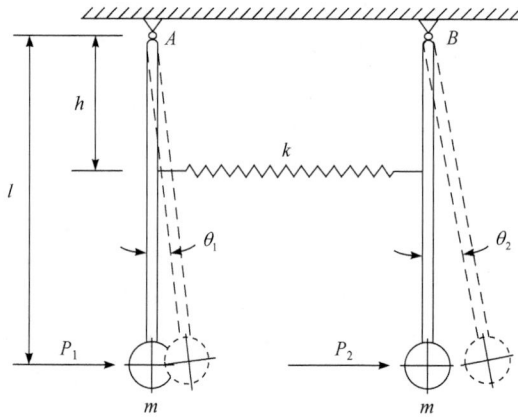

题图 2-2

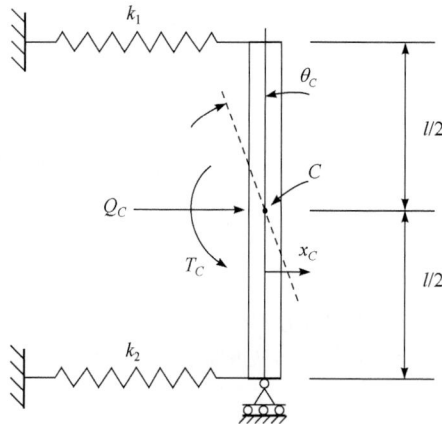

题图 2-3

2-4　题图 2-4 中的双摆具有两个穿过铰的旋转弹簧。采用质量的微小水平平动 x_1 和 x_2 作为位移坐标，试写出运动的作用力方程。

2-5　题图 2-5 表示一个带有附于质量上约束弹簧的双摆。采用质量的微小水平平动 x_1 和 x_2 作为位移坐标，试对此系统导出其作用力方程。

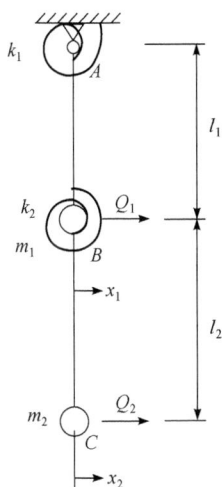

题图 2-4

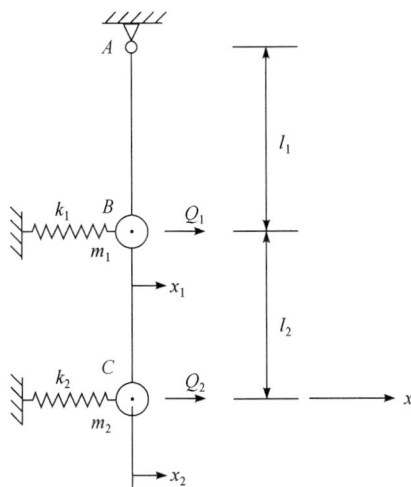

题图 2-5

2-6　题图 2-6 所示的简支梁，在位于它的 1/3 处有质量 m_1 和 m_2。假设该梁是棱柱形的，弯曲刚度为 EI，试对此系统导出其作用力方程。

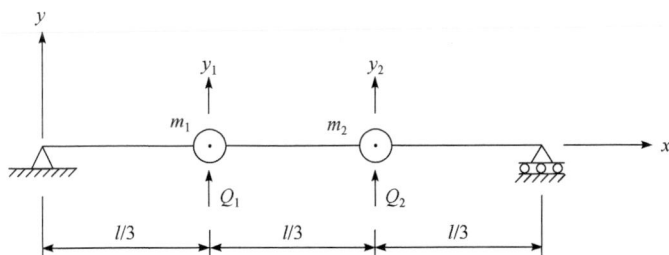

题图 2-6

2-7　题图 2-7 表示一根带有两个质量 m_1 和 m_2 的悬臂棱柱形梁(弯曲刚度为 EI)，试写出该系统的作用力方程。

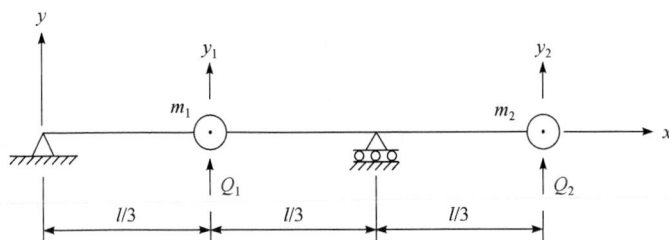

题图 2-7

2-8　试求题图 2-8 所示两个自由度系统的固有频率及固有振型。

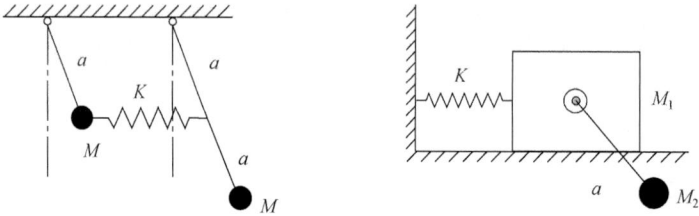

题图 2-8

2-9 设在一根无重量、张力为 F 的弦上有三个集中质量(题图 2-9),试用解析法求出此系统的固有频率和固有振型。

提示:注意用正对称和反对称条件。

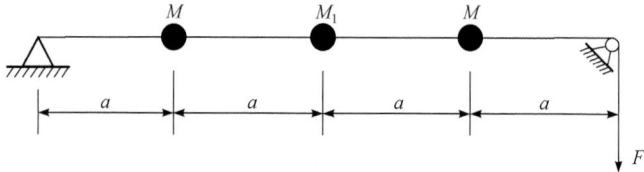

题图 2-9

2-10 设在一无重量的等断面简支梁上有三个集中质量(题图 2-10),试用解析法求出此系统的固有频率和固有振型。

提示:可用正对称和反对称条件。

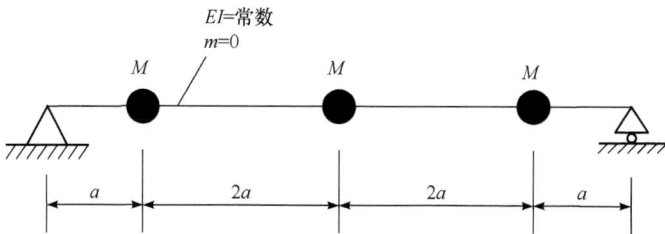

题图 2-10

2-11 试用能量法(瑞利-里茨法)求出习题 2-10 中的三个自由度系统中的前两个固有频率和固有振型。

2-12 试用迭代法求出习题 2-10 所示系统的最低固有频率和固有振型。

2-13 三个单摆用两个弹簧连接,如题图 2-11 所示。令 $m_1 = m_2 = m$,$k_1 = k_2 = k$。

(1) 试以 θ_1、θ_2 和 θ_3 为广义坐标,建立系统的运动微分方程。

(2) 求出系统的固有频率及相应的固有振型。

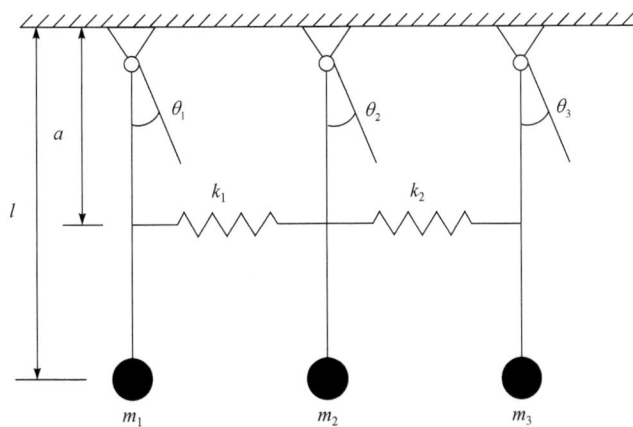

题图 2-11

3 连续系统振动

　　连续系统：是指质量、弹性或阻尼在空间一定区域中连续分布的系统，因此又称为分布参数系统。可以说，一切真实的系统都是连续系统。各种工程结构物都是由质量和刚度连续分布的物体组成的弹性体，即连续系统。

　　根据振动形式的不同，船舶典型结构中的连续系统振动又可以分为纵向振动、扭转振动、弯曲振动等。例如，当考虑船舶推进轴系受到纵向推力和扭矩等时，可以将其等效为杆的纵向振动与扭转振动，如图 3-1 所示。

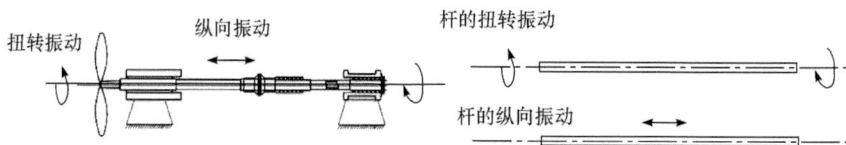

图 3-1　船体推进轴系振动等效

　　船体是由空间板架结构构成的复杂系统，主体结构是由板架结构构成的，而板架结构是由船体板与其上的加强筋结构组合而成的，并且船体板架结构的振动形式主要是弯曲振动，对于以板架内的横骨架和纵骨架为主体的结构，可以将其等效为梁结构的振动，而对于以板结构为主体的结构，可以将其等效为板结构的振动，如图 3-2 所示。

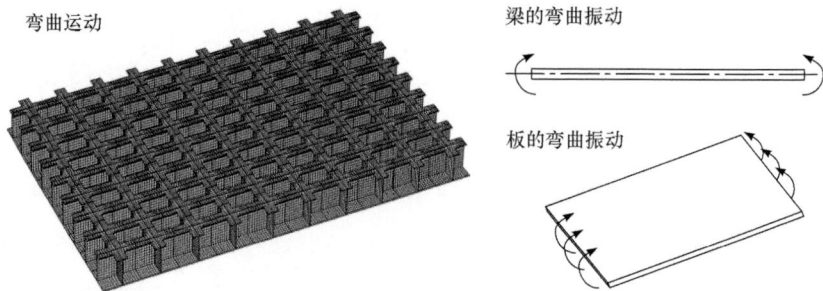

图 3-2　船体板架结构振动等效

　　无限自由度系统具有分布的质量和分布的弹性，需要同时用坐标位置和时间的连续函数来描述它的运动状态，因此所得到的运动方程是偏微分方程。在数学中，离散系统和连续系统代表不同类型的系统。但是这里，离散系统和连续系统只是表示同一物理系统的两个数学模型，故尽管前者用常微分方程来描述，后者用偏微分方程来描述，但它们的动力性态是相似的。因此，离散系统中介绍的各种概念在连续系统中都有对应，并相类似。连续系统的求解方法是直接根据运动方程求解的解析方法，因此具有更高的精度，但目前也只有有限的物理模型可以通过解析方法求解，如梁模型、板模型等。

连续系统(弹性体)和离散系统(多自由度系统)是对同一客观事物的不同分析方法，在很多情况下，为了简化问题，计算方便，采用第 2 章所述的方法，即将弹性体简化成多自由度的离散系统进行分析。例如，在做全船振动分析时，通常采用全船结构的有限元建模，但是当考虑船体的某一种特殊类型的振动时，如考虑船体总振动时，可以将整个船体作为一个连续模型来考虑。这部分内容将在第 6 章进行更为详细的讲解。基于离散系统的数值方法更偏向于工程计算，而基于连续系统的解析计算方法更倾向于振动理论与机理的研究，如第 4 章的波动理论问题就是基于连续系统展开的。采用何种物理模型进行分析，最终取决于具体要分析的问题的复杂性、关注的重点、精度要求、时间要求等因素。

3.1 梁的横向振动

3.1.1 梁的横向振动运动微分方程

考察一非均匀的直梁在 xOz 平面内做横向弯曲振动，如图 3-3 所示，设梁的横剖面对称于 xOz 平面，则直梁仅发生单一的弯曲振动。设梁长为 l ，取梁的中和轴为 Ox 轴，并将原点取在梁的左端。在该坐标系中，梁的单位长度分布质量为 $m(x)$ ，弯曲刚度为 $EI(x)$ ，单位长度的横向振动分布载荷为 $F(x,t)$ ，而梁中和轴上的位移为 $w(x,t)$ 。

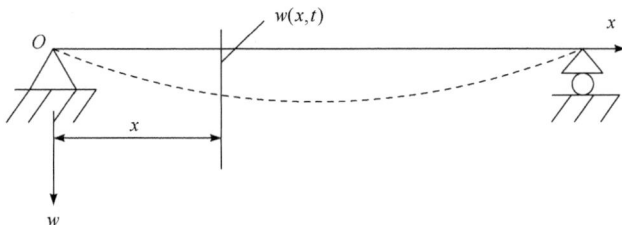

图 3-3 梁弯曲振动示意图

根据静力学中的平衡原理，用两个相互平行且垂直于轴线的平面在梁上力左端 x 和 $x+dx$ 处取长为 dx 的微段，如图 3-4 所示，并考察该微段上力的平衡关系。微段上有分布的外载荷 $F(x,t)$、分布的惯性力 $-m(x)\dfrac{\partial^2 w(x,t)}{\partial t^2}$ 以及两截面上的剪力和弯矩。

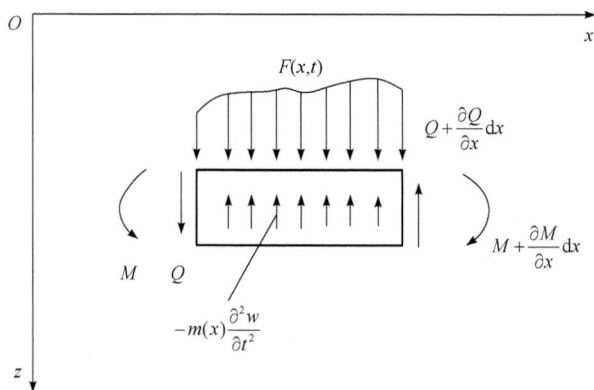

图 3-4　梁微段受力分析图

应用达朗贝尔原理，并考虑微段上的平衡条件，可得

$$\sum F = 0$$

$$Q + \frac{\partial Q}{\partial x}\mathrm{d}x - Q + m(x)\frac{\partial^2 w(x,t)}{\partial t^2}\mathrm{d}x - F(x,t)\mathrm{d}x = 0$$

$$\frac{\partial Q}{\partial x} + m(x)\frac{\partial^2 w(x,t)}{\partial t^2} - F(x,t) = 0 \tag{3-1}$$

$$\sum M = 0$$

$$M + \frac{\partial M}{\partial x}\mathrm{d}x - M - Q\mathrm{d}x - \frac{1}{2}\mathrm{d}xF(x,t)\mathrm{d}x + \frac{1}{2}\mathrm{d}xm(x)\frac{\partial^2 w(x,t)}{\partial t^2}\mathrm{d}x = 0 \tag{3-2}$$

式(3-2)略去高阶无穷小量，有

$$Q = \frac{\partial M}{\partial x} \tag{3-3}$$

将式(3-3)对 x 微分，有

$$\frac{\partial Q}{\partial x} = \frac{\partial^2 M}{\partial x^2} \tag{3-4}$$

将式(3-4)代入式(3-1)中，得

$$\frac{\partial^2 M}{\partial x^2} = F(x,t) - m(x)\frac{\partial^2 w(x,t)}{\partial t^2} = 0 \tag{3-5}$$

$$\frac{\partial^2 M}{\partial x^2} + m(x)\frac{\partial^2 w(x,t)}{\partial t^2} = F(x,t) \tag{3-6}$$

再根据梁的弯曲理论：

$$M = EI(x)\frac{\partial^2 w(x,t)}{\partial x^2} \tag{3-7}$$

将式(3-7)代入式(3-6)中，得

$$\frac{\partial^2}{\partial x^2}\left[EI(x)\frac{\partial^2 w(x,t)}{\partial t^2}\right] + m(x)\frac{\partial^2 w(x,t)}{\partial t^2} = F(x,t) \tag{3-8}$$

式(3-8)即为直梁横向振动微分方程。若 $F(x,t) = 0$，则式(3-8)变为

$$\frac{\partial^2}{\partial x^2}\left[EI(x)\frac{\partial^2 w(x,t)}{\partial t^2}\right] + m(x)\frac{\partial^2 w(x,t)}{\partial t^2} = 0 \tag{3-9}$$

式(3-9)即为直梁的横向自由振动微分方程，其是变系数的线性偏微分方程，一般无法求出精确解，而只能用能量法或其他近似解法。但对于质量与刚度均匀分布的直梁，因为 $m(x)$ 和 $EI(x)$ 均为常数，所以上述振动方程成为常系数的线性偏微分方程，在数学上可用分离变量法求其精确解。此时方程变为

$$EI\frac{\partial^4 w(x,t)}{\partial x^4} + \rho A\frac{\partial^2 w(x,t)}{\partial t^2} = 0 \tag{3-10}$$

式中，E 为弹性模量；I 为梁的截面惯性矩；ρ 为梁的材料密度；A 为杆的横截面面积。

在求解该方程时，必须应用梁的边界条件，不同边界条件下的梁的振动解是明显不同的，而且对于自由振动问题，初始条件也是必需的。

1. 边界条件

一些简单的、常遇到的边界条件如下。

(1) 自由边界条件，自由端的弯矩和剪力为零，因此有

$$EI(x)\frac{\partial^2 w}{\partial x^2} = 0, \quad \frac{\partial}{\partial x}\left[EI(x)\frac{\partial^2 w}{\partial x^2}\right] = 0 \tag{3-11}$$

(2) 刚固边界条件，刚固端的挠度和截面转角为零，因此有

$$w = 0, \quad \frac{\partial w}{\partial x} = 0 \tag{3-12}$$

(3) 简支边界条件，简支端的挠度和弯矩为零，因此有

$$w = 0, \quad EI(x)\frac{\partial^2 w}{\partial x^2} = 0 \qquad\qquad (3\text{-}13)$$

(4) 弹性支撑边界条件，如图 3-5(a) 所示，梁的边界受弹性支撑提供的弯矩与剪力，因此有

$$M = -K_1\frac{\partial w}{\partial x}, \quad Q = K_2 w \qquad\qquad (3\text{-}14)$$

(5) 集中质量边界条件，如图 3-5(b) 所示，梁的边界受集中质量引起的惯性力作用，因此有

$$M = 0, \quad Q = m\frac{\partial^2 w}{\partial t^2} \qquad\qquad (3\text{-}15)$$

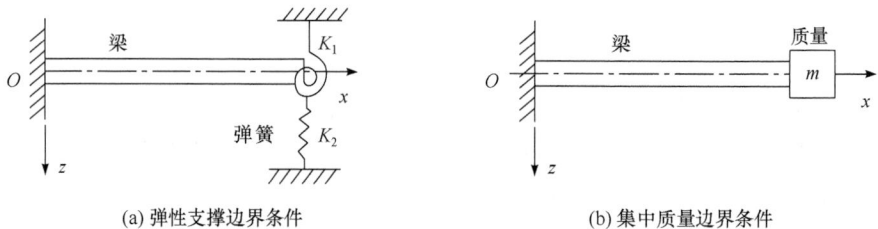

(a) 弹性支撑边界条件　　　　　　　　　　　　(b) 集中质量边界条件

图 3-5　梁横向振动边界条件实例

通常将上述(1)～(3)类边界条件称为简单边界条件。

2. 初始条件

初始条件即在 $t = 0$ 时刻的位移和速度条件，一般可写为

$$w(x,0) = \xi(x), \quad \dot{w}(x,0) = \eta(x) \qquad\qquad (3\text{-}16)$$

式中，$\xi(x)$ 和 $\eta(x)$ 分别为梁的位移与速度沿 x 轴的初始分布值。

3.1.2　固有频率和固有振型

前面已介绍当 $EI(x) = EI$，$m(x) = \rho A$ 为常数时，梁自由振动的微分方程为

$$EI\frac{\partial^4 w(x,t)}{\partial x^4} + \rho A\frac{\partial^2 w(x,t)}{\partial t^2} = 0$$

此方程为四阶常系数线性偏微分方程，可用分离变量法求解。现设

$$w(x,t) = \phi(x)p(t) \qquad\qquad (3\text{-}17)$$

式中，$\phi(x)$ 为仅取决于位置 x 的函数，称为振型函数，即主振动振型；$p(t)$ 为仅取决于时间 t 的函数，称为坐标函数，即主坐标。

将式(3-17)代入运动微分方程中，得

$$EI \frac{\mathrm{d}^4 \phi(x)}{\mathrm{d}x^4} p(t) + \rho A \phi(x) \frac{\mathrm{d}^2 p(t)}{\mathrm{d}t^2} = 0 \tag{3-18}$$

偏微分方程就变成了常微分方程。式(3-18)还可写为

$$\frac{EI \dfrac{\mathrm{d}^4 \phi(x)}{\mathrm{d}x^4}}{\rho A \phi(x)} = -\frac{\dfrac{\mathrm{d}^2 p(t)}{\mathrm{d}t^2}}{p(t)} = \omega^2 \tag{3-19}$$

等式左边项只是 x 的函数，右边项只是 t 的函数，且式(3-19)对任意的 x 和 t 均满足，故此值必是常数，且仅当常数为正值(以 ω^2 表示)时才有振动形式的解。由式(3-19)可得

$$EI \phi(x)^{\mathrm{IV}} - \rho A \omega^2 \phi(x) = 0 \tag{3-20}$$

式(3-20)为关于振型函数 $\phi(x)$ 的四阶常微分方程。

$$\ddot{p}(t) + \omega^2 p(t) = 0 \tag{3-21}$$

为关于坐标函数 $p(t)$ 的二阶常微分方程。此方程形式为单自由度系统无阻尼自由振动方程，故 ω 表示振动的固有频率，$p(t)$ 为主坐标。

设

$$\left(\frac{\mu}{l}\right)^4 = \frac{\rho A \omega^2}{EI} \tag{3-22}$$

式中，l 为梁的跨度，则由式(3-20)可得

$$\phi(x)^{\mathrm{IV}} = \left(\frac{\mu}{l}\right)^4 \phi(x) \tag{3-23}$$

方程(3-23)的解可以写为

$$\phi(x) = A \sin\left(\frac{\mu x}{l}\right) + B \cos\left(\frac{\mu x}{l}\right) + C \mathrm{sh}\left(\frac{\mu x}{l}\right) + D \mathrm{ch}\left(\frac{\mu x}{l}\right) \tag{3-24}$$

式中，sh 和 ch 分别代表双曲正弦函数和双曲余弦函数，式(3-24)是指数形式解的替换形式。

式(3-24)中四个积分常数由四个边界条件确定，梁的两端分别对应两个边界条件方程。

(1) 对于自由边界条件，有

$$\phi''(x) = 0, \quad \phi'''(x) = 0 \tag{3-25}$$

(2) 对于刚固边界条件，有

$$\phi(x) = 0, \quad \phi'(x) = 0 \tag{3-26}$$

(3) 对于简支边界条件，有

$$\phi(x) = 0, \quad \phi'''(x) = 0 \tag{3-27}$$

(4) 对于弹性支撑边界条件(图 3-5(a))，有

$$EI\phi''(x) = -k_1\phi'(x), \quad EI\phi'''(x) = k_2\phi(x) \tag{3-28}$$

(5) 对于集中质量边界条件(图 3-5(b))，有

$$\phi''(x) = 0, \quad EI\phi'''(x)p(t) = m\phi(x)\ddot{p}(t) \tag{3-29}$$

根据 $\phi(x)$ 所满足的四个边界条件可以得到四个关于 A、B、C、D 的线性代数方程组。方程组中有 A、B、C、D 和 μ 五个未知量，由四个常系数非零解的条件，即发生振动的条件可知，方程组的系数矩阵行列式必须为零，由此得到只包含固有频率 ω(或频率参数 μ)的频率方程式。因为它是一个超越方程，所以有无穷个解。因此，方程解得的频率 ω_j ($j = 1,2,3,\cdots, n$) 是该梁所固有的频率。它们是该梁特定的物理性质、几何尺寸与边界条件所限定的，这些因素确定后，它便是一个定值，因此称为固有频率。求得固有频率 ω_j 后，再用线性齐次代数方程组求得与固有频率相对应的常数 A_j、B_j、C_j、D_j，从而确定与固有频率 ω_j 相对应的振型函数 $\phi_j(x)$，固有振型 $\phi_j(x)$ 为固有载荷 $\rho A\omega^2\phi_j(x)$ 作用下梁的挠曲线。弹性体有无限个固有频率，因此主坐标的解式(3-20)也应有无限个。

对于第 j 个固有频率的振动，有

$$w_j(x,t) = \phi_j(x)p_j(t) = \phi_j(x)p_j \sin(\omega_j t + \varphi_j) \tag{3-30}$$

称为梁的第 j 个主振动。

根据梁振动的位移可表示为各个主振动的和的形式，即

$$w(x,t) = \sum_{j=1}^{n}\phi_j(x)p_j(t) = \sum_{j=1}^{n}\phi_j(x)p_j \sin(\omega_j t + \varphi_j) \tag{3-31}$$

1. 简支梁的固有频率和固有振型

均匀简支梁的固有振型一般表达式为

$$\phi(x) = A\sin\left(\frac{\mu x}{l}\right) + B\cos\left(\frac{\mu x}{l}\right) + C\mathrm{sh}\left(\frac{\mu x}{l}\right) + D\mathrm{ch}\left(\frac{\mu x}{l}\right) \tag{3-32}$$

式中，常数由简支梁的边界条件来确定。在 $x = 0$ 和 $x = l$ 处，简支梁的边界条件分别为

$$\begin{cases} \phi(0) = 0, & \phi''(0) = 0 \\ \phi(l) = 0, & \phi''(l) = 0 \end{cases} \tag{3-33}$$

将式(3-32)代入上述边界条件中，可得确定积分常数的四个线性齐次方程式。由 $x=0$ 处的边界条件，有

$$\begin{cases} B+D=0 \\ -B+D=0 \end{cases}, \quad B=D=0 \tag{3-34}$$

而由 $x=l$ 处的边界条件，有

$$\begin{cases} A\sin\mu + C\operatorname{sh}\mu = 0 \\ -A\sin\mu + C\operatorname{sh}\mu = 0 \end{cases} \tag{3-35}$$

写成矩阵形式为

$$\begin{bmatrix} \sin\mu & \operatorname{sh}\mu \\ -\sin\mu & \operatorname{sh}\mu \end{bmatrix} \begin{Bmatrix} A \\ C \end{Bmatrix} = \begin{Bmatrix} 0 \\ 0 \end{Bmatrix} \tag{3-36}$$

因为 A、C 不能全为零，所以 A 和 C 的系数行列式为零，即得频率方程为

$$\begin{vmatrix} \sin\mu & \operatorname{sh}\mu \\ -\sin\mu & \operatorname{sh}\mu \end{vmatrix} = 0$$

$$2\sin\mu\operatorname{sh}\mu = 0 \tag{3-37}$$

由于 $\operatorname{sh}\mu = \dfrac{\mathrm{e}^{\mu} - \mathrm{e}^{-\mu}}{2} \neq 0$，因此有

$$\sin\mu = 0 \tag{3-38}$$

解得

$$\mu = j\pi, \quad j = 1,2,3,\cdots \tag{3-39}$$

由式(3-22)可得简支梁的固有频率为

$$\omega_j = \left(\frac{\mu}{l}\right)^2 \sqrt{\frac{EI}{\rho A}} = \left(\frac{j\pi}{l}\right)^2 \sqrt{\frac{EI}{\rho A}}, \quad j = 1,2,3,\cdots \tag{3-40}$$

将式(3-38)代入式(3-35)的任一式，可得 $C=0$。最后可求得第 j 谐调固有振型为

$$\phi_j(x) = A_j \sin\left(\frac{j\pi x}{l}\right), \quad j = 1,2,3,\cdots \tag{3-41}$$

理论上，这样的固有振型也有无限多个。图 3-6 为简支梁的最初三个谐调的振型图。线性代数方程式(3-35)中的未知数（A、C 和 μ）比方程的个数多一个，因此最后求得的振型式(3-41)中包含一个待定常数，此常数 A_j 由运动的初始条件确定。

(a) 第一谐调固有振型

0.500

(b) 第二谐调固有振型

0.333　　　　　　　　　　　　　　0.667

(c) 第三谐调固有振型

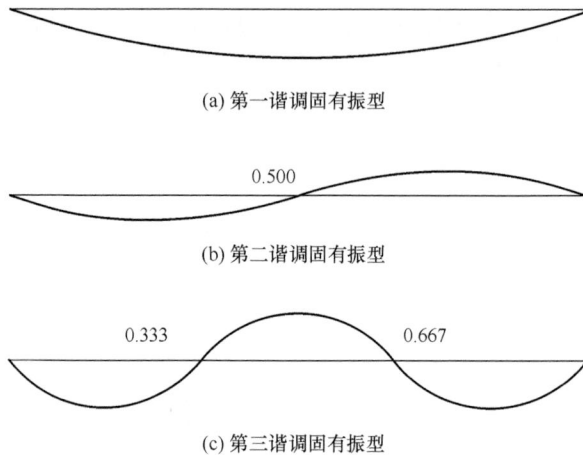

图 3-6　简支梁的固有振型

2. 节点定理

在梁的各谐调固有振型上，总是存在着若干在主振动时静止不动的点，称为节点(边界支点除外)。

对于简支梁，第一谐调固有振型为一个半波，节点数为 0；第二谐调固有振型为两个半波，节点数为 1，节点位于中点；第三谐调固有振型为三个半波，节点数为 2，节点位置从中点向两侧移动。总之，第 j 谐调固有振型为 j 个半波，节点数为 $j-1$，并且相邻的两固有振型的各节点位置不会重合，而是互相交错排列，这就是固有振型的节点定理。只要梁有足够的约束而不发生刚体位移，这个结论都是正确的。

3. 其他简单边界条件下梁的固有频率和固有振型

除了简支梁，能够求得精确解的简单边界条件梁还有悬臂梁、两端刚性固定的梁、一端刚性固定另一端简支的梁、全自由梁等。这些梁的振动微分方程式仍为式(3-24)的形式，其振型表达式为

$$\phi(x) = A\sin\left(\frac{\mu x}{l}\right) + B\cos\left(\frac{\mu x}{l}\right) + C\text{sh}\left(\frac{\mu x}{l}\right) + D\text{ch}\left(\frac{\mu x}{l}\right)$$

可按上述几种边界条件求得相应的固有频率参数 μ_j，其解法与求解简支梁固有频率的解法完全一致，现将结果列于表3-1中。表中还列出了当谐调数 $j > 4$ 时频率参数的近似计算公式。在求得 μ_j 后，这些梁的各个固有频率可按式(3-22)求得。它们的第一、第二、第三谐调的固有振型分别绘于图 3-7 中。图中的数字表示节点距左端的距离与梁长 l 的比值。

表 3-1 其他梁的固有频率参数

梁的类型	μ_1	μ_2	μ_3	μ_4	$\mu_j(j>4)$
悬臂梁	1.875	4.694	7.855	10.966	$(2j-1)\pi/2$
两端刚性固定的梁	4.730	7.853	10.996	14.137	$(2j+1)\pi/2$
一端刚性固定另一端简支的梁	3.927	7.069	10.210	13.352	$(4j+1)\pi/2$
全自由梁	4.730	7.853	10.996	14.137	$(2j+1)\pi/2$

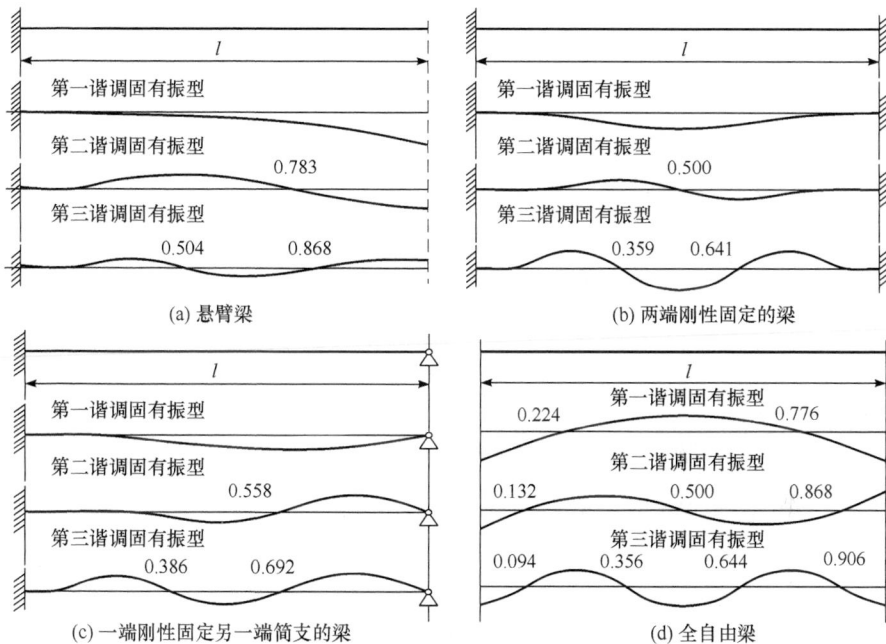

图 3-7 不同边界梁的固有振型

对于全自由梁，根据频率方程计算可得到 $\sin\mu=0$ ，求得频率为零的根为 $\mu_0=0$ 。此时，由式(3-22)可知，系统尚存在非振动运动，即刚体运动的可能解。这也与多自由度系统固有频率为零时的讨论保持一致，刚体运动的振型可以写为

$$\phi(x)=\beta x+\delta \tag{3-42}$$

式中，δ 为刚体平动位移；β 为刚体转动位移。式(3-42)表示全自由梁对应零频率时的刚体位移，这个位移可与横向弯曲振动相叠加，使振动时的平衡位置相对于原来的位置存在某个偏移。

4. 固有振型的正交性

与离散系统相同，固有振型最重要的性质便是它的正交性。根据边界条件的不同，不同组合可以导出对应的正交条件，下面以均匀等截面梁及简单边界条件为例进行讨论。前面已介绍均匀等直梁弯曲自由振动的微分方程为

$$EI\frac{\partial^4 w(x,t)}{\partial x^4} + \rho A\frac{\partial^2 w(x,t)}{\partial t^2} = 0$$

对于第 j 谐调主振动可写为

$$w_j(x,t) = \phi_j(x)p_j\sin(\omega_j t + \varphi_j) \tag{3-43}$$

将其代入均匀等直梁弯曲自由振动的微分方程，得到关于 $\phi_j(x)$ 的微分方程式：

$$EI\phi_j^{\mathrm{IV}} = \rho A\omega_j^2\phi_j \tag{3-44}$$

同样，第 s 谐调固有振型为

$$EI\phi_s^{\mathrm{IV}} = \rho A\omega_s^2\phi_s \tag{3-45}$$

将式(3-44)两边乘以 ϕ_s，将式(3-45)两边乘以 ϕ_j 然后沿全梁积分，得

$$\int_0^l \phi_s EI\phi_j^{\mathrm{IV}}\mathrm{d}x = \omega_j^2\int_0^l \rho A\phi_j\phi_s\mathrm{d}x \tag{3-46}$$

$$\int_0^l \phi_j EI\phi_s^{\mathrm{IV}}\mathrm{d}x = \omega_s^2\int_0^l \rho A\phi_j\phi_s\mathrm{d}x \tag{3-47}$$

对式(3-46)和式(3-47)等号左侧进行两次分部积分可得

$$EI\phi_s\phi_j''' \Big|_0^l - \int_0^l EI\phi_s'\phi_j'''\mathrm{d}x = EI\phi_s\phi_j''' \Big|_0^l - EI\phi_s'\phi_j'' \Big|_0^l + \int_0^l EI\phi_s''\phi_j''\mathrm{d}x$$
$$= \omega_j^2\int_0^l \rho A\phi_j\phi_s\mathrm{d}x \tag{3-48}$$

$$EI\phi_j\phi_s''' \Big|_0^l - \int_0^l EI\phi_j'\phi_s'''\mathrm{d}x = EI\phi_j\phi_s''' \Big|_0^l - EI\phi_j'\phi_s'' \Big|_0^l + \int_0^l EI\phi_j''\phi_s''\mathrm{d}x$$
$$= \omega_s^2\int_0^l \rho A\phi_j\phi_s\mathrm{d}x \tag{3-49}$$

对于式(3-25)～式(3-27)各种简单边界条件(边界上没有弹簧或质量集中)的任意组合，式(3-48)和式(3-49)中已积部分始终为零，因此两式相减有

$$(\omega_j^2 - \omega_s^2)\int_0^l \rho A\phi_j\phi_s\mathrm{d}x = 0 \tag{3-50}$$

当 $j \neq s$ 时，因为 $\omega_j^2 \neq \omega_s^2$，所以有

$$\int_0^l \rho A\phi_j\phi_s \mathrm{d}x = 0 \tag{3-51}$$

将式(3-51)代入式(3-48)及式(3-49)中得

$$\int_0^l EI\phi_j''\phi_s'' \mathrm{d}x = 0, \quad s \neq j \tag{3-52}$$

将式(3-52)代入式(3-46)中得

$$\int_0^l \phi_s EI\phi_j^{\mathrm{IV}} \mathrm{d}x = 0, \quad s \neq j \tag{3-53}$$

式(3-51)为连续梁的质量正交条件，称为动能形式的正交条件。其物理意义是：梁的横向振动的所有主振动是彼此独立的，因此一个主振动的惯性力 $\rho A\omega_j^2\phi_j(x)p_j(t)$ 对其他主振动的挠度 $\phi_s(x)p_s(t)$ 不做功。

式(3-52)或式(3-53)为连续梁的刚度正交条件，它称为势能形式的正交条件。其物理意义同样是：梁的横向振动的所有主振动是彼此独立的，因此一个主振动的弹性力 $EI\phi_j^{\mathrm{IV}}(x)p_j(t)$ 对其他主振动的弹性变形 $\phi_s(x)p_s(t)$ 不做功。

以上做功均是指整个梁的受力做功，因此结果应该是每一点力做功的求和，需要采用积分的形式表示，而并不是指每一个质点均不做功，应是做功的和为零。

对于其他形式的边界条件，若梁两端有弹性支座，或弹性固定端有集中质量，则可分别利用边界条件导出各自的加权正交条件。例如，当梁的两端有集中质量 m_L 和 m_R 时，关于质量分布的加权正交条件为

$$\int_0^l \rho A\phi_s(x)\phi_j(x)\mathrm{d}x + m_\mathrm{R}\phi_s(l)\phi_j(l) + m_\mathrm{L}\phi_s(0)\phi_j(0) = 0 \tag{3-54}$$

若梁的两端有集中线弹簧 k_L 和 k_R，以及转动弹簧 $k_{\theta\mathrm{L}}$ 和 $k_{\theta\mathrm{R}}$ 时，振型关于刚度分布的加权正交条件为

$$\begin{aligned}
&\int_0^l EI\phi_j''(x)\phi_s''(x)\mathrm{d}x + k_\mathrm{R}\phi_s(l)\phi_j(l) + k_\mathrm{L}\phi_s(0)\phi_j(0) \\
&+ k_{\theta\mathrm{R}}\phi_s'(l)\phi_j'(l) + k_{\theta\mathrm{L}}\phi_s'(0)\phi_j'(0) = 0
\end{aligned} \tag{3-55}$$

加权正交条件相当于引入了在梁的其他边界条件上可能引入的载荷做功，对于理想约束边界条件，载荷是不做功的，但是对于以上非理想约束边界条件，载荷是做功的。通过引入加权正交条件，可以保证整个梁的质量正交性与刚度正交性成立。

3.1.3　载荷及变形对梁的横向振动的影响

1. 剪切和剖面转动惯量的影响

本节所研究的梁的横向弯曲振动，除了考虑横向载荷和弯曲变形，其他载荷

与变形对梁的弯曲振动也有影响。其中，剪切和剖面转动惯量的影响对短粗梁和高谐调振动来说必须计及，这对船体梁的弯曲振动有很重要的意义。

现取均匀梁上的一个微段来研究，如图 3-8 所示。梁的中心线初始位于一平行于 x 轴的直线，力、力矩、位移、扭转角均以图示方向为正。设梁断面中心的垂向弯曲位移为 w，梁的横剖面因弯曲而使剖面有一个扭转角 θ，并产生转动惯量 $\rho A r^2 \ddot{\theta} \mathrm{d}x$，$r$ 为梁剖面的回转半径，除转动惯量，微段上还作用有剪力 Q（微段左端）和 $Q + (\partial Q/\partial x)\mathrm{d}x$（微段右端）、弯矩 M（微段左端）和 $M + (\partial M/\partial x)\mathrm{d}x$（微段右端），以及垂向振动惯性力 $-\rho A \ddot{w} \mathrm{d}x$。

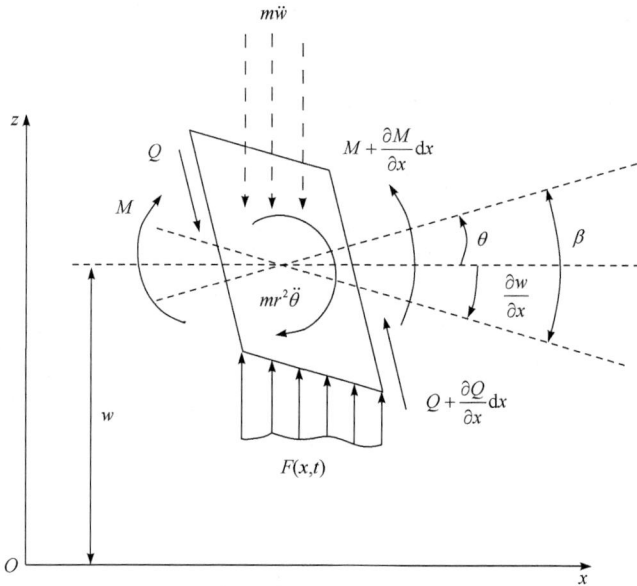

图 3-8　计及剪切变形和剖面转动的梁的弯曲

如果没有剪切变形，横剖面仍垂直于弹性轴，θ 也就等于弹性线的倾角 $\dfrac{\partial w}{\partial x}$。现计及剪切变形，仍设横剖面保持平面，剪切角为 β，故梁的弹性轴和平衡位置的倾角 $\dfrac{\partial w}{\partial x} = \beta - \theta$。由此，可列出关系式：

$$
\begin{cases}
M = EI \dfrac{\partial \theta}{\partial x} \\[2mm]
Q = GA_\mathrm{e}\left(\theta + \dfrac{\partial w}{\partial x}\right)
\end{cases}
\tag{3-56}
$$

式中，E 为材料弹性模量；G 为材料剪切弹性模量；I 为梁剖面惯性矩；A_e 为等效剪切面积，常用截面等效剪切面积如表 3-2 所示。

表 3-2 常用截面等效剪切面积

截面形状	等效剪切面积	截面形状	等效剪切面积
	$A_{ey} = 0.9\pi r^2$ $A_{ez} = 0.9\pi r^2$		$A_{ey} = \dfrac{5}{6}BH$ $A_{ez} = \dfrac{5}{6}BH$
	$A_{ey} = \dfrac{5}{6}(2 \times B \times t_f)$ $A_{ez} = H \times t_w$		$A_{ey} = \dfrac{5}{6}(B \times t_f)$ $A_{ez} = H \times t_w$

考虑微元上力的平衡条件：

$$\sum F = 0, \quad \frac{\partial Q}{\partial x} = \rho A\ddot{w} - F(x,t) \tag{3-57}$$

$$\sum M = 0, \quad \frac{\partial M}{\partial x} = Q + \rho A r^2 \ddot{\theta} \tag{3-58}$$

将式(3-56)代入式(3-57)得

$$\frac{\partial^2 w}{\partial x^2} - \frac{\rho A\ddot{w} - F(x,t)}{GA_e} + \frac{M}{EI} = 0 \tag{3-59}$$

将式(3-58)对 x 进行偏微分，并将式(3-56)代入，可得

$$\frac{\partial^4 w}{\partial x^4} - \frac{\rho A r^2}{EI}\frac{\partial^2 M}{\partial t^2} - \rho A\ddot{w} + F(x,t) = 0 \tag{3-60}$$

将式(3-59)代入式(3-60)中消去 M ，即可得到关于 w 的四阶偏微分方程：

$$\frac{\partial^4 w}{\partial x^4} - \frac{1}{EI}\left(F - \rho A \frac{\partial^2 w}{\partial t^2} \right) - \frac{\rho A r^2}{EI}\frac{\partial^4 w}{\partial x^2 \partial t^2}$$

$$+\frac{1}{GA_{\mathrm{e}}}\frac{\partial^2}{\partial x^2}\left(F-\rho A\frac{\partial^2 w}{\partial t^2}\right)-\frac{\rho A r^2}{EIGA_{\mathrm{e}}}\frac{\partial^2}{\partial t^2}\left(F-\rho A\frac{\partial^2 w}{\partial t^2}\right)=0 \tag{3-61}$$

式(3-61)即为计及剪切与剖面转动惯量的微分方程。不考虑剪切与剖面惯量的梁，称为伯努利-欧拉梁，而考虑剪切与剖面惯量的梁，称为铁摩辛柯梁。此式前两项表示不计及剪切与剖面转动的情况，第三项、第四项表示剖面转动惯量与剪切变形的影响，最后一项表示剪切变形和剖面转动的耦合影响。从物理意义上来看，剪切的作用使系统的刚度下降，转动惯量使系统的有效质量增加，这两方面的影响均使系统的固有频率降低。其中，剪切变形的影响大于转动惯量的影响。

2. 弹性基础和轴向力的影响

下面讨论弹性基础梁和轴向力对梁的横向振动的影响。设梁长为 l，刚度为 $EI(x)$，质量分布为 $m(x)$，置于单位长度为 k 的均匀的弹性基础上，并受横向分布荷载 $F(x,t)$ 和一个平行于 x 轴的常值力 T (压为正)的作用，假设压力引起的轴向力大小为 N，如图 3-9 所示。

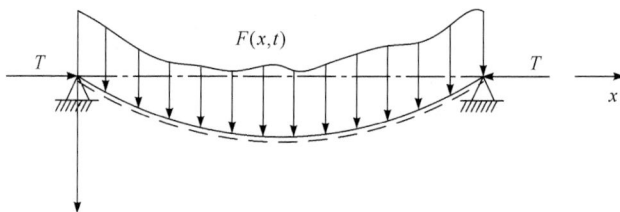

(a) 有弹性基础与轴向力作用架

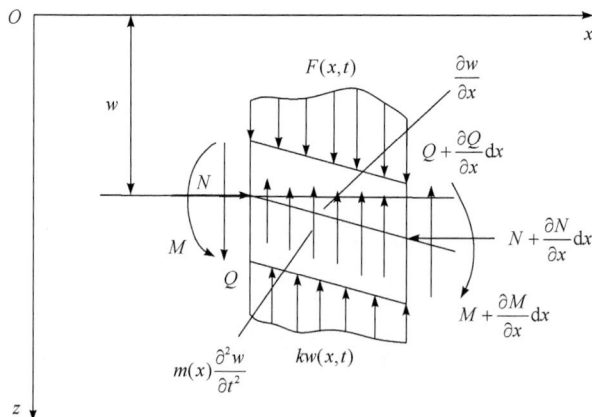

(b) 微元受力分析

图 3-9　有弹性基础与轴向力作用的梁的弯曲振动

与 3.1.2 节讨论的梁的纯弯曲振动相比较，在微元受力分析中多了 N 和 k 两项，故力的平衡条件为

$$\sum F = 0, \quad \frac{\partial Q}{\partial x} = F(x,t) - m(x)\frac{\partial^2 w}{\partial t^2} - kw(x,t) \tag{3-62}$$

$$\sum M = 0, \quad Q = \frac{\partial M}{\partial x} + N\frac{\partial w}{\partial x} \tag{3-63}$$

计及 $M = EI\dfrac{\partial^2 w}{\partial x^2}$，即可得到轴向力 N 和弹性基础 k 作用下梁的横向振动方程为

$$\frac{\partial^2}{\partial x^2}\left[EI(x)\frac{\partial^2 w}{\partial x^2}\right] + N\frac{\partial^2 w}{\partial x^2} + kw(x,t) + m(x)\frac{\partial^2 w}{\partial x^2} = F(x,t) \tag{3-64}$$

令

$$w(x,t) = \phi(x)\sin(\omega_n t + \varphi) \tag{3-65}$$

由与 3.1.2 节类似的方式可得

$$\omega_j = \left(\frac{j\pi}{l}\right)^2 \sqrt{\frac{EI(x)}{m(x)}\left[1 - \frac{Nl^2}{EI(x)j^2\pi^2} + \frac{kl^4}{EI(x)j^4\pi^4}\right]}, \quad j = 1,2,3,\cdots \tag{3-66}$$

即弹性基础相当于增加弯曲刚度，使固有频率提高；轴向压力($N > 0$)相当于减小弯曲刚度，使固有频率降低；反之，轴向拉力相当于增加弯曲刚度，使固有频率提高。固有振型则不受弹性基础和轴向力的影响。

当仅考虑轴向载荷影响时，对于受轴向压力的梁，存在固有频率为 0 的情况，即

$$1 - \frac{Nl^2}{EI(x)j^2\pi^2} = 0 \tag{3-67}$$

表示此时压杆失稳，$j = 1$ 即对应于屈曲的轴向压力为

$$N = \frac{EI(x)\pi^2}{l^2} \tag{3-68}$$

因此，可以通过改变轴向压力从而改变固有频率的方法来测定或者预估梁的屈曲载荷。

船舶升沉运动引起的浮力变化，相当于给船舶一个弹性基础支承，使船舶固有频率略有升高。此外，当考虑船舶板架结构时，可以近似地将板架结构等效为一个弹性基础梁结构，其中梁结构的刚度和质量可以取决于纵桁、纵骨，而弹性

基础的刚度主要由肋板、横梁等横向骨材提供。

3.1.4 应用初始条件求自由振动解

在求得固有频率 ω_j 和固有振型 $\phi_j(x)$ 之后，等直梁自由振动全解的一般形式为

$$w(x,t) = \sum_{j=1}^{\infty} \phi_j(x) p_j(t) = \sum_{j=1}^{\infty} \phi_j(x) p_j \sin(\omega_j t + \varphi_j) \tag{3-69}$$

式(3-69)也可写成等价形式：

$$w(x,t) = \sum_{j=1}^{\infty} \left[A_j \cos\left(\omega_j t\right) + B_j \sin\left(\omega_j t\right) \right] \phi_j(x) \tag{3-70}$$

其中，

$$\begin{cases} A_j = p_j \sin\varphi_j \\ B_j = p_j \cos\varphi_j \end{cases} \tag{3-71}$$

式中，A_j、B_j、p_j 以及 φ_j 为需要由初始条件确定的常数。

前面已经提及有关初始条件的表达式：

$$w(x,0) = \xi(x), \quad \dot{w}(x,0) = \eta(x) \tag{3-72}$$

将 $t = 0$ 代入式(3-70)，并应用初始条件的表达式得

$$w(x,0) = \sum_{j=1}^{\infty} A_j \phi_j(x) = \xi(x) \tag{3-73}$$

$$\dot{w}(x,0) = \sum_{j=1}^{\infty} B_j \omega_j \phi_j(x) = \eta(x) \tag{3-74}$$

将式(3-73)与式(3-74)两端均乘以 $\phi_j(x)$，并沿全梁积分，根据正交条件可得

$$\begin{cases} A_j = \dfrac{\displaystyle\int_0^l \xi(x)\phi_j(x)\mathrm{d}x}{\displaystyle\int_0^l \phi_j^2(x)\mathrm{d}x} \\[4mm] B_j = \dfrac{\displaystyle\int_0^l \eta(x)\phi_j(x)\mathrm{d}x}{\omega_j \displaystyle\int_0^l \phi_j^2(x)\mathrm{d}x} \end{cases} \tag{3-75}$$

由此即可得到等直梁自由振动全解的一般表达形式为

$$w(x,t) = \sum_{j=1}^{\infty} \left[\frac{\int_0^l \xi(x)\phi_j(x)\mathrm{d}x}{\int_0^l \phi_j^2(x)\mathrm{d}x} \cos(\omega_j t) + \frac{\int_0^l \eta(x)\phi_j(x)\mathrm{d}x}{\omega_j \int_0^l \phi_j^2(x)\mathrm{d}x} \sin(\omega_j t) \right] \phi_j(x) \quad (3\text{-}76)$$

现在指出一种特殊现象，若初始条件选取得当则由均匀梁的正交条件可知，除了 $A_s \neq 0$，其余 A_j 与 B_j 均为零。例如，当初速度的分布函数 $\eta(x) = 0$ 时，初始位置的形状等于某个主振型 $\phi_s(x)$，然后让其自由振动。因此，梁的位移表达式最终变为

$$w(x,t) = A_s \phi_s(x) \cos(\omega_s t) \quad (3\text{-}77)$$

即此时梁的自由振动呈现第 s 阶主振动，表示以某固有振型为振动初始条件的系统，也仅以该振型做自由振动，而不会引起其他振型的振动。

3.1.5 等直梁的无阻尼强迫振动

现讨论该梁在任意分布力 $F(x,t)$ 作用下的响应，其振动偏微分方程为

$$EI\frac{\partial^4 w}{\partial x^4} + m\frac{\partial^2 w}{\partial t^2} = F(x,t) \quad (3\text{-}78)$$

此非齐次偏微分方程的全解同样包括两部分：一部分是对应于齐次方程的通解，即自由振动的解，这在前面已讨论，只要给定初始条件，即可求得相应的响应；另一部分是对应于非齐次项的特解，在给定激励 $F(x,t)$ 后，可求得激励的响应。

现设它的全解，即一般解为

$$w(x,t) = \sum_{s=1}^{\infty} \phi_s(x) p_s(t) \quad (3\text{-}79)$$

此处 $\phi_s(x)$ 是求解自由振动得到的梁的固有振型， $p_s(t)$ 为待求的强迫振动的主坐标。将式(3-79)代入式(3-78)，等式两边均乘以 $\phi_j(x)$，然后沿全梁积分，于是可得

$$\int_0^l EI\phi_j(x) \sum_{s=1}^{\infty} \frac{\mathrm{d}^4 \phi_s(x)}{\mathrm{d}x^4} p_s(t)\mathrm{d}x + \int_0^l m\phi_j(x) \sum_{s=1}^{\infty} \phi_s(x) \frac{\mathrm{d}^2 p_s(t)}{\mathrm{d}t^2}\mathrm{d}x = \int_0^l \phi_j(x)F(x,t)\mathrm{d}x$$

$$(3\text{-}80)$$

应用正交条件，当 $s \neq j$ 时，有

$$\int_0^l \phi_j(x)EI\frac{\mathrm{d}^4 \phi_s(x)}{\mathrm{d}x^4}\mathrm{d}x = 0$$

$$\int_0^l m\phi_j(x)\phi_s(x)\mathrm{d}x = 0 \tag{3-81}$$

因此在式(3-80)的求和式中，只留下了 $s=j$ 的项，即

$$\int_0^l EI\phi_j(x)\frac{\mathrm{d}^4\phi_j(x)}{\mathrm{d}x^4}p_j(t)\mathrm{d}x + \int_0^l m\phi_j^{\,2}(x)\frac{\mathrm{d}^2 p_j(t)}{\mathrm{d}t^2}\mathrm{d}x = \int_0^l \phi_j(x)F(x,t)\mathrm{d}x \tag{3-82}$$

又由式(3-20)可得

$$EI\frac{\mathrm{d}^4\phi_j(x)}{\mathrm{d}x^4} = \omega_j^2 m\phi_j(x) \tag{3-83}$$

进而可得到以主坐标表示的振动方程为

$$M_j\ddot{p}_j(t) + K_j p_j(t) = F_j(t), \quad j=1,2,3,\cdots \tag{3-84}$$

式中，M_j 为第 j 谐调的广义质量，$M_j=\int_0^l m\phi_j^{\,2}(x)\mathrm{d}x$；$K_j$ 为第 j 谐调的广义刚度，$K_j=M_j\omega_j^{\,2}=\omega_j^{\,2}\int_0^l m\phi_j^{\,2}(x)\mathrm{d}x$；$F_j(t)$ 为第 j 谐调的广义干扰力，$F_j(t)=\int_0^l F(x,t)\phi_j(x)\mathrm{d}x$。

式(3-84)也可写为

$$\ddot{p}_j(t) + \omega_j^{\,2}p_j(t) = f_j(t) \tag{3-85}$$

式中，$f_j(t)$ 为与单位广义质量对应的广义干扰力，$f_j(t)=\dfrac{F_j(t)}{M_j}$。

式(3-85)为二阶非齐次方程，在任意载荷激励下，它的解为

$$p_j(t) = a_j\cos\left(\omega_j t\right) + b_j\sin\left(\omega_j t\right) + \frac{1}{\omega_j}\int_0^t f_j(\tau)\sin\left[\omega_j(t-\tau)\right]\mathrm{d}\tau \tag{3-86}$$

式中，a_j、b_j 为积分常数，由初始条件确定。梁有无限多自由度，因此主坐标方程及它的解都有无限个。在求得其解后代入式(3-79)，即可求得梁的强迫振动的全解。

主坐标法(模态叠加法)的关键在于将具有分布参数的连续系统按其固有振型离散化，将问题转化为一个个与固有振型有关的主坐标系统来处理。在求得主坐标的动力响应后，将一个个主振动的响应线性叠加，从而求得弹性系统的响应。实际上需要考虑的是对动力响应贡献大的分量，因此问题转化为只需有限个主坐标的离散参数系统。应用此种方法，必须首先求得弹性系统的固有频率和固有振型，然后才能按照各固有振型分析，主坐标实际上只代表各振型的响应幅值，而

其之所以能离散为一个个单自由度系统来处理，关键在于各主振型是正交的，或者说各主振动是互相独立的。

1. 集中载荷响应

若干扰力是一个集中干扰力 $P(t)$，作用于梁上 $x = c$ 点处，则只要认为它在 c 点的一个微段 Δx 内作用一个均布的干扰力 $P(t) / \Delta x\,(\Delta x \to 0)$，即可得到相应的广义力为

$$F_j(t) = P(t)\phi_j(c) \tag{3-87}$$

然后按照上述同样的步骤求解。

2. 分布简谐载荷响应

若均匀直梁上受到的力是分布简谐干扰力：

$$F(x,t) = F(x)\sin(\omega t) \tag{3-88}$$

则式(3-82)可进一步简化为

$$\ddot{p}_j + \omega_j{}^2 p_j = f_j \sin(\omega t) \tag{3-89}$$

其中，

$$f_j = \frac{\int_0^l F(x)\phi_j(x)\mathrm{d}x}{\int_0^l m\phi_j{}^2(x)\mathrm{d}x} \tag{3-90}$$

式(3-90)的稳态解为

$$p_j(t) = \frac{f_j}{\omega_j{}^2 - \omega^2}\sin(\omega t) \tag{3-91}$$

将其代入式(3-79)即可得到梁的稳态振动的动挠度为

$$w(x,t) = \sum_{j=1}^{\infty} \phi_j(x)p_j(t) = \sum_{j=1}^{\infty} \phi_j(x)\frac{f_j}{\omega_j{}^2 - \omega^2}\sin(\omega t) = \sin(\omega t)\sum_{j=1}^{\infty}\frac{f_j}{\omega_j{}^2}\phi_j(x)\alpha_j \tag{3-92}$$

其中，

$$\alpha_j = \frac{1}{1 - \left(\dfrac{\omega}{\omega_j}\right)^2} \tag{3-93}$$

式中，α_j 为第 j 谐调的无阻尼动力放大系数。

由式(3-88)和式(3-89)可见，当 $\omega \to \omega_j$ 时，第 j 谐调的动力放大系数趋向于无限大，即趋向发生第 j 谐调的共振。此时，除第 j 谐调以外，其他各谐调的解可忽略不计，故梁的稳态振动可近似为

$$w(x,t) \approx \frac{f_j}{\omega_j{}^2 - \omega^2} \phi_j(x)\sin(\omega t) \tag{3-94}$$

此时梁的振动频率为干扰力频率，也就是第 j 谐调的固有频率，其振型近似为第 j 谐调的固有振型。

若第 j 谐调的广义干扰力 $f_j = 0$(即干扰力对第 j 谐调振动的分量等于零)，则即使 $\omega = \omega_j$，也不会发生共振。例如，当施加的激励力载荷正好作用在该载荷频率下固有振型节点位置处时，也不会产生振动。这与单自由度系统的共振不同，其原因是外载荷对第 j 谐调振型不做功，即

$$F_j = M_j f_j = \int_0^l F(x)\phi_j(x)\mathrm{d}x = 0 \tag{3-95}$$

因为干扰力频率总是有限的，且随着谐调数的提高，广义刚度将相应提高，所以式(3-92)中，在不发生共振的情况下，高谐调分量占整个振动位移的比例较小，因此实际的动力响应分析常近似地取式(3-92)级数中的最初几个谐调。

例3-1　某舰船板架结构可等效为一简支梁模型。某简支梁长度为 L，刚度为 EI，线密度为 m，在 $x = L/2$ 处受集中干扰力 $F = F_0 \sin(\omega t)$ 作用(图 3-10)。求：(1)梁的稳态振动响应；(2)该干扰力可以激起简支梁的哪些阶的振动？

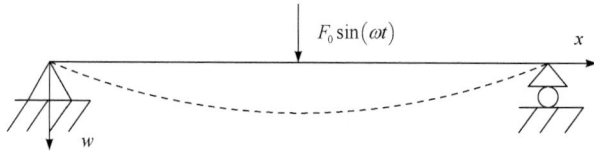

图 3-10　有弹性基础与轴向力作用的梁的弯曲振动

解：(1) 求梁在简谐激励载荷下的稳态强迫振动响应。

梁的强迫振动运动方程可写为

$$EI\frac{\partial^4 w}{\partial x^4} + m\frac{\partial^2 w}{\partial t^2} = F(x,t)$$

简支梁的固有频率为

$$\omega_j = \left(\frac{\mu}{L}\right)^2 \sqrt{\frac{EI}{m}} = \left(\frac{j\pi}{L}\right)^2 \sqrt{\frac{EI}{m}}, \quad j = 1,2,3,\cdots$$

可求出简支梁的振型为

$$\phi_j(x) = A_j \sin\left(\frac{j\pi x}{L}\right), \quad j = 1,2,3,\cdots$$

以主坐标表示的振动方程为

$$M_j \ddot{p}_j(t) + K_j p_j(t) = F_j(t), \quad j = 1,2,3,\cdots$$

式中，M_j 为第 j 谐调的广义质量，表达式为

$$M_j = \int_0^l m\phi_j^{\ 2}(x)\mathrm{d}x = \int_0^l m\left[A_j \sin\left(\frac{j\pi x}{L}\right)\right]^2 \mathrm{d}x = \frac{1}{2} mLA_j^{\ 2}$$

K_j 为第 j 谐调的广义刚度，表达式为

$$K_j = M_j \omega_j^{\ 2} = \omega_j^{\ 2} \int_0^l m\phi_j^{\ 2}(x)\mathrm{d}x = \frac{1}{2} mLA_j^{\ 2}\omega_j^{\ 2}$$

$F_j(t)$ 为第 j 谐调的广义干扰力，表达式为

$$F_j(t) = \int_0^l F(x,t)\phi_j(x)\mathrm{d}x = F(t)\phi_j\left(\frac{L}{2}\right) = F_0 \sin(\omega t) A_j \sin\left(\frac{j\pi}{L}\frac{L}{2}\right)$$

$$= F_0 A_j \sin\left(\frac{j\pi}{2}\right) \sin(\omega t)$$

其主坐标稳态解可写为

$$p_j(t) = \frac{\dfrac{\displaystyle\int_0^l F(x)\phi_j(x)\mathrm{d}x}{\omega_j^2 \displaystyle\int_0^l m\phi_j^{\ 2}(x)\mathrm{d}x}}{1 - \dfrac{\omega^2}{\omega_j^{\ 2}}} \sin(\omega t) = \frac{\left[F_0 A_j \sin\left(\dfrac{j\pi}{2}\right)\sin(\omega t)\right]\Big/\left(\dfrac{1}{2} mLA_j^{\ 2}\right)}{\left(\dfrac{j\pi}{L}\right)^4 \dfrac{EI}{m} - \omega^2}$$

$$= \frac{2F_0 L^3 \sin\left(\dfrac{j\pi}{2}\right)\sin(\omega t)}{A_j\left(j^4\pi^4 EI - mL^4\omega^2\right)}$$

其全解可写为

$$w(x,t) = \sum_{j=1}^{\infty} \phi_j(x) p_j(t) = \sum_{j=1}^{\infty} \frac{2F_0 L^3 \sin(j\pi/2)}{j^4\pi^4 EI - mL^4\omega^2} \sin\left(\frac{j\pi x}{L}\right) \sin(\omega t)$$

(2) 通过观察梁的稳态解发现，当 j 取 $2,4,6,8,\cdots$ 时，$\sin(j\pi/2) = 0$，由此判断在梁的正中间施加间隙激励载荷时，该位置为梁偶次阶振动模态的节点位置，因此无法激起梁的偶数阶振动，该干扰力仅能激起简支梁的奇数阶振动。

3.1.6　具有阻尼的动力响应

在前面所讨论的梁的振动问题中，均未计及梁振动时的能量逸散，即阻尼问题。对于一般的小阻尼自由振动，这种简化处理对结构特征值的计算只带来微小的误差。但是对于强迫振动问题，特别是接近共振时的动力响应计算，则必须考虑阻尼的影响。实际的阻尼分为内阻尼和外阻尼两类，这在第 1 章中已叙述。其中，具有黏性阻尼的问题是经常遇到的，也是最容易处理的问题。图 3-11 表示黏性外阻尼和黏性内阻尼这两种类型的黏性阻尼，它们分别导致梁横向位移的黏性阻力与梁材料应变的黏性阻力。其他非黏性阻尼则采用等效阻尼来处理。

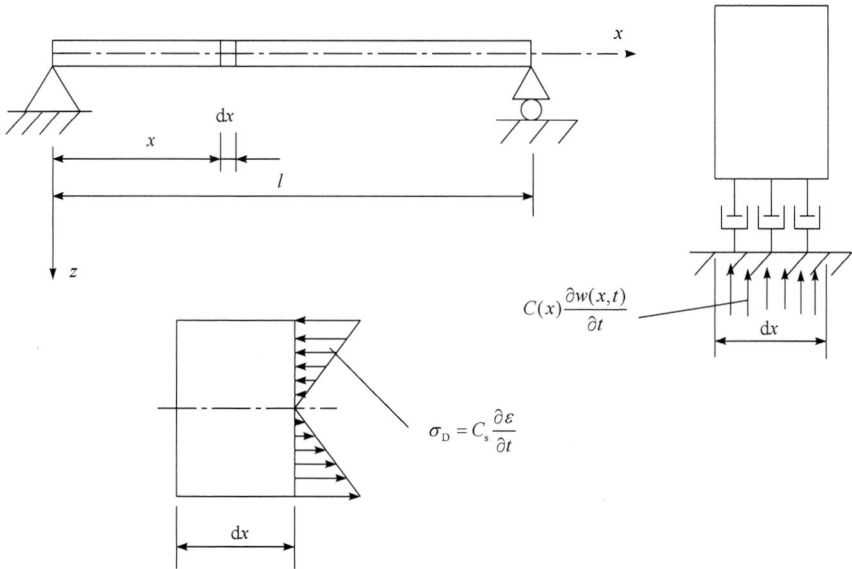

图 3-11　梁的黏性外阻尼与黏性内阻尼

黏性外阻尼系数 $C(x)$ 表示在 x 处单位长度的梁上，由该点单位速度引起的阻尼力。由于外阻尼的存在，垂向力的平衡条件改为

$$\frac{\partial N}{\partial x} = F(x,t) - m(x)\frac{\partial^2 w}{\partial t^2} - C(x)\frac{\partial w}{\partial t} \tag{3-96}$$

考虑材料的非弹性阻尼，按福赫脱假设，它与应变速度成正比，从而使应力-应变关系变为

$$\sigma = E\varepsilon + C_s\dot{\varepsilon} \tag{3-97}$$

式中，C_s 为应变速度的阻尼系数，$\sigma_D = C_s\dot{\varepsilon}$ 即为阻尼应力。

假设应变沿截面高度呈线性分布，则剖面上离开中和轴高度为 z 处的应变为

$$\varepsilon = z\frac{\partial^2 w}{\partial x^2} \tag{3-98}$$

而力矩可写为

$$M = \int_{A_c} \sigma z \mathrm{d}A_c \tag{3-99}$$

将式(3-97)和式(3-98)代入式(3-99)，可得

$$M = \int_{A_c} (E\varepsilon + C_s\dot\varepsilon)z\mathrm{d}A_c = \int_{A_c}\left(E\frac{\partial^2 w}{\partial x^2} + C_s\frac{\partial^3 w}{\partial x^2 \partial t}\right)z^2\mathrm{d}A_c$$
$$= \left(E\frac{\partial^2 w}{\partial x^2} + C_s\frac{\partial^3 w}{\partial x^2 \partial t}\right)\int_{A_c} z^2\mathrm{d}A_c = EI\frac{\partial^2 w}{\partial x^2} + C_s I\frac{\partial^3 w}{\partial x^2 t} \tag{3-100}$$

式(3-100)结果中第一项为弹性力矩项，第二项为非弹性阻尼力矩项，有

$$N = \frac{\partial M}{\partial x} = \frac{\partial}{\partial x}\left(EI\frac{\partial^2 w}{\partial x^2} + C_s I\frac{\partial^3 w}{\partial x^2 \partial t}\right) \tag{3-101}$$

再代入式(3-96)得

$$\frac{\partial^2}{\partial x^2}\left(EI\frac{\partial^2 w}{\partial x^2} + C_s I\frac{\partial^3 w}{\partial x^2 \partial t}\right) + m\frac{\partial^2 w}{\partial t^2} + C\frac{\partial w}{\partial t} = F(x,t) \tag{3-102}$$

式(3-102)即为计及黏性内阻尼和黏性外阻尼的等直梁强迫振动微分方程，该方程依然为四阶常系数线性偏微分方程，所以仍然可用振型叠加法求解。

令微分方程的一般解为

$$w(x,t) = \sum_{s=1}^{\infty}\phi_s(x)p_s(t) \tag{3-103}$$

式中，$\phi_s(x)$ 为无阻尼自由振动的固有振型；$p_s(t)$ 为有阻尼强迫振动的主坐标。

应该指出的是，式(3-103)虽然与无阻尼时的一般解的形式完全一样，但其内容有所区别。

仍将强迫振动分解为一系列主振动 $\phi_s(x)p_s(t)$ 的和，并将其代入式(3-102)，可得

$$\sum_{s=1}^{\infty}m(x)\phi_s(x)\ddot p_s(t) + \sum_{s=1}^{\infty}C(x)\phi_s(x)\dot p_s(t) + \sum_{s=1}^{\infty}\frac{\mathrm{d}^2}{\mathrm{d}x^2}\left(C_s I(x)\frac{\mathrm{d}^2\phi_s(x)}{\mathrm{d}x^2}\right)\dot p_s(t)$$
$$+ \sum_{s=1}^{\infty}\frac{\mathrm{d}^2}{\mathrm{d}x^2}\left(EI(x)\frac{\mathrm{d}^2\phi_s(x)}{\mathrm{d}x^2}\right)p_s(t) = F(x,t) \tag{3-104}$$

将式(3-104)的两端乘以固有振型 $\phi_j(x)$，然后沿全梁积分，计及正交条件，

并考虑到

$$\frac{d^2}{dx^2}\left[EI(x)\frac{d^2\phi_j(x)}{dx^2}\right]=m(x)\omega_j^2\phi_j(x) \tag{3-105}$$

即可得到

$$M_j\ddot{p}_j(t)+\sum_{s=1}^{\infty}\int_0^l\phi_j(x)\left\{C(x)\phi_s(x)+\frac{d^2}{dx^2}\left[C_sI(x)\frac{d^2\phi_s(x)}{dx^2}\right]\right\}dx\dot{p}_s(t)$$
$$+\omega_j^2M_jp_j(t)=F_j(t),\quad j=1,2,3,\cdots \tag{3-106}$$

式中，ω_j 为第 j 谐调无阻尼振动的固有频率；M_j、$F_j(t)$ 即为前面已经介绍过的第 j 谐调的广义质量和广义干扰力。

其中，

$$M_j=\int_0^l m(x)\phi_j^2(x)dx \tag{3-107}$$

$$F_j(t)=\int_0^l F(x,t)\phi_j(x)dx \tag{3-108}$$

由式(3-107)可以看出，由于内阻尼和外阻尼的存在，系统不同振型的运动之间将存在耦合作用，即不同阶的振型不能分离，因此 $p_j(t)$ 不是绝对意义上的主坐标。

令阻尼系数与刚度、质量分布成正比，这样可使式(3-106)中的不同振型的耦合解除。

$$\begin{cases}C(x)=\alpha m(x)\\ C_s=\beta E\end{cases} \tag{3-109}$$

式中，α 与 β 是分别具有时间的倒数 (1/sec) 和时间因次 (sec) 的比例系数，可通过实验求得，代入式(3-106)得

$$M_j\ddot{p}_j(t)+\sum_{s=1}^{\infty}\int_0^l\phi_j(x)\left\{\alpha m(x)\phi_s(x)+\frac{d^2}{dx^2}\left[\beta EI(x)\frac{d^2\phi_s(x)}{dx^2}\right]\right\}dx\dot{p}_s(t)$$
$$+\omega_j^2M_jp_j(t)=F_j(t),\quad j=1,2,3,\cdots \tag{3-110}$$

考虑正交条件，式中仅 $j=s$ 项存在，由式 $EI\phi_j^{\text{IV}}=m\omega_j^2\phi_j$，得

$$M_j\ddot{p}_j(t)+(\alpha M_j+\beta\omega_j^2M_j)\dot{p}_j(t)+\omega_j^2M_jp_j(t)=F_j(t),\quad j=1,2,3,\cdots \tag{3-111}$$

在此种情况下即可将耦合解除，此时 $p_j(t)$ 为真正意义上的主坐标。

将式(3-111)除以广义质量 M_j，并引入无因次阻尼比 ζ_j，使

$$\zeta_j = \frac{\alpha}{2\omega_j} + \frac{\beta\omega_j}{2} \tag{3-112}$$

则式(3-111)变为

$$\ddot{p}_j(t) + \left(\alpha + \beta\omega_j^2\right)\dot{p}_j(t) + \omega_j^2 p_j(t) = \frac{F_j(t)}{M_j}$$

$$\ddot{p}_j(t) + 2\zeta_j\omega_j\dot{p}_j(t) + \omega_j^2 p_j(t) = f_j(t) \tag{3-113}$$

其中，

$$f_j(t) = \frac{F_j(t)}{M_j} \tag{3-114}$$

1. 任意激励载荷响应

式(3-113)即为单自由度系统阻尼强迫振动的标准形式，对于任意激励载荷，其解为

$$p_j(t) = \mathrm{e}^{-\zeta_j\omega_j t}\left[a_j\sin\left(\omega_{\mathrm{d}j}t\right) + b_j\cos\left(\omega_{\mathrm{d}j}t\right)\right] + \frac{1}{\omega_{\mathrm{d}j}}\int_0^l f_j(\tau)\mathrm{e}^{-\zeta_j\omega_j(t-\tau)}\sin\left[\omega_{\mathrm{d}j}(t-\tau)\right]\mathrm{d}\tau$$

$$\tag{3-115}$$

其中，

$$\omega_{\mathrm{d}j} = \omega_j\sqrt{1-\zeta_j^2} \tag{3-116}$$

2. 简谐载荷响应

当分布力为简谐干扰力，即 $F(x,t) = F(x)\sin(\omega t)$ 时，则式(3-113)变为

$$\ddot{p}_j(t) + 2\zeta_j\omega_j\dot{p}_j(t) + \omega_j^2 p_j(t) = f_j\sin(\omega t) \tag{3-117}$$

其中，

$$f_j = \frac{\int_0^l F(x)\phi_j(x)\mathrm{d}x}{\int_0^l m\phi_j^2(x)\mathrm{d}x} \tag{3-118}$$

根据第 1 章所讲述的内容，令频率比为 $\dfrac{\omega}{\omega_j} = \gamma_j$，不难得到强迫振动的稳态特解为

$$p_j(t) = A_j\sin(\omega t - \beta_j) \tag{3-119}$$

其中，

$$\begin{cases} A_j = \dfrac{f_j}{\omega_j^2} \dfrac{1}{\sqrt{(1-\gamma_j^2)^2 + 4\zeta_j^2\gamma_j^2}} \\[4mm] \beta_j = \arctan\left(\dfrac{2\zeta_j\gamma_j}{1-\gamma_j^2}\right) \end{cases} \tag{3-120}$$

于是系统强迫振动的稳态解为

$$w(x,t) = \sum_{j=1}^{\infty} \phi_j(x)p_j(t) = \sum_{j=1}^{\infty} \frac{f_j}{\omega_j^2} \frac{\phi_j(x)}{\sqrt{(1-\gamma_j^2)^2 + 4\zeta_j^2\gamma_j^2}} \sin(\omega t - \beta_j) \tag{3-121}$$

当 $\omega = \omega_j$ ， j 很小，即系统发生第 j 低谐调共振时，系统的共振响应近似为

$$w(x,t) \approx -\frac{f_j}{\omega_j^2} \frac{\phi_j(x)}{2\zeta_j} \cos(\omega t) \tag{3-122}$$

表明有阻尼系统的实际共振振幅响应不会趋于无穷大，而是趋向于一个较大的有限值。这与单自由度系统的结论是一致的，由此可见阻尼影响的一般性。

3.2　杆的纵向与轴的扭转振动

　　船体结构中的振动以结构的弯曲振动为主，但在某些特殊结构，如�艉部舱段或船体梁等结构中还会存在纵向振动。另外，船舶的动力推进系统中通常都有一根或多根长轴，轴中也存在纵向振动。对于甲板大开口船，如集装箱船或某些海洋工程船，船体结构中的扭转振动不容忽视。

　　为此，本节将对杆结构中的纵向振动与轴的扭转振动开展简单的讨论。

3.2.1　杆的纵向振动运动微分方程

　　如图 3-12 所示，杆在平面内做纵向自由振动，其要求杆的长度 l 与横向尺寸相比足够大，杆剖面上各点的横向位移与纵向位移相比可以近似忽略。因此，杆的任一剖面 x 在任意时刻 t 均可以由 $u(x,t)$ 来单值的确定。本节仅考虑杆与轴的固有频率与固有振型，因此仅介绍其自由振动方程，关于强迫振动问题，读者可参考梁的弯曲振动相关内容。

　　在杆上取一个单元段 $\mathrm{d}x$ ，此时杆只受轴向力作用，设纵向位移为

$$u = u(x,t) \tag{3-123}$$

轴向力为

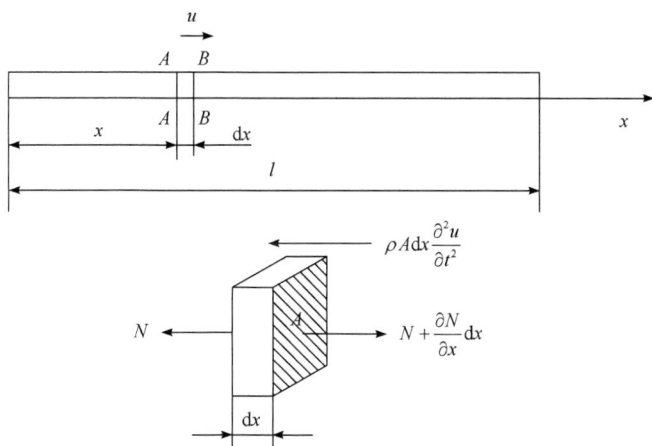

图 3-12 直杆的纵向振动

$$N = N(x,t) \tag{3-124}$$

取两者的方向与剖面外法线方向一致，因此由单向应力状态可知，剖面上各点的应力-应变关系为

$$\sigma = E\varepsilon = E\frac{\partial u}{\partial x} \tag{3-125}$$

式中，E 为弹性模量。

从而得到剖面上的轴向力为

$$N = \sigma A = AE\frac{\partial u}{\partial x} \tag{3-126}$$

式中，A 为杆的横剖面面积。

由达朗贝尔原理建立平衡条件：

$$\frac{\partial N}{\partial x}\mathrm{d}x - \rho A\mathrm{d}x\frac{\partial^2 u}{\partial t^2} = 0$$

$$\frac{\partial N}{\partial x} = \rho A\frac{\partial^2 u}{\partial t^2} \tag{3-127}$$

式中，ρ 为杆的密度。

将式(3-126)代入式(3-127)，即可得到杆的纵向自由振动的微分方程式为

$$AE\frac{\partial^2 u}{\partial x^2} = \rho A\frac{\partial^2 u}{\partial t^2}$$

$$E\frac{\partial^2 u}{\partial x^2} - \rho\frac{\partial^2 u}{\partial t^2} = 0$$

$$Eu'' - \rho\ddot{u} = 0 \tag{3-128}$$

3.2.2　杆的纵向振动运动微分方程的求解

方程的求解问题可采用分离变量法，令方程(3-128)的解为

$$u(x,t) = \phi(x)p(t) \tag{3-129}$$

代入方程(3-128)中即得

$$\frac{\dfrac{E}{\rho}\dfrac{\mathrm{d}^2\phi(x)}{\mathrm{d}x^2}}{\phi(x)} = \frac{\dfrac{\mathrm{d}^2 p(t)}{\mathrm{d}t^2}}{p(t)} = -\omega^2 \tag{3-130}$$

当式(3-130)中有振动形式解时，必须令式(3-130)的比例值为一负实数 $-\omega^2$，于是由式(3-130)可得到关于主坐标 $p(t)$ 及主振型 $\phi(x)$ 的微分方程式为

$$\begin{cases} \ddot{p}(t) + \omega^2 p(t) = 0 \\ \phi''(x) + \dfrac{\rho}{E}\omega^2\phi(x) = 0 \end{cases} \tag{3-131}$$

令杆纵向自由振动的频率参数为

$$\mu = \frac{\omega}{a} = \omega\sqrt{\frac{\rho}{E}} \tag{3-132}$$

则主坐标方程的解为

$$p(t) = p\sin(\omega t + \varphi) = \bar{A}\cos(\omega t) + \bar{B}\sin(\omega t) \tag{3-133}$$

式中，ω 为固有频率；p、φ 或 $\bar{A}$、$\bar{B}$ 为需要由初始条件确定的积分常数。

主振型方程的解为

$$\phi(x) = C\cos(\mu x) + D\sin(\mu x) \tag{3-134}$$

式中，C、D 和 μ 为需要由边界条件确定的积分常数。

1. 边界条件

边界条件分为以下两种情况。

(1) 两端全自由。纵向力(或应力)为零，即有

$$\frac{\partial u}{\partial x} = 0, \quad \phi'(x) = 0 \tag{3-135}$$

(2) 刚性固定端。纵向位移为零，即有

$$u = 0, \quad \phi(x) = 0 \tag{3-136}$$

等直杆纵向振动的固有频率与梁的材料(介质)有关，可以通过梁的两端边界

条件求得频率方程，求解的步骤与梁的横向振动问题相类似，而且更加简单。因为杆的纵向振动是二阶微分方程，所以只需要两个边界条件即可确定。

2. 自由杆自由振动求解

下面以两端全自由的杆为例来说明纵向自由振动的求解过程，此时，杆的两端边界条件可写为

$$\begin{cases} \phi'(0) = 0 \\ \phi'(l) = 0 \end{cases} \tag{3-137}$$

由式(3-134)可得

$$\phi'(x) = -C\mu\sin(\mu x) + D\mu\cos(\mu x) \tag{3-138}$$

将式(3-137)代入式(3-138)所示的边界条件可得

$$\begin{cases} \phi'(0) = D\mu = 0 \\ \phi'(l) = -C\mu\sin(\mu l) + D\mu\cos(\mu l) = 0 \end{cases} \tag{3-139}$$

由于频率参数 μ 不能为零，由式(3-139)可得

$$\begin{cases} D = 0 \\ C\mu\sin(\mu l) = 0 \end{cases} \tag{3-140}$$

参数 C、D 不能全为零，即有 $C \neq 0$，因此可由式(3-140)得

$$\sin(\mu l) = 0 \tag{3-141}$$

式(3-137)即为两端全自由梁的频率方程式，由此可得

$$\begin{aligned} \mu_j l &= j\pi \\ \mu_j &= \frac{j\pi}{l} \end{aligned} \tag{3-142}$$

将式(3-142)代入式(3-132)得

$$\omega_j = \frac{j\pi}{l}\sqrt{\frac{E}{\rho}}, \quad j = 1,2,3,\cdots \tag{3-143}$$

当 $j = 0$ 时，得到一个零频率，系统未振动，表明梁在 x 轴方向做刚体运动。在求得固有频率 ω_j 后，可求得固有振型 $\phi_j(x)$，代入式(3-134)，即

$$\phi_j(x) = C_j\cos(\mu_j x) \tag{3-144}$$

将式(3-139)代入式(3-144)，即可得到杆纵向振动的振型为

$$\phi_j(x) = C_j\cos\left(\frac{j\pi}{l}x\right), \quad j = 1,2,3,\cdots \tag{3-145}$$

图 3-13 给出了杆纵向振动时的前三阶振型。以上振型实际上表示的是杆振动时的拉伸与压缩的形状，而节点同样对应杆在拉压变形时位移保持不变的点。

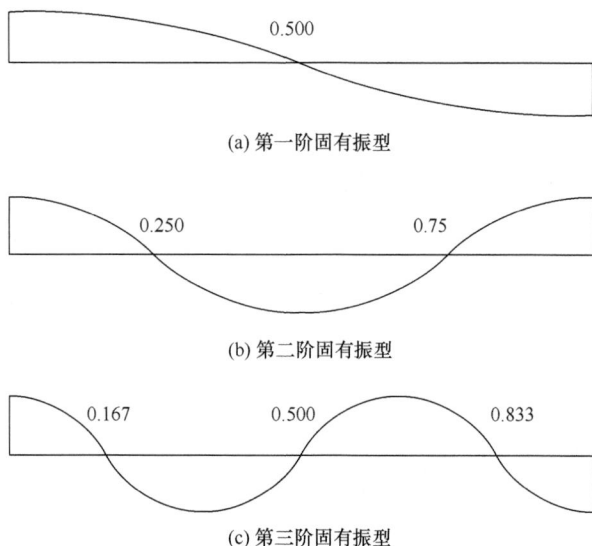

(a) 第一阶固有振型

(b) 第二阶固有振型

(c) 第三阶固有振型

图 3-13　自由杆的固有振型

通过线性叠加原理，可得到纵向自由振动的全解为

$$u(x,t) = \sum_{j=1}^{\infty} \phi_j(x) p_j(t) = \sum_{j=1}^{\infty} C_j \cos\left(\frac{j\pi}{l} x\right) \left[\overline{A}_j \cos\left(\frac{j\pi}{l} \sqrt{\frac{E}{\rho}} t\right) + \overline{B}_j \sin\left(\frac{j\pi}{l} \sqrt{\frac{E}{\rho}} t\right) \right]$$

(3-146)

式中，振型 $\phi_j(x)$ 前的待定常数已并入 $\overline{A}_j$ 与 $\overline{B}_j$ 之中，可由初始条件确定。其处理方法与梁的横向振动完全一致，这样即可得到杆的纵向振动的一般解。

另外，直杆纵向振动的固有频率和在杆中传播的纵波波速 $c = \sqrt{\dfrac{E}{\rho}}$ 成正比，固有频率的大小与材料的性质和杆的长度有关，而与杆的横剖面的尺寸无关，这是纵向振动的一个特点，关于杆的波速的具体内容将在第 4 章详细讨论。

3.2.3　圆轴扭转振动运动微分方程与求解

对于圆截面轴的扭转振动，假设扭转时各剖面仍保持平面，各剖面上的半径也仍保持直线。圆轴扭转振动示意图如图 3-14 所示。

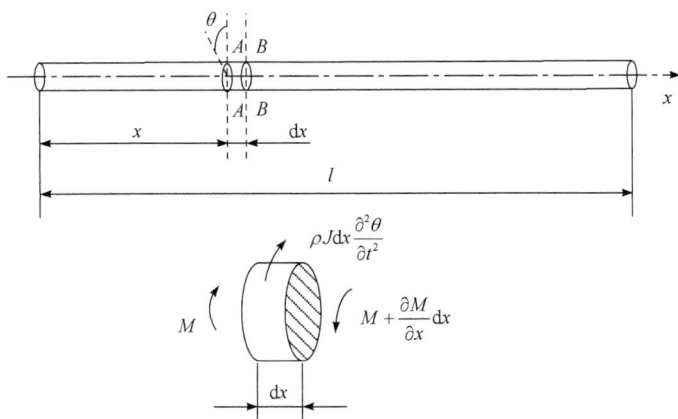

图 3-14　圆轴扭转振动示意图

假设圆轴的剪切模量为 G ，剖面的极惯性矩为 J ，任意剖面的扭转角位移为 $\theta(x,t)$ 。通过对轴上微段的受力分析，可以得到

$$-M + \left(M + \frac{\partial M}{\partial x} dx \right) - \rho J dx \frac{\partial^2 \theta}{\partial t^2} = 0$$

$$\frac{\partial M}{\partial x} = \rho J \frac{\partial^2 \theta}{\partial t^2} \tag{3-147}$$

由材料力学可知，微段扭矩和扭转角之间的关系为

$$M = GJ \frac{\partial \theta}{\partial x} \tag{3-148}$$

将式(3-148)代入式(3-147)中即可得到圆轴扭转的运动微分方程为

$$GJ \frac{\partial^2 \theta}{\partial x^2} = \rho J \frac{\partial^2 \theta}{\partial t^2}$$

$$G\theta'' - \rho \ddot{\theta} = 0 \tag{3-149}$$

其形式与杆的纵向自由振动的微分方程的形式(式(3-128))是一致的，因此其求解过程与杆的纵向自由振动也是相同的，只是将纵向位移 u 改为扭转角 θ ，弹性模量由拉压模量 E 变为剪切模量 G 。若边界条件相同，则两者的固有频率、固有振型的形式也完全一致。

1. 边界条件

边界条件分为以下两种情况。

(1) 两端全自由。扭矩为零，即有

$$\frac{\partial \theta}{\partial x} = 0 \qquad\qquad (3\text{-}150)$$

(2) 刚性固定端。扭转角位移为零，即有

$$\theta = 0 \qquad\qquad (3\text{-}151)$$

2. 固有频率

对于两端自由的圆轴，其固有频率可参照杆纵向振动的固有频率表示为

$$\omega_j = \frac{j\pi}{l}\sqrt{\frac{G}{\rho}}, \quad j = 1,2,3,\cdots \qquad\qquad (3\text{-}152)$$

圆轴中扭转波在材料中的传播速度可参照杆中纵波的传播速度为 $c = \sqrt{\dfrac{G}{\rho}}$。

对于非圆剖面，引入与横剖面尺寸有关的系数 k'，其扭矩与扭转角的关系式为

$$M = k'GJ\frac{\partial \theta}{\partial x} \qquad\qquad (3\text{-}153)$$

3.3　板的横向振动

船体结构中有各式各样的板，如外板、内底板、甲板、舱壁板等，它们与船体结构中的纵桁、纵骨、强肋骨、普通肋骨相连接，构成了一空间板架体系。板结构作为船体结构中重要的组成成分，研究其振动特性非常重要。

3.3.1　微分方程式和边界条件

1. 运动微分方程

矩形薄平板(图 3-15)同样采用微元法进行分析，在不考虑惯性力的情况下，当考虑板受静力均布载荷 $F(x,y)$ 作用时，对板微元进行以下受力分析。

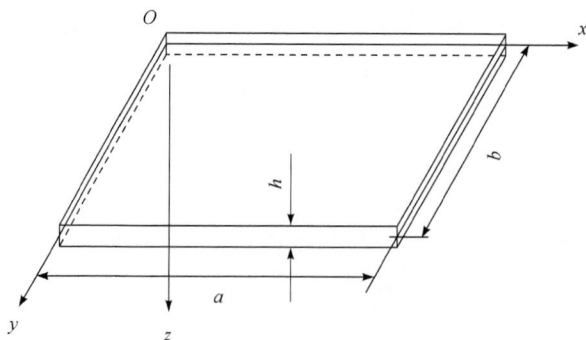

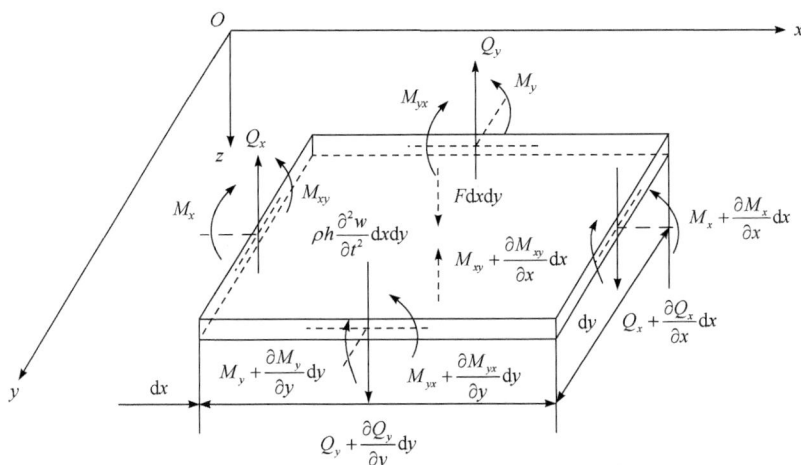

图 3-15　矩形薄平板的横向振动

对于 Oy 轴，合力矩为零，即

$$-M_x \mathrm{d}y + \left(M_x + \frac{\partial M_x}{\partial x}\mathrm{d}x \right)\mathrm{d}y - M_{yx}\mathrm{d}x + \left(M_{yx} + \frac{\partial M_{yx}}{\partial y}\mathrm{d}y \right)\mathrm{d}x$$

$$-\left(Q_x + \frac{\partial Q_x}{\partial x}\mathrm{d}x \right)\mathrm{d}x\mathrm{d}y + Q_y \mathrm{d}x\frac{\mathrm{d}x}{2} - \left(Q_y + \frac{\partial Q_y}{\partial y}\mathrm{d}y \right)\mathrm{d}x\frac{\mathrm{d}x}{2} \qquad (3\text{-}154)$$

$$-F\left(x,y\right)\mathrm{d}x\mathrm{d}y\frac{\mathrm{d}x}{2} = 0$$

略去高阶微量：

$$\frac{\partial M_x}{\partial x}\mathrm{d}x\mathrm{d}y + \frac{\partial M_{xy}}{\partial y}\mathrm{d}y\mathrm{d}x - Q_x\mathrm{d}x\mathrm{d}y = 0 \qquad (3\text{-}155)$$

方程两侧同时除以 $\mathrm{d}x\mathrm{d}y$，得到

$$\frac{\partial M_x}{\partial x} + \frac{\partial M_{xy}}{\partial y} = Q_x \qquad (3\text{-}156)$$

同理，对于 Ox 轴，可得

$$\frac{\partial M_y}{\partial y} + \frac{\partial M_{xy}}{\partial x} = Q_y \qquad (3\text{-}157)$$

对于 Oz 轴，由力平衡得

$$\frac{\partial Q_x}{\partial x} + \frac{\partial Q_y}{\partial y} = -F\left(x,y\right) \qquad (3\text{-}158)$$

将式(3-156)与式(3-157)代入式(3-158)得

$$\frac{\partial^2 M_x}{\partial x^2} + 2\frac{\partial^2 M_{xy}}{\partial x \partial y} + \frac{\partial^2 M_y}{\partial y^2} = -F(x, y) \tag{3-159}$$

由材料力学可知，板微元截面上的力矩可由板的位移表示为

$$\begin{cases} M_x = \dfrac{E}{1-\mu^2}\left(\varepsilon_x + \mu\varepsilon_y\right) = -D\left(\dfrac{\partial^2 w}{\partial x^2} + \mu\dfrac{\partial^2 w}{\partial y^2}\right) \\[3mm] M_y = \dfrac{E}{1-\mu^2}\left(\varepsilon_y + \mu\varepsilon_x\right) = -D\left(\dfrac{\partial^2 w}{\partial y^2} + \mu\dfrac{\partial^2 w}{\partial x^2}\right) \\[3mm] M_{xy} = \dfrac{E}{2(1-\mu)}\gamma_{xy} = -D(1-\mu)\dfrac{\partial^2 w}{\partial x \partial y} \end{cases} \tag{3-160}$$

式中，$D = \dfrac{Eh^3}{12\left(1-\mu^2\right)}$，定义为板的弯曲刚度。

将式(3-160)代入方程(3-159)，即可得到板在静载荷下的弯曲方程为

$$D\left(\frac{\partial^4 w}{\partial x^4} + 2\frac{\partial^4 w}{\partial x^2 \partial y^2} + \frac{\partial^4 w}{\partial y^4}\right) = F(x, y) \tag{3-161}$$

式中，$F(x, y)$ 为静载荷密度。

根据达朗贝尔原理，计入单位面积下平板在横向振动时所产生的惯性力 $f_{\mathrm{I}} = -\rho h \dfrac{\partial^2 w}{\partial t^2}$，由式(3-161)即可得到板的横向振动微分方程为

$$D\left(\frac{\partial^4 w}{\partial x^4} + 2\frac{\partial^4 w}{\partial x^2 \partial y^2} + \frac{\partial^4 w}{\partial y^4}\right) + \rho h\frac{\partial^2 w}{\partial t^2} = F(x, y, t)$$

$$D\nabla^2\nabla^2 w + \rho h\ddot{w} = F \tag{3-162}$$

当考虑板的自由振动时，方程变为

$$D\nabla^2\nabla^2 w + \rho h\ddot{w} = 0$$

式中，w 为板的中面挠度，$w = w(x, y, t)$；ρ 为平板密度；D 为平板弯曲刚度，$D = \dfrac{Eh^3}{12(1-\mu^2)}$，$\mu$ 为泊松比，h 为平板的厚度；$F(x, y, t)$ 为外部动载荷；∇ 为哈密顿(梯度)算子，$\nabla = \dfrac{\partial}{\partial x}\boldsymbol{i} + \dfrac{\partial}{\partial y}\boldsymbol{j}$；$\nabla^2$ 为拉普拉斯算子，$\nabla^2 = \dfrac{\partial^2}{\partial x^2}\boldsymbol{i} + \dfrac{\partial^2}{\partial y^2}\boldsymbol{j}$。

不难看出，式(3-162)为四阶常系数非齐次偏微分方程，求解仍需要借助边界条件与初始条件。

2. 边界条件

下面讨论矩形平板的三种简单边界条件，包括全自由、四边刚性固定以及四边简支边界条件。

(1) 全自由。边界处弯矩为0，剪力为0。

在 $x=0$ ，$x=a$ 处，有

$$\begin{cases} M_x = -D\left(\dfrac{\partial^2 w}{\partial x^2} + \mu\dfrac{\partial^2 w}{\partial y^2}\right) = 0 \\[2mm] Q_x = \dfrac{\partial M_x}{\partial x} + \dfrac{\partial M_{xy}}{\partial y} = 0 \\[2mm] M_{xy} = -D(1-\mu)\dfrac{\partial^2 w}{\partial x \partial y} \end{cases} \Rightarrow \begin{cases} \dfrac{\partial^2 w}{\partial x^2} + \mu\dfrac{\partial^2 w}{\partial y^2} = 0 \\[2mm] \dfrac{\partial^3 w}{\partial x^3} + (2-\mu)\dfrac{\partial^3 w}{\partial x \partial y^2} = 0 \end{cases} \tag{3-163}$$

同理，在 $y=0$ ，$y=b$ 处，有

$$\begin{cases} \dfrac{\partial^2 w}{\partial y^2} + \mu\dfrac{\partial^2 w}{\partial x^2} = 0 \\[2mm] \dfrac{\partial^3 w}{\partial y^3} + (2-\mu)\dfrac{\partial^3 w}{\partial x^2 \partial y} = 0 \end{cases} \tag{3-164}$$

(2) 四边刚性固定。边界处位移为0，扭转角为0。

在 $x=0$ ，$x=a$ 处，有

$$\begin{cases} w = 0 \\[2mm] \dfrac{\partial w}{\partial x} = 0 \end{cases} \tag{3-165}$$

在 $y=0$ ，$y=b$ 处，有

$$\begin{cases} w = 0 \\[2mm] \dfrac{\partial w}{\partial y} = 0 \end{cases} \tag{3-166}$$

(3) 四边简支。边界处位移为0，弯矩为0。

在 $x=0$ ，$x=a$ 处，有

$$\begin{cases} w = 0 \\ M_x = -D\left(\dfrac{\partial^2 w}{\partial x^2} + \mu\dfrac{\partial^2 w}{\partial y^2}\right) = 0 \\ \dfrac{\partial w}{\partial y} = 0 \end{cases} \Rightarrow \begin{cases} w = 0 \\ \dfrac{\partial^2 w}{\partial x^2} = 0 \end{cases} \tag{3-167}$$

同理，在 $y = 0$，$y = b$ 处，有

$$\begin{cases} w = 0 \\ \dfrac{\partial^2 w}{\partial y^2} = 0 \end{cases} \tag{3-168}$$

3.3.2 固有频率与固有振型

在外界干扰力 $F(x, y, t) = 0$ 的情况下，此时平板横向振动的微分方程(3-162)变为

$$D\left(\frac{\partial^4 w}{\partial x^4} + 2\frac{\partial^4 w}{\partial x^2 \partial y^2} + \frac{\partial^4 w}{\partial y^4}\right) + \rho h\frac{\partial^2 w}{\partial t^2} = 0 \tag{3-169}$$

1. 简支边界条件固有频率与固有振型

下面以四周简支矩形平板的自由振动为例来讨论平板振动的解的形式。其解可根据简支梁的振型形式组合写为

$$w(x, y, t) = \sum_j \sum_s A_{js} \sin\left(\frac{j\pi x}{a}\right)\sin\left(\frac{s\pi y}{b}\right)\sin(\omega_{js}t + \varphi_{js}) \tag{3-170}$$

显然，该解是满足边界条件(3-167)和(3-168)的，具体的证明读者可自行推导。由该解的形式可得下列各式：

$$\begin{cases} \dfrac{\partial^4 w}{\partial x^4} = \left(\dfrac{j\pi}{a}\right)^4 \sum_j \sum_s A_{js} \sin\left(\dfrac{j\pi x}{a}\right)\sin\left(\dfrac{s\pi x}{b}\right)\sin(\omega_{js}t + \varphi_{js}) \\[3mm] \dfrac{\partial^4 w}{\partial y^4} = \left(\dfrac{s\pi}{b}\right)^4 \sum_j \sum_s A_{js} \sin\left(\dfrac{j\pi x}{a}\right)\sin\left(\dfrac{s\pi y}{b}\right)\sin(\omega_{js}t + \varphi_{js}) \\[3mm] \dfrac{\partial^4 w}{\partial x^2 \partial y^2} = \left(\dfrac{j\pi}{a}\right)^2\left(\dfrac{s\pi}{b}\right)^2 \sum_j \sum_s A_{js} \sin\left(\dfrac{j\pi x}{a}\right)\sin\left(\dfrac{s\pi y}{b}\right)\sin(\omega_{js}t + \varphi_{js}) \\[3mm] \dfrac{\partial^2 w}{\partial t^2} = -\omega_{js}^2 \sum_j \sum_s A_{js} \sin\left(\dfrac{j\pi x}{a}\right)\sin\left(\dfrac{s\pi y}{b}\right)\sin(\omega_{js}t + \varphi_{js}) \end{cases} \tag{3-171}$$

将式(3-171)代入板的振动方程式(3-169)中并消去相同项得

$$D\left[\left(\frac{j\pi}{a}\right)^4 + 2\left(\frac{j\pi}{a}\right)^2\left(\frac{s\pi}{b}\right)^2 + \left(\frac{s\pi}{b}\right)^4\right] + \rho h(-\omega_{js}^2) = 0 \tag{3-172}$$

即得固有频率方程为

$$D\left[\left(\frac{j\pi}{a}\right)^2 + \left(\frac{s\pi}{b}\right)^2\right]^2 = \rho h\omega_{js}^2 \tag{3-173}$$

从而得到简支梁的固有频率计算公式为

$$\omega_{js}^2 = \frac{D}{\rho h}\left[\left(\frac{j\pi}{a}\right)^2 + \left(\frac{s\pi}{b}\right)^2\right]^2$$

$$\omega_{js} = \left[\left(\frac{j\pi}{a}\right)^2 + \left(\frac{s\pi}{b}\right)^2\right]\sqrt{\frac{D}{\rho h}}, \quad j,s = 1,2,3,\cdots \tag{3-174}$$

ω_{js} 即为四周简支矩形平板横向自由振动的固有频率，相应的固有振型为

$$\phi_{js}(x,y) = A_{js}\sin\left(\frac{j\pi x}{a}\right)\sin\left(\frac{s\pi y}{b}\right), \quad j,s = 1,2,3,\cdots \tag{3-175}$$

式(3-175)表明，当板做主振动时，板上有若干条在任意时间 t 挠度恒为零的线，这些线称为节线。与前面所讲的节点相对应。其中，j、s 分别表示 x 方向和 y 方向的半波数，$j-1$、$s-1$ 分别表示与 x 轴和 y 轴平行的节线。表3-3给出了某些简单边界条件下矩形板的振型计算结果。

2. 其他边界条件下固有频率与固有振型

将各边界条件下的振型代入运动方程中，即可得到板的固有频率方程，然后通过解固有频率方程可得到不同边界条件下板的固有频率。以下给出了一些边界条件下钢板一阶固有频率的经验计算公式。其中，固有频率单位为 min^{-1}；板的长度 a、宽度 b、厚度 h 单位为 cm。

(1) 四边刚性固定，固有频率为

$$\omega_n = 32.2\times10^6\frac{h}{a^2}\sqrt{1 + 0.6\frac{a^2}{b^2} + \frac{a^4}{b^4}} \tag{3-176}$$

(2) 长边刚性固定，短边简支，固有频率为

$$\omega_n = 14.2\times10^6\frac{h}{a^2}\sqrt{1 + 2.57\frac{a^2}{b^2} + 5.14\frac{a^4}{b^4}} \tag{3-177}$$

表 3-3　矩形板的振型

	简支矩形板 1×1	简支矩形板 2×1	简支矩形板 1×2	简支矩形板 2×2	单边刚固、简支板 1×1	单边刚固、简支板 2×1	刚固矩形板 1×1
振型图							
$\phi(x,y)$	$\sin\left(\frac{\pi x}{L}\right)\sin\left(\frac{\pi y}{B}\right)$	$\sin\left(\frac{2\pi x}{L}\right)\sin\left(\frac{\pi y}{B}\right)$	$\sin\left(\frac{\pi x}{L}\right)\sin\left(\frac{2\pi y}{B}\right)$	$\sin\left(\frac{2\pi x}{L}\right)\sin\left(\frac{2\pi y}{B}\right)$	$\frac{1}{2}\left[1-\cos\left(\frac{2\pi x}{L}\right)\right]\times\sin\left(\frac{\pi y}{B}\right)$	$\frac{1}{2}\left[1-\cos\left(\frac{2\pi x}{L}\right)\right]\times\sin\left(\frac{2\pi y}{B}\right)$	$\frac{1}{4}\left[1-\cos\left(\frac{2\pi x}{L}\right)\right]\times\left[1-\cos\left(\frac{2\pi y}{B}\right)\right]$
$\phi'_x(x,y)$	$\frac{\pi}{L}\cos\left(\frac{\pi x}{L}\right)\sin\left(\frac{\pi y}{B}\right)$	$\frac{2\pi}{L}\cos\left(\frac{2\pi x}{L}\right)\sin\left(\frac{\pi y}{B}\right)$	$\frac{\pi}{L}\cos\left(\frac{\pi x}{L}\right)\sin\left(\frac{2\pi y}{B}\right)$	$\frac{2\pi}{L}\cos\left(\frac{2\pi x}{L}\right)\sin\left(\frac{2\pi y}{B}\right)$	$\frac{\pi}{L}\sin\left(\frac{2\pi x}{L}\right)\sin\left(\frac{\pi y}{B}\right)$	$\frac{\pi}{L}\sin\left(\frac{2\pi x}{L}\right)\sin\left(\frac{2\pi y}{B}\right)$	$\frac{1}{2}\frac{\pi}{L}\sin\left(\frac{2\pi x}{L}\right)\times\left[1-\cos\left(\frac{2\pi y}{B}\right)\right]$
$\phi'_y(x,y)$	$\frac{\pi}{B}\sin\left(\frac{\pi x}{L}\right)\cos\left(\frac{\pi y}{B}\right)$	$\frac{\pi}{B}\sin\left(\frac{2\pi x}{L}\right)\cos\left(\frac{\pi y}{B}\right)$	$\frac{2\pi}{B}\sin\left(\frac{\pi x}{L}\right)\cos\left(\frac{2\pi y}{B}\right)$	$\frac{2\pi}{B}\sin\left(\frac{2\pi x}{L}\right)\cos\left(\frac{2\pi y}{B}\right)$	$\frac{1}{2}\frac{\pi}{B}\left[1-\cos\left(\frac{2\pi x}{L}\right)\right]\times\cos\left(\frac{\pi y}{B}\right)$	$\frac{\pi}{B}\left[1-\cos\left(\frac{2\pi x}{L}\right)\right]\times\cos\left(\frac{2\pi y}{B}\right)$	$\frac{1}{2}\frac{\pi}{B}\left[1-\cos\left(\frac{2\pi x}{L}\right)\right]\times\sin\left(\frac{2\pi y}{B}\right)$

续表

	简支矩形板 1×1	简支矩形板 2×1	简支矩形板 1×2	简支矩形板 2×2	单边刚固、简支板 1×1	单边刚固、简支板 2×1	刚固矩形板 1×1
$\phi''_{xx}(x,y)$	$-\left(\dfrac{\pi}{L}\right)^2\sin\left(\dfrac{\pi x}{L}\right)\times$ $\sin\left(\dfrac{\pi y}{B}\right)$	$-\left(\dfrac{2\pi}{L}\right)^2\sin\left(\dfrac{2\pi x}{L}\right)\times$ $\sin\left(\dfrac{\pi y}{B}\right)$	$-\left(\dfrac{\pi}{L}\right)^2\sin\left(\dfrac{\pi x}{L}\right)\times$ $\sin\left(\dfrac{2\pi y}{B}\right)$	$-\left(\dfrac{2\pi}{L}\right)^2\sin\left(\dfrac{2\pi x}{L}\right)\times$ $\sin\left(\dfrac{2\pi y}{B}\right)$	$2\left(\dfrac{\pi}{L}\right)^2\cos\left(\dfrac{2\pi x}{L}\right)\times$ $\sin\left(\dfrac{\pi y}{B}\right)$	$2\left(\dfrac{\pi}{L}\right)^2\cos\left(\dfrac{2\pi x}{L}\right)\times$ $\sin\left(\dfrac{2\pi y}{B}\right)$	$\left(\dfrac{\pi}{L}\right)^2\cos\left(\dfrac{2\pi x}{L}\right)\times$ $\left[1-\cos\left(\dfrac{2\pi y}{B}\right)\right]$
$\phi''_{yy}(x,y)$	$-\left(\dfrac{\pi}{B}\right)^2\sin\left(\dfrac{\pi x}{L}\right)\times$ $\sin\left(\dfrac{\pi y}{B}\right)$	$-\left(\dfrac{\pi}{B}\right)^2\sin\left(\dfrac{2\pi x}{L}\right)\times$ $\sin\left(\dfrac{\pi y}{B}\right)$	$-\left(\dfrac{2\pi}{B}\right)^2\sin\left(\dfrac{\pi x}{L}\right)\times$ $\sin\left(\dfrac{2\pi y}{B}\right)$	$-\left(\dfrac{2\pi}{B}\right)^2\sin\left(\dfrac{2\pi x}{L}\right)\times$ $\sin\left(\dfrac{2\pi y}{B}\right)$	$-\dfrac{1}{2}\left(\dfrac{\pi}{B}\right)^2\sin\left(\dfrac{\pi y}{B}\right)\times$ $\left[1-\cos\left(\dfrac{2\pi x}{L}\right)\right]$	$-2\left(\dfrac{\pi}{B}\right)^2\sin\left(\dfrac{2\pi y}{B}\right)\times$ $\left[1-\cos\left(\dfrac{2\pi x}{L}\right)\right]$	$\left(\dfrac{\pi}{B}\right)^2\left[1-\cos\left(\dfrac{2\pi x}{L}\right)\right]\times$ $\cos\left(\dfrac{2\pi y}{B}\right)$

(3) 两相邻边刚性固定和两相邻边简支，固有频率为

$$\omega_n = 22.2 \times 10^6 \frac{h}{a^2} \sqrt{1 + 1.115 \frac{a^2}{b^2} + \frac{a^4}{b^4}} \tag{3-178}$$

(4) 一长边刚性固定，三边简支，固有频率为

$$\omega_n = 14.2 \times 10^6 \frac{h}{a^2} \sqrt{1 + 2.33 \frac{a^2}{b^2} + 2.44 \frac{a^4}{b^4}} \tag{3-179}$$

(5) 一长边简支，三边刚性固定，固有频率为

$$\omega_n = 32.2 \times 10^6 \frac{h}{a^2} \sqrt{1 + 0.566 \frac{a^2}{b^2} + 0.475 \frac{a^4}{b^4}} \tag{3-180}$$

实际应用中，对于四边自由支承与四边刚性固定的矩形板，其首谐自由振动可按图 3-16 查取。在船舶振动计算中通常只需要求板的首谐固有频率即可。而在实船中，类似简支、固支等简单的边界条件实际上是不存在的，利用简单边界条件求解的固有频率只能是船体结构的近似固有频率。

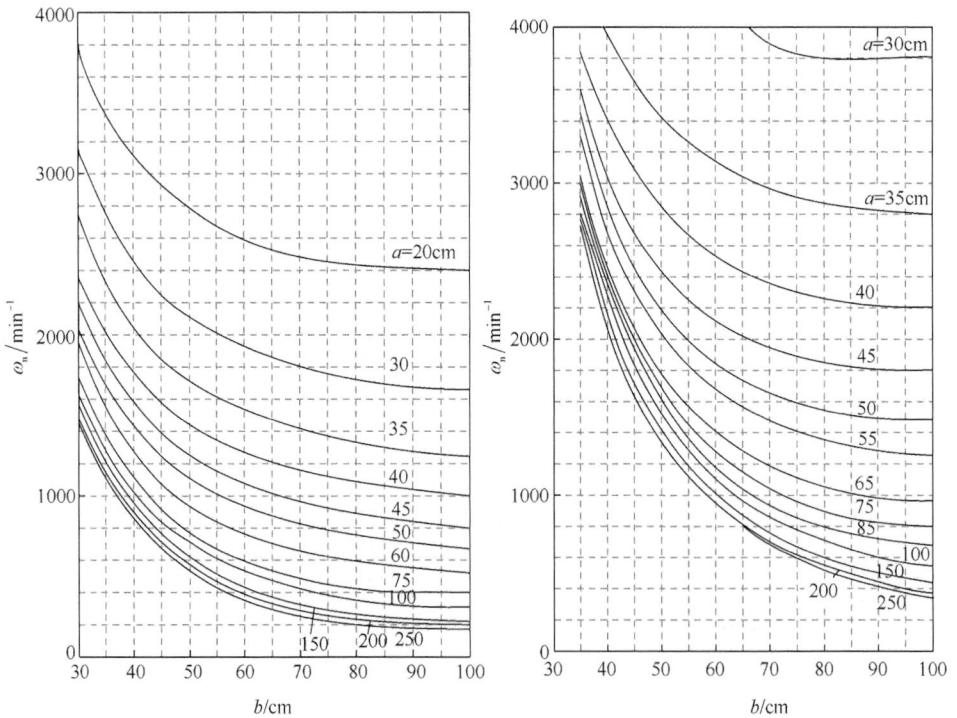

(a)四边自由支承，板厚h=1mm　　　　　　(b)四边刚性固定，板厚h=1mm

图 3-16　板固有频率

3.4 能 量 法

第 2 章介绍了多自由度系统的固有频率与固有振型的近似计算方法，如瑞利法、里茨法等方法，这些方法的特点是利用系统的机械能守恒定律建立固有频率的方程，因此可以将这些方法归纳为能量法。在连续系统的固有频率与振型计算中，同样可以采用相同的计算方法来求解。

3.4.1 瑞利法

实际上，瑞利固有频率计算公式也可按本章介绍的推导多自由度系统的瑞利频率公式的原理和步骤来导出。

以梁的横向振动为例，当梁做第 j 谐调主振动时，其振动位移为

$$w(x,t) = \tilde{\phi}_j(x)\sin(\omega_j t + \theta) \tag{3-181}$$

式中，$\tilde{\phi}_j(x)$ 为假定第 j 谐调主振动的近似振型(假设模态)。

若不计剖面转动惯量的影响，则梁的动能为

$$T = \frac{1}{2}\int_0^l m(x)\dot{w}^2(x,t)\mathrm{d}x \tag{3-182}$$

若不计剪切变形，则梁的弯曲势能为

$$U = \frac{1}{2}\int_0^l EI(x)w''^2(x,t)\mathrm{d}x \tag{3-183}$$

然后根据能量守恒定律，在主振动时，有

$$T_{\max} = U_{\max} \tag{3-184}$$

再将式(3-181)代入动能和势能表达式(3-182)和(3-183)中，并消去简谐项(时间函数)得

$$\begin{cases} U_{\max} = \dfrac{1}{2}\int_0^l EI(x)\tilde{\phi}_j''^2(x)\mathrm{d}x \\ T_{\max} = \dfrac{1}{2}\omega_j^2\int_0^l m(x)\tilde{\phi}_j^2(x)\mathrm{d}x = \omega_j^2 T^* \end{cases} \tag{3-185}$$

式中，$T^* = \dfrac{1}{2}\int_0^l m(x)\tilde{\phi}_j^2(x)\mathrm{d}x$。

从而可得

$$\omega_j^2 = R(\tilde{\phi}) = \frac{U_{max}}{T^*} = \frac{\int_0^l EI(x)\tilde{\phi}_j''^2(x)\mathrm{d}x}{\int_0^l m(x)\tilde{\phi}_j^2(x)\mathrm{d}x} \tag{3-186}$$

此处 $R(\tilde{\phi})$ 即称为瑞利商式或瑞利函数。

当选择假设模态时，必须使其满足几何边界条件和力边界条件，这样才能得到比较精确的近似值。至少要满足几何边界条件，否则会使计算结果误差过大，以致毫无意义。

高谐调近似振型较难选取，因此瑞利法一般仅用来求取系统的首谐固有频率(基频)。对于梁，通常选用静挠度曲线作为首谐振型函数即可得到较好的计算结果，误差可在 5% 以内。当假定的振型函数偏离真实振型时，相当于给系统增加了约束，也就是增加了刚度，将使频率的计算值偏高，因此当选用不同的振型函数而得到不同的计算结果时，应取最低的数值。

在应用瑞利法计算固有频率时，集中质量不影响系统的最大势能，而仅影响系统的最大动能。如图 3-17 所示，当梁上 $x=c$ 处有集中质量 M 时，梁的最大动能为

$$T_{max} = \frac{1}{2}\omega_j^2\int_0^l m(x)\tilde{\phi}_j^2(x)\mathrm{d}x + \frac{1}{2}\omega_j^2 M\tilde{\phi}_j^2(c) \tag{3-187}$$

同样在应用瑞利法计算固有频率时，弹性支撑仅影响系统的势能，如图 3-17 所示，若在梁上 $x=d$ 处有刚度为 k 及扭转刚度为 k_θ 的弹性支撑时，梁的最大势能为

$$U_{max} = \frac{1}{2}\int_0^l EI(x)\tilde{\phi}_j''^2(x)\mathrm{d}x + \frac{1}{2}k\tilde{\phi}_j''^2(d) + \frac{1}{2}k_\theta\tilde{\phi}_j'^2(d) \tag{3-188}$$

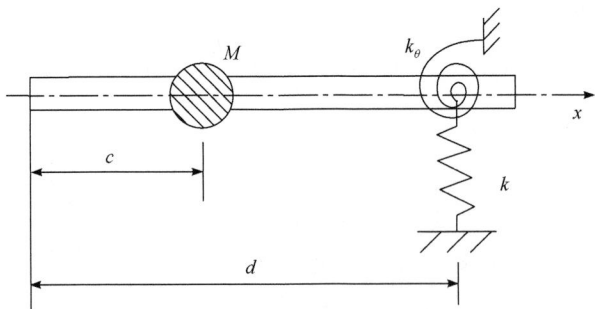

图 3-17　具有集中质量与弹性支撑的梁

例 3-2　应用瑞利法求均匀悬臂直梁的首谐固有频率。

解：取某个给定荷重所产生的梁的静挠度曲线作为其近似振型，为比较所取

的近似振型对计算固有频率的影响，取以下两种近似振型进行计算。

(1) 取梁上受均布荷重 q 作用所产生的静挠度为其近似振型，即

$$\tilde{\phi}(x) = \frac{ql^4}{24EI}\left(\frac{x^4}{l^4} - \frac{4x^3}{l^3} + \frac{6x^2}{l^2}\right)$$

将其代入式(3-186)中可得

$$\omega_1^2 = R(\tilde{\phi}) = \frac{\displaystyle\int_0^l EI\left(\frac{12x^2}{l^4} - \frac{24x}{l^3} + \frac{12}{l^2}\right)^2 \mathrm{d}x}{\displaystyle\int_0^l \rho A\left(\frac{x^4}{l^4} - \frac{4x^3}{l^3} + \frac{6x^2}{l^2}\right)^2 \mathrm{d}x}$$

$$\tilde{\omega}_1 \approx \frac{3.530}{l^2}\sqrt{\frac{EI}{\rho A}}$$

(2) 取自由端受一集中荷重 Q_0 所产生的挠曲线为近似振型，即

$$\tilde{\phi}(x) = \frac{Q_0 l^3}{6EI}\left(\frac{3x^2}{l^2} - \frac{x^3}{l^3}\right)$$

将其代入式(3-186)中可得

$$\omega_1^2 = R(\tilde{\phi}) = \frac{\displaystyle\int_0^l EI\left(\frac{6}{l^2} - \frac{6x}{l^3}\right)^2 \mathrm{d}x}{\displaystyle\int_0^l \rho A\left(\frac{3x^2}{l^2} - \frac{x^3}{l^3}\right)^2 \mathrm{d}x}$$

$$\tilde{\omega}_1 \approx \frac{3.567}{l^2}\sqrt{\frac{EI}{\rho A}}$$

而已知其精确解为

$$\omega_1 \approx \frac{3.516}{l^2}\sqrt{\frac{EI}{\rho A}}$$

故第一种情况所设振型函数全部满足几何和力边界条件，误差仅为+0.4%，而第二种情况误差达到了+1.45%，但是从总体上来看，二者均达到了工程上的要求。

3.4.2 里茨法

里茨法是对瑞利法的引申，可用于求解更精确的基频，同时还可以用来求取高阶固有频率和主振型的近似值。其基本思想是将连续系统离散为有限自由度系

统，然后根据能量守恒定律进行计算。因此，里茨法描述振型的位移函数不是一个假设振型，而是用包含多个未知数的级数和来表示。对于梁的弯曲振动，其近似振型为

$$\tilde{\phi}(x) = \sum_{j=1}^{n} A_j \psi_j(x) \tag{3-189}$$

式中，A_j 为待定系数，或称为广义坐标；$\psi_j(x)$ 为空间坐标 x 的已知函数，称为基函数。基函数必须满足梁的几何边界条件，而且是相互独立的，但不同于特征函数，它们不需要满足微分方程式，而应该是连续可导的，可导的阶数应等于势能中出现的对 x 的导数阶数，然后使瑞利商为极小来选取参数 A_j，从而使近似振型与固有振型接近。因此，一旦取定 $\psi_j(x)$ 后，即将求 $\tilde{\phi}(x)$ 的问题转化为求 n 个待定参数 A_j 的问题，从而将无限自由度系统转化为 n 个自由度的离散系统来处理。这个离散化方案相当于不计高次项，因此将约束 $A_{n+1}, A_{n+2}, \cdots = 0$ 强加给了系统。因为约束会增加系统的刚度，所以求得的固有频率高于系统真实的固有频率。

将级数的一般式(3-189)代入瑞利商的一般式(3-186)中，可得

$$\omega^2 = R(\tilde{\phi}) = \frac{U_{\max}(\tilde{\phi})}{T^*(\tilde{\phi})} = \frac{U_{\max}(A_1,\ A_2,\ \cdots,\ A_n)}{T^*(A_1,\ A_2,\ \cdots,\ A_n)} \tag{3-190}$$

使瑞利商具有平稳值的必要条件，即极值条件为

$$\frac{\partial R}{\partial A_j} = 0, \quad j = 1,2,\cdots,n \tag{3-191}$$

故由式(3-190)得

$$\frac{\partial U_{\max}}{\partial A_j} - \omega^2 \frac{\partial T^*}{\partial A_j} = 0, \quad j = 1,2,\cdots,n$$

$$\frac{\partial}{\partial A_j}(U_{\max} - \omega^2 T^*) = 0, \quad j = 1,2,\cdots,n \tag{3-192}$$

记 $\tilde{s} = V_{\max} - \omega^2 T^*$，则有

$$\frac{\partial \tilde{s}}{\partial A_j} = 0, \quad j = 1,2,\cdots,n \tag{3-193}$$

对于梁的弯曲振动，有

$$\tilde{s} = \int_0^l EI(x)\tilde{\phi}_j''^2 \mathrm{d}x - \omega^2 \int_0^l m(x)\tilde{\phi}_j^2 \mathrm{d}x \tag{3-194}$$

代入级数 $\tilde{\phi}(x) = \sum_{j=1}^{n} A_j \psi_j(x)$ ，将泛函转化为具有 n 个独立变量的函数 $\tilde{s}(A_1, A_2, \cdots, A_n)$ ，得

$$\tilde{s}(A_1, A_2, \cdots, A_n) = \sum_{j=1}^{n}\sum_{s=1}^{n} K_{js} A_j A_s - \omega^2 \sum_{j=1}^{n}\sum_{s=1}^{n} M_{js} A_j A_s \tag{3-195}$$

其中，

$$\begin{cases} K_{js} = \int_0^l EI(x)\psi_j''(x)\psi_s''(x)\mathrm{d}x \\ M_{js} = \int_0^l m(x)\psi_j(x)\psi_s(x)\mathrm{d}x \end{cases}, \quad s, j = 1, 2, \cdots, n \tag{3-196}$$

式中，K_{js} 和 M_{js} 是常系数，并具有对称性，即 $K_{js} = K_{sj}$、$M_{js} = M_{sj}$，将式(3-195)代入式(3-193)，即得关于 A_j 的线性齐次代数方程式组：

$$\sum_{j=1}^{n}(K_{sj} - \omega^2 M_{sj})A_j = 0, \quad s, j = 1, 2, \cdots, n \tag{3-197}$$

式中，A_j 为未知的待定常数；ω^2 为固有频率的平方(特征值)，它的等价矩阵形式为

$$([K] - \omega^2[M])\{A\} = 0 \tag{3-198}$$

与第 2 章的无阻尼自由振动线性齐次代数方程式组一样，问题归结为求 n 个自由度系统的特征值问题。由此解出 n 个特征值 ω_j^2，与相应的特征矢量 A_j（$j = 1, 2, \cdots, n$）。特征值 ω_j^2 表示连续系统前 n 个固有频率的近似值，而第 s 谐调固有振型的近似表达式为

$$\tilde{\phi}^{(s)}(x) = \sum_{j=1}^{n} A_j^{(s)}\psi_j(x), \quad s = 1, 2, \cdots, n \tag{3-199}$$

用里茨法解出的特征值按次序排列为

$$\omega_1^2(n) < \omega_2^2(n) < \cdots < \omega_n^2(n) \tag{3-200}$$

频率越高，误差越大，且所取的项数越多，越趋近于固有频率的准确值，应用里茨法计算各谐调固有频率时，所取振型函数的项数应比需求的固有频率阶数多一倍以上，才能得到较好的计算结果。

例3-3 用里茨法求图 3-18 所示的单位宽度的楔形悬臂梁横向振动的基频率。

解：取坐标如图 3-18 所示。

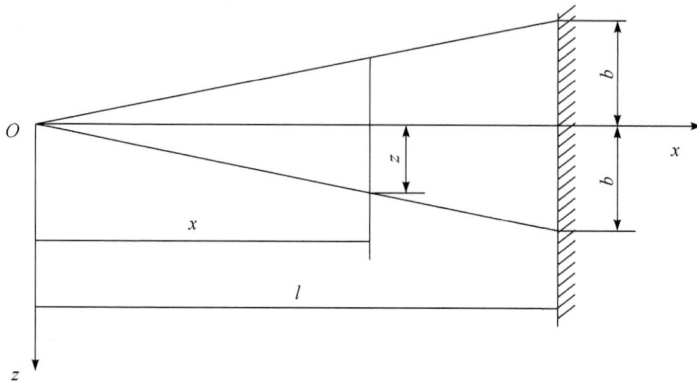

图 3-18　楔形悬臂梁

梁底端单位宽度横剖面面积为 $A_0 = 2b \times 1$ ，故 $A(x) = A_0 \dfrac{x}{l} = 2b\dfrac{x}{l}$ 。

梁底端单位长度的质量为 $m_0 = 2\rho b = \rho A_0$ $m(x) = \rho A(x) = m_0 \dfrac{x}{l} = 2b\rho \left(\dfrac{x}{l}\right)$ 。

梁底端的横剖面惯性矩为 $I_0 = \dfrac{(2b)^3}{12} = \dfrac{2}{3}b^3$ ，而 $z = \dfrac{bx}{l}$ ， $I(x) = \dfrac{(2z)^3}{12} = \dfrac{2}{3}\left(\dfrac{bx}{l}\right)^3 = I_0 \left(\dfrac{x}{l}\right)^3$ 。

按边界条件选取基函数 $\tilde{\phi}(x)$ 组成近似振型 $\tilde{\phi}(x) = \displaystyle\sum_{j-1}^{n} A_j \psi_j(x)$ 。只要求满足几何边界条件，即 $x = 0$ 时， $\psi''_j(0) = 0$ ， $\psi'''_j(l) = 0$ ； $x = l$ 时， $\psi_j(l) = 0$ ， $\psi'_j(l) = 0$ 。这里取 $\psi_j(x) = \left(1 - \dfrac{x}{l}\right)^2 \dfrac{x^{j-1}}{l^{j-1}}$ （ $j = 1, 2, \cdots$ ）。

因为在 $x = 0$ 处， $I(0) = 0$ ，所以

$$EI(x)\psi''_j(x)\big|_{x=0} = 0, \quad EI(x)\psi'''_j(x)\big|_{x=0} = 0$$

满足 $x = 0$ 端的动力边界条件，故基函数的近似振型可写为

$$\tilde{\phi}(x) = A_1 \left(1 - \frac{x}{l}\right)^2 - A_2 \left(1 - \frac{x}{l}\right)^2 \frac{x}{l} + A_3 \left(1 - \frac{x}{l}\right)^2 \frac{x^2}{l^2} + \cdots$$

若取两项基函数组成近似振型：

$$\tilde{\phi}(x) = A_1 \left(1 - \frac{x}{l}\right)^2 + A_2 \left(1 - \frac{x}{l}\right)^2 \frac{x}{l}$$

代入式(3-196)得

$$K_{11} = \frac{EI_0}{l^3}, \quad K_{12} = K_{21} = \frac{2}{5}\frac{EI_0}{l^3}, \quad K_{22} = \frac{2}{5}\frac{EI_0}{l^3}$$

$$M_{11} = \frac{m_0 l}{30}, \quad M_{12} = M_{21} = \frac{1}{105}m_0 l, \quad M_{22} = \frac{1}{280}m_0 l$$

即

$$K = \frac{EI_0}{l^3}\begin{bmatrix} 1 & \dfrac{2}{5} \\ \dfrac{2}{5} & \dfrac{2}{5} \end{bmatrix}, \quad M = m_0\begin{bmatrix} \dfrac{1}{30} & \dfrac{1}{105} \\ \dfrac{1}{105} & \dfrac{1}{280} \end{bmatrix}$$

频率方程可写为

$$\begin{vmatrix} \dfrac{EI_0}{l^3} - \omega^2\dfrac{m_0 l}{30} & \dfrac{2EI_0}{5l^3} - \omega^2\dfrac{m_0 l}{105} \\ \dfrac{2EI_0}{5l^3} - \omega^2\dfrac{m_0 l}{105} & \dfrac{2EI_0}{5l^3} - \omega^2\dfrac{m_0 l}{280} \end{vmatrix} = 0$$

得 $\tilde{\omega}_1 = \dfrac{5.319}{l^2}\sqrt{\dfrac{EI_0}{m_0}}$。精确解为 $\omega_1 = \dfrac{5.315}{l^2}\sqrt{\dfrac{EI_0}{m_0}}$。仅取一项基函数，即得到瑞利法基频为 $\tilde{\omega}_1 = \dfrac{5.48}{l^2}\sqrt{\dfrac{EI_0}{m_0}}$。瑞利法与里茨法计算误差分别为+3%和+0.1%，可见里茨法比瑞利法计算精度更高。

3.5 迁移矩阵法

迁移矩阵法(又称传递矩阵法)是一种数值解法，适用于计算机计算。该方法的基本原则是将复杂的弹性系统分解为一些具有简单的弹性与动力性质的部件，再将这些部件的结合点作为考察点，根据不同问题的要求，列出结合点处的状态矢量，并利用振动时弹性系统各部件之间的传递关系，列出迁移矩阵(或传递矩阵)，利用弹性系统的边界条件，最终求得系统振动时的数值解。

3.5.1 状态矢量

工程中的一些链式结构，如连续梁、曲轴以及在第 5 章将要介绍的船体梁等，迁移矩阵法是非常适用的。迁移矩阵法从微段的微分方程出发，列出剖面的状态参数，构成状态矢量并与边界条件相结合求得其数值解，因此迁移矩阵法首先应研究状态矢量及其构成。

　　状态矢量是各个部件连接点处状态(包括该点的变形与内力的大小)参数所构成的列阵。对于杆的纵向振动，其状态参数应为纵向位移 u 和轴力 N；对于轴的扭转振动，其状态参数应为扭转角 φ 和扭矩 M_n；对于梁的弯曲，其一点的状态参数为挠度 w、扭转角 θ、弯矩 M 和剪力 Q，因此其状态矢量可写为

$$\{Z\} = \{w \quad \theta \quad M \quad Q\}^{\mathrm{T}} \tag{3-201}$$

这种排列法是将位移参数放在上半列，内力参数则放在下半列，排列关于列的中心轴面对称。

　　以连续梁为例，在求梁的横向振动问题时，可以考虑采用迁移矩阵法，将连续梁等效为由 n 个集中质量质点 $m_1, m_2, \cdots, m_n$ 以及 $n+1$ 个梁段构成，具体的离散方法视具体情况而定。例如，对于悬臂梁，梁端的数量也可以选为 n 个。针对第 i 个质点，其左右两端的状态方程可分别表示为 $\{Z\}_i^{\mathrm{L}}$ 和 $\{Z\}_i^{\mathrm{R}}$。对于第 i 个梁端，其左端的状态矢量与第 $i-1$ 个质点右端的状态矢量相同，可写为 $\{Z\}_{i-1}^{\mathrm{R}}$，而其右端的状态矢量与第 i 个质点左端的状态矢量相同，写为 $\{Z\}_i^{\mathrm{L}}$。

　　通过场迁移矩阵将梁段的左右两端状态矢量联系起来，通过点迁移矩阵将质点的左右两端的状态矢量及每一个位置的状态矩阵首尾相连，即可得到整个梁模型从最左端到最右端的状态方程。而梁两端的状态矩阵可根据其边界条件求得，因此可以计算有关梁的固有频率的方程，此即为迁移矩阵法的思想。建立场迁移矩阵与点迁移矩阵的方法也并不唯一。例如，可以不考虑梁端的质量，而将梁的质量都变为集中质量施加在质点上，或者不考虑质点的质量，而在考虑场迁移矩阵的同时将梁的惯性力也考虑进去，这需要视具体问题来决定。

3.5.2　场迁移矩阵

　　当计及梁端的质量时，可以通过梁的运动方程求出梁端 l_i 两端的状态矢量关系。计及剪切与剖面转动惯量的影响，等直梁(铁摩辛柯梁)弯曲自由振动微分方程为

$$\frac{\partial^4 w}{\partial x^4} + \frac{\rho A}{EI} \frac{\partial^2 w}{\partial t^2} - \frac{\rho A}{EI} \left(\frac{EI}{GA_{\mathrm{c}}} + r^2 \right) \frac{\partial^4 w}{\partial x^2 \partial t^2} + \frac{\rho^2 A^2 r^2}{EIGA_{\mathrm{c}}} \frac{\partial^4 w}{\partial t^4} = 0 \tag{3-202}$$

令其解为

$$w(x,t) = w(x)\sin(\omega_{\mathrm{n}} t + \varphi) \tag{3-203}$$

式中，$w(x)$ 为固有振型；ω_n 为固有频率；φ 为振动相位角。

将式(3-203)代入式(3-202)得

$$\frac{d^4 w(x)}{dx^4} + \frac{\rho A \omega_n^2}{EI}\left(\frac{EI_i}{GA_e} + r^2\right)\frac{d^2 w(x)}{dx^2} - \frac{\rho A \omega_n^2}{EI}\left(1 - \frac{\rho A r^2 \omega_n^2}{GA_e}\right)w(x) = 0 \quad (3\text{-}204)$$

令

$$\sigma = \frac{\rho A \omega_n^2}{GA_e}l^2, \quad \tau = \frac{\rho A r^2 \omega_n^2}{EI}l^2, \quad \beta^4 = \frac{\rho A \omega_n^2}{EI}l^4 \quad (3\text{-}205)$$

可得

$$\frac{d^4 w(x)}{dx^4} + \frac{\sigma + \tau}{l^2}\frac{d^2 w(x)}{dx^2} - \frac{\beta^4 - \sigma\tau}{l^4}w(x) = 0 \quad (3\text{-}206)$$

这是一个四阶常系数线性齐次微分方程，设其解为

$$w(x) = c e^{\frac{S}{l}x} \quad (3\text{-}207)$$

将其代入方程(3-206)，得到四个特征方程的根，分别为

$$S = \pm S_1, \pm iS_2 \quad (3\text{-}208)$$

$$S_{1,2} = \left\{\left[(\beta^4 - \sigma\tau) + \frac{1}{4}(\sigma + \tau)^2\right]^{1/2} \mp \frac{1}{2}(\sigma + \tau)\right\}^{1/2} \quad (3\text{-}209)$$

其固有振型的全解可写为

$$w(x) = c_1 \text{ch}\left(\frac{S_1 x}{l}\right) + c_2 \text{sh}\left(\frac{S_1 x}{l}\right) + c_3 \cos\left(\frac{S_2 x}{l}\right) + c_4 \sin\left(\frac{S_2 x}{l}\right) \quad (3\text{-}210)$$

状态矢量四个物理量的关系是线性的，并且后三个量与 $w(x,t)$ 的关系是由 $w(x,t)$ 的导数的线性关系式所组成的，即表现形式是相同的，因此可以写为与 $w(x,t)$ 相同的解的形式，即固有振型与主坐标相乘的形式。扭转角 $\theta(x,t)$、弯矩 $M(x,t)$ 以及剪力 $Q(x,t)$ 等与位移 $w(x,t)$ 应具有相同的时间变化特征，而 $w(x,t)$ 中振型的导数 $w(x)$ 仍然是关于三角函数和双曲函数的四项组合，则扭转角 $\theta(x,t)$、弯矩 $M(x,t)$ 以及剪力 $Q(x,t)$ 中的固有振型 $\theta(x)$、$M(x)$、$Q(x)$ 的形式也应该与 $w(x)$ 的形式相同，若 $w(x)$ 确定，则 $\theta(x)$、$M(x)$、$Q(x)$ 均可推出。

对于剪力 $Q(x,t)$，可写为以下形式：

$$Q(x,t) = Q(x)\sin(\omega_n t + \varphi) \quad (3\text{-}211)$$

$$Q(x) = A_1 \mathrm{ch}\left(\frac{S_1 x}{l}\right) + A_2 \mathrm{sh}\left(\frac{S_1 x}{l}\right) + A_3 \cos\left(\frac{S_2 x}{l}\right) + A_4 \sin\left(\frac{S_2 x}{l}\right) \quad (3\text{-}212)$$

根据式(3-57)，可知$\dfrac{\partial Q}{\partial x} = \rho A \ddot{w}$，将式(3-210)和式(3-212)代入，可得

$$A_1 \frac{S_1}{l} \mathrm{ch}\left(\frac{S_1 x}{l}\right) + A_2 \frac{S_1}{l} \mathrm{sh}\left(\frac{S_1 x}{l}\right) + A_3 \frac{S_2}{l} \cos\left(\frac{S_2 x}{l}\right) + A_4 \frac{S_2}{l} \sin\left(\frac{S_2 x}{l}\right)$$

$$= c_1 \rho A \omega_n^2 \mathrm{ch}\left(\frac{S_1 x}{l}\right) + c_2 \rho A \omega_n^2 \mathrm{sh}\left(\frac{S_1 x}{l}\right) + c_3 \rho A \omega_n^2 \cos\left(\frac{S_2 x}{l}\right) \quad (3\text{-}213)$$

$$+ c_4 \rho A \omega_n^2 \sin\left(\frac{S_2 x}{l}\right)$$

通过式(3-213)即可得到A_1、A_2、A_3、A_4与c_1、c_2、c_3、c_4之间的关系，统一采用描述剪力振型$Q(x)$的系数A_1、A_2、A_3、A_4来表示$w(x)$、$\theta(x)$以及$M(x)$，即可得到

$$w(x) = -\frac{l^3}{\beta^4 EI}\left[A_1 S_1 \mathrm{ch}\left(\frac{S_1 x}{l}\right) + A_2 S_1 \mathrm{sh}\left(\frac{S_1 x}{l}\right) + A_3 S_2 \cos\left(\frac{S_2 x}{l}\right) + A_4 S_2 \sin\left(\frac{S_2 x}{l}\right) \right]$$

$$(3\text{-}214)$$

$$\begin{aligned} \theta(x) &= \frac{Q(x)}{GA_e} - \frac{\partial w}{\partial x} \\ &= \frac{l^2}{\beta^4 EI}\left\{ (\sigma + S_1^2)\left[A_1 \mathrm{ch}\left(\frac{S_1 x}{l}\right) + A_2 \mathrm{sh}\left(\frac{S_1 x}{l}\right) \right] \right. \\ &\quad \left. + (\sigma - S_2^2)\left[A_3 \cos\left(\frac{S_2 x}{l}\right) + A_4 \sin\left(\frac{S_2 x}{l}\right) \right] \right\} \end{aligned} \quad (3\text{-}215)$$

$$\begin{aligned} M(x) &= \frac{\partial \theta}{\partial x} \\ &= \frac{l}{\beta^4 EI}\left\{ (\sigma + S_1^2)S_1\left[A_1 \mathrm{ch}\left(\frac{S_1 x}{l}\right) + A_2 \mathrm{sh}\left(\frac{S_1 x}{l}\right) \right] \right. \\ &\quad \left. + (\sigma - S_2^2)S_2\left[A_3 \cos\left(\frac{S_2 x}{l}\right) + A_4 \sin\left(\frac{S_2 x}{l}\right) \right] \right\} \end{aligned} \quad (3\text{-}216)$$

将状态矢量用矩阵的形式表示为

$$\begin{Bmatrix} w(x) \\ \theta(x) \\ M(x) \\ Q(x) \end{Bmatrix}$$

$$
=\begin{bmatrix}
-\dfrac{l^3 S_1}{\beta^4 EI}\,\mathrm{sh}\left(\dfrac{S_1 x}{l}\right) & -\dfrac{l^3 S_1}{\beta^4 EI}\,\mathrm{ch}\left(\dfrac{S_1 x}{l}\right) & -\dfrac{l^3 S_2}{\beta^4 EI}\sin\left(\dfrac{S_2 x}{l}\right) & -\dfrac{l^3 S_2}{\beta^4 EI}\cos\left(\dfrac{S_2 x}{l}\right) \\[2mm]
\dfrac{l^2(\sigma+S_1^2)}{\beta^4 EI}\,\mathrm{ch}\left(\dfrac{S_1 x}{l}\right) & \dfrac{l^2(\sigma+S_1^2)}{\beta^4 EI}\,\mathrm{sh}\left(\dfrac{S_1 x}{l}\right) & \dfrac{l^2(\sigma-S_2^2)}{\beta^4 EI}\cos\left(\dfrac{S_2 x}{l}\right) & \dfrac{l^2(\sigma-S_2^2)}{\beta^4 EI}\sin\left(\dfrac{S_2 x}{l}\right) \\[2mm]
\dfrac{lS_1(\sigma+S_1^2)}{\beta^4}\,\mathrm{sh}\left(\dfrac{S_1 x}{l}\right) & \dfrac{lS_1(\sigma+S_1^2)}{\beta^4}\,\mathrm{ch}\left(\dfrac{S_1 x}{l}\right) & \dfrac{-lS_2(\sigma-S_2^2)}{\beta^4}\sin\left(\dfrac{S_2 x}{l}\right) & \dfrac{lS_2(\sigma-S_2^2)}{\beta^4}\cos\left(\dfrac{S_2 x}{l}\right) \\[2mm]
\mathrm{ch}\left(\dfrac{S_1 x}{l}\right) & \mathrm{sh}\left(\dfrac{S_1 x}{l}\right) & \cos\left(\dfrac{S_2 x}{l}\right) & \sin\left(\dfrac{S_2 x}{l}\right)
\end{bmatrix}
\begin{Bmatrix} A_1 \\ A_2 \\ A_3 \\ A_4 \end{Bmatrix}
\tag{3-217}
$$

可将上述矩阵简写为

$$
\{Z(x)\}=[B(x)]\{A\} \tag{3-218}
$$

式中，$\{A\}$ 为系数列向量，表达式为

$$
\{A\}=\{A_1 \quad A_2 \quad A_3 \quad A_4\}^{\mathrm{T}} \tag{3-219}
$$

某梁段的左端(第 $i-1$ 节点右端)取为 $x=0$ 处，该处的状态矢量 $\{Z\}_{i-1}^{\mathrm{R}}$ 为

$$
\{Z\}_{i-1}^{\mathrm{R}}=\{Z(0)\}=[B(0)]\{A\} \tag{3-220}
$$

该梁段右端(第 i 节点左端)的状态矢量 $\{Z\}_i^{\mathrm{L}}$，即 $x=l$ 处的状态矢量为

$$
\{Z\}_i^{\mathrm{L}}=\{Z(l)\}=[B(l)]\{A\}=[B(l)][B(0)]^{-1}\{Z\}_{i-1}^{\mathrm{R}}=[F]\{Z\}_{i-1}^{\mathrm{R}} \tag{3-221}
$$

这样该梁段右端的状态矢量就通过矩阵 $[F]$ 的线性变换与梁段左端的状态矢量联系起来，变换矩阵把状态矢量从一个截面迁移到另一个截面，因此称为迁移矩阵，$[F]$ 就称为场迁移矩阵。求此矩阵的关键是求逆矩阵 $[B(0)]^{-1}$。对于此处讨论的梁的弯曲振动，矩阵 $[B(0)]$ 中有规则的零元素，因此可分割为两个子矩阵来求逆矩阵 $[B(0)]^{-1}$，可得

$$
[B(0)]^{-1}=\begin{bmatrix}
0 & \beta^4 EI\dfrac{\Lambda}{l^2} & 0 & \Lambda_2 \\[2mm]
-\beta^4 EI\dfrac{\Lambda_2}{S_1 l^3} & 0 & \beta^4\dfrac{\Lambda}{S_1 l} & 0 \\[2mm]
0 & -\beta^4 EI\dfrac{\Lambda}{l^2} & 0 & \Lambda_1 \\[2mm]
-\beta^4 EI\dfrac{\Lambda_1}{S_2 l^3} & 0 & -\beta^4\dfrac{\Lambda}{S_2 l} & 0
\end{bmatrix}
\tag{3-222}
$$

其中，

$$\Lambda = \frac{1}{S_1^2 + S_2^2}, \quad \Lambda_1 = \frac{\sigma + S_1^2}{S_1^2 + S_2^2}, \quad \Lambda_2 = \frac{S_2^2 - \sigma}{S_1^2 + S_2^2} \tag{3-223}$$

计算 $[B(l)][B(0)]^{-1}$ 可求得梁两端的场矩阵为

$$[F] = \begin{bmatrix} C_0 - \sigma C_2 & -l[C_1 - (\sigma + \tau)C_3] & -aC_2 & \dfrac{-al}{\beta^4}\left[-\sigma C_1 + (\beta^4 + \sigma^2)C_3\right] \\[3mm] \dfrac{-\beta^4}{l}C_3 & C_0 - \tau C_2 & \dfrac{a(C_1 - \tau C_3)}{l} & aC_2 \\[3mm] \dfrac{-\beta^4}{a}C_2 & \dfrac{l}{a}\left[-\tau C_1 + (\beta^4 + \tau^2)C_3\right] & C_0 - \tau C_2 & l[C_1 - (\sigma + \tau)C_3] \\[3mm] \dfrac{-\beta^4}{al}(C_1 - \sigma C_3) & \dfrac{\beta^4}{a}C_2 & \dfrac{\beta^4}{l}C_3 & C_0 - \sigma C_2 \end{bmatrix}$$

$$\tag{3-224}$$

其中，

$$\begin{cases} C_0 = \Lambda(S_2^2 \operatorname{ch} S_1 + S_1^2 \cos S_2) \\[3mm] C_1 = \Lambda\left(\dfrac{S_2^2}{S_1}\operatorname{sh} S_1 + \dfrac{S_1^2}{S_2}\sin S_2\right) \\[3mm] C_2 = \Lambda(\operatorname{ch} S_1 - \cos S_2) \\[3mm] C_3 = \Lambda\left(\dfrac{1}{S_1}\operatorname{sh} S_1 - \dfrac{1}{S_2}\sin S_2\right) \\[3mm] a = \dfrac{l^2}{EI} \end{cases} \tag{3-225}$$

所考察的梁段右端的状态矢量 $\{Z\}_i^{\mathrm{L}}$ 与左端的状态矢量 $\{Z\}_{i-1}^{\mathrm{R}}$ 即由式(3-221)和式(3-224)完全确定。对于不同的梁段，其场迁移矩阵表达式是一样的，只是物理参数不同。

如果不考虑梁段的质量，可不再用梁的运动方程来建立场矩阵，而直接依据梁的静力变形关系即可，得到第 i 段的状态矢量方程为

$$\{Z\}_i^{\mathrm{L}} = [F]\{Z\}_{i-1}^{\mathrm{R}} = \begin{bmatrix} 1 & l & \dfrac{l^2}{2EI} & \dfrac{l^3}{6EI} \\[3mm] 0 & 1 & \dfrac{l}{EI} & \dfrac{l^2}{2EI} \\[3mm] 0 & 0 & 1 & l \\[3mm] 0 & 0 & 0 & 1 \end{bmatrix}\{Z\}_{i-1}^{\mathrm{R}} \tag{3-226}$$

式(3-221)和式(3-226)中关于场矩阵参数的设置主要与第 i 梁段的具体参数有关。例如，在对质量与刚度不均匀的梁结构进行等效时，可将其离散成多个均直梁共同构成阶梯梁模型，式(3-205)中梁的参数均应根据第 i 梁段的具体参数确定。

3.5.3 点迁移矩阵

上述的场迁移矩阵是将截面的状态矢量从第 i 个梁段的左端(第 $i-1$ 个节点的右端)迁移到第 i 个梁段的右端(第 i 个节点的左端)，现再从第 i 个质点的左端越过节点而迁移到第 i 个质点的右端，则该 i 点前后两侧的状态矢量与场迁移矩阵相类似，可以用点迁移矩阵 $[P]$ 来连接，即

$$\{Z\}_i^{\mathrm{R}} = [P]\{Z\}_i^{\mathrm{L}} \tag{3-227}$$

若在第 i 个节点上有集中质量 m，如图3-19所示，则节点两端的剪力关系式在自由振动时为

$$Q_i^{\mathrm{R}} = Q_i^{\mathrm{L}} - m\omega_{\mathrm{n}}^2 w \tag{3-228}$$

式中，m 和 w 为节点处的质量和位移。在节点处位移、扭转角和曲率是连续的，因此可由节点处的连续条件以及节点处力和力矩的平衡关系式得到节点处的点迁移矩阵为

$$[P] = \begin{bmatrix} 1 & 0 & 0 & 0 \\ 0 & 1 & 0 & 0 \\ 0 & 0 & 1 & 0 \\ -m\omega_{\mathrm{n}}^2 & 0 & 0 & 1 \end{bmatrix} \tag{3-229}$$

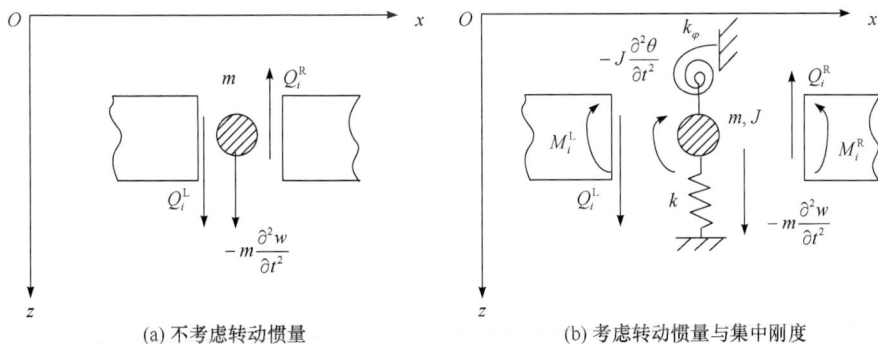

(a) 不考虑转动惯量   (b) 考虑转动惯量与集中刚度

图3-19 节点受力分析

若节点上既有集中质量 m，又有转动惯量 J，以及刚度系数为 k 的线弹簧和刚度系数为 k_{φ} 的扭转弹簧，则

$$M_i^{\mathrm{R}} = M_i^{\mathrm{L}} + k_\varphi \theta - J\frac{\partial^2 \theta}{\partial t^2} = M_i^{\mathrm{L}} + (k_\varphi - J\omega_{\mathrm{n}}^2)\theta \tag{3-230}$$

$$Q_i^{\mathrm{R}} = Q_i^{\mathrm{L}} + kw - m\frac{\partial^2 w}{\partial t^2} = Q_i^{\mathrm{L}} + (k - m\omega_{\mathrm{n}}^2)w \tag{3-231}$$

从而有

$$[P] = \begin{bmatrix} 1 & 0 & 0 & 0 \\ 0 & 1 & 0 & 0 \\ 0 & k_\varphi - J\omega_{\mathrm{n}}^2 & 1 & 0 \\ k - m\omega_{\mathrm{n}}^2 & 0 & 0 & 1 \end{bmatrix} \tag{3-232}$$

显然，若节点上无任何集中质量与弹簧，则点迁移矩阵是一个单位阵：

$$[P] = \begin{bmatrix} 1 & 0 & 0 & 0 \\ 0 & 1 & 0 & 0 \\ 0 & 0 & 1 & 0 \\ 0 & 0 & 0 & 1 \end{bmatrix} \tag{3-233}$$

3.5.4　迁移矩阵法的应用

分析梁的弯曲自由振动，首先将梁划分为任意长的几段，每一段梁的长度可以不同，而各梁段可以认为是等直梁，段内没有集中质量和集中弹性支座。如果将梁的首端与尾端作为节点，分别给端部编号为 0 和 n，这样梁共有 $n+1$ 个节点、n 个梁段以及 $n-1$ 个质点，如图 3-20 所示。节点处可以有集中质量和弹性支撑，从而组成最简单的链式结构。

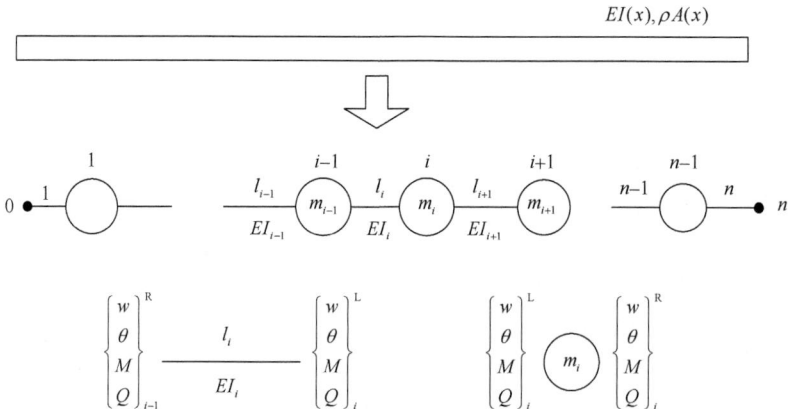

图 3-20　连续梁的迁移矩阵法离散化示意图

对于梁的各个节点和各个梁段，可写出其状态矢量的关系式为

$$\{Z\}_1^L = [F]_1\{Z\}_0, \quad \{Z\}_1^R = [P]_1\{Z\}_1^L, \quad \{Z\}_2^L = [F]_2\{Z\}_1^R, \quad \{Z\}_2^R = [P]_2\{Z\}_2^L,$$

$$\cdots, \quad \{Z\}_{n-1}^L = [F]_{n-1}\{Z\}_{n-2}^R, \quad \{Z\}_{n-1}^R = [P]_{n-1}\{Z\}_{n-1}^L, \quad \{Z\}_n = [F]_n\{Z\}_{n-1}^R$$

$$(3\text{-}234)$$

式中，$\{Z\}_0$、$\{Z\}_n$ 为梁首尾两端的状态矢量。

依次计算式(3-234)中的各式，并从上到下依次代入，最后可得

$$\{Z\}_n = [F]_n[P]_{n-1}[F]_{n-1}\cdots[P]_i[F]_i[P]_{i-1}\{Z\}_{i-1}\cdots[P]_1[F]_1\{Z\}_0 \quad (3\text{-}235)$$

或简写为

$$\{Z\}_n = [\Pi]\{Z\}_0 \quad (3\text{-}236)$$

式(3-236)表明，求解梁的自由振动需要求解一系列点阵和场阵的连乘，称为整个链状结构的迁移矩阵。由于连乘将中间状态矢量各行消去，最后得到在式(3-236)中出现的仅是首尾两端的状态矢量和矩阵 $[\Pi]$。

对梁的弯曲振动问题，首尾的状态矢量为 4×1 阶列阵，因此矩阵 $[\Pi]$ 为 4×4 的方阵。从式(3-236)出发，利用梁端的边界条件，消去首尾某些已知的边界条件所含的物理量，然后用非零解的条件即可求得频率方程式。由频率方程式即可求得梁的固有频率，然后求出各点的状态矢量。

以两端自由梁的情况为例，即

$$\begin{Bmatrix} w \\ \theta \\ M \\ Q \end{Bmatrix}_n = \begin{bmatrix} \pi_{11} & \pi_{12} & \pi_{13} & \pi_{14} \\ \pi_{21} & \pi_{22} & \pi_{23} & \pi_{24} \\ \pi_{31} & \pi_{32} & \pi_{33} & \pi_{34} \\ \pi_{41} & \pi_{42} & \pi_{43} & \pi_{44} \end{bmatrix} \begin{Bmatrix} w \\ \theta \\ M \\ Q \end{Bmatrix}_0 \quad (3\text{-}237)$$

两端自由梁的边界条件为

$$\begin{cases} M_n = M_0 = 0 \\ Q_n = Q_0 = 0 \end{cases} \quad (3\text{-}238)$$

将式(3-238)代入式(3-237)，得

$$\begin{cases} \pi_{31}w_0 + \pi_{32}\theta_0 = 0 \\ \pi_{41}w_0 + \pi_{42}\theta_0 = 0 \end{cases} \quad (3\text{-}239)$$

w_0 和 θ_0 不能同时为零，因此必须使方程组(3-239)的系数行列式为零，即

$$\begin{vmatrix} \pi_{31} & \pi_{32} \\ \pi_{41} & \pi_{42} \end{vmatrix} = 0 \quad (3\text{-}240)$$

式(3-240)即为梁的频率方程，满足该方程的根 ω_i 即为所求梁振动的固有频率，在求得 ω_i 后，可由式(3-235)求出相应的首端状态矢量。

因为

$$\theta_0 = -\frac{\pi_{31}}{\pi_{32}} w_0 = -\frac{\pi_{41}}{\pi_{42}} w_0 \tag{3-241}$$

当 $w_0 = 1$ 时，有 $\theta_0 = -\dfrac{\pi_{31}}{\pi_{32}}$ ，故首端状态矢量为

$$\{Z_0\} = \left\{ 1 \quad -\frac{\pi_{31}}{\pi_{32}} \quad 0 \quad 0 \right\}^{\mathrm{T}} \tag{3-242}$$

将求得的 ω_i 代入式(3-234)中，然后由上至下逐个求出各点的状态矢量 $\{Z\}_i$，从而得出以节点位移表示的离散的振动值，并且得到其振型。迁移矩阵法的思想是各种离散数值方法的基础，对于稍微简单一点的模型具有很好的应用效果，如计算船体振动的固有频率和振型，这部分内容将在第 5 章着重介绍。

3.6　有　限　元　法

有限元法是一种将结构离散化的普遍方法，是将结构看成有限个离散单元的集合体，每个单元则是一种连续的结构元件，在几个元件的公共点，即节点处，需要满足位移的协调条件与节点力的平衡条件，从而使整个结构成为一个统一体。本节的目的在于说明有限元法的基本思想和基本方法。其基本处理方法大体上分为以下三个步骤。

(1) 结构离散化。即对真实结构划分单元体并建立其物理模型。后续的分析实际上是针对这个替代结构进行的，因此需要准确地判断。一般来说，离散化并不困难，往往很粗糙地划分单元体就能得到很好的计算结果，而且像人们直观想象的那样，采用的网格的理想化结构越细密，计算结果就越精确。

(2) 单元的特性计算。这是有限元分析的关键。结构力学分析中的两种基本方法即力法和位移法都可应用，但复杂结构采用位移法比较简单。首先，在单元体内架设一个位移函数，并用元件节点的位移来表示单元体中各点的位移，这些节点位移是基本未知量，称为节点变量。然后在整个单元体内求和得到用节点变量(广义坐标)表示的元件的动能和势能，从而求得单元体的刚度矩阵和惯性矩阵(如果考虑阻尼，也可以包括阻尼矩阵)。

(3) 组合结构的分析。即将所有单元体的能量相叠加，求得用这个结构的各节点位移变量表示的结构势能和动能(注意，在几个元件交接的节点处，各位移

分量必须是单值才可以直接叠加)。因此，应用拉格朗日第二类方程即可得到以节点位移为广义坐标的弹性体振动的微分方程式。若在弹性体结构上有外加干扰力作用，则还应该求出与节点位移相对应的广义干扰力，加到运动微分方程的右部，即成为强迫振动的微分方程式。这样便实现了"结构的离散化"。

3.6.1　节点的位移坐标和位移插值函数

为了导出单元体的特性矩阵，首先要形成以"节点位移"为广义坐标的位移插值函数。本节所述方法是一种推导各类单元体特性矩阵的通用方法。

本节主要以一维结构弯曲问题为例来介绍有限元分析方法，当然，相较于拉压问题，弯曲问题显得更加复杂，而相较于二维结构，一维结构又相对简单一些。假设对于某梁结构进行弯曲动力学分析，可以将其进行网格单元划分，那么最为简单的单元体也必将是梁单元，其节点广义坐标是梁单元体两端节点的横向位移和扭转角，即 $w(0,t)$、$w(l,t)$、$\dfrac{\partial w(0,t)}{\partial x}$ 和 $\dfrac{\partial w(l,t)}{\partial x}$。如图 3-21 所示，$l$ 为单元体的长度。

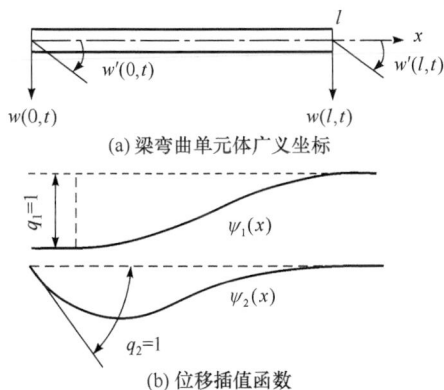

(a) 梁弯曲单元体广义坐标

(b) 位移插值函数

图 3-21　梁弯曲单元体广义坐标与位移插值函数

一般来说，形成任意单元体的插值函数大体上分为以下四个步骤。

(1) 用一个关于单元体坐标 x 的多项式来表示单元体内各点的位移场。对于梁弯曲单元体，可用一个关于 x 三次方的函数来表示：

$$w(x,t) = \alpha_1(t) + \alpha_2(t)x + \alpha_3(t)x^2 + \alpha_4(t)x^3 \tag{3-243}$$

令

$$\begin{cases} \{H(x)\} = \left\{ 1 \quad x \quad x^2 \quad x^3 \right\} \\ \{\alpha(t)\} = \left\{ \alpha_1(t) \quad \alpha_2(t) \quad \alpha_3(t) \quad \alpha_3(t) \right\}^{\mathrm{T}} \end{cases} \tag{3-244}$$

则式(3-243)转化为

$$w(x,t) = \{H(x)\}\{\alpha(t)\} \tag{3-245}$$

式中，$\{H(x)\}$ 为既满足单元体内部位移协调性，也尽可能满足单元体之间的边界协调性的位移基函数，称为差值函数；$\{\alpha(t)\}$ 为广义坐标，独立广义坐标数应等于单元体独立节点位移分量数，对梁而言有四个广义坐标。

(2) 计算用广义坐标 $\{\alpha(t)\}$ 表示的节点位移 $\{q(t)\}$。对于梁单元体的四个节点位移，其分别为 $w(0,t) = q_1(t)$、$w'(0,t) = q_2(t)$、$w(l,t) = q_3(t)$、$w'(l,t) = q_4(t)$。只需将节点坐标代入式(3-245)中，即可得到广义坐标 $\{\alpha(t)\}$ 和节点位移 $\{q(t)\}$ 之间的关系式为

$$\{q\} = [A]\{\alpha\} \tag{3-246}$$

其中，

$$[A] = \begin{bmatrix} 1 & 0 & 0 & 0 \\ 0 & 1 & 0 & 0 \\ 1 & l & l^2 & l^3 \\ 0 & 1 & 2l & 3l^2 \end{bmatrix} \tag{3-247}$$

$$\{q\} = \{q_1,\ q_2,\ q_3,\ q_4\}^{\mathrm{T}} \tag{3-248}$$

$$\{\alpha\} = \{\alpha_1,\ \alpha_2,\ \alpha_3,\ \alpha_4\}^{\mathrm{T}} \tag{3-249}$$

这里，因为位移函数的数目正好等于梁的节点位移变量数目，所以 $[A]$ 是一个方阵。

(3) 用节点位移坐标 $\{q(t)\}$ 表示广义坐标 $\{\alpha(t)\}$，很简单，只需要将式(3-246)求逆，即可得

$$\{\alpha\} = [A]^{-1}\{q\} = [B]\{q\} \tag{3-250}$$

其中，

$$[B] = [A]^{-1} = \begin{bmatrix} 1 & 0 & 0 & 0 \\ 0 & 1 & 0 & 0 \\ -\dfrac{3}{l^2} & -\dfrac{2}{l} & \dfrac{3}{l^2} & -\dfrac{1}{l} \\ \dfrac{2}{l^3} & \dfrac{1}{l^2} & -\dfrac{2}{l^3} & \dfrac{1}{l^2} \end{bmatrix} \tag{3-251}$$

在极少数情况下，矩阵[A]可能是一个奇异阵。此时，需要修正单元体的坐标系或单元体的位移函数。

(4) 将单元体内各点的位移用节点位移坐标来表示，即写成插值函数的形式。对梁而言，有

$$w(x,t) = \{H(x)\}\{\alpha(t)\} = \{H(x)\}[B]\{q(t)\} = \{\psi(x)\}\{q(t)\} \tag{3-252}$$

其中，

$$\{\psi(x)\} = \{H(x)\}[B] \tag{3-253}$$

由式(3-244)第一式和式(3-253)，可求得

$$\{\psi(x)\} = \{\psi_1(x), \psi_2(x), \psi_3(x), \psi_4(x)\} \tag{3-254}$$

其中，

$$\begin{cases} \psi_1(x) = 1 - \dfrac{3x^2}{l^2} + \dfrac{2x^3}{l^3} \\[2mm] \psi_2(x) = x - \dfrac{2x^2}{l} + \dfrac{x^3}{l^2} \\[2mm] \psi_3(x) = \dfrac{3x^2}{l^2} - \dfrac{2x^3}{l^3} \\[2mm] \psi_4(x) = -\dfrac{x^2}{l} + \dfrac{x^3}{l^2} \end{cases} \tag{3-255}$$

至此这些插值函数便全部求得。因为它们规定了单元体的变形形状，所以又称为形状函数。

由式(3-255)可见，有限元法研究的单元体是连续的，但用边界上有限个节点变量来描述连续元中任意点的位移本质上是一种离散的模式。可以看到，式(3-255)实际上表示一种变化了的里茨法。里茨法需要对整个实际结构构成一组可能的位移函数，这对于复杂的结构往往是困难的。而在有限元分析中，复杂的结构一经离散为有限单元的集合后，问题就变为对于各单元体取定节点自由度及相应的广义坐标q_i，并求得相应的单元体内的位移插值函数。而这种函数对各类单元体是可以用上面的格式来形成的，克服了里茨法的困难，这也是有限元法的一个优点。

3.6.2　单元体的刚度矩阵、质量矩阵和外力矢量

1. 单元体的刚度矩阵$[K]_e$

在写出用单元体节点位移作为广义坐标的单元体的弯曲势能后，即可求得相

应的梁弯曲单元的刚度矩阵。单元体的势能为

$$U_e = \frac{1}{2}\int_0^l EIw''^2(x,t)\mathrm{d}x \tag{3-256}$$

将式(3-252)代入式(3-256)中得

$$U_e = \frac{1}{2}\int_0^l \{q\}^T \{\psi''\}^T EI\{\psi''\}\{q\}\mathrm{d}x = \frac{1}{2}\{q\}^T [K]_e\{q\} \tag{3-257}$$

其中，

$$[K]_e = \frac{1}{2}\int_0^l \{\psi''\}^T EI\{\psi''\}\mathrm{d}x = [B]^T \left[\frac{1}{2}\int_0^l \{H''\}^T EI\{H''\}\mathrm{d}x\right][B] \tag{3-258}$$

此矩阵的元素为

$$K_{js} = \int_0^l EI\psi_j''(x)\psi_s''(x)\mathrm{d}x \tag{3-259}$$

将式(3-244)的第一式和式(3-251)代入式(3-258)得

$$[K]_e = \frac{EI}{l^3}\begin{bmatrix} 12 & 6l & -12 & 6l \\ 6l & 4l^2 & -6l & 2l^2 \\ -12 & -6l & 12 & -6l \\ 6l & 2l^2 & -6l & 4l^2 \end{bmatrix} \tag{3-260}$$

2. 单元体的质量矩阵 $[M]_e$

在写出用单元体节点位移作为广义坐标的单元体的动能后，即可求得相应的梁弯曲单元的质量矩阵。单元体的动能为

$$T_e = \frac{1}{2}\int_0^l m\dot{w}^2(x,t)\mathrm{d}x \tag{3-261}$$

将式(3-252)代入式(3-261)中得

$$T_e = \frac{1}{2}\int_0^l \{\dot{q}\}^T \{\psi\}^T m\{\dot{q}\}\{\psi\}\mathrm{d}x = \frac{1}{2}\{\dot{q}\}^T [M]_e\{\dot{q}\} \tag{3-262}$$

其中，

$$[M]_e = \frac{1}{2}\int_0^l \{\psi\}^T m\{\psi\}\mathrm{d}x = [B]^T \left[\int_0^l \{H\}^T m\{H\}\mathrm{d}x\right][B] \tag{3-263}$$

将式(3-244)的第一式和式(3-251)代入式(3-263)得

$$[M]_e = \frac{ml}{420} \begin{bmatrix} 156 & 22l & 54 & -13l \\ 22l & 4l^2 & 13l & -3l^2 \\ 54 & 13l & 156 & -22l \\ -13l & -3l^2 & -22l & 4l^2 \end{bmatrix} \tag{3-264}$$

3. 单元体的节点外力矢量$[F]_e$

设$f(x,t)$为单元体所承受的分布非保守力，$\{F^*(t)\}$为所考察的梁单元体相邻的单元体所加于该单元体的节点力矢量，表达式为

$$\{F^*(t)\} = \left\{ F_1^*(t) \quad F_2^*(t) \quad F_3^*(t) \quad F_4^*(t) \right\}^T \tag{3-265}$$

则它们做的虚功为

$$\begin{aligned} \delta W_e &= \int_0^l f(x,t)\delta w(x,t)dx + \delta\{q\}^T\{F^*\} \\ &= \int_0^l \delta\{q\}^T f(x,t)\{\psi(x)\}dx + \delta\{q\}^T\{F^*\} = \delta\{q\}^T\{F\}_e \end{aligned} \tag{3-266}$$

式中，$\{F\}_e$为与节点广义坐标$\{q\}$相应的等效节点外力矢量，表达式为

$$\{F\}_e = \left\{ F_1(t) \quad F_2(t) \quad F_3(t) \quad F_4(t) \right\}^T \tag{3-267}$$

其中，

$$F_j(t) = \int_0^l f(x,t)\psi_j(x)dx + F_j^*(t), \quad j=1,2,3,4 \tag{3-268}$$

容易看出，若在单元的节点上只有与广义坐标q_i相对应的集中外力$Pf(t)$，并不计元素间的作用力$F_j^*(t)$，则单元体的节点外力矢量为

$$\{F\}_e = \left\{ Pf(t) \quad 0 \quad 0 \quad 0 \right\}^T \tag{3-269}$$

若在梁单元上作用有单位长度上的强度为$P_0 f(t)$的均布外荷重，则这个力在单元体上的等效节点外力矢量为

$$\{F\}_e = f(t)\left\{ \frac{1}{2}P_0 l \quad \frac{1}{12}P_0 l^2 \quad \frac{1}{2}P_0 l \quad -\frac{1}{12}P_0 l^2 \right\}^T \tag{3-270}$$

4. 坐标变换

任一空间梁单元体两端点沿单元体局部坐标系$O\text{-}xyz$的位移可用$q_1, q_2,$ q_3, q_4, q_5, q_6来表示。为了形成弹性结构的总刚度矩阵、总质量矩阵和节点总外力矢量，需要将位移分量化为单一的总坐标系分量。

取总坐标系 $O\text{-}\overline{xyz}$ ，梁单元两端点在总坐标系中相应的位移分量为 $\overline{q}_1$, $\overline{q}_2, \overline{q}_3, \overline{q}_4, \overline{q}_5, \overline{q}_6$ ，如图 3-22 所示。在结构静力学的有限元分析中，已给出局部坐标和纵坐标之间的关系式为

$$\begin{Bmatrix} x \\ y \\ z \end{Bmatrix} = \begin{bmatrix} l_{x\overline{x}} & l_{x\overline{y}} & l_{x\overline{z}} \\ l_{y\overline{x}} & l_{y\overline{y}} & l_{y\overline{z}} \\ l_{z\overline{x}} & l_{z\overline{y}} & l_{z\overline{z}} \end{bmatrix} \begin{Bmatrix} \overline{x} \\ \overline{y} \\ \overline{z} \end{Bmatrix} = [l] \begin{Bmatrix} \overline{x} \\ \overline{y} \\ \overline{z} \end{Bmatrix} \tag{3-271}$$

式中， $l_{x\overline{x}}$ 为 x 轴与 $\overline{x}$ 轴之间夹角的余弦，其他各项同理。

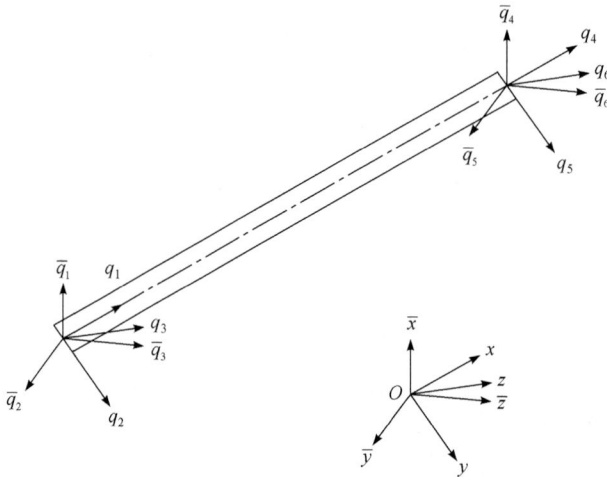

图 3-22　局部坐标系和纵坐标系及相应的节点位移分量

同样，也可以将坐标变换矩阵 $[l]$ 用于位移分量，则有

$$\{q\} = [L]\{\overline{q}\} \tag{3-272}$$

其中，

$$\{q\} = \{q_1 \quad q_2 \quad q_3 \quad q_4 \quad q_5 \quad q_6\}$$

$$\{\overline{q}\} = \{\overline{q}_1 \quad \overline{q}_2 \quad \overline{q}_3 \quad \overline{q}_4 \quad \overline{q}_5 \quad \overline{q}_6\}$$

$$[L] = \begin{bmatrix} [l] & \\ & [l] \end{bmatrix}$$

变换矩阵 $[L]$ 根据坐标的取法而定，因此有

$$\{\dot{q}\} = [L]\{\dot{\overline{q}}\} \tag{3-273}$$

$$\delta\{q\} = [L]\delta\{\overline{q}\} \tag{3-274}$$

将这些关系式分别代入单元体的动能表达式(3-262)、势能表达式(3-257)、外力虚

功表达式(3-266)，则有

$$T_e = \frac{1}{2}\{\dot{q}\}^T [M]_e \{\dot{q}\} = \frac{1}{2}\{\dot{\bar{q}}\}^T [L]^T [M]_e [\dot{L}]\{\dot{\bar{q}}\} = \frac{1}{2}\{\dot{\bar{q}}\}^T [\bar{M}]_e \{\dot{\bar{q}}\} \tag{3-275}$$

$$U_e = \frac{1}{2}\{q\}^T [K]_e \{q\} = \frac{1}{2}\{\bar{q}\}^T [L]^T [K]_e [L]\{\bar{q}\} = \frac{1}{2}\{\bar{q}\}^T [\bar{K}]_e \{\bar{q}\} \tag{3-276}$$

$$\delta W_e = \delta\{q\}^T [F]_e = \delta\{\bar{q}\}^T [L]^T [F]_e = \delta\{\bar{q}\}^T [\bar{F}]_e \tag{3-277}$$

式中，$[\bar{M}]_e$、$[\bar{K}]_e$、$[\bar{F}]_e$ 即为坐标变换到总坐标后，相应的单元体质量矩阵、刚度矩阵和广义矩阵的变换式。

3.6.3 系统的运动方程

设整个结构划分成 m 个单元体，其全部节点位移分量包括线位移分量和角位移分量共有 n 个，在纵坐标系中可用一个新的位移矢量 $\{\bar{U}\}$ 来表示，则第 r 个单元用纵坐标系表示的节点位移矢量 $\{\bar{q}^{(r)}\}$ 与整个结构的节点位移矢量 $\{\bar{U}\}$ 之间有下列关系：

$$\{\bar{q}^{(r)}\} = [A]^{(r)}\{\bar{U}\}, \quad r = 1, 2, \cdots, m \tag{3-278}$$

式中，$[A]^{(r)}$ 是一个矩阵，其行数与 $\{\bar{q}^{(r)}\}$ 相等，其列数与 $\{\bar{U}\}$ 的行数相同。实际上，它只不过使 $\{\bar{q}^{(r)}\}$ 与整个结构的节点位移矢量 $\{\bar{U}\}$ 中的若干个分量一一对应。因此，$[A]^{(r)}$ 的每一行元素，除了其中有一个元素等于 1 以外，其余均为 0，而该非零元素在 $[A]^{(r)}$ 的每一行中应放在使式(3-278)成为一恒等式的地方。

若用结构的总坐标系的节点坐标写出各单元体的势能(3-257)，各单元体相互协调而变形无耦合，结构的势能 U 是所有各有限元势能 U_e 的和，则结构的总势能为

$$\begin{aligned}U &= \sum_{r=1}^{m} U_e^{(r)} = \frac{1}{2}\sum_{r=1}^{m}\{\bar{q}^{(r)}\}^T [\bar{K}]_e^{(r)}\{\bar{q}^{(r)}\} \\ &= \frac{1}{2}\sum_{r=1}^{m}\{\bar{U}\}^T [A]^{(r)T} [\bar{K}]_e^{(r)} [A]^{(r)}\{\bar{U}\} = \frac{1}{2}\{\bar{U}\}^T [\bar{K}]\{\bar{U}\}\end{aligned} \tag{3-279}$$

其中，

$$[\bar{K}] = \sum_{r=1}^{m} [A]^{(r)T} [\bar{K}]_e^{(r)} [A]^{(r)} \tag{3-280}$$

即整个结构的总刚度矩阵。

同理，用各单元体动能 T_{e} 之和求得结构的动能 T：

$$
\begin{aligned}
T &= \sum_{r=1}^{m} T_{\mathrm{e}}^{(r)} = \frac{1}{2} \sum_{r=1}^{m} \left\{ \dot{q}^{(r)} \right\}^{\mathrm{T}} \left[\bar{M} \right]_{\mathrm{e}}^{(r)} \left\{ \dot{q}^{(r)} \right\} \\
&= \frac{1}{2} \sum_{r=1}^{m} \left\{ \dot{\bar{U}} \right\}^{\mathrm{T}} [A]^{(r)\mathrm{T}} \left[\bar{M} \right]_{\mathrm{e}}^{(r)} [A]^{(r)} \left\{ \dot{\bar{U}} \right\} = \frac{1}{2} \left\{ \dot{\bar{U}} \right\}^{\mathrm{T}} \left[\bar{M} \right] \left\{ \dot{\bar{U}} \right\}
\end{aligned}
\tag{3-281}
$$

其中，

$$
\left[\bar{M} \right] = \sum_{r=1}^{m} [A]^{(r)\mathrm{T}} \left[\bar{M} \right]_{\mathrm{e}}^{(r)} [A]^{(r)}
\tag{3-282}
$$

即整个结构的总质量矩阵。

结构的外力虚功等于各单元外力虚功的和，即

$$
\delta W = \sum_{r=1}^{m} \delta W^{(r)} = \sum_{r=1}^{m} \delta \left\{ \bar{q}^{(r)} \right\}^{\mathrm{T}} \left\{ \bar{F}_{\mathrm{e}}^{(r)} \right\} = \sum_{r=1}^{m} \delta \left\{ \bar{U} \right\}^{\mathrm{T}} [A]^{(r)\mathrm{T}} \left\{ \bar{F}_{\mathrm{e}}^{(r)} \right\} = \delta \left\{ \bar{U} \right\}^{\mathrm{T}} \left\{ \bar{F} \right\}
$$

$$
\tag{3-283}
$$

其中，

$$
\left\{ \bar{F} \right\} = \sum_{r=1}^{m} [A]^{(r)\mathrm{T}} \left\{ \bar{F} \right\}_{\mathrm{e}}^{(r)}
\tag{3-284}
$$

即整个结构和节点位移矢量相对应的节点外力矢量，也称为一致节点载荷。

将整个结构用节点位移广义坐标表示的动能、势能、外力与阻尼力虚功代入拉格朗日第二类方程：

$$
\frac{\mathrm{d}}{\mathrm{d}t} \left(\frac{\partial L}{\partial \dot{q}_i} \right) - \frac{\partial L}{\partial q_i} + \frac{\partial D}{\partial \dot{q}_i} = Q_i, \quad i = 1, 2, \cdots, n
\tag{3-285}
$$

式中，L 为拉格朗日函数，是系统动能与势能的差，$L = T - U$；D 为散逸函数，可认为由系统的黏性阻尼力耗散的能量，可以从此函数导出系统的黏性阻尼力。其推导方法类似于系统的动能，在本章中不再详细描述。

通过求解拉格朗日方程，可得到整个结构以节点位移为广义坐标的运动方程：

$$
\left[\bar{M} \right] \left\{ \ddot{\bar{U}} \right\} + \left[\bar{C} \right] \left\{ \dot{\bar{U}} \right\} + \left[\bar{K} \right] \left\{ \bar{U} \right\} = \left\{ \bar{F} \right\}
\tag{3-286}
$$

式(3-286)即为弹性体结构用有限元法离散成有限自由度系统后的振动微分方程。

上面的振动微分方程是以节点位移为广义坐标而列出的，它未考虑边界的约束条件。实际上，许多结构都具有几何约束条件，这些条件的存在使位移矢量

$\{\overline{U}\}$ 中某些元素为零，即广义坐标中有不独立的量，因此需要将这些不独立的位移分量从方程中除去。与静力学相同，只要将位移矢量 $\{\overline{U}\}$ 以及相应的 $\{\ddot{\overline{U}}\}$ 和 $\{\dot{\overline{U}}\}$ 中的相应元素划去，并把总惯性矩阵 $[\overline{M}]$、总刚度矩阵 $[\overline{K}]$ 和总阻尼矩阵 $[\overline{C}]$ 中与约束相应的行与列划去即可，然后按多自由度的方法对经过约束处理的方程进行求解。

3.6.4　自由度的缩减

自由度缩减是结构动力学中用有限元法等多自由度数值分析方法的一个特点，其必要性如下。

(1) 在对一个结构进行有限元分析之前，往往需要进行静力分析。静力分析的主要目的是求结构中的应力，而应力大小与结构刚度特性有关，进而与位移导数有关，导数精度近似比位移精度近似困难得多。因此，静力学模型对于动力学分析就显得过于细化。

(2) 对于实际结构，系统的动力学性能和某些自由度的联系要比其他自由度小得多，因此这些自由度对系统的动力学影响实质上很小，在不影响解的精度的前提下，可以从方程中消去作用不大的自由度，从而节省求解时间和费用。例如，从平面框架中略去节点的转动惯量，使其自由度减小1/3，而在空间框架中自由度可减小 1/2。

(3) 为了减缩振动分析的自由度，将节点位移矢量 $\{q\}$ 中的元素分为两类。一类是对应于"主自由度"的主位移矢量 $\{q\}_1$，为主要提供惯性力载荷的部分；另一类是对应于"副自由度"的副位移矢量 $\{q\}_0$，为系统中惯性载荷很小甚至可以忽略的部分。现以无阻尼自由振动为例来说明其实施方法。

考虑无阻尼自由振动方程式：

$$[M]\{\ddot{q}\}+[K]\{q\}=\{0\} \tag{3-287}$$

将广义坐标 $\{q\}$ 按主自由度和副自由度划分为

$$\{q\}=\begin{Bmatrix} \{q\}_0 \\ \cdots \\ \{q\}_1 \end{Bmatrix} \tag{3-288}$$

相应地，将式(3-287)也写成分块矩阵的形式：

$$\begin{bmatrix} [M]_{00} & \vdots & [M]_{01} \\ \cdots & \cdots & \cdots \\ [M]_{10} & \vdots & [M]_{11} \end{bmatrix} \begin{Bmatrix} \{\ddot{q}\}_0 \\ \cdots \\ \{\ddot{q}\}_1 \end{Bmatrix} + \begin{bmatrix} [K]_{00} & \vdots & [K]_{01} \\ \cdots & \cdots & \cdots \\ [K]_{10} & \vdots & [K]_{11} \end{bmatrix} \begin{Bmatrix} \{q\}_0 \\ \cdots \\ \{q\}_1 \end{Bmatrix} = \begin{Bmatrix} \{0\} \\ \cdots \\ \{0\} \end{Bmatrix} \tag{3-289}$$

假设 $\{q\}_0$ 与 $\{q\}_1$ 之间的关系不受惯性项的影响，则由式(3-288)的上面部分可得

$$[K]_{00}\{q\}_0 + [K]_{01}\{q\}_1 = \{0\} \tag{3-290}$$

$$\{q\}_0 = -[K]_{00}^{-1}[K]_{01}\{q\}_1 \tag{3-291}$$

于是，动能和势能的表达式可分别写为

$$T = \frac{1}{2}\left\{\{\dot{q}\}_0^{\mathrm{T}} \ \vdots \ \{\dot{q}\}_1^{\mathrm{T}}\right\} \begin{bmatrix} [M]_{00} & \vdots & [M]_{01} \\ \cdots & \cdots & \cdots \\ [M]_{10} & \vdots & [M]_{11} \end{bmatrix} \begin{Bmatrix} \{\dot{q}\}_0 \\ \cdots \\ \{\dot{q}\}_1 \end{Bmatrix} \tag{3-292}$$

$$U = \frac{1}{2}\left\{\{q\}_0^{\mathrm{T}} \ \vdots \ \{q\}_1^{\mathrm{T}}\right\} \begin{bmatrix} [K]_{00} & \vdots & [K]_{01} \\ \cdots & \cdots & \cdots \\ [K]_{10} & \vdots & [K]_{11} \end{bmatrix} \begin{Bmatrix} \{q\}_0 \\ \cdots \\ \{q\}_1 \end{Bmatrix} \tag{3-293}$$

将式(3-291)代入式(3-293)中，并注意到

$$\{q\}_0^{\mathrm{T}} = -\{q\}_1^{\mathrm{T}}[K]_{10}[K]_{00}^{-1} \tag{3-294}$$

因此，有

$$U = \frac{1}{2}\{q\}_1^{\mathrm{T}}[K]_1\{q\}_1 \tag{3-295}$$

其中，

$$[K]_1 = [K]_{11} - [K]_{10}[K]_{00}^{-1}[K]_{01} \tag{3-296}$$

这就是缩减了副自由度后的刚度矩阵。同样可得

$$T = \frac{1}{2}\{\dot{q}\}_1^{\mathrm{T}}[M]_1\{\dot{q}\}_1 \tag{3-297}$$

其中，

$$[M]_1 = [M]_{11} - [M]_{10}[M]_{00}^{-1}[M]_{01} - [K]_{10}[K]_{00}^{-1}[K]_{01} + [K]_{10}[K]_{00}^{-1}[M]_{00}[K]_{00}^{-1}[K]_{01} \tag{3-298}$$

将式(3-295)与式(3-297)代入拉格朗日第二类方程，可得到用主自由度广义坐标 $\{q\}_1$ 表示的自由振动方程式：

$$[M]_1 \{\ddot{q}\}_1 + [K]_1 \{q\}_1 = \{0\} \tag{3-299}$$

这就是自由度大为缩减后系统的振动方程式。

3.6.5 无约束系统的处理

对于自由振动结构，如船体梁结构，其不存在约束，会发生刚体位移，因此刚度矩阵是"奇异"的，这样便无法求得弹性体振动的固有频率。为此，必须对系统及其方程进行处理。

1. 附加弹簧约束法

首先，确定一组足以阻止产生刚体位移的最低限度的约束；然后，用一些附加的弹簧按上述所需的约束将结构与地连接，从而消去刚性矩阵的奇异性。附加弹簧的刚度与原来系统的刚性系数相比是小量，因此对结构的频率和振型的影响可以略去，而原来刚体运动的零频率将变为一个弹性体振动频率小得多的频率。

在一般的船体结构固有频率有限元计算中发现，往往出现的第一阶固有频率既不为零，又与结构的真实固有频率相差很大，是一个或多个极小的频率及对应的类似于刚体运动的振型，这是由于默认施加了附加弹簧约束。

2. 特征值移位法

对于某些类型的结构系统的自由振动，引进特征值移位法是有利的。对于第 j 阶特征值问题，有

$$[K]\{A\}^{(j)} = \omega_j^2 [M]\{A\}^{(j)} \tag{3-300}$$

若引入特征值移位式：

$$\mu_s = \omega_j^2 - \delta_{sj} \tag{3-301}$$

式中，μ_s 为位移常数；δ_{sj} 为移位后的特征值，则式(3-209)可写为

$$[K]_s \{A\}^{(j)} = \delta_{sj}[M]\{A\}^{(j)} \tag{3-302}$$

其中，

$$[K]_s = [K] - \mu_s [M] \tag{3-303}$$

显然，移位后的刚性矩阵 $[K]_s$ 一般是非奇异的，若质量矩阵为对角阵，则引入一个负移位常数，在刚度矩阵的对角元素上加上一个正数，相当于各自由度都有附加弹簧。这种方法在有限元计算中适用于计算系统某频率范围内的固有频率，这样既避免了刚体运动引发矩阵奇异的影响，又极大地降低了计算难度，不必从首阶固有频率开始计算。

上述两种方法均适用于利用电子计算机来解决大而复杂的系统。这是因为电子计算机不仅可以提供足够的有效数字，还可以构造人为的约束弹簧，使其比真实的刚性系数小若干个数量级，因此对振动没有显著的影响。

以上对有限元法进行了简单介绍，探究了如何将连续系统离散为多自由度系统，以及建立运动微分方程组的过程，具体的求解方法可以参见 2.4 节的内容，并由此计算复杂系统的固有频率和振型，甚至直接计算求解载荷下的振动响应等。类似于有限元的离散化思想，实际上也适用于边界元法、有限差分法、质点法、近场动力学等数值分析方法，只不过建立方程的基础理论不同，因此不再赘述。

习　题

3-1　某均匀等直梁长为 l，曲刚度为 EI，单位长度质量为 m，在一端为刚性固定，另一端具有刚度为 k 的弹性支座，试分别导出动能和势能的正交条件。

3-2　若将习题 3-1 中的弹性支座端改为具有一个集中质量 M 的自由端，试导出其动能正交条件和势能正交条件。

3-3　试导出两端全自由的均匀等直梁的频率方程式。

3-4　两端简支的均匀等直梁，应当给予什么样的初始条件，才能使自由振动出现第一主振动和第二主振动(分别回答)?

3-5　设在均匀等直简支梁的中点处作用集中静荷力 F 而发生弯曲，试证明：在力 F 突然卸去后，该梁的振动为

$$\omega(x,t) = \frac{2EI^3}{\pi^4 EI} \sum_j \frac{(-1)^{(J-1)/2}}{j^4} \sin\left(\frac{j\pi x}{l}\right) \cos\left(\omega_j t\right), \quad j=1,3,5,\cdots,\infty$$

3-6　设有一均匀等直梁，长 10m，每单位长度质量为 100kg，弯曲刚度为 $10\text{MN}\cdot\text{m}^2$，将其静置于刚性系数 k 为 100km/m^2 的弹性基础上，试求其弯曲振动的第一谐调固有频率和第二谐调固有频率。

3-7　某均匀等直梁，两端简支，当受到轴向力 T 作用时，其基谐调固有频率降低 5%。若梁长 l 为 5m，弯曲刚度 EI 为 $20\text{MN}\cdot\text{m}^2$，试求此 T 值。并问由于此轴向力的作用，第二谐调固有频率将改变多少？

3-8　某均匀简支等直梁，当受到的轴向压力分别为 100N 和 1000N 时，其测得的基谐调固有频率分别为 55.0Hz 和 45.3Hz，试估算该梁的欧拉临界力。

3-9　某均匀直梁在 $x=d$ 点处，受一集中干扰力矩 $m(t)$ 作用，试导出其位移响应的一般表达式。

3-10　某均匀简支梁，起始状态为静止，若受到某个干扰力 $F(x,t) =$

$F(x)Q(t)$ 的作用，其中 $Q(t)$ 的变化是任意的递增函数，而 $F(x)$ 的分布为
$\begin{cases} F(x) = F_0, & 0 \leqslant x \leqslant l/2 \\ F(x) = -F_0, & l/2 < x \leqslant l \end{cases}$，试求出用主振型表示的位移响应表达式，指出哪些振型不出现，并写出出现的前两个谐调振型。

3-11 在某均匀的悬臂梁自由端 $(x = l)$ 处作用着一个如下的集中力：
$\begin{cases} Q(t) = Q_0, & 0 \leqslant t \leqslant t_1 \\ Q(t) = 0, & t > t_1 \end{cases}$，若 $t_1 = \pi/\lambda_1$，此处 λ_1 是悬臂梁弯曲振动的基谐调固有频率。略去阻尼，试求出当 $t = \frac{1}{2} t_1$ 和 $t = t_1$ 时在自由端的位移，并求 $t = t_1$ 时根部的最大应力。

3-12 某简支梁在 $x = c$ 点受谐集中干扰力 $F_0 \sin(\omega t)$ 作用，试求其移态振动的动挠度。若 $c = l/2$，且该干扰力频率可连续调整和扫描，问可以激起哪些谐调的振动？如果中点处改为谐干扰力矩 $M_0 \sin(\omega t)$ 作用，那么激起的共振谐调有何变化？

3-13 试求在 $x = 0$ 为固定端，$x = l$ 为自由端的均匀直杆的纵向振动固有频率及振型。

3-14 若某梁分为 n 段梁段，并已求得全梁的状态矢量迁移关系式，若其边界条件为一端固定，另一端自由，试求其频率方程式。

3-15 习题3-14中，若将整个梁作为一段来处理而固定端按 $a \sin(\omega t)$ 规律做位移激励，试用迁移矩阵法求出此梁自由端的位移响应式。

3-16 试导出习题3-15中动能和势能的正交性。

3-17 某均匀等直梁，在梁上 $x = x_r$ 处附加着集中质量 $M_r (r = 1, 2, \cdots, h)$，试导出该系统的瑞利频率公式。

3-18 某简支梁长 l，弯曲刚度为 EI，每单位长度上的质量为 ρA_c，其跨中有一集中质量 $M = \rho A_c l$。试用下列方法确定梁弯曲的基谐调频率。(1)从梁的微分方程出发，考虑半根梁并用对称性质；(2)用瑞利法或瑞利-里茨法；(3)用有限元法。

4　结构中的波动

　　船体通常都是由空间板架结构构成的，而且船长一般都在几十米到数百米之间，一定频率的激扰力作用在船体上，一方面会引起船体局部结构的振动，另一方面振动会在空间板架结构中传递，这就是我们所说的波动。由于船体中的结构振动一般以弯曲波的形式存在，而结构弯曲波具有频散效应，不同频率的弯曲波具有不同的波长或速度。船体中的机械激扰频率通常在几赫兹到数百赫兹之间，弯曲波波长在数米到百米之间，对于排水量较大的船，其结构中会形成明显弯曲波的传播作用。波与振动最重要的区别是，波的传播要充分考虑相位问题，而在振动中往往将其忽略。相位的计入，必将导致船体结构中不同空间位置处振动的强弱不尽相同(同一时刻)，若再考虑空间对波传播的耗散作用，则船体中任何一点的局部激扰理论上都会在船体不同部位诱发不同程度的局部振动，这就是船体结构中弯曲波引起的结构动力学效应。

　　波动是振动在介质中传播的表现形式。在本质上，结构中的波动与振动描述的是同一种物理现象，但是振动问题更关注的是结构中某一点的运动随时间的变化规律，而波动更关心的是在空间范围内振动的传播特征。因此，当关注振动在结构中传递的机理性问题时，需要从波动的角度来考虑。波动与振动的比较如表 4-1 所示。

表 4-1　波动与振动的比较

比较项目	振动	波动
图像		
横坐标	振动持续的时间	波传播方向上的距离
物理含义	反映某一个质点相对于平衡位置的位移随时间的变化规律	反映某一时刻介质中各质点相对于平衡位置的位移所构成的波形
图像提供的物理信息	振幅、周期(频率)、任意时刻下该质点的位移(速度、加速度)	振幅、波长(波数)、该时刻各点的位移(速度、加速度)

比较项目	振动	波动
$T/4$ 后图像的变化		

　　结构可以很简单，如一根悬臂梁，也可以很复杂，如由三维桁架结构和附属体连接而成的空间平台，或者由薄板和框架所组成的船体结构。不同结构中波的传播特性也不同，甚至不同频率下波的传播特征也存在差异(频散现象)。结构中波动的传播，最终影响由振源产生的能量在整个振动介质空间内的分布，因此学习结构中波动的传播对剖析振动现象的本质具有重要的意义。

　　在波动分析过程中，主要需要解决的问题可以概括为以下三部分。

　　(1) 波传播的模态：与振动的模态不同，波传播的模态可以认为是在无限大开放系统中波传播的特征。在波的模态特征中，主要关注的是弹性波的传播形式是行波传播还是快衰波传播、波长与波速的大小、波传播的相位特征以及结构参数对波传播模态的影响等问题。本书中只讨论较为简单的横波与纵波问题，对于更复杂的波，如瑞利波、勒夫波、兰姆波、斯通利波等均不在本书中讨论。

　　(2) 波幅的大小：与振幅的含义相同，主要研究由外界激励引起的波源处的振幅，整个介质空间内的波动可以认为是由外界激励引起波源单点或多点振动，并以不同振幅、不同波模态在空间中传播的叠加。

　　(3) 波的反射：实际结构的空间尺寸必定是有限的，因此考虑弹性波在有限空间中传播就必然要讨论波的反射问题。不同的边界条件对波的反射情况是不同的。驻波，是由边界反射造成的入射波与反射波以相同相位叠加而产生的一种波模态，而这种波模态恰好对应振动中振型的概念，其对应的频率也正是在振动相关内容中所提及的固有频率。

　　本章主要研究杆、梁、板等基本结构单元中的应力波传播，以及部分声波传播的基础理论知识，并采用谱分析方法对以上问题进行求解。

4.1　波动的频谱分析

　　任意时域信号可视为一系列具有不同频率的正弦信号分量的叠加，对其频率分布的描述常用频谱进行表征。在频域中对信号进行研究和处理的过程，称为频谱分析。谱分析是求解波动问题较常用的方法，也是本章的基础。在波的分析中，波动响应的时间域常为 $(-\infty, +\infty)$。此时，波动响应信号的时域和频谱函数需用连续分布的分量表示，称为连续傅里叶变换(continuous Fourier transform, CFT)。然而，在数值计算中，要求时间或频率分布离散化，即离散傅里叶变换 (discrete Fourier transform, DFT)，其最大优势是可以在计算机上实现快速傅里叶变换(fast Fourier transform, FFT)算法，以提高计算速度[13]。

4.1.1 傅里叶级数

在第 1 章周期激励下单自由度系统的响应中，应用了傅里叶级数的概念，其主要针对的是周期函数，而傅里叶变换并不局限于函数的周期性。

对于周期函数 $F(t) = F(t+T)$，T 为周期函数的周期，可以用傅里叶级数的形式对函数 $F(t)$ 展开：

$$F(t) = \frac{a_0}{2} + \sum_{n=1}^{\infty}[a_n \cos(n\omega t) + b_n \sin(n\omega t)] \tag{4-1}$$

或指数形式：

$$F(t) = \sum_{n=-\infty}^{\infty} A_n \mathrm{e}^{\mathrm{i}n\omega t} \tag{4-2}$$

其中，$\omega = 2\pi / T$。

对于三角形式的傅里叶级数，根据三角函数正交性，对式(4-1)左右两侧在 $\left[-\dfrac{T}{2}, \dfrac{T}{2}\right]$ 进行积分，得到

$$\int_{-\frac{T}{2}}^{\frac{T}{2}} F(t)\mathrm{d}t = \int_{-\frac{T}{2}}^{\frac{T}{2}} \frac{a_0}{2}\mathrm{d}t + \int_{-\frac{T}{2}}^{\frac{T}{2}} \sum_{n=1}^{\infty}[a_n \cos(n\omega t) + b_n \sin(n\omega t)]\mathrm{d}t = \frac{a_0 T}{2}$$

$$a_0 = \frac{2}{T} \int_{-\frac{T}{2}}^{\frac{T}{2}} F(t)\mathrm{d}t \tag{4-3}$$

在式(4-1)左右两侧同乘 $\cos(n\omega t)$，并在 $\left[-\dfrac{T}{2}, \dfrac{T}{2}\right]$ 进行积分，得到

$$\int_{-\frac{T}{2}}^{\frac{T}{2}} F(t)\cos(n\omega t)\mathrm{d}t = \int_{-\frac{T}{2}}^{\frac{T}{2}} \frac{a_0}{2}\cos(n\omega t)\mathrm{d}t + \int_{-\frac{T}{2}}^{\frac{T}{2}} \sum_{n=1}^{\infty}[a_n \cos(n\omega t) + b_n \sin(n\omega t)]\cos(n\omega t)\mathrm{d}t$$

$$= \frac{a_n T}{2}$$

$$a_n = \frac{2}{T}\int_{-\frac{T}{2}}^{\frac{T}{2}} F(t)\cos(n\omega t)\mathrm{d}t \tag{4-4}$$

同理，在式(4-1)左右两侧同乘 $\sin(n\omega t)$，并在 $\left[-\frac{T}{2},\frac{T}{2}\right]$ 进行积分，得到

$$\int_{-\frac{T}{2}}^{\frac{T}{2}} F(t)\sin(n\omega t)\mathrm{d}t = \int_{-\frac{T}{2}}^{\frac{T}{2}} \frac{a_0}{2}\sin(n\omega t)\mathrm{d}t + \int_{-\frac{T}{2}}^{\frac{T}{2}}\sum_{n=1}^{\infty}[a_n\cos(n\omega t) + b_n\sin(n\omega t)]\sin(n\omega t)\mathrm{d}t$$

$$= \frac{b_n T}{2}$$

$$b_n = \frac{2}{T}\int_{-\frac{T}{2}}^{\frac{T}{2}} F(t)\sin(n\omega t)\mathrm{d}t \tag{4-5}$$

由此可得

$$\begin{cases} a_0 = \dfrac{2}{T}\displaystyle\int_{-\frac{T}{2}}^{\frac{T}{2}} F(t)\mathrm{d}t \\[3mm] a_n = \dfrac{2}{T}\displaystyle\int_{-\frac{T}{2}}^{\frac{T}{2}} F(t)\cos(n\omega t)\mathrm{d}t \\[3mm] b_n = \dfrac{2}{T}\displaystyle\int_{-\frac{T}{2}}^{\frac{T}{2}} F(t)\sin(n\omega t)\mathrm{d}t \end{cases} \tag{4-6}$$

式中，a_n、b_n 可看成 ω 的函数，因此 a_n 为偶函数，b_n 为奇函数。

4.1.2　连续傅里叶变换

当傅里叶级数用指数表示时，可写为

$$\begin{aligned} F(t) &= \frac{a_0}{2} + \sum_{n=1}^{\infty}[a_n\cos(n\omega t) + b_n\sin(n\omega t)] \\[2mm] &= \frac{a_0}{2} + \sum_{n=1}^{\infty}\left[\frac{a_n}{2}(\mathrm{e}^{\mathrm{i}n\omega t} + \mathrm{e}^{-\mathrm{i}n\omega t}) + \frac{b_n}{2\mathrm{i}}(\mathrm{e}^{\mathrm{i}n\omega t} - \mathrm{e}^{-\mathrm{i}n\omega t})\right] \\[2mm] &= \frac{a_0}{2} + \sum_{n=1}^{\infty}\frac{a_n - \mathrm{i}b_n}{2}\mathrm{e}^{\mathrm{i}n\omega t} + \sum_{n=1}^{\infty}\frac{a_n + \mathrm{i}b_n}{2}\mathrm{e}^{-\mathrm{i}n\omega t} \\[2mm] &= \sum_{n=0}^{0}\frac{a_0}{2}\mathrm{e}^{\mathrm{i}n\omega t} + \sum_{n=1}^{\infty}\frac{a_n - \mathrm{i}b_n}{2}\mathrm{e}^{\mathrm{i}n\omega t} + \sum_{n=-\infty}^{-1}\frac{a_n - \mathrm{i}b_n}{2}\mathrm{e}^{\mathrm{i}n\omega t} = \sum_{n=-\infty}^{\infty} A_n\mathrm{e}^{\mathrm{i}n\omega t} \end{aligned} \tag{4-7}$$

$$
\begin{aligned}
A_n &= \frac{a_n - \mathrm{i}b_n}{2} \\
&= \frac{1}{2}\left[\frac{2}{T}\int_{-\frac{T}{2}}^{\frac{T}{2}} F(t)\cos(n\omega t)\mathrm{d}t - \mathrm{i}\frac{2}{T}\int_{-\frac{T}{2}}^{\frac{T}{2}} F(t)\sin(n\omega t)\mathrm{d}t\right] \\
&= \frac{1}{T}\int_{-\frac{T}{2}}^{\frac{T}{2}} F(t)[\cos(n\omega t) - \mathrm{i}\sin(n\omega t)]\mathrm{d}t = \frac{1}{T}\int_{-\frac{T}{2}}^{\frac{T}{2}} F(t)\mathrm{e}^{-\mathrm{i}n\omega t}\mathrm{d}t
\end{aligned}
\tag{4-8}
$$

当将周期函数推广到非周期函数时，方程(4-8)两边同乘 T，得到

$$
TA_n = \frac{2\pi}{\omega} A_n = \int_{-\frac{T}{2}}^{\frac{T}{2}} F(t)\mathrm{e}^{-\mathrm{i}n\omega t}\mathrm{d}t
\tag{4-9}
$$

当 $T \to +\infty$ 时，$\omega = \dfrac{2\pi}{T} \to 0$，则原有的基频 ω 可变为频率极小值 $\mathrm{d}\omega$，并可以将离散的 $n\omega$ 变为连续的频率变量 ω，则原系数变为与频率有关的函数。可令

$$
\hat{C}(\omega) = \frac{2\pi}{\mathrm{d}\omega} A_n = \int_{-\infty}^{+\infty} F(t)\mathrm{e}^{-\mathrm{i}\omega t}\mathrm{d}t
\tag{4-10}
$$

$$
F(t) = \sum_{n=-\infty}^{+\infty} A_n \mathrm{e}^{\mathrm{i}n\omega t} = \sum_{n=-\infty}^{+\infty} \frac{A_n}{\omega}\mathrm{e}^{\mathrm{i}n\omega t}\omega
\tag{4-11}
$$

且 $\omega \to \mathrm{d}\omega$，则有

$$
F(t) = \int_{-\infty}^{+\infty} \frac{A_n}{\mathrm{d}\omega}\mathrm{e}^{\mathrm{i}\omega t}\mathrm{d}\omega = \int_{-\infty}^{+\infty} \frac{\hat{C}(\omega)}{2\pi}\mathrm{e}^{\mathrm{i}\omega t}\mathrm{d}\omega
\tag{4-12}
$$

即

$$
2\pi F(t) = \int_{-\infty}^{+\infty} \hat{C}(\omega)\mathrm{e}^{\mathrm{i}\omega t}\mathrm{d}\omega
\tag{4-13}
$$

连续傅里叶变换：在时间域 $(-\infty, +\infty)$ 中，对于给定的函数 $F(t)$，其连续傅里叶变换定义为

$$
2\pi F(t) = \int_{-\infty}^{+\infty} \hat{C}(\omega)\mathrm{e}^{\mathrm{i}\omega t}\mathrm{d}\omega, \quad \hat{C}(\omega) = \int_{-\infty}^{+\infty} F(t)\mathrm{e}^{-\mathrm{i}\omega t}\mathrm{d}t
\tag{4-14}
$$

式中，$\hat{C}(\omega)$ 为 $F(t)$ 的连续傅里叶变换。

式(4-14)中第一个公式为傅里叶逆变换，第二个公式为傅里叶正变换。变换公式中的因子 2π 的作用是保证对一函数连续应用傅里叶正变换与逆变换后能还原其自身。定义如下变换对：

$$
F(t) \Leftrightarrow \hat{C}(\omega)
\tag{4-15}
$$

式中，双向箭头表示变换可以沿任意方向进行，即变换具有对称性。

傅里叶变换的作用是将时域波信号分解成若干简谐函数(频谱)分量，从而得到具有不同频率的简谐函数分量的幅值 $\hat{C}(\omega)$。通常 $\hat{C}(\omega)$ 为复数，其实部和虚部都为非零值。

下面介绍傅里叶变换的性质。

1. 线性叠加性质

若函数 $F_A(t)$ 和 $F_B(t)$ 的傅里叶变换分别为 $\hat{C}_A(\omega)$ 和 $\hat{C}_B(\omega)$，则这两个函数的复合函数 $[F_A(t)+F_B(t)]$ 的傅里叶变换为 $[\hat{C}_A(\omega)+\hat{C}_B(\omega)]$，即

$$[F_A(t)+F_B(t)] \Leftrightarrow [\hat{C}_A(\omega)+\hat{C}_B(\omega)] \tag{4-16}$$

表明一个信号可以看成两个成分的简单加和(如入射波和反射波的叠加)，则其傅里叶变换也可以看成两个成分各自傅里叶变换的加和。

2. 尺度变换性质

函数 $F(at)$ 的傅里叶变换对为

$$F(at) \Leftrightarrow \frac{1}{|a|}\hat{C}(\omega/a) \tag{4-17}$$

表明时域上的压缩对应于频域上的扩展(反之亦然)。例如，若脉冲函数在时域上变窄，则在频域上响应就加宽，同时因能量分布到更宽的频域范围，所以信号在频域上的幅值将减小。

3. 平移性质

若函数 $F(t)$ 在时域上平移 t_0 个单位，则有变换对：

$$F(t-t_0) \Leftrightarrow \hat{C}(\omega)\mathrm{e}^{-\mathrm{i}\omega t_0} \tag{4-18}$$

该性质适用于任何空间位置处的时移问题。表明若一个脉冲函数只改变其在时间轴的位置，则对其进行傅里叶变换后所得到的频谱的幅值相同，只是相位发生改变，即时域信号的时移导致其频谱中的相移。相应地，对于频域上的平移也有平移性质，即

$$\hat{C}(\omega-\omega_0) \Leftrightarrow F(t)\mathrm{e}^{-\mathrm{i}\omega_0 t} \tag{4-19}$$

4. 奇偶虚实性质

若 $F(t) \Leftrightarrow C(\omega)$，将其分为实部和虚部，表达式如下：

$$2\pi F_{\mathrm{R}} = \int_{-\infty}^{+\infty} [\hat{C}_{\mathrm{R}}\cos(\omega t) - \hat{C}_{\mathrm{I}}\sin(\omega t)]\mathrm{d}\omega, \quad \hat{C}_{\mathrm{R}} = \int_{-\infty}^{+\infty} [F_{\mathrm{R}}\cos(\omega t) + F_{\mathrm{I}}\sin(\omega t)]\mathrm{d}t$$

$$2\pi F_{\mathrm{I}} = \int_{-\infty}^{+\infty} [\hat{C}_{\mathrm{R}}\sin(\omega t) + \hat{C}_{\mathrm{I}}\cos(\omega t)]\mathrm{d}\omega, \quad \hat{C}_{\mathrm{I}} = \int_{-\infty}^{+\infty} [F_{\mathrm{R}}\sin(\omega t) - F_{\mathrm{I}}\cos(\omega t)]\mathrm{d}t$$

$$(4\text{-}20)$$

表明，当 $F(t)$ 只有实部时，$\hat{C}_{\mathrm{R}}$ 为偶函数，$\hat{C}_{\mathrm{I}}$ 为奇函数。也就是说，在频率轴负半轴上的傅里叶变换是正半轴傅里叶变换结果的复共轭函数。

5. 卷积性质

考虑两个时域函数的变换：

$$\hat{C}(\omega) = \int F_A(t)F_B(t)\mathrm{e}^{-\mathrm{i}\omega t}\mathrm{d}t \tag{4-21}$$

对 $F_A(t)$ 实行逆变换，得到

$$\hat{C}(\omega) = \iint \hat{C}_A(\overline{\omega})\mathrm{e}^{\mathrm{i}\overline{\omega}t}\mathrm{d}\overline{\omega}F_B(t)\mathrm{e}^{-\mathrm{i}\omega t}\mathrm{d}t$$

$$\hat{C}(\omega) = \int \hat{C}_A(\overline{\omega})\int F_B(t)\mathrm{e}^{-\mathrm{i}(\omega-\overline{\omega})t}\mathrm{d}t\mathrm{d}\overline{\omega} \tag{4-22}$$

$$\hat{C}(\omega) = \int \hat{C}_A(\overline{\omega})\hat{C}_B(\omega-\overline{\omega})\mathrm{d}\overline{\omega}$$

将其表达为傅里叶变换对的形式为

$$F_A(t)F_B(t) \Leftrightarrow \int \hat{C}_A(\overline{\omega})\hat{C}_B(\omega-\overline{\omega})\mathrm{d}\overline{\omega} \tag{4-23}$$

称为卷积形式。式(4-23)有助于我们理解采样和滤波两个概念。例如，在后续讲解窗函数时，在时域上对一个时间信号截取的结果可以看成这个时间信号和一个窗函数的乘积，截取后的信号在频域上不能再简单地用两个函数的傅里叶变换中的任何一个表示。

两个函数在频域上的乘积也有类似的关系，即

$$\hat{C}_A(\omega)\hat{C}_B(\omega) \Leftrightarrow \int F_A(\tau)F_B(\tau-t)\mathrm{d}\tau \tag{4-24}$$

说明时域上的卷积对应频域上的乘积，即使在该性质中包括正变换和逆变换，在计算机上实现乘积运算仍比实现卷积运算的效率要高。

例 4-1　作为傅里叶变换的一个简单的应用实例，考虑时间域上的矩形脉冲函数，其表达式为

$$F(t) = \begin{cases} F_0, & -a/2 \leqslant t \leqslant a/2 \\ 0, & \text{其他} \end{cases} \tag{4-25}$$

对式(4-25)进行傅里叶正变换，积分后得到

$$\hat{C}(\omega) = \int_{-a/2}^{+a/2} F_0 e^{-i\omega t} dt = F_0 a \left\{ \frac{\sin(\omega a/2)}{\omega a/2} \right\} \equiv \hat{C}_0(\omega) \tag{4-26}$$

可以看出，矩形脉冲函数的连续傅里叶变换为一实函数，即没有虚部，且关于 $\omega = 0$ 对称，如图 4-1 所示。式(4-26)花括号中的项称为 sinc 函数，该函数的特征为：若起始幅值为归一化幅度，随着变量增加，幅度产生振荡衰减。注意到，在 $\omega = 0$ 时，傅里叶正变换的值等于时域中函数 $F(t)$ 图像与时间轴所包含的总面积，即

$$\hat{C}(0) = \int_{-\infty}^{+\infty} F(t) e^{-i0t} dt = \int_{-\infty}^{+\infty} F(t) dt$$

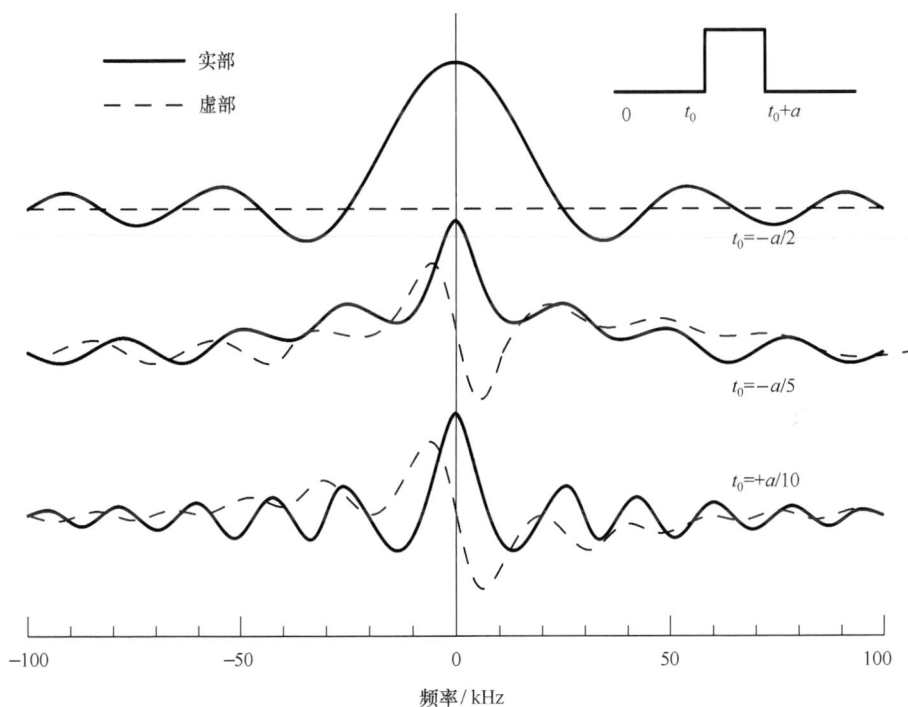

图 4-1 矩形脉冲傅里叶变换

在脉冲函数沿时间轴发生平移后，其表达式为

$$F(t) = \begin{cases} F_0, & t_0 \leqslant t \leqslant t_0 + a \\ 0, & \text{其他} \end{cases}$$

则傅里叶变换为

$$\hat{C}(\omega) = F_0 a \left\{ \frac{\sin(\omega a / 2)}{\omega a / 2} \right\} e^{-\mathrm{i}\omega(t_0 + a/2)} = \hat{C}_0(\omega) e^{-\mathrm{i}\omega(t_0 + a/2)}$$

此变换为一复函数，其实部和虚部均不为零，且不关于 $\omega = 0$ 对称。对比上述两个函数的傅里叶变换结果可以看出，两者变换后的函数幅值相同，只是后者在相位上改变了 $\omega(t_0 + a / 2)$。图 4-1 给出了原函数在时间轴上取不同平移量后的傅里叶变换结果，由此可以建立时域信号傅里叶变换后产生的相位变化与其在时间轴上产生平移之间的关系。

若一个脉冲函数只改变其在时间轴上的位置，则对其进行傅里叶变换后所得到的频谱的幅值(复数的模)相同，只是其相位发生改变，即时域信号的时移导致其频谱中的相移。因此，研究频谱中的相位变化是利用频谱分析方法分析波传播问题的一个基本要点。

4.1.3 离散傅里叶变换

1. 周期延拓引起的离散化

连续傅里叶变换是一个有力的分析工具，但它的缺点是必须得到函数(信号)在整个时间域上的解析式，而实际情况中很难满足这种条件，因此连续傅里叶变换极少应用于实际信号，尤其是原始试验信号。为了解决此问题，需要考虑将有限时间区域内的信号进行离散化。

假定时域函数 $F(t)$ 在一个周期 T 内已知，要对其进行傅里叶变换，必须先将其以某种方式延拓到整个时间轴上，在傅里叶级数表达式中，此函数被假设为在 $(-\infty, +\infty)$ 时间域内以 T 为周期的周期函数。可以把此函数看成时间轴上定义域区间长度为 T 的一系列离散函数，也可以看成在定义域长度 T 内有值、在定义域长度 T 以外函数值为零的一系列离散函数的叠加。通常采用后面这种方法，如图 4-2 所示。

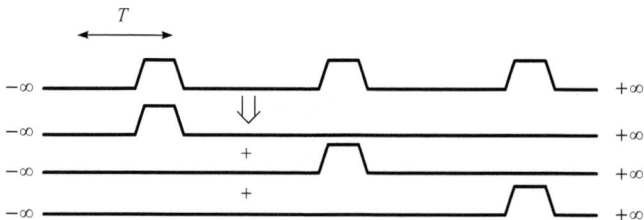

图 4-2　周期性延拓

由傅里叶函数平移性质可知，设 $\hat{C}_\infty(\omega)$ 为一个脉冲信号的傅里叶变换，则其在时间轴上平移 T 后的变换结果可以写为

$$\hat{C}(\omega) = \hat{C}_\infty(\omega)\left[\cdots + e^{+i\omega 2T} + e^{+i\omega T} + 1 + e^{-i\omega T} + e^{-i\omega 2T} + \cdots\right] \tag{4-27}$$

说明当频率为 $\omega_n = 2\pi n/T$ 中的任一值时,其变换后将有无穷个峰值。此时,每一个指数项具有同一性,且其个数为无穷多个。而对于其他频率,傅里叶变换后指数项有正有负,其总和一般非常小,因此在其频谱中存在非常尖的谱峰。进一步地,还可以说傅里叶变换在除了离散的频率点 $\omega_n = 2\pi n/T$ 处的值无穷大,在其他频率点的值均为零。用狄拉克函数 $\delta(x)$ 来表示这种性质,该特殊函数除了在 $x = 0$ 处的值为无穷大,在其他位置的值均为零。狄拉克函数具有的最大特点是其在整个域内的积分值为 1,因此有

$$\begin{aligned}\hat{C}(\omega) &= \hat{C}_\infty(\omega)A + \cdots + \delta(\omega + 2\pi/T) + \delta(\omega) + \delta(\omega - 2\pi/T) + \cdots\\ &= \hat{C}_\infty(\omega)A\sum_n \delta(\omega - 2\pi n/T) = \hat{C}_\infty(\omega)A\sum_n \delta(\omega - \omega_n)\end{aligned} \tag{4-28}$$

式中,A 为比例常数。由此傅里叶变换可由式(4-29)给出:

$$\begin{aligned}2\pi F(t) &= \int_{-\infty}^{+\infty} \hat{C}(\omega)e^{i\omega t}d\omega = \int_{-\infty}^{+\infty} \hat{C}_\infty(\omega)A\sum_n \delta(\omega - \omega_n)e^{i\omega t}d\omega\\ 2\pi F(t) &= A\sum_n \hat{C}_\infty(\omega_n)e^{i\omega_n t}\end{aligned} \tag{4-29}$$

对式(4-29)两边在时间段 T 上积分,注意到等号右边除了第一项外其他项均为零,即

$$2\pi\int_0^T F(t)dt = A\int_0^T \hat{C}_\infty(0)e^{i0T}dT = A\hat{C}_\infty(0)T \tag{4-30}$$

由于 $\hat{C}_\infty(0)$ 为单脉冲下的面积,即 $\hat{C}_\infty(0) = \int_0^T F(t)dt$,得到 $A = 2\pi/T$。

由此,可以利用单一周期内的傅里叶变换表示周期延拓函数 $F(t)$,其表达式为

$$F(t) = \frac{1}{T}\sum_{n=-\infty}^{+\infty} \hat{C}_\infty(\omega_n)e^{i\omega_n t}, \quad \hat{C}_\infty(\omega_n) = \int_0^T F(t)e^{-i\omega_n t}dt \tag{4-31}$$

除归一化常系数外,式(4-31)与一个周期信号的傅里叶级数的复数表达式一致。

对于例4-1中矩形脉冲的离散傅里叶变换,其系数表达式为

$$\hat{C}_n(\omega_n) = \int_{t_0}^{t_0+a} F_0 e^{-i\omega_n t}dt = F_0 a\left\{\frac{\sin(\omega_n a/2)}{\omega_n a/2}\right\}e^{-i\omega_n(t_0+a/2)} \tag{4-32}$$

离散频率满足

$$\omega_n = \frac{2\pi n}{T} \tag{4-33}$$

因此，对于一个给定的脉冲，持续时间越长，傅里叶系数 $\hat{C}_n$ 的分布越密(图 4-3)，导致当脉冲时间趋于无穷时，系数的分布趋于连续，这是难以计算的。总之，信号时间的有限性导致信号变换后在频域上是离散的。

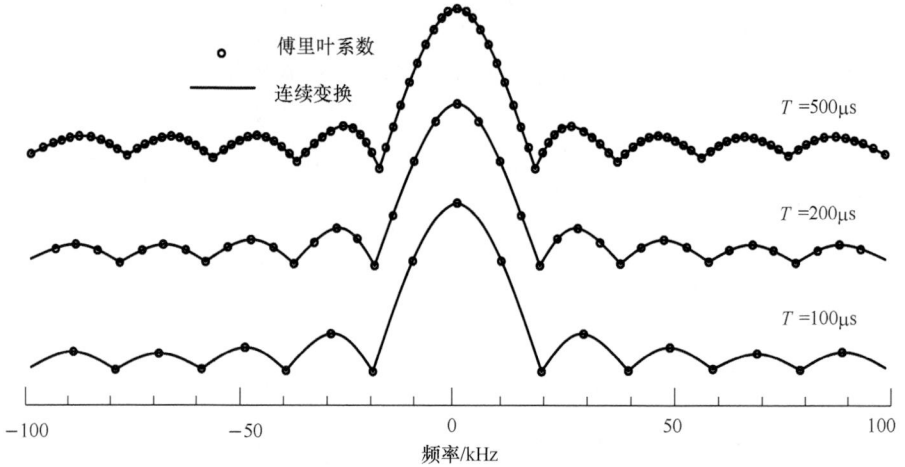

图 4-3　不同周期延拓矩形脉冲信号变换后的傅里叶系数

2. 采样不连续引起的离散化

采样时间的不连续，同样引起了傅里叶变换的离散化。任意的时域函数可以看成一系列矩形脉冲的傅里叶变换的加和，如图 4-4 所示。将时间函数 $F(t)$ 在时间轴上分成 M 区段，每一段的高度为 F_m，宽度 $\Delta T = T / M$，则傅里叶系数 $\hat{C}_n$ 可由式(4-34)得到

$$\hat{C}_n \approx D_n = \sum_{m=0}^{M-1} F_m \int_{t_m - \Delta T/2}^{t_m + \Delta T/2} e^{-i\omega_n t} dt = \Delta T \left\{ \frac{\sin(\omega_n \Delta T / 2)}{\omega_n \Delta T / 2} \right\} \sum_m^{M-1} F_m e^{-i\omega_n t_m} \tag{4-34}$$

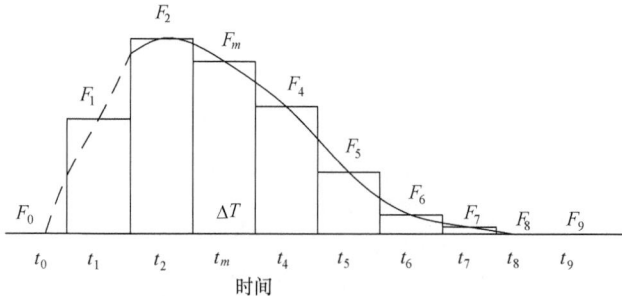

图 4-4　任意时域函数的离散化

对于求和项，若 $n > M$，即设 $n = M + n^*$，则指数项变为

$$e^{-i\omega_n t_m} = e^{-in\omega_0 t_m} = e^{-iM\omega_0 t_m} e^{-in^* \omega_0 t_m} = e^{-i2\pi M} e^{-in^* \omega_0 t_m}$$
$$= \left[\cos(2M\pi) - i\sin(2M\pi)\right] e^{-in^* \omega_0 t_m} = e^{-in^* \omega_0 t_m} \tag{4-35}$$

因此，求和项可以简单写为

$$\sum_{m}^{M-1} F_m e^{-i\omega_n t_m} = \sum_{m=0}^{M-1} F_m e^{-in^* \omega_0 t_m} \tag{4-36}$$

当 $n = n^*$ 时，求和项同样用式(4-36)表示。更特殊地，若 $M = 8$，则当 $n = -5, 9, 11, 17$ 和 $n = 3, 1, 3, 1$ 时分别计算的求和项相同。因此，离散化的操作过程在变换后的频域中引入了周期性。这个性质可以应用于快速傅里叶变换，以提高计算效率。

函数 sinc 项与 n 值有关：

$$\text{sinc} \, x \equiv \frac{\sin x}{x}, \quad x = \frac{\omega_n \Delta T}{2} = \pi \frac{n}{T} \frac{T}{M} = \pi \frac{n}{M} \tag{4-37}$$

sinc 函数的特点是随变量的增加迅速衰减，在第一个零点以后的部分可以忽略不计。第一个零值发生在 $x = \pi$ 或 $n = M$ 处，若 M 值很大，即积分的区间足够小时，则 sinc 函数在第一个零点附近的系数为高阶无穷小，可以忽略这些高阶项，傅里叶级数系数的近似表达式为

$$\hat{D}_n \approx \Delta T \{1\} \sum_m F_m e^{-i\omega_n t_m} \tag{4-38}$$

使用式(4-38)时，假定其适用于 $n < M$ 的情形，而当 $n > M$ 时，$D_n \approx 0$。在系数计算中，不考虑 $n > M - 1$ 的情况，则傅里叶级数近似系数可由式(4-39)和式(4-40)计算：

$$F_m = F(t_m) \approx \frac{1}{T} \sum_{n=0}^{M-1} D_n e^{i\omega_n t_m} = \frac{1}{T} \sum_{n=0}^{M-1} D_n e^{i2\pi nm/M} \tag{4-39}$$

$$\hat{D}_n = \hat{D}(\omega_n) \approx \Delta T \sum_{m=0}^{M-1} F_m e^{-i\omega_n t_m} = \Delta T \sum_{m=0}^{M-1} F_m e^{-i2\pi nm/M} \tag{4-40}$$

式中，n 和 m 的取值均从 0 到 $M - 1$。式(4-40)即为离散傅里叶变换的定义，指数中量纲为一，而只出现整数 n、m、M。在这种变换中，时域和频域都是离散的，因此在时域和频域上都呈现出周期性，尺度因子 ΔT 和 $1/T$ 被保留，以保证离散变换的计算结果与连续变换的计算结果相同。

离散傅里叶变换试图用有限的频率分量来表示一个时间信号，因此它是对一个周期信号的连续傅里叶变换。相应地，连续傅里叶变换本身可以看成对一个无限时延信号的离散傅里叶变换，即通过选择一个大的信号采样长度，使周期性假设对计算结果的影响降至最小，从而使离散傅里叶变换逼近连续傅里叶变换。

3. 奈奎斯特采样定理

现实世界中的电信号、光信号、声信号，以及我们讨论的振动信号，都是随时间连续变化的，这些信号称为模拟信号。利用计算机处理这些连续信号时，必须将其转化为离散信号，称为数字信号。奈奎斯特定理说明了采样频率与信号频率之间的关系，是连续信号离散化的基本依据。它为采样频率建立了一个足够的条件，该采样频率允许离散采样序列从有限带宽的连续时间信号中捕获所有的信息。

奈奎斯特定理：在进行模拟/数字信号转换的过程中，当采样频率大于信号最高频率的 2 倍时，采样之后的数字信号完整地保留了原始信号中的信息，一般实际应用中保证采样频率为信号最高频率的 2.56～4 倍。

其中，信号最高频率即需要分析的频率的最大值，在离散傅里叶变换中即为 ω_n，即

$$\omega_n = n\frac{2\pi}{T} \tag{4-41}$$

而采样频率与采样时间间隔 ΔT 有关，设采样频率为 ω_M，即

$$\omega_M = \frac{2\pi}{\Delta T} = M\frac{2\pi}{T} \tag{4-42}$$

由式(4-42)可知，奈奎斯特定理实际上反映了离散傅里叶变换中 n 与 M 之间的关系，即

$$M > 2n \tag{4-43}$$

这是由于式(4-38)中关于 sinc 函数为 1 的近似必须在 n/M 非常小的情况下才能成立，在进行信号分析时要求采样频率尽可能高，如果采样频率低于 2 倍的信号最高频率，那么采样数据中就会出现虚假的低频成分，如图 4-5 所示，这种现象称为信号的混叠。

4. 窗函数

每次离散傅里叶变换只能对有限长度的时域数据进行变换，因此需要对时域信号进行信号截断。即使是周期信号，如果截断的时间长度不是周期的整数倍(周期截断)，那么截取后的信号也会存在泄漏。为了将这个泄漏误差最大程度地减小，需要使用加权函数，也称为窗函数。加窗主要是为了使时域信号更好地满足离散傅里叶变换处理的周期性要求，减少泄漏。

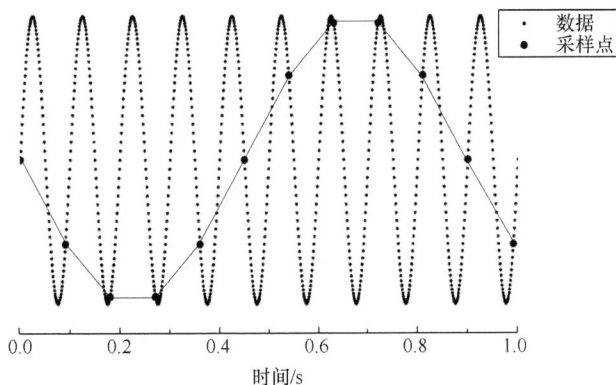

图 4-5 欠采样导致的混叠现象

如图 4-6 所示，若为周期截断，则 DFT 频谱为单一谱线；若为非周期截断，则频谱出现拖尾，如图 4-6 中部所示，可以看出泄漏很严重。为了减少泄漏，给信号施加一个窗函数，原始截断后的信号与这个窗函数相乘之后得到的信号为上面右侧的信号。可以看出，此时信号的起始时刻和结束时刻幅值都为 0，也就是说在这个时间长度内，信号为周期信号，但是只有一个周期。对这个信号进行 DFT 分析，得到的频谱如下部右侧所示。与之前未加窗的频谱相比较可以看出，泄漏已明显改善，但并没有完全消除。因此，窗函数只能减少泄漏，而不能消除泄漏。

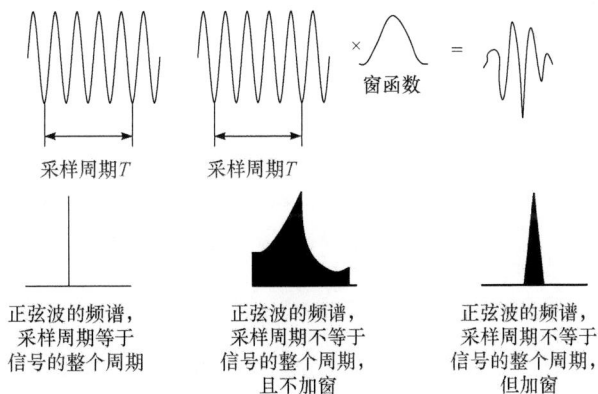

图 4-6 加窗函数的频谱分析

在数字信号处理中，常见的窗函数有以下四种。

(1) 矩形窗：

$$w(t) = 1, \quad 0 \leqslant t \leqslant T \tag{4-44}$$

(2) 汉宁窗：

$$w(t) = \frac{1}{2}\left[1 - \cos\left(\frac{2\pi t}{T}\right)\right], \quad 0 \leqslant t \leqslant T \tag{4-45}$$

(3) 凯塞-贝塞尔窗：

$$\begin{aligned} w(t) = 1 - 1.24\cos(2\pi t / T) + 0.244\cos(4\pi t / T) \\ - 0.00305\cos(6\pi t / T) \end{aligned}, \quad 0 \leqslant t \leqslant T \tag{4-46}$$

(4) 平顶窗：

$$\begin{aligned} w(t) = 1 - 1.93\cos(2\pi t / T) + 1.29\cos(4\pi t / T) \\ - 0.388\cos(6\pi t / T) + 0.0322\cos(8\pi t / T) \end{aligned}, \quad 0 \leqslant t \leqslant T \tag{4-47}$$

　　矩形窗、汉宁窗和平顶窗的时域形状和频域特征如图 4-7 所示。可以看出，窗函数不同，时域和频域均不同。通常选用汉宁窗对随机信号进行处理，因为它可以在不太加宽主瓣的情况下较大地压低旁瓣的高度，从而有效地减少功率泄漏。本身就具有较好的离散频谱的信号，如周期信号或准周期信号，对其进行分析最好选用旁瓣极低的凯塞-贝塞尔窗或平顶窗。加窗以后的波形似乎发生了很大的变化，但其频谱仍能较准确地给出原来信号的真实频谱值。

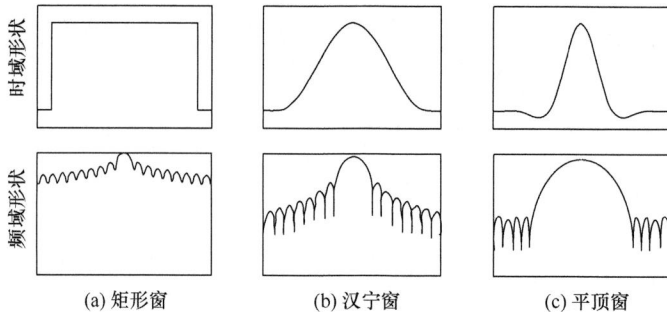

图 4-7　不同窗函数频域特征

4.1.4　快速傅里叶变换

　　快速傅里叶变换是一个简单而有效的计算离散傅里叶变换的算法。快速傅里叶变换并不是一个全新的变换，其计算所得的数值和离散傅里叶变换相应的数值完全相同。

　　通用的离散傅里叶正变换可以写为

$$s_n = \sum_{m=0}^{M-1} F_m \mathrm{e}^{-\mathrm{i}2\pi nm/M}, \quad n = 0, 1, \cdots, M-1 \tag{4-48}$$

其展开形式为

$$s_0 = \left\{ F_0 + F_1 + F_2 + \cdots \right\}$$

$$s_1 = \left\{ F_0 + F_1 \mathrm{e}^{-\mathrm{i}2\pi 1/M} + F_2 \mathrm{e}^{-\mathrm{i}2\pi 2/M} + \cdots \right\}$$

$$s_2 = \left\{ F_0 + F_1 \mathrm{e}^{-\mathrm{i}2\pi 2/M} + F_2 \mathrm{e}^{-\mathrm{i}2\pi 4/M} + \cdots \right\} \tag{4-49}$$

$$\vdots$$

$$s_n = \left\{ F_0 + F_1 \mathrm{e}^{-\mathrm{i}2\pi n/M} + F_2 \mathrm{e}^{-\mathrm{i}2\pi 2n/M} + \cdots \right\}$$

计算每一个求和项 s_n 有 $M-1$ 次复数相乘和 $M-1$ 次复数相加，由此总的计算量为 $2M^2$ 次，快速傅里叶变换算法的目的就是利用指数运算的优势将计算量减小到 M^2 次以下。

理解快速傅里叶变换算法的关键是观察数据的重复形式，以 $M=8$ 为例，首先考虑指数为 $-\mathrm{i}2\pi\left(\dfrac{mn}{M}\right)$ 的矩阵：

$$\frac{-\mathrm{i}2\pi}{M}\begin{bmatrix} 0 & 0 & 0 & 0 & \cdots & 0 \\ 0 & 1 & 2 & 3 & \cdots & M-1 \\ 0 & 2 & 4 & 6 & \cdots & 2(M-1) \\ 0 & 3 & 6 & 9 & \cdots & 3(M-1) \\ \vdots & \vdots & \vdots & \vdots & & \vdots \\ 0 & M-1 & 2(M-1) & 3(M-1) & \cdots & (M-1)(M-1) \end{bmatrix} \tag{4-50}$$

对于任意 M 值，通常 2π 不会和一个整数相乘，但当 M 以下列形式出现时，这些指数变得非常有规律，即

$$M = 2^\gamma = 2,4,8,16,32,64,128,256,512,1024,\cdots \tag{4-51}$$

例如，当 M 取上述数中的任意一个数时，矩阵中非零整数将减少，当 $M=8$ 时，可得到

$$\frac{-\mathrm{i}2\pi}{8}\begin{bmatrix} 0 & 0 & 0 & 0 & 0 & 0 & 0 & 0 \\ 0 & 1 & 2 & 3 & 4 & 5 & 6 & 7 \\ 0 & 2 & 4 & 6 & 0 & 8+2 & 8+4 & 8+6 \\ 0 & 3 & 6 & 8+1 & 8+4 & 8+7 & 16+2 & 16+5 \\ 0 & 4 & 8+0 & 8+4 & 16+0 & 16+4 & 24+0 & 24+4 \\ 0 & 5 & 8+2 & 8+7 & 16+4 & 24+1 & 24+6 & 32+3 \\ 0 & 6 & 8+4 & 16+2 & 24+0 & 24+6 & 32+4 & 40+2 \\ 0 & 7 & 8+6 & 16+5 & 24+4 & 32+3 & 40+2 & 48+1 \end{bmatrix} \tag{4-52}$$

由于指数有下面的简化形式：

$$e^{-i2\pi[0]} = e^{-i2\pi[1]} = e^{-i2\pi[2]} = e^{-i2\pi[3]} = \cdots = 1 \tag{4-53}$$

以上矩阵可以简化为

$$\frac{-i2\pi}{8}\begin{bmatrix} 0 & 0 & 0 & 0 & 0 & 0 & 0 & 0 \\ 0 & 1 & 2 & 3 & 4 & 5 & 6 & 7 \\ 0 & 2 & 4 & 6 & 0 & 2 & 4 & 6 \\ 0 & 3 & 6 & 1 & 4 & 7 & 2 & 5 \\ 0 & 4 & 0 & 4 & 0 & 4 & 0 & 4 \\ 0 & 5 & 2 & 7 & 4 & 1 & 6 & 3 \\ 0 & 6 & 4 & 2 & 0 & 6 & 4 & 2 \\ 0 & 7 & 6 & 5 & 4 & 3 & 2 & 1 \end{bmatrix} = \frac{-i2\pi}{8}\begin{bmatrix} 0 & 0 & 0 & 0 & (0 & 0 & 0 & 0)+0 \\ 0 & 1 & 2 & 3 & (0 & 1 & 2 & 3)+4 \\ 0 & 2 & 4 & 6 & (0 & 2 & 4 & 6)+0 \\ 0 & 3 & 6 & 1 & (0 & 3 & 6 & 1)+4 \\ 0 & 4 & 0 & 4 & (0 & 4 & 0 & 4)+0 \\ 0 & 5 & 2 & 7 & (0 & 5 & 2 & 7)+4 \\ 0 & 6 & 4 & 2 & (0 & 6 & 4 & 2)+0 \\ 0 & 7 & 6 & 5 & (0 & 7 & 6 & 5)+4 \end{bmatrix}$$

$$\tag{4-54}$$

可以看到，矩阵中的很多求和项是相同的。正是这个原因，快速傅里叶变换的计算量大大减少，这种规律存在于整个快速傅里叶变换体系，采用快速傅里叶变换和不采用快速傅里叶变换的计算量分别为 $\frac{3}{2}M\log_2 M$ 和 $2M^2$，因此使快速傅里叶变换具有非常高的计算效率。

4.1.5　波动的频谱分析方法

连续傅里叶变换是求解波传播问题的一个基本方法，随着计算机的发展和快速傅里叶变换算法的出现，可以利用离散傅里叶变换快速高效地进行大量求和运算。

波动问题的解一般为时间和空间的函数。若在空间上一特定位置点进行求解，则其解为时间变量 t 的函数 $F_1(t)$，其傅里叶系数为 $\hat{C}_{1n}$，表达式如下：

$$u(x_1, y_1, t) = F_1(t) = \sum \hat{C}_{1n} e^{i\omega_n t} \tag{4-55}$$

在另外位置点处的解记为 $F_2(t)$，其傅里叶系数为 $\hat{C}_{2n}$。

$$u(x_2, y_2, t) = F_2(t) = \sum \hat{C}_{2n} e^{i\omega_n t} \tag{4-56}$$

因此，不同空间点处对应的傅里叶系数不同，而任意位置点处的解都可以用下列频谱形式表示：

$$u(x, y, t) = \sum \hat{u}_n(x, y, \omega_n) e^{i\omega_n t} \tag{4-57}$$

式中，$\hat{u}_n$ 为与空间位置相关的傅里叶系数，且是频率 ω 的函数，因此独立变量的个数并没有减少。为省略求和符号和下标符号，将函数记为以下形式：

$$u(x, y, t) \Rightarrow \hat{u}(x, y, \omega) \tag{4-58}$$

将函数对时间求导可表示为

$$\frac{\partial u}{\partial t} = \frac{\partial}{\partial t}\sum \hat{u}e^{i\omega t} = \sum i\omega \hat{u}e^{i\omega t} \tag{4-59}$$

这体现了频谱方法求解微分方程的优势，用傅里叶系数的代数表达式代替对时间的求导，减少了微分的次数。此外，通过傅里叶变换方法回顾之前在求解多自由度、连续系统问题时采用的分离变量法，发现其根本上是一致的，这也回答了之前设解时为何采用分离变量的问题。

同样，将函数对位移求导可表示为

$$\frac{\partial u}{\partial x} = \frac{\partial}{\partial x}\sum \hat{u}e^{i\omega t} = \sum \frac{\partial \hat{u}}{\partial x}e^{i\omega t} \tag{4-60}$$

可简记为

$$\frac{\partial u}{\partial x} \Rightarrow \frac{\partial \hat{u}}{\partial x} \tag{4-61}$$

虽然微分次未减少，但因为消去了时间变量，这些微分由偏微分变成了常微分，因此也就更容易积分。

假设关于非独立变量 $u(x,t)$ 的线性(一维)齐次微分方程为

$$u + a\frac{\partial u}{\partial t} + b\frac{\partial u}{\partial x} + c\frac{\partial^2 u}{\partial t^2} + d\frac{\partial^2 u}{\partial x^2} + e\frac{\partial^2 u}{\partial t \partial x} + \cdots = 0 \tag{4-62}$$

假设 a、b、c 等系数与时间、空间变量无关，式(4-62)的解的频谱表达式为

$$u(x,t) = \sum_n \hat{u}_n(x,\omega_n)e^{i\omega_n t} \tag{4-63}$$

代入微分方程，得到

$$\sum_n \left\{ \hat{u} + i\omega_n a\hat{u} + b\frac{d\hat{u}}{dx} + (i\omega_n)^2 c\hat{u} + d\frac{d^2\hat{u}}{dx^2} + \cdots \right\}e^{i\omega_n t} = 0 \tag{4-64}$$

每一个 $e^{i\omega_n t}$ 项都相互独立，那么对于每一个 n 值式(4-64)都成立，由此得到 n 个联立的方程式：

$$[1 + i\omega_n a + (i\omega_n)^2 c + \cdots]\hat{u} + [b + i\omega_n e + \cdots]\frac{d\hat{u}}{dx} + [d + \cdots]\frac{d^2\hat{u}}{dx^2} + \cdots = 0 \tag{4-65}$$

由于假设 a、b、c 与空间变量无关，可将式(4-65)简写为

$$A_1\hat{u} + A_2\frac{d\hat{u}}{dx} + A_3\frac{d^2\hat{u}}{dx^2} + \cdots = 0 \tag{4-66}$$

以上方程解的形式为 $e^{\lambda x}$，即

$$\hat{u}(x) = Ce^{-ikx} \tag{4-67}$$

通常将特征方程(常系数)写为

$$A_1 + (-\mathrm{i}k)A_2 + (-\mathrm{i}k)^2 A_3 + \cdots = 0 \tag{4-68}$$

满足式(4-68)的 k 值很多，可用式(4-69)表示为

$$k_{mn} = f_m(A_1, A_2, A_3, \cdots, \omega_n) \tag{4-69}$$

指数 k (称为波数)和频率 ω 之间的关系称为频散关系，它是波动问题频谱分析的基础。当 m 取不同值时，代表不同的模态，解的形式由许多模态的叠加形式给出：

$$\hat{u}(x) = C_1 \mathrm{e}^{-\mathrm{i}k_1 x} + C_2 \mathrm{e}^{-\mathrm{i}k_2 x} + \cdots + C_m \mathrm{e}^{-\mathrm{i}k_m x} \tag{4-70}$$

特征方程有多少个特征根，解中就有多少个模态。运动方程的通解可写为

$$u(x,t) = \sum_n \left\{ C_{1n} \mathrm{e}^{-\mathrm{i}k_{1n} x} + C_{2n} \mathrm{e}^{-\mathrm{i}k_{2n} x} + \cdots + C_{mn} \mathrm{e}^{-\mathrm{i}k_{mn} x} \right\} \mathrm{e}^{\mathrm{i}\omega_n t} \tag{4-71}$$

式中，由微分方程决定的每一项指数均为常数。此外，对不同问题的通解形式可写为

$$u(x,t) = \sum_n \hat{P}_n \hat{G}(k_{mn} x) \mathrm{e}^{\mathrm{i}\omega_n t} \tag{4-72}$$

式中，$\hat{P}_n$ 为幅频谱；$\hat{G}(k_{mn} x)$ (也可以是各个模态的复合)为系统的传递函数，结合边界条件分析微分方程可以给出 $\hat{G}(k_{mn} x)$ 和 $k_m(\omega)$ 的特定解形式。值得注意的是，频率 ω 是作用于时间变量上的尺度因子，波数 k 是作用于空间变量上的尺度因子。

波速：沿波的传播方向单位时间内振动状态所传播的距离称为波速。由于波的某一振动状态总是与某一相值相联系，或者说单位时间内某种一定的振动相所传播的距离，称为波速或相速度。

对于某一频率的波的通解可写为

$$u(x,t) = C \mathrm{e}^{-\mathrm{i}kx} \mathrm{e}^{\mathrm{i}\omega t} = C \mathrm{e}^{-\mathrm{i}(kx - \omega t)} \tag{4-73}$$

表示某一频率的波沿 x 轴正方向传播。当经过时间 Δt 时，x 位置处的波动解为

$$u(x, t + \Delta t) = C \mathrm{e}^{-\mathrm{i}kx} \mathrm{e}^{\mathrm{i}\omega(t + \Delta t)} = C \mathrm{e}^{-\mathrm{i}[kx - \omega(t + \Delta t)]} \tag{4-74}$$

假设弹性波沿 x 方向传播了位移 Δx，即在 $x + \Delta x$ 位置处的响应应与 t 时刻 x 位置处的解一致，即

$$u(x + \Delta x, t + \Delta t) = C \mathrm{e}^{-\mathrm{i}k(x + \Delta x)} \mathrm{e}^{\mathrm{i}\omega(t + \Delta t)} = C \mathrm{e}^{-\mathrm{i}[k(x + \Delta x) - \omega(t + \Delta t)]} = u(x,t) = C \mathrm{e}^{-\mathrm{i}(kx - \omega t)}$$

$$\tag{4-75}$$

$$k \Delta x = \omega \Delta t$$

$$\frac{\Delta x}{\Delta t} = \frac{\omega}{k}$$

由此得到弹性波的相速度为

$$c = \frac{\omega}{k} \tag{4-76}$$

相速度与频率、波数具有以上关系，因此相速度和频率之间的关系同样称为频散关系。不同频率成分的波以同一波速传播，叠加后的波群传播速度也相同，当不同频率成分的波的相速度相同时，这个信号称为非频散信号，其在传播时将保持波形不变。也就是说，在空间的不同位置上，各简谐波之间的相位关系保持不变并且叠加后的波形不变。相对地，不同频率的波的相速度不同，最终使得叠加后的波形随位置的改变而发生改变，当信号的相速度不再是频率的常函数时，称其为频散信号，描述频散信号中的波速常用群速度，通常是指以 ω 为中心频率的一组波(波群)传播时的速度，而不是单一某个频率波的波速。波群速度可表示为

$$c_{\mathrm{g}} \equiv \frac{\mathrm{d}\omega}{\mathrm{d}k} = c \Big/ \left(1 - k\frac{\mathrm{d}c}{\mathrm{d}\omega}\right) = c + k\frac{\mathrm{d}c}{\mathrm{d}k} \tag{4-77}$$

通常情况下，群速度在数值上与相速度不同，具体的推导过本书不再讨论。

对于传播过程中的特定模态的波，可用以下任一形式表示：

$$u(x,t) = A\mathrm{e}^{-\mathrm{i}k(x-ct)} = A\mathrm{e}^{-\mathrm{i}\frac{2\pi}{\lambda}(x-ct)} = A\mathrm{e}^{-\mathrm{i}(kx-\omega t)} \tag{4-78}$$

式中，振幅 A 可以是复数，式(4-78)表示的是向前传播的波。波的频谱分析中常用参数如表 4-2 所示。

表 4-2   波的频谱分析中常用参数

参数	表达式
角频率 ω /(rad/s)	——
频率 f /Hz	——
周期 T /s	$T = \dfrac{1}{f} = \dfrac{2\pi}{\omega}$
波数 k	$k = \dfrac{2\pi}{\lambda} = \dfrac{\omega}{c}$
波长 λ /m	$\lambda = \dfrac{2\pi c}{\omega} = \dfrac{2\pi}{k}$
波的相位 ϕ /rad	$\phi = (kx - \omega t) = \dfrac{\omega}{c}(x - ct) = \dfrac{2\pi}{\lambda}(x - ct)$
相速度 c /(m/s)	$c = \dfrac{\omega}{k} = \dfrac{\omega\lambda}{2\pi}$
群速度 c_{g} /(m/s)	$c_{\mathrm{g}} = \dfrac{\mathrm{d}\omega}{\mathrm{d}k}$

4.2 杆中的纵波

4.2.1 杆中纵波频谱分析

作为重要的承力构件，杆和支柱是常用于桁架和网架结构的基本单元。它们主要承受轴向载荷 $q(x) - \eta A_0 \dot{u}$，因此在作为波导时，其中只传播纵波。拉压杆及典型承载单元如图 4-8 所示。

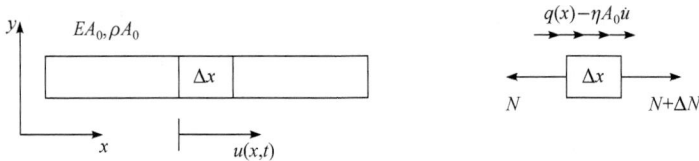

图 4-8　拉压杆及典型承载单元

第 3 章中给出了杆纵向运动的微分方程，当考虑阻尼时可表示为

$$EA_0 \frac{\partial^2 u}{\partial x^2} = \rho A_0 \frac{\partial^2 u}{\partial t^2} + \eta A_0 \frac{\partial u}{\partial t} - q \tag{4-79}$$

式中，ρA_0 为单位长度杆的质量密度；η 为单位长度的阻尼(黏性)；q 为单位长度上的外加轴向力。

对式(4-79)进行频谱分析，方程变为

$$EA_0 \frac{\mathrm{d}^2 \hat{u}}{\mathrm{d} x^2} + \omega^2 \rho A_0 \hat{u} - \mathrm{i}\omega \eta A_0 \hat{u} = -q \tag{4-80}$$

则波动方程的基本解可由下面的齐次方程求得

$$EA_0 \frac{\mathrm{d}^2 \hat{u}}{\mathrm{d} x^2} + (\omega^2 \rho A_0 - \mathrm{i}\omega \eta A_0)\hat{u} = 0 \tag{4-81}$$

这是一个常系数微分方程，频率被看成参数，其解的形式为

$$\hat{u}(x) = A\mathrm{e}^{-\mathrm{i}k_1 x} + B\mathrm{e}^{+\mathrm{i}k_1 x}, \qquad k_1 = \sqrt{\frac{\omega^2 \rho A_0 - \mathrm{i}\omega \eta A_0}{EA_0}} \tag{4-82}$$

式中，A 和 B 为各频率处待定波幅。当同时考虑时间变化时，该解对应于两种波，向前传播的波和向后传播的波，即

$$u(x,t) = \sum A\mathrm{e}^{-\mathrm{i}(k_1 x - \omega t)} + \sum B\mathrm{e}^{+\mathrm{i}(k_1 x + \omega t)} \tag{4-83}$$

可以看出，求和式中所有的量(如 A、B、k 等)都与频率 ω 有关，其频谱图如

图 4-9 所示。

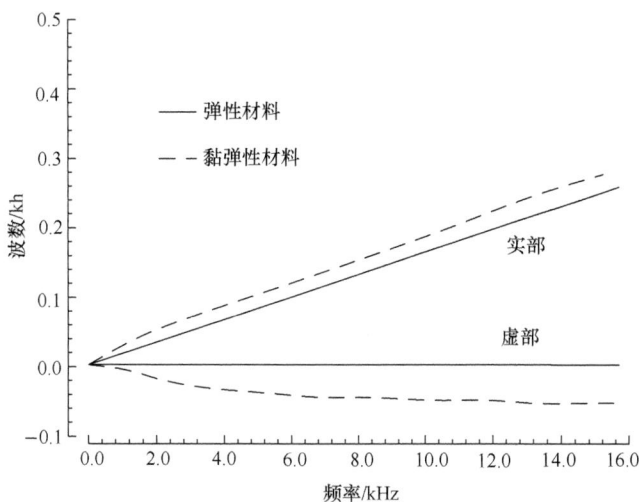

图 4-9 纵波频散特性

无阻尼时，波数可简化为

$$k_1 = \omega\sqrt{\frac{\rho A_0}{EA_0}} = \omega\sqrt{\frac{\rho}{E}} \tag{4-84}$$

它与频率呈线性关系，对于频散关系，可得到恒定的相速度和群速度：

$$c = \frac{\omega}{k} = \sqrt{\frac{E}{\rho}} = c_0 , \qquad c_g = \frac{\mathrm{d}\omega}{\mathrm{d}k} = \sqrt{\frac{E}{\rho}} = c_0 \tag{4-85}$$

当考虑阻尼时，显然波数的解存在虚部，而虚部对应于波动解的指数项时，实际上表示指数衰减波的存在，因此阻尼的引入实际上也造成了纵波在空间范围内的指数性衰减，这将在 4.2.3 节中详细讨论。

4.2.2 载荷下纵波传播特性

1. 一端加载下的纵波传播

假定杆中的波都是由杆中一点处的载荷冲击引起的，以便能够探讨波的基本特性。假设杆在端部 $x = 0$ 处受载荷 $P(t)$ 作用，根据图 4-10 所示的受力分析，在 $x = 0$ 处，有

$$N = EA_0 \frac{\partial u(x,t)}{\partial x} = -P(t) \tag{4-86}$$

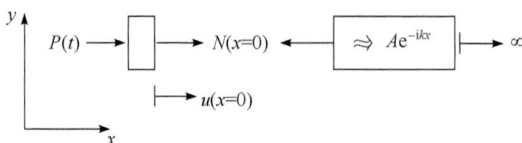

图 4-10 自由杆一端承受冲击载荷的受力分析

若所有的时间函数都用其频谱表示，则边界条件的扩展表达式为

$$EA_0 \frac{\mathrm{d}}{\mathrm{d}x} \sum_n \hat{u}_n(x) \mathrm{e}^{\mathrm{i}\omega_n t} = -\sum_n \hat{P}_n \mathrm{e}^{\mathrm{i}\omega_n t} \tag{4-87}$$

式(4-87)在任意时间点都应该成立，因此等式成立的条件是基础项满足

$$EA_0 \frac{\mathrm{d}\hat{u}_n}{\mathrm{d}x} = -\hat{P}_n \tag{4-88}$$

研究的问题往往简化为在特定 n(或频率 ω_n)下的确定关系，因此通常可以省略下标。在 $x=0$ 处的情形就变为

$$EA_0(-\mathrm{i}k_1 A) = -\hat{P}$$

$$A = \frac{\hat{P}}{\mathrm{i}k_1 EA_0} \tag{4-89}$$

或者(为了强调与频率的关系)明确地写出每个下标：

$$u(x,t) = \frac{1}{EA_0} \sum_n \frac{\hat{P}}{\mathrm{i}k_{1n}} \mathrm{e}^{-\mathrm{i}(k_{1n}x - \omega_n t)} \tag{4-90}$$

如果已知载荷 $\hat{P}$ 的频谱，就可以确定任意位置 S 处的位移(以及相应的应力等)。位移、应力、应变等均以我们所熟知的恒定速度 $c_0 = \sqrt{\dfrac{E}{\rho}}$ 传播。

这种情况下的传递函数 $\hat{G}(x,\omega)$ 为

$$\hat{u}(x) = \hat{G}(x,\omega)\hat{P}$$

$$\hat{G}(x,\omega) = \frac{1}{\mathrm{i}k_1 EA_0} \mathrm{e}^{-\mathrm{i}k_1 x} \tag{4-91}$$

在不考虑实际复杂结构解的情况下，很容易对杆进行概括描述。在很多情况下，只有当频谱关系发生变化时，传递函数才会随之改变，否则传递函数不会发生改变。

用下标 i 和 r 分别表示向前和向后传播的波，得到其他力学参量(在特定频率下)如下。

位移：

$$u_\mathrm{i} = A\mathrm{e}^{-\mathrm{i}(kx-\omega t)}, \quad u_\mathrm{r} = B\mathrm{e}^{+\mathrm{i}(kx+\omega t)} \tag{4-92}$$

速度:

$$\dot{u}_i = i\omega u_i, \quad \dot{u}_r = i\omega u_r \tag{4-93}$$

应变:

$$\varepsilon_i = -iku_i, \quad \varepsilon_r = iku_r \tag{4-94}$$

应力:

$$\sigma_i = -ikEu_i, \quad \sigma_r = ikEu_r \tag{4-95}$$

轴力:

$$F_i = -ikEA_0 u_i, \quad F_r = ikEA_0 u_r \tag{4-96}$$

因此,质点速度、力和应力的历程轮廓图是相同的。注意到,向前传播的拉伸应力产生一个负的速度(质点向后运动)。

2. 分布载荷下的纵波传播

假设杆受分布载荷 $q(x,t)$ 作用,如图 4-11 所示。

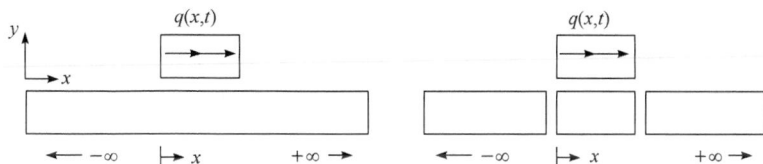

图 4-11 受分布载荷作用的杆

首先,假设分布载荷可表示为如下形式:

$$q(x,t) = P(t)f(x) \quad \Leftrightarrow \quad \hat{q}(x) = \hat{P}f(x) \tag{4-97}$$

这里,分布函数 $f(x)$ 不随时间变化,只有比例因子 $P(t)$ 随时间变化。若 $f(x)$ 下的面积为 1,则 $P(t)$ 可看成合力。此处采用波数变换法进行求解,其本质就是对空间函数进行波数傅里叶变换,如将分布载荷函数用傅里叶变换的方法来表示。对于时间函数,实现的是时域 t 与频域 ω 间的转换;对于空间分布函数,则实现的是空间变量 x 与波数域 k 之间的转换。现用离散傅里叶变换来表示分布函数 $f(x)$:

$$f(x) = \frac{1}{W}\sum_m \tilde{f}(\varepsilon_m)e^{+i\varepsilon_m x}, \quad \tilde{f}(\varepsilon_m) = \int_0^M f(x)e^{-i\varepsilon_m x}dx \tag{4-98}$$

式中,W 为空间窗;$\varepsilon_m \equiv \frac{2\pi m}{W}$。注意到,由于 $f(x)$ 是实数,可以利用傅里叶级数的一般形式表示,但是指数形式更有利于处理。响应的谱分析的解也同样是关

于空间变量 x 的函数，那么同样可以将响应解进行波数变换展开，即

$$\hat{u}(x) = A\mathrm{e}^{-\mathrm{i}kx} = \frac{1}{W}\sum_m \tilde{u}(\varepsilon_m)\mathrm{e}^{+\mathrm{i}\varepsilon_m x} \tag{4-99}$$

将式(4-90)~式(4-92)代入方程(4-80)得

$$\frac{1}{W}\sum_m [-\varepsilon_m^2 EA_0 + (\omega^2\rho A_0 - \mathrm{i}\omega\eta A_0)]\tilde{u}(\varepsilon_m)\mathrm{e}^{+\mathrm{i}\varepsilon_m x} = \frac{-\hat{P}}{W}\sum_m \tilde{f}(\varepsilon_m)\mathrm{e}^{+\mathrm{i}\varepsilon_m x} \tag{4-100}$$

对于任意 m，式(4-100)都应成立，因此得到位移的空间变换分量为

$$\tilde{u}(\varepsilon_m) = \frac{\hat{P}\tilde{f}(\varepsilon_m)}{\varepsilon_m^2 EA_0 - (\omega^2\rho A_0 - \mathrm{i}\omega\eta A_0)} \tag{4-101}$$

由此，得到响应的频谱分量为

$$\hat{u}(x) = \frac{\hat{P}}{W}\sum_m \left[\frac{\tilde{f}(\varepsilon_m)}{\varepsilon_m^2 EA_0 - (\omega^2\rho A_0 - \mathrm{i}\omega\eta A_0)}\right]\mathrm{e}^{+\mathrm{i}\varepsilon_m x} \tag{4-102}$$

式(4-102)在常规傅里叶逆变换中可以合并。但是，一般来说，直接对 m 求和比用快速傅里叶运算更高效，因为通常只需要确定某些位置 x 处的响应即可。

对于这个问题，仍需要说明的是实际载荷分布形状与波数变换后的载荷关系。为了简化计算，假设在长度 L 上分布合力为单位力的矩形载荷，则有

$$\tilde{f}(\varepsilon_m) = \int_0^L f(x)\cdot\mathrm{e}^{-\mathrm{i}\varepsilon_m x}\mathrm{d}x = \int_0^L 1\cdot\mathrm{e}^{-\mathrm{i}\varepsilon_m x}\mathrm{d}x = (\mathrm{e}^{-\mathrm{i}\varepsilon_m L} - 1)/(-\mathrm{i}\varepsilon_m) = \mathrm{i}(\mathrm{e}^{-\mathrm{i}\varepsilon_m L} - 1)/\varepsilon_m$$

$$\tag{4-103}$$

4.2.3　杆中的耗散

本节考虑耗散情况下波的传播。可以想象，当波沿杆传播时，响应要受周围介质的影响。本节讨论引起杆中能量耗散的两种情况，特定地假设阻滞力(单位长度)与位移和速度成正比，分别为 $-Ku$ 和 $-\eta A_0\dot{u}$。前者可以认为是沿纵向的弹性基础，K 为弹性基础刚度，后者是前面已提及的内部黏性阻尼，η 为材料阻尼系数(阻尼密度)。因此，运动微分方程变为

$$EA_0\frac{\partial^2 u}{\partial x^2} - Ku - \eta A_0\frac{\partial u}{\partial t} = \rho A_0\frac{\partial^2 u}{\partial t^2} \tag{4-104}$$

频谱表示为

$$EA_0\frac{\mathrm{d}^2\hat{u}}{\mathrm{d}x^2} + (\omega^2\rho A_0 - \mathrm{i}\omega\eta A_0 - K)\hat{u} = 0 \tag{4-105}$$

因为系数是常数，这里的频谱关系为复数(即使阻尼为零)：

$$k_1 = \pm \sqrt{\frac{\omega^2 \rho A_0 - i\omega\eta A_0 - K}{EA_0}} \tag{4-106}$$

由此产生的波是频散的。

1. 黏性阻尼

首先考虑只有速度约束的情况，波数始终为复数，意味着对所有分量都有局部衰减，这就等价于阻尼。在小阻尼的限定下，频谱关系可近似为

$$k_1 = \pm \sqrt{\frac{\rho A_0}{EA_0}} \sqrt{\omega^2 - \frac{i\omega\eta A_0}{\rho A_0}} \approx \pm \sqrt{\frac{\rho}{E}} \left(\omega - \frac{i\eta}{2\rho} \right) = \pm \left(\frac{\omega}{c_0} - i\bar{\eta} \right) \tag{4-107}$$

其中，$\bar{\eta} = \dfrac{\eta}{2\rho c_0}$。对应的解为

$$u = A e^{-\bar{\eta}x} e^{-i(x - c_0 t)\omega/c_0} \tag{4-108}$$

波沿着杆方向衰减。一般来说，将频谱关系中指数项的实数部分与衰减或耗散联系起来。另外，通过在系统中加入一些小的阻尼来增加计算结果的数值稳定性是可取的。"小"的范围是指其数量级应在

$$\frac{\eta}{\rho} \approx \omega_0 \times 10^{-3} \tag{4-109}$$

式中，ω_0 为典型的频率范围。阻尼变化时，其幅值应在该数量级。

2. 弹性基础

当不考虑黏性阻尼，只考虑弹性约束 K 时，存在非零频率使得波数 k 为零，此频率称为截止频率，可以表示为

$$\omega^2 \frac{\rho A_0}{EA_0} - \frac{K}{EA_0} = 0$$

$$\omega_c = \sqrt{\frac{K}{\rho A_0}} \tag{4-110}$$

图 4-12 给出了不同频率下的波数解。可以发现，在截止频率以下，波数只有虚部，使得波动的解中的指数项存在实数部分，波动会产生衰减，因此低于截止频率 ω_c 的成分将不能传播很远，并且在远距离处采集的信号只含有丰富的高频成分。

如果杆是弹性的，约束也是弹性的，由于均为弹性系统，那么对整个系统而言是没有耗散的。事实上发生的是杆将能量传递给弹簧，即杆释放了能量，由此出现了耗散。在研究耦合弹性系统时发现，截止频率的存在预示着能量从一个系

统损失或传递到其他系统。

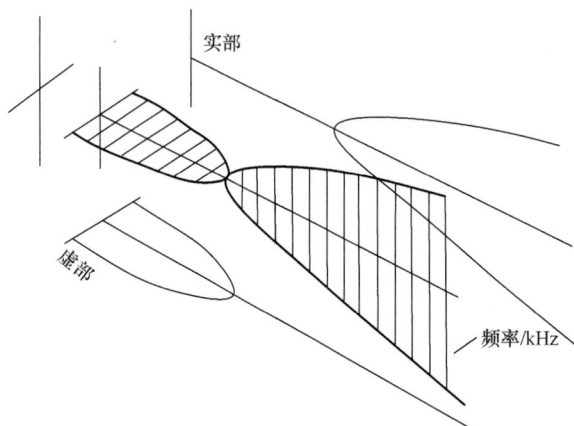

图 4-12　截止频率对波数的影响

4.2.4　反射与透射

由于结构尺寸的有限性，结构中激励出的弹性波最终将会遇到边界或不连续体等形式的障碍物。因此，为了进一步分析波在结构中的传播，了解波与这些障碍物的相互作用非常重要。图 4-13 给出了将要研究的障碍物的集合。

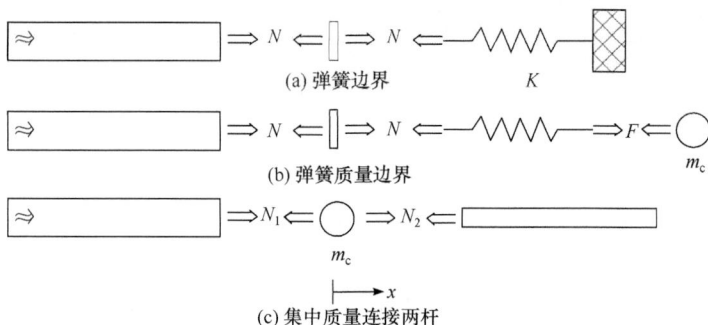

图 4-13　典型边界的受力分析图

在边界处入射波会产生反射波，两种波的叠加应满足边界条件。两种波可用以下形式表示：

$$u(x,t) = \sum A e^{-i(k_1 x - \omega t)} + \sum B e^{+i(k_1 x + \omega t)} \tag{4-111}$$

其中，A 与已知的入射波有关，B 与未知的反射波有关，这个观点对于后续分析很重要。边界条件指定为以下形式：位移 $\hat{u} = \hat{u}(x, \omega)$，轴力 $\hat{N} = EA_0 \dfrac{\mathrm{d}\hat{u}}{\mathrm{d}x}$。

表 4-3 给出了一系列边界条件及其方程，以及时域与频域表示的边界条件转

化关系。

表 4-3 时域/频域边界条件 1

边界条件	时域	频域
固定	$u(0,t) = 0$	$\hat{u}(0) = 0$
自由	$EA_0 \dfrac{\partial u(0,t)}{\partial x} = 0$	$EA_0 \dfrac{\mathrm{d}\hat{u}(0)}{\mathrm{d}x} = 0$
弹簧	$EA_0 \dfrac{\partial u(0,t)}{\partial x} = -Ku(0,t)$	$EA_0 \dfrac{\mathrm{d}\hat{u}(0)}{\mathrm{d}x} = -K\hat{u}(0)$
阻尼	$EA_0 \dfrac{\partial u(0,t)}{\partial x} = -\eta \dfrac{\partial u(0,t)}{\partial t}$	$EA_0 \dfrac{\mathrm{d}\hat{u}(0)}{\mathrm{d}x} = -\eta \mathrm{i}\omega \hat{u}(0)$
质量块	$EA_0 \dfrac{\partial u(0,t)}{\partial x} = -m \dfrac{\partial^2 u(0,t)}{\partial t^2}$	$EA_0 \dfrac{\mathrm{d}\hat{u}(0)}{\mathrm{d}x} = +m\omega^2 \hat{u}(0)$

1. 弹簧边界条件

如图 4-13(a) 所示，利用弹簧频域边界条件：

$$EA_0 \frac{\mathrm{d}\hat{u}(0)}{\mathrm{d}x} = -K\hat{u}(0) \tag{4-112}$$

将 $\hat{u}(x) = A\mathrm{e}^{-\mathrm{i}k_1 x} + B\mathrm{e}^{+\mathrm{i}k_1 x}$ 代入，得

$$EA_0 \left(-\mathrm{i}k_1 A + \mathrm{i}k_1 B \right) = -K\left(A + B \right) \tag{4-113}$$

反射波幅值为

$$B = \frac{\mathrm{i}k_1 EA_0 - K}{\mathrm{i}k_1 EA_0 + K} A \tag{4-114}$$

2. 自由端的边界条件

由 $EA_0 \{ -\mathrm{i}k_1 A + \mathrm{i}k_1 B \} = 0$，得出 $B = A$，即反射脉冲的位移与入射脉冲的位移相同。通过微分可以看出，反射的应力脉冲反相，相当于没有弹簧刚度的弹簧边界，即 $K = 0$，则

$$B = A, \quad u_\mathrm{r} = u_\mathrm{i}, \quad \sigma_\mathrm{r} = -\sigma_\mathrm{i} \tag{4-115}$$

3. 固定端的边界条件

由 $\hat{u}(0) = A\mathrm{e}^{-\mathrm{i}k_1 0} + B\mathrm{e}^{+\mathrm{i}k_1 0} = A + B = 0$，得出 $B = -A$，即反射脉冲的位移与入射脉冲的位移反相，应力相同，相当于弹簧非常硬，即 $K = \infty$，则

$$B = -A, \quad u_r = -u_i, \quad \sigma_r = \sigma_i \tag{4-116}$$

4. 通过弹簧与阻尼器连接集中质量的边界条件

如图 4-13(b) 所示，在边界 $x = 0$ 处的平衡方程为

$$\begin{cases} -\hat{N} - K(\hat{u}_0 - \hat{u}_c) - \eta i\omega(\hat{u}_0 - \hat{u}_c) = 0 \\ K(\hat{u}_0 - \hat{u}_c) + \eta i\omega(\hat{u}_0 - \hat{u}_c) = -m_c\omega^2\hat{u}_c \end{cases} \tag{4-117}$$

式中，u_0 为杆的位移；u_c 为质量块的位移。在此基础上，加入杆的波动特性得到

$$\hat{u}_0 = A + B, \quad \hat{N} = EA_0(-ikA + ikB) \tag{4-118}$$

反射波的幅值为

$$B = \frac{ikEA_0 + m_c\omega^2\alpha}{ikEA_0 - m_c\omega^2\alpha}A = \hat{G}(\omega)A, \quad \alpha \equiv \frac{K + i\omega\eta}{K + i\omega\eta - m_c\omega^2} \tag{4-119}$$

α 对响应有控制作用。如果没有质量块，相当于自由边界条件；如果质量块非常大，相当于固定端边界条件。当 $K = 0$，$m_c = \infty$ 时，取 $\eta = EA_0k / \omega = c_0\rho A_0$，得到 $B = 0$，也就是没有反射。这是一种很少见的情况，单个阻尼器能吸收全部的波谱。

5. 集中质量块连接两杆边界条件

如图 4-13(c) 所示，横截面和材料参数的变化都会产生新的波，对于一维分析，认为只产生纵向透射波和反射波。认为杆的两个截面的位移为

$$\begin{aligned} \hat{u}_1 &= A_1 e^{-ik_1 x} + B_1 e^{ik_1 x} \\ \hat{u}_2 &= A_2 e^{-ik_2 x} \end{aligned} \tag{4-120}$$

考虑通过一个集中质量块连接两根杆就有类似截面杆的情况，质量块的运动方程和连续条件为

$$\begin{aligned} N_1 - N_2 &= m_J\ddot{u}_J \\ u_1 &= u_2 = u_J \end{aligned} \tag{4-121}$$

式中，下标 J 代表连接点，由于杆 2 中只有向前传播的波，且两杆段类似，式(4-121)变为

$$\begin{aligned} E_1 A_{01}\{-A_1 + B_1\}(ik_1) - E_2 A_{02}\{-A_2\}(ik_1) &= m_J(A_2)(i\omega)^2 \\ A_1 + B_1 &= A_2 \end{aligned} \tag{4-122}$$

求解得到两个波的幅值为

$$B_1 = \frac{-ik_1 E_1 A_{01} + ik_2 E_2 A_{02} - m_J \omega^2}{2ik_1 E_1 A_{01} + ik_2 E_2 A_{02} + m_J \omega^2} A_1$$

$$A_2 = \frac{2ik_1 E_{01} A_1}{2ik_1 E_{01} A_1 + ik_2 E_{02} A_2 + m_J \omega^2} A_1$$

(4-123)

质量可以起到频率滤波器的作用，对低频而言，有

$$B_1 = 0, \quad A_2 = A_1$$

(4-124)

说明信号不受影响，但对高频而言，有

$$B_1 = -A_1, \quad A_2 = 0$$

(4-125)

说明质量块起到刚性端的作用，不能传输任何波。增加质量块的尺寸也会达到相同的效果。

4.3 梁中的弯曲波

4.3.1 梁中弯曲波频谱分析

1. 伯努利-欧拉梁的谱分析

在第 3 章中给出了梁横向运动的微分方程，忽略剪切变形与转动惯量的影响，并引入阻尼力载荷、均布外力及外力偶载荷，其物理模型如图 4-14 所示，得到梁的运动微分方程为

$$\frac{\partial^2}{\partial x^2}\left(EI\frac{\partial^2 w}{\partial x^2}\right) + \rho A_0 \frac{\partial^2 w}{\partial t^2} + \eta A_0 \frac{\partial w}{\partial t} = q(x,t) \equiv q_w - \frac{\partial q_\varphi}{\partial x}$$

(4-126)

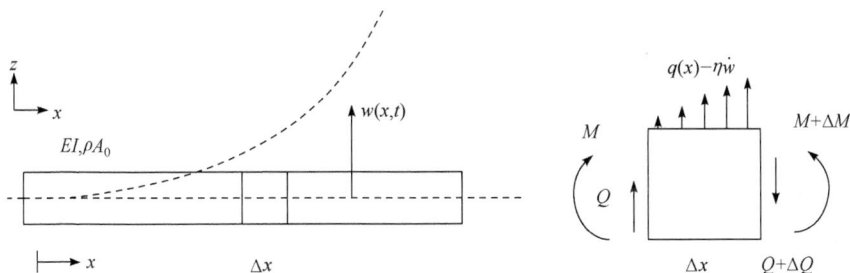

图 4-14 弯曲的细长梁及典型承载单元

其中包括两种类型的分布荷载，q_w 为均布横向荷载，q_φ 为分布力偶。很容易证明，即使截面特性为常数，齐次方程部分也没有达朗贝尔解。

认为梁的截面特性沿长度保持不变，则齐次微分方程可用频谱形式写出：

$$\frac{\mathrm{d}^4\hat{w}}{\mathrm{d}x^4} - \beta^4\hat{w} = 0, \quad \beta^2 \equiv \sqrt{\frac{\omega^2\rho A_0 - \mathrm{i}\omega\eta A_0}{EI}} \tag{4-127}$$

可以得到

$$\frac{\mathrm{d}^2\hat{w}}{\mathrm{d}x^2} + \beta^2\hat{w} = 0, \quad \frac{\mathrm{d}^2\hat{w}}{\mathrm{d}x^2} - \beta^2\hat{w} = 0$$

$$k_{1,3} = \pm\left(\frac{\omega^2\rho A_0 - \mathrm{i}\omega\eta A_0}{EI}\right)^{1/4}, \quad k_{2,4} = \pm\mathrm{i}\left(\frac{\omega^2\rho A_0 - \mathrm{i}\omega\eta A_0}{EI}\right)^{1/4} \tag{4-128}$$

式(4-128)表明梁有两种不同的基本模态。一般情况下，阻尼对梁的波动特性的影响是比较小的，可以忽略不计，因此在讨论波动问题时通常忽略阻尼的影响。

方程总共有四种可能的解，得到完备解的形式为

$$\begin{aligned} w(x,t) &= \sum\left(A\mathrm{e}^{-\mathrm{i}k_1 x} + B\mathrm{e}^{-\mathrm{i}k_2 x} + C\mathrm{e}^{+\mathrm{i}k_1 x} + D\mathrm{e}^{+\mathrm{i}k_2 x}\right)\mathrm{e}^{\mathrm{i}\omega t} \\ &= \sum\left(A\mathrm{e}^{-\mathrm{i}\beta x} + B\mathrm{e}^{-\beta x} + C\mathrm{e}^{+\mathrm{i}\beta x} + D\mathrm{e}^{+\beta x}\right)\mathrm{e}^{\mathrm{i}\omega t} \end{aligned} \tag{4-129}$$

模态 2 对应无阻尼情况下的纯虚部，因此该模态不具有传播特性。只考虑模态 1 的波动，可得其相速度和群速度为

$$c \equiv \frac{\omega}{k} = \sqrt{\omega}\left(\frac{EI}{\rho A}\right)^{1/4}, \quad c_\mathrm{g} \equiv \frac{\mathrm{d}\omega}{\mathrm{d}k} = 2\sqrt{\omega}\left(\frac{EI}{\rho A}\right)^{1/4} = 2c \tag{4-130}$$

2. 弹性基础梁的影响

若梁置于弹性基础上，弹性基础的分布弹性刚度为 K。其基础运动微分方程为

$$EI\frac{\partial^4 w}{\partial x^4} + \rho A_0\frac{\partial^2 w}{\partial t^2} + Kw = q \tag{4-131}$$

由于系数为常数，将解 $w(x,t) = w_0\mathrm{e}^{-\mathrm{i}(kx-\omega t)}$ 直接代入式(4-131)，得到如下频谱关系：

$$EIk^4 - \rho A_0\omega^2 + K = 0 \tag{4-132}$$

得到波数为

$$k_{1,3} = \pm\left(\frac{\rho A_0}{EI}\omega^2 - \frac{K}{EI}\right)^{1/4}, \quad k_{2,4} = \pm\mathrm{i}\left(\frac{\rho A_0}{EI}\omega^2 - \frac{K}{EI}\right)^{1/4} \tag{4-133}$$

波数解如图 4-15 所示。两种模态的全部频谱特性很复杂，需要进一步解释。

与杆的弹性约束相同，希望能找到一个截止频率。令特征方程中的 k 为 0，得到

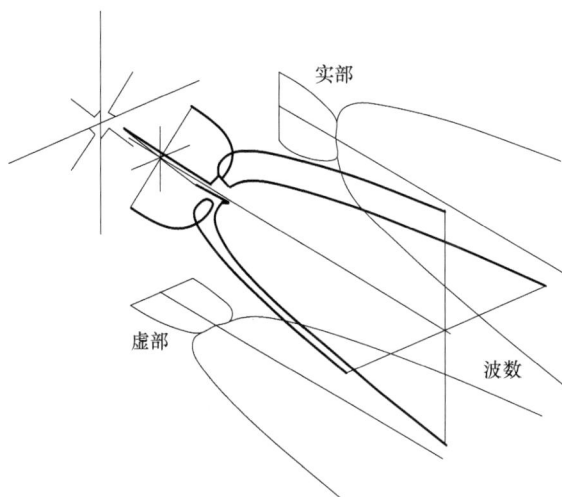

图 4-15 弹性基础梁的频谱关系

$$\frac{\rho A_0}{EI}\omega^2 - \frac{K}{EI} = 0$$

$$\omega_{\mathrm{c}} = \sqrt{\frac{K}{\rho A_0}}$$

(4-134)

这里将两种模态的频谱关系表示为

$$k_{1,3} = \pm\left[\frac{\rho A_0}{EI}(\omega^2 - \omega_{\mathrm{c}}^2)\right]^{1/4}, \quad k_{2,4} = \pm\mathrm{i}\left[\frac{\rho A_0}{EI}(\omega^2 - \omega_{\mathrm{c}}^2)\right]^{1/4}$$

(4-135)

当频率大于 ω_{c} 时，有两个纯实数根和两个纯虚数根，如式(4-135)所示；当频率小于 ω_{c} 时，所有的根均为复数，即

$$k_{1,3} = \pm\frac{1+\mathrm{i}}{\sqrt{2}}\left[\frac{\rho A_0}{EI}(\omega_{\mathrm{c}}^2 - \omega^2)\right]^{1/4}, \quad k_{2,4} = \pm\frac{1-\mathrm{i}}{\sqrt{2}}\left[\frac{\rho A_0}{EI}(\omega_{\mathrm{c}}^2 - \omega^2)\right]^{1/4}$$

(4-136)

因此，两种情况下的波动均存在一定程度的衰减。

k 的虚实与正负决定了波传播的波形与方向。对于纯虚实根的情况，波的传播方向是明确的，但是在频率低于 ω_{c} 时波数产生复数解，意味着向前和向后传播的波同时产生，此时利用波数计算得到的波速没有实际意义。

4.3.2 载荷下的弯曲波传播特性

弯曲波频谱关系是频散的，因此难于在时域内对梁中的波进行描述，而这恰好是谱分析最大的优势之处——在频域中讨论频散系统的特性是最自然不过的事情。本节把无限长梁受横向冲击的问题作为分析的基本问题。此处仅讨论中心冲击载荷的影响，分布载荷的求解方法可以参照 4.2.2 节中的波数变换解法。

考虑中心受冲击作用的细长梁。若梁的中心在 $x = 0$ 处，力施加在一个虚拟刚性无质量的节点上受力分析图如图 4-16 所示。

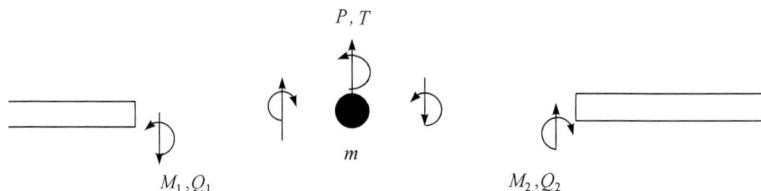

图 4-16 受冲击时梁的受力分析图

节点处的边界条件为 $Q_2 = -Q_1$，忽略节点质量，则有

$$\frac{\partial w}{\partial x} = 0, \quad P + 2Q = m_J \ddot{w}_J = 0 \tag{4-137}$$

将这些量代入位移解中，有

$$\frac{\partial w}{\partial x} = 0$$

$$\sum [(-ik_1)A + (-ik_2)B + (ik_1)C + (ik_2)D] = 0 \tag{4-138}$$

由于波传播的对称性，得到

$$A = C, \quad B = D \tag{4-139}$$

则有

$$\sum [(-ik_1)A + (-ik_2)B] = 0 \tag{4-140}$$

即 $B = -iA, D = -iC$。其中，$k_1 = \beta, \ k_2 = -i\beta$。

将位移解代入载荷条件，有

$$P + 2Q = 0$$

$$\hat{P} + 2EI \sum \frac{d^3 \hat{w}}{dx^3} = \hat{P} + EI \sum 2(ik_1^3 A + ik_2^3 B) = 0 \tag{4-141}$$

可得到 $x > 0$ 时波的解为

$$w(x, t) = \sum \frac{-\hat{P}}{2EIik_1(k_1^2 - k_2^2)} \left[e^{-ik_1 x} - \frac{k_1}{k_2} e^{-ik_2 x} \right] e^{i\omega t} = \sum \frac{i\hat{P}}{4EI\beta^3} [e^{-i\beta x} - ie^{-\beta x}] e^{i\omega t} \tag{4-142}$$

波的位移传递函数为

$$G(x,\omega) = \frac{\mathrm{i}}{4EI\beta^3}[\mathrm{e}^{-\mathrm{i}\beta x} - \mathrm{i}\mathrm{e}^{-\beta x}] \tag{4-143}$$

它与杆的不同之处主要体现在两个方面。一方面，$\mathrm{e}^{-\beta x}$ 项的存在表明在 $x=0$ 处最大，随着 x 的增大而迅速衰减，这种情况称为耗散特性；另一方面，传递函数取决于 β^3 的倒数，因此也取决于 $\omega^{3/2}$。这种随频率的分数幂次变化使时域分析难以进行，但其实它并未对谱分析造成影响。

对一个无限长梁，在 $x=0$ 处施加某一初始扰动，扰动的一部分向前传播（x 正向），另一部分向后传播（x 负向）。分别用下标 i 和 r 表示向前和向后传播的波，两个波群可以表示为

$$w_{\mathrm{i}} = \sum A\mathrm{e}^{-\mathrm{i}(\beta x - \omega t)} + \sum B\mathrm{e}^{-\beta x + \mathrm{i}\omega t}, \qquad w_{\mathrm{r}} = \sum C\mathrm{e}^{\mathrm{i}(\beta x + \omega t)} + \sum D\mathrm{e}^{\beta x + \mathrm{i}\omega t} \tag{4-144}$$

令 $B = -\mathrm{i}A, D = -\mathrm{i}C$，故 $C = A$。因此，这两个波群用单一的幅度谱表示为

$$w_{\mathrm{i}} = \sum A[\mathrm{e}^{-\mathrm{i}\beta x} - \mathrm{i}\mathrm{e}^{-\beta x}]\mathrm{e}^{\mathrm{i}\omega t}, \qquad w_{\mathrm{r}} = \sum A[\mathrm{e}^{\mathrm{i}\beta x} - \mathrm{i}\mathrm{e}^{\beta x}]\mathrm{e}^{\mathrm{i}\omega t} \tag{4-145}$$

方括号中的项为波的传递函数，它表示幅度随位置的变化关系。对于向前传播的波，常关注的其他力学参量如下。

速度：

$$\dot{w}_{\mathrm{i}} = \sum \mathrm{i}\omega A[\mathrm{e}^{-\mathrm{i}\beta x} - \mathrm{i}\mathrm{e}^{-\beta x}]\mathrm{e}^{\mathrm{i}\omega t} \tag{4-146}$$

应变：

$$\varepsilon_{\mathrm{i}} = z\sum \beta^2 A[\mathrm{e}^{-\mathrm{i}\beta x} + \mathrm{i}\mathrm{e}^{-\beta x}]\mathrm{e}^{\mathrm{i}\omega t} \tag{4-147}$$

应力：

$$\sigma_{\mathrm{i}} = zE\sum \beta^2 A[\mathrm{e}^{-\mathrm{i}\beta x} + \mathrm{i}\mathrm{e}^{-\beta x}]\mathrm{e}^{\mathrm{i}\omega t} \tag{4-148}$$

弯矩：

$$M_{\mathrm{i}} = EI\sum \beta^2 A[\mathrm{e}^{-\mathrm{i}\beta x} + \mathrm{i}\mathrm{e}^{-\beta x}]\mathrm{e}^{\mathrm{i}\omega t} \tag{4-149}$$

剪力：

$$Q_{\mathrm{i}} = EI\sum \mathrm{i}\beta^3 A[\mathrm{e}^{-\mathrm{i}\beta x} + \mathrm{i}\mathrm{e}^{-\beta x}]\mathrm{e}^{\mathrm{i}\omega t} \tag{4-150}$$

在没有阻尼的条件下，得到 $\beta^2 = \omega\sqrt{\rho A_0/(EI)}$。在 $z = h/2$ 处，速度和应力、应变的关系为

$$\dot{w}_{\mathrm{i}}(0,t) = \frac{2}{h}\sqrt{\frac{EI}{\rho A_0}}\varepsilon_{\mathrm{i}}(0,t) = \frac{2}{Eh}\sqrt{\frac{EI}{\rho A_0}}\sigma_{\mathrm{i}}(0,t) = \frac{c_0}{\sqrt{3}}\varepsilon_{\mathrm{i}}(0,t) \tag{4-151}$$

式中，c_0 为纵波波速，即质点速度与最大弯曲应力和应变存在正比关系。

4.3.3　反射与透射

1. 简单端部条件

假设在半无限长梁端部 $x = 0$ 处，波从左向右入射，则梁方程的完备简谐解可表示为

$$\hat{w}(x,\omega) = Ae^{-ik_1x} + Be^{-ik_2x} + Ce^{+ik_1x} + De^{+ik_2x} \tag{4-152}$$

式中，前两项是入射波，A、B 为系数项，其余项是产生的反射信号。如前面所强调，式(4-152)为运动微分方程的通解，因此不会再有其他形式的波。也就是说，式(4-152)包含给定结构模型所有可能的响应，给定合适的边界条件能够确定出每一项。

边界条件用 $\hat{w}(x,\omega)$ 的不同阶导数来指定，具体如下。

位移：

$$\hat{w} = \hat{w}(x,\omega)$$

扭转角：

$$\hat{\theta} = \frac{\mathrm{d}\hat{w}}{\mathrm{d}x}$$

弯矩：

$$\hat{M} = EI\frac{\mathrm{d}^2\hat{w}}{\mathrm{d}x^2}$$

剪力：

$$\hat{Q} = EI\frac{\mathrm{d}^3\hat{w}}{\mathrm{d}x^3}$$

表 4-4 给出了一些典型的简单边界条件和相应的方程。

表 4-4　时域/频域边界条件 2

边界条件	时域		频域	
固定	$w(0,t) = 0$ ，	$\dfrac{\partial w(0,t)}{\partial x} = 0$	$\hat{w}(0) = 0$ ，	$\dfrac{\mathrm{d}\hat{w}(0)}{\mathrm{d}x} = 0$
简支	$w(0,t) = 0$ ，	$\dfrac{\partial^2 w(0,t)}{\partial x^2} = 0$	$\hat{w}(0) = 0$ ，	$\dfrac{\mathrm{d}^2\hat{w}(0)}{\mathrm{d}x^2} = 0$
自由	$EI\dfrac{\partial^2 w(0,t)}{\partial x^2} = 0$ ，	$EI\dfrac{\partial^3 w(0,t)}{\partial x^3} = 0$	$EI\dfrac{\mathrm{d}^2\hat{w}(0)}{\mathrm{d}x^2} = 0$ ，	$EI\dfrac{\mathrm{d}^3\hat{w}(0)}{\mathrm{d}x^3} = 0$

续表

边界条件	时域	频域
线性弹簧	$EI\dfrac{\partial^2 w(0,t)}{\partial x^2}=0$ ， $EI\dfrac{\partial^3 w(0,t)}{\partial x^3}=+Kw(0,t)$	$EI\dfrac{\mathrm{d}^2 \hat{w}(0)}{\mathrm{d}x^2}=0$ ， $EI\dfrac{\mathrm{d}^3 \hat{w}(0)}{\mathrm{d}x^3}=+K\hat{w}(0)$
扭转弹簧	$w(0,t)=0$ ， $EI\dfrac{\partial^3 w(0,t)}{\partial x^3}=-\alpha\dfrac{\partial w(0,t)}{\partial x}$	$w(0,t)=0$ ， $EI\dfrac{\mathrm{d}^3 w(0)}{\mathrm{d}x^3}=-\alpha\dfrac{\mathrm{d}w(0)}{\mathrm{d}x}$
阻尼	$EI\dfrac{\partial^2 w(0,t)}{\partial x^2}=0$ ， $EI\dfrac{\partial^3 w(0,t)}{\partial x^3}=+\eta\dfrac{\partial w(0,t)}{\partial t}$	$EI\dfrac{\mathrm{d}^2 \hat{w}(0)}{\mathrm{d}x^2}=0$ ， $EI\dfrac{\mathrm{d}^3 \hat{w}(0)}{\mathrm{d}x^3}=+\mathrm{i}\omega\eta\hat{w}(0)$
质量块	$EI\dfrac{\partial^2 w(0,t)}{\partial x^2}=0$ ， $EI\dfrac{\partial^3 w(0,t)}{\partial x^3}=+m\dfrac{\partial w^2(0,t)}{\partial t^2}$	$EI\dfrac{\mathrm{d}^2 \hat{w}(0)}{\mathrm{d}x^2}=0$ ， $EI\dfrac{\mathrm{d}^3 w(0)}{\mathrm{d}x^3}=-m\omega^2 w(0)$

最简单的边界条件为简支边界。此时变形为零，得到的其中一个方程为

$$A+B+C+D=0 \tag{4-153}$$

弯矩也为零，得到的第二个方程为

$$EI[A(-\mathrm{i}k_1)^2+B(-\mathrm{i}k_2)^2+C(\mathrm{i}k_1)^2+D(\mathrm{i}k_2)^2]=0 \tag{4-154}$$

利用这两个方程可以得到 C 和 D ，即

$$C=-A,\quad D=-B \tag{4-155}$$

反射波与入射波相同，但方向相反，这与杆的情况相类似。

自由端是一种更为复杂的边界条件。如前所述，需要施加零弯矩和零剪力边界条件：

$$EI[A(-\mathrm{i}k_1)^2+B(-\mathrm{i}k_2)^2+C(\mathrm{i}k_1)^2+D(\mathrm{i}k_2)^2]=0 \tag{4-156}$$

系数解为

$$C=\frac{k_1+k_2}{k_1-k_2}A+\frac{2k_2^3}{k_1^2(k_1-k_2)}B=-\mathrm{i}A+(1+\mathrm{i})B$$
$$D=\frac{-2k_1^3}{k_2^2(k_1-k_2)}A-\frac{k_1+k_2}{k_1-k_2}B=(1-\mathrm{i})A+\mathrm{i}B \tag{4-157}$$

在其他各种情况下，反射波系数结果类似于有阻尼伯努利-欧拉梁。即使只有一列行波入射（即 $B=0$ ），也会产生行波（ C ）和边界局域振动（ D ）。由于 $-\mathrm{i}=\mathrm{e}^{-\mathrm{i}\pi/2}$ ，复数 i 的存在表示有相移产生。

2. 非共线梁分析

带角度连接梁的分析结果非常重要，如图 4-17 所示，它引入了模态(波形)转换的概念，也就是说，入射的弯曲波可以产生纵波，反之亦然。

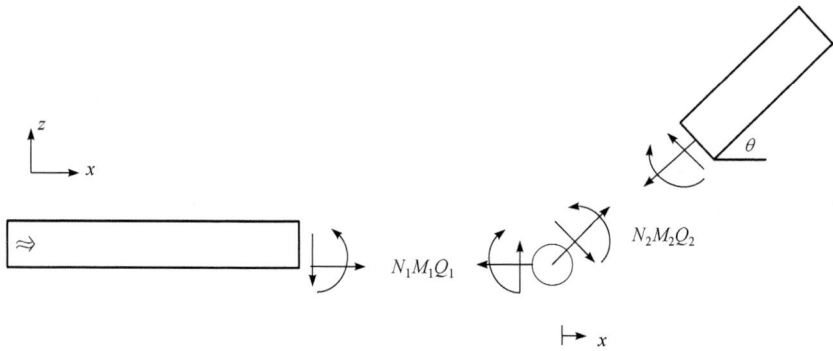

图 4-17　带角度梁的受力分析图

图 4-17 中节点位置建立的三个运动方程为

$$-N_1 + N_2\cos\theta + Q_2\sin\theta = m\ddot{u}_\mathrm{J}$$
$$Q_1 + N_2\sin\theta - Q_2\cos\theta = m\ddot{w}_\mathrm{J}$$
$$-M_1 + M_2 - \frac{1}{2}L(Q_1 + Q_2) = J\ddot{\theta}_\mathrm{J}$$

(4-158)

式中，L 为连接点的估计尺寸，节点微小旋转的位移连续条件为

$$u_1 = u_\mathrm{J}$$
$$u_2 = u_\mathrm{J}\cos\theta + w_\mathrm{J}\sin\theta$$
$$w_1 = w_\mathrm{J} - \frac{1}{2}L\theta_\mathrm{J}$$
$$w_2 = -u_\mathrm{J}\sin\theta + v_\mathrm{J}\cos\theta + \frac{1}{2}L\theta_\mathrm{J}$$

(4-159)

扭转角连续条件为

$$\frac{\partial w_1}{\partial x} = \frac{\partial w_2}{\partial x} = \theta_\mathrm{J}$$

(4-160)

轴力、剪力和弯矩与位移的关系分别为

$$N = EA_0\frac{\partial u}{\partial x}, \quad Q = EI\frac{\partial^3 w}{\partial x^3}, \quad M = EI\frac{\partial^2 w}{\partial x^2}$$

(4-161)

梁 1 和梁 2 的弯曲位移与纵向位移表示为

$$\hat{w}_1(x) = Ae^{-i\beta_1 x} + Ce^{i\beta_1 x} + De^{\beta_1 x}$$
$$\hat{w}_2(x) = \overline{A}e^{-i\beta_2 x} + \overline{B}e^{-\beta_2 x}$$
$$\hat{u}_1(x) = Me^{-ik_1 x} + Ne^{ik_1 x}$$
$$\hat{u}_2(x) = \overline{M}e^{-ik_2 x}$$

(4-162)

式中，$\hat{w}_1$ 为梁 1 弯曲波，包含入射弯曲波与反射弯曲波；$\hat{w}_2$ 为梁 2 弯曲波，包含透射弯曲波；$\hat{u}_1$ 为梁 1 纵波，包含入射波与反射波；$\hat{u}_2$ 为梁 2 纵波，仅含透射纵波。

假设连接点的尺寸 L 可以忽略不计，则系统方程变为

$$\begin{bmatrix} 1 & 1 & -\cos\theta & -\cos\theta & 0 & -\sin\theta \\ 0 & 0 & \sin\theta & \sin\theta & 1 & -\cos\theta \\ \mathrm{i} & 1 & \mathrm{i} & 1 & 0 & 0 \\ 0 & 0 & \mathrm{i}K\sin\theta & -K\sin\theta & -\mathrm{i} & -\mathrm{i}\cos\theta \\ -K & K & -\mathrm{i}K\cos\theta & K\cos\theta & 0 & -\mathrm{i}\sin\theta \\ 1 & -1 & -1 & 1 & 0 & 0 \end{bmatrix} \begin{Bmatrix} C \\ D \\ \overline{A} \\ \overline{B} \\ N \\ M \end{Bmatrix} = \begin{Bmatrix} -1 \\ 0 \\ \mathrm{i} \\ 0 \\ -\mathrm{i}K \\ -1 \end{Bmatrix} A \qquad (4\text{-}163)$$

其中，$K \equiv \beta^3 EI/(kEA_0)$，方程中存在与轴向相关的项，说明在每段梁中都会产生纵波，当有纵波入射时，式(4-163)右侧的列向量变为 $-\{0,1,0,\mathrm{i},0,0\}^{\mathrm{T}} P$。

4.4　薄板中的弯曲波

4.4.1　薄板弯曲波频谱分析

考虑薄板的弯曲波，在第 3 章中已经给出了薄板的运动方程，在运动方程中引入黏性阻尼，得到

$$D\nabla^2\nabla^2 w + \eta h \frac{\partial w}{\partial t} + \rho h \frac{\partial^2 w}{\partial t^2} = q \qquad (4\text{-}164)$$

式中，∇^2 为拉普拉斯算子，$\nabla^2 = \dfrac{\partial^2}{\partial x^2}\boldsymbol{i} + \dfrac{\partial^2}{\partial y^2}\boldsymbol{j}$。

对于薄板运动方程，其齐次方程的谱形式为

$$\left(D\nabla^2\nabla^2 - \rho h\omega^2 + \mathrm{i}\eta h\omega \right)\hat{w} = 0 \qquad (4\text{-}165)$$

该方程的解可以写成以下两个微分方程的解的线性和：

$$\nabla^2\hat{w}_1 + \beta^2\hat{w}_1 = 0, \quad \nabla^2\hat{w}_2 - \beta^2\hat{w}_2 = 0, \quad \beta^2 \equiv \sqrt{\dfrac{\rho h\omega^2 - \mathrm{i}\eta h\omega}{D}} \qquad (4\text{-}166)$$

这些方程构成了后面将要进一步分析的基本方程，像梁一样，它也有两个完全不同的模态。

考虑一个平面波 $\hat{w}(x,y) = \hat{w}(x)$，则 $\hat{w}$ 的微分方程为

$$\frac{\mathrm{d}^2\hat{w}}{\mathrm{d}x^2} \pm \beta^2 \hat{w} = 0 \tag{4-167}$$

设解的形式为 $\mathrm{e}^{-\mathrm{i}kx}$ 的指数形式，其谱关系为

$$k_1 = \pm\sqrt{+\beta^2}, \quad k_2 = \pm\sqrt{-\beta^2} \tag{4-168}$$

对于无阻尼情况，波数和频率的关系为

$$k_1 = \pm\sqrt{\omega}\left(\frac{\rho h}{D}\right)^{1/4}, \quad k_2 = \pm\mathrm{i}\sqrt{\omega}\left(\frac{\rho h}{D}\right)^{1/4} \tag{4-169}$$

其结果与梁非常相似：

$$\frac{EI}{A} \Leftrightarrow \frac{D}{h}$$

$$E \Leftrightarrow \frac{E}{1-\mu^2} \tag{4-170}$$

因此，板可以看成平面应变状态下的梁，同样得到相速度和群速度表达式为

$$c = \frac{\omega}{k} = \sqrt{\omega}\left(\frac{D}{\rho h}\right)^{1/4}, \quad c_g = \frac{\mathrm{d}\omega}{\mathrm{d}k} = 2\sqrt{\omega}\left(\frac{D}{\rho h}\right)^{1/4} = 2c \tag{4-171}$$

当研究直线边界的情况时，令边界处于 $x=$ 常数，相应的边界条件整理如下。

位移：

$$w = w(x,y,t)$$

扭转角：

$$\theta_x = \frac{\partial w}{\partial x}$$

弯矩：

$$M_{xx} = D\left(\frac{\partial^2 w}{\partial x^2} + \mu\frac{\partial^2 w}{\partial y^2}\right)$$

剪力：

$$Q_{xx} = -D\left[\frac{\partial^3 w}{\partial x^3} + (2-\mu)\frac{\partial^3 w}{\partial x \partial y^2}\right]$$

当受平面波作用时，梁的行为与薄板的行为一致。然而，一般板的弯曲波上传播的不一定是平面波，这就决定了梁中弯曲波传播与板中传播有很大的不同，主要体现在板中传播过程中，振动能量向二维空间中扩散，因此波幅会明显衰减，而梁中弯曲波振动能量只有一个方向，因此振动幅值的衰减是很不明显的。

板中的弯曲波波速认为是不受载荷影响的，无论是线激励平面波还是点激励扩散波，其弯曲波传播速度均保持一致。

4.4.2 薄板的点冲击响应

根据 4.2.3 节提出的波数变换方法，将式(4-166)中的波数解在 y 方向进行波数展开。由于波在空间上可具有任意形状，将 y 方向的波写成如下表达式：

$$\hat{w}_1(x,y) = \frac{1}{W}\sum_m \tilde{w}_{1m}e^{+i\varepsilon_m y}, \quad \hat{w}_2(x,y) = \frac{1}{W}\sum_m \tilde{w}_{2m}e^{+i\varepsilon_m y} \tag{4-172}$$

式中，ε_m 为空间波数，$\varepsilon_m = 2\pi m / W$，代入式(4-166)后方程可写为

$$\frac{d^2\tilde{w}_{1m}}{dx^2} + (\beta^2 - \varepsilon_m^2)\tilde{w}_{1m} = 0, \quad \frac{d^2\tilde{w}_{2m}}{dx^2} - (\beta^2 - \varepsilon_m^2)\tilde{w}_{2m} = 0 \tag{4-173}$$

设解的形式为 e^{-ikx} 的指数形式，其谱关系为

$$k_1^2 - \varepsilon_m^2 + \beta^2 = 0, \quad -k_2^2 - \varepsilon_m^2 - \beta^2 = 0 \tag{4-174}$$

其中，

$$k_1 = \pm\sqrt{\beta_n^2 - \varepsilon_m^2}, \quad k_2 = \pm i\sqrt{\beta_n^2 + \varepsilon_m^2} \tag{4-175}$$

对于特定的 ε_m，第一个模态存在一截止频率，且低于该频率的频率成分不传播。

板中的振动解变为

$$w(x,y,t) = \sum_n \sum_m \left(Ae^{-ik_1x} + Be^{-ik_2x} + Ce^{+ik_1x} + De^{+ik_2x}\right)e^{+i\varepsilon_m y}e^{i\omega_n t} \tag{4-176}$$

实际的解是对以上形式的解求和得到的，这些解对应不同的 ω_n 和 ε_m。因此，每一个求和项中的内容实际上是不具备明确的物理含义的，只有将所有的分量叠加之后才能得到波动的传播特性。由于点激励板具有中心对称特性，在点激励下板中波的传播可以看成由激励点中心呈圆形向四周扩散。

为求解边界条件 $x = $ 常数时，在边界条件 $x = L$ 处，解的形式和四种边界条件可以写为

$$\tilde{w}(x) = Ae^{-ik_1x} + Be^{-ik_2x} + Ce^{-ik_1(L-x)} + De^{-ik_2(L-x)}$$

$$\tilde{w}(L) = A^* + B^* + C + D$$

$$\frac{\partial\tilde{w}(L)}{\partial x} = -ik_1 A^* - ik_2 B^* + ik_1 C + ik_2 D \tag{4-177}$$

$$\frac{1}{D}\tilde{M}_{xx} = -k_{v1}^2 A^* - k_{v2}^2 B^* - k_{v1}^2 C - k_{v2}^2 D$$

$$-\frac{1}{D}\tilde{Q}_{xx} = -ik_1 k_{v2}^2 A^* - ik_2 k_{v1}^2 B^* + ik_1 k_{v2}^2 C + ik_2 k_{v1}^2 D$$

其中，$A^* \equiv A\mathrm{e}^{-\mathrm{i}k_1 L}, B^* \equiv B\mathrm{e}^{-\mathrm{i}k_1 L}, k_{vi}^2 = k_l^2 + \mu\varepsilon^2 = \beta^2 \mp (1-\mu)\varepsilon^2$，其他特定问题的解可通过以上解的组合实现。

对于点冲击的响应，在 $x > 0$ 区域，向外传播的波的解为 $\tilde{w} = A\mathrm{e}^{-\mathrm{i}k_1 x} + B\mathrm{e}^{-\mathrm{i}k_2 x}$。该解必须关于 $x = 0$ 对称，因此对 x 的斜率为 0，使得 $\mathrm{i}k_2 B = -\mathrm{i}k_1 A$，在 $x = 0$ 附近的剪切力公式为

$$\tilde{Q}_{xz} = -D\left(-\mathrm{i}k_1 k_{v2}^2 A - \mathrm{i}k_2 k_{v1}^2 B\right) = -\frac{1}{2}\tilde{q} \tag{4-178}$$

$$\tilde{q} = -2DA\left[\mathrm{i}k_1(k_2^2 + \mu\varepsilon^2) - \mathrm{i}k_2\frac{k_1}{k_2}(k_1^2 + \mu\varepsilon^2)\right] = 2D\mathrm{i}k_1 A(k_1^2 - k_2^2) = 4D\mathrm{i}k_1 A\beta^2 \tag{4-179}$$

用傅里叶级数表示施加的载荷的谱为

$$\hat{q}(y) = \frac{1}{W}\sum_m \tilde{q}_m \mathrm{e}^{+\mathrm{i}\varepsilon_m y} = \frac{\hat{P}}{W}\sum_m \delta_m \mathrm{e}^{+\mathrm{i}\varepsilon_m y}, \quad \varepsilon_m = 2\pi m / W \tag{4-180}$$

式中，$\delta_m = 1$ 特指为集中载荷，由此可得到系数 A，并以挠度线形式表达为

$$w(x,y,t) = \sum_n \frac{-\mathrm{i}\hat{P}}{8D\beta^2}\frac{4}{W}\sum_m \delta_m\left(\frac{\mathrm{e}^{-\mathrm{i}k_1 x}}{k_1} - \frac{\mathrm{e}^{-\mathrm{i}k_2 x}}{k_2}\right)\mathrm{e}^{+\mathrm{i}\varepsilon_m y}\mathrm{e}^{\mathrm{i}\omega t} \tag{4-181}$$

若 $\varepsilon_m = 0$，则 $k_1 = -\mathrm{i}k_2 = \beta$，式(4-181)就变成受冲击梁的解。

对于点冲击下的板的弯曲波传播，冲击作用于一点，因此产生波阵面是圆形的且是轴对称的，此处用极坐标的形式来表达弯曲波的传播更合适，其轴对称形式的解可写为

$$\hat{w}(r) = AJ_0 + BY_0 + CK_0 + DI_0 \tag{4-182}$$

式中，J_0、Y_0、K_0、I_0 为贝塞尔函数，本书不再赘述，感兴趣的读者可以查阅相关文献来学习。无论是波数变换解法还是贝塞尔函数解法，其波动解的结果必然是一致的，只不过是在不同的坐标下观察的结果。但令人遗憾的是，两种方法对波动解的表达均无法像杆中的纵波或梁中的弯曲波一样直观明了，因此也很难对其进行行波与快衰波的分析。

对于板的反射/透射影响，平面波与梁中弯曲波较为接近，但对于有角度的情况下的反射问题会变得异常复杂，尤其是考虑在板边缘处的波时，与板内波的传播形式又有区别，本书同样不再赘述，感兴趣的读者可以查阅相关文献来学习。

4.5 周期结构的弯曲波特性

工程中的结构有时具有一定的周期性特征，或者可以等效简化为周期性的结构，称为人工周期结构。人工周期结构的周期特性会使它的弯曲波特性发生明显的转变，下面讨论人工周期梁结构的弯曲波特性[14]。

4.5.1 周期结构振动带隙基本理论

1. 结构的周期性描述

周期结构由最基本的周期结构单元重复排列组合而成。周期单元作为结构能够划分的最小单元，其可以包含一个或多个散射体，因此可以用固体物理中的空间点阵结构来表示周期结构的平移周期性。在结构被划分成最基本的周期单元之后，以周期单元某一格点为原点，并连接不共线的最近三个格点，可以得到如下矢量关系：

$$R = n_1 a_1 + n_2 a_2 + n_3 a_3 \tag{4-183}$$

式中，$n_i(i=1,2,3)$ 为整数；$a_i(i=1,2,3)$ 为基矢。三维结构存在上述关系，周期结构可以由原始的周期单元平移得到，二维结构基矢数量变为两个，一维结构基矢数量则变为一个，分别对应以下矢量关系：

$$R = n_1 a_1 + n_2 a_2 \tag{4-184}$$

$$R = n_1 a_1 \tag{4-185}$$

通过周期单元与平移矢量可以描述周期结构，如图 4-18 所示。此时周期单元称为正格子，R 称为正格矢。

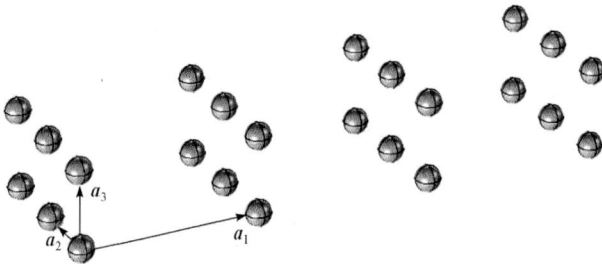

图 4-18　三维周期单元与平移矢量

由于结构周期性的存在，与结构材料有关的物理参数也具有周期性，如密度、拉梅常数等，此时应满足关系式：

$$f(r+R) = f(r) \tag{4-186}$$

式中，r 和 R 分别为空间点位置矢量和空间平移矢量。将式(4-186)展开为三维傅里叶级数：

$$f(r) = \sum_G f(G)\, e^{iG \cdot r} \tag{4-187}$$

$$f(G) = V^{-1} \int_V f(r)\, e^{-iG \cdot r} dV \tag{4-188}$$

式中，G 为三维傅里叶空间中的矢量，积分公式可在单元内部进行积分计算；V 为周期单元的体积。式(4-187)和式(4-188)的结构参数同样满足周期平移关系，因此有

$$f(r+R) = \sum_G f(G)\, e^{iG \cdot (r+R)} = f(r) \tag{4-189}$$

由此可以得到

$$G \cdot R = G \cdot (n_1 a_1 + n_2 a_2 + n_3 a_3) = 2\pi m \tag{4-190}$$

式中，m 为整数。

G 可以定义为以下形式：

$$G = m_1 b_1 + m_2 b_2 + m_3 b_3 \tag{4-191}$$

同时定义

$$a_i \cdot b_j = 2\pi \delta_{ij}, \quad i, j = 1, 2, 3 \tag{4-192}$$

可以得到如下关系式：

$$
\begin{aligned}
b_1 &= 2\pi \frac{a_2 \times a_3}{a_1 \cdot (a_2 \times a_3)} \\
b_2 &= 2\pi \frac{a_3 \times a_1}{a_2 \cdot (a_3 \times a_1)} \\
b_3 &= 2\pi \frac{a_1 \times a_2}{a_3 \cdot (a_1 \times a_2)}
\end{aligned}
\tag{4-193}
$$

因此，根据傅里叶空间中公式(4-190)表示的结构周期平移关系能够得到空间基矢(4-193)，一般将其称为倒格矢，与之对应的周期单元称为倒格子。周期结构中的正格矢与倒格矢类似于时间与频率的关系，正格矢表示结构在真实空间中的周期关系，倒格矢则表示结构在傅里叶空间中的周期关系。上述公式是三维结构的倒格矢，对于二维结构，其倒格矢计算公式为

$$b_1 = 2\pi \frac{a_2 \times n}{a_1 \cdot (a_2 \times n)}$$

$$b_2 = 2\pi \frac{n \times a_1}{a_2 \cdot (n \times a_1)}$$

(4-194)

对于一维结构，其倒格矢计算公式为

$$b_1 = 2\pi \frac{a_1}{|a_1|^2}$$

(4-195)

在倒格子空间中，选取某一格点为原点，并作所有倒格矢的垂直平分面，这些面将构成完整封闭的空间，其中距离原点最近的多面体就是第一布里渊区，距离原点第二近的多面体空间减去第一布里渊区就是第二布里渊区。以此类推，可以得到无穷多空间域，并且各个布里渊区体积相同。对于二维问题，可以将空间体替换为面积，平分面替换为平分线，一维问题同理。

倒格子和正格子同样具有周期性，因此可以在倒格子空间对周期结构振动特性进行分析，其他物理特性同样如此。由于单元周期性的存在，只需对第一布里渊区范围内的结构特性进行分析。同时又因为周期单元具有对称性，所以只需在第一布里渊区内的不可约布里渊区范围内进行计算。不同单元不可约布里渊区由于其对称点的不同同样存在差异，表 4-5 为常用周期单元的不可约布里渊区及其正格矢与倒格矢。

表 4-5　常用周期单元的不可约布里渊区及其正格矢与倒格矢

维度	不可约布里渊区	正格矢与倒格矢
一维		$a_1 = a$ $b_1 = \dfrac{2\pi}{a}$
二维		$a_1 = a(1,0),\ a_2 = a(0,1)$ $b_1 = \dfrac{2\pi}{a}(1,0),\ b_2 = \dfrac{2\pi}{a}(0,1)$
		$a_1 = (a,0),\ a_2 = (a,b)$ $b_1 = 2\pi\left(\dfrac{1}{a},0\right),\ b_2 = 2\pi\left(\dfrac{1}{a},\dfrac{1}{b}\right)$

维度	不可约布里渊区	正格矢与倒格矢
		$\boldsymbol{a}_1 = a(1,0,0)$, $\boldsymbol{a}_2 = a(0,1,0)$, $\boldsymbol{a}_3 = a(0,0,1)$ $\boldsymbol{b}_1 = \dfrac{2\pi}{a}(1,0,0)$, $\boldsymbol{b}_2 = \dfrac{2\pi}{a}(0,1,0)$, $\boldsymbol{b}_3 = \dfrac{2\pi}{a}(0,0,1)$
三维		$\boldsymbol{a}_1 = a(1,0,0)$, $\boldsymbol{a}_2 = a(0,1,0)$, $\boldsymbol{a}_3 = c(0,0,1)$ $\boldsymbol{b}_1 = \dfrac{2\pi}{a}(1,0,0)$, $\boldsymbol{b}_2 = \dfrac{2\pi}{a}(0,1,0)$, $\boldsymbol{b}_3 = \dfrac{2\pi}{c}(0,0,1)$
		$\boldsymbol{a}_1 = a(1,0,0)$, $\boldsymbol{a}_2 = b(0,1,0)$, $\boldsymbol{a}_3 = c(0,0,1)$ $\boldsymbol{b}_1 = \dfrac{2\pi}{a}(1,0,0)$, $\boldsymbol{b}_2 = \dfrac{2\pi}{b}(0,1,0)$, $\boldsymbol{b}_3 = \dfrac{2\pi}{c}(0,0,1)$

2. 周期 Bloch 定理

Floquet 和 Bloch 分别提出了周期系数微分方程的一般解，通常称为 Bloch 定理。周期结构的带隙特性通常用无限周期结构所体现的能带结构来描述。对于无限周期的结构，依据 Bloch 定理，结构中的本征波模式都是 Bloch 模式，每一种模式的 Bloch 波都可以用一个 Bloch 波矢 $\boldsymbol{k}$ (波数矢量)来表征。

周期介质中的波动物理场(波动物理量空间函数)有如下形式：

$$\boldsymbol{u}(\boldsymbol{r},t) = \boldsymbol{u}_k(\boldsymbol{r})\mathrm{e}^{\mathrm{i}(\boldsymbol{k}\cdot\boldsymbol{r}-\omega t)} \tag{4-196}$$

式中，$\boldsymbol{k}$ 和 ω 分别为波矢和角频率。同时，调幅函数 $\boldsymbol{u}_k(\boldsymbol{r})$ 具有相同的周期性。

$$\boldsymbol{u}_k(\boldsymbol{r}) = \boldsymbol{u}_k(\boldsymbol{r}+\boldsymbol{R}) \tag{4-197}$$

利用周期 Bloch 定理，可以将周期结构在无限空间中的波传播特性映射到一个周期单元中，极大地简化计算过程。同时，根据波矢周期性变化规律，可将一个周期单元的计算区间简化为不可约布里渊区围成的范围，根据不可约布里渊区的对称性，在其边界上求解可以取得极值，因此可将计算范围继续缩小为不可约布里渊区的边界，进一步提高计算效率。

在对周期结构的带隙特性求解时，波数是随倒格矢空间不可约布里渊区边界顺序变化的，因此计算结果的横坐标为变化的波数，纵坐标为给定波数条件下的频率。通过上述方法，可以将周期结构的波动问题转化为一个周期单元的本征值问题，而每一个本征值也对应着该频率下的波传播模式，进而得到 k 与 ω 之间的关系曲线，即能带结构图或频散关系图。

图 4-19(a) 表示某周期格栅结构在不可约布里渊区边界上扫描计算得到的振动带隙特性，图中颜色深浅表示控制方程行列式的大小关系，对上述结果取极小值可以得到图 4-19(b) 所示的结构频散曲线。在频散关系图中，对于不可约布里渊区的所有波矢 k，无任何频散曲线进入的频率区域称为完全带隙；而对于给定方向的所有波矢 k，无任何频散曲线进入的频率区域称为方向带隙。在带隙的频率范围内，不存在任何本征模式，因此不支持任何形式的弹性波在介质中传播，在实际介质中表现为弹性波能量随传播距离的增加而迅速呈指数衰减。

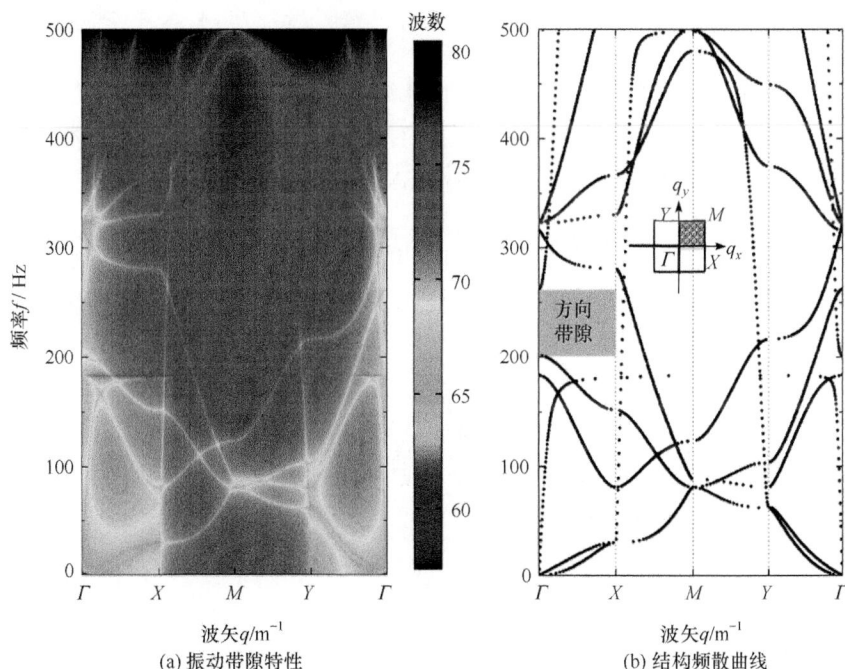

(a) 振动带隙特性　　　　　　　(b) 结构频散曲线

图 4-19　周期格栅结构频散关系

需要指出的是，对于周期梁模型带隙计算，波数解均是成对出现的，求得的每一对 Bloch 波矢解在其频率轴上总可以按解的不同形式分为以下几种区域。

(1) 衰减频域(A 域)。波数 k 的解满足，实部为 0，而虚部不为 0。描述的本征波为衰减波，或称为快衰波。

(2) 传播频域(P 域)。波数 k 的解满足，实部不为 0，而虚部为 0。描述的本征波为无衰减的自由行波。

(3) 复数解频域(C 域)。波数 k 的解满足，实部和虚部均不为 0。描述的本征波同样为衰减波。

如果同时考虑两组 Bloch 波数解($\pm k_1$ 或 $\pm k_2$)的形式，那么可以进一步区分如下几种频带。

(1) PA 频带：两组波矢中一组处于 P 域，另一组处于 A 域。

(2) AA 频带：两组波矢都处于 A 域。

(3) CC 频带：两组波矢均处于 C 域，并以复数共轭的形式存在。

(4) PP 频带：两组波矢均处于 P 域。

易知，在 PA 频带和 PP 频带内，至少存在一种本征波为无衰减的自由行波，因此这样的频带视为通带。相比之下，AA 频带和 CC 频带内所有本征波均为衰减波，因此将这些频带视为带隙(或禁带)。

3. 带隙机理

人工周期结构中存在着带隙，即弹性波无法传播的区域，因此在带隙范围内，弹性波快速衰减，无法向远处传播。对应于结构的动力学响应，则是表现为带隙范围内的结构频响曲线始终处于谷值状态，这对于指定频率下的减振降噪具有非常重要的意义。

目前，人工周期结构领域的带隙机理主要有两种，分别为 Bragg 散射机理与局域共振机理。Bragg 带隙出现的位置主要受 Bragg 条件控制，即

$$a = \frac{n\lambda}{2}, \quad n = 1, 2, 3, \cdots \tag{4-198}$$

式中，a 为结构中的周期尺寸；λ 为周期结构中的弹性波波长。Bragg 条件表明，要在周期结构中实现 Bragg 带隙，其晶格尺寸至少要与弹性波的半个波长大致相当。式(4-198)的另一种表述形式为

$$f = \frac{nc}{2a}, \quad n = 1, 2, 3, \cdots \tag{4-199}$$

式中，c 为结构中的弹性波波速。因此，也可以这样认为，Bragg 第一带隙中心频率一般位于 $c/(2a)$ 附近。也就是说，Bragg 条件决定了：要实现低频的 Bragg 带隙，必须采用较大的结构尺寸，所需要的周期单胞的尺寸往往过大，这一特点在一定程度上限制了 Bragg 带隙在结构减振降噪方面的应用。

局域共振带隙频率对应的波长远大于结构中的单胞尺寸，远远突破了 Bragg 散射条件限制。局域共振周期结构一般都可以用质量-弹簧振子模型来解释，对

应的共振模式体现为元胞内部振子的振动，该振子的固有频率一般对应于局域共振带隙的起始频率，即

$$f_1 = \frac{1}{2\pi}\sqrt{\frac{k_1}{m_1}} \tag{4-200}$$

式中，k_1、m_1分别为质量-弹簧振子模型中的刚度与质量。

当考虑带隙截止频率时，可以把基体部分也考虑进去，将原本模型用振子质量-弹簧-基体质量模型来解释，整个模型以相对振动的方式发生共振，则该模型的局域共振带隙截止频率可表示为

$$f_2 = \frac{1}{2\pi}\sqrt{\frac{k_1(m_1 + m_2)}{m_1 m_2}} \tag{4-201}$$

式中，m_2为基体的等效质量。

总体来说，局域共振带隙的产生主要取决于局域共振单元自身的谐调特性与集体中的长波行波的相互作用，因此其带隙频率与单个散射体固有振动特性密切相关。在基体确定的情况下，可以通过调整弹性振子的质量和刚度来控制周期结构局域共振带隙的起始频率与截止频率。

4.5.2　一维周期梁结构的弯曲波传播特性

船舶空间板架结构中存在大量的单周期板架结构，如甲板、舷侧、舱壁以及单舱段的双层底板架结构等。等间距周期分布的横向构件(实肋板、强横梁等强构件或肋骨、横梁等普通构件)使这些板架结构构成单周期结构，这些单周期板架结构是船舶空间板架结构的主要构件，分析其波动特性是船舶低噪声结构设计的基础。依据船舶板架结构的周期特征，将其纵向构件(如纵桁纵骨)等效为细直梁，将其横向构件(如横梁肋骨等)等效为周期弹簧质量振子并与细直梁耦合，由此得到船舶板架结构波动特性等效物理模型为一维有阻尼单周期弹簧振子耦合梁结构。

下面以某一维有阻尼单周期弹簧振子耦合梁结构为例介绍其波动特性，如图 4-20 所示。

由图 4-20(a) 可知，单周期等效物理模型是由一个无限长的均质有阻尼梁与周期分布弹簧质量振子并联耦合而成的周期弹簧振子耦合梁，图 4-20(a) 中虚线所包围的区域是上述周期弹簧振子耦合梁的周期元胞，周期弹簧振子耦合梁的周期元胞结构示意图如图 4-20(b) 所示，无限长周期弹簧振子耦合梁可以由周期元胞在梁长度方向上重复组合构成。由图 4-20(b) 可知，单个周期元胞内包含两段均质梁和一个弹簧质量振子，忽略弹簧质量振子在梁长度方向上的尺度，单个周期元胞内梁和质量振子在节点 J 处并联耦合，构成梁-质量振子耦合系统，即周期弹簧振子耦合梁是周期梁-质量振子耦合系统。图 4-20(c) 为单个周期元胞中梁-质量振子耦合系统的受力分析示意图。上述无限长单周期弹簧振子耦合梁的结构参数包括

弹簧质量振子弹簧刚度 k_s、质量 m_s、阻尼 c_s 和晶格常数 a；均质梁截面惯性矩 I、截面面积 A 以及弹性基础的支撑刚度 k^*。周期弹簧振子耦合梁材料参数包括均质梁材料弹性模量 E、密度 ρ 和泊松比 μ，以及梁的平动阻尼 c_1 和转动阻尼 c_2。

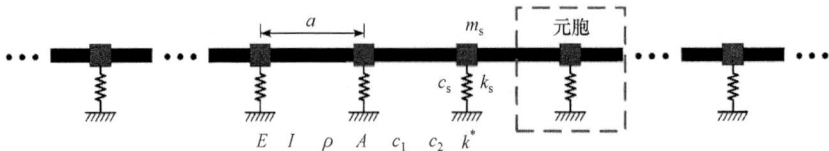

(a) 一维有阻尼单周期弹簧振子耦合梁结构示意图

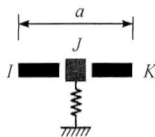

(b) 单周期等效物理模型单个元胞结构示意图

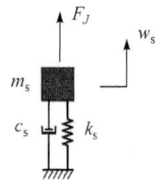

(c) 单个周期元胞中梁 - 质量振子耦合系统受力分析示意图

图 4-20　单周期板架结构波动特性等效物理模型

具有弹性基础支撑的均质铁摩辛柯梁的弯曲振动控制方程可以表示为

$$\frac{\partial^4 w}{\partial x^4} + \frac{k^*}{\kappa GA}\frac{\partial^2 w}{\partial x^2} - \left(\frac{c_1}{\kappa GA} + \frac{c_2}{EI}\right)\frac{\partial^3 w}{\partial x^2 \partial t} - \left(\frac{\rho}{\kappa G} + \frac{\rho}{E}\right)\frac{\partial^4 w}{\partial x^2 \partial t^2} + \left(\frac{c_1}{EI} - \frac{c_2 k^*}{EI\kappa GA}\right)\frac{\partial w}{\partial t}$$

$$+ \left(\frac{\rho A}{EI} + \frac{c_1 c_2}{EI\kappa GA} - \frac{\rho k^*}{E\kappa GA}\right)\frac{\partial^2 w}{\partial t^2} + \left(\frac{\rho c_2}{EI\kappa G} + \frac{\rho c_1}{E\kappa GA}\right)\frac{\partial^3 w}{\partial t^3} + \frac{\rho^2}{E\kappa G}\frac{\partial^4 w}{\partial t^4} - \frac{k^*}{EI}w = 0$$

(4-202)

式中，G 为梁材料的剪切弹性模量，$G = E/[2(1+\mu)]$，μ 为泊松比；κ 为铁摩辛柯剪切修正系数；w 为梁的垂向位移；t 为时间。

均匀梁中垂向位移 w 的波动形式解可以表示为 $w(x,t) = W_0 e^{-i(kx-\omega t)}$。将其代入方程(4-202)中可以得到其波动解对应的特征方程为

$$k^4 + \left[-\frac{K^*}{\kappa GA} - i\omega\left(\frac{c_1}{\kappa GA} + \frac{c_2}{EI}\right) - \omega^2\left(\frac{\rho}{\kappa G} + \frac{\rho}{E}\right)\right]k^2 - i\omega\left(\frac{c_1}{EI} - \frac{c_2 K^*}{EI\kappa GA}\right)$$

$$- \omega^2\left(\frac{\rho A}{EI} + \frac{c_1 c_2}{EI\kappa GA} - \frac{\rho K^*}{E\kappa GA}\right) + i\omega^3\left(\frac{\rho c_2}{EI\kappa G} + \frac{\rho c_1}{E\kappa GA}\right) + \frac{\rho^2}{E\kappa G}\omega^4 - \frac{K^*}{EI} = 0$$

(4-203)

式中，k 为弯曲波波数；ω 为角频率。

因此，在省略简谐时间因子 $e^{i\omega t}$ 后，微分方程(4-203)在复数域内的解可表示为

$$w = a_1 e^{ik_1 x} + d_1 e^{-ik_1 x} + a_2 e^{ik_2 x} + d_2 e^{-ik_2 x} \tag{4-204}$$

式中，

$$k_1 = \sqrt{-\alpha/2 + \sqrt{(\alpha/2)^2 - \beta}}, \qquad k_2 = \sqrt{-\alpha/2 - \sqrt{(\alpha/2)^2 - \beta}}$$

其中，

$$\alpha = -\frac{k^*}{\kappa GA} - i\omega\left(\frac{c_1}{\kappa GA} + \frac{c_2}{EI}\right) - \omega^2\left(\frac{\rho}{\kappa G} + \frac{\rho}{E}\right)$$

$$\beta = -i\omega\left(\frac{c_1}{EI} - \frac{c_2 k^*}{EI\kappa GA}\right) - \omega^2\left(\frac{\rho A}{EI} + \frac{c_1 c_2}{EI\kappa GA} - \frac{\rho k^*}{E\kappa GA}\right)$$

$$+ i\omega^3\left(\frac{\rho c_2}{EI\kappa G} + \frac{\rho c_1}{E\kappa GA}\right) + \frac{\rho^2}{E\kappa G}\omega^4 - \frac{k^*}{EI}$$

由此根据式(4-204)可以得到梁的扭转角位移 φ 为

$$\varphi = g_1 a_1 e^{ik_1 x} - g_1 d_1 e^{-ik_1 x} + g_2 a_2 e^{ik_2 x} - g_2 d_2 e^{-ik_2 x} \tag{4-205}$$

其中，

$$g_1 = \frac{ik_1 \kappa GA}{EIk_1^2 + \kappa GA - ic_2\omega - \rho I\omega^2}, \qquad g_2 = \frac{ik_2 \kappa GA}{EIk_2^2 + \kappa GA - ic_2\omega - \rho I\omega^2}$$

根据铁摩辛柯梁理论，梁中剪力 Q 和弯矩 M 与垂向位移 w 和扭转角位移 φ 的关系可以表示为

$$M = EI\frac{\partial^2 w}{\partial x^2}, \quad Q = \kappa GA\left(\varphi - \frac{\partial w}{\partial x}\right) \tag{4-206}$$

由此可以得到均质梁中的剪力 Q 和弯矩 M 为

$$M = -EI\left(k_1^2 a_1 e^{ik_1 x} + k_1^2 d_1 e^{-ik_1 x} + k_2^2 a_2 e^{ik_2 x} + k_2^2 d_2 e^{-ik_2 x}\right) \tag{4-207}$$

$$Q = \kappa GA\left[(g_1 - ik_1)a_1 e^{ik_1 x} - (g_1 - ik_1)d_1 e^{-ik_1 x} + (g_2 - ik_2)a_2 e^{ik_2 x} - (g_2 - ik_2)d_2 e^{-ik_2 x}\right]$$

$$\tag{4-208}$$

式(4-204)和式(4-205)、式(4-207)和式(4-208)可以联立改写成矩阵的形式，分别表示为

$$\{W_{\mathrm{d}}\} = [A_{\mathrm{d}}]\big[P_{\mathrm{h}}(-x)\big]\{a\} + [D_{\mathrm{d}}]\big[P_{\mathrm{h}}(x)\big]\{d\} \tag{4-209}$$

$$\{W_{\mathrm{f}}\} = [A_{\mathrm{f}}]\big[P_{\mathrm{h}}(-x)\big]\{a\} + [D_{\mathrm{f}}]\big[P_{\mathrm{h}}(x)\big]\{d\} \tag{4-210}$$

式中，$\{W_{\mathrm{d}}\}$ 和 $\{W_{\mathrm{f}}\}$ 分别为广义位移向量(包括垂向位移 w 和扭转角位移 φ)和广义力向量(包括剪力 Q 和弯矩 M)；$\{a\}$ 和 $\{d\}$ 分别为到达波波幅向量和离开波波幅向量；$\big[P_{\mathrm{h}}(x)\big]$ 为相位矩阵；$[A_{\mathrm{d}}]$ 和 $[D_{\mathrm{d}}]$ 分别为广义位移向量 $\{W_{\mathrm{d}}\}$ 对应的到达波系数矩阵和离开波系数矩阵；$[A_{\mathrm{f}}]$ 和 $[D_{\mathrm{f}}]$ 分别为广义力向量 $\{W_{\mathrm{f}}\}$ 对应的到达波系数矩阵和离开波系数矩阵。它们的具体表达式如下：

$$\{W_{\mathrm{d}}\} = \{w \quad \varphi\}^{\mathrm{T}}, \quad \{W_{\mathrm{f}}\} = \{Q \quad M\}^{\mathrm{T}} \tag{4-211}$$

$$\{a\} = \{a_1 \quad a_2\}^{\mathrm{T}}, \quad \{d\} = \{d_1 \quad d_2\}^{\mathrm{T}} \tag{4-212}$$

$$\big[P_{\mathrm{h}}(x)\big] = \begin{bmatrix} \mathrm{e}^{-\mathrm{i}k_1 x} & 0 \\ 0 & \mathrm{e}^{-\mathrm{i}k_2 x} \end{bmatrix} \tag{4-213}$$

$$[A_{\mathrm{d}}] = \begin{bmatrix} 1 & 1 \\ g_1 & g_2 \end{bmatrix}, \quad [D_{\mathrm{d}}] = \begin{bmatrix} 1 & 1 \\ -g_1 & -g_2 \end{bmatrix} \tag{4-214}$$

$$[A_{\mathrm{f}}] = \begin{bmatrix} \kappa GA & 0 \\ 0 & -EI \end{bmatrix} \begin{bmatrix} g_1 - \mathrm{i}k_1 & g_2 - \mathrm{i}k_2 \\ k_1^2 & k_2^2 \end{bmatrix}, \quad [D_{\mathrm{f}}] = \begin{bmatrix} \kappa GA & 0 \\ 0 & -EI \end{bmatrix} \begin{bmatrix} \mathrm{i}k_1 - g_1 & \mathrm{i}k_2 - g_2 \\ k_1^2 & k_2^2 \end{bmatrix} \tag{4-215}$$

由图 4-20(c) 所示的无限长周期弹簧振子耦合梁单个周期元胞中梁-质量振子耦合系统可知，周期元胞内部构件在节点 J 处的位移连续和力平衡的关系可以表示为

$$\{W_{\mathrm{d}}^{JI}\} = \big[T_{\mathrm{d}}^{J}\big]\{W_{\mathrm{d}}^{JK}\} \tag{4-216}$$

$$\{W_{\mathrm{f}}^{JI}\} = \big[T_{\mathrm{f}}^{J}\big]\{W_{\mathrm{f}}^{JK}\} + \{F^{J}\} \tag{4-217}$$

式中，$\big[T_{\mathrm{d}}^{J}\big]$ 和 $\big[T_{\mathrm{f}}^{J}\big]$ 分别为单个周期元胞内节点 J 处的广义位移转换矩阵和广义力转换矩阵；$\{F^{J}\}$ 为弹簧质量振子作用在梁上的反作用力向量。

由图 4-20(c) 单个周期元胞中梁-质量振子耦合系统可知基于梁与弹簧质量振子连接节点 J 处的位移连续和力平衡关系，单个周期元胞内梁-质量振子耦合系统的振动方程可以表示为

$$m_{\mathrm{s}}\ddot{w}_{\mathrm{s}} + k_{\mathrm{s}}w_{\mathrm{s}} + c_{\mathrm{s}}\dot{w}_{\mathrm{s}} = F_J \tag{4-218}$$

由此可得到弹簧质量振子作用在梁上的反作用力向量为

$$\{F^{J}\} = [K^{J}]\{W_{\mathrm{d}}^{JK}\} \tag{4-219}$$

式中，$[K^J] = \mathrm{diag}\left[k_w, k_\varphi\right]$ 表示弹簧质量振子作用于连接节点处梁的动刚度矩阵，$k_w = -m_s\omega^2 + k_s + \mathrm{i}c_s\omega$ 和 $k_\varphi = 0$ 分别表示弹簧质量振子在连接节点处对梁的垂向平动刚度系数和转动刚度系数；k_s 和 m_s 分别表示弹簧质量振子的弹簧刚度系数和质量；$w_s = w^{JK} = -w^{JI}$ 代表振子的垂向位移和梁在节点 J 处的位移。

将 $\{W_d\}$ 和 $\{W_f\}$ 的表达式代入式(4-216)、式(4-217)和式(4-219)，可以得到节点 J 处的散射关系为

$$[A^J]\{a^J\} + [D^J]\{d^J\} = \{0\} \tag{4-220}$$

式中，$\{a^J\}$ 和 $\{d^J\}$ 分别为单个周期元胞内节点 J 处的到达波波幅向量和离开波波幅向量；$[A^J]$ 和 $[D^J]$ 分别为到达波波幅向量 $\{a^J\}$ 和离开波波幅向量 $\{d^J\}$ 相应的系数矩阵，其表达式分别为

$$
\begin{aligned}
[A^J] &= \begin{bmatrix} \left[A_d^{JI}\right] & -\left[T_d^J\right]\left[A_d^{JK}\right] \\ \left[A_f^{JI}\right] & -\left(\left[T_f^J\right]\left[A_f^{JK}\right] + \left[K^J\right]\left[A_d^{JK}\right]\right) \end{bmatrix} \\
[D^J] &= \begin{bmatrix} \left[D_d^{JI}\right] & -\left[T_d^J\right]\left[D_d^{JK}\right] \\ \left[D_f^{JI}\right] & -\left(\left[T_f^J\right]\left[D_f^{JK}\right] + \left[K^J\right]\left[D_d^{JK}\right]\right) \end{bmatrix}
\end{aligned} \tag{4-221}
$$

根据周期结构 Bloch 定理，上述无限长周期弹簧振子耦合梁的元胞两端广义位移向量 $\{W_d\}$ 和广义力向量 $\{W_f\}$ 均满足周期性条件，即

$$\mathrm{e}^{\mathrm{i}ka}\left\{W_d^{IJ}\right\} = \left[T_d^J\right]\left\{W_d^{KJ}\right\} \tag{4-222}$$

$$\mathrm{e}^{\mathrm{i}ka}\left\{W_f^{IJ}\right\} = \left[T_f^J\right]\left\{W_f^{KJ}\right\} \tag{4-223}$$

类似地，将 $\{W_d\}$ 和 $\{W_f\}$ 的表达式代入式(4-221)式(4-222)，可以得到

$$[A^{*J}]\{a^{*J}\} + [D^{*J}]\{d^{*J}\} = \{0\} \tag{4-224}$$

式中，$\{a^{*J}\}$ 和 $\{d^{*J}\}$ 分别为单个周期元胞内节点 J 处的到达波波幅向量和离开波波幅向量；$[A^{*J}]$ 和 $[D^{*J}]$ 分别为 $\{a^{*J}\}$ 和 $\{d^{*J}\}$ 相应的系数矩阵，其表达式分别为

$$
[A^{*J}] = \begin{bmatrix} \mathrm{e}^{\mathrm{i}ka}\left[A_d^{IJ}\right] & -\left[T_d^J\right]\left[A_d^{KJ}\right] \\ \mathrm{e}^{\mathrm{i}ka}\left[A_f^{IJ}\right] & -\left[T_f^J\right]\left[A_f^{KJ}\right] \end{bmatrix}, \quad
[D^{*J}] = \begin{bmatrix} \mathrm{e}^{\mathrm{i}ka}\left[D_d^{IJ}\right] & -\left[T_d^J\right]\left[D_d^{KJ}\right] \\ \mathrm{e}^{\mathrm{i}ka}\left[D_f^{IJ}\right] & -\left[T_f^J\right]\left[D_f^{KJ}\right] \end{bmatrix}
$$

$$\tag{4-225}$$

联立式(4-220)和式(4-225)，可以得到无限长周期弹簧振子耦合梁结构周期元胞的总体散射关系为

$$[A]\{a\}+[D]\{d\}=\{0\} \tag{4-226}$$

式中，$\{a\}=\left\{a^{IJ}\ \ a^{JI}\ \ a^{JK}\ \ a^{KJ}\right\}^{\mathrm{T}}$ 和 $\{d\}=\left\{d^{IJ}\ \ d^{JI}\ \ d^{JK}\ \ d^{KJ}\right\}^{\mathrm{T}}$ 分别为周期弹簧振子耦合梁结构周期元胞内到达波波幅向量和离开波波幅向量；$[A]$ 和 $[D]$ 分别代表 $\{a\}$ 和 $\{d\}$ 相应的系数矩阵，其表达式分别为

$$[A]=\begin{bmatrix} \mathrm{e}^{\mathrm{i}ka}\left[A_{\mathrm{d}}^{IJ}\right] & 0 & 0 & -\left[T_{\mathrm{d}}^{J}\right]\left[A_{\mathrm{d}}^{KJ}\right] \\ 0 & \left[A_{\mathrm{d}}^{JI}\right] & -\left[T_{\mathrm{d}}^{J}\right]\left[A_{\mathrm{d}}^{JK}\right] & 0 \\ 0 & \left[A_{\mathrm{f}}^{JI}\right] & -\left(\left[T_{\mathrm{f}}^{J}\right]\left[A_{\mathrm{f}}^{JK}\right]+\left[K^{J}\right]\left[A_{\mathrm{d}}^{JK}\right]\right) & 0 \\ \mathrm{e}^{\mathrm{i}ka}\left[A_{\mathrm{f}}^{IJ}\right] & 0 & 0 & -\left[T_{\mathrm{f}}^{J}\right]\left[A_{\mathrm{f}}^{KJ}\right] \end{bmatrix} \tag{4-227}$$

$$[D]=\begin{bmatrix} \mathrm{e}^{\mathrm{i}ka}\left[D_{\mathrm{d}}^{IJ}\right] & 0 & 0 & -\left[T_{\mathrm{d}}^{J}\right]\left[D_{\mathrm{d}}^{KJ}\right] \\ 0 & \left[D_{\mathrm{d}}^{JI}\right] & -\left[T_{\mathrm{d}}^{J}\right]\left[D_{\mathrm{d}}^{JK}\right] & 0 \\ 0 & \left[D_{\mathrm{f}}^{JI}\right] & -\left(\left[T_{\mathrm{f}}^{J}\right]\left[D_{\mathrm{f}}^{JK}\right]+\left[K^{J}\right]\left[D_{\mathrm{d}}^{JK}\right]\right) & 0 \\ \mathrm{e}^{\mathrm{i}ka}\left[D_{\mathrm{f}}^{IJ}\right] & 0 & 0 & -\left[T_{\mathrm{f}}^{J}\right]\left[D_{\mathrm{f}}^{KJ}\right] \end{bmatrix} \tag{4-228}$$

由周期弹簧振子耦合梁结构中弯曲波的传播特性可知，一段均质梁中的同一列波既是均质梁左端截面的离开波，也是右端截面的到达波，或者同一列波既是左端截面的到达波，也是右端截面的离开波；同一列弯曲波的到达波和离开波的波幅相同，但相位不同。任意均质梁截面(如梁截面 J)的均质梁中的相位关系可以表示为

$$\{a^{JK}\}=[P^{JK}]\{d^{KJ}\} \tag{4-229}$$

$$\{a^{KJ}\}=[P^{JK}]\{d^{JK}\} \tag{4-230}$$

式中，$[P^{JK}]$ 为均质梁截面 J 的相位矩阵。

由此，依据所有梁截面的相位关系，可以得到整体的相位关系如下：

$$\{a\}=[P]\{d^{*}\} \tag{4-231}$$

式中，$\left\{d^{*}\right\}=\left\{d^{JI}\ \ d^{IJ}\ \ d^{KJ}\ \ d^{JK}\right\}^{\mathrm{T}}$ 为重新排列组合得到的周期弹簧振子耦合

梁结构周期元胞的总体离开波波幅向量；$[P]=\mathrm{diag}\left[\mathrm{diag}\left[P^{IJ}\right],\mathrm{diag}\left[P^{JK}\right]\right]$ 为周期弹簧振子耦合梁结构周期元胞的总体相位矩阵。

对比式(4-226)和式(4-231)中周期弹簧振子耦合梁结构周期元胞的总体离开波波幅向量 $\{d\}$ 和 $\{d^*\}$ 可知，两个向量具有相同的元素，只是向量的元素排列顺序有所不同。对比可以得到总体离开波波幅向量 $\{d^*\}$ 和 $\{d\}$ 的关系为

$$\{d^*\}=[U]\{d\} \tag{4-232}$$

式中，$[U]$ 为周期元胞的总体离开波波幅向量 $\{d^*\}$ 和 $\{d\}$ 之间的置换矩阵，其表达式为

$$U=\begin{bmatrix}0 & 1 & 0 & 0\\ 1 & 0 & 0 & 0\\ 0 & 0 & 0 & 1\\ 0 & 0 & 1 & 0\end{bmatrix} \tag{4-233}$$

联立式(4-226)、式(4-231)和式(4-232)，可以得到无限长周期弹簧振子耦合梁结构周期元胞的总体系统方程为

$$([A][P][U]+[D])\{d\}=[R]\{d\}\{0\} \tag{4-234}$$

式中，$[R]=[A][P][U]+[D]$ 为无限长周期弹簧振子耦合梁结构周期元胞的回传射线矩阵。

周期元胞结构总体离开波波幅向量 $\{d\}$ 存在非零解的必要条件，使其系数矩阵的行列式为零，由此可以得到无限长周期耦合梁结构周期元胞的频散方程为

$$\det([A][P][U]+[D])=0 \tag{4-235}$$

进而可以求解得到无限长周期耦合梁结构周期元胞中弯曲波波数 k 与频率 f 之间的关系，即为无限长周期耦合梁结构的弯曲波波数频谱关系和带隙特性。

运用上述推导的无限长周期弹簧振子耦合梁结构弯曲波带隙计算方法，进行周期结构带隙特性计算，图 4-21 显示了无限长周期弹簧振子耦合梁结构弯曲波带隙特性。下侧横轴为弯曲波频率 f，上侧横轴为归一化频率 fa_0/c_T，定义归一化频率是为了获得更通用的结果，其中 $c_T=3140\mathrm{m/s}$ 是碳钢材料中横波波速，a_0 是周期晶格常数。

带隙特性是人工周期结构非常重要的一种性质，由于在带隙频率范围内，弯曲波的波数为纯虚数，也就是说在带隙范围内不存在弯曲波的行波，弯曲波的能量无法向远处传播，仅在波源附近迅速衰减，反映到振动或者噪声上表现出频谱

定频率范围内的振动与噪声控制方面有非常优异的表现。

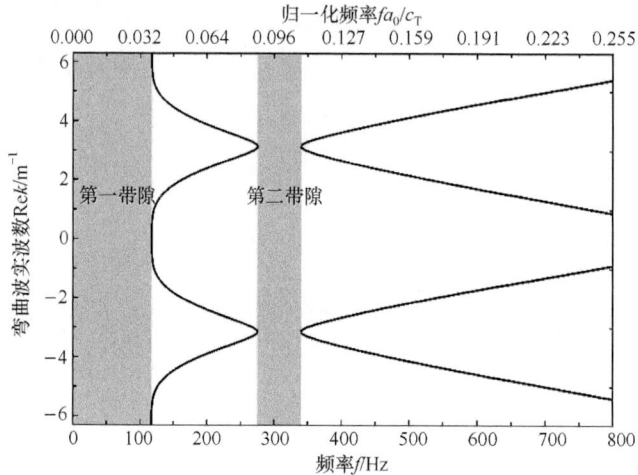

图 4-21　无限长周期弹簧振子耦合梁结构弯曲波带隙特性

习　　题

4-1　某载荷的表达式如下所示，试对其进行傅里叶变换。

$$F(t) = \begin{cases} 0, & t < -a/2 \\ F_0 t, & -a/2 \leqslant t \leqslant a/2 \\ 0, & t > a/2 \end{cases}$$

4-2　某梁密度为 ρ，横截面积为 A_0，刚度为 EI，长度为 L，不考虑剪切变形与转动惯量的影响，在梁中心位置施加一集中载荷 Q，如何设置梁端部的边界条件，才能保证由此集中载荷形成的弯曲波行波在梁两端不产生反射？

4-3　思考并列出等直梁振动问题与波动问题的区别与联系。

5　介质中的声波

随着科学技术的发展，作为环境科学的一项重要内容，噪声污染及其控制日益引起人们的重视。对船舶来说，由于其吨位增大，航速和主机功率提高，振动和噪声问题日益突出。在现代船舶中，大多数是以柴油机作为动力装置，柴油机的噪声较其他动力装置都要大。据研究者对国内300多艘各类海、河船舶噪声测试与统计，柴油机机舱的噪声大多在 100dB(A)以上，高速柴油机甚至超过110dB(A)，严重影响船员的工作效率，甚至危及健康。同时，当这些机械设备或装置运行时，船舶水线以下结构表面必然会与其周围的水介质相互作用而形成辐射噪声。随着现代军事技术的发展，水声探测等综合探测技术不断提高，军用船舶的低噪声性能直接影响其作战能力与生存能力，具有良好的声学设计的船舶不仅能够降低先进探测设备的发现距离，以及通过降低自噪声提高自身声呐的目标识别能力，还能够有效降低先进制导武器的捕捉概率，极大地提高军用船舶的作战能力。此外，运输、油气探测、地震调查及军用声呐等活动使海洋环境日益喧闹，许多用低频波交流的哺乳动物由于船舶噪声的干扰不能进行正常的迁移、繁殖、潜水和觅食，尽管此领域的研究还处于初始阶段，但船舶噪声污染对海洋环境的影响已经引起广大学者的重视。

物体振动发声，总要通过中间介质才能把声音传播出去，而中间介质必须是弹性介质，当弹性气体、液体或固体受压时，就像弹簧一样产生抵抗力，所以可以传递波动。在任何情况下，声音是不能通过真空传播的。声音在介质中传播时，介质中的质点本身并不随声波一起传播出去，介质的质点只在它的平衡位置附近前后做纵向振动。就像把一石块投入平静的水中，水面产生一圈圈的圆形波纹，好像水随着波浪运动，但从漂浮在水面上的树叶来看，树叶并不随波移走，而在其原来的位置上下浮动，它只是通过水的振动将能量传递出去。声音也是如此，它也是物质的一种运动形式，称为声波。

第4章中讨论了固体结构中的波，而当声波在空气或液体中传播时，引起空气或液体质点振动的方向和声波传播的方向是一致的，所以空气与液体中的声波是一种纵波，又称为疏密波。传播声波的空间称为声场。声波传播时，在某一时刻传播到各点的轨迹称为波前，波动传播的方向称为波线[15]。按波前的形状可将声波分为球面波和平面波，如图5-1所示。

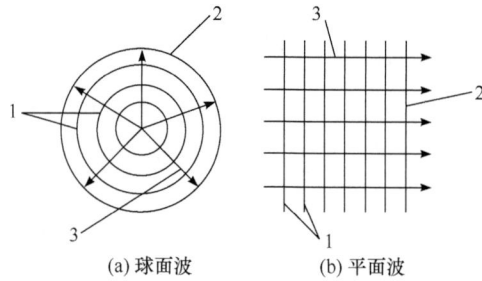

(a) 球面波　　　　　　(b) 平面波

图 5-1　球面波与平面波
1-波面；2-波前；3-波线

1. 声波的辐射与衰减

声波在没有边界的空间(即声波可以在无反射自由的、均匀的、各向同性的介质场传播，在声学中称为自由场或自由声场)以球面波动的形式均匀地向四周辐射，这种声源称为点声源，显然点声源辐射球面波，它没有方向性。当声源辐射的声波波长比声源尺寸小时，声波就以略微散发的"声束"向正前方传播。波长与声源尺寸之比越小，声束的散发范围越小，即方向性越强。当波长与声源尺寸的比值小到一定程度时，几乎不发散的声束以平面形状(平面波)由声源向外传播。平时在高音喇叭声正前方听到的音量很强，在它的背面或侧面声音很弱，而且音调发闷，这就是高频声波波长短、方向性强的缘故。

声音自点声源向四周辐射，其波前的面积随声波距离的增大而不断扩大，声音的能量被分散开来。由于能量不变，声波通过的单位面积的声能不断减小，声音逐渐减弱，称为声波的距离衰减。对点声源来说，声波的强度随距离的平方成反比衰减。声波在大气或水等介质中传播时，还会受到空气或液体等介质的黏滞性、热传导等的影响，声音的能量不断地被空气或水吸收而转化为其他形式。由介质吸收而引起的声衰减与声音频率、介质温度、湿度、黏度等基本参数有关。高频声振动快，介质中疏密相间变化频繁，因此它比低频声衰减得更快。

2. 声波的反射、折射和绕射

声波传播中遇到障碍物会发生反射，这是因为声波由一种介质进入另一种介质时，在两种介质的分界面上传播方向发生变化。例如，空气中的声波遇到墙面，一部分声能量被反射回空气中而形成反射波，其余部分能量传入墙内而形成折射波，进而使一部分声能透射过去。这与第 4 章中讲解的固体中的弹性波传播反射是类似的，只不过气体、液体与固体间的声波反射更为明显，这是由气体、液体与固体间的介质声阻抗差异巨大引起的，介质的声学阻抗也是影响声波反射、折射和绕射的关键，在本章中会详细介绍。

声波的反射还与声波的波长和障碍物的尺寸大小有关。如果障碍物的尺寸比声波波长大得多,声音遇到障碍物表面就会反射回去,在障碍物后面形成声影区,它与光线类似。如果障碍物尺寸小于声波波长,声波就可以绕过障碍物继续向前传播,这就是声波的绕射。当声波通过孔洞时,若声波波长比孔洞大得多,则发生衍射现象。高频声的波长短,容易被反射回去,低频声的波长长,容易绕射。例如,风机发出的噪声,当对着它时,听到的声音很响,音调很高,但绕过障碍物后,听到的声音就弱,音调也低得多。因此,隔声屏只对高频声有效。

3. 声波的叠加和干涉

几个声源发出的声波同时在同一种介质中传播,若它们在某些点上相遇,则相遇处质点的振动是各波所引起的振动的合成,相遇以后的每个声波仍保持本身原有的传播特性(如振动频率、波长、振动方向等),按照本身的传播方向继续前进,因此波的传播是独立进行的。最简单、最重要的情形是两个方向相同、频率相同的声波,以相同相位到达空间某一点时,即在同一时间,波的密集和稀疏部分同时到达某一点,两波便相互加强,其合成振幅为波振幅之和,声音变得更强。若两波相位相反,一波的疏部与另一波的密部相遇,二者在空间传播过程中则相互减弱或完全抵消,其合成振幅为两者之差。在某些地方始终加强,某些地方始终减弱或抵消的现象称为声波的干涉,能产生干涉现象的两个声波称为相干波。其类似于结构中的驻波现象,此时入射波和反射波就是相干波。

5.1 理想流体中的声波

5.1.1 声音的基本物理度量

本节主要从两个角度衡量声音,一个是声音的强度,另一个是声音的频率。对于声音的强度,描述声音强弱最直观的物理量就是声强。在单位时间内,垂直于声音传播方向的单位面积上通过的声音能量称为声强,它是衡量声音强弱的标志,通常用 I 表示,度量单位为瓦每平方米,记为 W/m^2。

声强的大小和离开声源的距离有关,这是因为声源每秒发出的能量是一定的,离声源的距离越远,声能分布的面积越大,通过单位面积的声能量就越小,因此声强也就小,感觉到的声音就弱。

若在一个没有声音存在的自由场中,有一悬浮于自由场中的无方向性的声源,在各个方向上均匀辐射声波,则它是以球面波的形式来传播声波的。此时,在离开声源一个相当距离 r 处的声强为

$$I = \frac{W}{S} = \frac{W}{4\pi r^2} \tag{5-1}$$

式中，W 为声源的功率，称为声功率，即声源每秒发出的声的能量；S 为离开声源距离为 r 的球面面积，$S = 4\pi r^2$。

若声源放在刚性地面上，则声能只能向半自由空间辐射，其声强为

$$I' = \frac{W}{S'} = \frac{W}{2\pi r^2} \tag{5-2}$$

故声强与传播距离的平方成反比。

声压是描述流体中声波传播过程中的重要物理量。连续介质可以看成由无数微元 dV 组成的物质系统，体积元内的介质可以当成集中在一点、质量等于 ρdV 的"质点"来处理。在平衡状态下，系统可以用体积 V_0（或密度 ρ_0）、压强 P_0 及温度 T_0 等状态参数来描述。在这种状态下，组成介质的微粒虽然不断运动，但就一个体积微元来说，在时间 t 内流入的质量与流出的质量相等，因此体积微元质量不变。当有声波作用时，在组成介质的微元的杂乱运动中附加了一个有规律的运动，使得体积微元中流入的质量多于或者少于流出的质量，即体积微元中的介质时而稠密时而稀疏，所以声波的传播实际上也就是介质中稠密与稀疏的交替过程。这个变化过程可以用体积微元内的压强、密度、温度以及质点速度等变化量来描述。

设体积微元受声扰动后压强由 P_0 变为 P_1，则由声扰动产生的逾量压强称为声压，即

$$p = P_1 - P_0 \tag{5-3}$$

在声传播过程中，不同体积元的压强 p 不同，对于同一体积元，其压强 p 随时间变化，因此声压 p 一般是空间与时间的函数，即 $p = p(x, y, z, t)$。同样地，由声扰动引起的密度变化量 $\rho' = \rho - \rho_0$ 也是与时间有关的函数，即 $\rho' = \rho'(x, y, z, t)$。此外，介质振动速度也是描述声波的物理量之一，但声压测量更容易实现，因此声压成为了人们普遍采用的描述声波性质的物理量。

存在声压的空间称为声场。声场中某一瞬时的声压称为瞬时声压。在一定的时间间隔中最大的瞬间声压称为峰值声压。若声压随时间按简谐规律变化，则峰值声压也就是声压的振幅。在一定的时间间隔内，瞬时声压对时间取均方根称为有效声压，即

$$p_{\mathrm{e}} = \sqrt{\frac{1}{T}\int_0^T p^2 \mathrm{d}t} \tag{5-4}$$

式中，T 代表取平均时间间隔，可以是一个周期或比周期大得多的时间间隔，对

纯音来说，即为声压的最大值(称峰值声压)除以 $\sqrt{2}$ 。一般用测量设备测得的声压往往是有效声压，因此人们习惯上所指的声压也往往是有效声压。声压的大小反映了声波的强弱，其单位为帕(Pa)，$1Pa = 1N/m^2$。

声压和声强有内在联系，当声波在自由场中传播时，在传播方向上声强与有效声压的关系如下：

$$I = \frac{p_e^2}{\rho c} \tag{5-5}$$

式中，ρ 为介质的密度，kg/m^3；c 为声速，m/s。

由式(5-5)可以看出，声强和声压的平方成正比，故声压与距声源距离成反比。假设距离声源 r_1 处的声压为 p_1，r_2 处的声压为 p_2，则

$$p_2 = p_1 \frac{r_1}{r_2} \tag{5-6}$$

5.1.2 声波方程

声振动作为一个宏观的物理现象，必须满足三个基本的物理定律：①牛顿第二定律；②质量守恒定律；③描述压强、温度与体积等状态关系的物态方程。为使问题简单化而不失一般规律，对介质及声波传播过程进行以下假设：

(1) 介质为理想流体，即介质中不存在黏滞性，声波在这种理想介质中传播没有能量损耗。

(2) 没有声扰动时，介质在宏观上是静止的，即初速度为零，同时介质是均匀的，因此介质中静态声压 P_0、静态密度 ρ_0 都是常数。

(3) 声波传播时，介质中的稠密和稀疏的过程是绝热的，即介质和毗邻部分不会因声传播过程引起的温差而产生热交换，即声波传播是绝热过程。

(4) 介质中传播声波为小振幅声波，各声学变量都是一级微量，声压 p 远小于静态压强 P_0；质点速度 v 远小于声速 c_0。

1. 一维声波方程

首先考虑一维情况，即声场在空间的两个方向上是均匀的，只需考虑一个方向上的质点运动。在考虑运动方程时，可以参照第 3 章杆中的纵向振动物理模型进行受力分析，如图 5-2 所示。

其微元体积为 $A\mathrm{d}x$，声压 p 随位置 x 而异，因此作用在体积元左右面上的压力是不相等的，其合力是体积元质点沿 x 方向运动的原因。当有声波传过时，体积元左侧压强为 $P_0 + p$，右侧压强为 $P_0 + p + \mathrm{d}p$，其中，$\mathrm{d}p = \dfrac{\partial p}{\partial x}\mathrm{d}x$。体积元质

点质量为 $\rho A \mathrm{d}x$ ，在 x 方向加速度为 $\dfrac{\mathrm{d}v}{\mathrm{d}t}$ ，其中 v 为质点速度。根据达朗贝尔原理，有

$$(P_0 + p)A - (P_0 + p + \mathrm{d}p)A - \rho A \mathrm{d}x \frac{\partial v}{\partial t} = 0$$

$$\rho A \mathrm{d}x \frac{\partial v}{\partial t} = -\frac{\partial p}{\partial x} A \mathrm{d}x \qquad (5\text{-}7)$$

$$\rho \frac{\partial v}{\partial t} = -\frac{\partial p}{\partial x}$$

由此给出了声扰动时介质的运动方程，它描述了声场中声压 p 和质点速度 v 之间的关系。

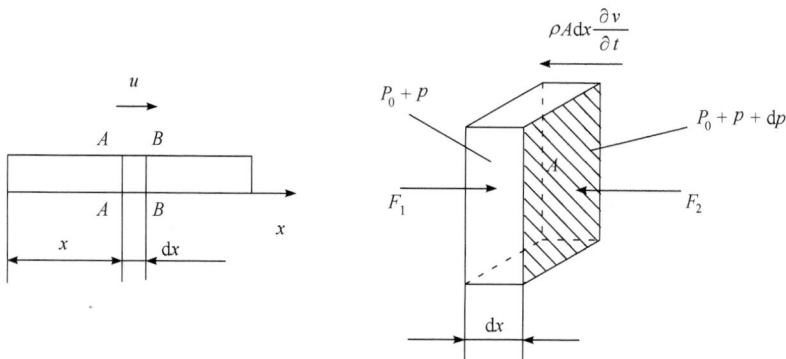

图 5-2 流场体积微元模型

然后，考虑介质的连续性。连续性方程实际上就是质量守恒定律，即介质中的单位时间流入体积元的质量与流出体积元的质量之差应等于体积元质量的增加或减少。仍以图 5-2 中的体积微元为例，在体积元左侧面 x 处，质点速度为 v_x，密度为 ρ_x，则在单位时间内流过左侧面进入体积元的质量应为 $(\rho v)_x A$，在同一单位时间内从体积元右侧面流出的质量为 $-(\rho v)_{x+\mathrm{d}x} A$，负号表示流出，取其泰勒展开式的一级近似，即 $-\left[(\rho v)_x + \dfrac{\partial (\rho v)_x}{\partial x} \mathrm{d}x \right] A$，因此单位时间内流入体积单元的净质量为 $-\dfrac{\partial (\rho v)_x}{\partial x} A \mathrm{d}x$。另外，体积元质量增加，说明其密度增大，假设它在单位时间内的密度增加量为 $\dfrac{\partial \rho}{\partial t}$，则单位时间内体积元的质量增加量为 $\dfrac{\partial \rho}{\partial t} A \mathrm{d}x$。体积元内既没有产生质量的源，又不会凭空消失，所以质量应是守恒的，即

$$-\frac{\partial(\rho v)_x}{\partial x}A\mathrm{d}x = \frac{\partial \rho}{\partial t}A\mathrm{d}x$$

$$-\frac{\partial}{\partial x}(\rho v) = \frac{\partial \rho}{\partial t} \tag{5-8}$$

这就是声场介质的连续性方程，它描述了介质中质点速度 v 和密度 ρ 之间的关系。

最后，还要考虑介质中体积元的物态方程，即当声波传过该微元时，体积元内的压强、密度、温度的变化。这种介质状态的变化规律由热力学状态方程来描述。声波传播过程较快，体积压缩和膨胀过程的周期比热传导需要的时间短得多，在声传播过程中，介质还来不及与毗邻部分进行热量交换，因此声波传播过程可以认为是绝热过程。设压强是密度的函数，即 $P = P(\rho)$，而由声扰动引起的压强和密度的微小增量满足 $\mathrm{d}P = \left(\dfrac{\mathrm{d}P}{\mathrm{d}\rho}\right)_S \mathrm{d}\rho$，式中，下标 S 表示绝热过程。

考虑到压强和密度的变化有相同的方向，当介质被压缩时，压强和密度都增加，即 $\mathrm{d}P > 0$，$\mathrm{d}\rho > 0$，而膨胀时压强和密度都降低，即 $\mathrm{d}P < 0$，$\mathrm{d}\rho < 0$，所以系数 $\left(\dfrac{\mathrm{d}P}{\mathrm{d}\rho}\right)_S$ 恒大于零，现以 c^2 表示，即

$$\mathrm{d}P = c^2\mathrm{d}\rho \tag{5-9}$$

这就是理想流体介质中有声扰动时的物态方程，用于描述声场中压强 P 的微小变化与密度 ρ 的微小变化之间的关系。

对于一般流体(包括液体)，其压强和密度之间的关系比较复杂，通常可通过介质的压缩系数(或体积弹性系数)求得 c。根据定义：

$$c^2 = \left(\frac{\mathrm{d}P}{\mathrm{d}\rho}\right)_S = \frac{\mathrm{d}P}{\left(\dfrac{\mathrm{d}\rho}{\rho}\right)_S \rho} \tag{5-10}$$

考虑到介质质量一定，则有 $\rho\mathrm{d}V + V\mathrm{d}\rho = 0$，即

$$\left(\frac{\mathrm{d}\rho}{\rho}\right)_S = -\left(\frac{\mathrm{d}V}{V}\right)_S \tag{5-11}$$

代入 c^2，则得到

$$c^2 = \frac{\mathrm{d}P}{\left(\dfrac{\mathrm{d}\rho}{\rho}\right)_S \rho} = \frac{\mathrm{d}P}{-\left(\dfrac{\mathrm{d}V}{V}\right)_S \rho} = \frac{1}{\beta_S \rho} = \frac{K_S}{\rho} \tag{5-12}$$

式中，$\dfrac{dV}{V}$ 为体积相对增量；$\beta_S = \dfrac{-\left(\dfrac{dV}{V}\right)_S}{dP}$ 为绝热体积压缩系数，表示绝热情况下单位压强变化引起的体积相对变化，负号表示压强和体积的变化方向相反；$K_S = \dfrac{1}{\beta_S} = \dfrac{dP}{-\left(\dfrac{dV}{V}\right)_S}$ 为绝热体积弹性系数。由连续系统中杆中纵波的传播特性分析可以看出，c 实际上代表声传播的速度。

由上述分析可知，理想流体介质的运动方程、连续性方程以及热力学基本方程均为非线性，因此还不能从这些方程中消去某些物理量以得到单一变量表示的声波方程。但是如果考虑之前提及的小振幅假设，即声波的振幅比较小，声波的各参量如 p、v、ρ' 以及它们随位置、时间的变化量都是微小量，并且它们的平方项以上的微量为更高级的微量，可以忽略，那么三个基本方程可得到以下简化。

对于运动方程(5-7)，将介质密度写为没有声扰动的静态密度与密度变化量的和，即 $\rho = \rho_0 + \rho'$，将介质质点加速度分解为本地加速度 $\dfrac{\partial v}{\partial t}$ 与迁移加速度 $\dfrac{\partial v}{\partial x}\dfrac{dx}{dt} = v\dfrac{\partial v}{\partial x}$，则原方程变为

$$\rho\frac{\partial v}{\partial t} = -\frac{\partial p}{\partial x}$$
$$(\rho_0 + \rho')\left(\frac{\partial v}{\partial t} + v\frac{\partial v}{\partial x}\right) = -\frac{\partial p}{\partial x} \tag{5-13}$$

略去二阶以上微量得

$$\rho_0\frac{\partial v}{\partial t} = -\frac{\partial p}{\partial x} \tag{5-14}$$

对于连续性方程(5-8)，同样将介质密度写为 $\rho = \rho_0 + \rho'$，代入方程可得

$$-\frac{\partial}{\partial x}[(\rho_0 + \rho')v] = \frac{\partial(\rho_0 + \rho')}{\partial t} \tag{5-15}$$

略去二阶以上微量得

$$-\rho_0\frac{\partial v}{\partial x} = \frac{\partial\rho'}{\partial t} \tag{5-16}$$

对于物态方程(5-9)中的系数 $c^2 = \left(\dfrac{dP}{d\rho}\right)_S$，在小振幅声波假设下，将 $\left(\dfrac{dP}{d\rho}\right)_S$ 在平衡态 (P_0, ρ_0) 附近进行泰勒展开：

$$\left(\frac{\mathrm{d}P}{\mathrm{d}\rho}\right)_S = \left(\frac{\mathrm{d}P}{\mathrm{d}\rho}\right)_{S,0} + \frac{1}{2}\left(\frac{\mathrm{d}^2P}{\mathrm{d}\rho^2}\right)_{S,0}(\rho - \rho_0) + \cdots \qquad (5\text{-}17)$$

式中,下标 0 代表平衡态时的数值。式(5-17)略去二阶以上微量,并以 c_0^2 表示,则有

$$c_0^2 = \left(\frac{\mathrm{d}P}{\mathrm{d}\rho}\right)_{S,0} \qquad (5\text{-}18)$$

表示对于小振幅声波,c_0^2 近似为一常数,即波速不变。式(5-18)中压强的微分即声压 p,密度的微分即密度增量 ρ',进而介质物态方程可简化为

$$p = c_0^2 \rho' \qquad (5\text{-}19)$$

由此将介质的运动方程、连续性方程以及热力学基本方程均化为了线性方程(5-13)、(5-15)和(5-18),联立以上方程,并消去 v 与 ρ',可得到关于介质中声压 p 的微分方程:

$$\frac{\partial^2 p}{\partial x^2} = \frac{1}{c_0^2}\frac{\partial^2 p}{\partial t^2} \qquad (5\text{-}20)$$

式(5-20)就是均匀的理想流体介质中小振幅声波的波动方程。式(5-20)是在忽略了二阶以上微量后得到的,因此称为线性声波方程。

2. 三维声波方程

当假设声场在 x、y、z 三个方向都不均匀时,介质的三个基本方程乃至波动方程的推导完全类似于一维情形,不同之处只是需要计及 y 和 z 方向上的压强变化而作用在体积微元上的力,体积元的速度也不在 x 方向,而是空间的一个矢量。

对应于式(5-14)的一维运动方程推广到三维情况,有

$$\rho_0 \frac{\partial v}{\partial t} = -\mathrm{grad}\ p \qquad (5\text{-}21)$$

式中,grad 为梯度算符,grad p 表示声压 p 沿波阵面法线方向的梯度,即 grad $p = \nabla p = \frac{\partial p}{\partial x}\boldsymbol{i} + \frac{\partial p}{\partial y}\boldsymbol{j} + \frac{\partial p}{\partial z}\boldsymbol{k}$。

对应于式(5-16)的一维连续性方程推广到三维情况,有

$$-\mathrm{div}(\rho_0 v) = \frac{\partial \rho'}{\partial t} \qquad (5\text{-}22)$$

式中, div 为散度算符, 它作用于矢量 $\rho_0 v$ 时得到 $\mathrm{div}(\rho_0 v) = \nabla \cdot (\rho_0 v) = \dfrac{\partial(\rho_0 v_x)}{\partial x} + \dfrac{\partial(\rho_0 v_y)}{\partial y} + \dfrac{\partial(\rho_0 v_z)}{\partial z}$ 。

对应于式(5-19)的一维物态方程推广到三维情况, 保持不变。

将式(5-22)两边对 t 求导得

$$-\mathrm{div}\left(\rho_0 \frac{\partial v}{\partial t} \right) = \frac{\partial^2 \rho'}{\partial t^2} \tag{5-23}$$

将式(5-19)两边对 t 求导得

$$\frac{\partial^2 p}{\partial t^2} = c_0^2 \frac{\partial^2 \rho'}{\partial t^2} \tag{5-24}$$

将式(5-24)与式(5-21)代入式(5-23), 并考虑 $\mathrm{div}(\mathrm{grad}\, p) = \nabla^2 p$, 即可得到均匀理想流体介质中小振幅声波声压 p 的三维波动方程为

$$\nabla^2 p = \frac{1}{c_0^2} \frac{\partial^2 p}{\partial t^2} \tag{5-25}$$

式中, ∇^2 为拉普拉斯算符, 在直角坐标系中, $\nabla^2 = \dfrac{\partial^2}{\partial x^2} \boldsymbol{i} + \dfrac{\partial^2}{\partial y^2} \boldsymbol{j} + \dfrac{\partial^2}{\partial z^2} \boldsymbol{k}$ 。

5.1.3 平面声波的基本性质

1. 平面波的解

当声波仅沿 x 方向传播, 而 Oyz 平面上所有质点的振幅和相位均相同时, 这种声波的波阵面是平面, 称为平面波。假设在无限均匀介质中有一个无限大平面刚性物体沿法线方向来回振动, 此时产生的声场显然就是平面波声场, 可利用一维声波方程求解。

$$\frac{\partial^2 p}{\partial x^2} = \frac{1}{c_0^2} \frac{\partial^2 p}{\partial t^2} \tag{5-26}$$

这种形式的方程与 4.2 节中杆中纵波(无阻尼无外力)波动方程的形式是一致的, 因此可以根据杆中纵波的解对平面声场一维波进行求解。根据杆中纵波的求解方法, 声压的波动解的形式可写为

$$p(x,t) = A\mathrm{e}^{-\mathrm{i}(kx-\omega t)} + B\mathrm{e}^{+\mathrm{i}(kx+\omega t)} \tag{5-27}$$

式中, k 为声波波数, $k = \dfrac{\omega}{c_0}$ 。

式(5-27)等号右侧第一项为沿 x 正方向行进的波，第二项为沿 x 负方向行进的波。当不考虑声波反射并仅考虑声波沿单一方向传播时，式(5-27)可简化为

$$p(x,t) = Ae^{-i(kx-\omega t)} \tag{5-28}$$

设 $x=0$ 为声源位置，在毗邻介质中产生了声压 $p_0 e^{i\omega t}$，这样就得到了 $A = p_0$，声场声压可写为

$$p(x,t) = p_0 e^{-i(kx-\omega t)} \tag{5-29}$$

在求得了声压后，同理可推导出质点速度为

$$v(x,t) = v_0 e^{-i(kx-\omega t)} \tag{5-30}$$

其中，根据一维运动方程式 $\rho_0 \dfrac{\partial v}{\partial t} = -\dfrac{\partial p}{\partial x}$，得到

$$\rho_0 v_0 i\omega = p_0 ik$$
$$v_0 = \frac{p_0}{\rho_0 c_0} \tag{5-31}$$

2. 声速与声阻抗

通过对波动方程的解的分析得出，波动方程中的常数 c_0 就是声波的传播速度。由其定义 $c_0 = \sqrt{\left(\dfrac{dP}{d\rho}\right)_{s,0}}$ 可以看出，它反映了介质受声扰动时的压缩特性，如果某种介质的可压缩性较大(如气体)，即压强的改变引起的密度变化较大，显然按定义 c_0 较小，在物理上就是因为介质的压缩性较大，一个体积元状态的变化需要经过较长时间才能传到周围相邻的体积元，因此声扰动的传播速度就较慢；反之，如果某种介质的可压缩性较小(如液体)，声扰动的传播速度就较快，波速就更大。极限情况下就是在理想刚体内，介质不可压缩，此时 c_0 趋于无穷大，也即一个体积元的状态变化立刻传递给其他体积元。由此可见，介质的压缩特性在声学上通常表现为声波传播的快慢。

对于理想介质的小振幅声波，根据理想绝热物态状态方程 $PV^\gamma = \text{const}$ 或 $\dfrac{P}{\rho^\gamma} = \text{const}$，可以求得其声速为

$$c_0 = \sqrt{\frac{\gamma P_0}{\rho_0}} \tag{5-32}$$

式中，γ 为绝热指数，对于空气，$\gamma = 1.402$；在标准大气压下，$P_0 = 1.013 \times 10^5 \, \text{Pa}$；

温度为 0℃时，$\rho_0 = 1.293\,\text{kg/m}^3$。按式(5-32)计算得 $c_0 = 331.42\,\text{m/s}$。

值得注意的是，声速 c_0 代表的是声振动在介质中的传播速度，它与介质质点本身的振速 v 是完全不同的两个概念。0.1Pa(相当于人大声说话时的声压)下质点振速 $v_0 = \dfrac{p_0}{\rho_0 c_0} \approx 2.5 \times 10^4\,\text{m/s}$，即 $v \gg c_0$，这也正好证明了小振幅假设的适用性。

定义声场中某位置的声压与该位置的质点速度的比值为该位置的声阻抗率，即

$$Z_S = \frac{p}{v} \tag{5-33}$$

一般情况下，声阻抗率可能是复数，在理想介质中，实数的声阻抗率也具有"损耗"的意思，只不过它代表的不是能量转化成热，而是能量从一处向另一处的转移，即"传播损耗"。

根据声阻抗率的定义，对于平面波情况，应用式(5-32)与式(5-33)可求得平面波声阻抗率为

$$Z_S = \rho_0 c_0 \tag{5-34}$$

由此可见，在平面波声场中，各位置的声阻抗率在数值上都相同，且为一个实数。这反映了在平面声场中各位置都无能量的储存，在前一个位置上的能量可以完全传播到后一个位置上。

$\rho_0 c_0$ 是介质固有的一个常数，这个乘积对声传播的影响比 ρ_0 或 c_0 单独作用要大，所以这个量在声学(波动学)中具有特殊的地位，$\rho_0 c_0$ 称为介质的特性阻抗，单位为 $\text{N} \cdot \text{s/m}^3$ 或 $\text{Pa} \cdot \text{s/m}$。对于平面声波，其声阻抗率在数值上恰好等于其介质特性阻抗，也可以说平面声波处处与介质的特性阻抗相匹配。

5.1.4　声波的反射与透射

1. 声学边界条件

设两种延伸到无限远的理想流体，其特性阻抗分别为 $\rho_1 c_1$ 和 $\rho_2 c_2$，如图 5-3 所示。

设在分界面上割出一块面积为 S、厚度足够薄的质量元，其左右两个界面分别位于两种介质中，其质量设为 ΔM。假设分界面附近两种介质中的压强分别为 $P(1)$ 和 $P(2)$，它们的压强差引起了质量元的运动，按照牛顿第二定律，其运动方程为

$$[P(1) - P(2)]S = \Delta M \frac{\mathrm{d}v}{\mathrm{d}t} \qquad (5\text{-}35)$$

分界面无限薄,即质量元的质量 ΔM 趋近于零,而质量元的加速度不可能趋近于无穷大,因此必存在

$$P(1) - P(2) = 0 \qquad (5\text{-}36)$$

此时对有无声波的情况都成立。当无声波存在时,两介质中的静压强在分界面处连续:

$$P_0(1) = P_0(2) \qquad (5\text{-}37)$$

图 5-3 声学边界条件模型

当有声波存在时,考虑到 $P(1) = P_0(1) + p_1$, $P(2) = P_0(2) + p_2$,则有

$$p_1 = p_2 \qquad (5\text{-}38)$$

即两种介质中的声压在分界面处是连续的。

此外,假设分界面两边的介质由于声扰动得到的法向速度分别为 v_1 和 v_2,因为两介质保持恒定接触,所以两介质在分界面处的法向速度相等,即

$$v_1 = v_2 \qquad (5\text{-}39)$$

实际上式(5-39)代表分界面的速度是单值。以上就是介质分界面处的声学边界条件。

2. 平面声波垂直入射时的反射和透射

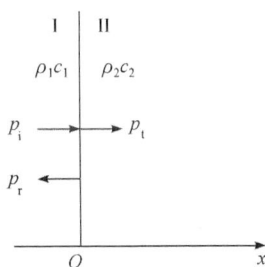

设介质 I 与介质 II 的特性阻抗分别为 $\rho_1 c_1$ 和 $\rho_2 c_2$,它们的分界面坐标为 $x = 0$(图 5-4),如果一列声压为 $p_i = p_{i0}\mathrm{e}^{-\mathrm{i}(kx-\omega t)}$ 的平面波从介质 I 垂直入射到分界面上,由于分界面两边的特性阻抗不同,一般来讲就会有一部分声波被反射回去,另一部分声波投入介质 II 中,现在讨论介质 I 与介质 II 中的声场。

介质 I 中声压包含两部分,一部分为入射声压 $p_i = p_{i0}\mathrm{e}^{-\mathrm{i}(kx-\omega t)}$,沿 x 的正方向传播;另一部分为反射声压,设为 $p_r = p_{r0}\mathrm{e}^{\mathrm{i}(kx+\omega t)}$,因此介质 I 中界面处的声压可写为

图 5-4 平面声波垂直入射时的反射与透射

$$p_1 = p_i + p_r = p_{i0}\mathrm{e}^{-\mathrm{i}(k_1 x-\omega t)} + p_{r0}\mathrm{e}^{\mathrm{i}(k_1 x+\omega t)} \qquad (5\text{-}40)$$

介质 II 中的声压为由入射声压进入介质 II 中的透射声压,可写为

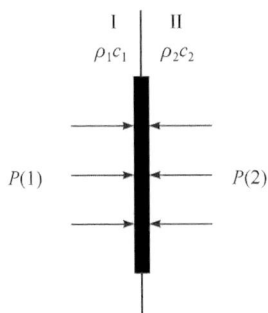

$$p_2 = p_t = p_{t0}e^{-i(k_2 x - \omega t)} \tag{5-41}$$

同理，可得介质 I 和介质 II 中的质点速度 v_1 和 v_2 分别为

$$v_1 = v_{i0}e^{-i(k_1 x - \omega t)} + v_{r0}e^{i(k_1 x + \omega t)}$$
$$v_2 = v_{t0}e^{-i(k_2 x - \omega t)} \tag{5-42}$$

其中，

$$v_{i0} = \frac{p_{i0}}{\rho_1 c_1}, \quad v_{r0} = -\frac{p_{r0}}{\rho_1 c_1}, \quad v_{t0} = \frac{p_{t0}}{\rho_2 c_2}$$

根据声学边界条件，在 $x = 0$ 分界面处有声压连续及法向速度连续，将式(5-40)～式(5-42)代入式(5-38)和式(5-39)中，得到

$$p_{i0} + p_{r0} = p_{t0}$$
$$v_{i0} + v_{r0} = v_{t0} \tag{5-43}$$

结合式(5-43)，即可求出界面处反射波声压与入射波声压之比 r_p、反射波质点速度与入射波质点速度之比 r_v、透射波声压与入射波声压之比 t_p 以及透射波质点速度与入射波质点速度之比 t_v 分别为

$$r_p = \frac{p_{r0}}{p_{i0}} = \frac{R_2 - R_1}{R_2 + R_1} = \frac{R_{12} - 1}{R_{12} + 1}$$
$$r_v = \frac{v_{r0}}{v_{i0}} = \frac{R_1 - R_2}{R_1 + R_2} = \frac{1 - R_{12}}{1 + R_{12}}$$
$$t_p = \frac{p_{t0}}{p_{i0}} = \frac{2R_2}{R_1 + R_2} = \frac{2R_{12}}{1 + R_{12}} \tag{5-44}$$
$$t_v = \frac{v_{t0}}{v_{i0}} = \frac{2R_1}{R_1 + R_2} = \frac{2}{1 + R_{12}}$$

其中，

$$R_1 = \rho_1 c_1, \quad R_2 = \rho_2 c_2, \quad R_{12} = \frac{R_2}{R_1}$$

由此可见，声波在分界面上的反射与透射的大小仅取决于介质的特性阻抗。

(1) 当 $R_1 = R_2$，$R_{12} = 1$ 时，可得

$$r_p = r_v = 0$$
$$t_p = t_v = 1 \tag{5-45}$$

表明声波没有反射，全部透射，也就是说即使存在两种不同介质的分界面，但只要两种介质的特性阻抗相等，那么对声的传播来说，分界面就好像不存在一样。

(2) 当 $R_2 > R_1$，$R_{12} > 1$ 时，可得

$$
\begin{aligned}
&r_p > 0, \quad r_v < 0 \\
&t_p > 0, \quad t_v > 0
\end{aligned}
\tag{5-46}
$$

因为 $R_2 > R_1$，介质 II 比介质 I 在声学性质上更"硬"，这种边界称为硬边界。在硬边界附近，当入射波质点速度 v_i 指向边界面，使这里的介质 I 呈压缩相时，入射波的质点速度在碰到分界面时好像弹性碰撞一样，变成了一个反向的速度，结果反射波的质点速度 v_r 使这里的介质 I 呈压缩相，所以在硬边界上，反射波质点速度与入射波质点速度相位相差 180°，反射波声压与入射波声压同相位。

(3) 当 $R_2 < R_1$，$R_{12} < 1$ 时，可得

$$
\begin{aligned}
&r_p < 0, \quad r_v > 0 \\
&t_p > 0, \quad t_v > 0
\end{aligned}
\tag{5-47}
$$

因为 $R_2 < R_1$，介质 II 比介质 I 在声学性质上更"软"，这种边界称为软边界。在软边界附近，当入射波质点速度 v_i 指向边界面，使这里的介质 I 呈压缩相时，入射波的质点速度在碰到分界面时好像非弹性碰撞一样，还会"过冲"，结果反射波的质点速度 v_r 使这里的介质 I 呈稀疏相，所以在软边界上，反射波质点速度与入射波质点速度同相位，反射波声压与入射波声压相位相差 180°。

(4) 当 $R_2 \gg R_1$，$R_{12} \gg 1$ 时，可得

$$
\begin{aligned}
&r_p \approx 1, \quad r_v \approx -1 \\
&t_p \approx 2, \quad t_v \approx 0
\end{aligned}
\tag{5-48}
$$

因为 $R_2 \gg R_1$，介质 II 相对于介质 I 来说十分"坚硬"，入射波质点速度 v_i 碰到分界以后完全弹回介质 I，所以反射波的质点速度 v_r 与入射波的质点速度 v_i 大小相等，相位相反，结果在分界面上合成质点速度为零；而反射波声压与入射波声压大小相等，相位相同，所以在分界面上的合成声压为入射声压的 2 倍。实际上此时发生的是全反射，在介质 I 中入射波与反射波叠加形成了驻波，分界面处恰好是速度波节和声压波腹。至于在介质 II 中，此时并没有声波传播，介质 II 的质点并未因介质 I 质点的冲击而运动($t_v = 0$)，介质 II 中存在的压强也只是分界面处的压强($p_t = 2p_i$)的静态传递，并不是疏密交替的声压。声波从空气中入射到水中时的情况接近于入射到"十分坚硬"的分界面的情况。

相对地，声波在十分"柔软"的分界面上也会发生全反射，在介质 I 中也会形成驻波，但此时的分界面处是质点速度波腹和声压波节，声波从水中到空气中的反射就接近于这种情况。

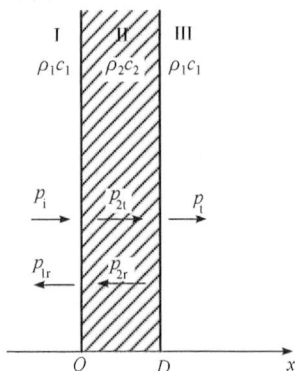

图 5-5 声波通过中间层

3. 声波通过中间层的情况

设有一厚度为 D、特性阻抗为 $R_2 = \rho_2 c_2$ 的中间层介质置于特性阻抗为 $R_1 = \rho_1 c_1$ 的无限介质中(图 5-5),当一列声波 (p_i, v_i) 垂直入射到中间层界面上时,一部分发生反射回到介质 I 中,即形成反射波 (p_{1r}, v_{1r}),另一部分透射进中间层,记为 (p_{2t}, v_{2t}),当声波 (p_{2t}, v_{2t}) 行进到中间层的另一界面上时,由于特性阻抗的改变,一部分又会反射回中间层,记为 (p_{2r}, v_{2r}),其余部分就透入中间层后面的介质 I 中,记为 (p_t, v_t)。

如图 5-5 所示,选取坐标,各列波可具体表示为

$$
\begin{aligned}
p_i &= p_{i0}\mathrm{e}^{-\mathrm{i}(k_1 x - \omega t)} \\
v_i &= v_{i0}\mathrm{e}^{-\mathrm{i}(k_1 x - \omega t)} \\
p_{1r} &= p_{1r0}\mathrm{e}^{\mathrm{i}(k_1 x + \omega t)} \\
v_{1r} &= v_{1r0}\mathrm{e}^{\mathrm{i}(k_1 x + \omega t)} \\
p_{2t} &= p_{2t0}\mathrm{e}^{-\mathrm{i}(k_2 x - \omega t)} \\
v_{2t} &= v_{2t0}\mathrm{e}^{-\mathrm{i}(k_2 x - \omega t)} \\
p_{2r} &= p_{2r0}\mathrm{e}^{\mathrm{i}(k_2 x + \omega t)} \\
v_{2r} &= v_{2r0}\mathrm{e}^{\mathrm{i}(k_2 x + \omega t)} \\
p_t &= p_{t0}\mathrm{e}^{-\mathrm{i}[k_1(x-D) - \omega t]} \\
v_t &= v_{t0}\mathrm{e}^{-\mathrm{i}[k_1(x-D) - \omega t]}
\end{aligned}
\tag{5-49}
$$

应用 $x = 0$ 的声压连续与法向质点速度连续条件得

$$
\begin{aligned}
p_{i0} + p_{1r0} &= p_{2t0} + p_{2r0} \\
v_{i0} + v_{1r0} &= v_{2t0} + v_{2r0}
\end{aligned}
\tag{5-50}
$$

应用 $x = D$ 的声压连续与法向质点速度连续条件得

$$
\begin{aligned}
p_{2t0}\mathrm{e}^{-\mathrm{i}k_2 D} + p_{2r0}\mathrm{e}^{\mathrm{i}k_2 D} &= p_{t0} \\
v_{2t0}\mathrm{e}^{-\mathrm{i}k_2 D} + v_{2r0}\mathrm{e}^{\mathrm{i}k_2 D} &= v_{t0}
\end{aligned}
\tag{5-51}
$$

因为各列波都是平面波,所以有

$$v_{i0} = \frac{p_{i0}}{R_1}, \quad v_{1r0} = -\frac{p_{1r0}}{R_1}$$

$$v_{2t0} = \frac{p_{2t0}}{R_2}, \quad v_{2r0} = -\frac{p_{2r0}}{R_2} \tag{5-52}$$

$$v_{t0} = \frac{p_{t0}}{R_1}$$

将式(5-52)代入式(5-50)和式(5-51)中，经过计算可求出透射波 (p_t, v_t) 在 $x = D$ 界面上的声压与入射波 (p_i, v_i) 在 $x = 0$ 界面处的声压比：

$$t_p = \left| \frac{p_{t0}}{p_{i0}} \right| = \frac{2}{[4\cos^2(k_2 D) + (R_{12} + R_{21})^2 \sin^2(k_2 D)]^{1/2}} \tag{5-53}$$

其中，

$$R_{12} = \frac{R_2}{R_1}, \quad R_{21} = \frac{R_1}{R_2}$$

式(5-53)表明，声波通过中间层时透射波的大小不仅与两种介质的特性阻抗有关，还与中间层的厚度和其中传播的波长之比 $\dfrac{D}{\lambda_2}$ 有关。

(1) 当 $k_2 D = \dfrac{2\pi D}{\lambda_2} \ll 1$ 时，$\cos(k_2 D) \approx 1$，$\sin(k_2 D) \approx 0$，$t_p \approx 1$。这说明如果在介质中插入一中间层的厚度 D 与层中的波长 λ_2 相比很小，那么这中间层在声学上就好像不存在一样，声波仍旧可以全部透过。

(2) 当 $k_2 D = n\pi (n = 1, 2, 3, \cdots)$ 时，这种情况相当于 $D = \dfrac{\lambda_2}{2} n$，即中间层的厚度为 1/2 波长的整数倍，代入式(5-53)，$t_p \approx 1$。说明在这种情况下，声波也可以全部透过，好像不存在隔层一样，这就是在超声技术中常用的半波透声片的透声原理。

(3) 当 $k_2 D = (2n - 1)\dfrac{\pi}{2}, R_1 \ll R_2$ 时，这种情况相当于 $D = (2n - 1)\dfrac{\lambda_2}{4}$，即中间层的厚度为 1/4 波长的奇数倍，由式(5-53)得 $t_p \approx 0$。说明在这种情况下，声波全部不能透过去，中间层完全隔绝了声波，这是用来设计隔声材料与结构的基本理论。

5.2 结构声辐射

水下结构振动时，其周围的流体介质因结构的振动作用产生压缩和拉伸运动，引起介质中声波的传播。与此同时，结构受到介质中声场的反作用力，从而影响其振动。在介质中，结构的振动和声场之间产生相互作用称为结构振动与声的耦合。在声学中，人们把这个作用力与振动速度之比定义为辐射阻抗。水的体弹性模量比空气大得多，所以结构在水中振动时产生的反作用力也要大得多。因此，水中结构振动与耦合作用绝对不能忽略。水中结构振动与声的一些结论经简化，可以得到空气中结构与声的结果。这种由于结构机械振动而产生的声又称结构声。结构声是声源中重要的一类。结构与声的耦合，以及声的发生和传播规律的研究，为结构的减振降噪提供了重要的理论根据和有效的指导方法[16]。

5.1 节讲解了理想流体中声的传播特性，本节讨论结构振动与声的耦合特性，介绍由于典型结构振动而产生的声辐射。

5.2.1　薄板在无限大介质中自由振动与声辐射

1. 声辐射

本节首先研究板的声辐射。3.3 节给出了板的运动方程，考虑一无限大平板放置于介质密度为 ρ 的流体中，在流体中的声速为 c，板的运动方程为

$$D\left(\frac{\partial^4 w}{\partial x^4} + 2\frac{\partial^4 w}{\partial x^2 \partial y^2} + \frac{\partial^4 w}{\partial y^4}\right) + \rho_{\text{pl}}h\frac{\partial^2 w}{\partial t^2} = F(x,y,t) \tag{5-54}$$

或其谱形式为

$$D\nabla^2\nabla^2\hat{w} + \rho_{\text{pl}}h\omega^2\hat{w} = F_\omega$$

$$\nabla^2\nabla^2\hat{w} + \beta^4\hat{w} = \frac{1}{D}F_\omega = \frac{\beta^4}{\omega^2\rho_{\text{pl}}h}F_\omega \tag{5-55}$$

式中，w 为板的中面挠度，$w = w(x,y,t)$；D 为平板弯曲刚度，$D = \dfrac{Eh^3}{12(1-\mu^2)}$，$\mu$ 为泊松比；ρ_{pl} 为平板的密度；h 为平板的厚度；$F(x,y,t)$ 为外部动载荷；β 为真空介质中平板的波数，$\beta^2 \equiv \sqrt{\dfrac{\rho_{\text{pl}}h\omega^2}{D}}$。

第 4 章得出了真空中平板的弯曲波相速度为

$$c_{\text{fl,pl}} = \frac{\omega}{k_{\text{fl,pl}}} = \sqrt{\omega}\left(\frac{D}{\rho_{\text{pl}}h}\right)^{1/4} \tag{5-56}$$

当板放入介质中时，其与介质作用，所以波速是会发生变化的。为了简化计算，设板沿 x 方向传播的平面弯曲波方程为

$$w(x,t) = A\mathrm{e}^{-\mathrm{i}(K_x x - \omega t)} \tag{5-57}$$

式中，K_x 为介质中平板的弯曲波波数。平板上下表面声压如图 5-6 所示。

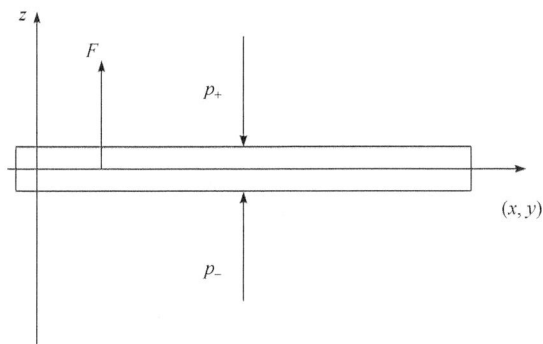

图 5-6 平板表面声压

这时，介质中的声压可以写为

$$\begin{cases} p_+(x,z,t) = P_0 \mathrm{e}^{-\mathrm{i}[K_x x + k_z(z-h/2) - \omega t]}, & z \geqslant h/2 \\ p_-(x,z,t) = -P_0 \mathrm{e}^{-\mathrm{i}[K_x x - k_z(z+h/2) - \omega t]}, & z \leqslant -h/2 \end{cases} \tag{5-58}$$

式中，k_z 为介质中的波数。设板面除介质作用力之外，无其他力，则介质作用力可写为

$$F(x,y,t) = F_\omega \mathrm{e}^{\mathrm{i}\omega t} = p_-(x,z,t)\big|_{z=-h/2} - p_+(x,z,t)\big|_{z=h/2} \tag{5-59}$$

这里板的上、下界面分别满足振速边界条件：

$$\frac{\mathrm{d}w}{\mathrm{d}t} = \frac{-1}{\mathrm{i}\rho\omega} \cdot \frac{\partial p_+}{\partial z}\bigg|_{z=h/2}, \quad \frac{\mathrm{d}w}{\mathrm{d}t} = \frac{1}{\mathrm{i}\rho\omega} \cdot \frac{\partial p_-}{\partial z}\bigg|_{z=-h/2} \tag{5-60}$$

将式(5-57)、式(5-58)代入式(5-59)中，解出

$$P_0 = \mathrm{i}\frac{\rho\omega^2}{k_z}A_0 \tag{5-61}$$

再将式(5-57)~式(5-61)代入方程(5-54)中，得到确定介质中板的特征波数的方程为

$$K_x^4 - \beta^4 = -\mathrm{i}\frac{2\rho}{\rho_{\mathrm{pl}}h} \cdot \frac{\beta^4}{k_z} \tag{5-62}$$

在求解过程中，设存在一个自定义的波数 k，满足 $k_z^2 = k^2 - K_x^2$，波数 k 并不具备实际的物理含义。

设 $\xi = \dfrac{\rho}{\rho_\mathrm{p}(h/2)}$ ，则波数特征方程可写为

$$K_x^4 - \beta^4 = \frac{\xi\beta^4}{\sqrt{K_x^2 - k^2}} \tag{5-63}$$

$$(K_x^4 - \beta^4)(K_x^2 - k^2)^{1/2} = \xi\beta^4 \tag{5-64}$$

可知

$$k_z = \pm\mathrm{i}(K_x^2 - k^2)^{1/2} \tag{5-65}$$

当 $z > h/2$ 时，z 方向的波数 k_z 的值只能取正实部和负虚部，即

$$k_z = -\mathrm{i}(K_x^2 - k^2)^{1/2}, \quad \mathrm{Re}\, K_x > k \tag{5-66}$$

否则代入式(5-58)中不能满足无穷远辐射条件(行波)或熄灭原理(快衰波)。将其代入式(5-62)中即可得到方程(5-64)。不同情况下 K_x 可以确定板中传播弯曲波的特性，同时由式(5-66)可以解出 k_z，确定周围介质声场中声波的传播特性。一般情况下，板的密度远大于介质密度，所以有 $\xi \ll 1$，以下分两种情况讨论 K_x 与 k_z 的波数值。

(1) 当 $k < \beta$ 时，特征方程有六个根。

令式(5-62)右边近似为零，得到其零级近似，$K_{x0}^4 \approx \beta^4, K_{x0}^2 \approx \pm\beta^2$，存在两组解。

先取零级近似 $K_{x0}^2 = \beta^2$，将其代入式(5-63)的右侧，于是式(5-64)变为

$$K_x^4 = \beta^4 + \frac{\xi\beta^4}{\sqrt{K_{x0}^2 - k^2}}$$

$$K_x^2 = \beta^2\left(1 + \frac{\xi}{\sqrt{K_{x0}^2 - k^2}}\right)^{1/2} \approx \beta^2\left(1 + \frac{\xi}{\sqrt{\beta^2 - k^2}}\right)^{1/2} \approx \beta^2\left(1 + \frac{\xi}{2\sqrt{\beta^2 - k^2}}\right) \tag{5-67}$$

式中，$k < \beta$，于是可以得到板中弯曲波波数的一级近似解为

$$K_{x1} = +K_+, \quad K_{x2} = -K_+, \quad K_+ \approx \beta\left(1 + \frac{\xi}{4\sqrt{\beta^2 - k^2}}\right) \tag{5-68}$$

式中，波数 $K_x \approx \pm\beta\left(1 + \dfrac{\xi}{4\sqrt{\beta^2 - k^2}}\right)$ 为纯实数，绝对值大于 β ，于是由式(5-57)

确定板中的波是沿 x 轴正、负方向以波速 $c_{\mathrm{fl,pl}} = \dfrac{\omega}{K_x}$ 传播的弯曲波，是波幅保持

不变的行波。对应地，在声场中有

$$k_z = \mp i\sqrt{K_x^2 - k^2} = \mp i(\beta^2 - k^2)^{1/2}\left[1 + \frac{\xi\beta^2}{4(\beta^2 - k^2)^{3/2}}\right] \tag{5-69}$$

式中，k_z 为纯虚数，于是板上、下介质中的声压为

$$\begin{cases} p_+(x,z,t) = \pm P_0 e^{i(\omega t \mp K_x x)} e^{-(\beta^2-k^2)^{1/2}\left[1+\frac{\xi\beta^2}{4(\beta^2-k^2)^{3/2}}\right](z-h/2)}, & z \geqslant h/2 \\ p_-(x,z,t) = \pm P_0 e^{i(\omega t \mp K_x x)} e^{(\beta^2-k^2)^{1/2}\left[1+\frac{\xi\beta^2}{4(\beta^2-k^2)^{3/2}}\right](z+h/2)}, & z \leqslant -h/2 \end{cases} \tag{5-70}$$

式(5-70)表示沿 x 正负方向传播的行波，以及随 z 方向离板面距离呈指数衰减的表面波。

再取零级近似 $K_{x0}^2 = -\beta^2$，$k_z^2 = k^2 - K_{x0}^2 = k^2 + \beta^2$。类似的办法可以得到板中波数为

$$K_x^4 = \beta^4 - \frac{i\xi\beta^4}{\sqrt{k^2 + \beta^2}}$$

$$\begin{aligned} K_x^2 &= -\beta^2\left(1 - \frac{i\xi}{\sqrt{K_{x0}^2 + k^2}}\right)^{1/2} \approx -\beta^2\left(1 - \frac{i\xi}{\sqrt{\beta^2 + k^2}}\right)^{1/2} \\ &\approx -\beta^2\left(1 - \frac{i\xi}{2\sqrt{\beta^2 + k^2}}\right) \end{aligned} \tag{5-71}$$

于是得到特征波数一级近似值为

$$K_{x3} = +iK_-, \quad K_{x4} = -iK_-, \quad K_- \approx \beta\left(1 - \frac{i\xi}{4\sqrt{\beta^2 + k^2}}\right) \tag{5-72}$$

波数 $K_x \approx \pm i\beta\left(1 - \frac{i\xi}{4\sqrt{\beta^2 + k^2}}\right) = \pm\left(\frac{\xi}{4\sqrt{\beta^2 + k^2}} + i\beta\right)$，板中波数 K_x 具有正实部、正虚部，或负实部、负虚部，板上的正向弯曲波波动解可写为

$$w(x,t) = A e^{-i\left[\left(\frac{\xi}{4\sqrt{\beta^2+k^2}} + i\beta\right)x - \omega t\right]} = A e^{-i\left(\frac{\xi}{4\sqrt{\beta^2+k^2}} - \omega t\right)} e^{\beta x} \tag{5-73}$$

板上的弯曲波传播幅值随 x 的增大而增大，因此不满足无穷远辐射条件，所以不形成板中的弯曲波。

最后取零级近似 $K_{x0}^2 = k^2$，代入式(5-63)取一级近似，得到

$$k^4 - \beta^4 = \frac{\xi\beta^4}{\sqrt{K_x^2 - k^2}}$$

$$(K_x^2 - k^2)^{1/2} = \frac{\xi\beta^4}{k^4 - \beta^4} = \frac{-\xi\beta^4}{\beta^4 - k^4} \tag{5-74}$$

得到声场波数 $k_z = \mp \mathrm{i}\sqrt{K_x^2 - k^2} = \pm \dfrac{\mathrm{i}\xi\beta^4}{\beta^4 - k^4}$。由于 $k < \beta$，所以 k_z 为纯虚数，它也不能满足声场中的无限远辐射条件。

(2) 当 $k > \beta$ 时，也可以解出六个根。

第一组根 $K_{x0}^2 = \beta^2$，由式(5-63)得

$$K_x^4 = \beta^4 + \frac{\xi\beta^4}{\sqrt{K_{x0}^2 - k^2}}$$

$$K_x^2 = \beta^2\left(1 + \frac{\xi}{\sqrt{K_{x0}^2 - k^2}}\right)^{1/2} \approx \beta^2\left(1 + \frac{\xi}{\sqrt{\beta^2 - k^2}}\right)^{1/2} \approx \beta^2\left(1 - \frac{\mathrm{i}\xi}{2\sqrt{k^2 - \beta^2}}\right) \tag{5-75}$$

式中，$k > \beta$，于是可以得到板中弯曲波波数的一级近似解为

$$K_{x1} = +K_+, \quad K_{x2} = -K_+, \quad K_+ \approx \beta\left(1 - \frac{\mathrm{i}\xi}{4\sqrt{k^2 - \beta^2}}\right) \tag{5-76}$$

介质中声波波数可写为

$$k_z = \mp \mathrm{i}\sqrt{K_x^2 - k^2} = \pm(k^2 - \beta^2)^{1/2}\left[1 + \mathrm{i}\frac{\xi\beta^2}{4(k^2 - \beta^2)^{3/2}}\right] \tag{5-77}$$

由于板中的弯曲波波数为复数，表示板中的弯曲波沿 x 方向衰减，而对应介质中的声波，以 p_+ 为例，其可以写为

$$p_+(x,z,t) \propto \mathrm{e}^{\mathrm{i}\left\{\omega t \mp \beta\left(1 - \frac{\mathrm{i}\xi}{4\sqrt{k^2-\beta^2}}\right)x - (k^2-\beta^2)^{1/2}\left[1 + \mathrm{i}\frac{\xi\beta^2}{4(k^2-\beta^2)^{3/2}}\right](z-h/2)\right\}}$$

$$= \mathrm{e}^{\mathrm{i}[\omega t \mp \beta x - (k^2-\beta^2)^{1/2}(z-h/2)]}\mathrm{e}^{-\frac{\beta\xi}{4\sqrt{k^2-\beta^2}}x + \frac{\xi\beta^2}{4(k^2-\beta^2)}(z-h/2)} \tag{5-78}$$

由于声压波指数衰减项为正实数，其波幅表现为随 z 的增大而增大。实际上，在此情况下周围介质中的波阵面为楔形面，楔形面的顶点在板面上，波阵面上的波幅有微许的不均匀性，如同波在板中传播了一段距离后再向介质中传播，这段距离可以近似写为

$$x_0 = x - z\frac{\beta}{4(k^2 - \beta^2)^{1/2}}$$

第二组根 $K_{x0}^2 = -\beta^2$，可得

$$K_{x3} = +\mathrm{i}K_-, \quad K_{x4} = -\mathrm{i}K_-, \quad K_- \approx \beta\left(1 - \frac{\mathrm{i}\xi}{4\sqrt{\beta^2 + k^2}}\right) \tag{5-79}$$

波数 $K_x \approx \pm\mathrm{i}\beta\left(1 - \dfrac{\mathrm{i}\xi}{4\sqrt{\beta^2 + k^2}}\right) = \pm\left(\dfrac{\xi}{4\sqrt{\beta^2 + k^2}} + \mathrm{i}\beta\right)$，板中波数 K_x 具有正实部、正虚部，或负实部、负虚部，因此无法在板中形成弯曲波。

第三组根 $K_{x0}^2 = k^2$，代入式(5-64)取一级近似，得到

$$k^4 - \beta^4 = \frac{\xi\beta^4}{\sqrt{K_x^2 - k^2}}$$

$$(K_x^2 - k^2)^{1/2} = \frac{\xi\beta^4}{k^4 - \beta^4} \tag{5-80}$$

$$K_{x5} = +K_{\mathrm{S}}, \quad K_{x6} = -\mathrm{i}K_{\mathrm{S}}, \quad K_{\mathrm{S}} \approx k\left[1 + \frac{1}{2}\left(\frac{\xi}{k}\right)^2\left(\frac{\beta^4}{k^4 - \beta^4}\right)^2\right] \tag{5-81}$$

介质中的声波波数可写为

$$k_z = \mp\mathrm{i}\sqrt{K_x^2 - k^2} = \mp\frac{\mathrm{i}\xi\beta^4}{k^4 - \beta^4}$$

对应的板中振幅不衰减的行波，但是在介质中声波快速衰减，形成板周围介质中伴随板面传播的非均匀表面波。

综上，在无限大介质中的无限大平板的弯曲波传播特性以及声辐射特性总结于表 5-1。

表 5-1　无限大平板声辐射特性

组别	$k < \beta$		$k > \beta$	
第一组根	K_x：实数	行波	K_x：正实负虚/负实正虚	衰减传播
	k_z：负虚/正虚	非均匀表面波（倏逝波）	k_z：正实正虚/负实负虚	楔形波传播
第二组根	K_x：正实正虚/负实负虚	不传播	K_x：正实正虚/负实负虚	不传播
	k_z：—	—	k_z：—	—
第三组根	K_x：—	—	K_x：实数	行波
	k_z：正虚/负虚	不传播	k_z：负虚/正虚	非均匀表面波（倏逝波）

一般地，总是可能存在沿板面与板振动相伴随的声压波传播，但是可以形成两种情况的波：一种情况是当 $k > \beta$（第一组根）时，伴随振动传播形成空间楔形波阵面的辐射声波，在波阵面上波幅有微弱不均匀，板中的振动波幅表现出衰减现象；另一种情况是当 $k < \beta$（第一组根）和 $k > \beta$（第三组根）时，沿板面介质中形成表面波传播，在垂直板面方向没有能量辐射，板中振动波的波幅也不衰减，同时由于介质的负荷作用，板的等效惯性增大，所以板中波数 K_x 比在真空中的波数 β 更大，以致波速减小，也就是我们常说的附加质量的问题，具体内容将在6.3 节中详细介绍。

2. 吻合频率

弯曲振动板的声辐射和板的"吻合频率" f_c 有着极重要的关系，该频率也称为板的"极限频率"[17]。在这个频率上，板的弯曲波波长与辐射声波波长相等，即

$$\lambda_{f1} = 2\pi \left(\frac{D}{\omega_c^2 \rho_{pl}' h} \right)^{\frac{1}{4}} = \lambda_c = \frac{2\pi c_0}{\omega_c} \tag{5-82}$$

整理可得

$$f_c = \frac{c_0^2}{2\pi} \sqrt{\frac{\rho_{pl}' h}{D}} \tag{5-83}$$

式中，D 为弯曲刚度，对于厚度为 h 的板，$D = \dfrac{Eh^3}{12(1-\mu^2)}$；此处的 ρ_{pl}' 实际表示的是板在介质中的等效密度，即已经考虑了附连质量之后的密度。

在 $f < f_c$ 的各频率上，介质对板的阻力具有惯性力的特点，其原因是异相振动的两相邻板块之间的距离小于声波波长，因此介质的微粒在上述板块之间流动，而不受到压缩，在频率 $f < f_c$ 时，弯曲振动的无限板不向与它接触的声介质中辐射声能。

在 $f > f_c$ 的各频率上，板的整个表面都进行声辐射，声波表现为一行波。

在 $f = f_c$ 的频率上，声波沿板的表面传播，由于板的表面辐射累加，板内形成的是无限大声压及相应的无限大抗辐射阻力，但是板的尺寸是有限的，且考虑到板内的损耗时，其板的阻抗为有限值，因此无限大声压的情况是不存在的。

由式(5-83)可以看出，板越重越柔软，临界频率越高。当考虑空气中的板时，可以不考虑其附连质量的影响，将板的准纵波波速 $c_{l,pl}$、板厚 h、板密度 ρ_{pl} 的关系代入式(5-83)中，整理可得

$$f_c = \frac{\sqrt{3}c_0^2}{\pi c_{l,pl} h} \tag{5-84}$$

对应的波数为

$$k_c = \frac{\sqrt{12}c_0}{c_{l,pl} h} \tag{5-85}$$

对于空气中的钢板，空气中的声速 $c_0 = 340\,\mathrm{m/s}$ ，板中纵波波速 $c_{l,pl} = 5300\,\mathrm{m/s}$ ，其临界频率可表示为

$$f_c = \frac{12}{h} \tag{5-86}$$

式中， h 为板的厚度， m 。

对于海水中的钢板， $c_0 = 1500\,\mathrm{m/s}$ ，当考虑到附连质量影响时，其临界频率可表示为

$$f_c = \frac{234}{h} \tag{5-87}$$

由无限板的流-固耦合分析可知，从理论上只能近似得到板中弯曲波与介质中纵波间的波数关系，以及其波动的传播特征，但是具体的波数关系由于方程的个数不足，很难得到其准确的波数解。例如，要想知道水中的钢板波数，就需要知道其附加质量，而附加质量又与结构中的波数有直接关系，但始终缺乏一个方程能够将其联立起来，只能依靠经验公式给出结果，具体可见 5.2.2 节与 5.2.3 节中的讨论，或者采用数值模拟的方法通过流-固耦合直接计算其振动与声学特性，这部分会在第 6 章介绍。

5.2.2　不同激励条件下无限板声辐射

1. 点激励

在吻合频率以下没有声辐射的结论只适用于自由振动无限板上的直峰波，如果板受一集中力 F_0 的激励，它将会辐射声波。板的辐射与介质、板的阻力之比 $\gamma = \rho_0 c_0 / (\omega m_{pl})$ 有着重要关系。其中， $m_{pl} = \rho_{pl} h$ 为板的面密度。其声辐射计算过程不再详细给出，有兴趣的读者可通过查阅相关文献进一步学习。本节用声辐射功率描述声辐射。

（1）在吻合频率以下，即 $f < f_c$ 时，其声辐射功率可以表示为

$$W_a = \frac{\rho_0 c_0 k_0^2 F_0^2}{4\pi \omega^2 m_{pl}^2}\left[1 - \gamma \arctan\left(\frac{1}{\gamma}\right)\right] \tag{5-88}$$

式中，ρ_0 为介质密度；c_0 为介质声速；k_0 为介质波数；γ 为流体辐射声阻率与板的单位面积质量之比；$1-\gamma\arctan\left(\dfrac{1}{\gamma}\right)$ 为流体负载因子，表示流体的负载作用。

轻流体负载，相当于空气中的金属板，$\gamma \ll 0.05$，板的辐射是不定向的，此时声辐射功率为

$$W_{\mathrm{a}} \approx \frac{\rho_0 c_0 k_0^2 F_0^2}{4\pi\omega^2 m_{\mathrm{pl}}^2} \tag{5-89}$$

重流体负载，例如，板浸入水中时，$\gamma > 1$，在低频上板的声辐射具有类似于偶极子辐射体的方向性。其辐射功率可表示为

$$W_{\mathrm{a}} = \frac{k_0^2 F_0^2}{6\pi\rho_0 c_0} = \frac{\omega^2 F_0^2}{6\pi\rho_0 c_0^3} \tag{5-90}$$

当 $\gamma > 2$ 时，流体负载可表示为

$$1-\gamma\arctan\left(\frac{1}{\gamma}\right) \approx \frac{1}{3\gamma^2} \tag{5-91}$$

图 5-7 为辐射流体负载因子示意图。

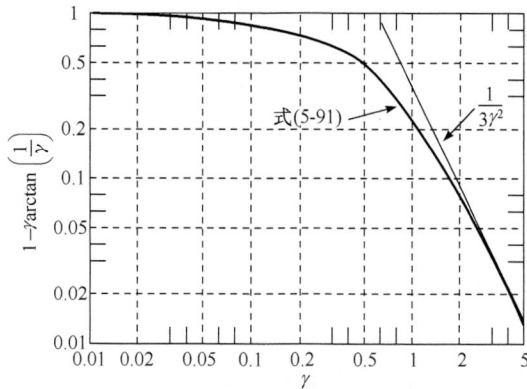

图 5-7　辐射流体负载因子示意图

(2) 在吻合频率以上，即 $f > f_{\mathrm{c}}$ 时，其声辐射功率可以表示为

$$W_{\mathrm{a}} \approx \frac{F_0^2}{16\sqrt{m_{\mathrm{pl}}D}} \cdot \frac{\eta_{\mathrm{s}}}{\eta_{\mathrm{s}}+\eta_{\mathrm{in}}} \tag{5-92}$$

式中，η_{in} 为板的内部损耗因子；η_{s} 为声向流体辐射的损耗因子，表达式为

$$\eta_s = \gamma \frac{M_f}{\sqrt{M_f^2 - 1}} = \frac{\rho_0 c_0 M_f}{\omega m_{pl} \sqrt{M_f^2 - 1}} \tag{5-93}$$

式中，M_f 为弯曲波马赫数，用于表示相对速度，即

$$M_f = \frac{c_{fl,pl}}{c_0} = \frac{k}{k_{fl}} \tag{5-94}$$

流体负载的作用将从附加质量的作用变为辐射阻尼的作用。

由此可见，在 $f < f_c$ 的频率范围内，当无限板被点力激励时，它的声辐射取决于半径为 $\frac{1}{4}\lambda_{fl}$ 的力作用点邻近处圆形板块的振动，此时板的其他部分并不进行辐射。当 $f > f_c$ 和 $\gamma \ll 1$ 时，进入板中的能量一部分由板的内部损耗因子 η_{in} 吸收，剩余部分能量辐射到介质中，这里声辐射在整个表面上发生，如果板内没有损耗，那么从力源进入板内的全部能量都将辐射到介质中。

2. 横向线力激励

当横向线力激励作用于无限板上，且 $\gamma \ll 1$ 时，分为以下两种情况进行讨论。

(1) 当 $f < f_c$ 时，直接辐射体是板的一个长条，其边界位置在力作用线的两侧，总宽度为 $\frac{2}{3}\lambda_{fl}$，板表面的其余部分不辐射，其单位长度声辐射功率为

$$W_a = \frac{\rho_0 c_0 k_0^2 F_0^2}{4(\omega m_{pl})^2} \tag{5-95}$$

(2) 当 $f > f_c$ 时，板的整个表面全辐射，进入板内的能量一部分消耗在板内，其余能量辐射到与其接触的介质中，其单位长度声辐射功率可表示为

$$W_a \approx \frac{F_0^2}{2\sqrt{2} m_{pl} c_{l,pl}} \cdot \frac{\eta_s}{\eta_s + \eta_{in}} \tag{5-96}$$

在 $\beta \ll 1$ 时，线力作用下的板辐射也是无定方向的，这与点力作用下的情况一致。

3. 弯曲力矩激励

当点弯曲力矩 M_0 激励无限板，$f < f_c$，$\gamma \ll 1$ 时，其声辐射功率可表示为

$$W_a \approx \frac{\rho_0 c_0 k_0^4 M_0^2}{12\pi(\omega m_{pl})^2} \tag{5-97}$$

力矩 M_0 可以理解为力臂为 h，h 小于 λ_0 ($k_0 h \ll 1$) 的两个力 F_0 作用于板上

的结果，此时其声辐射功率为

$$W_a \approx \frac{\rho_0 c_0 k_0^2 (k_0 b)^2 F_0^2}{12\pi \left(\omega m_{pl}\right)^2} \tag{5-98}$$

比较式(5-98)和式(5-90)可知，力矩作用于板上引起的声辐射远小于力作用引起的声辐射，因此力矩激励引起的声辐射一般可忽略。

当弯曲波通过板上的障碍时，在障碍所在的各位置上将产生力和力矩的反力，此时板上形成的合力场可以理解为设置障碍之前板上生成的波与阻碍通过障碍的波的反作用力所产生的波的叠加。

5.2.3 不同激励条件下有限板声辐射

1. 点激励下有限板

当受外力激励时，有限板会产生不同模态的共振，所有模态均受到一定程度的激励，一般在吻合频率以上，大部分激励的模态均是辐射模态。但是在吻合频率以下，大部分振动能力处于非辐射模态，为求出辐射功率，必须计算板振动中属于辐射模态的部分。研究表明，在吻合频率以下，板中心区的弯曲振动不会产生声辐射，辐射只出现在板边缘的窄条上，其宽度约为弯曲波长的 1/4，对于点激励的有限板，在吻合频率以下，其空气中辐射声阻率是外力激励辐射声阻率与边缘辐射声阻率之和。注意，本节统一用辐射声阻率来描述声辐射。

辐射声阻率，又称为辐射系数，也称为辐射效率，它是辐射声阻的无量纲归一化形式，定义为

$$\sigma_r = \frac{R_r}{\rho_0 c_0 A_p} = \frac{W_a}{\rho_0 c_0 A_p \overline{U}^2} \tag{5-99}$$

式中，c_0 为辐射介质中的声速；ρ_0 为辐射介质密度；A_p 为有效声源面积；R_r 为声阻，与声功率 W_a 成正比，$R_r = \frac{W_a}{\overline{U}^2}$；$\overline{U}$ 为声源的平均速度。

若板的长和宽比弯曲波的波长长，又比空气中的波长短，则其辐射边缘辐射声阻率可表示为

$$\sigma_r \approx \frac{L_p \lambda_c}{\pi^2 A_p} \sqrt{\frac{\omega}{\omega_c}} = \frac{2L_p}{\pi k_c A_p} \sqrt{\frac{\omega}{\omega_c}} \tag{5-100}$$

式中，L_p 为板的边长之和。

对于点激励的有限板，在吻合频率以下，其向空气中辐射声阻率可写为

$$\sigma_r \approx 0.08 \frac{\pi \lambda_c^2}{A_p} \left(1 + \frac{L_p \lambda_f}{4\pi \eta_T A_p} \right) \qquad (5\text{-}101)$$

也可以将边缘辐射声阻率与外力辐射声阻率相加，可得

$$\sigma_r \approx \frac{L_p \lambda_c}{\pi^2 A_p} \sqrt{\frac{\omega}{\omega_c}} \left(1 + \frac{2\eta_T k_f A_p}{L_p} \right) \qquad (5\text{-}102)$$

2. 有障板的矩形板

障板指的是在有限板的边界处的结构，使弯曲波传播到障板发生反射。对于有障板矩形板中的直峰弯曲驻波，其辐射声阻率为

$$\sigma_r \approx \frac{\lambda_c}{\pi L}, \qquad M_f \ll 1 \qquad (5\text{-}103)$$

式中，L 为波动方向的板长。

对于弯曲行波，其辐射效率约为驻波的 1/2，图 5-8 为三种相对板长行波辐射指数示意图。

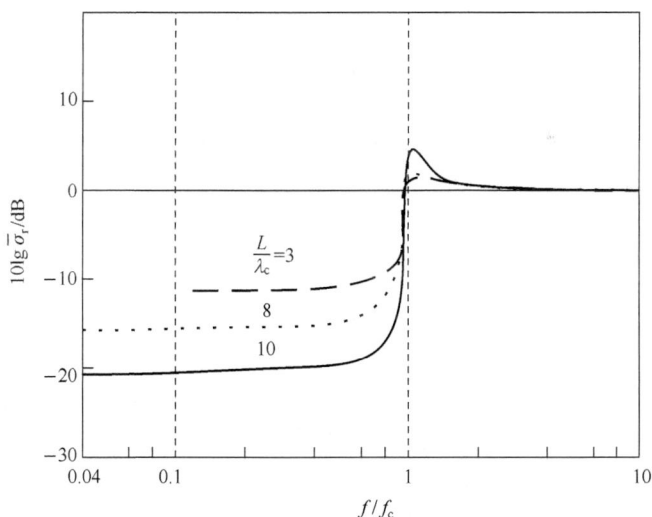

图 5-8 有限板上行波辐射指数示意图

不同边界条件下的有限板声辐射研究表明，固定板的辐射效率最高，简支板产生的噪声是固定板的 1/2，而自由边缘的板辐射效率最低。

3. 正交各向异性板

对于正交各向异性板，板的弯曲刚度呈各向异性，由式(5-83)可知，吻合频率与弯曲刚度的平方根成正比。对于给定频率，在最大弯曲刚度的方向上马赫数最高，而在最小弯曲刚度的方向上马赫数最低，因此振动沿最大弯曲刚度方向上的船舶，其辐射声阻率最高，当弯曲刚度增加时，其可辐射的模态也将增多。

4. 周期性结构

对于梁-板系统，附加在板上的梁有三种明显作用：

(1) 梁会改变所有的共振频率。

(2) 当板上某处受到振动力激励时，梁可以减弱板反面的振动速度。

(3) 梁具有增加周长和面积比的作用，从而增加边缘辐射的贡献，因此梁的存在会明显增加板在吻合频率以下的声辐射。

对于周期性结构，如周期性间隔梁系的板，可以把板上的梁看成一组滤波器，它们只能通过一定传播方向和频率的弯曲波，把各个滤波器串联，几乎不会增加它们通带中的衰减，而滤波器特性的变化，对减少振动传递非常有效。例如，改变梁与梁的间距对振动传递没有影响，但改变梁的形状会产生显著影响。研究表明，周期性间隔的肋板可使板的辐射增加 6～12dB，其中上限是板向空气中辐射的测量值，下限是带水负载板的辐射测量值。当频率很低时，若梁之间的距离比弯曲波波长短，则梁不再作为周期性阻抗单元，它们的作用是在梁的平行方向上分配刚度，在垂直方向上增加质量，此时周期性结构在声学上表现为具有指向性辐射特性的正交各向异性板。

5. 非均匀板

非均匀板指的是复合板、波纹板或层叠板、蜂窝板等。

对于将单层均匀折成的波纹板或层叠板，一般情况下，板的弯曲刚度沿波纹方向会增大，导致板中弯曲波沿该方向的相速度增大，吻合频率降低，板中弯曲波的模态波长相应增大，模态共振频率也会增大，结构振动的波数相应减小，某一频段内的共振模态密度会降低，而某一频段内总的辐射效率取决于该频段所有模态的辐射效率和该频段的模态个数，因此总的辐射效率在变形后会较同样大小材料的均匀薄板稍大。

对于复合板，如三明治板，中间夹层一般较软，复合板的总刚度在低频时由三层板的刚度共同决定，在中频时主要由中间夹层的刚度决定，在高频时由表面较硬层的刚度决定。总而言之，复合板的等效刚度较同等均匀板的刚度小，其吻合频率较高，在同样的低于吻合频率的频段内，吻合频率较高的结构一般辐射较小，因此复合板在某一频段内的辐射效率可能低于同等的均匀板，但是需要注意的是，若层与层之间的振动模态发生共振，则会辐射较大的声压。

对于蜂窝板，它由两层非常薄的材料作为上下层，中间为横向刚度非常大的中心层，类似于波纹板或层叠板，其吻合频率较低，总的辐射效率较同样大小材料的均匀薄板大，但是若中心层的切向刚度较低，则其辐射效率也会较低。

6. 圆柱壳

板弯曲的主要作用是增加刚度，而不是增加质量，因此正交各向异性板的结论同样适用于弯曲板，并且可以用来描述圆柱壳的特性，表征板弯曲度的相对重要性参数为

$$v = \frac{\omega a}{c_{1,sh}} \tag{5-104}$$

式中，a 为弯曲半径；$c_{1,sh}$ 为圆柱壳纵波。

$v=1$ 时对应的频率称为环频。在环频以上，壳体曲率对壳体的声振特性几乎没有影响，与等厚的板内波的特性相同；在环频以下，壳体曲率对壳体内受激产生的波特性有显著影响。

若 $v<1$，则弯曲明显地影响振动和辐射，每一频带内约有 $\sqrt{v}$ 个共振，与平板的共振情况相同，但圆柱壳的低阶纵向模态的弯曲波速比平板更高；若 $v>2$，则弯曲表面的性能像平板一样。图 5-9 为点激励圆柱壳向空气中辐射指数示意图。由图可以看出，在吻合频率以下，辐射声阻率以 6dB/倍频程的速率衰减，直至单纯由力引起的辐射数值。

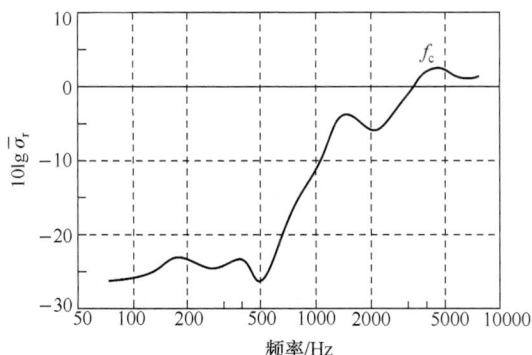

图 5-9 点激励圆柱壳向空气中辐射指数示意图

对圆柱壳施加阻尼降低辐射不如板有效，因为对于圆柱壳，大部分振动能量储存在周向模态中，虽然这些模态易受阻尼影响，但它们原来就不能有效辐射，

辐射主要受刚性较大的纵向模态控制，这些模态具有较高的弯曲波速，而且难以受阻尼控制。

弯曲板和加强肋使壳体结构变得复杂，但壳体辐射的一般特性仍可根据简单的公式来预测。在水负载的低频情况下，其声辐射功率可表示为

$$W_a \approx \frac{\omega_c^2 F_0^2}{\rho_0 c_0} \frac{M_f^4}{6\pi}, \quad M_f \ll 1 \tag{5-105}$$

在高频时，其声辐射功率可表示为

$$W_a \approx \frac{1}{8} \frac{\omega_c^2 F_0^2}{\rho_0 c_0^3} \left(\frac{\rho_0 c_{l,pl}}{\sqrt{12} \rho_{pl} c_0} \right), \quad M_f > 1 \tag{5-106}$$

由式(5-106)可知，在给定的声功率辐射中，壳体结构不起主要作用，对于式(5-106)适用的中频段，辐射功率与壳体参数无关，在吻合频率以上的高频段，壳体越厚，ω_c 越低，辐射声越小。

通过结构声辐射的学习，可以大概了解振动引起的声辐射的一般规律。但是，船体结构是异常复杂的空间板架结构，要想得到船体结构的辐射噪声，通常还需要开展更为精确的数值计算，将在第 6 章展开讨论。

5.3　噪声的表征

振动与噪声像是一对孪生兄弟，它们同时出现，同时消失，并对船舶结构、船上人员、船上设备等带来消极的影响。船舶噪声是由船舶设备、船舶结构，乃至水流振动引起的，在考虑船舶噪声时，主要将其分为水下辐射噪声与舱室噪声，水下辐射噪声主要影响军用船舶的声隐蔽性，而舱室噪声主要影响船上人员的工作和生活。下面讨论船舶噪声的衡量标准。

5.3.1　分贝表示和运算

当介质在其平衡位置被扰动而发出声音时，可以测定介质中某些物理量来度量声音。空气中声波疏密的存在使大气压力产生迅速的起伏，水中声波使水中压力产生起伏，这个起伏量称为声压。因此，也可以说声压就是空气或水中压力的波动，即声波引起介质压强的变化。声压越大，声音越强；声压越小，声音越弱。现用声压来衡量声音的大小，通常用 p 表示，单位为帕(Pa)，$1\text{Pa}=1\text{N/m}^2$。

声波频率为 1000Hz 时，正常人耳刚听到声音的声压(称为听阈声压)为 $2 \times 10^{-5}\text{Pa}$，普通人们谈话声压为 $2 \times 10^{-2} \sim 7 \times 10^{-2}\text{Pa}$，大街上载重汽车、摩托车的声压为 $0.2 \sim 1.0\text{Pa}$。很强的噪声，如凿岩机、球磨机的声压为 20Pa(此声音使人

耳产生疼痛的感觉，称为痛阈声压)，喷气式飞机附近的声压为 200～630Pa。高达数百帕的声压可引起鼓膜损伤，耳朵出血。由此可见，从听阈声压到痛阈声压的绝对值相差达一百万倍。在这样宽广的范围内用声压的绝对值来表示声音的强弱是很不方便的，采用对数标度更方便，同时人耳主观上产生的响度感觉不是正比于声压绝对值的，而更接近于与声压的对数成正比。因此，在声学中用对数标度来度量声压，称为声压级，单位为分贝(dB)。

声压级用符号 L_p 表示，其值为待测声压 p 与基准声压 p_0 的比值取常用对数乘以 20，即

$$L_p = 20 \lg \frac{p}{p_0} \tag{5-107}$$

在空气中取 1000Hz 的听阈声压 2×10^{-5}Pa 为基准声压，低于这一声压值，人耳就无法觉察声音的存在，在水中的基准声压与在空气中不同，取 1×10^{-6}Pa 为基准声压。把前面所提及的听阈声压、普通谈话声压以及凿岩机声压、球磨机声压代入式(5-107)，可求得它们的声压级分别为 0dB、60～70dB、80～90dB、120dB，即引进声压级概念后，就可把声压数百万倍的变化范围改变为 0～120dB 的变化范围。即使声压高达数百帕的喷气式飞机的强烈噪声也不过 140～150dB。

声波作为一种波动形式，具有一定的能量，因此还可用能量的大小来表征声辐射的强弱。在声传播的方向上，单位时间内通过单位面积的声能量称为声强，用 I 表示，单位是瓦每平方米(W/m²)。声源在单位时间内辐射的总能量称为声功率，用 W 表示，单位是瓦(W)，1W=1N·m/s。

声强与声功率也可用级来表示，称声强级与声功率级，分别用 L_I、L_W 表示，单位也为分贝(dB)，即

$$L_I = 10 \lg \frac{I}{I_0} \tag{5-108}$$

$$L_W = 10 \lg \frac{W}{W_0} \tag{5-109}$$

式中，I_0 为基准声强，取听阈声强，$I_0 = 10^{-12}$W/m²；W_0 为基准声功率，取 $W_0 = 10^{-12}$W。

声压级与声强级有如下关系：

$$L_I = L_p + 10 \lg \frac{400}{\rho_0 c} \tag{5-110}$$

式中，c 为介质中的声速；ρ_0 为介质密度。

当考虑空气中传播的声源时，声压级与声功率级有如下关系。

(1) 对于球面扩张的声源，当距离声源 r m 时，有

$$L_p = L_W - 20\lg r - 10.9 \qquad (5\text{-}111)$$

(2) 对于半球面，当声源贴近地面时，有

$$L_p = L_W - 20\lg r - 7.9 \qquad (5\text{-}112)$$

需要指出的是，分贝作为级的度量单位并不是声学的专用单位。除声学中的声压、声强和声功率以外，其他变化范围广的物理量都可以分贝为单位来度量。分贝的定义是以 10 为底的两个功率比值的对数的 10 倍。声功率与声压的平方成正比，因此式(5-110)可变为

$$L_p = 10\lg\left(\frac{p}{p_0}\right)^2 = 20\lg\frac{p}{p_0} \qquad (5\text{-}113)$$

当某个物理量采用分贝为单位时，必须要了解相对比较标准的基准值。在不同国家，不同时期，参考值的选取发生了变化，在测量相同的物理量时，采用不同的参考值得到的分贝数有很大差别，表 5-2 给出了不同参考值之间的转换。

表 5-2　不同参考值之间的转换

名称	原参考值	标准参考值(美国)	变换值/dB
声压级 L_p(水声)	0.0002dyn/cm²	1μPa	+26
	2×10^{-5}Pa		+26
	1μbar		+100
	10^{-6}N/m²		0
声压级 L_p(空气声)	0.0002dyn/cm²	20μPa	0
	2×10^{-5}Pa		0
声功率级 L_W	10^{-13}W	1pW	−10
	10^{-12}W		0
加速度级 L_a	10^{-3}cm/s²	1μgn	0
	3×10^{-4}m/s²		+29.5
速度级 L_v	10^{-6}cm/s	10^{-8} m/s	0
	5×10^{-8}m/s		+14
位移响应 L_d	10^{-9}cm	10^{-11} m	0
	8×10^{-12}m		−2

噪声源的声压级不能简单地用算数相加，但声音的强度(声强)可以按自然数

相加。声强与有效声压 p_e(有效声压指的是瞬时声压的均方根值，一般为最大声压的 $\sqrt{2}/2$，一般仪器测得的就是有效声压)的关系如下：

$$I = \frac{p_e^2}{\rho_0 c}, \quad p_e^2 = I\rho_0 c$$

总的有效声压为各个有效声压的均方根值的和，即

$$p_{总}^2 = p_1^2 + p_2^2 + \cdots + p_n^2 = \sum_{i=1}^n p_i^2 \tag{5-114}$$

然后按式(5-115)换算成分贝值，则总声压级为

$$L_{p总} = 20\lg\frac{p_{总}}{p_0} \tag{5-115}$$

对于 n 台不同噪声级设备同时发声，其噪声叠加后的总声压可用式(5-116)计算：

$$L_{p总} = 10\lg\left(\sum_{i=1}^n 10^{\frac{L_{pi}}{10}}\right) \tag{5-116}$$

式中，$L_{p总}$ 为求和后的总声压级，dB；L_{pi} 为第 i 个噪声源的声压级，dB。

噪声工程中有时需要确定某噪声源的指向特性，或要求在某一点多次测量声压级取平均值，这就需要计算平均声压级 $\overline{L}_p$。平均声压级的计算方法是先将分贝求和，然后将分贝求和的数值除以级的数目，即

$$\overline{L}_p = 10\lg\left(\frac{1}{n}\sum_{i=1}^n 10^{\frac{L_{pi}}{10}}\right) \tag{5-117}$$

式中，L_{pi} 为第 i 个噪声源的声压级，dB。

有时工程上为了简便，对多个不同的噪声源同时发声的情况，计算总声压级常采用分贝和增值图进行换算，如图 5-10 所示。

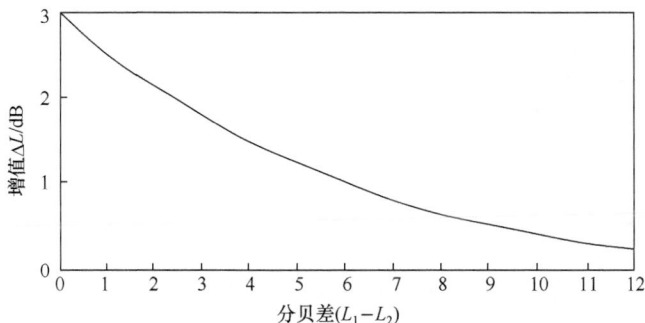

图 5-10 总声压级分贝和增值图

例如，若 L_1 与 L_2 是两个声压级，并且 $L_2 > L_1$，则按图 5-10 由 L_2 与 L_1 之差，求出声压级增量 ΔL，然后按 $L_{总} = L_2 + \Delta L$ 求出其合成的总声压级。按分贝的加法，一个 100dB 和一个 98dB 相加并不等于 198dB，而应按对数加法，先算出分贝之差，再在分贝和的增值图上找出 2dB 相对应的增值，然后加在分贝数高的 L_1 上，得和 $L_{p总} = 100 + 2.1 = 102.1\text{dB}$，取整数为 102dB。如果是 n 个分贝数相加，亦是依此顺序进行。同样，分贝数的平均值不能按自然数平均，而应按照上述分贝求和的方法，先把 n 个分贝数相加，再减去 $10\lg n$。例如，105、103、100、98 四个分贝数的平均，可由图 5-10 求得 105dB 和 103dB 的和为 107.1dB，107.1dB 和 100dB 的和为 107.9dB，107.9dB 和 98dB 的和为 108.3dB，然后减去 $10\lg 4 = 6$，取整数得平均分贝数为 102dB。

将总声级进行距离修正，换算为距离声源等效声中心 1m 处的声压级，称为总声源级 L_s，又称为宽带声源级。一般可通过声源级计算出声源声辐射功率 W_a。

在空气中其关系式为

$$10\lg W_a = L_s - 109 - \text{DI} \tag{5-118}$$

在水中其关系式为

$$10\lg W_a = L_s - 171 - \text{DI} \tag{5-119}$$

式中，DI 为指向性指数。

指向性指数 DI 与指向性因数有关，发挥声发射作用的传感器的指向性因数，等于在某一固定距离处和特定方向上测得声压的平方，除以距传感器的相同距离平均分布于所有方向上的均方声压，这里要求必须有足够远的距离，以允许声音从声源的有效声中心呈球状发散；除另有规定外，可将基准方向理解为最大响应方向。发挥声接收作用的传感器的指向性因数，等于响应特定方向传来声波的开路电压的平方，除以频率和均方声压相同的弯曲扩散声场中产生的均方电压(如全向声源或接收器的指向性因数为 1)。

指向性指数 DI 等于指向性因数以 10 为底的对数再乘以 10，其物理意义是一个具有方向性的声源，在其远场中 x m 处声强级与一个能辐射同样总声功率的无方向性的声源在相同距离 x m 处声强级的差值。若指向性指数 DI=0，则表示无方向性声源。

5.3.2 频率表征

声音除了大小以外，还有音调的高低。频率低，音调也低，声音低沉，如船上的汽笛声；频率高，音调也高，声音尖锐，如柴油机增压器的尖叫声。音调是人耳对声音的主观感受，但声源振动的频率在传播过程中是不变的，所以声音的频率就是声源振动的频率。声音振动频率 f 是指声波每秒振动的次数,单位为赫兹(Hz)。作为可听声,其频率一般为 $10\sim10$ kHz,有 1000 倍的变化范围。

为了了解噪声的频率分布情况,可将整个频率范围分为若干部分,分别测试每一个部分频率范围内的声功率,被分割的每一部分称为频带,带宽就是频带内的上限频率与下限频率之差,中心频率是指频带内的上限频率与下限频率的几何平均数,在船舶噪声分析中使用较普遍的频带有倍频程和 1/3 倍频程。倍频程表示频带内的上限频率是下限频率的 2^1 倍,1/3 倍频程表示频带内的上限频率是下限频率的 $2^{1/3}$ 倍。

倍频程是两个频率之比为 $2:1$ 的频程,假设某倍频程的中心频率为 $f_{中}$,上、下限频率分别为 $f_{上}$、$f_{下}$,则

$$f_{中} = \sqrt{f_{上} \cdot f_{下}}$$
$$f_{上} = 2f_{下}$$

(5-120)

船舶噪声测量通常用倍频程,目前通用的倍频程中心频率为 31.5Hz、63Hz、125Hz、250Hz、500Hz、1000Hz、2000Hz、4000Hz、8000Hz、16000Hz。这 10 个倍频程包括全部可听声,大大简化了测量。实际上,在噪声控制的现场测试中,往往只需要用 $63\sim8000$ Hz 中的 8 个倍频程即可,它们所包括的频率范围如表 5-3 所示。

表 5-3　倍频程频率范围

中心频率/Hz	63	125	250	500	1000	2000	4000	8000
频率范围/Hz	45~90	90~180	180~355	355~710	710~1400	1400~2800	2800~5600	5600~11200

此外,1/3 倍频程也较为常用,其频率范围如表 5-4 所示。

表 5-4　1/3 倍频程频率范围

中心频率/Hz	20	25	31.5	40	50	63	80	100
频率范围/Hz	17.8~22.4	22.4~28.2	28.2~35.5	35.5~44.7	44.7~56.2	56.2~70.8	70.8~89.1	89.1~112
中心频率/Hz	125	160	200	250	315	400	500	630
频率范围/Hz	112~141	141~178	178~224	224~282	282~355	355~447	447~562	562~708
中心频率/Hz	800	1000	1250	1600	2000	2500	3150	4000
频率范围/Hz	708~891	891~1120	1120~1410	1410~1780	1780~2240	2240~2820	2820~3550	3550~4470

以频率(频带)为横坐标,以声压、声强、声功率为纵坐标绘制噪声测量图形,可以清楚了解该噪声的成分和性质,称为频谱分析,频谱分为线谱和连续谱。线谱是频率离散分量所组成的频谱,由一个或多个正弦信号所组成,是一种周期性或准周期性频谱。连续谱由频率在一定范围内是连续变化的分量所组成的频谱,它是一种瞬态非周期性频谱。在船舶噪声频谱中,连续谱对应连续谱噪声,又称宽带噪声;线谱对应线谱噪声。

5.3.3　船舶噪声表征

对于水下辐射噪声,在表征舰船声隐身性能的参数中,最基本的参数为辐射噪声总声级 L_p ,又称为宽带声压级,表示在规定频率范围内船舶辐射噪声的声能量总和,与船舶类型、排水量、航速、潜深、主机和辅机类型、海况等有密切关系。而在水下辐射噪声计算中,通常采用稳态动力学计算方法,即认为水下辐射噪声是一个稳态动力学问题,通常采用频域求解方法,即分别计算求得不同频率下的辐射噪声结果,然后将各个频率下噪声结果的总的效果叠加起来计算总声级,具体求和方法可以参照式(5-116),即把不同频率下的声压看成不同声源同时发声来叠加求和。

舰艇水下辐射噪声是宽带噪声和窄带(离散分量)噪声的能量和,通常用总声源级和低频线谱级(离散分量)来表示。现代舰船设计对水声性能非常重视,采取了大量的减振降噪控制措施来控制舰艇的水下辐射噪声,特别是潜艇的水下辐射噪声与早期相比大幅降低,水声探测设备很难获得足够增益来远距离探测潜艇的总声级。滤波器技术的发展,使声呐窄带探测技术成为远程探测潜艇的有效手段。同样总声源级的潜艇,离散谱较强的潜艇更容易被分类识别,具有相同声源级的两艘潜艇的隐身性是否相同,笼统地用总声源级来评价是不够科学的,而应该根据低频离散谱量级,参考总声源级的概念,换算为等效声源级来评估其水声性能。

从舰船与潜艇水声对抗的角度来看,评估潜艇水声性能更科学的方法应该综合考虑其水声探测装备的性能,结合探测与反探测采用"相互发现距离"这个量化值来进行定量评估。舰船声隐身性能这个综合概念,不仅指我方舰船应具备不易被敌人发现的能力,还指我方舰船的水声装备应具备先敌发现的能力[17]。

对于空气噪声,人耳对声音的感觉不仅与声压有关,还与频率有关,声压级相同而频率不同的声音听起来可能是一样的,因此不能单纯地用声压和声压级来衡量声音的轻响,根据人耳的特性引出一个与频率有关的响度概念。量度一个声音比另一个声音响多少的量称为响度,单位为 sone(宋)。响度是人们对声音大小反映的主观量,声压则是反映声音大小的客观量。

仿照声压级的概念,同样可引出响度级,单位为 phon(方),即选取 1000Hz的纯音作为基准声音。某声音听起来与该纯音一样响,则该声音的响度级(方值)

就等于这个纯音的声压级(分贝值)。响度级是表示声音响度的主观量,它把声压级和频率用一个单位统一起来。

但是由于人耳的复杂性,至今还没有测量主观响度的仪器。为了将声音的客观物理量与人耳听觉主观感受近似取得一致,人们在测量声压级的仪器即声级计中设置了四挡计权网络,其中一挡称为线性网络,用来反映客观声压级,它对任何频率均无衰减,其他三挡是参考等响曲线设置的 A、B、C 三条计权网络,如图 5-11 所示,它使接收的声音按不同的频段有一定的衰减。C 网络是模拟人耳对 100 方纯音的响应,在整个可听范围内有近乎平直的特性,它使所有频率的声音近乎一样的程度通过,因此它近似地代表总声级;B 网络是模拟人耳对 70 方纯音的响应,它使接收的声音通过低频段时有一定的衰减;A 网络是模拟人耳对 40 方纯音的响应,它使接收的声音通过低频段(500Hz 以下)时有较大的衰减。A 网络使声学测量仪器对高频敏感,对低频不敏感,这正与人耳对噪声的感受一样,因此用 A 网络测得的噪声值较接近人耳对声音的感觉。有的声级计还设有 D 计权网络,它将对在 1000~6300Hz 频段的声压级放大 6~10dB,用于测量飞机噪声,因为人耳在此频段对飞机噪声特别敏感。

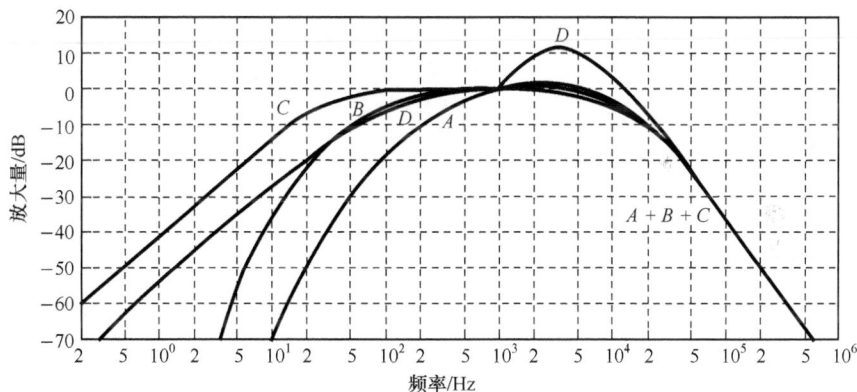

图 5-11　计权网络线

声级计的读数称为声级,客观存在有别于声压级,是表示经过频率计权后的声压级。在噪声测量中往往用 A 网络测得的声级代表噪声的大小,称 A 声级,记作 dB(A)。

习　　题

5-1　假设某船舶噪声在 10~100Hz 每个频点声压均为 100dB,求该船声压总级。

6 船体振动与噪声

船舶是一种复杂的水上建筑物，其结构及质量分布很不规则，船体周围的水对船体振动也会产生各种影响，使得船舶振动与噪声十分复杂。

为方便研究，通常将船体振动人为地分为总振动与局部振动两大类(图 6-1)。整个船体的振动称为总振动，此时将船体视为一根两端自由的变截面空心梁。而船体局部结构，如舱段、板架、梁、板格等对于船体所做的附加振动称为局部振动。这两类振动往往是同时存在且互相关联的。如由主机的不平衡惯性力构成的扰动力，它既能激起全船整体性的总振动，同时还能激起机舱板架及某些梁、板格的局部振动。当船体总振动固有频率较板架等局部振动固有频率低得多，并且局部振动质量与总振动质量相比较微小时，这种分割是允许的，它不会产生很大的误差。按振动时不同受力情况，船体总振动与局部振动都存在自由振动和强迫振动这两种不同性质的振动。如在水中航行或停泊的船舶，在受到一个较大的波浪冲击后，就能激起船体的自由振动，由于存在阻尼而很快消失。在船舶航行中因一直受到激振力作用(如主机不平衡惯性力)而激起的振动称为强迫振动。

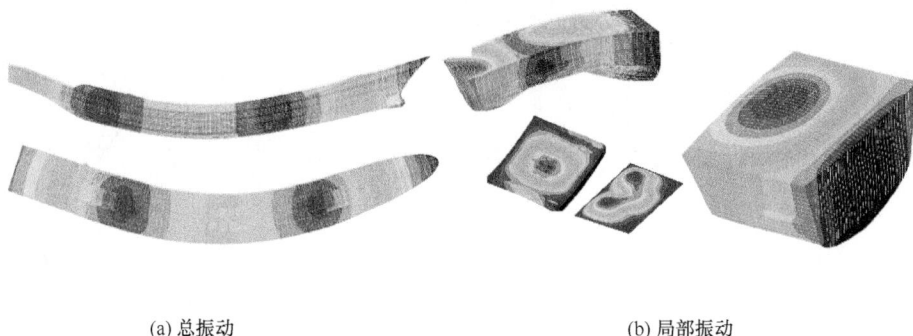

(a) 总振动　　　　　　　　　　　　　　　　(b) 局部振动

图 6-1　船体振动

船体结构振动必将引发噪声的产生。噪声在空气中传播引起舱室噪声，会影响船上人员的工作舒适性，严重影响船上人员的工作效率，噪声过大其至会造成人员听觉能力损伤，因此必须采取有效的舱室噪声控制措施。振动由结构湿表面传播出去引起水下辐射噪声，会严重影响舰艇的隐蔽性。降低舰艇的水下辐射噪声不仅可以提高舰艇的声隐身能力，还可以增大自身声呐系统的作用距离。若舰艇自噪声降低 3dB，本舰被动式声呐的探测距离将提高 29%，而被敌方声呐发现的距离下降 25%。船舶噪声如图 6-2 所示。

图 6-2　船舶噪声

6.1　船体总振动简介

将船体作为一根梁来考虑，梁的各种振动形式在船体总振动中都可以发生，因此按其振动形态，将船体总振动分为下述四种类型：①在船体的纵中剖面内的垂向弯曲振动，称为垂向振动；②在船体的水线平面内的水平方向的弯曲振动，称为水平振动，垂向振动和水平振动的振动方向均垂直于船体纵向轴线，因此又称为横振动(铅垂方向的横振动和水平方向的横振动)；③船体横剖面绕纵向轴线扭转的振动，称为扭转振动；④船体横剖面沿其纵向轴线做纵向拉压的往复振动(即在纵向轴线方向的伸缩运动)，称为纵向振动。

当船舶每个横剖面的重心(质心)与船体纵向构件横剖面的形心(弯曲中心)的连线是一根直线时，这四种形式的船体总振动才能各自单独出现。实际船舶并不能满足这一条件，但由于船舶左右对称，两者均在中纵剖面内。质心与弯曲中心不在一点，从而使弯曲振动与纵向振动耦合；同样，弯曲中心与剪切中心不在一点，从而使水平弯曲振动与扭转振动耦合。考虑到船舶纵向振动较小，因此垂向振动与纵向振动可以认为是互相独立的。而水平振动与扭转振动之间，只要两者的固有频率相差一定数值，其耦合作用很小，就可以近似地认为是互相独立的。对于实船，最主要的是垂向弯曲振动，其次是水平弯曲振动；对于大开口船及型宽与型深之比较大的内河船，还必须考虑扭转振动，至于纵向振动，因等效刚度大，所以振幅极小。

船体是一个弹性体，有无限多个自由度，因此无论振动的初始条件和激振力的性质如何，船体总振动都可以分解为无限个主振动的组合。船体总振动时振幅为零的横截面称为节点，各主振动的振型和节点如图 6-3 所示。船体两端是完全自由的，因此其垂向振动和水平振动有第一谐调两节点、第二谐调三节点、第三谐调四节点等的主振动，相应的固有频率称为第一谐调固有频率(又称基频)、第二谐调固有频率、第三谐调固有频率……在这无穷多个固有频率和固有振型中，只有最初几阶具有实际意义。

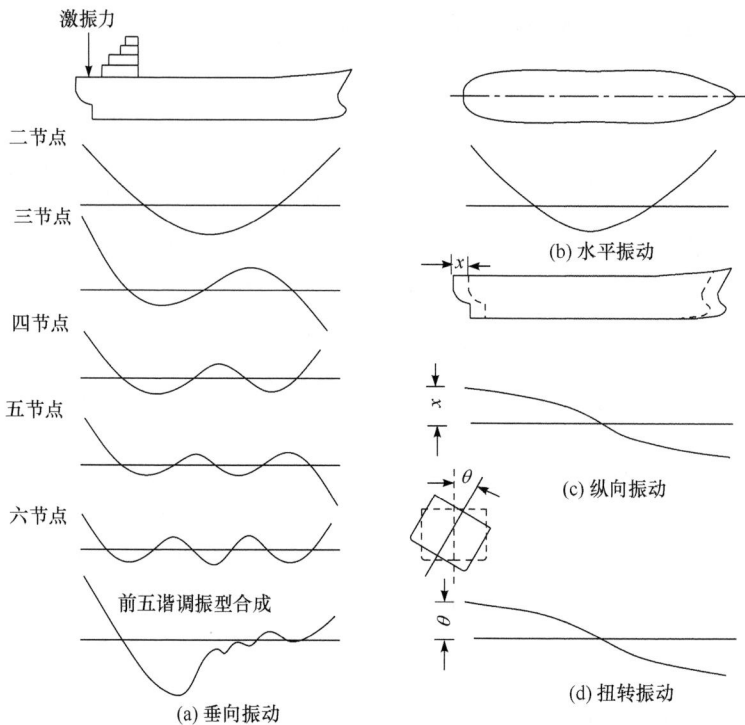

图 6-3　船体总振动振型

　　较高谐调的主振动具有较多的节点、较高的频率、较短的周期,较低谐调的主振动则具有较少的节点、较低的频率、较长的周期。

　　这些主振动可以相互独立地发生,并具有不同的振幅和相位。船体振动是这些主振动的叠加,但不一定是周期振动,也可能没有任何固定的振动形式。但如果某一谐调的船体主振动相当大,它的振幅比其他主振动的振幅大得多,那么船体振动将近似地按该主振动所固有的频率和形式来进行。

　　主振型和主频率与振动的初始条件及激振力的大小无关,它是由振动体系本身——主要是由船体刚性与船舶质量的分布的情况决定的。

　　若在船体上作用任何周期性外力,则在任何时刻任意点上的总位移都是强迫振动和自由振动的合成。它既包括激振力的频率,也包括自由振动的频率。自由振动的频率与运动的初始条件有关,并由于阻尼的作用而很快衰减,最后只剩下频率等于激振力频率的强迫振动项。假设激振力是简谐激振力,则船体的强迫振动是具有同样频率的简谐振动。强迫振动的振幅不仅与激振力的幅值及系统的刚度有关,还与激振力的频率和系统的固有频率的比值有关,也受船体振动时阻尼的影响。

　　当船体所受的垂向激振力或激振力矩的频率与船体垂向振动某一主振动频率

相等时，或者当船体所受到的水平激振力或激振力矩的频率与船体水平振动或扭转振动的某一主振动频率相等时，船体将发生该谐调的"共振"，故对船体而言，可出现一系列的共振现象。

当激振力频率较首谐自由振动频率低得多时，振幅的大小与受激振力的力幅所产生的静变形相同，可当成静力问题来处理。随着激振力频率的增大，动力放大系数也增大，故振幅逐步增大。当激振力的频率达到首谐固有频率时，振幅达到第一个高峰。激振力的频率继续提高，振幅迅速下降，达到较小的程度。随着激振力频率的继续增大，振幅相继出现峰谷现象。图 6-4 为受到振幅不变的垂向简谐激振力作用时，由实船测得的船上某一点的振幅和激振力频率的关系曲线。由图可见，第一谐调共振峰点最高，随着谐调数的增加，共振峰点越来越平坦，越来越密集，越来越不明显。

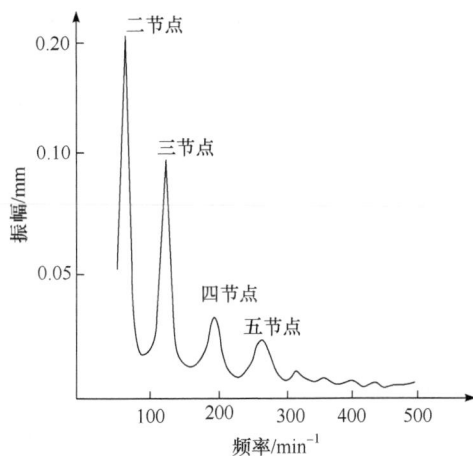

图 6-4 实船振动频响曲线

在船体发生低谐调共振时，无论激振力幅值的大小，只要设法将激振力频率与船体的主振动频率错开，即可避免剧烈振动。反之，在船体发生高谐调共振时，由于无法避开共振峰点，只有设法减小激振力的幅值，才能使振动有效减小。在很多情况下，激振力可能同时激起各个谐调的固有振动，此时各谐调的主振型按一定的比例互相叠加。若激振力作用在某主振动的节点，或激振力矩作用在主振型的腹点，则不可能激起该谐调的振动。

主机和螺旋桨所产生的激振力与船体的质量和刚度相比较小，因此在非共振时，由主机和螺旋桨等激振力引起的振动是微幅总振动，即振动很小的总振动，一般不会产生很大的动弯曲应力，通常在计算船体总纵弯曲应力时可不考虑由总振动引起的附加应力。但当发生共振，特别是低谐调共振时，其动弯曲应力可能很大(这时不能忽略不计)，并可能造成船体结构的疲劳损伤。当船体总振动振幅较大时，还会影响船上设备、仪表的正常工作，并使船员和旅客感到疲劳和不舒适。因为它是全船性的振动，频率较低，影响面较广，所以引起了人们的重视。

由于船长远大于船体的横剖面尺寸，一般当船体做低阶振动时，船体可以作为船体梁来处理。船体梁总振动固有频率的计算是船体总振动计算最基本的内容。

6.2　船体局部振动简介

船体局部振动是指船上各种局部结构的振动。船上各种局部区域的结构，小至船上的各种梁、板和板格、加筋板和板架，大至船舶的机舱、上层建筑，以至整个艉部区域，都可能发生局部振动。局部结构的范围可能很小，也可能很大，小至一根梁、一块板格，大至整个机舱或整个上层建筑，因此首要问题是如何合理地确定这部分结构的范围和它的边界条件，其次是分析与总振动的耦合作用。若质量相对较小，频率相对较高，可不考虑与总振动的耦合作用，分开计算；反之，若上层建筑及尾机船的艉立体分段，则应考虑与总振动的耦合作用。对于一般的梁、板、板架等振动的计算，除了在第 3 章已讨论，在 6.5 节也会具体介绍，本节介绍近年来大家关注的上层建筑振动及艉部振动的一般情况。

对于局部振动，按其振动形态可分为以下三类。

(1) 垂向振动：平行于垂向轴的直线振动。

(2) 横向振动：平行于左右方向的水平振动。

(3) 纵向振动：平行于首尾方向的水平振动。

对实船来说，最主要的是垂向振动，而轴系、桅杆、大功率推(拖)船的驾驶甲板室以及上层建筑内的某些刚度很小的横围壁等局部结构还可能产生纵向振动。

大型船舶常采用艉上层建筑的形式，为了保证驾驶室的视野开阔，高度较高，因此其固有频率较低，应计及与船体总振动的耦合作用。上层建筑除了垂向振动和水平振动以外，还存在纵向振动。对于层数较多的上层建筑，相当于悬臂梁，其纵向振动较大。

图 6-5 展示了上层建筑纵向振动的各组成部分。图 6-5(a) 为由船体垂向振动和纵向振动所产生的上层建筑的刚体振动；图 6-5(b) 为由悬桁梁上层建筑的弯曲及上层建筑各层之间的剪切而引起的上层建筑变形；图 6-5(c) 为支撑结构的塑性变形，故总振幅为各分量的矢量和。严重的振动可能来源于船体共振(纵向或垂向)，此时刚体运动占振幅的主要比重；或来源于上层建筑的共振，此时弹性变形占振幅的主要比重。上层建筑对船体的弹性质量效应引起了两种振型：①上层建筑和船体振动同相位的振型；②不同相位的振型，视激振力频率小于或大于上层建筑的固有频率而定。若 $\gamma < 1$，则位移和激振力同相(差一相位角 θ)；若 $\gamma > 1$，则相位相反。

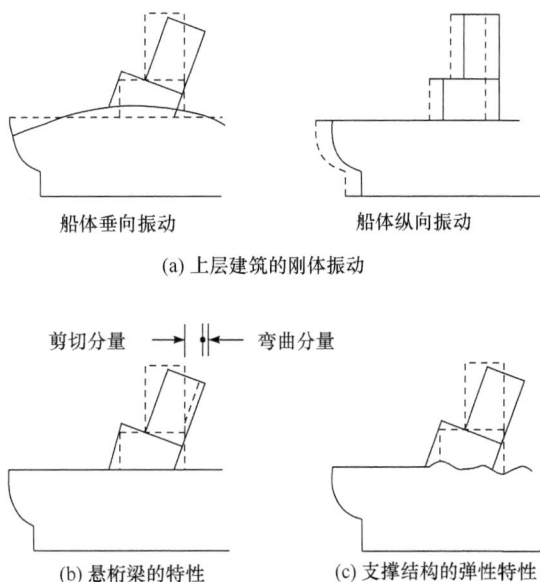

船体垂向振动　　　　　　　　　　船体纵向振动

(a) 上层建筑的刚体振动

剪切分量　　　弯曲分量

(b) 悬桁梁的特性　　　　　　　　(c) 支撑结构的弹性特性

图 6-5　上层建筑纵向振动组成部分

　　艉部振动体系是指整个艉分段与艉楼的振动。目前大型海船多采用艉机型与艉桥楼结构，此时主机、螺旋桨、轴系等振源集中于此，人员站位、设备等也均布置于此，加上艉部相对复杂，使艉部振动更显现出其重要性和复杂性。艉部振动的表现形式是船体低谐总振动响应的叠加。当作用于艉部的螺旋桨激振力的频率较高时，固有频率低于激振力频率的最初几个谐调的船体总振动在艉部的振动位移，其相位相同，因此各主振动叠加后艉部的振幅相当大。而在其余部位，各个谐调的振动位移的相位不完全相同，所以叠加后相互间具有抵消作用，振幅较小。此外，阻尼的作用也使艉端振动随着向艏部传播而减小。由图 6-3 可见，当激振力频率大于第五谐调固有频率时，最初五个谐调强迫振动合成的结果，也称为扇形振动。

　　对于这种艉机型船舶，在计算船体总振动时，可视为梁与空间结构的耦合振动，将船的前部视为梁，将船的后部作为一复杂的空间结构，考虑两者的耦合，用有限元法进行振动分析。

　　此外，若艉部伸出端很长，而刚性又突然变小，使艉部和船体其他部分耦合放松，因此艉部伸出端相对船体发生与悬臂梁一样的振动。

6.3　附连水对振动的影响

6.3.1　船体总振动附连水

　　把船体当成一根梁来研究船体总振动时，与一般梁的区别是舷外水将对船体梁振动产生很大的影响。这是因为船体梁是浮在水面上的，当它振动时，环绕船体周围的水也将处于运动状态。也就是说，它们亦将吸收一部分能量，从而使船体总振动频率降低。舷外水对船体总振动的影响可分为重力、阻尼和惯性等三个方面。

(1) 重力影响：重力影响归结为船体所受浮力的变化，或者说船体梁振动时与在一个弹性基础上的梁的振动是一样的。它对水平振动无影响，对垂向振动则由于船体梁振幅较小，浮力变化所引起的这种相当于弹性基础的刚度与船体梁的本身刚度相比是很小的，故其影响是可以忽略的。

(2) 阻尼影响：舷外水阻尼包括摩擦阻尼和兴波阻尼两部分。阻尼对自由振动的影响很小，因此一般忽略不计。但在计算共振区域内强迫振动振幅时，阻尼起着决定性作用，必须计及阻尼的影响。这些阻尼力不易求得，且难以与船体结构内阻尼分开，因此计算时一般将其与船体结构内阻尼合并在一起考虑。

(3) 惯性影响：惯性的影响反映在参与船体振动的等效质量的改变。在振动的船舶上相当于附连了相当大的舷外水质量与船体结构一同振动，称为附连水质量，它的总和具有与船体的质量同阶甚至更大的量值，所以它将使船体振动固有频率大大降低。

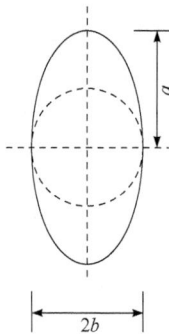

由流体力学分析可知，当半径为 b 的无限长圆柱体(图 6-6)全部浸于无黏性、无限远处为静止的无限液体中，以速度 v 做垂直于其长度方向的运动时，由流体动力学可得出单位长度液体的动能为

$$T = \frac{1}{2}\pi\rho b^2 v^2 \tag{6-1}$$

式中，ρ 为液体的质量密度。

令 $\pi\rho b^2 = M_1$，可以看出 M_1 为单位长度的圆柱体所排开的液体质量，因此可写为

$$T = \frac{1}{2}M_1 v^2 \tag{6-2}$$

图 6-6　无限长圆柱体运动

直线运动时，若单位长度椭圆柱体作用有外力 P，则能量方程为

$$\frac{\mathrm{d}}{\mathrm{d}t}\left(\frac{1}{2}Mv^2 + \frac{1}{2}M_1 v^2\right) = Pv$$

$$(M + M_1)\frac{\mathrm{d}v}{\mathrm{d}t} = P \tag{6-3}$$

式中，M 为单位长度椭圆柱体的质量。式(6-3)表明，液体的这种影响相当于在单位长度椭圆柱体的质量上附加了一个虚质量，即附连水质量。可将式(6-3)改写

为下面的形式：

$$M \frac{\mathrm{d}v}{\mathrm{d}t} = P - M_1 \frac{\mathrm{d}v}{\mathrm{d}t} \tag{6-4}$$

可见液体的各种影响也相当于在单位长度承受了一个与运动方向相反的力 $M_1 \frac{\mathrm{d}v}{\mathrm{d}t}$。当运动稳定时，$\frac{\mathrm{d}v}{\mathrm{d}t} = 0$，由液体引起的力也就消失了，因此虚质量效应仅在物体中存在加速度运动时，当然也包括振动加速度的情况下才会出现。

考虑半径为 b 的球体在无限的理想流体中运动的情况，对于半径为 b 的球体，其动能为

$$T = \frac{1}{2} \times \frac{2}{3} \pi \rho b^3 v^2 = \frac{1}{2} M_1 v^2 \tag{6-5}$$

式中，M_1 为球体所排开液体质量的 1/2，$M_1 = \frac{2}{3} \pi \rho b^3$，与柱体的附连水质量不同，这是因为球体周围液体的流动是三维的，由于三维流动的影响，所以不再等于其排开液体的质量。可见，液体的三维流动对附加质量也有很大的影响。

以上讨论的是椭圆形剖面的柱体，且基于柱体全部浸没于液体中，液体是二维运动的假定所求得的。然而实际船体的剖面不是椭圆，船体周围的流体运动是三维流动，且船体又并非全部浸在水中的潜体，而是一个处于空气和水这两种介质的浮体。考虑到这些因素，刘威士(Lewis)、陶德(Todd)[18]提出以下公式。

船舶垂向振动时，单位长度附连水质量(单位为 kg/m)公式为

$$m_{aV} = \frac{1}{2} C_V K_i \pi \rho b^2 \tag{6-6}$$

船舶水平振动时，单位长度附连水质量公式为

$$m_{aH} = \frac{1}{2} C_H K_i \pi \rho d^2 \tag{6-7}$$

式中，ρ 为水的密度；b 为计算剖面处的水线半宽；d 为计算剖面处的吃水；C_V、C_H 分别为垂向、水平振动时，船舶水下部分剖面形状不同于椭圆而引入的无因次修正系数；K_i 为三维流动引入的无因次修正系数。

式(6-6)和式(6-7)中的 1/2 是考虑到船舶浮在水面上，而非全浸于水中而引入的系数，由于空气密度很小，所以船舶振动时附连空气质量忽略不计。对于上述修正系数，很多研究者做了大量的工作，得出了许多相近的结果。在计算时，C_V 可取自陶德的曲线图谱，参见图 6-7 或利用表 6-1 中的数据。C_H 可取自兰德惠勃(Landweber)在刘威士工作基础上所绘制的曲线图谱，参见图 6-8 或利用表 6-2 中的数据。至于 K_i，可根据船舶的长宽比 L/B(对垂向振动)或船长吃

水比 L/d (对水平振动)用道洛费尤克等在模型实验的基础上所提供的数据求出，参见图6-9或利用表6-3中的数据。

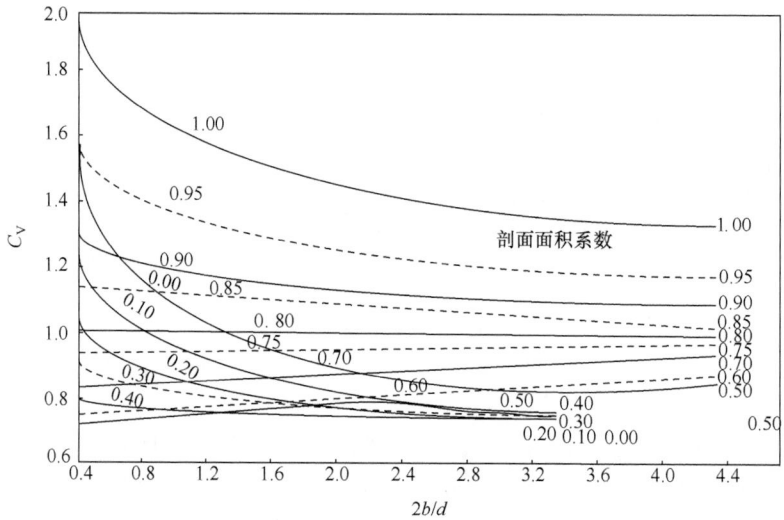

图6-7 垂向振动附连水形状修正系数 C_{V} 曲线图

表6-1 垂向振动附连水形状修正系数 C_{V}

β	b/d									
	0.2	0.4	0.6	0.8	1.0	1.2	1.4	1.6	1.8	2.0
0.0	1.520	1.100	0.940	0.855	0.810	0.780	0.762	0.747	0.740	0.740
0.1	1.270	0.980	0.865	0.805	0.770	0.755	0.748	0.742	0.740	0.740
0.2	1.060	0.890	0.805	0.768	0.750	0.742	0.741	0.740	0.740	0.740
0.3	0.920	0.810	0.760	0.745	0.740	0.740	0.740	0.740	0.742	0.742
0.4	0.800	0.765	0.753	0.748	0.753	0.760	0.770	0.782	0.794	0.806
0.5	0.740	0.750	0.760	0.770	0.780	0.790	0.802	0.812	0.822	0.831
0.6	0.762	0.788	0.802	0.820	0.835	0.845	0.854	0.862	0.870	0.878
0.7	0.862	0.880	0.895	0.907	0.918	0.922	0.926	0.930	0.934	0.938
0.8	1.040	1.030	1.027	1.025	1.023	1.021	1.020	1.019	1.014	1.008
0.9	1.320	1.270	1.233	1.205	1.180	1.160	1.144	1.132	1.120	1.108
1.0	1.980	1.760	1.640	1.565	1.510	1.461	1.430	1.402	1.375	1.350

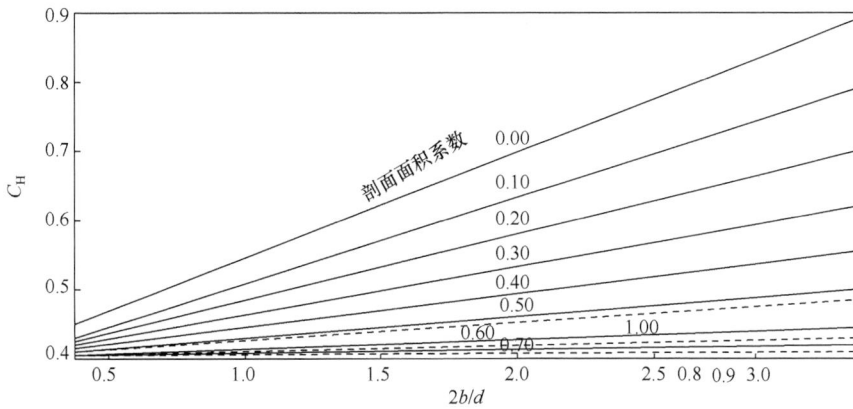

图 6-8 水平振动附连水形状修正系数 C_H 曲线图

表 6-2 水平振动附连水形状修正系数 C_H

β	b/d										
	0.00	0.10	0.20	0.30	0.40	0.50	0.60	0.70	0.80	0.90	1.00
0.375	0.450	0.436	0.430	0.422	0.419	0.411	0.410	0.407	0.403	0.409	0.426
0.875	0.522	0.500	0.479	0.461	0.439	0.421	0.415	0.408	0.404	0.410	0.437
1.375	0.600	0.563	0.529	0.495	0.461	0.435	0.420	0.409	0.405	0.412	0.448
1.875	0.675	0.623	0.572	0.525	0.489	0.450	0.425	0.410	0.406	0.414	0.455
2.375	0.750	0.679	0.615	0.555	0.510	0.465	0.430	0.411	0.407	0.417	0.462
2.875	0.820	0.735	0.655	0.585	0.530	0.480	0.435	0.412	0.408	0.420	0.469
3.375	0.890	0.790	0.693	0.612	0.549	0.490	0.442	0.413	0.409	0.424	0.476

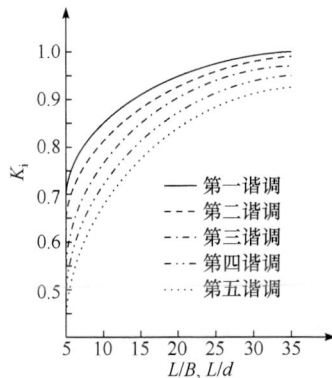

图 6-9 三维流动修正系数 K_i 曲线图

表 6-3　三维流动修正系数 K_i

L/B, L/d	第一谐调	第二谐调	第三谐调	第四谐调	第五谐调
5	0.700	0.624	0.551	0.494	0.447
6	0.748	0.678	0.614	0.560	0.515
7	0.786	0.719	0.661	0.611	0.568
8	0.815	0.756	0.698	0.653	0.611
9	0.839	0.784	0.733	0.687	0.647
10	0.858	0.808	0.759	0.716	0.677
11	0.874	0.828	0.782	0.742	0.706
12	0.888	0.845	0.802	0.763	0.730
13	0.899	0.859	0.820	0.783	0.751
14	0.909	0.870	0.835	0.803	0.770
15	0.917	0.883	0.848	0.818	0.788
20	0.947	0.920	0.895	0.876	0.857
25	0.968	0.944	0.925	0.909	0.894
30	0.980	0.958	0.940	0.924	0.910
35	0.987	0.967	0.950	0.934	0.922

　　以上确定附连水质量的数据是针对船舶在无限宽和无限深的水面上振动的情况所给出的，当船舶在浅水或狭窄航道中航行时，此附连水质量的数据必须另行修正。此项修正取决于船体离开障碍物(水底河岸等)的相对距离。对于垂向振动和水平振动，修正系数 α_H 和 α_V 可近似地由图 6-10 求得。此时船舶单位长度的附连水质量按下列公式进行计算。

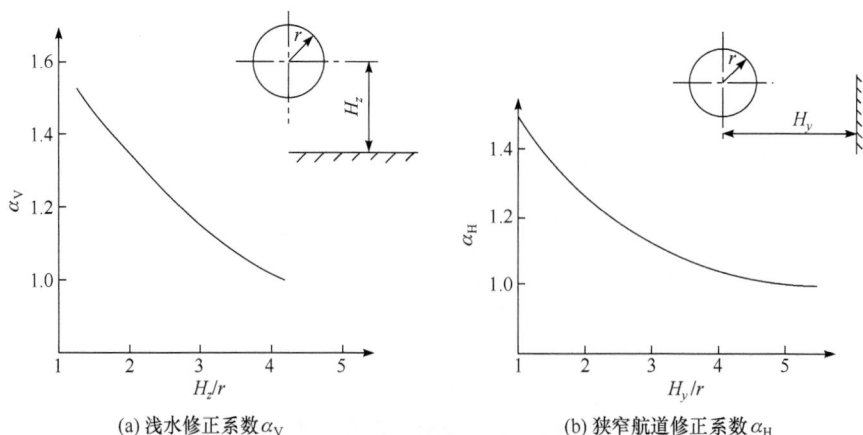

(a) 浅水修正系数 α_V　　　　　　　(b) 狭窄航道修正系数 α_H

图 6-10　浅水与狭窄航道修正系数

在垂向振动时，有

$$m'_{aV} = \alpha_V m_{aV} \tag{6-8}$$

在水平振动时，有

$$m'_{aH} = \alpha_H m_{aH} \tag{6-9}$$

式中，α_V 为浅水修正系数，其大小与水深和剖面水线半宽之比有关；α_H 为狭窄航道修正系数，其大小与龙骨至岸壁的距离和吃水的比值有关。

6.3.2 船体局部振动附连水

对于船体局部振动计算，若结构与液体接触，如船体底部板架与板格、液舱的舱壁等，当这些结构振动时，与它们接触的液体(水或油)也随同一起振动，或者说这部分液体也吸收了振动能量，因此需视实际情况计入单面或双面附连水质量，为对应于局部结构的质量而增加的附加虚质量。大量的试验和计算表明，局部结构的附连水质量可达结构自身质量的 5～6 倍，甚至更大，因此附连水质量对结构固有频率的影响相当大，在计算时必须予以考虑。为计算方便，一般认为附连水质量在与水相接触的振动结构上是均匀分布的。

对于一个单面与水相接触的板架或板格，其单位面积上的附连水质量为

$$m_a = k\rho b \tag{6-10}$$

式中，ρ 为液体的密度；b 为板架或板格的宽度(短边长)；k 为由板架或板格宽长比(b/a)所决定的系数，如图 6-11 所示，第一谐调振型也可按表 6-4 来确定。

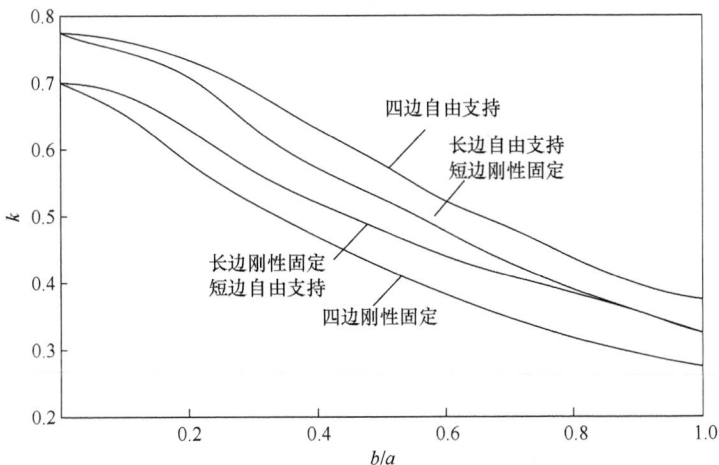

图 6-11　局部振动附连水质量系数 k 曲线

表 6-4　局部振动附连水质量系数 *k*

固定方式	b/a										
	0	0.1	0.2	0.3	0.4	0.5	0.6	0.7	0.8	0.9	1.0
四周简支	0.78	0.76	0.71	0.65	0.61	0.55	0.51	0.47	0.45	0.43	0.42
四周固支	0.70	0.68	0.61	0.50	0.45	0.43	0.41	0.39	0.37	0.55	0.33

若板架或板格单面与液体接触，则考虑附连水液体质量后，其振动固有频率为

$$\omega_n^* = \sqrt{\frac{K_e}{M_e + abM_a}} = \frac{\omega_n}{\sqrt{1 + k\dfrac{b\gamma_0}{h\gamma}}} \tag{6-11}$$

若板架或板格双面与液体接触，则其自由振动频率为

$$\omega_n^{**} = \frac{\omega_n}{\sqrt{1 + 2k\dfrac{b\gamma_0}{h\gamma}}} \tag{6-12}$$

式中，ω_n^{**} 为板架或板格在空气中的自由振动频率；K_e 为等效刚度；M_e 为等效质量；a 为板架或板格长度；b 为板架或板格宽度；h 为板格的厚度，对于板架，h 为包括骨架及其上荷载的板架平均厚度(即以全部质量除以板架的面积和钢的比重)；γ_0 为液体的比重；γ 为结构材料的比重，对于钢材，$\gamma = 7.85 \times 10^3 \, \text{kg/m}^3$。

6.4　船体梁总振动固有特性

6.4.1　经验公式算法

在船舶设计初期，当选择主机、决定船舶主尺度时，需要考虑避开低谐调共振，因此需要得知船体低谐调固有频率。但在设计初期对船体自由振动频率进行详细的计算是不可能的，一方面是由于进行振动频率计算所需的质量曲线、浮力曲线、振动剖面惯性矩等原始数据均还未知；另一方面是由于设计方案可能很多，计算工作量将相当大。因此，一般选用一些经验公式进行估算，这不仅使计算变得简单，还减少了工作量。只要公式和系数选择得当，船体低谐调自由振动频率就有相当的精确度。

对于一等直均质自由梁的第 i 谐调横弯曲自由振动频率，由第 3 章可得

$$\omega_i = \mu_i^2 \sqrt{\frac{EI}{\rho A l^4}} = \mu_i^2 \sqrt{\frac{EI}{M l^3}} \tag{6-13}$$

式中，I 为梁的剖面惯性矩；E 为材料弹性模量；ρ 为梁的密度；A 为梁的横截面面积；M 为梁的总质量；l 为梁的总长度；μ_i 为频率方程的根，当 $i=1,2,3,\cdots$ 时，$\mu_i=4.730,7.853,10.996,\cdots$。

由式(6-13)可知，影响等直均质自由梁弯曲振动的主要因素是梁的抗弯刚度 EI 与梁的质量 M，即频率与 $\sqrt{I}$ 成正比，与 $\sqrt{M}$ 成反比。而船体是一剖面惯性矩与质量沿船长分布不均匀的空心组合变截面自由梁。船体漂浮在水中，计算时需计及附连水质量的影响，而且船体结构复杂，特别是上层建筑的结构，布置变化较多，对频率影响较大。此外，船体的长深比比较小，特别在高谐调时，剪切与剖面转动惯量影响较大，振动频率将比按纯弯曲计算的数值要小。应用式(6-13)，再考虑船体剖面梁与等直均质自由梁的区别，即可得到估算船体自由振动频率的近似公式。

目前估算船体自由振动频率的近似公式有很多，均是根据实测资料统计分析得到的，因此都有一定的局限性和使用范围，其中最早应用的是希列克(Schlick)公式：

$$N_{V_1} = C\sqrt{\frac{I_V}{\Delta_V L^3}} \times 0.0167 \tag{6-14}$$

式中，N_{V_1} 为垂向第一谐调固有频率，Hz；I_V 为船中横剖面惯性矩，m^4；L 为船长，m；Δ_V 为计入附连水质量后的船体垂向弯曲振动的总质量，t；C 为统计系数，其大小随船舶的类型而异，对于线型丰满的船，$C=2.80\times10^6$，对于线型正常的船，如大型远洋客船，$C=3.14\times10^6$，对于线型瘦削的船，如驱逐舰，$C=3.44\times10^6$。

希列克公式统计的船型较古老(铆接船)，当未知船舶剖面惯性矩时无法应用。陶德用型宽 B 和型深 D 立方的乘积(BD^3)代替希列克公式中的 I_V，并计及附连水质量和上层建筑的影响，在 25 艘实船试验结果的基础上提出了陶德公式。

对于纵骨架式油船，有

$$N_{V_1} = \left(94900\sqrt{\frac{BD_0^3}{\Delta_V L^3}} + 28\right) \times 0.0167 \tag{6-15}$$

对于横骨架式的货船和客船，有

$$N_{V_1} = \left(85300\sqrt{\frac{BD_0^3}{\Delta_V L^3}} + 25\right) \times 0.0167 \tag{6-16}$$

式中，Δ_V 为包括附连水质量的船舶总质量，t。Δ_V 按式(6-17)计算：

$$\Delta_V = \Delta\left(1.2 + \frac{1}{3}\frac{B}{d}\right) \tag{6-17}$$

式中，B 为型宽，m；d 为吃水，m；Δ 为船体排水量。

等效型深 D_e 按式(6-18)计算：

$$D_e = \sqrt[3]{D^3(1-x_1) + D_1^3(x_1-x_2) + D_2^3 x_2} \tag{6-18}$$

陶德公式计算用图如图 6-12 所示。

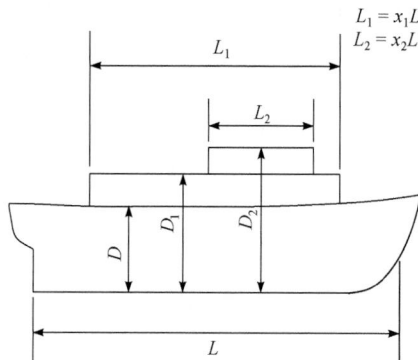

图 6-12　陶德公式计算用图

式(6-18)可推广到多层上层建筑的情况，但一般的艉楼和很短的桥楼因对船体梁的刚度影响很小，均不考虑。

除了希列克和陶德公式，还有一些其他经验公式，有的考虑因素较多，计算的工作量相对较大，其中经验系数都是根据实船测试统计分析得到的。不同类型的船舶，其固有频率可能相差很大，在使用公式时，只有取相类似母型船的数值系数时才能得出有价值的结果。反之，若有合适的母型船测试资料，无论用哪个公式，均可得到较满意的结果。作为母型船，其船型和装载应相同，结构应相似，船长差应不大于 10%，计算误差在 5%以内。

当需要计算其他阶自由振动频率时，可按式(6-19)进行估算：

$$N_{V_i} = C_i N_{V_1} \tag{6-19}$$

式中，N_{V_i} 为垂向首阶固有频率；下标 i 为高阶振型的节点数；C_i 为无因次系数，由图 6-13 而得，可按式(6-20)计算：

$$C_i = (i-1)^{\mu_V}, \quad \mu_V = \begin{cases} 1.02, & \text{油船} \\ 1.0, & \text{矿石船和散货船} \\ 0.845, & \text{货船} \end{cases} \tag{6-20}$$

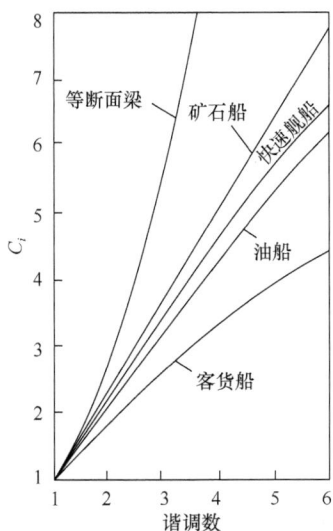

图 6-13 高谐调固有频率估算系数

近似公式的提出是为了避免低阶共振，但当代主流船型的发展更关心的是船体梁的垂向高阶振动频率。主柴油机会激起四节点、五节点以上的船体梁的剧烈振动，而对于现代大型船舶，其垂向振动的首阶固有频率在 1～2Hz，远低于螺旋桨的叶频，满负荷螺旋桨的叶频通常在 8～12Hz，会激起高于七节点的船体梁的严重振动，所以需要关注船体梁高阶固有频率的早期估算。

6.4.2 能量法

20 世纪 50～60 年代建立的计算船体梁固有频率的能量法，是以瑞利法和里茨法为基础的。该方法源自苏联，在我国也曾广泛流行使用，方法简明，并可以适用于人工计算，目前基本上属于被淘汰的状态，但该方法所揭示的船体梁总振动的理论背景或特点对于从事船舶振动的科技工作者仍然具有很好的指导意义。本节以不考虑剪切与转动惯量的欧拉梁为模型的船体梁为例，讲解利用能量法求解船体一阶固有频率的过程，第 3 章中给出了瑞利商的计算公式：

$$\omega_j^2 = \frac{\int_0^l EI(x)\phi_j''^2(x)\mathrm{d}x}{\int_0^l m(x)\phi_j^2(x)\mathrm{d}x}, \quad j=1,2,\cdots \tag{6-21}$$

瑞利法的关键是选取良好的近似振型 $\phi_j(x)$。第一谐调振动的近似振型可取为

$$\phi_1(x) = \delta_1 + \beta_1\left(\frac{x}{L} - \frac{1}{2}\right) + \sin\left(\frac{\pi x}{L}\right) \tag{6-22}$$

式中，$\delta_1 + \beta_1\left(\dfrac{x}{L} - \dfrac{1}{2}\right)$ 表示船舶的刚体位移；$\sin\left(\dfrac{\pi x}{L}\right)$ 表示船体的弹性变形。

近似振型应该满足几何边界条件。船体梁为两端全自由的梁，由于无任何几何约束，边界条件为船体做自由振动时全部惯性力之和等于零，即

$$\int_0^L m(x)g\phi_1(x)\mathrm{d}x = 0 \tag{6-23}$$

其全部惯性力对任一点的力矩之和等于零，即

$$\int_0^L m(x)g\phi_1(x)x\mathrm{d}x = 0 \tag{6-24}$$

称为船体振动的动平衡条件。由动平衡条件可求得式(6-22)中的两个待定系数，再利用瑞利法即可求得船体梁一阶固有频率的近似值。

需要注意的是，由于舷外水的存在，船舶振动的各阶附连水质量随振动阶数不同而变化，所以船舶分布质量找不到一个明确的 $m(x)$。实际上，这表示船舶振动的各阶主振型并不满足正交条件，因此也就不存在独立的广义坐标——主坐标，使船舶振动的动能化为广义速度的完全平方和，故船舶振动实际上不存在"主振型""主坐标"和"主振动"，也就无法用振型叠加法来解决船舶振动的问题。这就是它与其他空气中弹性体振动的重要区别之一，也是有待于进一步明确的问题。

其次，应计及剪切和剖面转动惯量对船体梁振动的影响，高谐调振动更需要考虑对剪切和剖面转动惯量影响的修正。对于以铁摩辛柯梁为模型的船体梁，其第 i 阶振动的动能 T_i 和势能 U_i 可分别表示为

$$T_i = \frac{1}{2}\int_0^L m_i(x)(\dot{w}_{1i} + \dot{w}_{2i})^2\,\mathrm{d}x + \frac{1}{2}\int_0^L m_\mathrm{s}(x)r^2(x)(\dot{w}'_{1i})^2\,\mathrm{d}x$$

$$U_i = \frac{1}{2}\int_0^L EI(x)(w''_{1i})^2\,\mathrm{d}x + \frac{1}{2}\int_0^L GA_\mathrm{s}(x)(w''_{2i})^2\,\mathrm{d}x \tag{6-25}$$

式中，w_{1i} 为第 i 阶主振动时，由弯曲变形引起的船舶各剖面的垂向(或水平)位移；w_{2i} 为第 i 阶主振动时，由剪切变形引起的船舶各剖面的垂向(或水平)位移；$m_i(x)$ 为第 i 阶主振动时，船体质量和附连水质量之和；$m_\mathrm{s}(x)$ 为船体质量；$r(x)$ 为船体剖面回转半径；$A_\mathrm{s}(x)$ 为船体剖面剪切面积。

与其他方法相比，能量法计算更方便，且其计算结果与实测值相比，对于第一谐调固有频率在工程上已经足够精确，但对于第二谐调及第二谐调以上的高次谐调则需要考虑正交条件，可以用迭代法将逐次迭代后的振型作为近似振型，以尽可能使选取的振型接近于真实振型。但是，随着谐调数的增高，计算越来越复

杂，且计算误差也不可避免地越来越大，故利用能量法计算一般仅适用于求船体低谐调振动固有频率。为了更迅速地、准确地计算船体各个谐调的固有频率，需要借助数值计算方法。

6.4.3 迁移矩阵法

目前，采用计算机求解船体梁振动微分方程有各种近似计算方法，其中迁移矩阵法计算简便，精度能满足工程要求。当需要考虑上层建筑或艉部振动的耦合作用时，用有限元法比较适宜，以梁与空间结构模态综合进行计算。

关于利用迁移矩阵法计算梁振动的基本原理，已在 3.5 节进行了详细的介绍，即为适宜于用计算机进行计算的一种数值解法。这里需要说明的是，该原理也同样适用于船体梁总振动的计算。在用迁移矩阵法计算船体总振动固有频率时，将整个船体视为一根空心的变截面梁，然后将船体梁分为若干段，一般是按理论站号将船体沿其长度划分为 20 段，在每一段中假定质量与刚度是均布的，即把船体视为阶梯形变截面梁。当分段足够多时，这种划分具有足够的精确度。又因为其中每段都是变截面梁，所以可以列出弯曲振动微分方程并求出其精确解，然后运用各段之间的变形连续条件及船体梁两端的边界条件求解整个船体梁的振动问题。

在用计算机计算时原始数据的选取如下。

(1) 取两柱间长 L 为船体梁的长度，船体一般等分为 20 段，共计 21 站，每站长度 $l = L/20$。各段看成均匀等直梁。

(2) 每一梁段的剖面惯性矩取为该梁段两端剖面惯性矩的算术平均值。至于各站剖面惯性矩的计算，一般取强度计算的结果。但强度计算中，剖面惯性矩只计入强力甲板及其以下的纵向构件。实际上强力甲板以下的各层上层建筑都不同程度地参加总纵弯曲。其次，从振动的角度来看，因是微幅弯曲振动，所以纵向构件计入计算剖面的要求较强度计算更低，只要长度不小于型深的纵向构件和支持在三个刚性构件上的甲板室，甚至舭龙骨、舷墙与较长的舱口围板均可计入。此外，在强度计算中，计入条件较严格，计入数量较少，因此计算更方便，结果更偏于安全。但振动计算要求精确，不存在偏于安全的问题。振动剖面惯性矩与强度计算不同，对于上层建筑规模较大的客船，尤其是有多层长上层建筑的长江客船，其值相差更大，计算表明，首谐调固有频率可相差 10%。因此，这类船应重新计算剖面惯性矩，一是要增加纵向构件计入的数量；二是要考虑上层建筑参与弯曲振动的程度。为简化计算，对海洋货船剖面惯性矩的计算仍可取与强度计算相同。

在设计初期，若只有船中横剖面图，则可假设全船各横剖面惯性矩均等于船中横剖面惯性矩，即"矩形分布"惯性矩，或中部 1/2 船长内等于船中横剖面惯性矩，两端线性变化到零，即"梯形分布"惯性矩。计算表明，对结果影响不大，一般船舶即使"矩形分布"，误差也在 3% 以下，故在设计之初采用这样的近似是可行的。但对某些沿船长方向型线与结构变化较大的船舶，应采用实际的剖面惯性矩分布。

(3) 分布质量为各梁段的船体本身质量(包括结构及载重)和附连水质量之和，船体本身质量可按强度计算中的质量曲线求得。质量分布对船体固有频率的影响较大，因此各项质量的纵向质心要尽可能接近其正确位置。精确的确定船体质量并不困难，由以往的计算实践可知，只要保证船体总质量的纵向质心位置不变(相对误差允许范围为 0.5%)，各类质量大致符合原来的分布位置，依据设计阶段质量表进行分配，这样计算得出的频率仍具有足够的精度。计算各梁段单位长度上的附连水质量时，取相应两站值的算术平均值，对不同谐调分别计算。

(4) 船体梁的剪切等效面积取为各梁段两端面积的平均值。垂向振动取船侧板和纵舱壁板的剖面面积作为剪切等效面积，曲线部分则取在垂直方向上的投影面积。全船各剖面实际剪切面积的求取在设计初期也是困难的，但剪切对各谐调振动频率的影响较大，尤其高谐调振动时整个船体梁被节点分为若干部分，剪切的影响更大。若不计及剪切的影响，则会给计算结果带来不允许的误差，但可简化为取全船的剪切等效面积等于船中剖面的剪切等效面积。对于具有平行中体或线型变化不大的船舶，这样的近似取法是可行的，计算表明，误差一般也在 3% 以下。

(5) 梁段内的剖面回转半径取为两端站号剖面回转半径的算术平均值。计算表明，剖面转动惯量对固有频率的影响不大，尤其对低谐调振动，故可将船体梁简化为宽度为 B 高度为 D 的均匀等直梁。对于此类梁，垂向振动时的剖面转动惯量 $I_V = \dfrac{BD^3}{12}$，而剖面面积 $A_C = BD$，由此可得剖面的回转半径为

$$r^2 = \frac{I_V}{A_C} = \frac{D^2}{12} \tag{6-26}$$

用这种均匀分布的回转半径对船体梁进行剖面转动的修正以符合工程的精度。

应用迁移矩阵法程序计算船体垂向总振动需输入下列已知数据：船长 L、船宽 B、型深 D、首吃水 d_s、尾吃水 d_w、各站实际水线半宽 $b(x)$、各站实际吃水 $d(x)$、各站实际水下半横剖面面积 $a(x)$、船体各段的分布质量 $m(x)$、船体各站剖面惯性矩 $I(x)$、各站剪切面积 $A_s(x)$ 和剖面高度 $D(x)$。

计算船体水平振动的固有频率同样可运用迁移矩阵法，其计算方法相同，仅有关的参数及输入的原始数据做相应的改变。

应用迁移矩阵法对船体总振动固有频率进行数值计算，计算结果与实测值相比会有一定的误差，低阶可达 5%，高阶可达 10%，这是因为船体是一种复杂结构，在计算弯曲刚度、剪切刚度等结构参数时有较多近似之处。其次，计算所取

的各种原始数据与实船存在出入，当然与实船测试状态下的数据也不可能一致。此外，计算理论本身也有局限性，在高谐调时节点间的距离大为缩短，再应用细长梁理论计算其误差必然增大。

6.4.4　有限元法

随着科学技术的发展与有限元法在船体结构计算中的应用，进一步的计算理论是把船体视为空间三维结构，用有限元法或模态综合法计算，应用流体有限元和固体有限元相结合的流-固耦合振动理论。从 20 世纪 60～70 年代发展起来的有限元法与计算机技术相结合，目前已经成为结构动力性态分析的有力工具，该方法同样广泛应用于船体总振动的模态和响应等方面。

对于船舶总振动分析，在应用有限元法时，首先将结构离散成很多单元(如杆元、梁元、膜或板元)，通过节点的连接而构成计算模型，利用有限元计算程序计算出各单元刚度矩阵，再组装成整个船体的刚度矩阵。同时，采用相应的方法(如集中质量法或一致质量法)构成质量矩阵，在计算船体结构固有频率时可不计阻尼的影响，从而形成船体梁经有限元离散化处理后的多自由度振动方程式。自由振动问题归结为求解广义特征值问题，由此求得船体的固有频率和固有振型。

利用有限元法计算船体总振动的固有频率和固有振型需要解决以下问题：

(1) 确定船体梁总振动分析的有限元模型，根据不同的目的和要求，可以采用一维、二维和三维或者杂交(如一维与三维的杂交)的模型。

(2) 根据建立的模型，确定相应的刚度和质量的数值及分布(包括附连水质量的数值与分布)。

(3) 确定采用何种有限元分析程序。

船体的有限元振动分析可以采用专用的或通用软件来实现。当关注船体本身及其与上层建筑、船舶舯部、机舱等船上的主要子结构(或结构大部件)之间的相互作用关系或船体局部结构的振动时，有限元法是一种非常有效的方法。图 6-14 为计算船体结构振动的有限元模型。

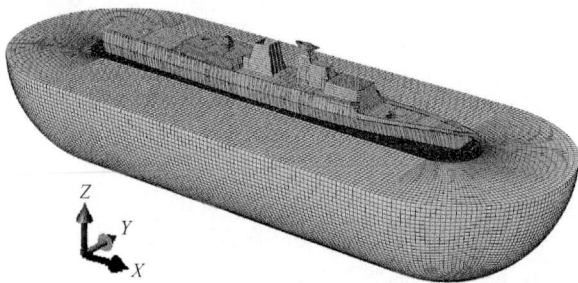

图 6-14　船体有限元模型

　　表 6-5 为有限元计算的某船三维模型总振动的垂向、水平振动前三阶振型图。其固有频率计算结果实际上与迁移矩阵法等阶梯梁的计算结果是比较接近的，但是由于模型更为精确，其结果也更容易被采纳。

表 6-5　船体总振动振型

阶次	垂向	水平
一阶		
二阶		
三阶		

6.5　船体局部振动固有特性

　　目前船舶上所出现的、影响船舶使用的振动问题大部分是局部振动问题。局部振动不仅会妨碍设备、仪表的正常工作，影响船员和旅客居住的舒适性，而且常对船体局部强度产生很大的影响，甚至可能造成结构损伤。由于船上局部构件很多，不可能也不需要逐一进行计算，而应根据结构和所受激振力的特点选择典型结构进行计算。

　　局部结构包括梁、板、板架、上层建筑、艉部等空间结构，梁的计算在第 3 章和第 4 章已经讨论，上层建筑和艉部的振动特点在 6.2 节已有所介绍，对于太过复杂的船体结构振动分析，通常要借助数值计算方法。本节主要讨论船体板、板架、桅杆、连续梁等简单结构的振动特性，并讨论计算其固有频率的简单方法。

6.5.1 船体板振动特性

船体是由板和梁组成的，而且许多大型梁可以看成由板组成的，因此板的振动计算也是船体振动计算的一项重要内容。

板的振动可能是由直接作用在其上面的振动负荷所引起的，如螺旋桨上方的船底外板，也可能是由板的边界振动所引起的，如机舱底板。在我们所讨论的微幅振动范围内，挠度<(1/5～1/4)板厚。船体上小曲度的板在计算振动时近似地当成平板来处理。此外，初挠度、焊接应力等工艺因素在计算时不计及，而在规定频率储备及平板的允许振幅或动应力许用应力时再加以适当考虑。关于板结构的固有特性计算方法已在 3.3 节中详细给出。

对于船上板的横向振动还需指出以下几点。

(1) 在船上往往会遇到这样的情况，如机舱内结构尺寸相同的板，在同一主机营运下，有的板处于共振状态，或振动很大，而有的板振动很小，在振动剧烈的板附近的其他板可能振动并不大，而离开一定距离的板可能有相当大的振动。在机器转速改变后，可明显地改变振动中心，某一块板可能停止振动，而另一块板可能开始振动。显然这些尺寸相同的板的固有频率是不同的，这种差别是由板的初挠度、中面内的应力等一系列因素所导致的。若板在振动时中面内始终有拉(压)力作用，则像受轴向力的梁作用一样，中面拉力使板的固有频率提高，而中面压力则使固有频率降低。

初挠度、焊接影响等工艺因素带有随机的性质，因此在理论计算中进行过于复杂的计算是没有意义的，在船体振动计算中，一般用频率储备的方法避开共振。

(2) 对实船来说，板的边界条件的确定也是比较困难的，板的变形对于其周界可能呈对称变形，也可能呈反对称变形。在对称变形时，其相应边界可视为刚性固定；在反对称变形时，板的边界固定情况与边界上骨材的扭转有关。实测表明，绝大部分船板的固有频率测量值介于四边简支板与刚性固定板的计算值之间，且大多偏向于简支计算值，因此在船体振动计算中，常近似地取为四边简支。

(3) 船体板还可能与水及其他液体接触，因此在计算时还需要考虑单面或双面附连水质量的影响，具体内容参见 6.3.2 节的式(6-10)及图 6-11。附连水的影响使板的固有频率降低。

例 6-1 求某港口拖船机舱底板的固有频率，已知 $t = 0.5\text{cm}$ ， $a = 120\text{cm}$ ， $b = 50\text{cm}$ 。

解：按四边简支矩形板计算，由式(3-174)得到

$$f_{\mathrm{n}} = \left[\left(\frac{j\pi}{a}\right)^2 + \left(\frac{s\pi}{b}\right)^2\right]\sqrt{\frac{D}{\rho h}} \times \frac{1}{2\pi} = 57\,\text{Hz}$$

考虑附连水质量影响的修正，$\dfrac{b}{a} = \dfrac{50}{120} = 0.42$。查得 $k = 0.62$，故

$$f_n^* = \dfrac{f_n}{\sqrt{1 + k\dfrac{b}{\rho h}}} = \dfrac{57}{\sqrt{1 + 0.62\dfrac{50}{7.85 \times 0.5}}} = 19\,\text{Hz}$$

6.5.2　船体板架振动特性

下面讨论船体板架的振动计算。在选择板架的尺寸和剖面要素时进行如下规定：

(1) 两向梁的跨矩应取支承梁与两向梁中和轴交点间的距离。若板架位于两舱壁之间，则板架的长度等于舱壁的间距。

(2) 计算主向梁和交叉构件剖面惯性矩时，附连带板的宽度取为它们的间距或跨距的 1/6，两者之中取小者。

(3) 在附连带板宽度范围内，所有的纵向连续构件应包括在计算剖面内。

(4) 计算中认为板架上的分布质量和附连水质量属于主向梁均布质量的一部分。关于附连水质量的计算，6.3 节已具体讨论。

(5) 对于主向梁与交叉构件任意布置且是变剖面的板架，可用类似于第 1 章所讨论的等效法来求解板架的自由振动频率。由于计算简便，且具有一定的精度，此方法在船舶结构振动计算中应用广泛。

板架与其他弹性结构一样，它的自由振动可以视为无限多个主振动之和，而每个主振动对应有一个固有频率和一个固有振型，因此每一个主振动可化成等效的单自由度系统的振动来研究。

当图 6-15 所示板架的第 n 个振动的主振型 $v(x, y)$ 已知时，可利用振动体体系动能及势能与等效系统的动能及势能相等的条件求得相应的等效质量和等效刚度。

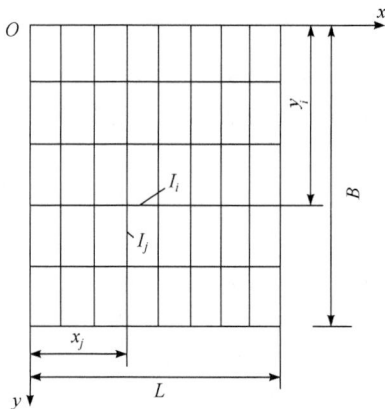

图 6-15　船体局部板架

等效质量为

$$M_e = \sum_{i=1}^{N} M_i v^2(x_i, y_i) + \sum_{i=1}^{N} J_{iy} v_x'^2(x_i, y_i) + \sum_{i=1}^{N} J_{ix} v_y'^2(x_i, y_i)$$

$$+ J_0 \int_0^L \int_0^B v_x'^2(x, y)\mathrm{d}x\mathrm{d}y + J_0 \int_0^L \int_0^B v_y'^2(x, y)\mathrm{d}x\mathrm{d}y + \int_0^L \int_0^B (m_0 + m_a) v^2(x, y)\mathrm{d}x\mathrm{d}y$$

$$(6\text{-}27)$$

式中，M_i 为坐标为 (x_i, y_i) 处的集中质量；N 为集中质量的数目；J_{ix} 为集中质量相对于平行 x 轴的旋转轴的转动惯量；J_{iy} 为集中质量相对于平行 y 轴的旋转轴的转动惯量；m_a 为板架单位面积的附连水质量；J_0 为板架单位面积质量的转动惯量；m_0 为板架单位面积的平均质量(其中包括双层底内的油和水)，它由式(6-28)决定：

$$m_0 = \rho h_{平均} + m_{油水} \tag{6-28}$$

式中，ρ 为材料的密度。

其中，

$$h_{平均} = h_0 + \frac{\sum_{i=1}^{m} S_i L + \sum_{j=1}^{n} S_j B}{LB} \tag{6-29}$$

式中，h_0 为板的厚度，双底时等于内外底板厚度之和；S_i 为交叉构件(不包括附连带板)的剖面面积；S_j 为主向梁(不包括附连带板)的剖面面积；m 为交叉构件的数目；n 为主向梁的数目。

等效刚度为

$$K_e = \sum_{i=1}^{m} \int_0^L EI_i v''^2_{xx}(x, y_i)\mathrm{d}x + \sum_{j=1}^{n} \int_0^B EI_j v''^2_{yy}(x_j, y)\mathrm{d}y \tag{6-30}$$

式中，E 为材料的弹性模量；I_i 为第 i 根交叉构件的剖面惯性矩；L 为交叉构件的跨距；y_i 为第 i 根交叉构件在 y 方向位置的坐标；I_j 为第 j 根主向梁的剖面惯性矩；B 为主向梁的跨矩；x_j 为第 j 根主向梁在 x 方向位置的坐标。

若交叉构件或主向梁的剖面惯性矩沿其长度方向变化，则式(6-30)中的积分应分段进行。因此，只要已知板架的尺寸、振型及其上的集中质量、油水质量，就可以利用上述公式确定板架的固有频率。但板架的振型一般是事先不知道的，所以在计算前要先根据主向梁及交叉构件的两端固定条件选择适当的振型，可参照板结构的振型进行近似选取，见表 3-3。

对于主向梁和交叉构件两端弹性固定的板架，它的等效刚度为

$$K_e = \frac{\bar{K}_1}{2} \frac{E\pi^4}{L^3} \sum_{i=1}^{m} I_i \sin^2\left(\frac{\pi y_i}{B}\right) + \frac{\bar{K}_2}{2} \frac{E\pi^4}{B^3} \sum_{j=1}^{n} I_j \sin^2\left(\frac{\pi x_j}{L}\right) \tag{6-31}$$

式中，$\bar{K}_1$、$\bar{K}_2$ 为交叉构件及主向梁的弹性固定端的刚性系数，其值由式(6-32)决定：

$$\bar{K}_i = 1 + 3\hbar, \quad i = 1, 2 \tag{6-32}$$

式中，$\hbar$ 为弹性固定端的支座力偶系数。对于弹性固定端的等效刚度问题，读者

可以通过查阅结构力学方面的文献来学习，本书不再赘述。

相应的板架固有频率为

$$\omega_n = \sqrt{\frac{K_e}{M_e}} \tag{6-33}$$

当板架(如船底板架)与水接触时，若式(6-33)中未计及附连水质量，则需按 6.3 节计算附连水质量的影响。在考虑了附连水质量的影响后，板架的频率应相应降低。

此外，还可以应用解析法来求解板架固有频率，其原理与 6.4 节求板的固有频率相同但复杂得多，具体解法读者可参阅相关书籍。随着数值计算技术的发展，更进一步可用有限元法来求解板架的固有频率。

6.5.3　船体桅杆振动特性

桅杆是船上的一个重要部件，上面布置有通信、导航等设备，因此必须控制桅杆的振动，以防止桅杆上的设备和仪器损坏。

计算桅杆的振动时，其固有频率问题比较复杂，因为桅杆和船身是一个整体，孤立地研究桅杆严格来说是不可能的。但是为了确定一个频率范围，在其中分别确定船身和桅杆的振动频率成为可能，即当船身与桅杆相互之间的影响很小时，可以对桅杆固有频率进行近似计算[19]。

将桅杆看成固结在船体上，即桅杆支点处截面的扭转角等于船身该点横截面的扭转角。此外，忽略剪切和转动惯量的影响。桅杆与船体结构的耦合结构简图如图 6-16 所示。桅杆振动特性中，最重要且最值得关心的是其总体振动，特别是它的低阶振动。无论桅杆的形式如何，桅杆的前三阶总体振动的一般形式均为在船舶中纵剖面内的纵向弯曲振动、横向弯曲振动和扭转振动。本节只考虑其纵向弯曲振动特性。

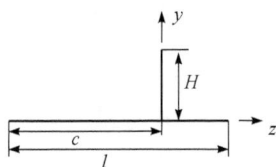

图 6-16　桅杆振动分析简图

设船身弯曲振动位移响应为 v_1，桅杆弯曲振动响应为 v_2，可得

$$v_1 = \phi(z)q_1(t) \tag{6-34}$$

$$v_2 = y\phi'(c)q_1(t) + \varphi(y)q_2 t \tag{6-35}$$

式中，$\phi(z)$ 与 $\varphi(y)$ 分别为船体梁与桅杆的振型函数。式(6-35)中的第一项给出了把桅杆与船身看成一个整体时由于船身横截面的转动而发生的位移，第二项给出了桅杆离无变形状态的位移。

显然，$\varphi(0) = 0$，$\varphi'(0) = 0$。此外，还可认为桅杆的固结点位于船身的中性轴上。因此，船身-桅杆这个体系的动能可写为

$$T = \frac{1}{2}\int_0^l m_0 \dot{v}_1^2 dz + \frac{1}{2}\int_0^H m_1 \dot{v}_2^2 dy = \frac{1}{2}(a_{11}\dot{q}_1^2 + a_{22}\dot{q}_2^2 + 2a_{12}\dot{q}_1\dot{q}_2) \tag{6-36}$$

其中，

$$\begin{cases} a_{11} = \int_0^l m_0 \phi^2(z)dz + \phi'^2(c)\int_0^H m_1 y^2 dy \\ a_{22} = \int_0^H m_1 \varphi^2(y)dy \\ a_{12} = \phi'^2(c)\int_0^H m_1 y\varphi(y)dy \end{cases} \tag{6-37}$$

式中，m_0 为计入桅杆质量的船身单位长度的约化质量；m_1 为桅杆单位长度的质量。

船身-桅杆这个体系的势能可写为

$$U = \frac{1}{2}\int_0^l EI_0 v_1''^2 dz + \frac{1}{2}\int_0^H EI_1 v_2''^2 dy = \frac{1}{2}(c_{11}q_1^2 + c_{22}q_2^2) \tag{6-38}$$

其中，

$$\begin{cases} c_{11} = \frac{1}{2}\int_0^l EI_0 \phi_1''^2 dz \\ c_{22} = \frac{1}{2}\int_0^H EI_1 \varphi_1''^2 dz \end{cases} \tag{6-39}$$

式中，I_0 为船身横截面的惯性矩；I_1 为桅杆横截面的惯性矩。

利用拉格朗日方程，不难得出所讨论问题的自由振动微分方程组如下：

$$\begin{cases} a_{11}\ddot{q}_1 + a_{12}\ddot{q}_2 + c_{11}q_1 = 0 \\ a_{12}\ddot{q}_1 + a_{22}\ddot{q}_2 + c_{22}q_2 = 0 \end{cases} \tag{6-40}$$

设

$$q_1 = A_1\sin(\omega t), \quad q_2 = A_2\sin(\omega t) \tag{6-41}$$

并将式(6-39)代入式(6-38)中，即可得到求解位移响应的一组线性方程式为

$$\begin{cases} (c_{11} - \omega^2 a_{11})A_1 - a_{12}\omega^2 A_2 = 0 \\ -a_{12}\omega^2 A_1 + (c_{22} - \omega^2 a_{22})A_2 = 0 \end{cases}$$

$$\begin{cases} (\omega_K^2 - \omega^2)A_1 - \frac{a_{12}}{a_{11}}\omega^2 A_2 = 0 \\ -\frac{a_{12}}{a_{22}}\omega^2 A_1 + (\omega_M^2 - \omega^2)A_2 = 0 \end{cases} \tag{6-42}$$

式中，ω_K^2 表示计入桅杆质量的船身垂向弯曲振动固有频率的平方，$\omega_K^2 = \dfrac{c_{11}}{a_{11}}$；

ω_M^2 表示固结于船体的桅杆的固有频率的平方，$\omega_M^2 = \dfrac{c_{22}}{a_{22}}$。

通过式(6-42)的行列式为零，可以得到求系统固有频率的方程：

$$(\omega_K^2 - \omega^2)(\omega_M^2 - \omega^2) - \frac{a_{12}^2}{a_{11}a_{22}}\omega^4 = 0 \tag{6-43}$$

若能够证明系数 $\dfrac{a_{12}^2}{a_{11}a_{22}}$ 与 1 相比是小得多的，则可以证明分别确定船身和桅杆的固有频率是可能的。

假设船体质量分布与桅杆质量分布均是均匀的，并且将结构的一阶振动模态取为以下形式：

$$\begin{cases} \phi(z) = -\dfrac{2}{\pi} + \sin\left(\dfrac{\pi z}{l}\right) \\[2mm] \varphi(y) = 1 - \cos\left(\dfrac{\pi y}{2H}\right) \end{cases} \tag{6-44}$$

式中，$\phi(z)$ 满足平衡条件(6-23)和(6-24)。

将式(6-44)代入式(6-37)中，可以得到

$$\begin{cases} a_{11} = m_0 l\left(\dfrac{1}{2} - \dfrac{4}{\pi^2}\right) + \dfrac{1}{3}m_1 H\left(\dfrac{\pi H}{l}\right)^2 \cos\left(\dfrac{\pi c}{l}\right) \\[3mm] a_{22} = \dfrac{3}{2}m_1 H \\[3mm] a_{12} = m_1 H \dfrac{\pi H}{l}\dfrac{1}{2}\left(1 + \dfrac{4}{\pi^2}\right)\cos^2\left(\dfrac{\pi c}{l}\right) \end{cases} \tag{6-45}$$

因此，可以利用式(6-45)来求系数 γ，$\gamma = \dfrac{a_{12}^2}{a_{11}a_{22}}$。例如，设桅杆的质量为 500t，船体排水量为 10000t，船长 l=200m，$c = \dfrac{2}{3}l$，代入系数方程得

$$\gamma = \frac{a_{12}^2}{a_{11}a_{22}} = 0.0032 \tag{6-46}$$

显而易见，船身和桅杆的频率是可以独立确定的。此时，可以将桅杆单独进行固有频率的计算分析，可参照固支悬臂梁系统的分析方法。

在所研究的案例中，再一次遇到了局部振动，此时如果把复杂体系分解为各

个部分，就可以求出其固有频率。在很多问题中都会遇到这种现象，而且总是应当对于这种简化计算的可能性加以利用。例如，船体各种板架的振动可以看成局部振动，应当分别计算板架结构的振动，计算时可以把板架的支撑边界近似看成刚性的。

当研究桅杆的振动时，必须把顶桅当成固结在桅杆端部的一个质量。一般来说，这个质量的惯性矩必须看成顶桅对它在桅杆固结点的惯性矩。

6.5.4 船体舱段振动特性

在进行船体局部结构数值计算分析时，为避免计算量过大，最常采用的模型是舱段模型。但是与实船有限元计算不同，在计算分析局部舱段结构固有频率时，必须考虑边界条件、船上设备、流场等的影响。

1. 约化长度

船体在垂向振动时第一谐调的形式具有两个节点，第二谐调的形式具有三个节点。二节点和三节点振动形式的系数 K 代表船体在计及附连水质量条件下流场非平面性的修正系数，见表 6-3，在此可以表示船体高阶振型约化长度与船长的关系。

三节点振动可以通过系数 K 与具有较小长度船体的二节点振动的系数联系起来，同时较小长度舱段的二节点振动也可以通过系数 K 与较大长度船体的三节点甚至更多节点振动的系数联系起来。自由柱形梁的第 n 阶频率可以作为同一梁的第一阶频率来确定，但须具有长度：

$$l_n = \frac{3}{2n+1}l_1 \tag{6-47}$$

式(6-47)在 $n = 1$ 时已经正确，而对于船体约化长度，利用式(6-48)计算：

$$l_n = \left[\frac{3}{2n+1} + \frac{2.88(n-1)}{n^4}\right]l_1 \tag{6-48}$$

通过式(6-48)计算 n。例如，l_n 为 30m，l_1 为 140m 时，n 约等于 6，即该 30m 舱段产生一阶弯曲振型时可以看成整个 140m 船体处于垂向五阶弯曲振型，而且其对应的振动固有频率是十分接近的。船体在常规状态下不会产生垂向五阶振动，除非受到爆炸冲击作用的影响，因此分析结果时应忽略该频点产生的影响。

2. 频段划分

由激励引起的振动在一个很宽的频段内辐射能量，其频率范围低至 1Hz，高达 20kHz，因此计算总的船体振动和辐射时可以把频谱分成几个性质不同的频段来处理，大致可以分为低频区、中频区和高频区，分别代表船体整体振动、舱段或舱室振动以及板架局部振动。

(1) 低频区：低频区从 1Hz 延伸至声波波长等于船体长度 1/2 的频率。对于长 100m 左右的船舶，低频区频率上限约为 20Hz，在此频段上，整个船体参与运动，所用的模型必须能代表整个船体。

(2) 中频区：频谱的中频区在低频和声波波长等于横截面有效半径的频率之间。通过计算舱段横截面惯性矩与横截面面积可以得到截面有限半径，对于一般船舶，其中频区频率上限为 200～300Hz，在中频区频段内，由激励产生的振动一般限于一个舱室，船体其余部分的作用就像一块障板。

(3) 高频区：在数百赫兹以上的高频区，每个激励力仅使一个小的表面发生振动，而船体其余部分的作用实际上犹如无限障板。此时，一般仅考虑局部板格或板架的振动即可。

因此，采用舱段模型进行局部结构计算分析时，首先应选择中频区进行计算分析，其次应考虑剔除舱段整体弯曲固有频率，因为其在实船振动中是很难出现的。

3. 边界条件

船体局部振动与船体总振动总是互相耦合并一起发生的。由弹性系统的振动理论可知，当局部振动系统的有效参与质量与船体总振动质量相差很大时，或者当局部结构振动的固有频率和总振动的固有频率相差较大时，两者之间的振动耦合较小。此时，可以将所讨论的局部结构从整个船体结构中分离出来，而周边船体结构作为该局部结构的边界条件来处理。当不符合以上条件时，将上层建筑、桅杆、艉部结构立体舱段、机舱立体舱段等局部结构与周围船体结构区分开来，予以单独讨论和分析的方法会带来近似性，也可能导致很大的误差。我们将其统一称为边界条件的影响。

对于船体局部舱段结构，当选取不同的边界条件时，会给局部结构的固有频率带来非常大的影响。然而，在实际数值计算中，又不可能选择整个船体有限元模型来计算某局部结构的固有频率，以某船舱段内的双层底板架结构为例，是将其板架结构单独截断，还是在单舱段模型中计算，抑或是多舱段模型，乃至整船模型中计算其固有频率，如何计算才能准确反映局部结构的固有特征，此问题在工程计算中仍是一个难题。

在船体局部结构固有频率计算中，通过有限元法可以直接得到局部结构的所有固有频率特征，并且还可以通过在局部结构表面施加均布的单位力载荷进行扫频计算，即每隔 1Hz 施加简谐激励力，并计算振动频响曲线的峰值位置，对应于其固有频率附近的频点。通过对比振动响应的分布特征与模态振型，即可确定局部结构的固有频率与固有振型。有限元计算的过程是较为简单的，但复杂的是在繁杂的模态计算结果中找到需要的低阶模态(通常是前三阶固有频率)，需要大量的工程实践经验积累才可获得。

4. 质量影响

对于必须考虑船用大型设备质量的机舱舱段结构，如计算柴油机等主机舱段内部底板等的固有频率特征时，必须计及设备质量对局部结构固有频率的影响。但是，在考虑设备质量影响时，还必须考虑设备的安装方式。对于刚性安装的设备，若设备的质量与局部板架结构的质量相当，则必须考虑对其固有频率的影响，但是对于弹性安装的设备，又是另外一种情况。

当设备弹性安装，即设备通过减振器连接到船体板架结构上时，可以看成复杂多自由度系统来研究。对于任何一个复杂的多自由度系统，总可以看成由两个或若干个系统所组成。通常我们所关注的、要仔细进行分析的那个子系统称为主系统，对另一个或若干个的振动并不十分感兴趣。对主系统有各种影响的子系统称为副系统或从系统。在这里，我们将船体结构看成主系统，将设备看成从系统，以此考虑设备对机舱舱段底部结构固有频率的影响，如图 6-17 所示。

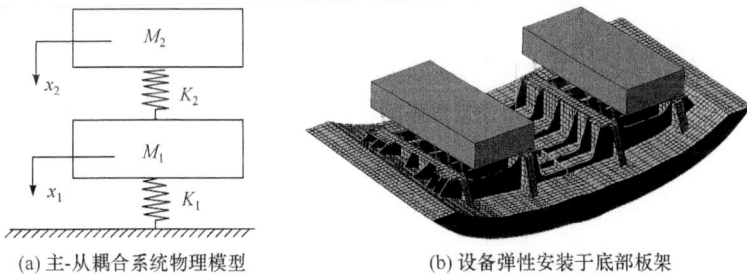

(a) 主-从耦合系统物理模型　　　　　　(b) 设备弹性安装于底部板架

图 6-17　设备-板架系统模型图

主-从耦合系统与结构的吸振原理有直接关系，因此本节不再介绍关于主从系统的相关理论，具体的内容参见 7.3.1 节。本节只给出设备弹性安装对板架频率影响的结论，对于一般的减振系统，设备的安装频率(设备质量与减振系统刚度构成单自由度系统频率)通常在 10Hz 左右，而船体板架结构(不考虑设备影响)大约在数十赫兹，因此在某种程度上可以认为设备与底部板架结构解耦，板架局部结构的固有频率不受设备质量的影响，在其计算分析时也可以单独处理。

相较于设备质量，液体质量对结构固有频率的影响是更显著的。在有限元计算中，当考虑液舱质量或者板架外流场附加质量的影响时，通常可以通过施加附加质量点或者直接建立流场模型的方式来考虑，计及舱段板架结构油水舱和附连水质量将会导致板架结构固有频率下降40%～60%。

6.5.5　常见振动系统的固有频率

表 6-6 列出了船舶结构中某些常见等效系统的固有频率计算公式[8]。

表 6-6　某些振动系统的固有频率计算公式

系统	振动系统	振动系统图	共振频率计算公式	公式中的参数	Δf 频带中的共振频率数
集中参数系统	簧上质量		$f_1 = \dfrac{1}{2\pi}\sqrt{\dfrac{K_n}{M}}$	—	—
	轴上圆盘		$f_1 = \dfrac{1}{2\pi}\sqrt{\dfrac{K_t}{I_{pd}}}$	$K_t = \dfrac{\pi G D^4}{32l}$, $I_{pd} = \dfrac{M_d D^2}{16}$	—
	连接两个圆盘的空心轴		$f_1 = \dfrac{1}{2\pi}\sqrt{\dfrac{K_t(I_{pd1}+I_{pd2})}{I_{pd1}I_{pd2}}}$	$K_t = \dfrac{\pi G(d^4 - d_1^4)}{32l}$	—
	悬臂梁上质量		$f_1 = \dfrac{1}{2\pi}\sqrt{\dfrac{K_{fl}}{M+0.23M_{CT}}}$	$K_{fl} = \dfrac{3B}{l^4}$, $M_{CT} = m_{CT}l$	—
	铰接梁上质量		$f_1 = \dfrac{1}{2\pi}\sqrt{\dfrac{K_{fl}}{M+0.5M_{CT}}}$	$K_{fl} = \dfrac{48B}{l^4}$, $M_{CT} = m_{CT}l$	—
分散参数系统	杆纵向振动		$f_1 = \dfrac{i}{2}\sqrt{\dfrac{E_{CT}S_{CT}}{m_{CT}l^2}}$	$i = 1,2,3,\cdots$	$N(\Delta f) = 2l\Delta f\sqrt{\dfrac{\rho_{CT}}{E_{CT}}}$
	轴扭转振动		$f_1 = \dfrac{i}{2}\sqrt{\dfrac{G_{CT}I_{pCT}}{\rho l^2}}$	$i = 1,2,3,\cdots$	$N(\Delta f) = 2l\Delta f\sqrt{\dfrac{\rho_{CT}}{G_{CT}}}$
	梁弯曲振动		$f_1 = \alpha_i\sqrt{\dfrac{B_{CT}}{m_{CT}l^4}}$	—	$N(\Delta f) = 2l\Delta f\sqrt[4]{\dfrac{m_{CT}}{B_{CT}\omega^2}}$
	一端固定一端自由		$f_1 = \alpha_i\sqrt{\dfrac{B_{CT}}{m_{CT}l^4}}$	$\alpha_1 = 0.703$, $\alpha_2 = 3.51$, $\alpha_3 = 9.83$	—

续表

系统	振动系统	振动系统图	共振频率计算公式	公式中的参数	Δf 频带中的共振频率数
分散参数系统	两端铰支		$f_i = \alpha_i \sqrt{\dfrac{B_{CT}}{m_{CT} l^4}}$	$\alpha_1 = 1.57$, $\alpha_2 = 2\pi$, $\alpha_3 = 4.5\pi$	—
	两端自由		$f_i = \alpha_i \sqrt{\dfrac{B_{CT}}{m_{CT} l^4}}$	$\alpha_1 = 0$, $\alpha_2 = 3.57$, $\alpha_3 = 9.83$, $\alpha_4 = 18.3$	—
	两端刚性固定		$f_i = \alpha_i \sqrt{\dfrac{B_{CT}}{m_{CT} l^4}}$	$\alpha_1 = 3.57$, $\alpha_2 = 9.83$, $\alpha_3 = 18.3$	—
	矩形板弯曲振动		$f_i = \alpha_i \sqrt{\dfrac{B_{CT}}{m_{CT} l^4}}$	—	$N(\Delta f) \approx \dfrac{S_{pl}\Delta f}{2} \sqrt{\dfrac{m_{pl}}{B_{pl}}}$
	四边铰支	—	$f_{in} = \dfrac{\pi}{2}\left(\dfrac{i^2}{l_1^2} + \dfrac{n^2}{l_2^2}\right)\sqrt{\dfrac{B_{pl}}{m_{pl}}}$	$i = 1,2,3,\cdots$; $n = 1,2,3,\cdots$	—
	四边固定	—	$f_1 = 3.56\sqrt{\dfrac{B_{pl}}{m_{pl}l^4}} \times \sqrt{1 + 0.6\dfrac{l_1^2}{l_2^2} + \dfrac{l_1^4}{l_2^4}}$ 若 $l_1 = l_2 = l$，则 $f_i = \alpha_i \sqrt{\dfrac{B_{pl}}{m_{pl}l^4}}$	$\alpha_1 = 5.7$, $\alpha_2 = 11.3$, $\alpha_3 = 16.2$	—
	三边铰支一边自由(沿 l_1 方向)	—	$f_1 = 0.5\sqrt{1 + \dfrac{4l_1^2}{l_2^2}} \times \sqrt{\dfrac{B_{pl}}{m_{pl}l^4}}$ $f_2 \approx \dfrac{\pi}{2}\sqrt{1 + 2.45\dfrac{l_1^4}{l_2^4}} \times \sqrt{\dfrac{B_{pl}}{m_{pl}l^4}}$		—
	三边固定一边自由(沿 l_1 方向)	—	$f_1 \approx 3.56\sqrt{1 + 0.04\dfrac{l_1^4}{l_2^4}} \times \sqrt{\dfrac{B_{pl}}{m_{pl}l_1^4}}$		—
	三边固定一边铰支(沿 l_1 方向)	—	$f_1 \approx 3.56\sqrt{1 + 0.475\dfrac{l_1^4}{l_2^4}} \times \sqrt{\dfrac{B_{pl}}{m_{pl}l_1^4}}$		

续表

系统	振动系统	振动系统图	共振频率计算公式	公式中的参数	Δf 频带中的共振频率数
分散参数系统	两个方向上有等距加筋肋增强、铰支板弯曲振动		$f_1 = \dfrac{\pi}{l_1^2}\left\{\dfrac{B_{pl}}{m_{pl}}\times\left[\dfrac{1+\dfrac{(i_2+1)l_1^3 B_{p2}}{(i_1+1)l_2^3 B_{pl}}+\dfrac{i_2 B_{pl}}{(i+1)B_{pl}}\left(1+\dfrac{l_1^2}{l_2^2}\right)^2}{1+\dfrac{(i_2+1)m_{p2}l_2}{(i+1)m_{pl}l_1}+\dfrac{M_{pl}}{(i+1)m_{pl}l_1}}\right]\right\}^{\frac{1}{2}}$		
	一个方向上有等距加筋肋增强、铰支板弯曲振动		$f_1 = \dfrac{\pi}{l_2^2}\left\{\dfrac{B_{p2}}{m_{p2}}\times\left[\dfrac{1+\dfrac{B_{pl}l_2^3}{(i_2+1)B_{p2}l_1^3}\left(1+\dfrac{l_1^2}{l_2^2}\right)^2}{1+\dfrac{M_{pl}}{(i_2+1)m_{p2}l_2}}\right]\right\}^{\frac{1}{2}}$		
	圆板弯曲振动		$f_i = \alpha_i \sqrt{\dfrac{B_{pl}}{m_{pl}R^4}}$	—	$N(\Delta f)\approx\dfrac{S_{pl}\Delta f}{2}\sqrt{\dfrac{m_{pl}}{B_{pl}}}$
	固定边		$f_i = \alpha_i \sqrt{\dfrac{B_{pl}}{m_{pl}R^4}}$	$\alpha_1 = 1.63$, $\alpha_2 = 2.34$, $\alpha_3 = 3.0$	—
	自由边		$f_i = \alpha_i \sqrt{\dfrac{B_{pl}}{m_{pl}R^4}}$	$\alpha_1 = 0.835$, $\alpha_2 = 1.44$, $\alpha_3 = 1.94$	—
	带环形加强筋的有限长铰支圆柱壳横向振动		$f_{i,n}=\left\{\dfrac{E_{\alpha\beta}}{4\pi^2\rho R^2 n^2(1+n^2)}\times\left[v^4+\dfrac{I_{p,tot}n^4(n^2-1)^2}{hlR^2}\right]\right\}^{\frac{1}{2}}$	$v = i\pi R/l$; $i = 1,2,3,\cdots$; $n = 2,3,\cdots$	—
	有限长铰支均匀圆柱壳横向振动	—	$f_{i,n}=\left\{\dfrac{E_{\alpha\beta}}{4\pi^2\rho R^2 n^2(1+n^2)}\times\left[v^4+\dfrac{I_{sh}n^4(n^2-1)^2}{hlR^2}\right]\right\}^{\frac{1}{2}}$	$v = i\pi R/l$; $i = 1,2,3,\cdots$; $n = 2,3,\cdots$	—
	圆截面梁的横向振动		$f_i = \dfrac{i(i^2-1)}{2\pi\sqrt{1+i^2}}\sqrt{\dfrac{B_{rod}}{m_{rod}R^4}}$	$i = 2,3,\cdots$	—

注：K_n 为弹簧抗拉刚度；K_t 为杆的抗扭刚度；I_{pd} 为圆盘极惯性矩；S 为杆截面或板的面积；I_{pCT} 为杆的横截面极惯性矩；m_{CT} 为板单位面积质量；$I_{p,tot}$ 为考虑环形加强筋的圆柱壳横截面总惯性矩；m_{rod} 为圆截面杆单位长度质量；I_{sh} 为圆柱壳板的惯性矩；M_d 为圆盘质量；$B = EI$ 为抗挠刚度；i_1、i_2 为板上分别沿 l_1 和 l_2 的加强筋数量；M_{pl} 为带加强筋板的质量。

6.6 船体强迫振动

随着作用在船上的激振力越来越大和结构优化设计的发展，人们对于如何预报船舶在已知激振力作用下的动力响应特性越来越重视。如前所述，船体梁在低谐调振动时的共振特性曲线比较陡峭，因此采用频率偏移的方法，也就是使船体的固有频率与外界激振力频率相差一定的数值就能使强迫振动的振幅显著降低。为了达到这种有效的偏移，在设计阶段必须正确地计算船体固有频率，这就是 6.4 节和 6.5 节讨论的内容。但为了预报非共振区的船舶响应特性，考虑到船舶激振力，尤其螺旋桨激振力，其频率已大大超出船体前几阶固有频率，而高频振动的共振特性曲线相当平坦，因此有必要研究船体梁在激振力作用下的强迫振动。这样才能使设计者在设计阶段就能对船舶动力特性有所了解，并把它控制在允许范围之内。

6.6.1 船体阻尼

计算周期激振力作用下的船体梁动力响应，突出的问题是船体阻尼的影响，尤其是共振区，阻尼的影响必须予以计及。船体梁振动的阻尼分为外阻尼和内阻尼两类。外阻尼，即水动力阻尼，是由水摩擦和振动引起的压力波与表面波所消耗的能量而形成的(即摩擦阻尼和兴波阻尼)。应该指出的是，在船体的刚体运动及航行运动中，这种阻尼产生的影响较大，然而对于船体的弹性振动，其产生的影响就较小，与内阻尼相比可忽略不计，或结合在一起考虑。内阻尼，即船体结构阻尼，包括材料迟滞阻尼、结构摩擦阻尼以及货物阻尼。材料迟滞阻尼是由材料的非弹性引起的，取决于材料的性质，钢船、木船、玻璃钢船均不同；结构摩擦阻尼取决于结构形式和连接方式，铆接船的阻尼高于焊接船；货物阻尼是由货物间及货物与船体间相对运动(摩擦)所引起的，随货物种类而异。

由上述可知，船体梁振动的阻尼比较复杂。由以往的研究可知，船体梁振动的阻尼主要是结构的内阻尼，但一般来说，不同的船其值是不同的。即使是按同一图纸建造的船舶，由于工艺制造的因素，其内阻尼在数值上也会有所差别。迄今为止，对船体梁振动的阻尼的研究并不充分，还不能按理论分析计算，只能根据实船试验资料而建立各种假设。目前关于船体振动阻尼的假设有黏性外阻尼假设、福赫脱假设和萨罗金假设。

1. 黏性外阻尼假设

按照麦克果尔德瑞克(Mcgoldrik)的研究，假设船体弯曲振动时，单位长度船体上受到的阻尼力为

$$R = -C(x)\frac{\partial w}{\partial t} \tag{6-49}$$

式中，$C(x)$ 为单位长度上单位速度下的黏性阻尼力，即黏性阻尼系数。把船体阻尼视为等效的黏性外阻尼。黏性阻尼系数可分为两类，一类是瑞利质量正比型阻尼，即

$$\frac{C(x)}{m_g(x)} = \lambda \tag{6-50}$$

式中，$m_g(x)$ 为包括附连水质量的单位长度的船体总质量；λ 为常数，s^{-1}。按这种假设，阻尼与振幅及频率无关。

另一类是 $C(x)$ 既与质量分布成正比，又随振动频率的增加而线性增加，即

$$\frac{C(x)}{m_g(x)\omega} = \lambda_1 \tag{6-51}$$

其中，

$$\lambda_1 = \frac{\lambda}{\omega} \tag{6-52}$$

式中，λ_1 为无因次系数；ω 为船体振动的角频率。麦克果尔德瑞克按实船激振试验得出，$\lambda_1 = 0.034$(垂向振动)，$\lambda_1 = 0.041$(水平振动)。但与实船测得的高频艉部扇形振动振型(可算得 $\lambda_1 = 0.26$)不符，与上述假设矛盾，说明尚需进一步研究。

2. 福赫脱假设

福赫脱(Voigt)在 1890 年假设材料的应力和应变的关系为

$$\sigma = E\varepsilon + \wp E\dot{\varepsilon} \tag{6-53}$$

式中，σ 为应力；ε 为应变；E 为材料的法向弹性系数；$\dot{\varepsilon}$ 应变速度，$\dot{\varepsilon} = \dfrac{\mathrm{d}\varepsilon}{\mathrm{d}t}$；$\wp$ 为黏性内阻尼系数，对每一种材料为一个常数。

福赫脱假设材料的非弹性阻尼力与应变速度成正比，将其用于梁的弯曲振动，可得到弹性内阻尼力为

$$R = \frac{\partial^2}{\partial x^2} C_S I(x) \frac{\partial^3 w}{\partial x^2 \partial t} = \wp \frac{\partial^3}{\partial x^2 \partial t} \left[EI(x) \frac{\partial^2 w}{\partial x^2} \right] \tag{6-54}$$

引入此阻尼项后，强迫振动的解析解(主坐标法解)参见 3.1 节。

引用福赫脱假设在数学上的处理是非常方便的，所以在造船界中也得到了广泛应用。但是假设非弹性阻尼力与应变速度有关，对周期振动来说也就是与振动频率有关，这与实验所得到的结果是矛盾的。许多有关非弹性阻尼的实验都证明非弹性阻尼与振动频率(应变速度)无关，而与迟滞圈面积有关，因此此假设的基础是有问题的。尽管如此，目前仍应用此假设来计算非弹性阻尼，因为它可将振动方程化为线性微分方程，且可以去除耦合，将主振动的概念应用到非弹性阻尼系统的振动中，并且针对具体问题，只要选择适当的阻尼系数，其计算结果仍是

可信的。例如，巴巴也夫(Babaeb)对船体高谐调强迫振动的计算认为，若取 $\wp_1 = 0.01$，则计算所得到的船体强迫振动的振型将与实船的扇形振动较好地吻合。这种吻合自然也在某种程度上揭示了船体内阻尼的一些特点，因为船舶是一个复杂的结构物，在振动时由于各种因素的综合，船体阻尼的宏观效应确实与频率有关。事实上，由船体的激振试验也可看出，同一艘船各个谐调的阻尼是不同的。

3. 萨罗金假设

通过对福赫脱假设进行改进，萨罗金引入了类似的非弹性阻尼的假设，并应用于船梁的弯曲振动中，只需将式(6-54)的弹性阻尼力改为

$$R = \frac{d}{\omega} \frac{\partial^3}{\partial x^2 \partial t} \left[EI(x) \frac{\partial^2 w}{\partial x^2} \right] \tag{6-55}$$

即令 $\wp = \dfrac{d}{\omega}$，其中，d 为材料的非弹性阻尼系数，$d = \dfrac{\psi}{2\pi}$，ψ 为能量吸收系数，其大小等于迟滞圈面积与 $\triangle OAB$ 面积的比；ω 为简谐振动的角频率。以下的计算方法与福赫脱类似，但其本质是不同的。萨罗金假设常用复数形式来表示，以使求解更加方便而简洁。

4. 船体振动阻尼数据

船舶振动阻尼是一个复杂的因素，需要积累大量的试验数据，否则，船体振动响应便无坚实的基础。为了计算总体振动响应，即计算频率较低时，建议采用图 6-18 所示的模态阻尼比，分别按照压载状态和满载状态以及振动激励频率从纵坐标上选取模态阻尼比的百分数。

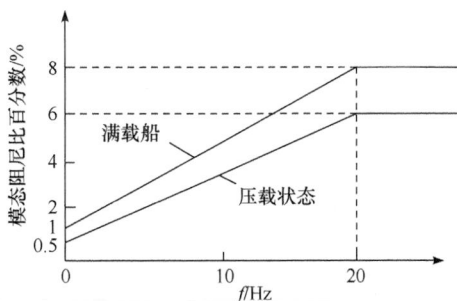

图 6-18 船体总振动阻尼比

图 6-19 给出了俄罗斯学者经过大量阻尼测试得到的船舶结构阻尼。由图可以看出，损耗因子从 0.003 到 0.03 不等，高于船体材料内部(固有)损耗因子的数

量级，因此可以认为船体损耗主要来源于结构损耗。频率高于 1kHz 时，损耗因子与频率相关性很小，而频率低于 1kHz 时，损耗因子随着频率的下降而升高，铝合金船舶结构损耗因子为钢船结构的 3～4 倍，这可能是由铆接结构造成的，同一船舶上不同结构的损耗因子相互间的差别很小；损耗因子随船舶结构板增厚，即随排水量的增加而增大。

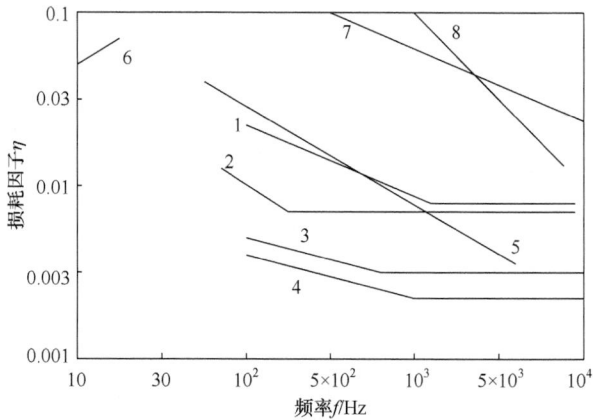

图 6-19　不同船舶结构损耗因子

1-内河铝船；2-内河钢船；3-排水量 1500t 的钢船；4-排水量 900t 的钢船；5-铝合金船；6-排水量 6100t 的钢船；

7、8-电动机

同一船舶不同位置的阻尼也不尽相同。图 6-20 给出了由哈尔滨工程大学测量的某钢船不同位置处的损耗因子，其损耗因子测量结果与图 6-19 中 1500t 的

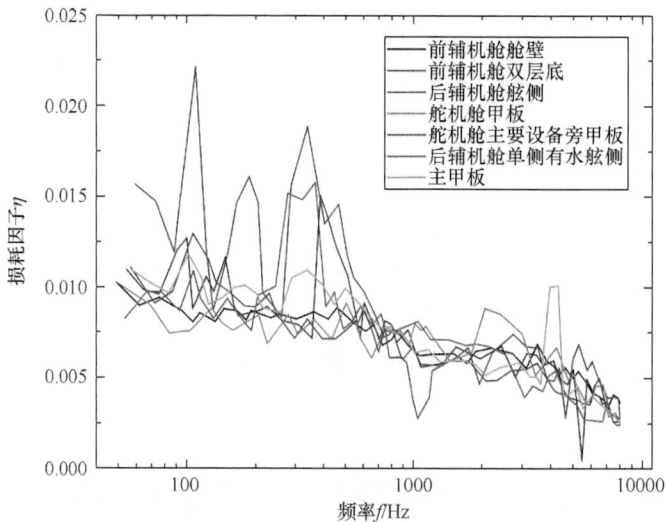

图 6-20　某钢船不同位置处的损耗因子

钢船大致相同，发现机舱带水部分损耗因子有所提升，可见流体介质可起到增加船体结构振动阻尼的作用。

6.6.2 船体梁强迫振动

如果船体外阻尼按麦克果尔德瑞克的黏性阻尼假设，即化为等效的黏性外阻尼、瑞利质量比例型阻尼。内阻尼若按福赫脱假设，则为刚度比例型，萨罗金假设也可化为类似的形式。这就相当于 3.1 节中内外阻尼的情况，若激振力是在 $x = x_0$ 处的集中简谐激振力 $F_0\sin(\omega t)$，可进一步将式(3-121)化为

$$w(x,t) = \sum_{j=1}^{\infty} \frac{F_0\phi_j(x_0)}{\omega_j^2 \int_0^l m_{gj}(x)\phi_j^2(x)\mathrm{d}x} \frac{\phi_j(x)}{\sqrt{(1-\gamma_j^2)^2 + \left(\dfrac{\lambda}{\omega_j} + \wp\,\omega_j\right)^2 \gamma_j^2}} \sin(\omega t - \beta_j) \quad (6\text{-}56)$$

如令

$$K_j = \omega_j^2 \int_0^l m_{gj}(x)\phi_j^2(x)\mathrm{d}x \quad (6\text{-}57)$$

表示船梁第 j 谐调主振动的广义刚度，而

$$\alpha_j = \frac{1}{\sqrt{\left(1-\gamma_j^2\right)^2 + \left(\dfrac{\lambda}{\omega_j} + \wp\,\omega_j\right)^2 \gamma_j^2}} \quad (6\text{-}58)$$

表示第 j 谐调主振动的动力放大系数，则船体梁的位移可以写成更简洁的形式：

$$w(x,t) = \sum_{j=1}^{\infty} \frac{F_0\phi_j(x_0)}{K_j} \alpha_j\phi_j(x)\sin(\omega t - \beta_j) \quad (6\text{-}59)$$

如果船体发生低谐调共振，由于阻尼的存在，振幅不会趋于无限大，此时船体的振幅可近似地按该谐调的振动来计算，而忽略不计其他谐调振动的影响。

由式(6-58)可见，动力放大系数只与振动频率及阻尼有关，而与振动谐调数、类型(弯曲或扭转)、方向(垂直或水平)无关。动力放大系数也与阻尼特性有关，而要精确地求取阻尼系数是困难的，因此实际上往往是以实船试验为基础的经验来估算船体总振动的共振振幅。最早在确定动力放大系数时用洛克伍德-泰勒(Lockwood-Taylor)公式：

$$\alpha_j = \frac{5200}{N_j^{0.76}} \quad (6\text{-}60)$$

式中，N_j 为第 j 谐调共振时的频率，min^{-1}，但与现代船的试验数据不符，与现

代船的试验数据较符合的是沙夫洛夫公式：

$$\alpha_j = \frac{56200}{N_j^{1.45}}$$
(6-61)

以上讨论的是解船体梁响应的主坐标法。在算得船体的固有频率及振型后，应用主坐标法计算船体梁的响应是很方便的。在推导主坐标法计算公式时要用到正交条件，而对船体振动来说，附连水质量对各个谐调是不同的，因此正交条件是近似的。严格地说不能分解为各个主振动的叠加，这是主坐标法解船体梁响应的主要缺点。此外，主坐标法的解还取决于固有频率和固有振型的精度。高谐调固有频率和固有振型的精度低(由于附连水质量计算的限制，通常只能算到五阶)，故由此计算的高频响应误差也必然大。

作为改进，也可用 6.4.3 节中的迁移矩阵法来计算船体梁的响应。其基本思想也是把船体分成若干段，用逐段等截面梁代替实际的变截面梁，考虑剪切与剖面转动及阻尼的影响，建立分段梁的振动微分方程式，把激振力(或激振力矩)作用点作为分段划分的节点，这里可能需要增加迁移矩阵的维度。例如，为了引入剪力的突变，而将原本的 4×4 矩阵变为 5×5 矩阵，加上计算节点两侧剖面状态矢量之间关系的点迁移矩阵，建立船梁首尾两端剖面状态矢量之间的关系，再运用船梁两端边界条件求解，从而最终求得各剖面的状态矢量，解得船体梁的响应。这种方法免除了主坐标法的主振型正交条件，也不需要用到自由振动计算所得到的频率和振型。当然，受梁弯曲理论的限制，高频亦会有误差，因此运用有限元法把船体视为空间三维结构自然比视为变截面梁更能反映船体真实的物理本质。

最后，还要指出，由于至今船体振动阻尼的研究还不充分，激振力尤其是螺旋桨激振力虽有很多人研究，但解的精度仍然很低，故船体振动响应的计算值与实测结果还有很大的差距。

6.6.3　船体板强迫振动

船体板的强迫振动在船舶振动计算分析中也非常重要，如计算螺旋桨脉动压力直接作用区的板格振动应力。螺旋桨脉动压力的计算将在 6.7 节讨论，这里作为已知条件。现假定螺旋桨脉动压力沿板面均匀分布，再考虑动力影响，乘上动力放大系数：

$$\alpha = \frac{1}{1 - \left(\dfrac{N}{f_n^*}\right)^2}$$
(6-62)

式中，N 为以每分钟计的激振力频率；f_n^* 为考虑单面附连水质量影响的平板固有频率，$\min^{-1}$。

把求振动载荷作用下板的应力问题近似看成在均布静载荷 p_{max} 作用下板的弯曲问题。由船舶强度中承受均布载荷的平板弯曲计算公式可知，在计算板中应力时，四边自由支承的板较四边刚性固定的板应力大，短边方向应力大，故得螺旋桨脉动压力直接作用区板中心短边方向的应力(取板格四周简支)为

$$\sigma_1 = p_{max} \frac{1}{1-\left(\dfrac{zn}{f_n^*}\right)^2} \frac{6k_3 b^2}{h^2} \tag{6-63}$$

同理，在求板格支承周界上的应力时，应取为周界长边的中点，且板格四周为刚性固定，故

$$\sigma_2 = p_{max} \frac{1}{1-\left(\dfrac{zn}{f_n^*}\right)^2} \frac{6k_5 b^2}{h^2} \tag{6-64}$$

式中，z 为螺旋桨叶数；n 为螺旋桨转速，r/min；p_{max} 为螺旋桨最大脉动水压力，kPa，按第 7 章有关内容求取；k_3、k_5 为弯曲系数，其取值参见表 6-7。

表 6-7 k_3、k_5 弯曲系数取值表

a/b	1	1.1	1.2	1.3	1.4	1.5	1.6	1.7
k_3	0.0479	0.0553	0.0626	0.0693	0.0753	0.0812	0.0862	0.0908
k_5	0.0517	0.0554	0.0613	0.0668	0.0714	0.0753	0.0784	0.0807
a/b	1.8	1.9	2	3	4	5	∞	
k_3	0.0948	0.0985	0.1017	0.1185	0.1235	0.1246	0.125	
k_5	0.0821	0.0826	0.0829	0.0832	0.0833	0.0833	0.0833	

为保证强度，使板在脉动水压力作用下不致振裂，通常要求

$$\sigma_1 \leqslant 0.3\sigma_s \tag{6-65}$$

$$\sigma_2 \leqslant (1960 \sim 2940)\text{N}/\text{cm}^2 \tag{6-66}$$

式中，σ_s 为材料的屈服应力，对于船用低碳钢材，$\sigma_s = 23520\text{N}/\text{cm}^2$。

6.7 船舶振动源与噪声源

船体所受的干扰力有周期性和非周期性两种。周期性干扰力(如由主机或螺旋桨引起的干扰力)能使船体产生周期性的振动，是本节讨论的主要内容。非周

期性干扰力也能使船体产生振动，但其振动性质不稳定。如船舶在不规则波浪中的振动，由于波浪外力的随机性质，其振动规律不能用简单的函数来表示，只能用概率和统计的方法来描述其数量规律，这种非周期性的持续振动称为随机振动。

在绝大多数情况下，船体振动需要解决的问题是船体上发生的稳态振动，引起船体周期性振动的主要振源是螺旋桨和主机，它们在运转时将引起周期性的干扰力，如往复式机器的不均衡惯性力、螺旋桨引起的干扰力以及高速船附体附近空泡引起的干扰力，使船体发生稳态强迫振动。其他如汽轮机和电动机等回转机械一般比较容易满足静平衡和动平衡要求，运转时不致出现过大的激振力。发电机或电动机的定子和转子之间的磁力作用有时会产生高频激励。柴油发电机、空气压缩机和各种泵也会产生干扰力，但是数值有限，一般只引起局部结构的振动。

6.7.1　螺旋桨激振力

螺旋桨工作时所引起的干扰力是极其复杂的，它与螺旋桨的形状参数、船体(包括附体)后体线型和航速有关。

按干扰力的频率，螺旋桨干扰力可分为两类：一类是轴频干扰力，即螺旋桨的干扰频率等于桨轴转速的一阶干扰力；另一类是干扰频率等于桨轴转速 n 乘以桨叶数 z 或桨叶数倍数的高阶干扰力，称为叶频干扰力或倍叶频干扰力。

1. 轴频干扰力

引起轴频干扰力的原因有螺旋桨的机械静力不平衡、机械动力不平衡及水动力不平衡。

(1) 螺旋桨制造偏差，如加工不准确、材料不均匀、工艺工差分布不均匀、桨叶形状不同等，都会引起各桨叶质量不等，而使螺旋桨重心不在回转轴上，即螺旋桨静力不平衡。

(2) 螺旋桨的重心虽在回转轴上，但各桨叶在轴线方向有错位，从而使各桨叶的重心不在同一盘面内，转动时各叶离心力形成轴频不平衡力矩，使桨轴产生弯曲振动。上述情况称为螺旋桨的动力不平衡。

(3) 如果螺旋桨制造不精密，各桨叶的几何要素不相同，即使是机械平衡的螺旋桨，在"敞水"中转动时也会产生动力不平衡，其中尤以螺距的影响最大。因为水流对各桨叶的冲角不同，每一桨叶上的推力和阻力也不同，所以总推力不与桨轴线重合。由于偏心的结果，将形成一个频率等于桨轴转速且使桨轴弯曲的力矩。阻力合力不等于零，也将形成一个频率等于桨轴转速，且作用于桨轴的一阶周期干扰力。它们都通过轴系和轴承传给船体引起船体的横向振动和扭转振动，称为螺旋桨水动力不平衡引起的激励力，如图 6-21 所示。

(4) 采用螺旋桨轴频激振力计算公式。螺旋桨的一阶轴频激振力 F_{max} (单位为 t)可由式(6-67)确定：

$$F_{max} = [1 + (34 / z)(A / A_d)(H / D)^2]K\rho\omega^2 R^4$$

(6-67)

式中，z 为桨叶数；A/A_d 为螺旋桨的盘面比；H/D 为螺距比；ρ 为水的密度，$\rho = 0.102\text{t·s}^2/\text{m}^4$；$\omega$ 为螺旋桨的转动角频率，$\omega = \pi N / 30$，rad/s，N

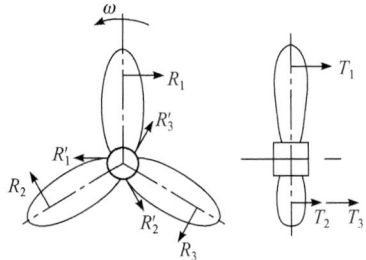

图 6-21 螺旋桨推力与阻力

为桨轴转速，r/min；R 为螺旋桨半径，m；K 为螺旋桨制造的相关系数，特级取 0.6×10^{-4}，高级取 0.75×10^{-4}，中级取 1.20×10^{-4}。

2. 叶频干扰力

叶频干扰力与螺旋桨的制造质量无关，这种力可分为两类：一类是螺旋桨转动时经水传至船体表面的脉动水压力，称为螺旋桨脉动压力，其沿船体表面的积分值(合力)称为表面力；另一类是螺旋桨在船后工作时，伴流在周向分布的不均匀性，使作用在桨叶上的流体力发生变化而引起的激振力，因它通过桨轴和轴承作用于船体，故称为轴承力。

1) 表面力

螺旋桨脉动压力的产生，可从下述两个方面来解释：一方面，螺旋桨在水中工作时，叶面与叶背的压力差在叶梢处形成螺旋涡系，如图 6-22(a) 所示，使螺旋桨邻近水中各点的压力呈周期性变化，位于压力场内的艉部底板及舵叶等其他结构便受到周期性脉动压力的作用，因为螺旋强度与螺旋桨的载荷(推力和扭矩)有关，所以这一部分脉动压力常称为载荷效应；另一方面，螺旋桨桨叶具有厚度，如图 6-22(b) 所示，在流场中运动时，流场中某一点 P 处的压力将随着桨叶接近和远离该点发生周期性变化，从而使该流场中各点受到脉动压力，这种效应称为叶厚效应。

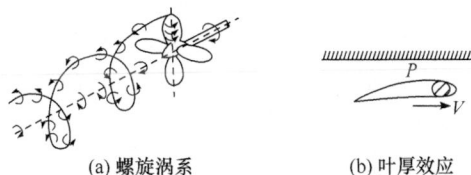

(a) 螺旋涡系   (b) 叶厚效应

图 6-22 螺旋桨脉动压力产生机制

由上述分析还可以看出，即使在敞水均匀流场中，螺旋桨脉动压力也存在。当螺旋桨在船后不均匀流场中转动时，会进一步加大压力波动，从而使脉动压力增大。

2) 轴承力

螺旋桨在船后不均匀流场中旋转，桨叶所通过的是进流速度不同的流场，即在任一瞬间各叶的攻角不同，因此将引起桨叶上推力和阻力的变化。推力的中心不通过桨轴，因此将产生如图 6-23(a) 所示的脉动推力和水平、垂向弯矩。由于旋转阻力合力不等于零，将产生如图 6-23(b) 所示的分力和扭矩。因此，轴承力有三个脉动分力和三个脉动力矩，统称 6 个分力，即推力 P_X、垂向弯矩 M_Y、水平弯矩 M_Z、转矩 M_X、水平力 P_Y、垂直力 P_Z。

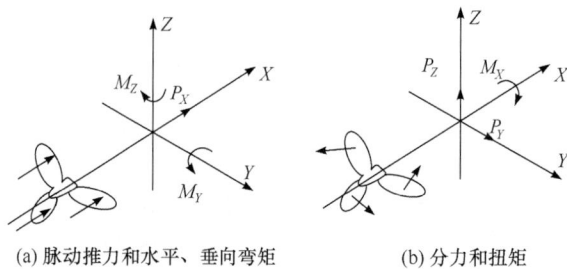

(a) 脉动推力和水平、垂向弯矩　　　　　　　　(b) 分力和扭矩

图 6-23　螺旋桨轴承力

周期性变化的推力会引起轴系、船体和上层建筑的纵向振动，转矩(扭矩)会引起轴系和动力装置的扭转振动，而侧向力和弯矩会引起轴系和船体的横向振动。

在均匀流场中，各叶片的几何特征完全相同的螺旋桨，除了恒定的推力和转矩外，其他分力均等于零，因此也不产生轴承力。轴承力只在不均匀的流场中存在，伴流越不均匀，轴承力就越大。

3) 伴流和空泡对叶频激振力的影响

当螺旋桨负荷加重，在船后不均匀伴流中工作时，随着转速增大，螺旋桨还可能产生空泡，虽对轴承力的影响不大，但对表面力的影响很大。定常空泡(主要指叶梢片空泡)对表面力的影响，可按脉动的空泡层而引起叶片厚度变化这样一种叶厚效应来处理。对于非定常的变空泡，螺旋桨在不均匀流场中周期地进入高低伴流区，空泡时而产生时而崩溃，且溃灭的时间很短，使脉动压力力幅变化很大，其幅值可较无空泡时成倍或几十倍地增加。非定常部分所诱导的压力远大于其他因素诱导的压力，特别是在空泡体积变化最剧烈时所诱导的高幅值压力波，在水中以声速向四方传播，因此基本上是"同时"到达船体表面各个点，与船体表面脉动压力趋于同相位，自然表面力值急剧增加。这时脉动压力的分布也发生变化，在纵向，峰值向后移动，空泡数目越小，峰值越在盘面之后。这是由脉动片空泡越来越长，并在桨后崩溃所致。在横向呈明显的不对称，压力峰偏向桨叶离开高伴流区的一侧，这是由空泡在离开高伴流区时迅速崩溃所致。

无空泡的脉动压力各谐调分量中，以叶频分量幅值为主，其他高频分量幅值小，可忽略不计，所以压力波形接近于叶频的正弦波，定常空泡也大致如此。在非定常空泡下，2 倍叶频以上的高频分量幅值增大，不能再予以忽视。

4) 表面力和轴承力的计算

影响表面力和轴承力的因素众多，因此目前一般采用各种近似估算方法。对于螺旋桨上方为平底的船舶，高桥肇(日)建议在船舶设计阶段，无空泡的垂向表面力单幅值 F_S(单位为 kN)可以用式(6-68)估算：

$$F_S = 4.77 K K_{P0} \frac{\text{SHP}}{nD} \frac{B}{2} \tag{6-68}$$

而最大脉动压力 P_{max}(单位为 kN/m²)为

$$P_{max} = 4.77 K_{P0} \frac{\text{SHP}}{nD^3} \tag{6-69}$$

式中，SHP 为螺旋桨轴功率，kW；n 为轴转速，r/min；D 为螺旋桨直径，m；K 为与叶数和梢隙比 C/D 有关的系数，三叶情况下 $K = 0.73\frac{C}{D} + 0.08$，四叶情况下 $K = 0.48\frac{C}{D} + 0.032$，五叶情况下 $K = 0.25\frac{C}{D} + 0.003$；$K_{P0}$ 为无因次压力系数，为梢隙比 C/D、叶数 z 与滑脱比 S 的函数，取自图 6-24(a)；B 为与螺旋桨上方船底形状有关的系数，称为固壁系数，取自图 6-24(b)，对于平板，当夹角 $\alpha = 90°$ 时，$B = 2$。

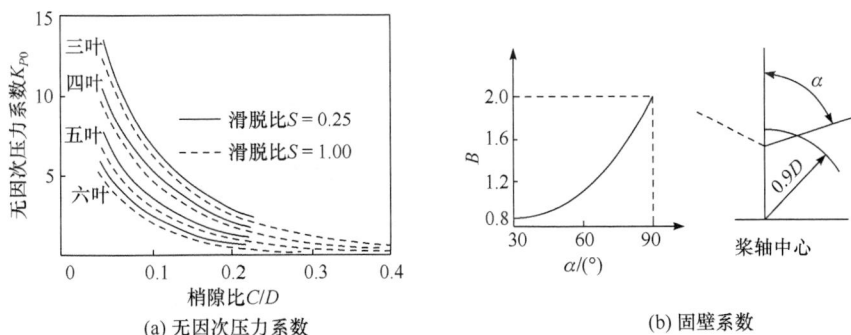

(a) 无因次压力系数   (b) 固壁系数

图 6-24 表面力计算参数

在设计阶段，垂向轴承力单幅值 F_B(单位为 kN)可用式(6-70)估算：

$$F_B = K_B \frac{\text{SHP}}{10nD} \tag{6-70}$$

式中，K_B 为与叶数有关的系数，四叶情况下 $K_B = 8.0$，五叶情况下 $K_B = 10.7$，六叶情况下 $K_B = 13.3$。

当空泡非常严重，无伴流分布资料时，表面力单幅值近似估算可按式(6-71)进行：

$$F = 4.77 K_{P0} \frac{K \times \text{SHP}}{nD} K_A K_{PH} \tag{6-71}$$

式中，K_A 为幅值修正系数，由实船实测统计 $K_A \approx 3$；K_{PH} 为相位差修正系数，按船模实验结果，$K_{PH} \approx 2$。

例 6-2　求某长江客船桨叶上方壳板的应力。已知该船单机额定功率为 1176.5kW，额定转速为 350r/min，双桨、四叶，螺旋桨直径为 1.9m，叶梢离船壳板的实际间隙为 280mm，桨叶上方壳板的尺度为 2500mm×575mm×10mm。

解：由式(6-69)可得最大脉动压力为

$$P_{\max} = 4.77 \times 3 \times \frac{1176.5}{350 \times 1.9^3} = 7.013 \text{kN/m}^2 = 0.7 \text{N/cm}^2$$

由 $a = 250\text{cm}$，$b = 57.5\text{cm}$，$h = 10\text{mm}$，根据第 3 章算得四边简支板的固有频率 $\omega_{n1} = 4100 \text{min}^{-1}$，四边刚性固定板的固有频率 $\omega_{n2} = 10000 \text{min}^{-1}$。考虑附连水质量的修正，因 $b/a = 57.5/250 = 0.23$，由图 6-11 相应查得 $k = 0.72$ 及 0.57，故由式(6-11)可得

$$\omega_{n1}^* = \frac{4100}{\sqrt{1 + 0.72 \times \dfrac{57.5}{1 \times 7.85}}} = 1637 \text{min}^{-1}$$

$$\omega_{n2}^* = \frac{10000}{\sqrt{1 + 0.57 \times \dfrac{57.5}{1 \times 7.85}}} = 4396 \text{min}^{-1}$$

因 $a/b = 250/57.5 = 4.35$，由表 6-7 查得 $k_3 = 0.1235$，$k_5 = 0.0833$，故由式(6-63)可得板中心短边方向的应力为

$$\sigma_1 = 0.7 \times \frac{1}{1 - \left(\dfrac{4 \times 350}{1637}\right)^2} \frac{6 \times 0.1235 \times 57.5^2}{1.0^2} = 6384 \text{N/cm}^2$$

而由式(6-64)可得板支承周界长边中点应力为

$$\sigma_2 = 0.7 \times \frac{1}{1 - \left(\dfrac{4 \times 350}{4396}\right)^2} \frac{6 \times 0.0833 \times 57.5^2}{1.0^2} = 1287 \text{N/cm}^2$$

由计算结果

$$\sigma_1 = 6384 \text{N/cm}^2 < 0.3 \sigma_s = 7056 \text{N/cm}^2$$

$$\sigma_2 = 1287\text{N/cm}^2 < 1960\text{N/cm}^2$$

可见板中心应力已接近容许值。

该船艉部振动大，实测桨叶上方壳板振幅最大值为 0.81mm，已接近船级社提出的振动衡准允许限值 1mm。后改为五叶桨，在减小直径，增大间隙后，艉部振动得到改善。

螺旋桨的干扰力主要激起船体艉部振动。例如，浙江 1600t 沿海客货船，由于艉部线型选择不当，伴流极不均匀，引起较大的脉动压力；加上螺旋桨的非定常空泡，致使表面力极大，造成船体艉部结构多处振裂，影响船舶正常营运。再如，例 6-2 中出现的某长江客船，螺旋桨叶梢与船壳板间隙过小，激起较大的艉部振动，造成艉三等舱多个舱室的垂向振动加速度单幅峰值达到0.25g，影响了舒适性。

6.7.2 柴油机激振力

船舶与一般工程建筑物不同，在机舱与其他舱室中装设了各种类型的动力装置辅机和设备，这些机器和设备运转时都可能引起船体及其局部结构的振动。对一般运输船来说，机舱中最主要的振源是主机，视船舶的大小可以是低速、中速柴油机，也可以是高速柴油机。大、中型船舶机械设备较多，增压器、泵、通风机等都可能引起局部的振动，下面讨论由柴油机引起的干扰力。

柴油机运转时作用在船体上的周期干扰力主要有两种：一种是运动部件惯性力产生的不平衡力和不平衡力矩，其幅值及频率取决于运动部件的质量、发火顺序、缸数、冲程数、曲柄排列及转速等；另一种是气缸内气体爆炸压力产生的对气缸侧壁的侧向压力和倾覆力矩，其幅值及频率取决于缸径、工作压力、曲柄连杆长度比、缸数和冲程数。

1. 不平衡力和不平衡力矩

柴油机是一种往复式机械，当它运转时运动部件将产生惯性力。图 6-25 为柴油机的力学简图，O 为柴油机长度中点，坐标轴正向和曲柄扭转角正向如图 6-25 所示，力矩按右手螺旋法则定正向。其中，活塞组件做直线运动，曲柄组件做回转运动，连杆组件则做平面运动。为处理方便，认为连杆一部分做直线运动，另一部分做回转运动。

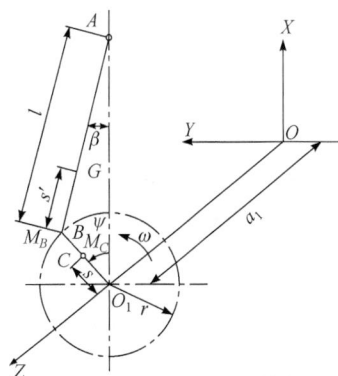

图 6-25　柴油机力学简图

1) 单缸情况

先讨论单缸情况。直线运动部分的质量(设集中于 A 点)为

$$M_A = M_1 + M_2' = M_1 + \frac{S'}{l}M_2 \tag{6-72}$$

回转运动部分的质量(集中于 B 点及 C 点)为

$$\begin{cases} M_B = M_2'' = \left(1 - \frac{S'}{l}\right)M_2 \\ M_C = M_3 \end{cases} \tag{6-73}$$

式中，M_1 为活塞组件质量；M_2 为连杆组件质量；M_3 为曲柄组件质量；l 为连杆长度；S' 为连杆重心 G 至曲柄端的距离。

质量 M_A 做直线运动，产生的垂向惯性力为

$$F_A = -M_A \frac{\partial^2 x}{\partial t^2} = -\left(M_1 + \frac{s'}{l}M_2\right)\frac{\partial^2 x}{\partial t^2} \tag{6-74}$$

质量 M_B、M_C 做圆周运动，产生的惯性力就是沿半径方向的离心力：

$$F_B = M_2'' r\omega^2 + M_3 s\omega^2 = \left[r\left(1 - \frac{S'}{l}\right)M_2 + sM_3\right]\omega^2 = Q'\omega^2 \tag{6-75}$$

式中，r 为曲柄半径；s 为曲柄重心至中心的距离；ω 为回转角速度。

一般认为曲柄做等角速度运转，F_B 只改变方向而不改变大小，其频率等于轴速度，是一阶干扰力。此外，在图 6-25 中，β 为连杆的摆动角；ψ 为曲柄扭转角，$\psi = \omega t$，t 为从曲柄起点开始的时间。

根据图中的几何关系，可得

$$r\sin\psi = l\sin\beta \tag{6-76}$$

$$x(t) = r\cos\psi + l\cos\beta = r\cos(\omega t) + \sqrt{l^2 - r^2\sin^2(\omega t)} = r\cos(\omega t) + \frac{1}{l}\sqrt{1 - \frac{r^2}{l^2}\sin^2(\omega t)}$$

$$\tag{6-77}$$

令 $r/l = \lambda$，通常 $\lambda < 1/4$，故根号内第二项小于 $1/16$，因此根号项按牛顿二项式定理展成幂级数，再利用倍角公式可得

$$x(t) = l - \frac{r^2}{4l} - \frac{3r^4}{64l^3} + \cdots + r\cos(\omega t) + \left(\frac{r^2}{4l} + \frac{r^4}{16l^3} + \frac{15r^6}{512l^5} + \cdots\right)\cos(2\omega t)$$

$$- \left(\frac{r^4}{64l^3} + \frac{3r^6}{256l^5} + \cdots\right)\cos(4\omega t) + \left(\frac{r^6}{512l^5} + \cdots\right)\cos(6\omega t) \tag{6-78}$$

由式(6-78)求得 $\dfrac{\partial^2 x}{\partial t^2}$，再代入式(6-74)得

$$F_A = \left(M_1 + \frac{S'}{l}M_2\right)r\omega^2\left[\cos(\omega t) + \left(\frac{r}{l} + \frac{r^3}{4l^3} + \frac{15r^5}{128l^5} + \cdots\right)\cos(2\omega t)\right.$$

$$\left. - \left(\frac{r^3}{4l^3} + \frac{3r^5}{16l^5} + \cdots\right)\cos(4\omega t) + \left(\frac{9r^5}{128l^5} + \cdots\right)\cos(6\omega t) + \cdots\right]$$

$$F_A = Q\omega^2\left[\cos(\omega t) + A_2\cos(2\omega t) - A_4\cos(4\omega t) + \cdots\right] \tag{6-79}$$

由此可知，在垂向存在一阶、二阶、四阶等偶数惯性力，它们的特征是只改变大小而不改变方向，始终作用在气缸中心线上方。略去四阶以上的高阶项，则运动部件产生的惯性力在三个坐标轴上的分量为

$$F_{X_i} = \omega^2\left[(Q + Q')\cos\psi + QA_2\cos(2\psi)\right] \tag{6-80}$$

$$F_{Y_i} = \omega^2 Q'\sin\psi \tag{6-81}$$

$$F_{Z_i} = 0 \tag{6-82}$$

其中，

$$Q = rM_A = r\left(M + \frac{s'}{l}M_2\right)$$

$$Q' = r\left(1 - \frac{S'}{l}\right)M_2 + SM_3$$

$$A_2 = \lambda + \frac{1}{4}\lambda^3 + \frac{15}{128}\lambda^5 + \cdots$$

2) 多缸情况

现讨论多缸情况。直列式多缸柴油机在求得各单缸的惯性力后，若机体刚性很大，则可将各缸的惯性力合成，求得整个柴油机的不平衡力和力矩，如图 6-26 所示。当柴油机各曲柄间夹角相等，且各运动部件的质量相等时，六缸及六缸以上的柴油机的不平衡力可等于零，而仅剩下不平衡力矩，即

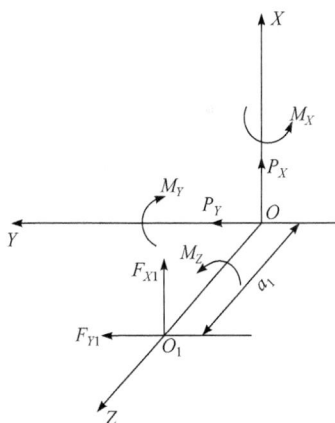

图 6-26 柴油机不平衡力和力矩

$$P_X = \sum_i F_{Xi} = 0, \quad P_Y = \sum_i F_{Yi} = 0$$
$$M_X = -\sum a_i F_{Yi}, \quad M_Y = -\sum a_i F_{Xi} \tag{6-83}$$

式中，P_X 为垂向力(只计及一阶、二阶，三阶为零)；P_Y 为水平力(只计及一

阶)；M_X 为水平摇力矩(只计及一阶)；M_Y 为纵摇力矩(只计及一阶、二阶，三阶为零)；a_i 为第 i 个缸到柴油机长度中点的距离。

同理，运动部件连杆及曲柄组件对 Z 轴有转动惯量，从而可求出 Z 轴的动量矩 J_i，由动量矩定理可得

$$M_2 = -\sum_i \frac{\mathrm{d}J_i}{\mathrm{d}t} = \omega^2 R\left[C_1 \sin(\omega t) - C_3 \sin(3\omega t) + \cdots\right] \tag{6-84}$$

式中，M_2 为横摇力矩，只计及一阶、三阶，二阶为零。

如果以上的合力和合力矩都等于零(考虑到三阶)，可认为这一柴油机是平衡的。它们的作用形态都是对外面表现出来的，因此也称为外力和外力矩。其值取决于运动部件的质量、发火顺序、缸数和曲柄排列等。若能合理地安排发火顺序和曲柄夹角等，则可以得到满意的平衡二冲程柴油机的曲柄夹角为 $2\pi/z$ (z 为缸数)，四冲程柴油机的曲柄夹角为 $4\pi/z$。在发火顺序给定后，曲柄图即可确定。对于常见的中小型船用柴油机不平衡力和不平衡力矩的情况，以及大型柴油机的平衡情况，可查阅柴油机动力学相关书籍。

由式(6-80)、式(6-81)、式(6-83)、式(6-84)可求出该柴油机存在的不平衡力和力矩，其中 A_2、C_1、C_3 可由表 6-8 查得。

表 6-8　A_2、C_1、C_3 数值

$\dfrac{1}{\lambda} = \dfrac{1}{r}$	A_2	C_1	C_3
2.5	0.4173	1.021	0.066
3.0	0.3431	1.014	0.044
3.5	0.2918	1.010	0.032
4.0	0.2540	1.008	0.024
4.5	0.2250	1.006	0.019
5.0	0.2020	1.005	0.015
5.5	0.1833	1.004	0.013
6.0	0.1678	1.003	0.011

2. 侧推力和倾覆力矩

最后讨论柴油机工作用于活塞顶的燃气压力的合力所引起的侧推力和倾覆力矩。此力矩将使柴油机产生摇摆振动，柴油机所发生的高频率振动大多是该干扰力矩引起的。图 6-27 展示了这种作用力之间的关系，P_N 和 P_T 是燃气压力合力的

分量，作用于气缸侧壁。

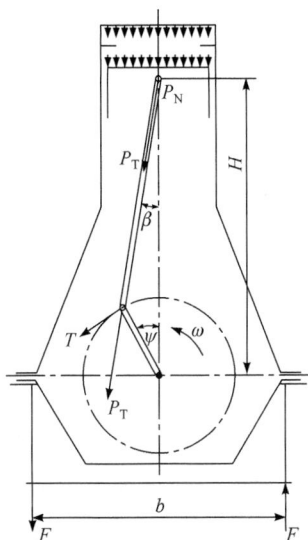

图 6-27　柴油机侧推力与倾覆力矩的产生

根据图示关系，有

$$
\begin{aligned}
MP_N &= P_N H = P_N(l\cos\beta + \gamma\cos\psi) \\
&= P_T(l\sin\beta\cos\beta + r\sin\beta\cos\psi) \\
&= P_T r(\sin\psi\cos\beta + \cos\psi\sin\beta) \\
&= P_T r\sin(\psi+\beta) = T_r = M_T
\end{aligned}
\tag{6-85}
$$

由此可知，倾覆力矩 MP_N 在数值上与发动机的扭矩是完全相同的，只是它们在方向上刚好相反。

由于柴油机间歇工作的脉冲性，燃气压力 P 随时间有剧烈的变化，单缸机的扭矩 M_T 或倾覆力矩 M_{PH} 的瞬时值波动很大(当缸数趋多时，能使之趋于均匀)，它的大小与曲柄扭转角 ψ 有关，是时间的函数，如图 6-28 所示。用傅里叶级数表示为

$$
M_T = M_o + \sum_k M_k\sin(k\omega t + \beta_k)
\tag{6-86}
$$

式中，M_o 为平均扭矩；M_k 为第 k 阶次扭矩分量幅值；β_k 为第 k 阶次扭矩分量的相角；k 为阶次数，对于二冲程机，$k=1,2,3,\cdots$，对于四冲程机，$k=\dfrac{1}{2},1,1\dfrac{1}{2},2,\cdots$。

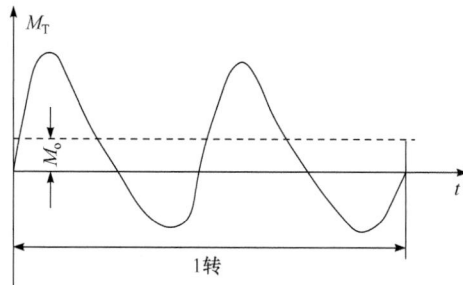

图 6-28 单缸柴油机扭矩

引起船体振动的干扰力，除螺旋桨和主机两个主要振源外，还有波浪激振力、轴系激振力、柴油机排气脉冲、舵力、船舶在浅水航道行驶时产生的浅水效应等。

除以上干扰力，还有发电机、电动机、通风机、冷藏装置、空调、舵机、起货机和齿轮箱等各种辅助机械与设备以及各种管道、泵，在运转时都能产生机械、电磁和流体激振力。这些激振力频率各异，频率范围很广。其原因可能是设计、制造、安装和使用不当等。

6.7.3 常用机械噪声源

螺旋桨、柴油机激振力主要提供船舶振动源[17]。此外，在机械设备提供振动激励的同时，还会向外辐射空气噪声，下面讨论常见船用机械设备的空气噪声源与结构噪声源，其中空气噪声源以声功率级表示，即

$$L_W = 10\lg\left(\frac{W}{W_0}\right), \quad W_0 = 10^{-12}\,\text{W} \tag{6-87}$$

结构噪声源以加速度级表示，即

$$L_a = 20\lg\left(\frac{a}{a_0}\right), \quad a_0 = 10^{-3}\,\text{cm/s}^2 \tag{6-88}$$

1. 推进汽轮机声源级

表 6-9 为推进汽轮机的空气噪声声源级。

表 6-9 推进汽轮机的空气噪声声源级

倍频带中心频率/Hz	31.5	63	125	250	500	1000	2000	4000	8000
空气噪声声源级/dB	90	95	97	93	93	93	91	90	87

推进汽轮机的结构噪声特性主要由受其驱动的减速齿轮决定，因此减速齿轮

的结构噪声声源级可看成汽轮机与减速齿轮结合体的噪声源。

2. 减速齿轮声源级

减速齿轮装置辐射的空气噪声声源级是减速齿轮的功率和速度的函数，可表示为

$$L_W = 69 + 3.4 \lg P_e + 3.4 \lg N + \Delta \tag{6-89}$$

式中，P_e 为减速齿轮的额定功率，单位是英制马力(hp)，其中，$1kW = 1.34hp$；N 为减速齿轮转速，r/min；Δ 为描述空气噪声随频谱变化的调整值，如表 6-10 所示。

表 6-10   减速齿轮空气噪声声源级的频带调整

倍频带中心频率/Hz	31.5	63	125	250	500	1000	2000	4000	8000
Δ /dB	8	9	10	12	14	15	16	12	0

减速齿轮的结构噪声源是减速齿轮额定功率的函数，即

$$L_a = 47 + 10 \lg P_e + \Delta \tag{6-90}$$

式中，Δ 为描述结构噪声随频谱变化的调整值，如表 6-11 所示。

表 6-11   减速齿轮结构噪声声源级的频带调整

倍频带中心频率/Hz	31.5	63	125	250	500	1000	2000	4000	8000
Δ /dB	0	9	3	8	23	33	33	28	18

3. 船用汽轮发电机声源级

船用汽轮发电机的空气噪声声源级是额定功率的函数，即

$$L_W = 60 + 10 \lg P_e + \Delta \tag{6-91}$$

式中，P_e 为船用汽轮发电机的额定功率，kW；Δ 为描述空气噪声随频谱变化的调整值，如表 6-12 所示。

表 6-12   船用汽轮发电机空气噪声声源级的频带调整

倍频带中心频率/Hz		31.5	63	125	250	500	1000	2000	4000	8000
Δ /dB	静态励磁发电机	2	7	8	12	10	10	11	6	5
	动态励磁发电机	14	10	8	12	10	13	11	7	8

　　船用汽轮发电机的结构噪声声源级主要由受汽轮机驱动的发电机决定，因此船用汽轮发电机的结构噪声将通过计算发电机的结构噪声声源级来确定。

4. 泵声源级

　　辐射噪声预报计算中必须包含用于冷却和润滑的泵，泵的空气噪声声源级是驱动电动机额定功率和泵速度的函数，即

$$L_W = 15 + 10\lg P_e + 15\lg N + \Delta \tag{6-92}$$

式中，P_e 为减速齿轮的额定功率，hp；N 为减速齿轮转速，r/min；Δ 为描述空气噪声随频谱变化的调整值，如表 6-13 所示。

表 6-13　泵声源空气噪声声源级的频带调整

倍频带中心频率/Hz		31.5	63	125	250	500	1000	2000	4000	8000
Δ /dB	离心泵	25	25	26	26	27	29	26	23	18
	齿轮泵	35	35	36	36	37	39	36	33	28
	水泵气蚀	0	0	0	1	3	6	10	13	5

　　泵的结构噪声声源级是驱动电动机额定功率的函数，即

$$L_a = 60 + 10\lg P_e + \Delta \tag{6-93}$$

式中，P_e 为泵驱动电动机的额定功率，hp；Δ 为描述结构噪声随频谱变化的调整值，如表 6-14 所示。

表 6-14　泵声源结构噪声声源级的频带调整

倍频带中心频率/Hz		31.5	63	125	250	500	1000	2000	4000	8000
Δ /dB	离心泵	0	8	21	19	23	24	20	24	23
	齿轮泵	10	21	34	32	37	38	34	44	45

5. 发电机声源级

　　静态励磁发电机的空气噪声声源级是额定功率和速度的函数，即

$$L_W = 34 + 10\lg P_e + 7\lg N + \Delta \tag{6-94}$$

式中，P_e 为静态励磁发电机的额定功率，kW；N 为发电机转速，r/min；Δ 为描述空气噪声随频谱变化的调整值，如表 6-15 所示。

表 6-15 发电机空气噪声声源级的频带调整

倍频带中心频率/Hz	31.5	63	125	250	500	1000	2000	4000	8000
Δ /dB	8	11	12	13	13	10	8	5	0

对于动态励磁发电机，包含励磁槽频的倍频带必须再增加 5dB。

发电机的结构噪声声源级是发电机额定功率和速度的函数，即

$$L_a = 42 + 10\lg P_e + 7\lg N + \Delta \tag{6-95}$$

式中，Δ 为描述结构噪声随频谱变化的调整值，如表 6-16 所示。

表 6-16 发电机结构噪声声源级的频带调整

倍频带中心频率/Hz	31.5	63	125	250	500	1000	2000	4000	8000
Δ /dB	0	11	14	14	16	17	18	18	18

6. 电机声源级

对于完全密封的防滴漏式电机，其空气噪声声源级是额定功率和速度的函数，即

$$L_W = 5 + 13\lg P_e + 15\lg N + \Delta \tag{6-96}$$

式中，P_e 为电机的额定功率，hp；N 为减速齿轮转速，r/min；Δ 为描述空气噪声随频谱变化的调整值，如表 6-17 所示。

表 6-17 电机空气噪声声源级的频带调整

倍频带中心频率/Hz		31.5	63	125	250	500	1000	2000	4000	8000
Δ /dB	交流电机	−5	−4	0	4	5	5	4	−2	−9
	直流电机	−10	−10	−5	0	5	5	4	−2	−9

表 6-18 为船用电机的结构噪声的声源级上限 L_{aMAX}。

表 6-18 电机结构噪声声源级上限

倍频带中心频率/Hz		31.5	63	125	250	500	1000	2000	4000	8000
L_{aMAX} /dB	交流电机	92	92	92	92	92	92	92	92	92
	直流电机	74	75	76	80	83	84	80	81	82

6.8　船　舶　噪　声

船舶声场指的是外部大气中的噪声、船舶水下噪声(水中声场)以及舱室内的空气噪声和结构噪声(振动)等。以上声场的主要声源可分为两类：①机械性质的声源；②流体动力形式的声源。

第一类声源由船舶设备(机械、系统、装置等)所引起。流体动力噪声是由以下原因引起的：①水与桨舵组合推进装置之间的相互作用；②船体外表面以及船的附体和上层建筑上的紊流边界层；③绕孔和附体的环流形成的涡流结构；④空泡；⑤兴波。

由两类声源形成的声场的特点是声级与船舶运转速度存在一定关联。在停泊和低速时，船舶噪声主要是由机械性质的声源造成的，这种噪声的总声级随航速的变化不大。与此相反，由流体动力和空气动力形成的噪声级随运动速度的增大而迅速增大(一般按三次方规律增大，在空泡状况时按更高次方规律增大)。高速航行时，这种噪声是船舶声级的主要贡献者，特别是对水中声场和直接位于该声源附近的舱室中的噪声场。

形成船舶声场的还有生活噪声。生活噪声的产生与船员和旅客的生命活动、舱门和舱口盖的开关、通过无线电通信网发送音响信号和口令有关。生活噪声一般是非定常的，其时间历程是持续时间各不相同的单个脉冲。

以上关于声源的分析实际上适用于所有级别和用途的船舶。然而，在某些船舶上可能出现特殊的声源，这类声源在一定的条件下可能占主导地位。破冰船船体、螺旋桨和冰块相互作用时产生的噪声就是一个突出的例子。船舶声场及声源的组成如图 6-29 所示。

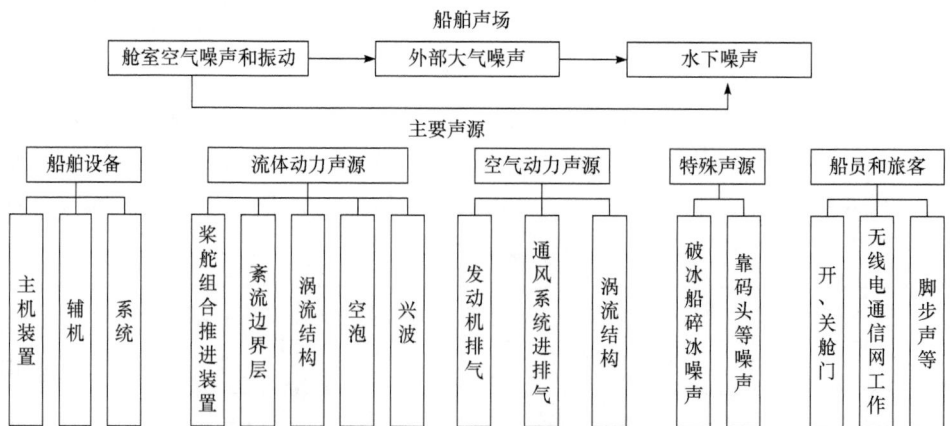

图 6-29　船舶声场及声源的组成

6.8.1 水下噪声

图 6-30 为影响船舶水下噪声的所有因素的框图。

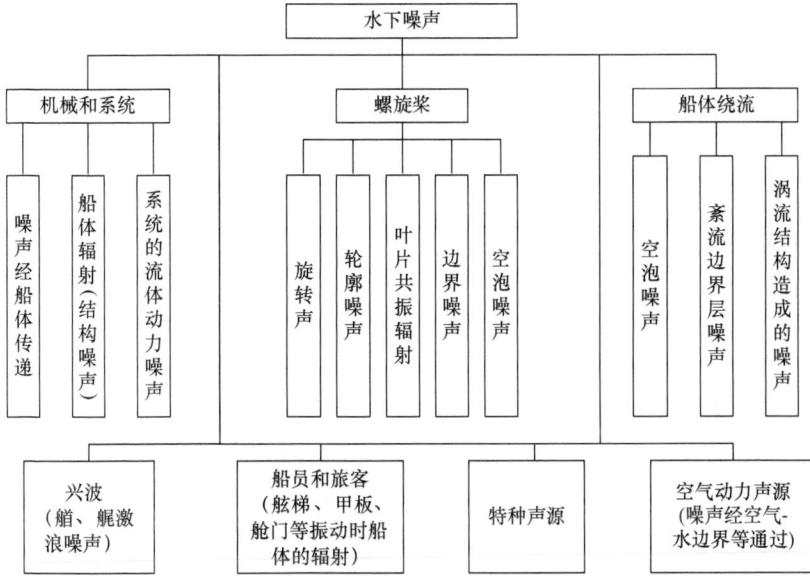

水下噪声

机械和系统
- 噪声经船体传递
- 船体辐射（结构噪声）
- 系统的流体动力噪声

螺旋桨
- 旋转声
- 轮廓噪声
- 叶片共振辐射
- 边界噪声
- 空泡噪声

船体绕流
- 空泡噪声
- 紊流边界层噪声
- 涡流结构造成的噪声

- 兴波（艏、艉激浪噪声）
- 船员和旅客（舷梯、甲板、舱门等振动时船体的辐射）
- 特种声源
- 空气动力声源（噪声经空气-水边界等通过）

图 6-30　影响船舶水下噪声的所有因素的框图

因机械工作而引发的水下噪声称为机械噪声，其取决于船体结构振动时的噪声辐射，在船舶低速航行时，船舶水下噪声声级主要由机械噪声决定。

除机械的空气噪声和结构噪声外，为总的水下噪声级作贡献的还有船舶系统的流体动力噪声。这种噪声在工作介质中产生，沿管路扩散，经船体进、排水孔传到环绕船舶的水中。参与形成水下噪声的不仅有与海水连通的外部系统，还有内部系统。内部系统的振动过程经各种结构、接头、吊架等引起船体振动和外部系统的流体动力噪声。系统的流体动力噪声级由泵的功率及其安装位置、工作介质流速、管路的布局和安装位置以及其他因素决定。

螺旋桨造成的水下噪声主要有叶片共振时辐射的噪声、边界噪声、空泡噪声。螺旋桨旋转时所产生的水下噪声主要与空泡过程有关。船舶达到一定的速度后，当叶片附近的压力减到某个阈值(一般为饱和蒸汽压力)时，叶片上产生空泡。空泡噪声级与航速的 5～6 次幂成比例，是宽频、无指向性的。在船舶高速航行时，船舶水下的噪声声级主要由螺旋桨噪声决定。螺旋桨推力经轴系中的支点轴承和推力轴承作用于船体的交变力，使船体做强迫弹性振动。当叶频及其低次谐波与船体弹性振动固有频率相吻合时，这类弹性振动的幅值特别大，引起船体共振。船体产生共振时，其辐射噪声级一般比螺旋桨的辐射噪声级大得多。

6.8.2　舱室噪声

任何机械都会产生两类噪声，一类是声能直接辐射到舱室空气介质中而产生的，称为空气噪声；另一类是以声波的形式从机械表面辐射出去，并被反射面和其他机械表面反射回来的噪声。由各种机械产生的第二类噪声与振动激励有关，称为结构噪声。6.7.3 节已介绍了常用的机械噪声源。

根据振动激励的物理性质，结构噪声分为初级结构噪声和次级结构噪声。初级结构噪声是机械的支撑连接件和非支撑连接件(管路、电缆等)传递的动力激发的结构振动。初级结构噪声级的大小与机械振动状况、底座特性、隔声装置效率等多种因素有关。次级结构噪声是由机械空气噪声激励而引起的结构中的振动，其声级的大小与结构的惯性、刚性、阻尼以及空气噪声级有关。

随着离声源距离的增加，空气噪声和结构噪声减弱。因此，噪声和振动最大的机械所在的舱室就是噪声最大的舱室。属于这类的机械有主机、航行和停泊的柴油发电机组、压气机组、泵等。船舶通风系统(空调系统)和液压系统也产生相当大的振动和噪声，这类系统的噪声源是通风机和泵以及分配装置和调节装置。

舱室噪声还与某些流体动力和空气动力声源有关，影响最大的此类声源是螺旋桨。舱内因螺旋桨旋转而产生的噪声主要与船体低频振动激励有关。振动的原因是螺旋桨叶片与水相互作用时叶片上出现动力，这些力经结构通道(如经轴系推力轴承和支承轴承)和水通道传递给船体。这些通道的传递性能取决于叶片边缘与船体结构之间的最小距离以及船体结构的动态刚度。当频率为叶片数 z 与主轴系转速 n 的乘积 nz 是 60 的倍数时，激励力最大。相应的频率构成叶频的级数为 $f^{(i)} = f_p \approx nzi / 60 (i = 1, 2, 3, \cdots)$。当这个级数的某一频率与船体弹性振动固有频率吻合时，船体振动和舱室噪声出现极大值。一般来讲，振动和噪声级随着转速(n^3)和螺旋桨直径(D^4)的增大而增大。

船舶扰流面与水和空气的相互作用可能导致出现涡流结构。从振动和噪声形成的角度来看，与内阻尼小的结构相互作用的周期涡流结构影响最大。在内阻尼小的结构中，特别是当涡流形成频率与结构的低阶弯曲振动固有频率吻合时，将会产生共振现象，导致出现很大的振动和噪声。

在一定条件下，空泡和兴波也可以形成舱室噪声。由各种物理性质的声源形成的舱室噪声如图 6-31 所示。

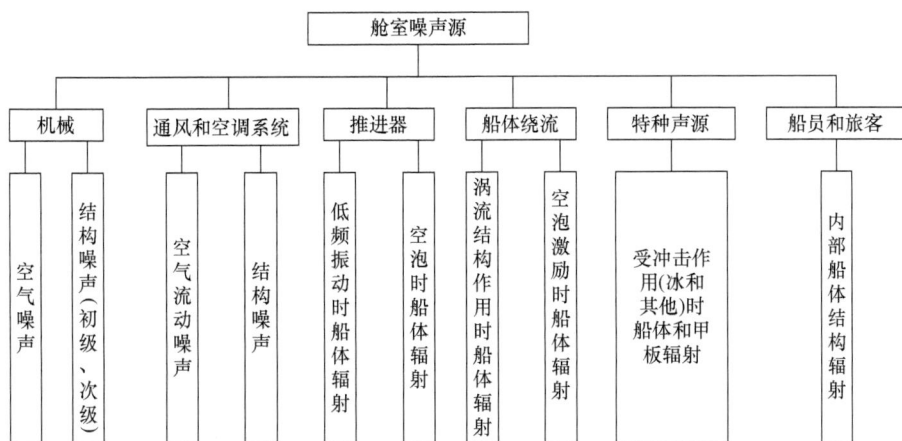

图 6-31 舱室噪声源

6.8.3 外部大气噪声

船舶外部空气噪声主要声源如下：

(1) 主机和辅机通气管路。

(2) 通风和空调系统进气装置和排气装置。

(3) 机舱露天天窗。

(4) 船舶艏、艉兴波。

影响发动机排气噪声的主要因素是排气总管出口的声波辐射功率、排气通道、废气涡轮、排气系统火花熄灭器和消声器中的声功率损失。

通风和空调系统的进、排气装置的外部噪声也是由许多因素决定的，其噪声强度取决于通风机的尺寸、压力、转子的转速、动平衡质量以及结构的特点。前三个因素决定空气动力性噪声的强度，为风机噪声的高频成分，这是最主要的；后两个因素决定机械性噪声的强度，为风机噪声的低频成分。

与机舱露天舷窗和天窗排出的声能相关的外部噪声级，取决于开口平面上舷窗和天窗前机舱的声压级、舷窗(天窗)的声功率损失以及舷窗(天窗)的数量和至船舷的距离。

对由船舶兴波引起的外部噪声研究得很少。一般认为，艏、艉兴波引起的噪声级随参数 $NB(kW \cdot m)$ 的增大而增大，其中 N 为主动力装置功率，B 为船宽。

除上述主要外部空气噪声源外，影响外部大气噪声的还有螺旋桨和产生振动的机械。产生空泡时，外部大气噪声级的极大值与螺旋桨的旋转频率有关。主、辅机的振动引起船体水上部分和上层建筑外板产生声辐射，形成空气噪声。

6.9 船体结构辐射噪声计算方法

对于船体结构的动力学计算分析体现在振动与噪声两个层面，如有限元等数值分析方法，由于其较高的计算精度在船舶工程中被广泛应用。其主要包含水下辐射噪声、舱室噪声与空气噪声几部分。本节不再具体介绍噪声的特性，仅结合船舶振动分析来介绍辐射噪声的分析方法，因为在数值计算中，船体振动与辐射噪声所应用的方法一般是一致的，只不过关注的角度不同。

6.9.1 中低频机械噪声预报方法

机械噪声是船舶低速航行时产生的最主要的声源，其中低频噪声占据机械噪声的主要成分，因此对中低频(200～300Hz 以下)机械噪声的预报精度要求最高，也是在减振降噪领域最为关注的声辐射问题。

1. 声-固耦合有限元分析技术

声-固耦合有限元法计算水下机械噪声的基本原理是：首先，将船体结构离散，对于船体结构，利用节点处的位移连续和力平衡条件建立船体结构的质量矩阵和刚度矩阵，求解节点处的结构响应，并通过预先定义的形函数求解节点间的结构响应；同时，将流场离散，根据理想流体的声波运动方程建立流场节点之间的位移连续和力平衡关系，结合流场与船体结构间的耦合关系(质点振速连续和声压相等)、流场外边界的边界条件和自由面条件，求解流场域内流场节点处的声压，并通过预先定义的形函数求解节点间的声压。

首先，假定流体为理想声学介质，即流体满足 5.1.2 节中的假设，并确定流场中声波动方程如下：

$$\nabla^2 p = \frac{1}{c^2}\frac{\partial^2 p}{\partial t^2} \tag{6-97}$$

式中，p 为瞬时声压；t 为时间变量；c 为声速；∇^2 为拉普拉斯算符。

将流体离散化，分成若干个有限单元，单元内任意一点的声压和质点振速及其对时间的各阶导数均可由该单元节点上的声压和质点振速通过预先定义的形函数求得，在式(6-97)中将声压的变分约去，可得流体区域内声场的有限元方程矩阵如下：

$$[M_\text{f}]\{\ddot{P}\} + [C_\text{f}]\{\dot{P}\} + [K_\text{f}]\{P\} + \rho_\text{f}[R]\{\ddot{U}\} = \{0\} \tag{6-98}$$

式中，$[M_\text{f}]$ 为流体等效质量矩阵；$[C_\text{f}]$ 为声阻尼矩阵；$[K_\text{f}]$ 为流体等效刚度矩阵；$[R]$ 为流体和结构的耦合矩阵；$\{\ddot{U}\}$ 为单元节点的位移；$\{0\}$ 为零矩阵；ρ_f 为流体等效密度。

类似地，真空中含有阻尼的船体结构振动的有限元矩阵方程为

$$[M_s]\{\ddot{U}\} + [C_s]\{\dot{U}\} + [K_s]\{U\} = \{F_s\} \tag{6-99}$$

式中，$[M_s]$ 为船体结构的质量矩阵；$[K_s]$ 为船体结构的刚度矩阵；$[C_s]$ 为船体结构的阻尼矩阵；$\{F_s\}$ 为船体结构载荷力向量。

当船体结构置于声学介质中时，在流体与船体结构的交接面 S 上，流体与船体结构之间存在着相互作用，根据虚功原理可将该面力等效移至单元节点上，因此船体结构与声场的耦合振动矩阵方程为

$$[M_s]\{\ddot{U}\} + [C_s]\{\dot{U}\} + [K_s]\{U\} = \{F_s\} + \{F_f\} \tag{6-100}$$

式中，$\{F_f\} = [R]^T\{P\}$。

将式(6-98)、式(6-100)两式联立，可写成统一的矩阵方程如下：

$$\begin{bmatrix} [M_s] & [0] \\ \rho_f[R] & [M_f] \end{bmatrix}\begin{Bmatrix} \{\ddot{U}\} \\ \{\ddot{P}\} \end{Bmatrix} + \begin{bmatrix} [C_s] & [0] \\ [0] & [C_f] \end{bmatrix}\begin{Bmatrix} \{\dot{U}\} \\ \{\dot{P}\} \end{Bmatrix} + \begin{bmatrix} [K_s] & -[R]^T \\ [0] & [K_f] \end{bmatrix}\begin{Bmatrix} \{U\} \\ \{P\} \end{Bmatrix} = \begin{Bmatrix} \{F_s\} \\ \{0\} \end{Bmatrix} \tag{6-101}$$

根据船体结构和流体相互耦合的离散化矩阵方程(6-101)，可以得到结构表面 S 节点处的位移和声压。当将边界 Σ 上的声边界取为全吸收(即在该边界上的声阻抗为平面波阻抗)时，可近似计算在无界流体区域内船体结构与流体的耦合振动和声辐射问题。

需要特别提出的是，运用声学有限元法进行船体结构中低频水下机械噪声计算的主要问题集中在两个方面，即计算频率上限(或网格尺寸)和无限域流场截断模型的确定。

2. 有限元模型网格尺寸的确定

根据有限元法的基本理论，若要保证计算结果正确，在结构中一个波长范围内必须至少包含 4～5 个节点，基于这个前提，可以根据式(6-102)确定给定计算频率上限时所需的结构网格尺寸：

$$x \leqslant 0.4\pi(D/\rho h)^{1/4}\omega^{-1/2} \tag{6-102}$$

式中，x 为网格尺寸；D 为材料弯曲刚度；h 为板厚；ρ 为板的面密度；ω 为频率上限。也可以根据式(6-103)确定给定结构网格尺寸时保证计算正确性的频率上限：

$$\omega \leqslant 0.16\pi^2(D/\rho h)^{1/2}x^{-2} \tag{6-103}$$

式中各参数意义与式(6-102)相同。

3. 无限域流场的截断

采用声学有限元法进行船舶结构水下噪声预报时，需对无限域/半无限域流场进行截断，以降低计算规模，但不论流场域如何截断，有限截断域流场至少应满足以下两个条件：

(1) 有限截断域流场应保证流体与船舶结构的耦合效应。

(2) 有限截断域流场应保证截断流场处的声传播不发生反射。

为满足第一个条件，流场域通常需具有一个最小尺度，该最小流场域半径 R_{f} 由式(6-104)确定：

$$R_{\mathrm{f}} \geqslant \max(D'/2 + 0.2\lambda,\ 2D') \tag{6-104}$$

式中，D' 为结构的最大直径；λ 为预报频率时声波的波长，当预报频率为频段时，λ 为最小预报频率对应的声波波长。

式(6-104)中第 1 项主要是为了保证声波峰值在有限域流场的正确传播，式(6-104)中第 2 项主要是为了保证结构与流体相互耦合作用，特别是船舶结构低频振动的流-固耦合效应。通常情况下，由于船舶结构水下中低频噪声预报的频率 $f \geqslant 10\mathrm{Hz}$，在此频率下船舶结构将发生高阶总体振动，其与流场的耦合作用区域也会大幅缩小，当满足式(6-104)的第 1 项要求时，船舶结构与周围流场的边界条件已基本满足。

为满足上述第二个条件，通常还需要在满足第一个条件的基础上，在流场域截断处施加相应的边界条件，如设置无反射边界条件或声学无限元。

4. 船舶结构噪声声功率计算

根据结构声辐射理论，结构的声辐射功率 W 由式(6-105)决定：

$$W = \sigma_{\mathrm{rad}} \rho c S \overline{v}^2 \tag{6-105}$$

式中，σ_{rad} 为结构的声辐射效率；ρc 为水介质的特性阻抗；S 为流-固交界面处的结构湿表面积；$\overline{v}^2$ 为流-固交界面处结构振动的均方速度。

当结构由 N 段具有不同振速的区域结构组成时，其水下声辐射功率 W 可表示为

$$W = \sum_{i=1}^{N} \sigma(\omega) \rho c S_i v_i^2 \tag{6-106}$$

式中，σ 为结构的声辐射效率，其大小与结构形状及流场边界条件有关；S_i 为流-固交界面处的结构湿表面积；v_i^2 为流-固交界面处各结构振动的均方速度。

由于任意声源的声场均可用多极子元的小声场叠加来计算，对于比波长小得多的极子声源，即 $ka \ll 1$，辐射效率可表示为 ka 的函数，即

$$\sigma_{\text{rad}} = \frac{(ka)^{2m+2}}{(2m+1)(m+1)^2[1\times3\times5\times\cdots\times(2m-1)]^2} \tag{6-107}$$

由式(6-105)和式(6-106)可知，结构的声辐射功率与结构湿表面振动均方速度 v_i^2、结构湿表面积 S_i 及结构的声辐射效率 σ 密切相关。由于结构湿表面均方速度 v_i^2 取决于结构受力、结构形式及流-固耦合效应的影响，结构的声辐射效率 σ 取决于结构湿表面形状及流场域边界条件。因此，要保证简化模型与实际结构水下声辐射的一致性，需满足以下条件：

(1) 简化模型结构与真实结构湿表面振动速度的一致性。

(2) 保证简化模型结构与真实结构湿表面形状及辐射效率的一致性。

对于船舶结构水下振动声辐射，船舶周围水介质的密度较大，船舶振动时将不可避免地带动周围流场运动，产生流-固耦合效应，因此简化模型的流场至少应满足一定尺度要求，以减小因流-固耦合效应不一致导致的误差。另外，水介质的特性阻抗较大，要使简化模型的声辐射效率与原模型保持一致，其流场域也应满足一定的声场边界条件，因此从声学角度而言，流场域存在一个最小尺度范围。综上分析可知，只有保证流-固交界面处船体湿表面结构振动速度及船体湿表面面积、船体湿表面形状及外部流场域边界条件的一致性，才能保证简化模型与实船结构水下声场的一致性。

6.9.2 高频机械噪声与舱室噪声预报方法

当进行高频机械噪声预报时，主要指的是 200~300Hz 到 10kHz 的水下辐射噪声，高频引起的结构波长变小，因此要求有限元网格更小，这是在工程计算分析中难以实现的。因此，在进行高频计算分析时，常采用统计能量的计算方法。同理，舱室噪声普遍关注的也是高频噪声问题，因此该方法还大量应用于舱室噪声的预报。

1. 统计能量分析方法

统计能量分析(statistical energy analysis, SEA)方法从统计的观点出发，以能量为基本变量，重点研究稳态振动时的平均振动能量，其主要适用于子系统模态数 $n \geqslant 5$ 时的声振环境分析。SEA 方法将整个声振系统划分为若干个子系统，以每个子系统的能量为基本参数，用统计的观点建立每个子系统之间的能量平衡关系，以此来预测系统的声振环境。

SEA 方法的基本出发点是将一个完整的系统离散成 N 个子系统(包括结构和声场)，在外界激励作用下产生振动时，子系统间通过接触边界进行能量交换，而每个子系统的振动参数如位移、加速度、声压均可由能量求得，所以"能量"

是分析结构噪声的基本未知量。分析的第一步就是确定由相似模态群构成的子系统，这些子系统必须能够清楚地表示出能量的输入、储存、耗散和传输等特性。描述这些子系统的参数有模态密度、输入功率、损耗因子(包括内损耗因子和耦合损耗因子)等。

假设统计能量分析模型满足下列条件：

(1) 子系统间是"弱耦合"连接。

(2) 激励在统计上是独立的。

(3) 在给定频带内所有共振模态能量之间是等分的。

(4) 功率流与平均耦合模态能量之间的差成正比。

对于复杂的系统，SEA 方法的应用还需进行进一步假设，如整个系统可被分割成若干具有适当边界条件的 SEA 子系统；一个系统中，所有子系统的模态包含系统的所有动力学能量；系统在一个频带内的能量均布在此频带内子系统的所有模态上；仅发生在同一频带内的模态间才相互耦合等。

2. 模态密度

SEA 方法中的模态密度是指该子系统在单位频率内的模态数，是表征子系统在某一频段内模态密集程度的一个量，类似于热力学中的热容量，它是描述振动系统储存能量的能力大小的一个物理量。由于 SEA 方法关注的是能量，而共振振型的能量(占绝对优势)就代表 SEA 方法中各子系统的能量，某一频带 $\Delta\omega$ 内共振振型的数目越多，从外界激励源接收振动能量的模态数就越多，即系统对外界激励源的响应也就越大，因此振型数、模态密度在确定各子系统对外激励源的响应上起着重要的作用，模态密度是 SEA 方法中的一个重要参数。因此，准确确定各子系统的模态密度对应用 SEA 方法起着至关重要的作用。表 6-19 列出了几种典型子系统的模态密度计算公式。

表 6-19 典型子系统模态密度计算公式

典型子系统	模态密度计算公式
一维杆纵向振动	$n(f) = \dfrac{2l}{C_1}$
一维梁横向振动	$n(f) = \dfrac{l}{C_B}$
二维平板振动	$n(f) = \dfrac{A_p}{2RC_1}$
三维声场	$n(f) = \dfrac{4\pi f^2 V_0}{C_a^3} + \dfrac{f\pi A_a}{2C_a^2} + \dfrac{l_1}{8C_a}$

续表

典型子系统		模态密度计算公式
圆柱壳	$\dfrac{f}{f_\text{r}} \leqslant 0.48$	$n(f) = \dfrac{5A}{\pi h C_1}\left(\dfrac{f}{f_\text{r}}\right)^{\frac{1}{2}}$
	$0.48 < \dfrac{f}{f_\text{r}} \leqslant 0.83$	$n(f) = \dfrac{7.2A}{\pi h C_1}\left(\dfrac{f}{f_\text{r}}\right)$
	$\dfrac{f}{f_\text{r}} > 0.83$	$n(f) = \dfrac{2A}{\pi h C_1}\left\{2 + \dfrac{0.596}{F - \dfrac{1}{F}}\left[F\cos\left(\dfrac{1.745 f_\text{r}^2}{F^2 f^2}\right) - \dfrac{1}{F}\cos\left(\dfrac{1.745 F^2 f_\text{r}^2}{f^2}\right)\right]\right\}$

表 6-19 中，l 表示杆或者梁的长度；C_1 和 C_B 分别表示纵波波速和弯曲波波速；A_p 表示平板表面积；R 表示平板截面的回转半径；V_0 表示三维声场体积；A_s 表示声场总表面积；l_1 表示总棱边长度；C_a 表示声传播速度；A、h 分别表示圆柱壳的表面积和厚度；$F = \sqrt{\text{上限频率}/\text{下限频率}}$ 表示带宽因子。对于圆柱壳的模态密度，在分析平板模态密度的基础上，考虑曲率对模态密度的影响。环频是区分低频圆柱壳动态特性和高频平板动态特性的一个特征频率。当 $f = f_\text{r}$ 时，有大量模态参与共振，因此模态密度曲线在环频 f_r 附近存在一个小峰。在环频 f_r 以下，薄膜应力影响模态密度及其他振动特性，而在环频 f_r 以上，圆柱壳的模态密度和动态特性与平板的相同。

在某一频率带宽 $\Delta\omega$ 内，若已知一些简单子系统 i 的振型数 N_i 或模态密度 $n_i(\omega)$，则由这些简单子系统构成的组合系统的振型数 N 或模态密度 $n(\omega)$ 为简单子系统振型数 N_i 或模态密度 $n_i(\omega)$ 之和：

$$N = \sum_{i=1}^{n} N_i \ \text{或} \ n = \sum_{i=1}^{n} n_i \tag{6-108}$$

由以上简单结构的模态密度公式可以看出，子系统的模态密度与边界条件无关，这是因为除前几阶频率外，在广阔的频率范围内，边界条件对模态密度的影响是有限的。同时，统计能量分析对具体的边界条件有关的个别模态的参数(频率、振型、阻尼等)不感兴趣，感兴趣的是相似振型群的类型及其模态密度。

3. 载荷输入

在统计能量分析中，载荷输入是一个重要参数。统计能量分析方法与振动模态分析方法不同，由于 SEA 方法所处理的是能量的输入、能量的流动以及能量的输出，它是一种描述系统内能量平衡的分析方法，因此该系统的输入不是力、力矩、速度、位移等，而是功率。

各子系统的输入功率来自外部激励，可以是力、力矩、速度、位移、声压等，也可以是另外的系统。为计算统计能量分析模型中的第 i 个子系统的输入功率，需要了解以下三个条件：

(1) 激励源的激励量级及其时空频率分布。

(2) 激励源系统的输出阻抗特性。

(3) 接收功率的子系统的输入阻抗特性。

在一般复杂的情况下，上述三个条件是比较难满足的，因此通过分析计算的方法确定某子系统的输入功率的情况比较少，只有在很简单的情况下，才可得到输入功率的精确理论表达式。在绝大多数情况下都必须进行一些假设：①把实际激励简化为理想力源(输出阻抗为零)或理想速度源(输出阻抗无限大)；②把实际激励简化为理想点源、均匀线源或均匀面源等。

输入功率与接收功率的子系统在输入点处的阻抗特性有很密切的联系。同时，子系统在功率输入点处的阻抗特性也很难以精确表示。只有在特殊情况下才能用理论表达式精确地建立阻抗特性分析式，多数情况下只能通过简化的方法近似地表达或直接采用测量值。输入功率可以表达为力谱与速度谱的乘积，涉及的输入阻抗与频率有关，因此输入功率也是频率的函数。

激励的输入功率表示单位时间内系统接收外界激励的能量，一般与激励在空间和时间上的分布和系统本身的动力学性能有关。对本模型来说，系统的激励是一点源输入，使用机械阻抗理论可导出点源对任意接收系统的输入功率 Π_i 为

$$\Pi_i = \frac{1}{2}|F|^2 \, \mathrm{Re}(Y) \tag{6-109}$$

高频时，有限板的激励点导纳与无限板的点导纳相等：

$$Y = \frac{1}{8\sqrt{D\rho_s}} \tag{6-110}$$

式中，D 为板的抗弯刚度，$D = \dfrac{Eh^3}{12(1-\mu^2)}$，同时有限梁统计模型的导纳 $\mathrm{Re}(Y)$ 与无限梁统计模型的 $\mathrm{Re}(Y_\infty)$ 也相等

$$\mathrm{Re}(Y_\infty) = \frac{1}{4\rho_1 C_B} \tag{6-111}$$

4. 子系统的划分

根据 SEA 的基本原理，统计能量分析模型是由一系列子系统构成的，所以

首先要对分析对象进行子系统划分，如图 6-32 所示。SEA 的基本思想就是从统计意义上把一个复杂的大系统(包括机械的系统或声学的系统)分解为若干个便于分析的独立子系统，这样建立的统计能量分析模型能够清楚地表示出振动能量的输入、储存、耗损和传输的特性。统计能量分析模型中的子系统必须是可储存振动能量的子系统，而只有一些相似共振模态组成一群共振运动的子系统才能储存振动能量，因此相似模态群就可被视为统计能量分析模型中的一个子系统。模态相似，是指振型有相似的动力学特性，即相似的阻尼、模态能量和损耗因子等。通常情况下，划分子系统时应考虑耦合系统的自然边界条件、动力学边界条件、材料介质特性等因素，同时还要结合实际情况、任务阶段要求和经验综合考虑。一般来说，需要遵循以下几个原则和步骤：

(1) 识别外界激励源。

(2) 划分出待求动力响应的独立子系统。

(3) 根据模态相似原则划分子系统。

(4) 确定模态群间的耦合性质及功率传递路线。

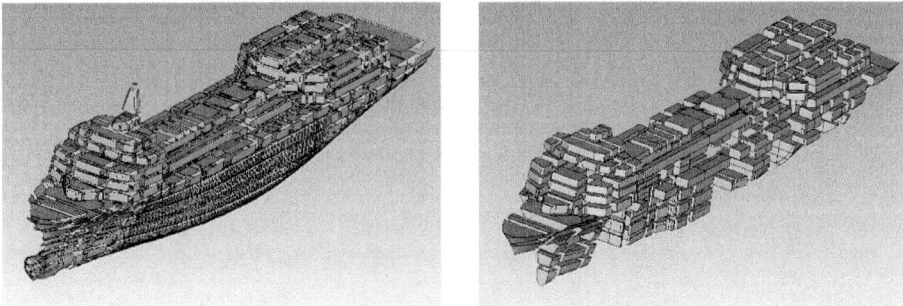

图 6-32 船舶结构子系统与声腔子系统

根据结构自然几何形状和材料介质性质可以将模型分为以下几个部分。

(1) 有曲率壳结构：包括船舶的舷侧、片体及船艏处等曲率变化较大的地方，构成了结构的主体。

(2) 平板结构：包括甲板、基座和舱壁等。

(3) 流体介质：包括模型周围无限空间和舰船内部舱室内的介质空气。

6.9.3 流噪声预报方法

流噪声是由船体外板的存在所引起的湍流脉动直接声辐射，属于水动力噪声的一部分，湍流噪声的计算方法基于 Lighthill 声比拟理论[20,21]对声场进行求解。Lighthill 声比拟理论源于 Lighthill 方程(由黏性流体方程 N-S 方程推出)：

$$\nabla^2 \rho' - \frac{1}{c_0^2} \frac{\partial^2 \rho'}{\partial t^2} = -\frac{\partial Q}{\partial t} - \nabla F - \frac{\partial^2 T_{ij}}{\partial x_i \partial x_j} \tag{6-112}$$

式中，右边的三项分别表示流动发生的三种声源，具体如下。

(1) $-\dfrac{\partial Q}{\partial t}$ 为单极子源。流体中因运动起伏产生的声源，声强正比于速度的三次方和 Math 数的一次方。辐射无指向性，如气泡和空泡噪声。

(2) ∇F 为偶极子源，界面上非稳态力引起的偶极子源。流体中因动量起伏产生的声源。声强正比于速度的三次方和马赫数的三次方。辐射有偶极子型指向性，辐射效率低于单极子源，如螺旋桨的旋转声、随边涡发放声、边界层噪声等。

(3) $-\dfrac{\partial^2 T_{ij}}{\partial x_i \partial x_j}$ 为四极子源，流体中因动量流动率起伏产生的声源。声强正比于速度的三次方。

在低马赫数条件下，极子的阶数越低，作为声源越有效，当引起流体体积脉动的单极子声源存在时，它们就是主要的声源。而对舰船航行时周围的流体而言，这样的流体动力声源往往不存在，此时作用在刚体上的脉动力引起的偶极子型声辐射起主要的作用。舰船在水中航行时，其总功率的相当一部分转化为尾流湍流，尾流湍流作为四极子型流体声源，仅当脉动流速接近于声速时，四极子声源才起到主要作用，因此在低航速时四极子源可以忽略不计。

6.9.4　流激噪声预报方法

流激噪声是流体湍流脉动压力激励船体外板引起结构振动的声辐射，计算方法如下。

1. 湍流脉动压力波数-频率谱的计算

按流激噪声原理，湍流脉动压力波数-频率谱采用 Smol'yakov 等[22]提出的湍流脉动压力波数-频率谱模型，如图 6-33 所示。

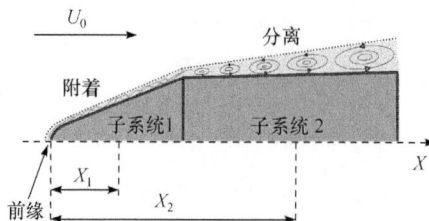

图 6-33　湍流脉动压力波数-频率谱模型

湍流脉动压力波数-频率谱模型如式(6-113)所示：

$$\Phi_p(k,\omega) = 0.974 A(\omega)h(\omega)[F(k,\omega) - \Delta F(k,\omega)] \tag{6-113}$$

其中，

$$A(\omega) = 0.124\left[1 - \frac{U_c}{4\omega\delta^*} + \left(\frac{U_c}{4\omega\delta^*}\right)^2\right]^{1/2}$$

$$h(\omega) = \left(1 - \frac{m_1 A}{6.515\sqrt{G}}\right)^{-1}$$

$$m_1 = \frac{1+A^2}{1.025+A^2}, \quad G = 1 + A^2 - 1.005 m_1$$

$$F(k,\omega) = \left[A^2 + \left(1 - \frac{k_z U_c}{\omega}\right)^2 + \left(\frac{k_y U_c}{6.45\omega}\right)^2\right]^{-3/2}$$

$$\Delta F(k,\omega) = 0.995\left\{1 + A^2 + \frac{1.005}{m_1}\left[\left(m_1 - \frac{k_z U_c}{\omega}\right)^2 + \left(\frac{k_y U_c}{\omega}\right)^2 - m_1^2\right]\right\}^{-3/2}$$

$$U_c \cong U_0(0.59 + 0.30 e^{-0.89\omega\delta^*/U_0})$$

式中，δ^* 为边界层排挤厚度，$\delta^* = 0.0360\left(\dfrac{\nu}{U_0}\right)^{1/5} x^{4/5}$，$\nu$ 为运动黏性系数；k_z 和 k_y 分别为等效平板沿来流方向和流向扩展方向模型的波数。

2. 湍流脉动压力对结构的输入功率

湍流脉动压力在单位频带内输入给弹性壳体的功率谱密度为

$$P(\omega) = 4\pi^2 \Phi_p(\omega) \frac{\pi n_1(\omega)}{\rho_L h} \tag{6-114}$$

式中，$\Phi_p(\omega)$ 为湍流脉动压力波数-频率谱的低波数分量；ρ_L 为考虑流体负载的等效罩壁材料密度，$\rho_L = (1+\varepsilon)\rho_s$，$\rho_s$ 为罩壁材料密度，$\varepsilon = \dfrac{2\rho_0 C_L}{\sqrt{12}\rho_s C_0}\dfrac{1}{M_f\sqrt{1-M_f^2}}$，$C_L$ 为罩壁材料的纵波声速，$M_f = \sqrt{\dfrac{f}{f_c}}$，$f_c$ 为吻合频率，$f_c = C_0^2\sqrt{\dfrac{B}{m}}$。

3. 结构功率计算

在求得湍流脉动压力波数-频率谱以后，即可得到对应频率 ω_i 频带内湍流输

入壳体结构的功率为

$$P_i(\omega_i) = \int_{\omega_i - \Delta\omega}^{\omega_i + \Delta\omega} P(\omega_i)\mathrm{d}\omega \tag{6-115}$$

式中，ω_i 为某频带的中心频率；$\Delta\omega$ 为频带半宽，这里取 1/3 倍频程的频带宽度。

6.10　船体振动的测试

所有机动船在航行过程中都存在振动，因此如果要评价其振动的大小，除了人们的直观观察和感受外，更主要的是借助仪器来进行测量和分析。然后将检测所得到的结果与振动衡准比较，以确定振动对人员舒适性及船体结构强度的影响。

不同船厂的施工条件、所用材料、焊接质量、动力装置的安装等各方面都可能有所不同，因此为了保证质量，有必要对船体进行振动测试。对于那些在设计和施工的过程中已考虑了防振的船舶，由于船体结构相当复杂，振动计算总要进行一些假定，而忽略一些次要因素，这样不仅导致计算结果有待通过测试来证实，而且计算方法本身也需要通过测试来检验。对于营运中振动较为严重的船舶，则更需要进行及时测量，以尽快查明原因，进而采取措施来改善[23]。

6.10.1　测试的目的

测试的目的具体如下。

(1) 确定船体和局部结构的振动特性，了解它对船体结构、设备仪表和船上人员的影响。

(2) 确定船体振动的原因及其存在的问题，从而制定更好的减振措施以及检验已有减振设备的效果。

(3) 为制定船体振动许用标准和规定船用机电设备、电子仪器的振动环境条件提供资料[24-30]。

(4) 检验振动理论计算的可靠性、准确性，以此为基础，进一步修订振动标准，为修改计算方法提供依据。

6.10.2　测试设备和仪器

1. 激振设备

激振设备目前主要有机械式激振机和电磁式激振机两种，可以按试验的意图人为产生干扰力，既可用于研究船体结构的固有振动特性，也可用于结构的动力强度试验。机械式激振机的优点是能在较低的转速下产生较大的激振力，可靠性高。但它的缺点是在低速时不稳定，体积大，较笨重，在进行小型结构激振时应计及激振机质量的影响。现国内常用的船用机械式激振机，按其产生的最大激振力有 100kg、500kg、1000kg、2000kg、6000kg 五个等级。而电磁式激振机的优点是可使用的频率范围广，最高可达几赫兹，容易控制，特别适用于多点同步激振试验。国内常用的电磁式激振机，按其产生的最大激振力有 1kg、5kg、10kg、300kg、1000kg、2000kg 六个等级。抛锚也常作为激振手段之一。

2. 测量记录设备

根据仪器的结构原理，船用测振仪器主要有机械式和电子式两种。

机械式测振仪，是利用杠杆原理将微小振动放大，并予以记录下来的装置。机械手持式测振仪包括传递、放大、时标和记录等装置，这种仪器原理简单，体积小、重量轻，携带操作方便，可用于测量船舶设备、辅机以及轴的振动，对主机转速较低的内河船亦可适用。

在测量时通常选用多通道并能长期保存记录的电子测量系统，一般要求其具有较宽的频率范围和幅值线性，应满足被测部位的频率和幅值要求，并能适应船上的温度、湿度和噪声等环境条件。传感器安装应牢固，方向应正确，导线走向和布置应合理。仪器的灵敏度、幅频特性、幅值线性必须定期进行计量检定和校准。脉冲装置安装在主机或螺旋桨轴上时，应使脉冲信号与主机 1 号缸上死点或螺旋桨某叶片位置相对应。在能满足测量要求的前提下，可以使用单点测量的电子仪器或手持机械式测振仪。

3. 传感器

传感器是将振动的机械量转换为电量的机电参数转换装置，是振动测量的一次仪表，随使用的领域和要求的不同而类型繁多。按照被测量的机械量，可分为位移传感器、速度传感器和加速度传感器；按照传感器的原理和结构，可分为电磁式速度传感器、压电式加速度传感器和电阻应变片加速度传感器。其中，压电式加速度传感器结构简单、体积小、重量轻、寿命长、测量的频率范围大，配以电荷放大器后可用于各类船舶或结构模型的振动测量。

4. 放大器

测振放大器包括放大、微积分网络、滤波等部分。其功能是将传感器测得的弱信号加以处理，放大转换成可以记录的强信号，是振动测量的二次仪表。它的输入应与传感器的输出相匹配，按照不同的传感器，可分为电压放大器、电荷放大器和动态应变仪等。

5. 记录器

记录器的作用是信号的显示和储存，不但可以记录振动的量级，还可以记录振动的时间历程，为振动的数据分析提供原始资料。

测量记录设备必须定期检查与标定，因为电子仪器的灵敏度、频率响应和线性度等会随时间发生变化，不按期标定会影响测量结果的准确性。

6. 数据处理设备

以往对振动数据都是采用人工分析，随着科学技术的发展，目前已开始普遍应用各种振动分析仪和 FFT 分析仪，可以快速、精确地自动分析与处理各种随机数据。在振动分析中不仅可得出各谐调分量的振动量级，还具备下列全部或部分功能：输入信号保持、傅里叶正变换和逆变换、自功率谱、互动率谱、自相关函数、传递函数等。

6.10.3 具体的测试方法

船舶由于承受各种干扰力的作用，当对船体振动进行测量时，如果测量条件不同，将对所取得的振动数据影响很大。例如，船舶在已知的压载条件下试航，推进装置引起规则振动，对了解船体振动特性取得测量数据是很理想的，但波浪的砰击常使信号发生畸变。艉端螺旋桨出水无论是间断的还是连续的，都将使激振力大大增加。船舶航行时所用舵角、浅水等对测量数据的影响也很明显。因此，统一测量条件对所测数据具有广泛的可比性起着重要的作用。

1. 试验条件

试验条件[31]具体如下。

(1) 试验时水深应不小于船舶吃水的 5 倍，离岸距离不小于船宽的 2 倍。

(2) 试验时海面应保持平静(三级海浪以下)。

(3) 船舶应处于正常航行排水量，艉吃水应使螺旋桨全部浸在水中。

(4) 在做自由航迹试验时，操舵角应限制在 ± 2°(最好将操舵角影响减至最小)。

(5) 柴油机各缸的爆炸压力及排温误差不大于 5%。

自由航迹，是指船舶以一定航速和航向航行，操舵为最小或最小油门时的状态。当不满足上述任何条件时，都应在测试报告中说明。

2. 测点布置

船体振动量可分为两类：①船体总振动量值；②船体局部振动量值。测点布置对量值数据影响很大，它又随测试目的的不同而变化。该问题将在不同测试中加以说明。

　　船体总振动包括船体梁的垂向弯曲振动、水平弯曲振动和扭转振动。当测量船体梁的垂向弯曲振动和水平弯曲振动时,测点应选择在船体中线或舷侧主甲板或强力甲板刚性支点上(即甲板下为横舱壁等刚性构件处),以防止甲板板架或板格的局部振动混入。在测量船体的振型时,布点的多少应根据具体情况而定,但在船长方向的测点数应足以画出船体的振型。其中船艏、船艉两点是不可少的,且测点应尽可能地靠近艏艉端点中心处,因为这两点都处于振型的腹点,对总振动谐调数据的确定特别重要。当测量船体的扭转振动时,测点应布置在船舷两侧甲板上的刚性支点处,且测点要对称于船体中纵剖面布置,如图 6-34 所示。

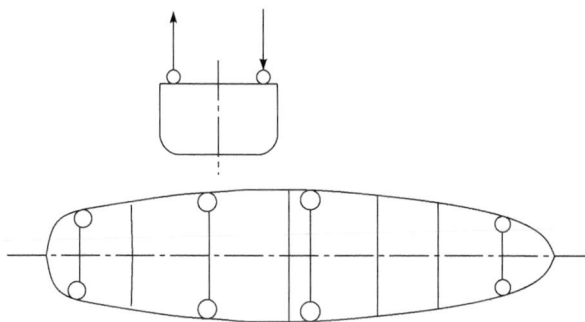

图 6-34　船体总振动测量布点

　　船体局部振动测试:对于板架,测点应选在(板架中心处)纵、横骨架的交点处;对于板格,测点应选在板的中心;对于骨架梁,测点应选在梁的跨度中点。总体来说,测点的选择是根据不同的目的而定的。例如,主机基座,主要是判断主机输出干扰力的大小和频率,必要时需加测主机的垂向、横向和纵向振动;机舱底板,用于判断干扰力对结构强度和轮机人员舒适性的影响;螺旋桨上方船底壳板,该处直接反映螺旋桨表面力的量值,对全船、上层建筑,特别是对艉部区域影响比较大;艉甲板端点(强力构件处)是螺旋桨输出干扰力大小的判别点之一,同时对监视船体的总振动起着重要的作用,当在某一转速下发现其振幅突然增大时,就可能预示着存在共振转速,以提供加测总振动的必要性;驾驶室、船员舱室、旅客舱室等,用于评价振动对人员舒适性的影响程度等。

　　对于其他典型舱室或振动剧烈的地方,也可以进行测量。每个测点是测量垂向还是测量横向和纵向,或者三个方向均测量,要根据具体情况而定,如艉机船的艉部上层建筑和短而高的桥楼等,三个方向均需测量,因为该处振动的情况较复杂,三个方向的振动可能都较大。

3. 船舶航行振动测量

无论对新制船的振动测试，还是对存在振动问题的营运船的振动测试，都必须首先具备上述测试条件。测试的目的是评价船体的振动烈度。振动烈度，是指在符合测试条件下，重复出现的周期性稳态且有代表性的最大振动幅值。对于营运船舶，更重要的目的还在于找出振源，采取合理有效的减振措施。

测试前应通过调查了解船舶的振动情况，以确定测试方案。

测振时对主机工况的要求如下：

(1) 低速机由最低稳定转速开始到最高转速，按 5～10r/min 一挡增加(ISO规定，从最大转速的 1/2 到最高转速，按 3～10r/min 一挡增加)，当接近共振临界转速或营运常用转速时，分挡应更小些。

(2) 中速机按 10～20r/min 一挡递增。

(3) 高速机按 50～100r/min 一挡递增。

对于多主机多桨船，则要求各主机在变速时尽量做到同步。

记录波形时应在主机转速稳定 5min 后再开始。每次记录波形必须有适当的采样时间，一般记录 5～8 个周期波即可。

内河船应选择水面宽阔、水流平缓的水域进行，船舶应逆水行驶。

4. 激振试验

为了确定船体最初几个谐调的固有频率和固有振型，一般利用机械式激振器来实现，测点布置如上所述。方法是：船舶最好处于静水漂浮状态或锚泊状态；船上无关的机电设备均应停止工作；激振机安装在船艉(或船艏)的露天甲板上，最好的位置是船艉螺旋桨上方，因为该处处于船舶最初几个谐调腹点处；通过缓慢改变激振机激振力的频率的大小，能激起高达第 5 谐调的主振动。如果激振机安装在其他位置，就可能因其接近某一振型的节点而不能激起该谐调的振动。在每一个谐调的共振转速下，将激振机稳定一段时间，由艉测点的共振曲线可得各谐调固有频率，由全船测点可测得各谐调对应的船体固有振型。

此外，还可采用抛锚制动激振来测量船体垂向固有频率，这是目前普遍采用的且比较简单易行的方法。方法是：船舶最好处于静水漂浮状态(对于有流速的水域，船艏应逆水向上)，关闭船上无关的机电设备，突然打开锚链制动器，使锚自由下落，在锚入水底之前迅速用制动器制动，即可激起船体垂向自由运动。锚下降距离越大，制动越快，对船体的冲击力越大。对于无制动装置的小船，可用绳索将锚吊起，突然松开悬索也能激起船体振动。记录振动波形时，记录器必须从抛锚的瞬间开始，直到船体振动余波消失一段时间，将波形全部记录下来。抛锚激振所记录的波形是一衰减曲线，船体的阻尼特性也可由此计算出来。当用光线振子示波器记录，人工分析时，最多只能分析到第二谐调固有频率；若用记录仪记录，由 FFT 分析仪分析，还可能得到高谐调固有频率。

此外，还可对船体局部结构进行激振试验，以测量其振动情况，但局部结构质量小，所以必须注意激振机质量对它的影响，应尽量采用小型激振机(一般用电磁式激振机)。

船体固有振型的测量，可在得知船体固有频率后，在船舶航行中进行。方法是：测点按总振动要求布置好后，将主机开到共振转速，稳定保持一段时间，然后记录下共振波形。对于双机或多机船，为了避免同步调速的困难和主机的互相干扰，可采用单机运转的方法进行测量。

习　题

6-1　填空题

(1) 通常将船体振动分为＿＿＿＿＿、＿＿＿＿＿。

(2) 附连水对船体振动的影响主要分为＿＿＿＿＿、＿＿＿＿＿、＿＿＿＿＿三个方面。

(3) 船体垂向振动附连水的计算公式为：＿＿＿＿＿；水平振动附连水的计算公式为：＿＿＿＿＿。

(4) 船体总振动的计算方法主要包括：＿＿＿＿＿；较简便的方法是＿＿＿＿＿，较精确的是＿＿＿＿＿。

(5) 对于船舶总体或局部结构的强迫振动，其大小除了与激振力大小有关外，还与结构本身的＿＿＿＿＿、＿＿＿＿＿和＿＿＿＿＿有关。其中以＿＿＿＿＿影响最大。

6-2　简答题

(1) 简述船体总振动的两个主要研究内容。

(2) 给出使用迁移矩阵法求解船体总振动时，原始数据的选取规则。

(3) 解释船体总振动及局部振动。

(4) 简述船体梁振动的阻尼分类。

(5) 简述研究船体板架振动的主要规定。

(6) 说明板架局部振动分析时其固有振型函数 $\phi_{js}(x, y)$ 的选取关系。

7 船舶振动与噪声的控制措施

只要主机、螺旋桨在运转，船体总会产生不同程度的振动。振动过大将影响船上人员的舒适性、结构的安全性，以及设备、仪表的可靠性等，军用舰只影响其声隐身性能，进而影响其作战能力。因此，各个发达国家投入大量人力和物力在船舶的减振降噪领域。

防振是指船舶在设计阶段就考虑到振动衡准的要求而采取的降低振动的措施。减振则是指使营运船舶的振动下降到衡准的要求。对已建的船舶，若发现有严重的振动问题，要彻底解决一般是比较困难的，且付出的代价相当大。为了防患于未然，要求在设计阶段就进行必要的动力计算，这就要求设计者在设计时了解船舶的主要振源和影响振动的其他因素，并对船舶的快速性、动力装置、结构设计等进行全面考虑，从而选出较好的方案。图 7-1 为船舶设计时进行振动分析和计算的流程。框图分为三个主要部分：①艉型及螺旋桨的流体特性决定的激振力；②主(辅)机工作特性决定的激振力；③结构和轴系的振动响应。前两部分可以分别处理，由各自得出具有的最小激振力及其他性能的最佳方案，然后同结构和轴系的振动响应一起考虑，并用振动衡准予以评价。

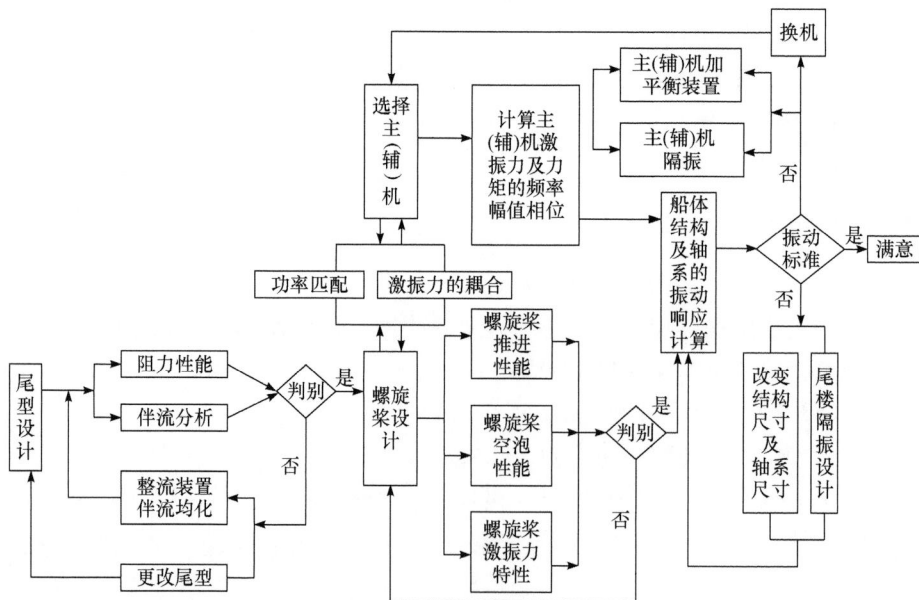

图 7-1 船舶尾型设计流程

影响船舶振动和干扰力大小的因素很多，涉及船舶的总体性能、船体结构和动力装置等，因此欲在船舶设计阶段就包罗万象地予以考虑是十分困难的，但随着科学技术的发展，计算所有激振力的数值以及各种结构的频率、幅值等将是可能的，因此完整合理的设计必将成为常规程序。

船体振动的产生还有建造和营运等方面的原因，在船舶营运过程中进行振动测试，衡量振动的水平，对发生剧烈振动的船舶分析振源，寻找产生振动的原因，从而采取减振措施是必要的。这里必须指出，目前在船舶设计阶段，对振动问题还没有给予足够的重视，特别是内河船。一旦投入营运，在发生振动问题后再寻求对策，往往既浪费人力和物力，也不易达到满意的效果。

船舶设计阶段的防振措施及营运船舶的减振措施，两者仅是对象的差异及处理角度有些不同，但其基本原理是一样的，即改变结构的固有频率或干扰力频率以避免共振；减小干扰力的幅值与干扰力的传递，以降低强迫振动的程度；增加结构刚度或阻尼等。营运船舶的减振措施一般对设计船舶均可采用，但有些设计阶段的措施对已建成船舶较难实施。在理论上任何振动问题都可消除，但在实际情况下由于技术或经济等方面的限制，消振工作往往不能较好地实施。

在舰船声学设计技术领域，世界海军强国投入大量的人力和物力，通过理论分析、单项试验及实船噪声测试，对舰船振动噪声机理进行了全面分析，形成了舰船声学预报方法，开发了计算软件，并对舰船的设计理念进行了革新，规范了舰船声隐身设计的设计过程和内容，实现了对舰船振动噪声的综合治理[32]。图 7-2 给出了舰船声学设计的过程和主要内容，可以看出，舰船声学设计已贯穿于整个水面舰船设计周期。

在概念设计阶段，从全船总体角度开展水面舰船声学设计技术研究。通过对水面舰船概念设计的数学抽象，提出概念设计阶段的预报模型，采用数值计算方法、解析方法或回归经验公式等对预报模型进行声学评估，并给出声学设计的指导意见，通过模型修正和改善达到声学优化设计的目的，进而采用模型试验进行验证，最终在修正和改善后的概念设计模型的基础上进行水面舰船详细设计。

在详细设计阶段，除了认真贯彻执行概念设计阶段提出的声学设计原则和技术方案，还应针对详细设计阶段的结构设计、结构参数选取和建造方案等过程提出相应的安静化措施。根据详细设计的图纸、设备选型和工况设置进行精细化建模，并采用数值计算方法对详细设计模型振动噪声进行定量评估，发现潜在问题，为进一步优化设计和设计定型提供技术支撑。

在建造阶段，主要涉及对设计阶段提出的声学结构设计原则和技术方案的严格实施，并在建造过程中分析评估、择优选取。在建造完成以后，对舰船振动噪声进行实船测试，对设计偏差进行评价，并向设计阶段的声学结构设计过程进行反馈。

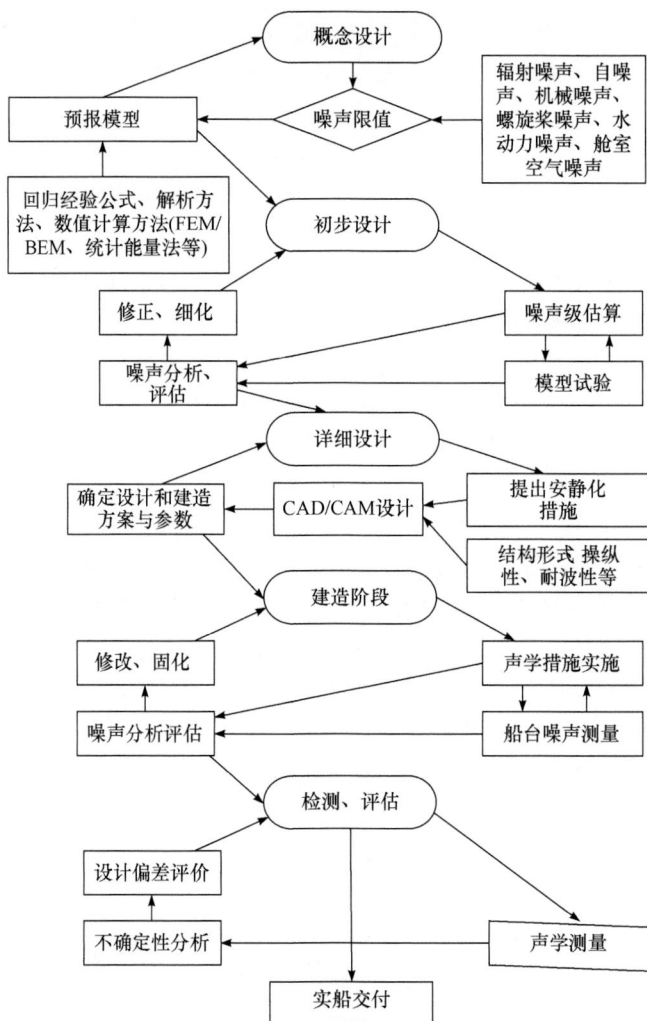

图 7-2　水面舰船声学设计流程

CAD 为计算机辅助设计；CAM 为计算机辅助制造；BEM 为边界元法

　　本章主要讨论船舶在设计过程中振动与噪声的控制措施，以及工程中各种减振降噪的方法，是对前面的理论知识的总结与应用。

7.1　船舶设计中的防振与减振措施

7.1.1　防止共振

　　船舶与其他弹性体一样，即使干扰力幅值较小，在共振时也会引起大的振幅，船体经常处于共振的运行状态一般是不允许的，因此对船舶来说，避免低谐调共振是设计者的首要任务。在设计时应使船体结构的固有频率与激振力频率保持一定的差距(一般前者大于后者)，亦即使船体结构具有一定的频率储备。

为了避免共振，常使第一、二谐调固有频率与激振力频率分别错开15%和20%，即可达到很好的效果。当能提出有根据的强迫振动计算结果时，还可使以上百分数降低。如"大庆 27"号油船在某一装载工况下主机转速为107~108r/min时，发生首谐共振，但改用转速98~100r/min运转时，频率错开8%，使振动水平大大改善。当要改变船体固有频率时，需要明确以下几点。

(1) 船长是由船舶的性能所决定的，一般不易改动。

(2) 船舶排水量不是从振动的角度考虑的。在给定排水量下，船舶质量及其分布如机舱、货舱和油水舱等位置，选择时有一定的灵活性。货物移近振型节点，使固有频率提高，而将压载布置在振型的波腹上，会使固有频率降低。

(3) 船体梁刚性的变化，可以改变固有频率。如把船用低碳钢改为高强度钢，在满足强度要求的前提下即可大大降低钢材用量，可使万吨级货船的横剖面惯性矩变化 25%左右，但作此变更也应慎重考虑。合理地设计上层建筑可改变船体梁的刚性，如改甲板室为桥楼以增大刚性，采用弹性接头降低上层建筑参与总纵弯曲的程度以减小刚性等。

改变干扰力频率可以选择主机、减速箱、螺旋桨入手，其中改变螺旋桨叶数是比较容易实现的。

除整个船体梁外，船体的某一部分结构如板架、板格和梁的固有频率与干扰频率相等时，也会产生共振，如机舱板架的共振、艉壳板板格的共振等，其中板格因共振而发生破裂的事例较多，应该予以足够重视。机舱底部和螺旋桨上方激振力比较大的区域，一般要求板格的首谐固有频率大于激振力频率的 50%，对此，1978 年我国《长江水系钢船建造规范》内《关于钢船体防振和减振建议文件》(以下简称"文件")中有以下规定。

对机舱底板格要求：

$$f_n \geqslant 1.5Zn \text{ 或 } f_n \geqslant 1.5Z_1 n \tag{7-1}$$

式中，f_n 为四边自由支持矩形板格计及单面附连水质量时的固有频率；Z 为柴油机不平衡惯性力或力矩的阶数；Z_1 为柴油机曲轴旋转一周时气缸的爆发次数，二冲程柴油机为气缸数，四冲程柴油机为缸数的 $\frac{1}{2}$；n 为柴油机的最大转速，r/min。Zn 和 $Z_1 n$ 即为柴油机的干扰力频率。实际用转速比最大转速低，实际板格频率一般也较按四边自由支持矩形板格计算的频率大，故按此计算偏于安全。

对螺旋桨上方船底板格要求：

$$f_n \geqslant 1.5Zn \tag{7-2}$$

式中，Z 为螺旋桨叶数；n 为螺旋桨最大转速，r/min。Zn 为螺旋桨叶频。由实船测试表明，造成艉部板格损伤的原因主要是叶频振动。倍叶频振动由于阻尼大，一般不会造成结构的损伤。

上述原则对营用船舶同样适用。当校核板格的频率不能满足要求时，可沿板格长边方向，如在肋板之间增设中间骨材(设计船可改变肋距)。例如，长江45m 区间客船单桨、四叶，螺旋桨上方 A 列板板厚 6mm，肋距 500mm，龙骨间距 840mm，按四连自由支持矩形板格计及单面附连水质量时，板格频率为 1775min^{-1}，实际固有频率还要高一些。螺旋桨最高转速为 500r/min，在常用转速 450r/min 时，干扰力频率为 4×450=1800min^{-1}，板格发生共振。所测"东方红 257"在该处的单振幅共振时达 0.6mm，超过内河船体振动衡准允许值，同型船多艘在该处振裂。在肋板间增设加强筋且计及单面附连水质量后，板格固有频率提高到 2600min^{-1} 以上，远大于干扰力频率，避免了共振。关于中间骨材的加设范围，"文件"规定在螺旋桨盘面前后各不小于螺旋桨直径，且不少于 5 挡肋距。在机舱，以"4135"等四冲程柴油机为主机的小型船舶，中间骨材应在整个机舱区加设，以及在机舱前后舱壁外做适当过渡(2~3 挡肋距)。

改变干扰力频率也能避开共振。如同类 45m 型客船"东方红 251"，改用了三叶螺旋桨后，干扰力频率最高为 3×500min^{-1}，在常用转速下实测表明无共振现象。该处单幅值为 0.1mm，仅为四叶桨共振幅值的 1/6。

7.1.2 结构减振设计

引起船体振动的原因除了干扰力之外，另一个重要的因素就是船体结构的响应，故结构设计的好坏，对船体振动的大小有很大的影响。

结构设计首先要考虑的是船体及其局部结构的固有频率，且使其与干扰力频率错开，以避免发生共振；其次是要保证船体有一定的刚度，这对刚度较弱的船舶尤其重要。主机和螺旋桨是激起船体振动的两个主要振源，因此应对机舱和艉部结构的刚度予以足够重视。

1. 机舱

对于机舱，无论船体采取何种骨架式，主机座纵桁均应尽可能地呈直线延伸到机舱前后壁。为了改善主机座纵桁在机舱处的固定情况，在机舱舱壁外逐步减小其高度，并在舱壁上设置大尺寸的扶强材，并用肘板连接。

在机舱内，建议不要在只有强横梁和纵桁支持的平台上设置各种辅机机座，否则必须装设刚性支撑，如支柱、半壁舱等。

此外，在轴系整个长度范围内，要尽可能地使结构有足够大的刚性。如某船在试航时，因轴系长度范围内船体刚度较差而引起振动，后沿轴系加设了高腹板的纵桁才使问题得到解决。

2. 艉部结构

对艉机船，在整个机舱长度上垂向和水平方向的船体惯性急剧减小，剪切刚度也因外板减薄及船体几何形状的变化而下降。因为艉部结构既靠近主机，又接近螺旋桨，故对其应予以特别注意。为了提高固有频率，防止产生共振，并减小强迫振动的振幅，应补偿所损失的刚度。补偿垂向惯性矩的办法是设置一舷到另一舷并有大量纵向板的艉楼；补偿水平惯性矩的办法是设置平台；补偿剪切刚度的办法是在整个机舱长度上设置边舱。

对于艉尖舱(有时还包括相邻的艉舱)，肋骨和扶强材的跨距以及板格的尺寸(包括壳板、艏壁和肋板)均应小些为宜，这就要设置附加的纵横桁材或扶强材。为了提高艉部刚度，最好采用桁架结构或设置支柱，利用支柱把艉部船底板架与甲板(或舵机舱平台)板架连接起来，从而形成刚性框架。肋骨、支柱和舱壁扶强材的两端须设肘板与甲板及船底连接。此外，艉体在舵和螺旋桨上面的悬臂部分应尽量减小，以减轻悬臂的重量，增加刚度，提高结构的固有频率。

3. 上层建筑

上层建筑的纵向振动是由船体的垂向振动所引起的，但刚体运动是无法防止的。为了减少上层建筑的振动，提高其固有频率和降低振幅，需确保上层建筑与船体以及各上层建筑之间有最大的连接刚度，因此上层建筑的外层侧围壁与横围壁的连接，以及上层建筑与机舱棚、船体横舱壁的连接必须尽可能有效。其次，上层建筑的长宽比不能太小，高度应尽可能低，又短又高的上层建筑会使纵向振动加大；为了减少悬臂梁的变形，应设法提高剪切刚度，故在上层建筑内部需要设置钢质围壁，且纵围壁要连续，开口要很好补强；为使支承变形最小，上层建筑前围壁应位于有足够刚性的横舱壁上。若围壁是曲线形的，它与横舱壁呈交叉形式时，可借助强肘板来支承围壁，避免围壁设在横梁之间的甲板上；后围壁和每一断阶处应在下面用支柱和舱壁(或围壁)支撑，各层侧围壁要设在同一垂直线上，不宜呈阶梯形。这些纵向围壁构成高强度的纵向梁，在纵向具有很大的抗剪刚度。各层上层建筑内的围壁、支柱、扶强材等也应尽可能布置在一条垂线上。

此外，上层建筑横向振动的可能性应与纵向振动一样予以考虑，特别是窄深比大的船和大开口船。因为它们的船体扭转刚度小，作为固定上层建筑的基础，有效性较差，所以随着船体的扭转振动，上层建筑可能伴随发生横向振动。

在结构设计时，还应特别注意避免或缓和应力集中。特别在机舱和艉部，由于接近主机和螺旋桨振源，在构件连接的孔槽区域、截角端、焊接硬点等应力集中处，容易产生强迫振动，进而产生疲劳破坏。

4. 其他局部结构设计

关于甲板板架的设计，如大跨距的甲板，特别在艉部和上层建筑中，最好采用舱壁(或围壁)、支柱支撑，而不宜采用大跨度的桁材结构。如某客船，在建造时艉部二楼餐厅设有支柱，但船建好后因支柱不美观，因此取消了支柱，导致上层甲板下陷，该船螺旋桨激振力较大，使艉部三楼旅客舱室的振动较二楼相应地区大。

7.1.3　船舶结构声学设计

船舶结构声学设计的目的是使其具有最佳的振动、声学性能以及保证结构上安装的综合降噪措施具有最佳的效果，船舶结构声学设计应和降噪措施设计一起完成。

船舶结构声学设计包括船体结构声学设计、船用机械设备安装基座声学设计以及近年来发展的针对船体底部结构的低噪声结构设计等。通过合理设计，可以达到调开船舶结构振动共振频率与激励力频率、降低结构响应、减少振动传递的目的[17]。

1. 船体结构声学设计

在进行船体结构声学设计之前，要对船体结构有所区分。对于布置有振源的结构，最重要的是振动响应特性；对于振源能量传递至壳体或横舱壁要经过的结构，最重要的是结构的振动传递特性；而对于壳体或舱隔壁，起决定性作用的是声辐射性能；对于各舱室之间，最重要的是舱隔壁的隔声性能。

船体结构的振动和声学性能与结构的抗弯刚度变化关系很大，当抗弯刚度成倍增大或减小时，其某些性能的变化可达 3～6dB。其中，即使结构的导振性能与刚度的关系不大，其振级衰减变化也可能很大，如果结构初始衰减为 20dB，当结构抗弯刚度减小为 1/2 时，其衰减大约为 4dB。

对于安装有振源的船体结构，其声学设计的另一个重要功能为防止振源的主要离散频率与结构弯曲振动的第一阶固有频率重合，激励频率与固有频率之间相差不小于 20%～30%，从而确保结构共振振幅尽可能小，这点与减振的思想是一致的。

如果船体结构上安装有振动较强的设备，如系统附件和管路等，应尽量将设备或系统附件安装于结构的强筋或肋骨上，这样可使结构的输入阻抗最大，而使输入结构的振动能量较少。

船体结构声学设计必须贯穿船舶设计的整个过程，其主要流程如下：

(1) 在保持给定全船总体基本参数的条件下，选择能最大限度满足声学要求的船体结构类型。

(2) 确定船上的主要振源，并进行优化布置。

(3) 确定需要降噪的舱室及其要求，选择降噪措施。

(4) 确定各舱室、振源之间的振声传递要经过的结构，在强度及其他总体要求范围内，研究改变这些结构抗弯刚度的可能性和方法。

(5) 计算安装主要振源船体结构的第一阶固有频率，必要时可适当改变被激励结构的抗弯刚度或质量，使固有频率避开振源激励频率。

(6) 当被激励的有加强筋结构的第一阶固有频率与振源的激励频率非常接近，即 $\Delta f < (0.2 \sim 0.3) f_{pl}$，并且不可能将 f_{pl} 调开时，需要对结构构件进行声学调整。

(7) 计算各舱室的结构噪声级和空气噪声级、水下辐射噪声级等。

(8) 必要时采用吸振、减振和隔振的方法进行降噪。

2. 船用机械设备安装基座声学设计

针对每个噪声源，必须考虑自噪声源至辐射面之间的传递途径，与每个噪声源对应的路径可能不同，因此计算描述特定路径的传递函数方法必须包含针对该路径的所有可能因素。显然，安装基座几乎为船上所有机械设备振动必经的路径之一，因此基座的声学设计在结构声控制中显得尤为重要。

在讨论基座的声学设计之前，先对船用机械设备进行分级，船用设备按质量可分为三级。I 级设备为质量小于 450kg 的设备；II 级设备为质量在 450～4500kg 的设备；III 级设备为质量大于 4500kg 的设备。机械设备的质量在很大程度上决定了安装基座的选型。

船上常见的基座有两种类型：A 型基座是管状结构，较轻；B 型基座是金属板基座，较重。

表 7-1 为机械设备刚性安装时的传递函数，可表示为基座安装板上设备支撑点处的振级到基座底部与船体结构连接处振级的衰减。由表可以看出，不同等级设备刚性安装于不同类基座上。其振动传递特性不尽相同，对于安装于同类型基座上的设备，设备越重，其传递函数越小，振动传递能力越强，振动隔离效果越差；对于安装于不同类型基座上的同等级设备，基座越重，刚度越大，其传递函数越大，振动传递能力越弱，振动隔离效果越好。

表 7-1　机械设备刚性安装时的传递函数　　　　（单位：dB）

描述		倍频带中心频率/Hz								
FT	MC	31.5	63	125	250	500	1000	2000	4000	8000
A	I	6	6	6	6	6	6	6	6	6
A	II	5	4	4	4	4	4	4	4	4
B	I	13	10	8	6	6	6	6	6	6
B	II	9	7	6	5	5	5	5	5	5
B	III	5	4	3	3	3	3	3	3	3

注：FT 为基座类型；MC 为机械设备质量等级。

　　船用机械设备除可采用刚性连接方式外，还可采用弹性连接，船用设备常用三种类型弹性支撑方式，第一种为高频隔振；第二种为低频隔振，固有频率低于15Hz；第三种为双层隔振，即两级低频隔振通过一中间质量串联在一起，系统固有频率小于30Hz。三种支撑方式的传递函数分别如表 7-2～表 7-4 所示。由表可以看出，无论采用何种支撑方式，其传递函数均与设备等级、基座类型有关。

表 7-2　高频隔振时的传递函数　　　　（单位：dB）

描述		倍频带中心频率/Hz								
FT	MC	31.5	63	125	250	500	1000	2000	4000	8000
A	I	6	6	6	7	8	9	10	10	10
A	II	5	4	4	4	4	4	5	6	8
B	I	13	11	9	8	10	15	15	15	15
B	II	9	7	7	6	8	8	9	10	10
B	III	5	4	3	2	3	3	4	5	8

注：FT 为基座类型；MC 为机械设备质量等级。

表 7-3　低频隔振时的传递函数　　　　（单位：dB）

描述		倍频带中心频率/Hz								
FT	MC	31.5	63	125	250	500	1000	2000	4000	8000
A	I	9	14	20	23	25	25	25	25	25
A	II	4	8	12	14	17	20	20	20	20
B	I	20	25	30	30	30	30	30	30	30
B	II	12	16	20	23	25	25	25	25	25
B	III	8	12	13	14	15	18	20	20	20

注：FT 为基座类型；MC 为机械设备质量等级。

表 7-4　双层隔振时的传递函数　　　　　　　　　　　（单位：dB）

描述		倍频带中心频率/Hz								
FT	MC	31.5	63	125	250	500	1000	2000	4000	8000
A	I	20	25	30	35	40	45	45	45	45
A	II	15	22	27	32	35	40	45	45	45
B	I	25	33	40	45	50	50	50	50	50
B	II	22	30	35	40	45	48	50	50	50
B	III	20	25	30	35	40	45	50	50	50

注：FT 为基座类型；MC 为机械设备质量等级。

安装基的声学设计主要是为了提高设备的输入机械阻抗，以降低基座安装板及其所在结构上的振幅，其声学设计建议如下：

(1) 基座安装板应尽可能厚，安装板自由边建议采用缘条加固。

(2) 肘板将基座安装板分成若干部分，肘板间的距离应尽可能短，减振器或机脚安装部位应尽量靠近肘板。

(3) 支承基座安装板架的静抗弯刚度应至少为减振器或机脚连接部位安装静抗弯刚度的 3 倍，若无法满足，则应增加基座惯性阻力，如用混凝土填充基座组件之间形成的空隙。

(4) 将基座尽可能布置在安装板架的边缘，以减小低于一阶弯曲共振频率的振动向板架传递。

(5) 选择基座安装尺寸时，应确保其一阶弯曲共振频率远离机械设备振动中主要高频分量，两者相差至少 20%～30%。

(6) 对船舶机械设备基座进行声学设计时，还可采取相关措施以改善基座挠曲部件结构的声振吸收性能，如在基座支承结构中采用吸振涂层等。

3. 船体低噪声结构设计

船体低噪声结构设计技术是近年来发展起来的针对水面舰船低频线谱辐射噪声的声学设计技术，基于周期性船体结构的带隙特征，通过对船体底部板架结构的声学优化设计，改变船体结构带隙位置，将其调整到船体水下辐射噪声较为重要的线谱频率范围内，实现对重要线谱噪声的控制[14]。

在第 4 章周期结构波动特性中，了解了对于典型的周期性结构是具有带隙特征的，即在频率范围内存在带隙频带区域，区域内弯曲波波数均为虚数，弯曲波在传播过程中快速衰减，最终表现为带隙范围内振动响应与辐射噪声均呈现极低的水平。舰船结构虽然在总体上并不是纯粹的周期性结构，但对于局部舰船板架结构，横向加强筋(如横梁、肋骨、实肋板等)在船长方向上的布置方式均含有周期性特征，与纵向构件和板壳共同耦合构成船体的类周期结构。在这样的船体结构中，同样发现了振动与辐射噪声极低的频带范围，与实船等效的周期振子耦合梁模型的带隙模型相比较，确定二者位于相同的频带范围，说明在船舶结构中也是存在带隙特性的，这就使得通过改变船体结构参数来调整船舶带隙，进而控制线谱辐射噪声成为可能。图 7-3 给出了船体板架结构中的带隙与振动衰减带特性。

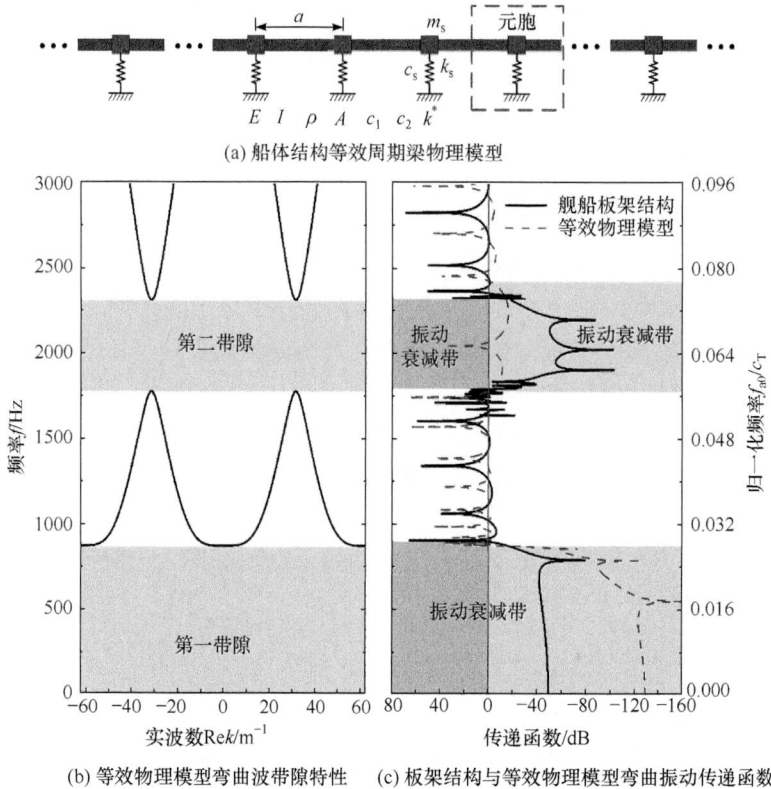

(a) 船体结构等效周期梁物理模型

(b) 等效物理模型弯曲波带隙特性　　(c) 板架结构与等效物理模型弯曲振动传递函数

图 7-3　弯曲波带隙特性与振动衰减特性

周期结构带隙主要分为局域共振带隙与布拉格散射带隙两类，二者形成机理不同。对于船舶结构，其散射带隙通常频率较高，对船体结构声辐射的影响不大，而局域共振带隙频率较低，与船舶大型设备的重要线谱所在频率相吻合，因此通常通过调整船体底部结构的局域共振带隙来实现船体结构的声学优化设计。

经过周期板架结构振动带隙特性数值计算研究与影响参数分析，可以将振动带隙的关键影响因素分为板架构件、结构设计参数及附加质量的影响这三类。其中，板架构件主要从影响面板、纵横构件结构刚度的平板厚度等相关参数进行分析，结构设计参数主要从板格几何参数着手进行调整，附加质量则需要考虑液舱与附连水质量对振动带隙的影响。

首先由周期板架构件参数对振动带隙的影响可知，面板与纵、横构件对有限宽度周期板架第一带隙存在一定程度的影响，同时面板相比于纵、横构件对周期板架第二带隙的影响更为显著。当上述构件的等效厚度或者与之对应的结构刚度发生变化时，周期板架振动第一带隙也会随之产生变化，第二带隙的频率范围随着面板结构刚度的增加迅速升高，但是与纵、横构件的结构参数关联程度较小。

当板格结构单元面板的几何参数趋向于获得更高的局部固有频率时，能够使板架结构第二带隙(局域共振带隙)向高频移动，反之可以得到较低频率的振动带隙。

附加质量能够调节周期板架结构的振动带隙向不同频率范围移动，但是带隙宽度基本不会发生变化。

值得注意的是，上述带隙优化方案都是在满足船体板架结构静力、动力强度等基本性能指标的基础上进行的，因此在周期板架结构设计过程中还应该对其进行性能评估。此外，还应考虑建造工艺的影响。调整带隙形成低噪声结构设计，对于舰船线谱辐射噪声控制有很大的帮助。

7.2　船舶结构振动控制方法

7.2.1　阻性减振

增加结构阻尼，将结构振动的部分能量转化为热能(热量)，达到吸收或损耗结构振动能量的目的，这是有效减小结构振幅的传统方法，如提高结构内阻尼、在船舶结构上敷设阻尼层、使用结构吸振材料和松散吸振材料等，这种方法通常又称为阻性减振。船舶结构声学设计中采用阻性减振技术可有效吸收螺旋桨或船用机械系统运行时产生的沿结构传播的声振能量，抑制船舶结构组件的共振、自激振动、碰撞声、偶发振动以及船舶结构疲劳应变等[17]。

船舶结构上敷设的阻尼层主要为带有黏弹性材料的单层或多层结构，因敷设阻尼层板结构振动过程中的变形特性不同又可分为以下三种类型：硬阻尼层、增强阻尼层和软阻尼层。其中，硬阻尼层、增强阻尼层仅对弯曲波吸收有效，而对纵波几乎没有效果。

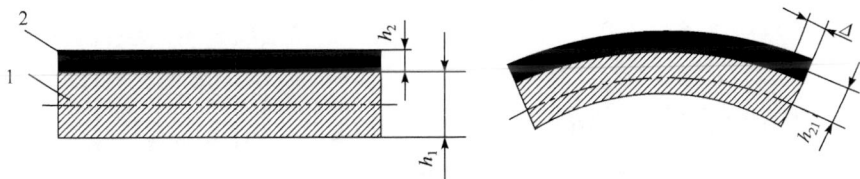

(a) 硬阻尼层

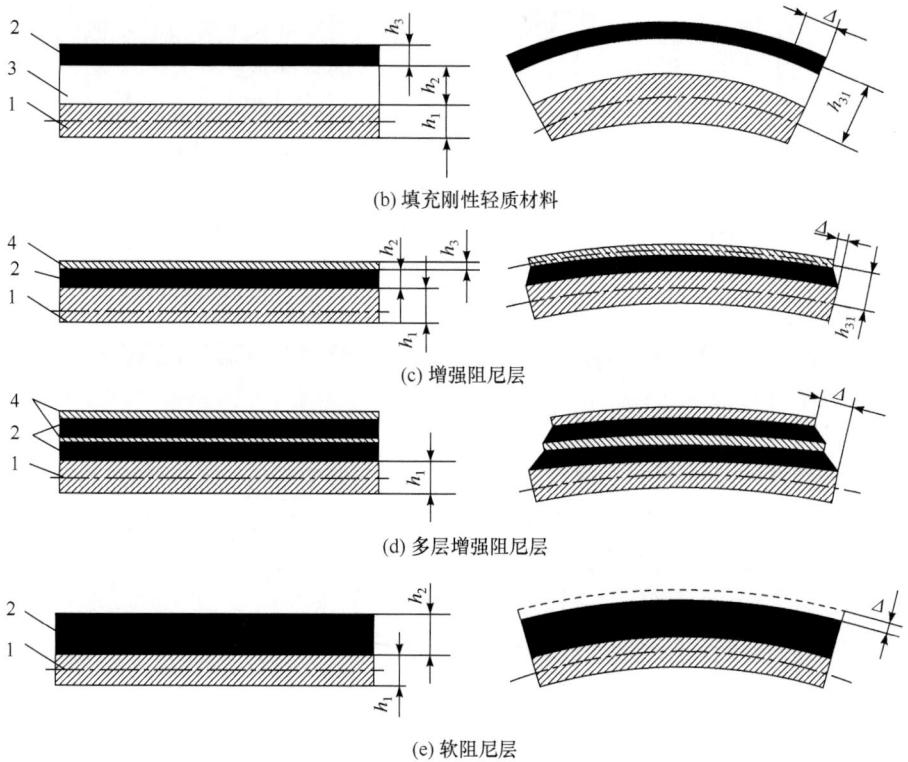

(b) 填充刚性轻质材料

(c) 增强阻尼层

(d) 多层增强阻尼层

(e) 软阻尼层

图 7-4　阻尼层结构及变形示意图

1-金属板；2-阻尼黏弹层；3-轻质刚性材料填充；4-约束层；Δ-黏弹材料变形量

1. 硬阻尼层

硬阻尼层，简而言之就是在金属底板上敷设一层硬塑料，结构弯曲时会引起阻尼层在金属底板平面方向上的压缩或拉伸，结构及变形如图 7-4(a) 所示。表面敷设有硬阻尼层金属板的弯曲振动损耗因子可按式(7-3)计算：

$$\eta \approx \frac{\eta_2}{1+[\alpha_2\beta_2(\alpha_2^2+12\alpha_{21}^2)]^{-1}} \tag{7-3}$$

式中，η_2 为硬阻尼层材料的损耗因子；$\alpha_2 = h_2/h_1$，h_1 和 h_2 分别为金属板和硬阻尼层的厚度；$\beta_2 = E_2/E_1$，E_1 和 E_2 分别为金属底板和阻尼层材料的弹性模量；$\alpha_{21} = h_{21}/h_1 = (1+\alpha_2)/2$，$h_{21}$ 为金属底板和阻尼层中性面之间的距离。

式(7-3)的适用条件为 $\beta_2 < 10^{-2}$。在不同 β_2 下，η/η_2 和 α_2 的关系如图 7-5 所示。由图可以看出，在金属板一侧敷设硬阻尼层，可提高板的损耗因子；随着 α_2 的增大，阻尼金属板的损耗因子增大，逐渐趋近于 η_2，这意味着通过无限提

高硬阻尼层厚度的方式来提高金属板的吸振效果是不合理的。在实际应用中，硬阻尼层与金属板最佳比值 $\alpha_{2\text{opt}} = 1.5\sim2$。

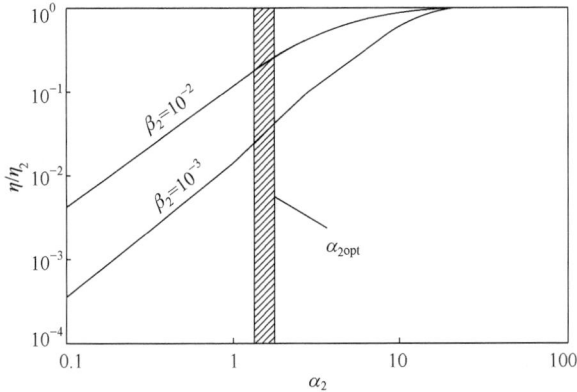

图 7-5　不同 β_2 下板-阻尼层损耗因子比值 η / η_2 和阻尼层-板厚比 α_2 的关系

在金属板和硬阻尼层之间填充刚性轻质材料，如泡沫塑料等，这样可增大板的损耗因子，如图 7-4(b) 所示。

2. 增强阻尼层

增强阻尼层，简而言之就是在硬阻尼层外层再加装一块金属面板，结构弯曲时阻尼层会有剪切应变，可增强阻尼层的振动能量吸收，结构及变形如图 7-4(c) 所示。敷设有增强阻尼层板的弯曲振动损耗因子可按式(7-4)计算：

$$\eta = \frac{\eta_2 \gamma g_2}{1 + (2 + \gamma) g_2 + (1 + \gamma)(1 + \eta_2^2) g_2^2} \tag{7-4}$$

式中，$g_2 = \dfrac{G_2}{E_3 h_3 k_{\text{fl,pl}}^2 h_2}$，$\gamma \approx 12\alpha_{31}^2 \alpha_3 \beta_3$，$\alpha_3 = h_3 / h_1$，$\alpha_{31} = h_{31} / h_1$，$\beta_3 = E_3 / E_1$，$h_{31} = h_2 + (h_1 + h_3) / 2$。

式(7-4)的使用条件为：$\beta_2 \ll \beta_3$；$\alpha_2^3 \beta_2 \ll 1$；$\alpha_3^3 \beta_3 \ll 1$。由式(7-4)可知，增强阻尼层板损耗因子与阻尼层厚度之间的关系主要取决于结构几何参数 γ，与频率的关系则由剪切参数 g_2 确定，因为该参数与频率成反比，即 $g_2 \propto f^{-1}$。

图 7-6 为当 $\eta_2 = 1$，$g_2 = f^{-1}$ 时增强阻尼层板损耗因子 η 与频率 f 的关系。由图可以看出，当频率等于 f_{opt} 时，η 达到最大，$\eta = \eta_{\text{max}}$，偏离该频率时，η 单调下降。

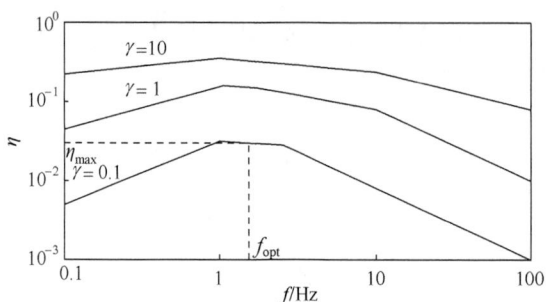

图 7-6　当 $\eta_2 = 1$，$g_2 = f^{-1}$ 时增强阻尼层板损耗因子 η 与频率 f 的关系

由式(7-4)可得到 f_{opt} 为

$$f_{\text{opt}} = \frac{G_2}{2\pi E_3 h_3 h_2} \sqrt{\frac{E_1 h_1^3 (1+\gamma)(1+\eta_2^2)}{12 m_1}} \tag{7-5}$$

式中，m_1 为单位表面积金属底板质量。

当 $f = f_{\text{opt}}$ 时，增强阻尼层板损耗因子达到最大值：

$$\eta_{\max} = \frac{\eta_2 \gamma}{\gamma + 2\left[1 + \sqrt{(1+\gamma)(1+\eta_2^2)}\right]} \tag{7-6}$$

显然，增强阻尼层板损耗因子最大值 $\eta_{\max} < \eta_2$。为了增大增强阻尼板的损耗因子，有时可采用多层增强阻尼层，如图 7-4(d) 所示。

3. 软阻尼层

软阻尼层即在金属底板敷设黏弹材料，当板弯曲振动时板表面产生的横向位移，可使弹性波沿厚度方向传播。该阻尼层结构和变形如图 7-4(e) 所示。软阻尼层板的一个重要特征就是其损耗因子与结构质量有关，对阻尼板纵向振动的减振效果与对板挠曲振动的减振效果相同，而硬阻尼层或增强阻尼层板的损耗因子取决于结构抗弯刚度，并对衰减纵向振动几乎没有效果。

$$\eta = \frac{\eta_2 [2\,\text{sh}(\nu_2 \eta_2) - \eta_2 \sin(2\nu_2)]}{2\mu_m \eta_2 \nu_2 [\cos(2\nu_2) + \text{ch}(\nu_2 \eta_2)] + \eta_2 \sin(2\nu_2) + 2\,\text{sh}(\nu_2 \eta_2)} \tag{7-7}$$

式中，$\nu_2 = k_2 h_2$，k_2 为阻尼层厚度方向上的波数；$\mu_m = m_1 / m_2$，m_1、m_2 分别为金属底板和软阻尼层单位面积质量。

式(7-7)的适用条件为：$\eta_2^2 \ll 1$，且阻尼层外表面无约束，图 7-7 曲线 1 给出了由式(7-7)计算得到的损耗因子频率响应。

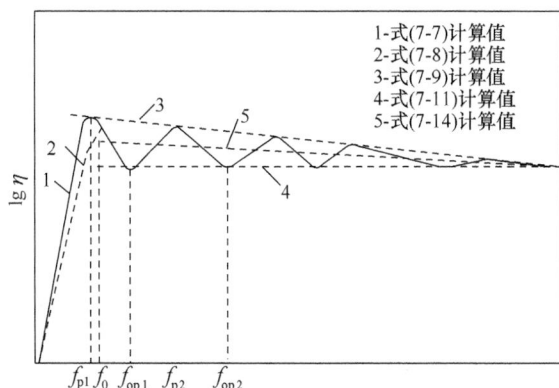

图 7-7　软阻尼层板弯曲振动损因子数频率响应示意图

(1) 在低频率条件下，即 $\nu_2 \ll 1$ 时，软阻尼层板的弯曲振动损耗因子可简化为

$$\eta \approx \frac{\eta_2 \nu_2^2}{3(1+\mu_m)} \tag{7-8}$$

计算结果如图 7-7 曲线 2 所示。

(2) 当 $h_2 = \lambda_2 / [4(2n-1)]$ $(n=1,2,3,\cdots)$ 时，阻尼层因空间共振而变形响应增大，损耗因子 η 增大：

$$\eta = \eta_{pn} \approx \frac{\eta_2}{1+\mu_m \eta_2 \nu_{pn}\, \text{th}\left(\dfrac{\nu_{pn}\eta_2}{2}\right)} \tag{7-9}$$

式中，$\nu_{pn} = (n-1/2)\pi (n=1,2,3,\cdots)$。计算结果如图 7-7 曲线 3 所示，对应共振频率为

$$f_{pn} = \frac{\nu_{pn} c_2}{2\pi h_2} = \frac{(2n-1)c_2}{4h_2}, \quad n=1,2,3,\cdots \tag{7-10}$$

式中，c_2 为沿阻尼层厚度方向传播的弹性波波速。

(3) 当 $h_2 = \lambda_2 / (2n)(n=1,2,3,\cdots)$ 时，阻尼层因空间反共振而变形响应减小，损耗因子 η 降低：

$$\eta = \eta_{opn} \approx \frac{\eta_2}{1+\mu_m \eta_2 \nu_{opn}\, \text{cth}\left(\dfrac{\nu_{opn}\eta_2}{2}\right)} \tag{7-11}$$

计算结果如图 7-7 曲线 4 所示，对应反共振频率为

$$f_{opn} = \frac{nc_2}{2h_2}, \quad n=1,2,3,\cdots \tag{7-12}$$

(4) 当 $f_{pl} = c_2 / (4h_2)$ 时，得到 $\eta = \eta_{pl}$ 的最大值为

$$\eta_{pl} \approx \frac{\eta_2}{1 + 1.23\mu_m\eta_2^2} \tag{7-13}$$

随着频率的增大，η_{opn} 与 η_{pn} 趋近一致，如图 7-7 曲线 5 所示，此时

$$\eta \approx \frac{\eta_2}{1 + \nu_2\mu_m\eta_2} \approx \frac{\rho_2 c_2}{\omega m_1} \tag{7-14}$$

由式(7-14)可知，在高频率时，软阻尼板的损耗因子与阻尼层的损耗因子无关。

图 7-7 中曲线 2 与曲线 5 相交，交点为 f_0，当频率低于或高于 f_0 时，软阻尼层板的损耗因子可通过式(7-8)和式(7-14)估算得出。

适当增大所采用黏弹性阻尼材料的损耗因子可提高软阻尼层板的性能，但当阻尼材料的损耗因子 η_2 高于 $0.9\sqrt{m_2 / m_1}$ 时就毫无意义了。

7.2.2　隔振原理

振动隔离有两方面的含义：一方面是精密机械、仪器、仪表要防止从基础传来的振动；另一方面是要减小振动机械对基础的作用。对于单自由度系统，前者称为运动隔振，后者称为力隔振；对于二自由度系统，则主要考虑的是主从系统的耦合振动及消振原理。因为它们的隔振原理是统一的，所以本节同时讨论这两种情况。

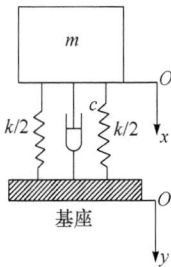

图 7-8　运动隔振系统模型

1. 运动隔振

振动系统的简化模型可表示为图 7-8 所示的单自由度线性阻尼系统，其中质量 m 代表精密仪器装备，隔振装置用弹簧 k 与阻尼器 c 来表示。

假设基础的运动是铅垂方向的谐振动，取 y 轴向下为正，这一运动可表示为

$$y = Y\cos(\omega t) \tag{7-15}$$

再设质量 m 也只能沿铅垂方向运动，以基础不动($y = 0$)时，质量 m 的静平衡位置作为原点，沿铅垂方向取 x 轴(向下为正)，用坐标 x 来表示质量 m 的绝对位移。考虑到初变形时的弹簧力与重力正好平衡，所以在运动中作用于质量 m 的净力就只有弹性回复力与阻尼力，它们在 x 轴上的投影分别为 $-k(x - y)$ 与 $-c(\dot{x} - \dot{y})$。于是，由牛顿运动定律，有

$$m\ddot{x} = -k(x - y) - c(\dot{x} - \dot{y})$$

$$m\ddot{x} + c\dot{x} + kx = ky + c\dot{y} \tag{7-16}$$

利用复数解法，将 y 与 x 分别表示为

$$\begin{cases} y = Y\mathrm{e}^{\mathrm{i}\omega t} \\ x = X\mathrm{e}^{\mathrm{i}(\omega t - \varphi)} = X\mathrm{e}^{\mathrm{i}\varphi} \cdot \mathrm{e}^{\mathrm{i}\omega t} \end{cases} \tag{7-17}$$

将式(7-17)代入方程(7-16)得

$$(-m\omega^2 + \mathrm{i}c\omega + k)X\mathrm{e}^{-\mathrm{i}\varphi} = (k + \mathrm{i}c\omega)Y$$

或写为

$$\frac{X}{Y}\mathrm{e}^{-\mathrm{i}\varphi} = \frac{k + \mathrm{i}\omega}{(k - m\omega^2) + \mathrm{i}c\omega} \tag{7-18}$$

对式(7-18)两端取绝对值，可得

$$\frac{X}{Y} = \sqrt{\frac{k^2 + c^2\omega^2}{(k - m\omega^2)^2 + c^2\omega^2}} \tag{7-19}$$

或用阻尼率 $\zeta = \dfrac{c}{2m\omega_\mathrm{n}}$ 与频率比 $\gamma = \dfrac{\omega}{\omega_\mathrm{n}}$ 表示为

$$\frac{X}{Y} = \sqrt{\frac{1 + (2\zeta\gamma)^2}{(1 - \gamma^2)^2 + (2\zeta\gamma)^2}} \tag{7-20}$$

$\dfrac{X}{Y}$ 称为传递率，记为 T。传递率越小意味着隔振效果越好。

在图 7-9 中，以阻尼率 ζ 为参数，按式(7-20)绘制传递率随频率比变化的曲

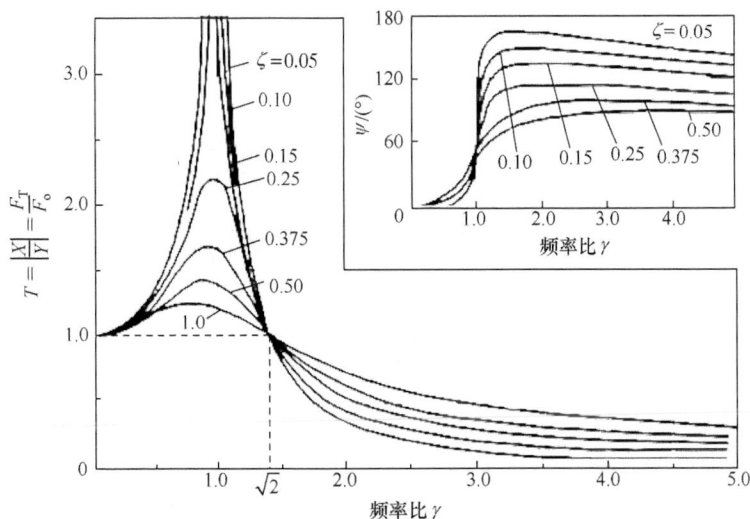

图 7-9 传递率曲线

线，即 T-γ 曲线。由图可以看到，当 $\gamma = \sqrt{2}$ 时，不论 ζ 多大，T 都等于1，即所有曲线都交于点 $\left(\sqrt{2}, 1\right)$；当 $\gamma > \sqrt{2}$ 时，恒有 $T<1$；当 $\gamma \to \infty$ 时，$T \to 0$，此时基础的振动将不会传递到仪器仪表上。值得注意的是，当 $\gamma > \sqrt{2}$ 时，减小阻尼对降低传递率是有利的，但是为了使结构安全通过共振区，还应考虑保持适当的阻尼。

2. 力隔振

当机器本身是振源时，加隔振装置的目的是减小机器的振动对基础的作用。取图 7-10 所示模型系统，基础假定是不动的，在质量 m 上作用有铅垂简谐力 $F = F_0 \cos(\omega t_0)$，由前面所述内容可知，此时质量 m 的稳态强迫振动为 $x = X \cos(\omega t - \varphi)$。其中，$X = X_0 \alpha = \dfrac{F_0}{k} \dfrac{1}{\sqrt{(1-\gamma^2)^2 + (2\zeta\gamma)^2}}$。

故有

$$F_0 = kX\sqrt{(1-\gamma^2)^2 + (2\zeta\gamma)^2} \tag{7-21}$$

传到基础上的力有两个，一个是弹簧力：

$$F_k = kx = kX \cos(\omega t - \varphi) \tag{7-22}$$

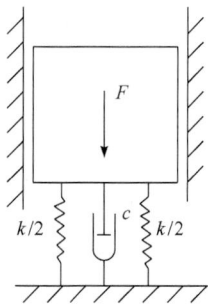

图 7-10 力隔振系统模型

另一个是阻尼力：

$$F_c = c\dot{x} = -c\omega X \sin(\omega t - \varphi) \tag{7-23}$$

这两个力都是同频率的谐和力，但彼此有 90°的相位差，所以传到基础上的力是二者的合力，其中力幅 F_T 为

$$F_T = X\sqrt{k^2 + c^2\omega^2} = kX\sqrt{1 + (2\zeta\gamma)^2} \tag{7-24}$$

传到基础上的力与作用于机器的力，二者力幅之比 $\dfrac{F_T}{F_0}$ 亦称传递率。由式(7-24)与式(7-21)，可得

$$\frac{F_T}{F_0} = \sqrt{\frac{1+(2\zeta\gamma)^2}{(1-\gamma^2)^2 + (2\zeta\gamma)^2}} \tag{7-25}$$

比较式(7-20)与式(7-25)，有

$$\frac{X}{Y} = \frac{F_T}{F_0} = T \tag{7-26}$$

这说明无论是力隔振还是运动隔振，两者的原理是统一的。

3. 反馈控制隔振

在上述关于图 7-8 和图 7-10 所示系统的隔振分析中可以看到，线性阻尼在 $\gamma < \sqrt{2}$ 与 $\gamma > \sqrt{2}$ 这两个频段上所起的作用有所不同，如图 7-9 所示。当 $\gamma < \sqrt{2}$ 时，增大阻尼有利于降低传递率；当 $\gamma > \sqrt{2}$ 时则相反，即增大阻尼反而不利于降低传递率。这一结果是由阻尼器的安装方式引起的。

若将阻尼器安装成悬空式(sky hook)的，如图 7-11 所示，结果就会不同。此时设基座的运动为 $w = \cos(\omega t)$，则系统的运动微分方程又重新取以下的形式：

$$m\ddot{x} + c\dot{x} + kx = k\cos(\omega t) \tag{7-27}$$

这时，系统的放大率曲线与传递率曲线合二为一。在这种情况下，无论 γ 取何值，增大阻尼总有利于降低传递率。

然而，有些工程系统，如车辆、地面建筑等，都无法安装这种悬空式阻尼器，但利用反馈控制可以达到同样的效果。

图 7-11 悬空式阻尼器隔振系统

考察图 7-12 所示单自由度反馈控制隔振系统。图中，1 代表作动机构，它根据控制信号产生相应的力；2 表示加速度传感器；3 代表控制器，由传感器送来的加速度信号经积分后得到速度信号，在这里分别适当"放大"后组成负反馈控制信号；反馈控制力 F 设计为

$$F = -(k_1\dot{x} + k_2\ddot{x}), \quad k_1, k_2 > 0 \tag{7-28}$$

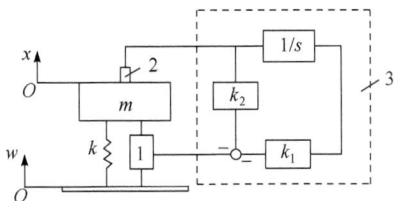

图 7-12 单自由度反馈控制隔振系统

这时，系统的运动微分方程可描述为

$$m\ddot{x} = -k(x - w) + F \tag{7-29}$$

由式(7-28)与式(7-29)可得系统的传递函数为

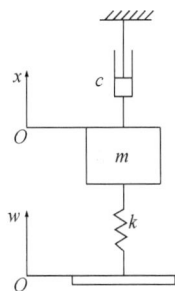

$$\frac{X(s)}{W(s)} = \frac{k}{(m + k_2)s^2 + k_1 s + k}$$ (7-30)

不难看出，上述反馈控制隔振系统有以下特点：

(1) 它能提供大小与隔振对象绝对速度成正比的阻尼比，即实现悬空式阻尼器的功能。

(2) 在隔振弹簧静变形 $\delta(\delta = mg/k)$ 保持不变的情形下，能增大系统的等效质量 $(m + k_2)$。换句话说，可以在不改变系统原有质量与刚度的情形下，使系统的固有频率有所下降。

以上两点都有利于提高隔振效果。前者可使增大阻尼在整个频域上都有利于降低传递率；后者使用有效隔振 $(T < 1)$ 频带向低频段扩展。

图 7-13 给出了有/无反馈控制情形下的隔振效果对比。

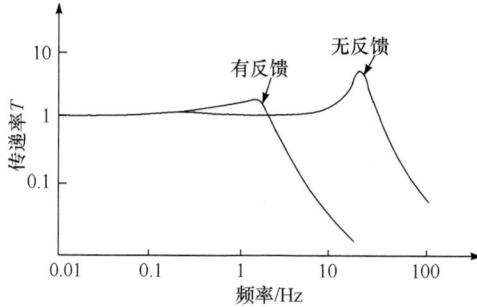

图 7-13　隔振效果对比

7.2.3　船舶隔振装置设计

1. 一般步骤

船舶隔振装置设计的一般步骤[17]大致如下：

(1) 明确机械设备特性、隔振指标需求和船舶总体约束条件。机械设备特性主要包括设备类型(主机或辅机)、外形尺寸、质量、激励频率特性、振动加速度量级等；隔振指标一般为特定频段内隔振装置上、下加速度振级落差；船舶总体约束条件包括隔振装置允许的尺寸、质量、结构形式等。

(2) 提出隔振装置初步方案。如确定选用单层或双层隔振装置，隔振器类型、数量和布置方式，隔振装置固有频率大致范围等。

(3) 隔振装置模态特性计算和隔振效果预估。建立隔振装置动力学模型，确定机械设备几何和惯性参数、隔振器刚度和位置参数、中间质量等主要设计参数，计算隔振装置的模态频率和振型，并对隔振效果进行预估，要求隔振装置能有效隔离机械设备主要振动并尽可能避免共振。

(4) 隔振装置稳定性校核。根据船舶航行时可能产生的摇摆和倾斜角度计算隔振装置的变形量，以及与动力机械相连的挠性连接件，如挠性接管、弹性联轴器等处的位移量。要求在船舶各种倾斜、摇摆工况下机械设备和挠性连接件应能安全运行，并根据计算结果选择与隔振装置性能相匹配的挠性连接件。

(5) 对隔振装置方案进行优化，满足隔振效果指标、运行安全性和船舶总体约束条件。

(6) 隔振装置配机试验及性能评估。如有条件可在隔振装置实船安装前，先在陆地上与机械设备进行配机试验，测量隔振效果和机械设备振动烈度，达到技术指标要求后，再进行实船安装和性能测试、评估。

2. 机械设备特性参数的确定

隔振装置主要针对设备特性进行设计，因此需要将设备特性参数作为输入，主要包括外形、尺寸、质量、重心、质量惯性矩和惯性积、振动激励力等。

1) 外形和尺寸

设备的三维外形轮廓和尺寸是隔振装置设计的主要约束条件之一，可据此形成隔振器外形尺寸、布置间隔、安装方式等初步方案。许多情况下设备的外形不满足隔振装置的安装需求，需要设计一个安装过渡架，将设备先安装到过渡架上，再在过渡架下方布置隔振装置。

2) 质量

设备质量一般需要有一个较准确的预估值，这涉及隔振装置的承载能力能否满足要求。若质量估计过小，则可能导致隔振器承载超出额定值，严重情况下发生损坏；若质量估计过大，则可能选用承载能力和刚度较大的隔振器，导致系统固有频率过高而隔振效果不理想。设备质量可通过台秤、吊秤和测力计等方式测量。需要注意的是，在设计隔振装置时还应计入与设备连接各种附加设备的质量，如船舶汽轮机组外接的大口径挠性接管、推进机组驱动端的弹性联轴器、电气设备外接的电缆以及泵和管路内携带的液体等。

3) 重心

设备重心数据用于确定隔振器布置方式，并计算设备的惯性积和惯性矩。一般情况下，设备的重心与其几何中心并不重合，两者偏离越远，隔振器的布置越不均匀，靠近重心位置的隔振器应布置相对密集或承载能力相对较大，以避免隔振器超载。当设备由多个部分构成，或有多台设备整体安装在一台隔振装置上时，可按式(7-31)计算设备或机组的重心：

$$X_c = \frac{1}{W}(X_{c1}W_1 + X_{c2}W_2 + \cdots + X_{cn}W_n) \tag{7-31}$$

式中，X_c 为设备重心坐标；W 为设备总质量；X_{ci} 和 W_i 分别为第 i 台设备的重心坐标和质量；n 为设备组件或设备的数量。

4) 质量惯性矩和惯性积

设备质量惯性矩和惯性积对隔振装置转动自由度方向，即横摇、纵摇和平摇的模态有重要影响。刚体相对于参考坐标轴的质量惯性矩和惯性积的计算公式为

$$I_x = \int (Y^2 + Z^2)\mathrm{d}m, \quad I_y = \int (X^2 + Z^2)\mathrm{d}m, \quad I_z = \int (X^2 + Y^2)\mathrm{d}m$$

$$I_{xy} = \int XY\mathrm{d}m, \quad I_{yz} = \int YZ\mathrm{d}m, \quad I_{zx} = \int ZX\mathrm{d}m \tag{7-32}$$

式中，$\mathrm{d}m$ 为距参考坐标轴 X、Y、Z 处的微元质量，通常选取设备重心为坐标原点建立参考坐标系。

对于多组件设备或多台设备的隔振装置，可采用式(7-33)和式(7-34)计算整体惯性矩和惯性积：

$$I_x = \sum_{i=1}^{n} I_{xi} + \sum_{i=1}^{n} m_i (Y_{Ci}^{~2} + Z_{Ci}^{~2}) \tag{7-33}$$

$$I_{xy} = \sum_{i=1}^{n} m_i X_{Ci} Y_{Ci} \tag{7-34}$$

式中，I_{xi} 为第 i 个组件在其局部参考坐标系中的惯性矩；m_i 为第 i 个组件的质量；X_{Ci}、Y_{Ci}、Z_{Ci} 为各组件局部坐标系原点与总体坐标轴的距离。其他方向的惯性矩和惯性积可参照式(7-33)和式(7-34)计算。

5) 振动激励力

设备振动激励力特性是确定隔振装置固有频率的主要依据，典型船舶机械设备的主要激励力特性有转子不平衡力、往复质量不平衡力和电磁谐波激励力等。设备激振力的介绍参见 6.7 节。

3. 隔振器性能参数的确定

目前船舶上使用的隔振器主要有橡胶隔振器、金属弹簧隔振器、钢丝绳隔振器和气囊隔振器等，其主要性能参数有外形尺寸、质量、额定载荷、刚度、固有频率、阻尼系数、机械阻抗等。目前我国已建立了较完善的船舶用隔振器系列型谱，涵盖了主要船舶用隔振器的种类、型号和性能参数，可供隔振装置设计者使用。

1) 额定载荷

额定载荷是指隔振器在正常工作状态下所能承受的最大载荷，使用中尽量不要超过这一载荷，极限情况下一般不超过额定载荷的 5%～10%。

2) 刚度

作用在隔振器上的静态力的增量与相应的位移增量之比为刚度。刚度反映了

隔振器在不同载荷条件下的变形特性。隔振器的刚度与其变形速度有关，分为静刚度、动刚度和冲击刚度，各种刚度的测试方法不同，隔振器各方向的刚度一般不同，因此具有三向刚度。严格来讲，隔振器的刚度不是线性的，特别是在大变形时呈现出明显非线性，但工程上一般采用近似表达隔振器刚度。

(1) 静刚度：是指在隔振器变形速度小于 8mm/min 的条件下测得的力与变形量之比。

(2) 动刚度：是指隔振器在一定频率和一定振幅下测得的力与变形之比。

(3) 冲击刚度：是指隔振器受冲击载荷时测得的力与变形之比。

3) 固有频率

将额定载荷换算为质量，并与隔振器构成隔振系统，该系统的固有频率习惯上称为隔振器的固有频率，其计算方法为

$$f_0 = \frac{1}{2\pi}\sqrt{\frac{K_d}{m}} \tag{7-35}$$

式中，K_d 为隔振器动刚度；m 为载荷对应的质量。

4) 阻尼系数

阻尼系数用于描述隔振器变形过程中与速度或位移有关的能量耗散程度，一般可采用自由振动法或共振法测得。隔振装置设计中最常用的是阻尼比，即阻尼系数与临界黏性阻尼系数的比值。

5) 机械阻抗

机械阻抗为隔振器所受动态激励与响应速度之比，可反映隔振器质量和弹性的分布特性，因此其比动刚度能更全面反映隔振器的动态特性。一般情况下，隔振器两端激励力与速度可用阻抗矩阵的形式表示为

$$\begin{Bmatrix} F_1 \\ F_2 \end{Bmatrix} = \begin{bmatrix} Z_{11} & Z_{12} \\ Z_{21} & Z_{22} \end{bmatrix} \begin{Bmatrix} v_1 \\ v_2 \end{Bmatrix} \tag{7-36}$$

式中，Z_{11}、Z_{22} 为输入阻抗；$Z_{12} = Z_{21}$ 为传递阻抗。

4. 隔振装置稳定性估算

隔振装置的稳定性估算通常采用保守结果，即取船舶最大摇摆或倾斜角度进行静态响应计算，原因是：①船舶在达到最大摇摆或倾斜角度时通常也达到了最大摇摆周期，此摇摆过程可认为是准静态过程，等同于倾斜情况处理；②船舶摇摆频率最高时通常摇摆幅度较小，因此对隔振装置稳定性的影响远小于大幅静态摇摆的影响；③船舶最高摇摆频率小于 0.5Hz，不会引起隔振装置的共振，对稳定性的影响较小。船舶摇摆、倾斜时，机械设备重力与隔振器支撑力之间的平衡被破坏，相当于在船舶不倾斜时对设备重心施加了外力，其表达式为

$$\begin{cases} F_x = mg\sin\alpha \\ F_y = mg\sin\beta \\ F_z = \begin{cases} mg(1-\cos\beta) \\ mg(1-\cos\alpha) \end{cases} \end{cases} \tag{7-37}$$

式中，α、β 分别为船舶横向和纵向摇摆、倾斜角度。

　　需要特别指出的是，对于推进动力装置，其输出扭矩会反作用于隔振装置并导致其产生位移，当隔振装置固有频率较低时位移尤为明显，因此还需要对该位移量进行估算。

7.2.4　动力吸振原理

　　动力吸振器的设计主要基于二自由度主从系统振动原理，对于二自由度系统振动，可认为是多自由度系统的一个特例。对于任何一个复杂的多自由度系统，总可以看成由两个或若干个子系统所组成。通常，我们所关心的、要仔细进行分析的那个子系统称为主系统，对另一个或若干个的振动并不十分感兴趣。对主系统有这样或那样影响的子系统称为副系统或从系统。例如，船体和主机构成一复杂的振动系统，可把船体和主机看成两个子系统，通过基座或减振器发生联系，引起耦合。在研究船体振动时，把船体作为主系统，主机作为从系统；在研究主机振动时，则把主机作为主系统，船体作为从系统。主、从系统关系是辩证的，因此所研究的对象可互相转化。

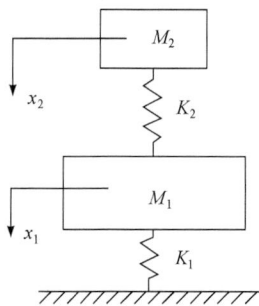

图 7-14　主-从耦合系统
物理模型

　　一个子系统一般也可以是一个多自由度系统，可继续划分成两个或若干个子系统。从振动的角度来看，最基本的子系统是单自由度系统。一般来说，各子系统的振动是互相耦合的，只有用系统的主坐标来描述和划分子系统时，它们才是互不耦合、彼此独立的。下面讨论两个子系统耦合的基本性能以及影响其耦合松紧的因素。

　　把主、从系统抽象成图 7-14 所示的双质量弹簧系统。M_1 和 K_1 代表主系统的质量和刚度，M_2 和 K_2 代表从系统的质量和刚度。

　　利用达朗贝尔原理，系统的无阻尼自由振动微分方程式为

$$\begin{cases} M_1\ddot{x}_1 + (K_1+K_2)x_1 - K_2 x_2 = 0 \\ M_2\ddot{x}_2 - K_2 x_1 + K_2 x_2 = 0 \end{cases}$$

写成矩阵形式为

$$\begin{bmatrix} M_1 & 0 \\ 0 & M_2 \end{bmatrix} \begin{Bmatrix} \ddot{x}_1 \\ \ddot{x}_2 \end{Bmatrix} + \begin{bmatrix} K_1 + K_2 & -K_2 \\ -K_2 & K_2 \end{bmatrix} \begin{Bmatrix} x_1 \\ x_2 \end{Bmatrix} = \begin{Bmatrix} 0 \\ 0 \end{Bmatrix} \tag{7-38}$$

将解的形式：

$$\begin{Bmatrix} x_1 \\ x_2 \end{Bmatrix} = \begin{Bmatrix} A_1 \sin(\omega_n t + \phi) \\ A_2 \sin(\omega_n t + \phi) \end{Bmatrix} \tag{7-39}$$

代入式(7-38)可得

$$\begin{bmatrix} K_1 + K_2 - M_1\omega_n^2 & -K_2 \\ -K_2 & K_2 - M_2\omega_n^2 \end{bmatrix} \begin{Bmatrix} A_1 \\ A_2 \end{Bmatrix} = \begin{Bmatrix} 0 \\ 0 \end{Bmatrix} \tag{7-40}$$

即得此主、从系统的频率方程为

$$\begin{vmatrix} K_1 + K_2 - M_1\omega_n^2 & -K_2 \\ -K_2 & K_2 - M_2\omega_n^2 \end{vmatrix} = 0 \tag{7-41}$$

即

$$K_1 k_2 + K_2^2 - K_2 M_1\omega_n^2 - K_1 M_2\omega_n^2 - K_2 M_2\omega_n^2 + M_1 M_2\omega_n^4 - K_2^2 = 0 \tag{7-42}$$

令

$$\omega_{01} = \sqrt{\frac{K_1}{M_1}}, \quad \omega_{02} = \sqrt{\frac{K_2}{M_2}}$$

即

$$K_1 = \omega_{01}^2 M_1, \quad K_2 = \omega_{02}^2 M_2 \tag{7-43}$$

式中，ω_{01}、ω_{02} 为主、从两个子系统单独存在时的固有频率。

将式(7-43)代入式(7-42)，并除以 ω_{01}^4 得

$$M_1 M_2 \frac{\omega_{02}^2}{\omega_{01}^2} - M_1 M_2 \frac{\omega_n^2}{\omega_{01}^2} \frac{\omega_{02}^2}{\omega_{01}^2} - M_1 M_2 \frac{\omega_n^2}{\omega_{01}^2} - M_2^2 \frac{\omega_n^2}{\omega_{01}^2} \frac{\omega_{02}^2}{\omega_{01}^2} + M_1 M_2 \left(\frac{\omega_n^2}{\omega_{01}^2}\right)^2 = 0$$

即

$$\frac{\omega_{02}^2}{\omega_{01}^2} - \frac{\omega^2}{\omega_{01}^2} \frac{\omega_{02}^2}{\omega_{01}^2} - \frac{\omega^2}{\omega_{01}^2} - \frac{M_2}{M_1} \frac{\omega^2}{\omega_{01}^2} \frac{\omega_{02}^2}{\omega_{01}^2} + \left(\frac{\omega^2}{\omega_{01}^2}\right)^2 = 0 \tag{7-44}$$

令 $z = \frac{\omega^2}{\omega_{01}^2}$ 为激励频率与主系统原固有频率之比(平方值)，$a = \frac{M_2}{M_1}$ 为从系统与主系统的质量比，$\xi = \frac{\omega_{02}^2}{\omega_{01}^2}$ 为频率错开系数，则

$$\xi - z\xi - z - az\xi + z^2 = 0 \tag{7-45}$$

故频率方程可写为

$$z^2 - \left[1 + (1+a)\xi\right]z + \xi = 0 \tag{7-46}$$

这里 ξ 的定义域为 $(0, +\infty)$，当 $\xi = 0$ 及 $+\infty$ 时，ω_{01} 与 ω_{02} 错开最大；当 $\xi = 1$ 时，$\omega_{01} = \omega_{02}$。解式(7-46)可得主、从系统的两个无因次固有频率为

$$z_{1,2} = \frac{1 + (1+a)\xi \mp \sqrt{\left[1 + (1+a)\xi\right]^2 - 4\xi}}{2} \tag{7-47}$$

ω_1、ω_2 为主-从耦合系统的第一阶固有频率和第二阶固有频率，在 $a = \dfrac{M_2}{M_1}$ 给定时，频率方程的解 z_1 和 z_2 是 ξ 的函数。当 $\xi = 0$ 时，$z_1 = 0$，$z_2 = 1$；当 $\xi \to +\infty$ 时，$z_1 = \dfrac{1}{1+a}$，$z_2 \to +\infty$。

可以看出，式(7-47)是双曲线方程式，其两个根的渐近线方程为

$$z = \frac{1}{1+a} \tag{7-48}$$

$$z = (1+a)\xi + \frac{a}{1+a} \tag{7-49}$$

即图 7-15 中的两根虚线。

图 7-15 中，直线 $z = 1$ 表示不与从系统耦合时，主系统的固有频率，即 $\omega_n^2 = \omega_{01}^2$；直线 $z = \xi$ 表示从系统单独存在时的固有频率，即 $\omega_n^2 = \omega_{02}^2$。由图可见，主系统和从系统单独存在时的固有频率 ω_{01} 和 ω_{02} 必落在主-从耦合系统两个固有频率 ω_1 和 ω_2 之间。

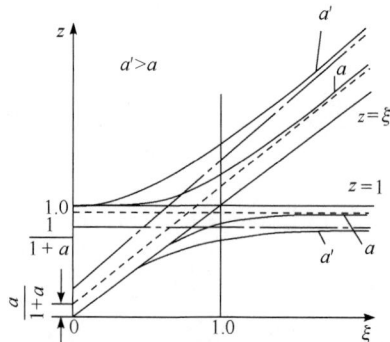

图 7-15　主、从系统固有频率

当 $\xi \geqslant 1$ 时，$\omega_1 < \omega_{01} \leqslant \omega_{02} < \omega_2$；当 $\xi < 1$ 时，$\omega_1 < \omega_{02} \leqslant \omega_{01} < \omega_2$。由此可见，主-从耦合系统的第一阶固有频率 ω_1 比系统不耦合时任何一个子系统的固有频率都要低，而主-从耦合系统的第二阶固有频率 ω_2 较系统不耦合时任何一个子系统的固有频率都要高，这一结论在分析复杂系统的振动时十分有用。

下面讨论影响耦合松紧的因素。首先讨论频率错开系数 ξ 的影响，由图 7-15 可见，若两个子系统的固有频率 ω_{01} 和 ω_{02} 错开很大，即系数 ξ 远离 1 而趋于 0 或趋于 $+\infty$，则主-从耦合系统的两个固有频率为：当 $\xi = 0$ 时，$z_1 = 0$，即 $\omega_1^2 = 0$；$z_2 = 1$，即 $\omega_2^2 = \omega_{01}^2$。相当于从系统的固有频率 $\omega_{02} \to 0$ 的情况。此时耦合系统的两个固有频率即为耦合前两个子系统的固有频率，$\omega_1 = \omega_{02} = 0$，$\omega_2 = \omega_{01}$。

当 $\xi \to +\infty$ 时，$z_1 \approx \dfrac{1}{1+a}$，即 $\omega_1^2 = \dfrac{\omega_{01}^2}{1+a}$；$z_2 \to +\infty$，即 $\omega_2^2 \to +\infty$。相当于从系统的固有频率 $\omega_2^2 \to +\infty$ 的情况。此时耦合系统的两个固有频率 $\omega_2 = \omega_{02} \to +\infty$ 和 $\omega_1 = \omega_{01} / \sqrt{1+a} = \sqrt{\dfrac{K_1}{M_1 + M_2}}$，此即 M_1 和 M_2 刚性连接时的固有频率。从系统与主系统的耦合只相当于主系统上加一个质量 M_2，而无须考虑两者的弹性耦合。

当子系统的两个固有频率重合，即 $\xi = 1$ 时，主、从系统耦合最紧。此时，可得

$$z_{1,2} = \frac{2 + a \mp \sqrt{a(a+4)}}{2} \tag{7-50}$$

现在讨论质量比 a 的影响，一般 $a \leqslant 1$。由图 7-15 可见，质量比 a 越大，主-从耦合系统的固有频率 ω_1 和 ω_2 与子系统的固有频率 ω_{01} 和 ω_{02} 相差就越大，耦合就越紧；反之，质量比 a 越小，频率相差越小，耦合就越松。如 $a \to 0$，代入式(7-50)，可得

$$z_{1,2} \approx \frac{(1+\xi) \pm \sqrt{(1+\xi)^2 - 4\xi}}{2} = \begin{cases} \xi \\ 1 \end{cases} \tag{7-51}$$

存在两种情况，若 $\xi < 1$，则 $z_1 \approx \xi$，$z_2 \approx 1$，即 $\omega_1 \approx \omega_{02}$，$\omega_2 \approx \omega_{01}$；若 $\xi > 1$，则 $z_1 \approx 1$，$z_2 \approx \xi$，即 $\omega_1 \approx \omega_{01}$，$\omega_2 \approx \omega_{02}$。耦合系统的固有频率 ω_1 和 ω_2 与子系统的两个固有频率 ω_{01} 和 ω_{02} 相差其微，耦合很松。

若将大质量 M_1 的振动视为总体振动，小质量 M_2 的振动视为局部振动，则由上述分析可知，局部振动的质量 M_2 远小于总体振动的质量 M_1（$a \to 0$）或局部

振动的固有频率与总体振动频率错开较大($\xi \gg 1$)。在计算系统的固有频率时，可不考虑两者的耦合作用，这就是第 5 章在计算最初几个谐调船体总振动固有频率时可不考虑船体局部振动影响的依据。这是因为大多数船体局部结构的固有频率比船体总振动的最初几个固有频率要高得多，而它们的等效质量较船体总振动的有效质量小得多。但若局部结构的等效质量相对较大，且其固有频率又与所求的船体总振动固有频率接近，则此时必须考虑两者的耦合影响，这就是在计算较高谐调的船体总振动固有频率时，往往要考虑上层建筑、船底板架等具有相当大的等效质量的局部结构振动影响的原因。船舶摇摆和船体振动分开计算的原因也在于此。前者的固有频率较后者要小一个量级。如把船体振动视为主系统，摇摆视为从系统，则$\xi \to 0$，故两者耦合较松，可分开单独进行计算。

下面讨论动力吸振器的原理。设主系统受简谐干扰力$Q \sin(\omega t)$的作用，如图 7-16(a) 所示。

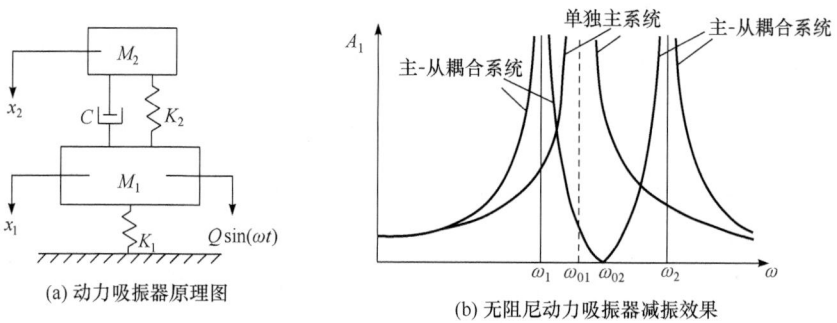

(a) 动力吸振器原理图

(b) 无阻尼动力吸振器减振效果

图 7-16　动力吸振器原理与减振效果

若不计阻尼的作用，则由式(7-51)可知此二自由度系统的无阻尼强迫振动方程为

$$\begin{bmatrix} M_1 & 0 \\ 0 & M_2 \end{bmatrix} \begin{Bmatrix} \ddot{x}_1 \\ \ddot{x}_2 \end{Bmatrix} + \begin{bmatrix} K_1 + K_2 & -K_2 \\ -K_2 & K_2 \end{bmatrix} \begin{Bmatrix} x_1 \\ x_2 \end{Bmatrix} = \begin{Bmatrix} Q \sin(\omega t) \\ 0 \end{Bmatrix} \tag{7-52}$$

设其稳态解为

$$\begin{Bmatrix} x_1 \\ x_2 \end{Bmatrix} = \begin{Bmatrix} A_1 \sin(\omega t) \\ A_2 \sin(\omega t) \end{Bmatrix} \tag{7-53}$$

将其代入式(7-52)，得

$$\begin{bmatrix} K_1 + K_2 - M_1 \omega^2 & -K_2 \\ -K_2 & K_2 - M_2 \omega^2 \end{bmatrix} \begin{Bmatrix} A_1 \\ A_2 \end{Bmatrix} = \begin{Bmatrix} Q \\ 0 \end{Bmatrix} \tag{7-54}$$

解得

$$\left\{ \begin{matrix} A_1 \\ A_2 \end{matrix} \right\} = \left\{ \begin{matrix} \dfrac{Q}{M_1 \Delta}(\omega_{02}^2 - \omega^2) \\ \dfrac{Q}{M_1 \Delta}\omega_{02}^2 \end{matrix} \right\} \tag{7-55}$$

其中，

$$\Delta = \omega^4 - \left[\omega_{01}^2 + (1+a)\omega_{02}^2 \right]\omega^2 + \omega_{01}^2 \omega_{02}^2 \tag{7-56}$$

由此可得主系统质量 M_1 的振幅 $|A_1|$ 的频响曲线如图 7-16(b) 所示。

当干扰力频率 ω 等于主-从耦合系统的固有频率 ω_1 和 ω_2 时，$|A_1| \to +\infty$，即发生共振。当 ω 等于从系统的固有频率 ω_{02} 时，$A_1 = 0$，有一反共振点，动力消振器即按此原理设计。

若主系统在简谐干扰力作用下振动相当大，如在 $\omega \approx \omega_0$ 发生共振时，则在主系统上加一个从系统，使系统的固有频率 $\omega_{02} \approx \omega$，就可使主系统的振幅大大减小，甚至等于零，这是由于弹簧 K_2 的反力在任一瞬间均与作用在 M_1 上的干扰力大小相等、方向相反。

动力吸振器定义为：设计一个附加系统，使其在所要求的频率范围内，所产生的干扰力与作用于原系统的力反向，能量转移，从而减小原系统的振动，这种附加的弹簧质量系统称为动力吸振器。

弹簧 K_2 对 M_1 的作用力为

$$F_s = K_2 x_2 = K_2 A_2 \sin(\omega t) \tag{7-57}$$

当 $\omega = \omega_{02}$ 时，由式(7-56)得

$$\Delta = \omega_{02}^4 - \left[\omega_{01}^2 + (1+a)\omega_{02}^2 \right]\omega_{02}^2 + \omega_{01}^2\omega_{02}^2 = -a\omega_{02}^4 \tag{7-58}$$

因此由式(7-55)得

$$A_2 = -\frac{Q\omega_{02}^2}{M_1 a\omega_{02}^4} = -\frac{Q}{K_2} \tag{7-59}$$

代入式(7-57)得

$$F_s = K_2\left(-\frac{Q}{K_2} \right)\sin(\omega t) = -Q\sin(\omega t) \tag{7-60}$$

即弹簧 K_2 的反力在任一瞬时均与作用在 M_1 上的干扰力 $Q\sin(\omega t)$ 大小相等、方向相反，故主系统质量 M_1 的振动消失。

动力吸振器通常用于主系统处于共振，即 $\omega = \omega_{01}$ 时的情形中。吸振器的设计必须满足：$\omega_{02} = \omega$，即 $\dfrac{K_2}{M_2} = \omega^2$，这是第一个条件。其次，若令 $\omega = \omega_{01} = \omega_{02}$，则有 $\dfrac{M_1}{K_1} = \dfrac{M_2}{K_2}$，即 $\dfrac{M_2}{M_1} = \dfrac{K_2}{K_1} = a$，$K_2 = aK_1$，故 $|A_2| = \dfrac{Q}{K_2} = \dfrac{Q}{K_1}\dfrac{1}{a}$。这里 $\dfrac{Q}{K_1}$ 为主系统在 Q 作用下的静位移。通常力求消振器的质量尽可能轻，即质量比 a 小一些，但当 a 减小时，A_2 反而增大，但由于构造或强度，弹簧 K_2 的伸长会受到限制。设吸振器振幅的容许值为 $A_2^{(0)}$，则 $\dfrac{Q}{K_2} \leqslant A_2^{(0)}$，这是第二个条件。

吸振器的质量 M_2 一般较主系统质量 M_1 小得多，即 a 很小，因此装上消振器后系统的两个固有频率 ω_1 和 ω_2 与消振器的固有频率 ω_{02}(近似等于原主系统的固有频率 ω_{01})相差不大。因此，无阻尼的动力消振器工作不稳定，即工作频带很窄，只适用于干扰力频率严格地等于常数，或消振器的固有频率能自动控制，并始终能保持与干扰力的频率相等的情况。此外，无阻尼系统对越过共振区也不利。解决的办法是采用阻尼吸振器。假设与弹簧并联一个黏性阻尼器 C，见图 7-16(a)，可得到较好的减振效果。

设图 7-16(a) 中的阻尼吸振器的阻尼比为 ζ，因此在考虑吸振效果时，必须考虑吸振器及被减振系统的阻尼力，这个力也可以通过能量吸收系数 Ψ_q 来表示：

$$\zeta = \frac{\Psi_q}{4\pi} = \frac{C}{2\sqrt{M_2 K_2}} \tag{7-61}$$

当考虑吸振器阻尼时，原主-从系统方程(7-52)可变为式(7-62)：

$$\begin{bmatrix} M_1 & 0 \\ 0 & M_2 \end{bmatrix} \begin{Bmatrix} \ddot{x}_1 \\ \ddot{x}_2 \end{Bmatrix} + \begin{bmatrix} C & -C \\ -C & C \end{bmatrix} \begin{Bmatrix} \dot{x}_1 \\ \dot{x}_2 \end{Bmatrix} + \begin{bmatrix} K_1 + K_2 & -K_2 \\ -K_2 & K_2 \end{bmatrix} \begin{Bmatrix} x_1 \\ x_2 \end{Bmatrix} = \begin{Bmatrix} Q\sin(\omega t) \\ 0 \end{Bmatrix} \tag{7-62}$$

可得到主系统振幅 A_1 与主系统静变形 $\delta_{st} = \dfrac{Q}{K_1}$ 的比值：

$$\left(\frac{A_1}{\delta_{st}}\right)^2 = \frac{4\zeta^2 z + (z - \xi)^2}{4\zeta^2 z(z - 1 + az) + [a\xi z - (z-1)(z-\xi)]^2} \tag{7-63}$$

式中，z 为激励频率与主系统原固有频率之比(平方值)，$z = \dfrac{\omega^2}{\omega_{01}^2}$；$a$ 为从系统与主系统的质量比，$a = \dfrac{M_2}{M_1}$；ξ 为频率错开系数，$\xi = \dfrac{\omega_{02}^2}{\omega_{01}^2}$。

图 7-17 为式(7-63)对应的一组曲线图，图中曲线表示安装不同阻尼吸振器后无阻尼被减振系统振幅与频率的关系。

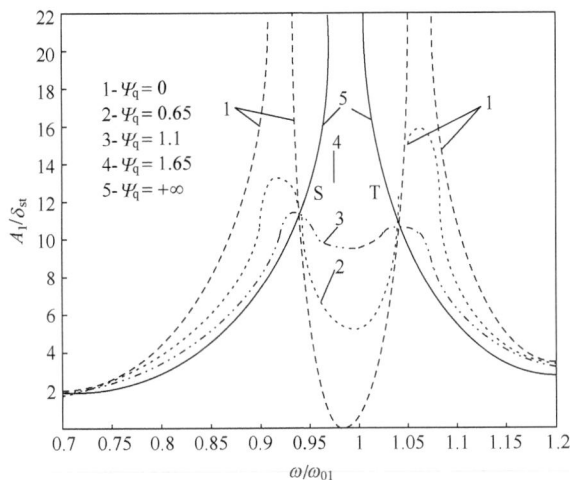

图 7-17　安装不同损耗因子的动力吸振器的无阻尼被减振系统的共振曲线

图中并没有画出未安装吸振器的被减振系统的幅频曲线，该曲线实际上与图中曲线 3 类似，只不过曲线最大值出现的位置不同，被减振系统幅频曲线最大值位于共振频率处 $\left(\dfrac{\omega}{\omega_{01}} = 1 \right)$，而曲线 3 最大值位置位于 $\dfrac{\omega}{\omega_{01}} < 1$ 某点处。对于安装无阻尼吸振器的结构，由于构成一个二自由度系统，原曲线的最大值消失，取而代之的是两个新的共振峰，其频率分别高于和低于系统的共振频率，见图中的曲线 1，这两个频率的"分散"程度主要与被减振系统和动力吸振器的参数有关；在动力吸振器中引入很小的阻尼，则系统的幅频曲线两个共振峰不会无限大，不同的阻尼对应的曲线会在同一个点上相交，分别记为 S 和 T，选择适当的阻尼能量吸收系数 Ψ_q，使在整个频率变化范围内的 $\dfrac{A_1}{\delta_{st}}$ 不超过点 S 和 T 处的 $\dfrac{A_1}{\delta_{st}}$，该 Ψ_q 即为动力吸振器的最佳阻尼，如图 7-17 中曲线 2 所示；当 Ψ_q 变成无穷大时，就相当于动力吸振器与被减振系统之间刚性连接，图中曲线就变成与未安装吸振器系统的幅频曲线类似，这时整个系统的共振频率要低于 ω_{01}，因为系统的质量从 M_1 增加到了 $M_1 + M_2$。

7.2.5　船舶动力吸振器设计

对于无阻尼吸振器。当吸振器频率被调谐至 $z \approx 1$ 且 $a \leqslant 0.05$ 时，安装吸振器系统的固有频率将关于 ω_{01} 对称布置，增大 a 会增大两个频率的分散性，使其不再对称于 ω_{01}；当 ξ 逐渐增大，远大于 1 时，其中一个频率会逐渐接近 ω_{01}，另一个则接近 ω_{02}。

当吸振器频率与激励力频率相同时，即 $\xi = z$，被减振系统将没有振动，理论上，此时吸振器质量可取任意值，但是若吸振器质量过小，则其振幅将会非常大，以至于不满足弹性连接条件。在工程上，吸振器质量一般是被减振系统质量的 5%，某些情况下，可以达到 7%~8%，即 $a \leqslant 0.05 \sim 0.08$。

无阻尼吸振器在一定条件下可使被减振系统的振幅降至为 0，显然其效果是非常显著的，但是这种效果对应的频带范围很窄，因此对于工况恒定或运行转速范围非常有限的系统，采用无阻尼吸振器是非常有用的。

动力吸振器参数 a 和 ξ 的选择必须满足被减振系统在其工作转速范围内的振幅不能超过允许的限值，假设其在工作转速范围内的最低限值和最高限值分别为 a_1 和 a_2，如图 7-18 所示，图中曲线 2 表示图 7-18 中曲线 1 的一部分，可得所需要的 a 和 ξ：

$$a = \frac{(\gamma_2^2 - \gamma_1^2)\left[1 + a_1(1 - \gamma_1^2)\right]\left[1 - a_2(1 - \gamma_2^2)\right]}{\gamma_1^2 \gamma_2^2 \left[a_1 + a_2 + a_1 a_2(\gamma_2^2 - \gamma_1^2)\right]} \tag{7-64}$$

$$\xi = (\gamma_1 \gamma_2)^2 \frac{a_1 + a_2 + a_1 a_2(\gamma_2^2 - \gamma_1^2)}{a_1 \gamma_1^2 + a_2 \gamma_2^2 + a_1 a_2(\gamma_2^2 - \gamma_1^2)} \tag{7-65}$$

式中，γ_1 和 γ_2 分别为运行范围边界处的 $\dfrac{\omega}{\omega_{01}}$。

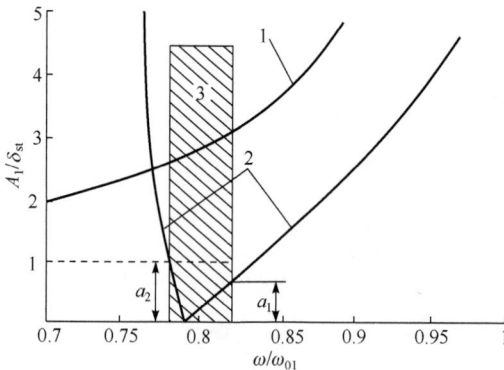

图 7-18　确定无阻尼动力吸振器参数以调谐至工作范围示意图

1-无吸振器；2-有吸振器；3-工作频率范围

为了计算吸振器弹性连接的强度，必须知道弹性连接的强度，还必须知道吸振器相对于被减振系统的振幅，在工作范围边界处，其振幅可表示为

$$\left(\frac{A_2 - A_1}{\delta_{st}}\right)_{1,2} = \left|\frac{\gamma_{1,2}^2}{(\xi - \gamma_{1,2}^2)(1 - \gamma_{1,2}^2) - a\gamma_{1,2}^2\xi}\right| \tag{7-66}$$

式(7-64)~式(7-66)是关于确定无阻尼吸振器参数所需的基本计算。

由图 7-18 可知，对于有阻尼吸振器，可降低被减振系统振动对应的频带宽度要比无阻尼吸振器更宽，但是其减振效果要弱一些，在大多情况下，采用阻尼吸振器比较有用，通过调节吸振器参数，可使图中 $\frac{A_1}{\delta_{st}}$ 曲线在点 S 和 T 的纵坐标相同，此时吸振器的频率错开系数为

$$\xi_{S,T} = \left(\frac{1}{1+a}\right)^2 \tag{7-67}$$

$\frac{A_1}{\delta_{st}}$ 在点 S 和 T 处的值为

$$\left(\frac{A_1}{\delta_{st}}\right)_S = \left(\frac{A_1}{\delta_{st}}\right)_T = \sqrt{\frac{2+a}{a}} \tag{7-68}$$

由此可得

$$a = \frac{2}{\left(\dfrac{A_1}{\delta_{st}}\right)_{S,T}^2 - 1} \tag{7-69}$$

吸振器的最优能量吸收系数为

$$\Psi_{q,opt} = 2\pi\sqrt{\frac{a(3+2a)}{2+a}} \tag{7-70}$$

当 $a \ll 1$ 时，式(7-70)可简化为

$$\Psi_{q,opt} \approx 7.7\sqrt{a} \tag{7-71}$$

吸振器质量相对于被减振系统的最大振幅为

$$\left(\frac{A_2 - A_1}{\delta_{st}}\right)_{max} = \frac{1+a}{a}\sqrt{\frac{2(2+a)}{3+2a}} \approx \frac{1.15}{a} \tag{7-72}$$

对于被减振系统无阻尼以及有合理阻尼(主系统吸能系数可达 2.5)，上述计算公式均成立。

例 7-1 假设船舶某甲板上安装有一台柴油发电机，发电机出现明显垂向振动，安装在甲板上的柴油发电机自由振动频率 f_0=30Hz，工作时发电机的激励频率为 f=24Hz，发电机转速的不稳定度为 $\delta = \pm 2\%$。要求确定吸振器参数，使发电机振幅 A_1 不超过 0.3mm。

解：首先确定发电机转速边界处的 x 值。

$$\gamma_1 = \frac{f}{f_0}(1-\delta) = \frac{24}{30}(1-0.02) = 0.78$$

$$\gamma_2 = \frac{f}{f_0}(1+\delta) = \frac{24}{30}(1+0.02) = 0.82$$

柴油发电机自由振动频率 30Hz 对应的静挠度 δ_{st}=0.28mm，假设在工作范围边界处对应的振幅相等，即

$$a_1 = a_2 = \frac{A_1}{\delta_{st}} = \frac{0.3}{0.28} \approx 1$$

工作转速在一个非常小的范围内变化，所以用一无阻尼吸振器即可，由式(7-64)和式(7-65)可得

$$a = \frac{(0.82^2 - 0.78^2)\left[1+(1-0.78^2)\right]\left[1-(1-0.82^2)\right]}{0.78^2 \times 0.82^2\left[1+1+(0.82^2-0.78^2)\right]} = 0.07$$

$$\sqrt{\xi} = \frac{\omega_{02}}{\omega_{01}} = 0.78 \times 0.82\sqrt{\frac{1+1+(0.82^2-0.78^2)}{0.78^2 + 0.82^2 + (0.82^2 - 0.78^2)}} = 0.79$$

因此，吸振器的质量是发电机质量的 7%，而其固有振动频率为

$$f_{02} = \sqrt{\xi}f_0 = 0.79 \times 30 = 23.7\,\text{Hz}$$

吸振器结构如图 7-19 所示。图中水平钢杆作为动力吸振器弹性元件用于控制垂向振动，钢杆的两端分别安装有一质量，其固定方式可现场调节悬臂，以对吸振器进行调谐。此外，图中还有一垂直钢杆，即动力吸振器弹性元件，主要用于吸收柴油发电机横向平面内的回转振动。显然，图 7-19 所示的吸振器有两个自由度，可同时降低垂向和横向平面内的振动。

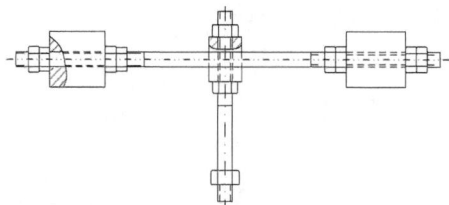

图 7-19 用于柴油发电机的具有两个自由度的动力吸振器结构

图 7-20 为用于降低排水量为 5000t 的船舶甲板振动的吸振器示意图。图中船舶客舱刚好位于机舱上面，机舱内有两台带减速齿轮的柴油机，当螺旋桨转速 $n=120r/min$ 时，吸振器使甲板在转速的八阶谐波处的振动(最初高达 0.5mm)降为原来的 1/3。

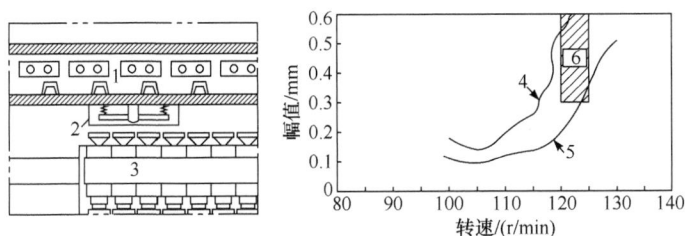

图 7-20 安装动力减振结构以降低客轮起居室的局部甲板振动

1-一等客舱；2-吸振器；3-机舱；4-采用吸振器前的客舱甲板振动；5-采用吸振器后的客舱甲板振动；6-正常工作范围

吸振器还可利用以下原理来达到消振的目的，它由分隔成若干小隔间的舱体构成，每个小隔间都灌有海水，调谐过程可通过操纵阀门改变小隔间内海水质量来实现。据报道，意大利一艘轮船上采用该原理使原有的船体振动降低了 94%。

7.3 船舶噪声的控制方法

噪声污染的控制是环境学的一项重要内容，是国家工业及科学技术水平的一个重要指标。噪声控制的基本原理与 7.2 节中介绍的防振、减振措施的基本原理类似，即声源噪声的控制、传播途径的噪声控制及在接收器旁的噪声防护设备的使用。声源、传播途径和接收器是一个噪声系统的三个环节。噪声控制就是在符合经济和操作条件下在接收器所在地获得允许噪声环境的技术。

控制声源噪声的方法为：减少激发力的幅值、减少系统各部件对激发力的响应、改变工作条件等。控制噪声传播途径可从声源和接收器位置的选择、增加传播距离、吸声、隔声、消声等手段入手。

下面以吸声措施、隔声措施和消声措施[33]为例说明船舶噪声的控制方法。

7.3.1 吸声

舱室内的声源由于声波的多次反射，其噪声级较同样的声源在露天的噪声级要高，可增高十几分贝。在舱室内表面上装饰吸声材料，或者设置吸声结构悬挂吸声体，舱室内的噪声就会得到一定程度的降低，这种治理噪声的方法称为吸声。

　　吸声材料就是能够将入射在其上的声能吸收掉的材料。表征吸声材料吸声性能最常用的参量是吸声系数 α ，它表示该材料吸收的声能与入射声能的比值，即

$$\alpha = \frac{E_{吸}}{E_{入}} = \frac{E_{入} - E_{反}}{E_{入}} \tag{7-73}$$

式中，α 为吸声系数；$E_{入}$ 为入射到材料中的声能；$E_{反}$ 为从材料上反射的声能；$E_{吸}$ 为材料吸收的声能。

　　由式(7-73)可见，对于全反射面（$E_{入} = E_{反}$），$\alpha = 0$，对于全吸声面（$E_{反} = 0$），$\alpha = 1$，一般材料吸声系数的数值在 0～1，而只有 α 大于 0.2 的材料才称为吸声材料。

　　吸声材料的选择，除了考虑吸声系数外，尚需考虑温度对材料性能的影响，以及材料的强度、耐腐、防火、可装饰性能和加工性能。为使吸声材料充分发挥作用，应将它布置在最容易接触声波和反射次数最多的表面上，如天花板、地板、天花板与侧墙及侧墙与侧墙的交接处。通常天花板和地板的反射次数要比侧墙多一倍。吸声材料还广泛应用于管道、阀门、流体混合腔或通风系统中。

　　常用的吸声结构有薄板振动吸声结构和穿孔板组合共振吸声结构两类。将板状材料(如塑料、石棉、胶合板等薄的气密板)装在刚性壁板前面一定距离处，两者之间为空气层，声波入射而使板振动，并使板后的空气层也发生振动，空气层内部的摩擦阻尼造成能量损失而引起吸声作用。当入射声波的频率与薄板系统(包括空气层)的固有频率相等时，将发生共鸣。在共鸣频率附近(对声波而言为低频段)吸声系数最大，为 0.2～0.5，而在其他频率吸声系数迅速降低。随着空气层厚度增大，共鸣频率降低。

　　例如，在上述薄板材料上钻一定孔径的孔，并在其后以一定厚度的空气层作间隔而安于板壁上，利用声波在孔内的摩擦损耗，失去能量来达到吸声的目的。板上的孔距较小时，发生声波干涉现象，板后的空气层由于弹性作用，发生共鸣吸收。这种多孔板以共鸣频率为中心在较广的吸声范围内有更高的吸声率。孔径减小时，吸声率略有提高，空气层厚度增大，则吸声率峰值频率向低频方向移动。若在有孔板背面加入多孔吸声材料，则高频段的吸声率也有提高，最大吸声率可达 0.80 以上。

　　对于高温、潮湿和腐蚀气体的空间用吸声材料，往往因浸蚀作用经过一段时间就会失效，用上述两种吸声结构不能满足宽频带吸声的要求，此时可用金属微穿孔板。它是在板厚小于 1mm 的金属板上钻孔径小于 1mm 的微孔，穿孔率控制在 1%～3%的范围内，板后留有空气层。利用微孔本身的空气黏滞性，可取消板后粘贴多孔吸声材料。金属微穿孔板的吸声系数和宽带都较穿孔板好，且外表

美观，易于清洗，适用于高温、有腐蚀性气体的特殊条件，但加工复杂、造价高，使用中微孔易堵塞。此外，还有一些特殊吸声结构，如吊幕、悬挂的空间吸声体及吸声尖劈等。

目前在船舶上应用最为广泛的是用多孔吸声材料制成的平板型吸声结构，如图 7-21 所示。在这种结构中，吸声材料或是紧贴在船体的板壁上，或是留有一段距离。为防止多孔材料受到机械损伤，可采用多空板保护。吸声尖劈在某些船体上也有应用。

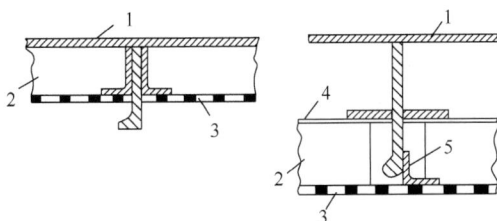

图 7-21　平板型吸声结构

1-船体构件；2-吸声材料；3-穿孔护板；4-网布；5-衬条

需要指出的是，用吸声方法处理噪声只能减少反射声，对声源直接发出的直达声不起作用，因此若原来舱室吸声系数已较高，或声源直达噪声很高，则用吸声方法处理对降低舱室噪声不明显。钢板的平均吸声系数为 0.01，若钢板表面全部换上吸声系数为 1 的吸声材料，则噪声的最大降低值为

$$\Delta L_\mathrm{p} = 10\lg\frac{1}{0.01} = 20\mathrm{dB} \tag{7-74}$$

实际上，$a=1$ 是达不到的，因此用吸声方法一般只能降低室内噪声 6～10dB，最大不会超过 15dB。吸声处理方法只有在容积不大、吸声较差、混响声较强的舱室才能充分发挥作用。

7.3.2　隔声

采用围护构件以减少空气噪声的传播称为隔声。把需要安静的场所与外界噪声隔离开，称为被动隔声。把噪声源用周围围护构件封闭隔离起来，使噪声传不出去，以减少对周围环境的污染，称为主动隔声。一般研究的隔声是指主动隔声。

将噪声源与环境隔离的常用方法是隔声屏和隔声罩。隔声屏和隔声罩的材料与吸声材料正好相反，一般是刚性的，即不吸声的材料。为了使机器周围环境的噪声污染减少 20dB，通常必须使用完全封闭的围壁。对于一般的机械和电力设备，如图 7-22(a) 所示的隔声罩总能提供满意的隔声效果。围壁必须避免共振，或者用阻尼来减小其振动，且不与声源的任一部分接触。声源与其基座之间还应有弹性隔振措施，以减小结构声的传输。实际的隔声效果也与放置声源与围壁的房间的声学性质有关。密封的隔声罩能防止声的渗漏，但有些设备不可能完全密封，也可以做成非封闭式的，如图 7-22(b) 所示。例如，电机噪声源风扇一端装上局部性的罩，当然效果比全封闭的要差，这种隔声罩里衬往往还装有吸声材料以达到高频消声效果。

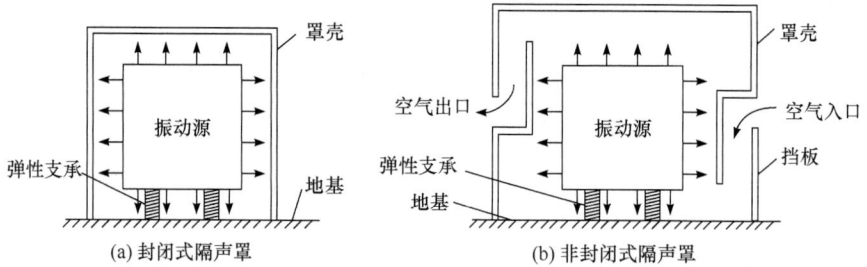

(a) 封闭式隔声罩　　　　　　　(b) 非封闭式隔声罩

图 7-22　小机器的隔声罩

要使隔声罩的传递损耗提高 5dB 左右，隔声壁的质量就要加倍，导致隔声结构很笨重。为此常采用有空气夹层的双层隔振结构。在用料相同的情况下，双层隔声罩的隔声效果可增大 5～10dB，但要注意两个隔板之间应无任何机械连接，否则效果就会大大降低。

7.3.3　消声

采用消声器是防治空气动力性噪声的主要方法。它是一个阻止声音传播而允许气流通过的装置，装设在空气动力设备的气流通道上，使该设备的噪声得以降低。在船舶上，消声器主要用于柴油机的进气系统和排气系统(包括增压器)，也可用于通风空调设备。

消声器应当满足消声量大、空气动力性能好(阻损小)、结构性能好(坚固耐用、重量轻、体积小)三个要求。消声器的形式很多，一般可分为三类，即阻性消声器、抗性消声器和阻抗复合型消声器。

1. 阻性消声器

阻性消声器是利用吸声材料将声能吸收，并使其转换成热能(实际的声能很低，故不会太热)，从而达到消声的目的。最简单的阻性消声器是管式消声器，其示意图如图 7-23 所示。它的特点是气流不转弯，直通出去，因此其不仅结构简单，而且空气动力性能好，但仅适用于气流流量不大的场合。当气流流量增大时，就要采用将多根小管并联的各种结构形式的消声器，如蜂窝式、片式、折板式、声流式等。其中以声流式消声器(图 7-24)最佳，它的吸声材料按正弦形状或近似正弦形状排列，既可使声波因多次反射而增加吸收，提高了消声效果，又可使气流顺畅地流过，减小对空气动力性能的影响。但这种消声器加工较复杂，造价较高。

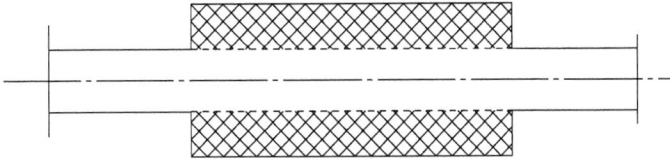

图 7-23　管式消声器

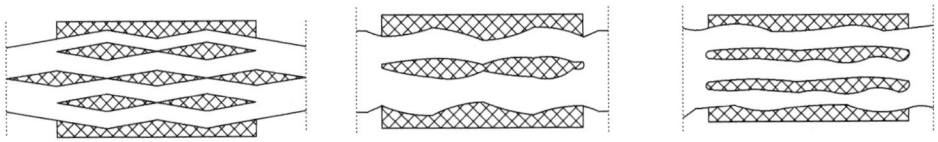

图 7-24　声流式消声器

阻性消声器的优点是能在较宽的中、高频范围内消声，特别是对刺耳的高频声有突出的消声作用，缺点是在高温、水蒸气以及对吸声材料有浸蚀作用的气体中，使用寿命较短，对低频噪声消声效果较差。另外，若管道截面过大，则波长很短的高频声将以窄声束的形式传播，很少或根本不与吸声材料接触，从而使某些高频噪声的消减量大为降低。

2. 抗性消声器

抗性消声器是根据声波滤波原理制成的。利用消声器内声阻、声顺、声质量(类似于电学中的电阻、电容、电感)的适当组合，可以使某些频段的噪声反射回噪声源或得到大幅度的吸收。其作用类似于交流电路中的电滤波器，故又称声滤波器，其示意图如图 7-25 所示。扩张式消声器的消声原理是两个连续截面的面积突变，在腔室内出现多次反射而产生新的干涉现象，从而使噪声降低。共振式消声器由一个孔颈与共振室组成。共振室中的空气作为弹簧，孔颈中的空气作为质量而组成一个振动系统。其消振原理是在共振频率范围内，迫使相应进入的噪声波在共振器内振动，一部分能量由于孔颈中的质量和颈壁的摩擦而被吸收。在

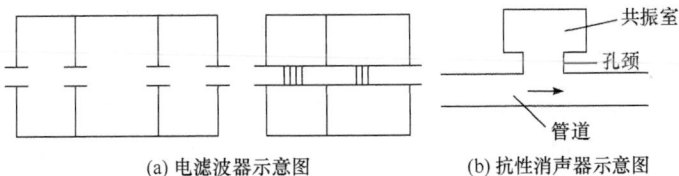

(a) 电滤波器示意图　　　　(b) 抗性消声器示意图

图 7-25　抗性消声器原理与示意图

共振频率附近，消声量很大；离开共振频率较远的噪声频段，其消声量急剧下降。为了能在较宽的频段降低噪声，可在一个管路上设计几个频率不同的共振室，使其互相补充而提高消声效果。

抗性消声器的优点是具有良好的低、中频消声性能，构造简单，耐高温，耐气体腐蚀和冲击腐蚀，缺点是消声频带窄，对高频声消声效果差。

3. 阻抗复合型消声器

为了在一个宽阔的频率范围内得到良好的消声效果，可以综合对低、中频有效的抗性消声器和对高频有效的阻性消声器，组成阻抗复合式消声器，它既有吸声材料，又有共振器、扩张室等滤波元件，消声量大，消声频率范围广。

船舶柴油机的进气系统包括增压器，一般采用阻性消声器或阻抗复合式消声器。对于船舶柴油机的排气系统，其接触的是高温气体，其中还含有油质，因此妨碍在排气管内采用吸声材料，一般采用抗性消声器或阻抗复合式消声器。消声器在排气管路内的布置位置对它的消声效果有很大的影响，放在管路长度中央效果最差，因为排气管多半是敞开式的，其自然基频和高次谐波的振动节点常位于管长中央，所以装在这个区域内的消声器对降低管路自振声波的效果最差。一般可将消声器放在离排气管末端约 1/4 管长处。将消声器直接连接在排气总管上效果较好，因为在消声器后排出的气流是稳定的，它不致引起管内振动。近年来有的传播将整个烟囱设计为一个阻性消声器。

此外，在设计消声器时还应注意管道内气体流速对消声器性能的影响。流速过大不仅可能吹掉阻性消声器中的吸声材料，而且会改变声传播的规律，产生新的噪声(再生噪声)。

对于其他的如隔声、隔振、阻尼以及个人防护等噪声的控制方法，可参阅有关书籍进一步了解。

7.3.4　隔声去耦

隔声去耦材料是一种特殊的多孔黏弹性材料，在水下结构表面敷设隔声去耦瓦是近年来竞相发展的一项新技术。与消声瓦相比，消声瓦侧重于吸声，而隔声去耦技术侧重于隔声、吸声、减振、去耦的综合作用，是两种技术路线不同但可以相互借鉴、相辅相成的降噪技术[34]。隔声去耦瓦结构分为三层，即吸声层、隔声层、阻尼层，如图 7-26 所示，阻尼层厚度为 l_1，隔声层厚度为 l_2，吸声层厚度为 l_3，空腔结构上下直径分别为 d_1、d_2。隔声去耦瓦材料属性随频率的变化而变化，且不同层的材料属性各不相同。

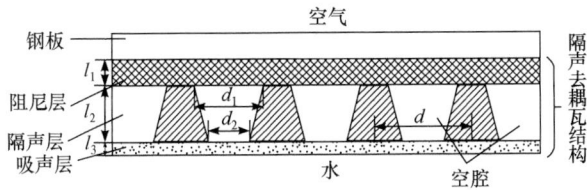

图 7-26 隔声去耦瓦非均匀复合结构图

1. 隔声去耦瓦传递函数

隔声去耦瓦为多层非均匀复合吸声结构，非均匀结构的声吸收特性与变截面管道的声传播问题类似。隔声去耦瓦结构在水中声波垂直入射的情况如图 7-27 所示。

声波垂直入射到含空腔的非均匀复合层结构中，假设波阵面的形状在传播过程中保持一定并且波阵面的面积保持一定，此时的多层非均匀介质的传递矩阵只需在复合均匀结构的传递矩阵中考虑打孔面积的部分即可。假设空腔结构层中空腔的分布是均匀对称的，其单元截面为边长为孔距 d 的正方形，截面积 $s = d^2$。由波动理论可知，每个单元的前后界面总压力连续，质点振速连续，则图 7-27 中壳体、隔声去

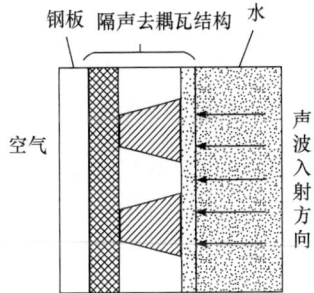

图 7-27 水中声波垂直入射情况

耦瓦结构三层中的某一层前后界面总压力 F_1、F_2 和质点振速 v_1、v_2 的关系是

$$\begin{Bmatrix} F_1 \\ v_1 \end{Bmatrix} = \begin{bmatrix} a_{11} & a_{12} \\ a_{21} & a_{22} \end{bmatrix} \begin{Bmatrix} F_2 \\ v_2 \end{Bmatrix} = [A] \begin{Bmatrix} F_2 \\ v_2 \end{Bmatrix} \tag{7-75}$$

式中，$[A]$ 为单层传递矩阵；$F_1 = p_1 s, F_2 = p_2 s$，p_1、p_2 分别为某一层前、后端面的声压。对于没有空腔结构的均匀层，各元素计算公式为

$$\begin{cases} a_{11} = a_{22} = \cos(\overline{k}l) \\ a_{12} = \mathrm{j}\rho\overline{c}s \cdot \sin(\overline{k}l) \\ a_{21} = \dfrac{\mathrm{j} \cdot \sin(\overline{k}l)}{\rho\overline{c}s} \end{cases} \tag{7-76}$$

式中，$\rho\overline{c}$ 为层中介质的特性阻抗；l 为层厚；$\overline{k}$ 为复波数。

在空腔结构层中，可以将声波在隔声去耦瓦中的传播看成在高黏性液体变截面波导中的传播，其波动方程为

$$\frac{\partial^2 \xi}{\partial x^2} + \frac{1}{s}\frac{\partial s}{\partial x}\frac{\partial \xi}{\partial x} + \overline{k}^2 \xi = 0 \tag{7-77}$$

式中，质点位移 ξ、截面积 s 都是 x 的函数，所以这是一个非线性方程，只有截面积 $s(x)$ 满足 $\dfrac{(\sqrt{s})''}{\sqrt{s}} = \mu^2$（$\mu$ 为常数）关系时，才可以转换为线性方程并求得解析解，进而求得传递矩阵各元素。当截面积不满足 $\dfrac{(\sqrt{s})''}{\sqrt{s}} = \mu^2$（$\mu$ 为常数）关系时，可以将任意非均匀层划分为多个薄层，每层用一个满足 $\dfrac{(\sqrt{s})''}{\sqrt{s}} = \mu^2$ 的函数 $s(x)$ 与实际截面近似，常用的近似 $s(x)$ 函数有悬链线波导函数、锥形波导函数和指数波导函数。在求得每个薄层的传递矩阵后，根据每个薄层与相邻薄层界面的压力和振速连续边界条件，可将各薄层传递矩阵相乘得到整个非均匀含空腔层的传递矩阵。

当平面波垂直入射时，各层间的边界条件为声压连续和法向振速连续，于是可由各层的传递矩阵 $\left[A^n\right]$ $(n = 1, 2, \cdots, N)$ 求得多层结构的传递矩阵 $[B]$，即

$$\begin{Bmatrix} F_1 \\ v_1 \end{Bmatrix} = \left[A^1\right]\left[A^2\right]\cdots\left[A^N\right]\begin{Bmatrix} F_{N+1} \\ v_{N+1} \end{Bmatrix} = [B]\begin{Bmatrix} F_{N+1} \\ v_{N+1} \end{Bmatrix} = \begin{bmatrix} b_{11} & b_{12} \\ b_{21} & b_{22} \end{bmatrix}\begin{Bmatrix} F_{N+1} \\ v_{N+1} \end{Bmatrix} \tag{7-78}$$

在求得整个结构的总传递矩阵后，根据终端边界条件即可求得隔声去耦瓦的输入阻抗和吸声系数。

当终端为空气时，可近似看成真空，可表示为 $p_{N+1} = 0$，即 $F_{N+1} = 0$，代入式(7-78)得到输入端阻抗为

$$Z_{\text{in}} = \frac{p_1}{v_1} = \frac{b_{12}}{sb_{22}} \tag{7-79}$$

当终端为流体介质水时，边界条件可表示为 $\dfrac{p_{N+1}}{v_{N+1}} = \rho_{\text{w}}c_{\text{w}}$，代入式(7-78)得到输入端阻抗为

$$Z_{\text{in}} = \frac{\rho_{\text{w}}c_{\text{w}}b_{11} + b_{12}}{s\rho_{\text{w}}c_{\text{w}}b_{21} + sb_{22}} \tag{7-80}$$

最后可得到入射面处的反射系数为

$$R = \frac{Z_{\text{in}} - \rho_{\text{w}}c_{\text{w}}}{Z_{\text{in}} + \rho_{\text{w}}c_{\text{w}}} \tag{7-81}$$

吸声系数为

$$\alpha = 1 - R \cdot R^* \tag{7-82}$$

2. 隔声去耦瓦反向声能传递损失

隔声去耦瓦具有隔声、吸声、减振等综合作用。在实际应用中，隔声去耦瓦能对结构本身振动引起的声辐射起到抑制作用。接下来对声波由钢板一侧入射时声能反向传递损失进行讨论。考虑两种情形，分别是单层钢板上敷设隔声去耦瓦，简称单层结构，如图 7-28(a)所示，以及在钢板-水层-钢板模型外敷设隔声去耦瓦，简称双层结构，如图 7-28(b)所示。

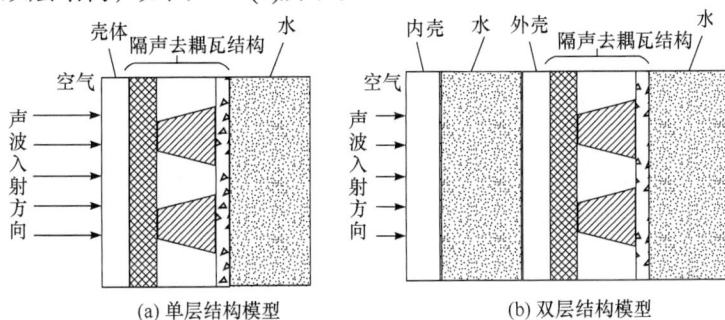

(a) 单层结构模型　　　　　(b) 双层结构模型

图 7-28　反向声能传递情况

隔声去耦瓦复合结构反向传声损失 T 定义为声强传声系数 t_1 的倒数，即 $T = 1/t_1$，$t_1 = I_0/I_1$，定义反向隔声指数：

$$TL = 10\lg(1/t_1) = 10\lg(I_1/I_0) \tag{7-83}$$

式中，I_1 为钢板后面空气介质中入射声强度；I_0 为隔声去耦瓦前面水中的声强度。

对于无限大的多层结构，截取一个长方体单元，按波导理论计算，单一均匀介质层的正向传递矩阵为式(7-75)，对其求逆可得

$$\begin{Bmatrix} F_2 \\ v_2 \end{Bmatrix} = \begin{bmatrix} a_{22} & -a_{12} \\ -a_{21} & a_{11} \end{bmatrix} \begin{Bmatrix} F_1 \\ v_1 \end{Bmatrix} \tag{7-84}$$

当空气声从结构后方入射时，有

$$\begin{cases} v_1' = -v_1 \\ v_2' = -v_2 \end{cases} \tag{7-85}$$

可得到隔声去耦单层结构的反向传递矩阵为

$$\begin{Bmatrix} F_2 \\ v_2' \end{Bmatrix} = \begin{bmatrix} a_{22} & -a_{12} \\ -a_{21} & a_{11} \end{bmatrix} \begin{Bmatrix} F_1 \\ v_1' \end{Bmatrix} = [C] \begin{Bmatrix} F_1 \\ v_1' \end{Bmatrix} \tag{7-86}$$

由各层交界面上总压力连续，材料接触面上质点振速连续的边界条件，将各单层介质的反向传递函数相关联，得到整个结构的反向传递矩阵为

$$\begin{Bmatrix} F_{N+1} \\ v'_{N+1} \end{Bmatrix} = \begin{bmatrix} C^N \end{bmatrix} \begin{bmatrix} C^{N-1} \end{bmatrix} \cdots \begin{bmatrix} C^1 \end{bmatrix} \begin{Bmatrix} F_1 \\ v'_1 \end{Bmatrix} = [D] \begin{Bmatrix} F_1 \\ v'_1 \end{Bmatrix} = \begin{bmatrix} d_{11} & d_{12} \\ d_{21} & d_{22} \end{bmatrix} \begin{Bmatrix} F_1 \\ v'_1 \end{Bmatrix} \tag{7-87}$$

对于图 7-28 中的模型，根据模型结构前后界面边界条件即可求得隔声去耦瓦反向隔声指数分别如下。

(1) 对于单层结构，有

$$TL = 10\lg\left[\left| (S\rho_w c_w d_{11} + d_{12}) + S\rho_a c_a (S\rho_w c_w d_{21} + d_{22}) \right|^2 / (4S^2 \rho_a c_a \rho_w c_w) \right] \tag{7-88}$$

(2) 对于双层结构，有

$$TL = 10\lg\left[\mathrm{Re}(Z_1) \left| S\rho_w c_w d_{21} + d_{22} \right|^2 / (\rho_w c_w) \right] \tag{7-89}$$

式中，S 为所截取的长方体周期单元横截面面积；$\rho_a c_a$、$\rho_w c_w$ 分别为空气和水的特性阻抗；Z_1 为多层结构后方的输入阻抗。

习　题

7-1　填空题

(1) 降低船体振动的主要原则是：低频振动时要避免_____、高频时要减小_____。

(2) 减小激振力的传递主要包括：_____和_____；减小螺旋桨激振力传递主要包括采用_____、设置_____。

(3) 减小船体振动的结构措施主要包括：_____等几方面。

(4) 单层板的声传输性质主要由隔板的_____、_____、_____ 控制。

7-2　简答题

(1) 简述减小螺旋桨激励可从哪些方面进行考虑?

(2) 船长、排水量确定后如何改变船体的固有频率降低船体的振动?

(3) 简述船体防振和减振的基本原理。

(4) 噪声从船舶一舱室向邻近的其他舱室的传播，可以有几种途径?

(5) 叙述单层隔板的声传输性质。

(6) 结合你对船舶噪声控制方法的了解，说说当前船舶噪声主要采用的控制方法。

参 考 文 献

[1] 克拉夫, 彭津. 结构动力学[M]. 王光远, 等译. 北京: 高等教育出版社, 2006.

[2] Rao S S. 机械振动[M]. 李欣业, 杨理诚, 译. 北京: 清华大学出版社, 2016.

[3] 刘方抗. 机械振动学[M]. 北京: 航空工业出版社, 1992.

[4] 陆鑫森, 金咸定, 刘涌康. 船体振动学[M]. 北京: 国防工业出版社, 1980.

[5] 翁长俭, 张保玉. 船体振动学[M]. 北京: 人民交通出版社, 1985.

[6] 金咸定, 赵德有. 船体振动学[M]. 上海: 上海交通大学出版社, 2000.

[7] 姚熊亮. 船体振动[M]. 哈尔滨: 哈尔滨工程大学出版社, 2004.

[8] 阿·斯·尼基福罗夫. 船体结构声学设计[M]. 谢信, 王轲, 译. 北京: 国防工业出版社, 1998.

[9] Chopra A K. 结构动力学理论及其在地震工程中的应用[M]. 北京: 高等教育出版社, 1995.

[10] 诺曼·琼斯. 结构冲击[M]. 许骏, 蒋平, 译. 北京: 国防工业出版社, 2018.

[11] 张效慈, 李玉节, 赵本立, 等. 深水爆炸水动压力场对潜体结构的动态影响[J]. 中国造船, 1997, (4): 61.

[12] 邱吉宝, 向树红, 张正平. 计算结构动力学[M]. 合肥: 中国科学技术大学出版社, 2009.

[13] Doyle J F. 结构中波的传播[M]. 吴斌, 何存富, 焦敬品, 等译. 北京: 科学出版社, 2013.

[14] 汤冬. 舰船典型板架结构弹性波动力学特性研究[D]. 哈尔滨: 哈尔滨工程大学, 2018.

[15] 杜功焕, 朱哲民, 龚秀芬. 声学基础[M]. 3版. 南京: 南京大学出版社, 2012.

[16] 何祚镛. 结构振动与声辐射[M]. 哈尔滨: 哈尔滨工程大学出版社, 2001.

[17] 何琳, 帅长庚. 振动理论与工程应用[M]. 北京: 科学出版社, 2015.

[18] Todd F H. 船体振动[M]. 孙海涛, 等译. 北京: 国防工业出版社, 1965.

[19] 库尔久莫夫. 船舶振动[M]. 张开敏, 译. 北京: 高等教育出版社, 1957.

[20] Lighthill M J. On sound generated aerodynamically. I. General theory[J]. Proceedings of the Royal Society A, 1952, 211(1107): 564-587.

[21] Lighthill M J. On sound generated aerodynamically. II. Tubulence as a source of sound[J]. Proceedings of the Royal Society A, 1954, 222(1148): 1-32.

[22] Smol'yakov A V, Tkachenko V M, Bradshaw P. Measurement of the correlated spectra of turbulent pressure pulsations[J]. Fluid Dynamics, 1969, 4: 93-94.

[23] 马广宗, 蔡广德, 虞铣辉. 船舶振动基础与实用计算[M]. 北京: 人民交通出版社, 1981.

[24] 中华人民共和国船舶检验局. 船上有害振动的预防[M]. 北京: 人民交通出版社, 1986.

[25] 中华人民共和国船舶检验局. 钢质海船入级与建造规范[M]. 北京: 人民交通出版社, 1996.

[26] 中华人民共和国船舶检验局. 钢质内河船舶入级与建造规范[M]. 北京: 人民交通出版社, 1998.

[27] 中国人民解放军总装备部. 水面舰艇结构设计计算方法: GJB/Z 119—99[S].

[28] 中华人民共和国国家质量监督检验检疫总局, 中国国家标准化管理委员会. 机械振动 客船和商船适居性振动测量、报告和评价准则: GB/T 7452—2007[S].

[29] 国防科学技术工业委员会. 舰艇船体振动评价基准: GJB 1045.1~1045.3—90[S].

[30] 中国人民解放军总装备部. 舰船通用规范: GJB 4000—2000[S].

[31] 国家技术监督局. 船舶振动测量规程: GB/T 14696—93[S].

[32] 朱石坚, 何琳. 船舶减振降噪技术与工程设计[M]. 北京: 科学出版社, 2002.

[33] 陈秀娟. 实用噪声与振动控制[M]. 2 版. 北京: 化学工业出版社, 1996.

[34] 姚熊亮, 计方, 庞福振, 等. 隔声去耦瓦声学性能研究[C]. 第十二届船舶水下噪声学术讨论会, 长沙, 2009.